KB157963

일본고대국가와 도래계 씨족

연민수 지음

학연문화사

서 문

    일본고대 문헌에는 한반도에서 이주하여 독자의 가문을 형성한 수많은 씨족들이 등장한다.『신찬성씨록』에 등재된 한국계 씨족만해도 313씨에 달하고 일본 정사 등에 기록되어 있는 인물들도 수없이 산견되고 있다. 그 후손들 역시 나름대로 출자의식을 갖고 일본사회 속에서 삶을 영위해 갔다. 일본고대 지배층들은 이들을 귀화인이라고 불렀고, 사서에도 그대로 반영되어 있다. 일본고대의 귀화의 의미는 중화적 세계관의 표출이고 천황제 율령국가의 존엄성을 과시하기 위한 자기중심적 우월사관이다. 1970년대 이후 일본사학계에서 황국사관에 대한 비판과 굴절된 고대한일관계사를 새롭게 인식하려는 움직임 속에서 도래인이란 용어로 대체하고 있다.『古事記』에도 '參渡來'라는 몇 개가 사례가 나오듯이 수용하는 측면에서 볼때에는 객관적인 용어로서 적절하다고 생각된다.

    고대의 인구이동은 자연발생적인 경우가 많고 경계를 넘나들며 생활하였다. 이후 왕권이 성립하고 국가체제가 갖추어지면서 왕권 상호간의 외교적 전략물자의 일환으로 인적 자원을 보내는 등 교류와 협력이 행해졌다. 특히 다국가군이 존재했던 한반도에서는 끊임없이 지속된 전란 속에서 일본열도는 하나의 탈출구로서 작용하였고 멸망 이후에는 대규모 망명, 이주가 이루어졌다. 선주한 이주민들이 연착륙되어가는 과정은 후속 이주민의 행렬로 이어지는 측면도 생각할 수 있다.

    이번에 출간한『일본고대국가와 도래계 씨족』은 일본고대국가 속에서 한반도계 이주민들이 어떠한 삶을 영위해 갔는지를 분석한 연구서이다. 일본고대국가형성사는 대외적 계기와 불가분의 관계에 있고 그 중심에는 한반도계 이주세력이 존재한다. 2차대전 이후 일본사학계에서도 일본의 동아시아에 대한 관심이 높아지면서 일본고대사 서술체계도 대외교류사가 비중있게 다루어지고 있다.

    본서를 출간하게 된 계기는 저자가 동북아역사재단 재직시에 기획한『일본서기』와『신찬성씨록』역주본의 발간이었다. 양서의 역주에는 14년의 세월이 소요되었고 그간

축적된 자료와 지식, 관점이 본서의 기초가 되었다. 특히『신찬성씨록』의 해당 조문을 주석하면서 관련자료와 연구성과를 기초로 연구논문도 집필할 수 있었다. 본서에 수록된 15편은 역주본 집필기간인 최근 수년간의 성과물이다. 이중에서 12편은 학회지에 소개하였고, 3편은 미발표 논고로서 새로 수록하였다.

본서에 수록된 논문의 출전과 내용을 소개하면 다음과 같다.

제1부 『신찬성씨록』 편찬과 還俗僧 문제

　제1장 「신찬성씨록 편찬과 천황제국가의 지배원리」(『동북아역사논총』66, 2019)

　제2장 「고대일본의 還俗僧과 '國家要道'의 學-도래계 환속승과 음양관인의 역할-」(新稿)

제2부 도래계 씨족의 시조전승과 실태

　제1장 「王辰爾 일족의 문서행정과 시조전승」(『동북아역사논총』62, 2018)

　제2장 「고대일본의 백제계 씨족의 시조전승과 都慕」(『일본역사연구』48, 2018)

　제3장 「秦氏의 도래전승과 후예씨족」(『한일관계사연구』58, 2017)

　제4장 「의술씨족 惠日과 好太王 시조전승」(新稿)

　제5장 「일본고대의 高氏와 狛氏의 존재형태와 계보의식」(新稿)

제3부 이주와 후예씨족의 동향

　제1장 「고대일본의 조형문화와 한국계 화공씨족」(『한국고대사연구』97, 2020)

　제2장 「사비시대 沙宅氏의 씨족적 위상와 멸망 이후의 후예씨족」(『한국학』162, 2021)

　제3장 「백제 鬼室氏와 일본의 후예씨족」(『백제학보』17, 2016)

　제4장 「고대일본의 高麗郡 설치와 고구려계 씨족의 동향」(『동북아역사논총』70, 2020)

제4부 교류와 백제유민

　제1장 「九州의 元岡G-6호분 庚寅銘大刀와 백제」(『한일관계사연구』61, 2018)

　제2장 「왜왕권의 백제유민 관리와 인재등용책」(『백제연구』71, 2020)

제3장 「扶餘豐의 생애와 부흥운동」(충청남도역사문화연구원편『일본속의 백제문화』,
　　　혼슈·시코쿠지역, 2019)
제4장 「신찬성씨록의 鹽承津彦命 설화와 吉田連」(『한일관계사연구』64, 2019)

　본서의 논고들은 대부분 한국계 씨족들의 이주전승과 정착 그리고 그 후예씨족들이
일본왕권 속에서 어떻게 생활하고 어떠한 인식을 갖고 있었던가에 초점에 맞추어져 있
다. 전체를 4부로 나누어『신찬성씨록』편찬와 환속승 문제, 시조전승, 후예씨족의 동
향, 교류와 유민 등으로 구분하였다.

　제1부 제1장의 「신찬성씨록 편찬과 천황제국가의 지배원리」는『신찬성씨록』의 편찬
이 일본 천황제 국가의 지배원리와 어떠한 상관관계에 있는가를 밝힌 논고이다. 천황제
국가가 등장하는 天武朝의 씨성제 개편과 신격화 과정, 씨성의 운용과 관리,『신찬성씨
록』에 편재된 씨족의 계보상의 특징을 통해 천황제 국가의 어떠한 지배원리에서 편찬되
었는지를 추구하였다. 계보의 장악은 천황제 국가의 존속과 지배질서를 유지하는 데 유
효한 수단이었다. 따라서 천황가를 중심으로 의제적인 계보의 연결망을 통해 거대한 혈
연적 가족주의 지배구조를 갖는 지배원리를 만들고자 했던 것이 편찬의 주요한 목적이
었음을 지적하였다. 한국계가 다수를 차지하고 있는 제번조의 분석에서는 천황의 지배
질서 안에 편입되어 신민임을 공인받은 집단임을 나타낸 것이다. 이중에는 조상의 출자
를 개변하는 씨족들도 적지않았고, 대부분은 일본의 씨성을 사성받았지만, 시조전승 등
씨족의 유래를 밝혔다는 점에서 일본고대의 다민족 사회의 성격을 말해주고 있다. 제2
장에서는 「고대일본의 還俗僧과 '國家要道'의 學」으로 「도래계 환속승과 음양관인의 역
할」이라는 부제를 달았다. 일본고대의 환속승의 성격과 배경을 밝힌 논고로서 왕권사적
측면에서 통치의 원리와 환속의 정치사상적 의미를 추구하였다. 일본고대국가는 율령

제 시행을 전후로 하여 우수한 관인층을 확보하기 위한 방편으로 佛家의 수도승들을 환속시켜 율령국가의 관인으로 등용시켰다. 이들은 음양술와 관련된 천문, 역법, 점복 등 왕실과 국가의 명운과 관련된 관부에서 활동하였고, 이들 분야는 고대일본의 '國家要道'의 學으로서의 위치를 점하고 있다. 상서와 재이가 교차하는 천체의 현상과 일월과 성진의 움직임을 포착하여 역을 만드는 행위는 왕조의 존망을 좌우하는 사안으로 통치의 근본원리였다. 도래계 출신자가 많은 것은 출자를 고려한 조치라기 보다는 개개의 학문적 특성과 능력에 따른 선택이었음을 논하였다.

　　제2부 제1장의 「王辰爾 일족의 문서행정과 시조전승」에서는 왕진이의 이주 배경과 일족의 활약상, 시조전승의 생성과정에 대해 논했다. 그의 왜국행은 백제 성왕이 왜왕권에 보낸 두뇌수출이었고, 일족들은 문필씨족으로 성장하여 재정분야, 역사서 편찬, 외교 등 다양한 분야에서 활동하였다. 그의 후예들은 왕인전승을 차용하여 근구수왕의 손인 진손왕을 도래의 시조로 삼고 5대손인 왕진이로 이어지는 계보전승을 만들었음을 밝혔다. 제2장의 「고대일본의 백제계 씨족의 시조전승과 都慕」에서는 범부여계의 시조로 되어 있는 동명신화가 주변제국에 계승되어가는 과정을 살피고, 일본사료에 나오는 백제계 시조로 나오는 都慕 신화의 형성과 배경을 분석하였다. 다소 파격적이라고 할 수 있는 본고의 논리는 기왕의 시조신화에 대한 고정화된 관념을 극복하기 위한 시론이다. 백제에서 동명신화의 수용과 계승 문제는 사료에 대한 천착과 재해석, 적극적인 논의가 필요하다. 제3장의 「秦氏의 도래전승과 후예씨족」에서는 秦氏의 시조전승과 출자에 대해 검토하고 일본열도 정착한 秦酒公, 秦大父津, 秦河勝을 중심으로 활동내용에 대해 분석하였다. 진씨의 원출자는 진시황을 시조로 하는 전승을 남기고 있으나 실제는 신라계 이주민으로 후대의 중국계로 개변하는 과정에서 漢氏에 대항의식에서 나왔다. 葛野지방에 정착한 진씨 일족은 식산씨족으로서 번영하였고, 재정, 불교, 외교 방면에

서도 활약했음을 논했다. 제4장의 「의술씨족 惠日과 好太王 시조전승」에서는 기왕의 연구에서 주목하지 않았던 고구려계 씨족 惠日의 선조 덕래의 도래사정, 출자, 의술, 불교와 관련된 문제를 서술하고, 혜일의 후예씨족인 난파련이 호태왕 시조전승을 남긴 배경에 대해 언급하였다. 이 계보의식은 『신찬성씨록』 편찬시에 제출된 본계장에 기록된 계보, 사적 등이 씨족지에 전승되어 온 것임을 밝혔다. 제5장의 「일본고대의 高氏와 狛氏의 존재형태와 계보의식」에서는 일본고문헌에 남아있는 高氏와 狛氏 관련자료에 대한 분석을 통해 출자와 계보의식, 이들의 이주시기와 일본왕권 내에서의 활동 및 존재형태 등 고구려 이주민 씨족사의 실태를 밝힌 논고이다. 고구려 출신임을 나타내는 씨명과 선조의 출신지역명, 소속 부명 등 고유성이 강한 명칭을 고수하고 있어 씨족적 정체성이 강했던 집단이었음을 말해준다.

　　제3부 제1장의 「고대일본의 조형문화와 한국계 화공씨족」에서는 고대일본의 화공관련 기록을 통해 한국계 화공들의 이주시기와 배경, 출자, 활동의 영역, 조직 등 그 실태에 대해 검토하였다. 5세기후반에 이주한 因斯羅我, 龍은 일본에 백제회화를 이식시킨 선구적 인물이었고, 고구려계 화공인 황서화사, 〈성덕태자전력〉과 〈천수국수장〉에 보이는 한국계 화공들은 불교의 조형문화를 선도하였음을 논하였다. 제2장의 「사비시대 沙宅氏의 씨족적 위상과 멸망 이후의 후예씨족」에서는 사비시대 대표적인 귀족인 사택씨의 위상을 살펴보고, 논란이 되고 있는 사비 왕흥사와 사택씨가 관여했던 익산 왕흥사[미륵사]와의 관계, 나아가 백제 멸망 이후의 일본으로 망명한 사택씨와 후예씨족의 존재형태에 대해 분석하였다. 제3장의 「백제 鬼室氏와 일본의 후예씨족」에서는 귀실이라는 씨명의 유래와 망명 1세대인 귀실집사를 비롯한 그 후예씨족들이 남긴 행적, 나아가 일본왕권사상에서 귀실씨의 위치를 재조명한 것이다. 제4장의 「고대일본의 高麗郡 설치와 고구려계 씨족의 동향」에서는 고려군 설치 문제가 일본율령국가의 지방통치책 속에

서 어떻게 전개되어 가는지를 고구려계 씨족의 동향에 주목하여 분석한 논고이다.

　제4부 제1장의「九州의 元岡G-6호분 庚寅銘大刀와 백제」에서는 구주의 元岡C-6호분에서 발견된 대도의 명문을 분석한 것이다. 이 대도에 새겨진 '寅'이 3번 들어간 三寅刀의 성격문제, 역법의 전래와 사용시기, '太歲'기년의 의미 등은 제작지를 비롯한 명문에 담긴 사상성 나아가 전래배경 등 역사적 성격을 추구한 논고이다. 제2장의「왜왕권의 백제유민 관리와 인재등용책」에서는 백강전투와 주류성 함락 이후 일본열도로 망명한 백제유민들의 삶과 역할이 왜조정의 국가적 정책 속에서 어떻게 전개되었는지를 분석하였다. 백제유민들은 왜왕권의 신국가정책 속에서 재능과 신분에 따라 관인으로 발탁, 등용되어 각 분야에서 활동하고, 학문과, 의술, 문예 등의 제방면에서 세습적 지위를 통해 가문의 번영을 이룬 씨족들을 소개하였다. 제3장의「扶餘豊의 생애와 부흥운동」은 부여풍의 도왜사정, 왜국에서의 생활, 백제멸망 이후의 백제왕으로 즉위하여 부흥군을 지휘한 삶의 여정을 서술하였다. 그는 백제왕권사에서 밀려난 비운의 반망명객이었지만, 백제부흥을 위해 헌신했던 최후의 백제왕이었음을 새롭게 자리매김하였다. 제4장의「신찬성씨록의 鹽承津彦命 설화와 吉田連」에서는 염승진 설화에 나오는 己汶의 역사적 변천과정과 설화의 생성 배경 그리고 염승진의 후예로 나오는 吉大尙의 渡倭 시기와 조상의 출자개변을 행한 길전련의 행적을 추적하였다.

　이상 소개한 논고들은 일본고대의 한반도계 씨족의 대표적인 사례들이다. 사료도 비교적 풍부하게 남아있고 이주의 시점, 조상의 시조전승, 후예씨족들의 활동상황 등을 용이하게 파악할 수 있다. 사서에 등장하는 도래인들은 일본열도로 이주, 망명하여 관인으로 등용되어 성공한 씨족들이다. 이들의 활동분야도 문서행정, 재정, 천문, 역법, 음양, 의학, 회화, 건축, 불교, 외교 등 다방면에 걸쳐있고 국가의 관부에 소속된 전문가

집단이다. 특히 가업을 계승하는 '世世相傳'을 통해 세대를 잇는 명가로서 이름을 남긴 씨족도 적지 않다. 도래인들이 일본고대사회에 미친 영향은 대단히 크다. 역으로 말하면 고대일본 지배층의 포섭정책의 결과이기도 하다.

도래인 문제를 민족사의 관점에서 보게 될 경우 소모적인 논쟁에 휩쓸릴 우려가 있다. 이 분야는 일본사 영역이고 방대한 도래인 사료군을 남긴 것도 고대 일본인이다. 민족의 이동은 끊임없이 이루어지는 것이고 새로운 풍토와 문화 속에서 사유하고 삶을 영위하는 장소가 자신의 본관이고 후예들의 조국이 된다. 조상의 출자에 대한 기억은 정체성을 말해주는 것이지만, 세대를 거듭하면서 일본화되어 갔고 9세기후반 이후가 되면 출자의식도 희박해져 일본민족의 일원으로 용해되어 간다. 한국사의 입장에서 보면 도래계 씨족 관련자료는 교류의 실태, 산일된 고대의 성씨 문제, 계보관, 학술, 제도, 문화 등 다양한 분야에서 학문적 성과를 기대할 수 있는 연구 소재들이다.

본서는 도래인 연구의 일부분에 불과하고 究明해야 할 주제들이 적지 않다. 六國史를 비롯하여 正倉院文書 등 고문서, 고기록에도 활용가치가 있는 자료들이 산재해 있다. 몇편 더 보완하여 내년쯤 계획했지만 매듭지어야 할 시기라고 생각해 『신찬성씨록』 역주본 출간에 맞춰 공간하게 되었다.

2021년 3월
북한산 자락의 서재에서
연민수

차　례

서문

제1부 『신찬성씨록』편찬과 환속승 문제

제1장 『신찬성씨록』편찬과 천황제 국가의 지배원리 ································· 17

1. 서언 ·· 17
2. 天武朝의 씨성제 개편과 신격화 ··· 19
3. 계보의 장악과 씨성의 관리 ··· 27
4. 『신찬성씨록』의 구성과 천황제 국가의 지배원리 ···················· 34
5. 결어 ·· 49

제2장 일본고대의 還俗僧과 ‘國家要道’의 學 ·································· 51
　　　 -도래계 환속승과 음양관인의 역할-

1. 서언 ·· 51
2. 僧尼의 名籍과 還俗에 관한 규정 ··· 53
3. 환속승의 출자와 성격 ·· 63
4. 환속승과 ‘國家要道’의 學 ··· 95
5. 결어 ·· 107

제2부 도래계 씨족의 시조전승과 실태

제1장 王辰爾 일족의 문서행정과 시조전승 ································· 111

1. 서언 ·· 111

  2. 王辰爾의 이주배경과 국서해독사건 ·· 112

  3. 王辰爾 일족의 문서행정 ··· 117

  4. 船首王後의 묘지명과 船史 ··· 124

  5. 船史氏와 外交 · 修史 · 佛敎 ··· 128

  6. 王辰爾系 씨족의 시조전승의 성립과 배경 ······························ 131

  7. 결어 ·· 138

제2장 고대일본의 백제계 씨족의 시조전승과 '都慕' ····························· 140

  1. 서언 ·· 140

  2. 東明神話의 사료적 검토 ·· 142

    1) 중국사료에 보이는 백제의 동명신화 ·································· 142

    2) 고구려 동명신화와 주몽 ··· 147

    3)『삼국사기』의 동명신화와 고려왕조 ··································· 150

  3. 백제계 도래씨족의 都慕 시조전승 ··· 153

    1) 桓武天皇과 都慕 시조전승의 생성 ···································· 153

    2) 都慕神話와 津連眞道의 시조개변 ····································· 157

  4. 결어 ·· 165

제3장 秦氏의 渡來傳承과 후예씨족의 활동 ······································· 167

  1. 서언 ·· 167

  2. 秦氏의 出自와 도래전승 ·· 168

  3. 優由國과 秦氏 ·· 175

  4. 秦酒公 · 秦大父津과 식산활동 ·· 179

  5. 秦河勝과 왜왕권 ·· 184

  6. 결어 ·· 192

제4장 의술씨족 惠日과 好太王 시조전승 ·· 195

  1. 서언 ·· 195

2. 惠日의 5대조 德來의 왜국 이주와 출자 ……………………… 196

3. 惠日의 의술과 官歷 …………………………………………… 203

4. 惠日의 후예 難波連과 好太王 시조전승 ……………………… 210

5. 결어 …………………………………………………………… 217

제5장 일본고대의 高氏와 狛氏의 존재형태와 계보의식………………… 219

1. 서언 …………………………………………………………… 219

2. 고구려 高氏의 존재형태와 계보의식 ………………………… 220

3. 狛氏의 출자와 계보의식 ……………………………………… 237

4. 결어 …………………………………………………………… 250

제3부 이주와 후예씨족의 동향

제1장 고대일본의 조형문화와 한국계 화공씨족 ……………………… 255

1. 서언 …………………………………………………………… 255

2. 왜왕권의 형성과 백제계 화공 ………………………………… 256

3. 〈聖德太子傳曆〉과 〈天壽國繡帳〉에 보이는 한국계 화공……… 262

4. 고구려계 화공 黃書氏의 활동과 영역 ………………………… 269

5. 율령제 화공조직과 作畫의 실태 ……………………………… 275

6. 결어 …………………………………………………………… 281

제2장 사비시대 沙宅氏의 위상과 멸망 이후의 후예씨족 …………… 283

1. 서언 …………………………………………………………… 283

2. 沙宅氏의 씨족적 위상와 王興寺 창건문제 …………………… 284

3. 백제 멸망기의 沙宅千福과 沙宅孫登 ………………………… 296

4. 일본 망명기의 沙宅紹明과 후예씨족 ………………………… 299

5. 『續日本紀』에 보이는 沙門詠과 高丘宿禰……………………… 305

　　6. 결어 ………………………………………………………………… 311

제3장 백제 鬼室氏와 일본의 후예씨족 ………………………………… 313

　　1. 서언 …………………………………………………………………… 313

　　2. 鬼室氏의 유래와 鬼室福信 ………………………………………… 314

　　3. 鬼室集斯와 近江朝의 백제인 ……………………………………… 318

　　4. 鬼室集斯의 墓碑와 墓·石塔을 둘러싼 해석 …………………… 322

　　5. 鬼室氏와 百濟君·百濟公 ………………………………………… 326

　　6. 鬼室氏와 寫經事業 ………………………………………………… 331

　　7. 결어 …………………………………………………………………… 341

제4장 고대일본의 高麗郡 설치와 고구려계 씨족의 동향 ……………… 343

　　1. 서언 …………………………………………………………………… 343

　　2. 高麗若光의 동향과〈高麗氏系圖〉 ……………………………… 345

　　3. 高麗郡의 성립과 배경 ……………………………………………… 354

　　4. 武藏國의 고구려계 씨족과 고려군 ……………………………… 363

　　5. 결어 …………………………………………………………………… 370

제4부　교류와 백제유민

제1장 九州의 元岡G-6호분 庚寅銘大刀와 백제 ……………………… 375

　　1. 서언 …………………………………………………………………… 375

　　2. 명문의 내용과 曆法 ………………………………………………… 377

　　3. 大刀와 '太歲'기년 ………………………………………………… 384

　　4. 大刀의 庚寅 간지와 三寅刀 ……………………………………… 388

　　5. 大刀의 전래배경과 聖王 …………………………………………… 393

　　6. 결어 …………………………………………………………………… 399

제2장 왜왕권의 백제유민 관리와 인재등용책 ·························· 401

  1. 서언 ·· 401

  2. 周留城 함락과 백제유민 ·· 402

  3. 백제유민의 관리와 이주정책 ··· 405

  4. 백제유민의 등용과 성격 ·· 414

  5. 결어-백제유민과 신국가건설의 의의- ······························· 426

제3장 부여풍의 생애와 부흥운동 ··· 428

  1. 부여풍은 누구인가 ·· 428

  2. 부여풍의 도왜시기 ·· 428

  3. 부여풍 일행의 왜국생활 ·· 431

  4. 부여풍의 귀국과 왜왕권의 파병 ······································· 436

  5. 부여풍과 귀실복신 ·· 444

  6. 비극의 왕자들-부여풍과 부여융- ····································· 450

제4장『新撰姓氏錄』의 鹽乘津彥命 설화와 吉田連 ·················· 454

  1. 서언 ·· 454

  2. 鹽乘津彥命 설화와 三己汶 ··· 455

  3. 吉大尙의 渡倭와 일족의 의술·문예 활동 ························ 462

  4. 鹽乘津彥命 설화의 생성과 吉田連의 출자개변 ··············· 470

  5. 결어 ··· 479

색인

제1부

『신찬성씨록』편찬과 환속승 문제

제1장 『신찬성씨록』편찬과 천황제 국가의 지배원리

1. 서언

　『신찬성씨록』은 平安 시대에 편찬된 칙찬 계보서로서 京畿(왕경과 畿內5국) 지역의 1182씨의 계보가 수록되어 있다. 이 성씨록의 완본은 산일되어 현존하는 것은 초략본이지만, 逸文 등을 통해 각 씨족의 출자와 사적, 계보 등이 기록되었음을 확인할 수 있다. 전체의 구성은 皇別, 神別, 諸蕃 순으로 천황가의 후손임을 주장하는 씨족들에서 시작하여 일본신화에 등장하는 신들을 元祖로 하는 후예씨족들을 배열하고, 이어 도래계 씨족의 후손들을 제번으로, 미확정 씨족들을 '未定雜姓'으로 마지막에 수록하였다. 이들은 일본왕권을 구성하는 씨족들이며 현실의 천황에 봉사하는 관인층이다. 율령국가의 모든 공민을 대상으로 하는 호적이나 계장과 달리 이 성씨록은 특정 계층을 대상으로 했다는 점에서 차이가 있다.

　『신찬성씨록』 서문에서는 勝寶 연간(750~756)에 특별히 은혜를 내려 제번 출신 사람들에게 원하는대로 성을 주어 蕃俗과 和俗이 뒤섞이게 되고, 삼한에서 건너온 사람들이 일본신의 후예라고 칭하는 등 씨성과 출자의 혼란이 야기되어 이를 바로잡기 위해 편찬하게 되었다는 동기를 밝히고 있다. 씨성과 출자는 상관관계에 있으며 改賜姓, 서임 등에도 중요한 기준이 되었고, 제씨족 중에는 타씨의 계보에 가탁, 부회하는 사례도 적지 않았다. 씨성의 문란은 국가질서를 흔드는 요인이 될 수 있다는 점에서 서문의 내용은 현실의 상황을 반영하고 있다. 그러나 출자를 사칭, 참칭하는 것은 황별, 신별, 제번 등 모든 씨족들에도 공통된 현상이다. 씨성은 개인이 마음대로 바꾸는 것이 아니라 국가의 공적 승인을 필요로 하며 그 통제하에 있었다. 따라서 기왕의 연구의 출발점인 서문의 내용에 기초하여 편찬의 목적을 설명하는 것은 한계가 있다[1]. 씨성의 혼란을 재정비하는 것은 사회질서 안정을 위한 과정이고 수단이지 목적은 아니다. 특히 씨성의 문란을 제번 탓으로 설명하는 것은 당시 일본지배층의 대외인식이 투영된 명분론에 가깝다. 성씨록 편찬의 방향성은 천황제 율령국가의 지배질서의 안정이라는 거시적인 시야에서 추구해야 할 문제라고 생각한다[2].

신분제로서의 씨성제는 율령을 기반으로 한 관료제 사회에서도 여전히 유효했으며 이들을 천황권하에서 역사적으로, 제도적으로 종속시키는 새로운 장치, 원리가 필요했다고 본다. 8세기말 奈良朝의 정치적 혼란 속에서 平安으로 천도를 단행한 桓武 천황의 율령제 재건이라는 정치개혁의 일환으로 실시된 새로운 지배질서의 이념과 분리해서는 생각할 수 없다. 권력의 핵심부가 모여있는 왕경과 기내지역 씨족들의 계보 장악과 씨성 통제는 천황제 국가체제를 유지, 강화해 나가는 것이 주요과제였다고 생각된다. 바로 씨족들의 출자와 계보, 씨성은 성씨록의 성격을 함축하고 있다.

본장에서는 천황제 국가가 등장하는 天武朝의 씨성제의 개편과 신격화의 과정, 씨성의 운용과 관리 그리고 성씨록에 편재된 씨족의 계보상의 특징을 통해『신찬성씨록』이 천황제 국가의 어떠한 지배원리에서 편찬되었는지를 추구해 보고자 한다[3].

---

1 關晃, 1951,「新撰姓氏錄の編修目的について」,『史學雜誌』60-3 ; 1997,『日本古代の政治と文化』, 關晃著作集第5卷, 吉川弘文館, pp. 200~203.

2 『신찬성씨록』편찬과정 및 연구사에 대해서는 佐伯有淸, 2007,『新撰姓氏錄の研究』(研究編, 吉川弘文館)에 상세하다. 대부분 성씨록의 서문에 기초한 연구가 많다. 佐伯有淸 자신은 '冒名冒陰' 현상을 지적하면서 천황을 점점으로 한 계층화의 확립을 언급하였다.

3 국내연구에서는 서보경이 기왕의 사료와 연구를 분석하여 몇편의 중요한 기초적 성과를 내었다.(서보경, 2012,「新撰姓氏錄의 편찬목적」,『韓日關係史硏究』41, 동 2017,「新撰姓氏錄의 기초적 연구」,『한림일본학』30, 동 2018,「新撰姓氏錄의 原型과 편자의 편찬태도」,『한림일본학』32). 이외에도 성씨록에 나오는 도래계 씨족을 분석한 연구는 수년 사이 크게 증가하였다.

2. 天武朝의 씨성제 개편과 신격화

고대의 한반도제국에서 氏는 혈족을 의미하며 동일 조상으로부터 분지되어 새로운 분파를 만들어도 씨는 불변이고 同祖, 동족 의식도 변하는 일이 없었다. 이에 비해 고대일본사회에서의 우지(氏)는 혈연관계, 혈연의식으로 맺어진 수많은 家로 구성된 동족집단을 표시하고, 가바네(姓)는 그 자체가 정치적인 신분을 상징하는 2중 구조라고 할 수 있다. 그러나 이러한 단순화된 정의도 연구의 진전으로 씨는 조정에서 일정의 정치적 지위와 특정의 직무를 띠고 대왕에 봉사하는 정치적 집단을 표시하는 일이 많다는 사실이 분명해졌다. 즉 혈연집난으로 출발했다고 해도, 비혈연적이고 의제적인 동족집단인 경우가 많고 왕권에 봉사하는 정치적인 집단으로서의 성격을 보여주고 있다는 것이다.

씨를 정치적 제도로 규정한 것은 津田左右吉이다. 그는 대화정권의 직업집단인 部名이 우지(氏)명과 같은 의미가 되었고, 동족이라 하더라도 부의 소속이 다르면 씨도 달라지고, 타 지역에 거주하면 지명을 씨로 삼기도 하고, 동족의 씨족장으로 알려진 氏上도 국가에서 정하라는 명이 내려지는 등 혈연적 성격과는 거리가 멀다고 주장하였다[4]. 즉 일본고대의 씨는 혈연을 통해 결합된 지연발생적인 혈연집단이나 사회조직이 아니라, 정치적 필요성으로부터 조직, 형성된 정치집단, 정치조직이라는 것이다. 이후 平野邦雄는 이를 더욱 발전시켜 씨의 성립이 대화정권의 국토통일사업과 깊은 관계에 있고, 정치적 획기에 의도적으로 조직되어 씨성을 갖는 정치체제로 확립된 것이고, 그 시기는 5세기후반 雄略朝로 보고 있다[5]. 다양한 씨족들이 하나의 우지(氏)로 구성된 직업집단 혹은 정치집단, 사회조직으로 전

---

4 津田左右吉, 1963, 「上代の部の研究」, 『日本上代史の研究』(『津田左右吉全集』第3卷), 岩波書店, [初出 1930], pp.90~97.
5 平野邦雄, 1969, 「氏の成立と構造」, 『大化前代社會組織の研究』, 吉川弘文館, pp.1~6.

화되어 갔다고 이해하는 것이 온당하지만, 우지의 원초적 구성원리는 혈연에서 출발하였다는 것은 부정하기 어렵다고 생각된다. 요컨대 고대일본에서의 우지(氏)란 일반민중의 혈연집단과는 거리가 있고, 중앙과 지방에 거주하며 왕권에 봉사하는 일정 이상의 혈연적, 의제적으로 맺어진 동족의식을 표방한 집단이 국가로부터 승인받은 칭호라고 정의할 수 있다[6]. 중앙로부터 인정받은 이들 씨들은 왕권에 예속되어 봉사하는 대가로 관직과 직무 등 정치적 지위를 수여받고 동시에 세습의 권리를 누리게 된다. 이러한 특권을 뒷받침하는 것이 정치적 신분질서의 표상인 가바네(姓)이다. 신분표시로서의 가바네는 씨족의 출자와 세력의 고하, 정치적 지위 등에 따라 차등 부여되고 토지의 사적 소유, 부민, 예속민을 영유할 수 있다. 이와 같이 일본고대사회에서의 우지와 가바네는 혈연, 동족의식을 넘어 정치적, 사회적 개념으로 정착되었다고 할 수 있다[7].

이처럼 씨성제는 일본고대사회의 특질이자 왕권의 존재형태를 설명하는데 유효한 성격을 갖는다. 씨성제는 일본고대국가의 성립 이전 단계인 7세기중반까지는 씨성제의 원리가 비교적 순조롭게 기능하였다. 대왕가에 대한 봉사와 협력관계를 통해 권력의 일부를 공유하던 유력씨족들은 大化改新을 기점으로 왕권에 흡수되어 대왕을 중심으로 권력의 일원화가 나타나게 된다. 이후 백제부흥전쟁에 파병과 실패, 고구려의 멸망, 신라의 통일이라는 격동하는 동아시아의 정세 속에서, 임신의 난이라는 내전에서 승리한 天武는 각종 제도의 개혁과 신격화를 통해 기왕의 호족세력을 왕권에 예속시켜 나간다. 그 중의 하나가 정치적 신분질서의 개혁이라고 할 수 있는 '8色의 성'의 제정이었다. 기존에 통용되던 다양한 성을 8종으로 새

---

6 前之圓亮一, 1987, 「ウヂとカバネ」, 大林太郎編『古代の日本』11, 中央公論社, pp.211~218 참조.
7 고대일본의 氏姓의 개념과 성격에 대해서는 그간의 연구를 정리한 이근우의 논고(2019, 「고대일본의 씨성개념과『신찬성씨록』의 개성」,『韓日關係史研究』64)가 참조된다. 8세기에 들어가면 사료상의 많은 용례에서 나타나듯이 氏와 姓은 분리된 개념이 아니고 하나로 통합되어 씨성 자체가 하나의 姓으로서 동시에 氏의 개념으로 되어 간다.

롭게 재편한 것이다. 가바네의 개혁은 단순한 제도상의 변화가 아니라 특권적 호족들에 대한 압박이고 이들을 왕권의 휘하에 편입시키는 정치개혁이었다.

씨족제도 개혁을 위해 천무 11년(681)에 8색의 성 제정에 앞서 관인의 등용기준인 考選에 族姓을 중시한다는 조를 내렸다.

【1-1】무릇 모든 고선에는 그 씨족의 성 및 행적을 잘 조사한 후에 고려해야 한다. 만일 행적과 능력이 현저하더라도 그 씨족의 성이 확실하지 않으면 고선에 들 자격이 없다[8].

즉 관리등용에 해당 씨족의 성이 무엇인가가 주요 기준이 되고 있다. 행적과 능력에 앞서 족성이 우선시되는 씨성제 사회의 성격을 잘 보여주고 있다. 이어 동년 12월조에 내린 조에는 다음과 같이 기록하고 있다.

【1-2】제씨의 사람들은 각기 氏上을 정하여 신고하라. 또 그 일족이 많은 자는 나누어 각 씨족장을 정하라. 다 같이 관사에 신고하라. 연후에 그 상황을 짐작하여 처분하라. 관사의 판결을 받아라. 다만 조그만 일로 자기의 씨족이 아닌 사람을 억지로 끌어들여서는 안 된다[9].

상기 조의 내용은 호적을 통한 지배의 원리와는 다른 씨족장인 氏上을 통하여 씨족 전체의 동향을 파악하고, 지배하는 방식이라고 할 수 있다. 또한 타씨족을 마음대로 내세워 씨족장으로 삼는 행위도 금지하여 씨성제의 혼란을 방지하고, 체계적으로 씨족을 지배하기 위한 조정의 방침이라고 할 수 있다. 大寶 2년(702) 9

---

8 『日本書紀』 天武紀11년 8월조.
9 『日本書紀』 天武紀11년 12월 임술조.

월에는 天智 3년(664)에 내려진 '甲子의 宣'에서 씨상을 확정할 때, 기재에서 누락된 씨족에 대해 현재 성을 받고있는 자로서 伊美吉 이상으로 한정해서 신청하라는 조가 내려졌다[10]. 이미길는 천무의 8색의 성에서 4번째인 忌寸으로, 이는 씨상을 낼 수 있는 계층의 범위가 고위 씨성을 갖은 관인층에 한정되어 있음을 말해준다. 갑자년에 정해진 氏上에 대한 규정은 중앙의 유력씨족을 대상으로 한 '甲子年諸氏系譜'라고 할 수 있다[11].

한편 관인등용의 기준에 족성이 중시되었다고 해도, 관료제 사회의 성격상 능력자에 대한 배려도 확인할 수 있다. 중앙호족의 출신법이라고 할 수 있는 천무2년 5월에 내린 조에는 "공경대부 및 여러 臣, 連과 伴造 등에게 무릇 처음으로 관인이 되면 먼저 大舍人으로 봉사하게 하라. 그런 연후에 그 재능을 선별하여 알맞은 직책을 맡도록 하라[12]"라고 기록하고 있다. 대사인은 養老令制에서는 중무성의 좌우대사인료에 소속되어, 5위 이상인 자의 자손, 6위 이하 8위 이상인 자의 적자 가운데에서 선발되었다. 율령제하에서 음서제의 영향에 따른 족성을 중시하는 씨성제의 연속선상에 있지만, 이 중에서도 재능은 제2의 선발기준이 되었다. 지방호족의 출신법이라고 생각되는 천무5년 4월조의 내용을 보면, "지방(外國) 출신자로 벼슬을 한다면 臣, 連, 伴造의 자 및 國造의 자식은 가능하다. 다만 그 이하의 서민이라 하더라도 그 재능이 특별한 자의 경우는 역시 가능하다[13]."라는 칙을 내렸다. 족성이 빈천한 서민에게도 재능에 따라 출사의 길이 열려 있었음을 보여준다. 다만 이러한 조항은 족성이라는 원칙 위에서 능력자를 발굴한다는 점에서 상위의 족성에 버금가는 관직에는 도달하기 어려운 한계가 있었다.

---

10 『續日本紀』大寶2년 9월 기해조.

11 仁藤敦史, 2013, 「七世紀後半における公民制の形成過程」, 『國立歷史民俗博物館研究報告』178, p. 269.

12 『日本書紀』天武紀2년 5월조.

13 『日本書紀』天武紀5년 4월조.

다음은 천무 13년(684)에 제정된 8색의 성에 대해 살펴보자. 동년 10월에 내린 조에 따르면, 제씨의 족성을 고쳐 8색의 성을 만들어 천하의 萬姓 통일하고, 眞人을 필두로 하여, 朝臣, 宿禰, 忌寸, 道師, 臣, 連, 稻置 등 8개의 서열화된 성을 정한다고 하였다[14]. 종전에 臣과 連은 蘇我氏, 物部氏, 大伴氏 등 유력 호족들에게 수여된 최고의 성이었지만, 개편된 8색성에서는 하위에 서열되었다. 특히 臣 성의 최고 집정관이었던 대신은 소아씨가 독점하였고, 連 성의 최고의 지위인 대련은 물부씨와 대반씨의 성으로 대신과 함께 왜왕권의 권력을 분담하고 있었다. 이러한 변화는 기존의 족성체계에 대한 인식을 전면 부정하는 것이었다. 한편으로 8색성의 제정을 기왕의 특권적 호족들을 배척하는 것이 아니라 이들에 걸맞는 새로운 성을 하사하는 것이었다. 즉 천황은 개편된 성을 하사함으로써 천황의 신민으로서 재탄생되어 충성과 봉사의 의무를 부과하는 것이다.

8색의 성 중에서 최고위인 眞人은 조가 내려진 당일 守山公, 路公 등 13씨에게 하사되었다. 이들의 출자를 보면 繼體 이후 敏達, 用明 등을 조상으로 하는 씨족들로서 과거 왜왕의 계보를 잇는 公 성 계열의 구왕족 후손이라고 생각된다[15]. 천무는 계체의 6세손으로『일본서기』편찬의 착수 시기에 체계의 즉위사정을 정당화하기 위해 武烈을 상대적으로 악인으로 서술하기도 하였다[16]. 이어『일본서기』천무 13년(685) 11월조에는 大三輪君, 阿倍臣 등 52씨에게 조신의 성을 하사하고 있다. 이들 씨족들의 대부분은 臣 성 씨족들이고 連과 일부 君 성이 포함되어 있다. 大化前代의 왜왕권을 구성하는 유력한 씨족들로서 천무조에서도 전대의 신분이 그대로 유지되었던 것으로 보인다. 동 천무13년 12월에는 大伴連, 佐伯連, 阿曇連, 忌部連, 尾張連 등 連姓인 伴造系 50씨에게 숙녜의 성을 주었다. 동 천무 14

---

14 『日本書紀』天武紀13년 冬10월조.

15 繼體 이전의 應神으로부터 계보를 구하는 씨족도 보이나,『古事記』,『日本書紀』에 의하면 繼體 자신은 應神의 5세손이라고 하듯이 양자는 동일 선조의식의 연상선상에 있다고 생각된다.

16 橫田健一, 1990,「古代王權の成立と豪族の原像」,『歷史讀本』臨時增刊, p. 38.

년(686) 6월에는 大和連, 葛城連 등 기내의 국조와 도래계 유력씨족 11씨에게 기존의 성을 하사하였다. 이상 천무 13년 10월에서 이듬해 6월 사이에 8색 중에서 상위 4개 성 126씨에 대한 족성의 개편을 완료하였다. 한편 천무 12년 9월에는 直, 首, 造 등의 성을 갖는 38씨에게 連 성을 내렸고, 동 10월에도 吉士, 造, 史, 直, 縣主 등의 성을 갖는 14씨에게 일괄적으로 연 성을 하사하였다. 이들 52씨는 이듬해 8색의 성 제정시에 일부는 숙녜로, 그 외는 대부분 기존의 성으로 개성되었다. 천무9년에서 12년에 이르는 기간에 연으로 개성한 씨족을 보면, 造 40씨, 直 14씨, 首 5씨, 史 2씨, 吉士 2씨, 縣主 2씨 등이다. 특히 천무11년, 12년도의 개성은 品部制를 해체하고 그 반조를 4등관제에 편입시킬 의도가 있었다고 보인다[17]. 이상 8색성의 개편으로 천무조 왕권은 관료제의 정비와 더불어 족성과 관위가 결합되었고, 신분의 사회적, 정치적 계층화가 표식화되어 천황제 율령국가의 기반을 조성하게 되었다[18].

한편 천무의 개혁정치 중에서 천황호의 제정은 새로운 국가건설 영웅의 표상이었으며, 신적 권위를 갖는 군주상이었다. 천황호와 아울러 일본이라는 국호도 일신의 자손이 다스리는 국이라는 신화관념이 반영된 칭호였다. 또 황조신인 천조대신의 중요성을 특별히 강조하고 그 제사와 신화의 정비가 행해지는 시기였다. 천조대신은 태양신이자 천상계의 지고신, 하늘에서 빛나는 위대한 신으로 자리매김되었다. 이 시기에 편찬이 개시된 『고사기』, 『일본서기』의 신대기에 왕권신화를 기록하여 천황권의 신성화, 정당성을 주장한 것도 유력씨족들을 비롯한 인민통치의 수단

---

17 阿倍武彦, 1984, 「天武朝の族姓改革について」, 『日本古代の氏族と祭祀』, 吉川弘文館, p.319.

18 8色姓制의 목적에 대해 종전에는 황친의 사회적 지위를 확립하고 천황의 절대성을 유지시키려는 것(竹内理三, 1950, 「天武八姓制の意義」, 『史淵』34)라는 설명에 대해, 3위이상의 고위관인층은 朝臣이 압도적으로 많고 眞人의 경우는 1위는 보이지 않고, 2위가 19%, 3위가 10%로 宿禰와 비슷한 수치를 보이고 있다(原島禮二, 1961, 「八色姓と天武政權の構造」, 『史學雜誌』70-8, pp.6~7). 이러한 통계는 황친인 眞人이 최고 신분이었지만, 왕권을 구성하는 것은 전통적인 臣, 連 씨족과 임신의 난때의 공신그룹이 많았고, 이들이 천황권을 지지하는 주류세력이었다고 생각된다.

이었다. 『만엽집』에 실린 가요 중에 "大君은 신이시기 때문에 赤馬의 가슴까지 물이 차는 논이라도 왕도를 이루신다"(제19권, 4260), "대군은 신이시기 때문에 물새들이 군집해있는 호수를 왕도로 만드셨다"(제19권, 4261)라고 하여 늪이나 전야를 왕도로 변모시킬 정도의 신적인 능력을 소유한 천황임을 표현하고 있다. 「공식령」의 조서에 '明神御宇日本天皇詔旨云云'이라는 내용이 나와 있듯이 '日本=天皇=明神(現人神)'의 3자가 일체화되어 '율령국가=일본'이 형성되었다[19]. 천무는 신격화된 군주에 어울리는 각종 의식과 제도를 정비해 간다. 전통적인 수확제인 신상제에 복속의례적 요소를 가미한 대상제를 창설하였고, 치세 중에 여러 차례 대상제를 거행하였다. 천무의 사후 持統의 즉위식에는 천무대의 신격화된 의식이 계승되었다.

지통 4년(690) 정월조에는 즉위식의 의례에 대해 다음과 같이 기록하고 있다.

【1-3】物部麿朝臣이 큰 방패를 세웠다. 신기백 中臣大嶋朝臣이 天神壽詞를 낭독하였다. 이어서 忌部宿禰色夫知가 神璽인 검과 거울을 황후에게 바쳤다. 황후가 천황에 즉위하였다. 공경, 백료가 배열하여 일제히 배례하고 박수를 쳤다[20].

제사를 주관하는 씨족인 中臣大嶋가 天神壽詞를 올린다. 천신수사의 주상은 신들이 천황을 축복하는 축사로서 신기관의 장관인 신기백이 이를 대신한다. 이어 기부숙녜색부지가 천황즉위의 상징인 검과 경을 천황 계승자인 황후에게 바쳐 즉위의식을 거행하였다. 『일본서기』 신대기에는 "이때 천조대신은 우리 아들이 이 寶鏡을 보고 있을 때, 바로 나를 보는 것과 같다고 하였다[21]"라고 하듯이, 천

19 田村圓澄, 1991, 「天照大神と天武天皇」 『東アジアの古代文化』67, pp. 20~21.
20 『日本書紀』持統4년 춘정월 무인조.
21 『日本書紀』神代(下), "是時, 天照大神手持寶鏡, 授天忍穗耳尊而祝之曰, 吾兒視此寶鏡, 當猶視吾".

황의 몸을 지키는 呪物로서 인식되었다. 또 천조대신이 니니기노미코토(瓊瓊杵尊)를 지상으로 강림시킬 당시 八坂瓊의 곡옥, 팔지경, 草薙劍의 3종의 보물을 내렸다[22]. 이들 神璽는 신으로부터 받은 징표이자 황위를 상징하는 신기로서 천무조에 와서 즉위의례로 정착되었다. 대보율령에도 天祚의 날에는 忌部가 신새인 동검을 바쳤다고 기록하고 있다[23].

이러한 신격화의 움직임은 文武 원년(697) 8월의 즉위식에서 발포된 宣命에서 극명하게 나타나고 있다.

【1-4】現御神이신 大八嶋國을 다스리는 천황의 대명을 여기에 모인 황자들, 왕들, 백관들, 천하의 공민들에게 선언하노라. 高天原에서 시작하여 먼 선조의 천황시대로부터 천황의 아들로 태어나 계속해서 대팔도국을 통치하였다. 천손으로서 천신에게 수여받아 대대로 이어온 천황위의 업과 현신으로 대팔도국을 통치하신 持統천황이 주신 높고, 넓고, 두터운 대명을 이어받아 나라를 통치한다[24].

천황의 즉위를 선언하는 선명체 형식의 포고문은 천무의 황손인 문무의 즉위식에서 처음으로 시행되었다. 이것은 천무, 지통으로 이어지는 천황가의 신격화의 일환으로 천황가의 유래가 고천원에서 시작되었음을 알리고, 황실, 백관, 천하공민에게 혈통의 신성성과 일본국 통치의 정당성을 신대로부터 계승하여 왔음을 선언한 포고문이다. 8색의 성의 제정에서 시작된 천무의 신격화 작업은 문무대에 와서 의식화되고 대보율령에 의해 법제화되었다.

---

22 『日本書紀』神代(下), "故天照大神, 乃賜天津彦彦火瓊瓊杵尊, 八坂瓊曲玉及八咫鏡, 草薙劍, 三種寶物".
23 『令集解』, 「後宮職員令」蔵司條, "古記云, 神璽. 謂踐祚立(之)日, 忌部上神璽之鏡劍也".
24 『日本書紀』持統紀원년 8월조.

3. 계보의 장악과 씨성의 관리

1) 계보서의 편찬과 관리

천황제 율령국가에서 씨성의 논리는 정치적 신분을 나타내고 관리등용의 중요한 기준으로 작동하고 있었다. 따라서 성씨의 체계적인 파악과 관리는 국가운용의 근간이며 지배의 원리였다고 생각된다.『신찬성씨록』편찬 이전에 씨족들의 기록을 조사·관리하는 체계가 어떻게 이루어지고 있었는지 그 실태에 대해 살펴보기로 한다.

씨족들의 기록물에 대해서는『일본서기』持統紀 5년(691) 8월조에 18씨에 대해 墓記를 제출하라고 명한 것이 최초이다[25]. 묘기는 묘지명으로 사자에 대한 생전의 행정을 담은 기록이지만[26], 구체적으로 말하면 선조대로부터 조상의 유래, 계보, 업적 등을 기록한 씨족의 계보집으로 생각된다. 이보다 앞서 지통2년(688) 11월에 거행된 천무의 상장의례인 빈궁에서 거행된 신료들의 조사에 대해 다음과 같이 기록하고 있다.

【2-1】황태자가 공경, 백관 등과 여러 제번의 사신과 함께 빈궁에 가서 통곡하였다. 이에 제물을 올리고 순절무를 연주하였다. 여러 신료들은 각각 자신의 선조들이 섬겼던 상황을 말하고 차례로 나가 조사를 바쳤다[27]..

공경, 백관 각 씨족들은 그들의 선조가 천황가에 봉사해왔던 유래를 담은 조사이고, 씨족지, 조정에서 제출을 명 받은 묘기에도 이러한 내용이 포함되어 있었음

---

25 『日本書紀』持統紀5년 8월 신해조.
26 菅澤庸子, 2001,「新撰姓氏錄における姓意識と渡來系氏族」,『史窓』58, p. 212.
27 『日本書紀』持統紀2년 冬11월 무오조.

을 짐작하기 어렵지 않다. 요컨대 묘기의 제출을 명한 것은 국가가 씨족들에 대한 역사와 계보를 장악하고, 각 씨족의 사적에 대한 역사적 의미를 부여하여 천황가와의 현실적 신료관계의 유래를 역사적으로 증명하기 위한 조치였다. 이들 18씨 중에는 藤原, 石川, 巨勢, 春日, 上毛野, 大伴, 平群, 阿倍, 穗積, 阿曇 등 유력씨들이 포함되어 있어 우선적으로 이들의 씨족지를 제출시켰다. 이때 묘기는 수집된 『일본서기』편찬의 재료로서 수사국으로 이관되었을 것으로 생각된다.

『일본서기』편찬 이후 평안 시대 弘仁 3년(812)에 행해진 일본서기강서인『日本書紀私記』(甲本), 「(弘仁私記」(幷書)에는 씨족의 本系에 대해 다음과 같이 기록하고 있다.

【2-2】凡厥天平勝寶之前[感神聖武天皇年號也,世號法師天皇], 每一代使天下諸氏各獻本系[謂譜講為本系也]. 永藏秘府不得輙出, 令存圖書寮者是也[雄朝妻稚子宿禰天皇御宇之時, 姓氏紛謬, 尊卑難決. 曰咥月檮丘, 令探湯定真偽. 今大和國高市郡有是也. 後世帝王見彼覆車, 每世今獻本系, 藏圖書寮也].

상기 기록에 의하면 天平勝寶(749~756) 이전에는 1세대마다 천하의 제씨는 본계를 바치고 이는 영원히 비밀 秘府에 보관되어 함부로 반출하기 어렵고, 도서료에 보존되어 있다고 한다. [細註]의 내용은 允恭(412~452) 시대에 성씨의 존비를 판단하기 어려워 探湯을 통해 그 진위를 가렸다고 하듯이 당시 씨성의 혼란이 심각했음을 말해주고 있다. 이것은 많은 씨족들이 출자의 개변을 통해 유력한 가문에 가탁, 부회하는 풍조가 횡행했다는 사실을 말해주는 것이다. 천무조에 시행된 씨성의 존비가 고과의 기준이 되는 일은 8세기에 들어서도 변하지 않았음을 보여주고 있다. 이러한 허위 씨성을 방지하기 위해 매 세대마다 본계장의 제출을 명하고 이를 중무성 산하의 도서료의 비밀 문서고에 보관하고, 함부로 반출하지 못하도록 했던 것이다. 즉 세대마다 제출된 본계장에 출자의 변동 등 진위를 판별하기 위한 조치라고 보인다.

　『양로율령』의 戶令「호적」조에는 "凡戶籍恒留五比, 其遠年者依次除[近江大津宮 庚午年籍不除]"라고 하여 호적은 항상 5회분(五比)을 보관하는데, 옛 것은 점차 폐기 처분하지만 天智(近江大津宮) 때 만든 庚午年籍은 폐기하지 않는다고 규정하고 있다. 호적의 작성은 6년에 1회이므로 5회는 30년으로 상기 사료에 보이는 1세대마다 본계를 바친다는 기록과 일치한다. 즉 천하 제씨의 본계가 세대가 바뀔 때마다 제출되고 있음을 알 수 있다. 『속일본기』 천평보자 8년(764) 7월조에도 令文을 인용하고 있으며, 이는 경오년적이 '씨성의 근본'이기 때문에 후세에 씨성을 허위로 속이는 자가 진실을 왜곡하는 것을 방지하기 위해서였다[28]. 『신찬성씨록』 서문에도 "경오년에 이르러 호적을 편찬하여 만드니, 인민의 씨성(氏骨)이 각각 그 마땅함을 얻었다"라고 한다. 이러한 기록으로부터 天智 때 제정된 경오년적에 등재된 씨성이 그후의 변화와 진위를 판별하는 기준이 되었음을 알 수 있다. 한편 『속일본기』 연력 10년(791) 9월조에는 讚岐國 阿野郡人 公菅麻呂 등이 자신들의 선조는 경오년 이후 朝臣의 성을 받았는데, 양로5년(721)의 造籍의 날에 옛 경오년적과 교감하여 조신의 성이 삭제되어 우려하는 바가 크니 복원해 줄 것을 청원하자 승인받았다[29]는 기록이 보인다. 경인년적에 기초한 씨성도 시대가 지남에 따라 이를 문제삼아 개성을 청원하면 승인받는 일이 나타나고 있다. 시대가 내려갈수록 호적만으로는 씨의 전모와 개개의 개성 연차와 범위를 감정하기가 어렵게 되고, 호적 자체가 당시 어떤 이유로부터 본래의 호로부터 떨어져 나가 絶戶가 되거나 타가의 성을 함부로 사용하는 冒姓의 범람하여 신뢰도가 떨어지자 각 씨의 본계장인 家牒이 중시되어갔다.

　『신찬성씨록』 서문에는 寶字末(758) 이후의 씨족지 편찬에 관한 기록이 나온다.

---

28 『續日本紀』 天平寶字8년 7월 정미조.
29 『続日本紀』 延暦10년 9월 무인조.

【2-3】이후 역대의 제왕이 수시로 개정하여 끊임없이 이어져 왔다. 勝寶 연간 (750~756)에 특별히 은혜를 베풀어 제번 출신 사람들에게 원하는 대로 허락하였다. 그래서 마침내 이전의 성과 뒤에 받은 성이 같아지고, 외국과 일본의 씨족이 서로 뒤섞이게 되었다. 각지의 서민들이 고귀한 신분의 후손이라고 내세우고, 삼한에서 건너온 사람들이 일본 신의 후예라고 일컫게 되었다. 시대가 변하고 사람이 바뀌니 알고 말할 수 있는 사람이 드물게 되었다. 보자말에 그 다툼이 더욱 빈번해져서, 이에 이름 있는 학자들을 모아 씨족지를 편찬하였으나, 초안이 만들어지는 중에 어려움이 있는 때를 만나서, 여러 학자들은 흩어지고 편찬은 중단되었다.

이 기록은 天智朝의 경인년적 이후 씨성의 변화과정을 보여주고 있다. 특히 승보 연간에 이민족에 대한 다량의 사성으로 씨성과 출자의 혼란이 생겨 새로운 씨족지를 만들고자 하였으나 중단되었다고 한다. 이로써『신천성씨록』에 앞서 씨족지 편찬이 추진된 사실을 알 수 있다. 여기서 "제번 출신 사람들에게 원하는 대로 허락하였다"라는 내용은『속일본기』천평보자 원년(757) 4월조에 "고려, 백제, 신라 등 오랫동안 성화를 흠모하여 일본의 습속에 들어와 정착한 사람들은 원하는 성을 모두 들어주었다"라는 기록을 말한다. 이때의 사성은 도래인에 대한 무제한으로 희망하는 성을 준다는 의미는 아니다[30]. '일본의 습속에 들어와 정착한 사람'이라는 전제가 있듯이, 이는 공민으로서 자격을 갖춘 이민족의 내민화 과정이다. 게다가 씨족지 편찬의 사유가 된 도래인에 대해 대량 사성 이후에도 사성정책은 계속되었다.

---

30 이때의 姓을 氏로 보는 설도 있다, 가바네는 물론이고 우지조차 갖지 않은 귀화인에게 우지를 수여한다는 의미이고, 氏의 同化에 따른 혼란을 표현한 것으로 본다(平野邦雄, 1962,「古代氏姓・人名に現れた階級關係-特に歸化系氏族を通じて-」,『日本古代史論集』上卷, 坂本太郎博士還曆記念会, 吉川弘文館, pp.4~12). 예리한 시각으로 정확한 지적이라고 생각된다.

2) 사성과 씨족의 통제

우선 도래인의 사성에 대해『속일본기』의 사례를 통해 살펴보자. 神龜 원년 (724) 2월에, "제관에서 봉사하는 韓人部 1, 2인에게 그 봉사하는 직에 따라 氏姓을 준다"라는 조를 내렸는데, 이들은 7세기 후반 망명해온 백제, 고구려계 관인층을 말한다. 그해 5월에 다시 20씨 22인에게 새로운 성을 내렸다[31]. 개성된 인명을 보면, 河上忌寸을 비롯하여 新城連, 三笠連, 男採連 등 21씨이다. 하상기촌을 제외하고는 전원 連 성을 받았고, 관위는 종5위상에서 정8상위상까지의 중급의 실무관인들이다. 이들은 원래 본국의 출자를 알 수 있는 씨명이었으나 일본의 씨성으로 완전히 탈바꿈되었다. 천평 17년(745) 5월에는 "筑前, 筑後, 豊前, 豊後, 肥前, 肥後, 日向 등 7국에 있는 無姓의 사람들에게 원하는대로 성을 주었다". 구주 지역의 무성의 도래계 씨족에게 동화정책의 일환으로 시행되었다. 이어 天平寶字 2년 (758) 6월에는 余益人 등 4인에게 百濟朝臣을 내리고 고구려계 관인 9인에게 多可連, 長背連의 성을 내렸다[32]. 또 천평보자 5년(761) 3월에는 백제 131인, 고구려인 29인, 신라인 20인, 漢人 8인 등 총 188인에 대한 사성을 단행하였다[33]. 백제인 余民善女 등 4인에게 百濟公을 사성한 것을 제외하면 모두 連 혹은 造 성을 내렸다. 이것은 천평보자 원년(757) 4월에 도래인에게 내려진 칙에 대한 후속 조치로서 이칙이 근거가 되어 개사성이 이루어졌다[34]. 이보다 앞서 천평보자 2년(758) 4월에도 고구려계 씨족 11인에게 難波連의 성을 내리고[35], 동 8월에는 津史秋主 등 34인을 津史에서 津連으로 개성시켰다[36]. 天平神護 2년(766) 5월에는 上野國의 신라

---

31 『續日本紀』神龜 원년 5월 신미조.
32 『續日本紀』天平寶字2년 6월 갑진조.
33 『續日本紀』天平寶字5년 3월 경자조.
34 伊藤千浪, 1985, 「律令制下の渡來人賜姓」, 『日本歷史』442, p. 28.
35 『續日本紀』天平寶字2년 4월 기사조.
36 『續日本紀』天平寶字2년 8월 병인조.

인 193인에게 吉井連의 씨성을 내렸고[37], 神護慶雲 2년(768) 3월에는 좌경인 楊胡
毘登人麻呂 등 60인에게 楊胡忌寸[38]을 사성하였다. 또 寶亀 8년(777) 정월에는 좌
경인 田邊史廣本 등 54인에게 上毛野公의 씨성을 주었다[39]. 모두 특정 도래계 일
족에게 준 집단적 씨성이었다. 보귀 11년(780) 5월에는 좌경인 下莫位百足 등 6씨
69인의 도래계 씨족들에게 일본 성을 주었다[40]. 延曆 4년(785) 6월에는 종3위 우위
사독 坂上大忌寸苅田麻呂 등은 자신들의 선조가 후한 영제의 증손인 아지왕의 후
예라며 숙녜로 개성해줄 것을 청원하여 坂上 등 11씨 16인이 기촌에서 숙녜로 개
성하였다[41]. 天平勝寶 2년(750) 정월에는 고구려계 背奈王福信이 高麗朝臣을 사성
받았고[42], 연력9년(790) 7월에는 津連眞道 등이 菅野朝臣을 받았다[43]. 8색의 성에
서 보면 連에서 朝臣으로의 개성은 5단계를 뛰어넘는 파격적인 승진이었는데, 이
는 천황가와의 특별한 관계에서 나왔다. 도래계 씨족들에 대한 사성은 대부분 공
적인 절차를 거쳐 승인되었다.

　이들의 상당수는 7세기후반 한반도의 전란으로 망명해온 사람들의 후손들이
며, 이 시기의 사성의 대상은 일본 정착 후에 능력을 인정받아 관인층이 된 인물
도 적지 않다. 천황가와의 특별한 관계로 고위 성을 받은 사람도 있지만, 무성, 무
씨의 사람의 경우는 씨성의 사여로 '番人'의 일본화 과정을 통해 천황의 신민으로
재탄생되었음을 보여주고 있다.

---

37 『續日本紀』天平神護2년 5월 임술조.
38 『續日本紀』神護景雲2년 3월 계축조.
39 『續日本紀』寶亀8년 정월 무오조.
40 『續日本紀』寶亀11년 5월 갑술조.
41 『續日本紀』延曆4년 6월 계유조.
42 『續日本紀』天平勝寶2년 정월 병진조.
43 『續日本紀』延曆9년 추7월 신사조.

□ 일본씨족 賜姓 분류표[44]

	朝臣	宿禰	忌寸	臣	連	造	公	史	直	기타	총계
左京	87	14	42	3	14	18	14			1	
右京	10	26		13	51	32	13				
大和國	24						13				
山背國							11	14		11	
河内國	3			7	126					13	
攝津國	4				18						
和泉國	64										
伊豫國	15	21		8	10						
因幡國	15				19					7	
安房國	2										
近江國	4										
參河國			9								
上野國							9				
武藏國		1									
伊勢國	2	3	3	5							
讃岐國				127			52				
美作國				4	1						
阿波國		11			14						
出雲國	26										
土左國										41	
尾張國		8		8							
陸奧國	14			33	16		17				
播磨國					19						
備前國					7		64				
信濃國					8						
紀伊國									160		
遠江國					1						
越前國										1	
常陸國	2										
미상	21	96	11	125	170	406	13		59		
합계	293	180	65	333	474	456	206	14	219	74	2314

44 이 분류는 개사성이 집중되는 『속일본기』에 나오는 천평승보3년(759)에서 延曆10년(791)의 기록이
다. 1인 단독의 사성인 경우에는 제외한 것도 있어 통계에 차이가 있을 수 있다.

한편 일본 관인층에 대한 사성도 천평승보 3년(759)에서 연력 10년(791)까지 8세기후반에만 100회 이상 시행되었다. 분류표에서 보듯이 좌경과 우경에 많고 조신, 숙녜 등 상위의 성도 경기와 주요 제국에 집중되어 있다. 유형별로는 朝臣 293인, 宿禰 180인, 忌寸 65인, 臣 333인, 連 474인, 造 456인, 公 206인, 史 14인, 直 219인 등이다[45]. 도래계 씨족에게는 극히 제한된 조신과 숙녜 등 고위 성만 293인이고, 실무관료에 해당하는 신, 연, 조가 다수를 차지하고 있다. 이 시기는 율령국가의 공지공민제의 이념이 퇴색해지고, 율령체제의 이완과 모순이 드러나기 시작하였다. 淳仁朝에서는 이를 타개하기 위해 '신라정토계획'이 수립되었고 이어 천평보자 8년(764)에는 신라정토계획을 주도한 藤原仲麻呂의 정변과 실패에 이어 순인 폐위 등 정치적으로 매우 불안정한 상태였다. 이러한 상황에서 신분상승의 지표인 사성정책이 추진되었다고 보인다. 사성을 통한 인민들에 대한 통제였던 것이다. 요컨대 사성은 천황의 은혜로서 관인층을 구성하는 씨족들과 충성과 봉사의 군신관계를 강화하여 지배질서를 확립하고자 했던 천황제 국가의 이념에서 시행되었다고 생각된다.

4. 『신찬성씨록』의 구성과 천황제 국가의 지배원리

1) 연력 18년의 본계장과『신찬성씨록』편찬

延曆 18년(799) 12월에『신찬성씨록』편찬을 위한 다음과 같은 칙이 내려졌다.

【3-1】①천하의 신민인 씨족은 이미 많아졌다. 어느 씨족은 출자는 같으면서(同源) 별파로 되어있고, 어떤 자는 본종은 다르면서 동성으로 되어 있다. 譜牒

---

45 眞人은 천황가의 후손에게 사여되는 것으로, 천무조의 8색의 성 제정시 고정되었다고 본다.

에 의거하려고 해도 改姓이 많이 되어 있어, 호적과 계장을 조사해도 그 본종과 지족을 구별하기 어렵다. 그래서 천하에 포고하여 본계장을 진상시켜야 한다. 삼한제번도 동일하게 한다, ②다만 이 본계장에는 시조 및 別祖(別氏가 된 씨의 조상)의 이름은 기록하지만, 枝流와 繼嗣의 이름은 기입하지 않는다. 만약 원래 귀족으로부터 갈라져 나온 자에 대해서는 木宗의 씨의 장자의 서명을 받아 제출하라. 씨성에 대해서는 잘못이 많아 마땅히 사실을 정확하게 기록하고 조작이 범람하기 때문에 거짓이 없도록 해서 내년 8월 30일 이전까지 모두 제출을 완료하라. 제출된 본계장은 편찬함에 이전의 기록과 다르거나 기일을 넘기는 경우는 마땅히 사안을 조사하여 처리하고, 영원히 등재하지 못하도록 한다. ③무릇 유력하지 않은 보통의 씨족들은 모두 모아 1권으로 하고 유력씨족들은 별도로 1권씩으로 작성하라[46].

이때의 칙은 『신찬성씨록』 편찬에 즈음하여 씨성과 출자에 대한 문제점을 지적하고 각 씨족들에게 본계장의 제출을 명하면서 의무조항과 처벌규정을 담았다. 사료①은 동조이면서 별파이고, 출자는 다른데 동성인 까닭을 개성 때문에 생긴 것으로 보고, 보첩, 호적, 계장으로는 판별하기 어려우니 구체적인 내용이 담긴 본계장을 제출하라는 것이다. ②는 시조명과 사성으로 분파되어 별도의 가문을 세운 조상명(別祖)을 기록하라는 것인데, 개성의 현황을 조사하여 본류를 파악하기 위한 조치라고 생각된다. 또 귀족의 分枝에 대해서는 본종가의 씨족장(氏長)의 서명을 받아 동조임을 확인하는 것인데, 이것은 종중장자가 갖고있던 家記가 동조관계의 증거로서 중시되었다고 본다[47]. 또 허위로 기재하거나 기일을 넘기면 성씨록의 등재에서 배제시킨다는 조치이다. ③은 씨족의 신분에 따라 성씨록에

---

46 『日本後紀』延曆18년 12월 무술조.

47 義江明子, 1985, 『日本古代の氏の構造』, 吉川弘文館 참조.

수록하는 권수에 차별이 있고, 그 정보량에 상당한 차이가 있다는 것을 말해준다. 이때의 본계장 제출에 '삼한제번'을 특기한 것은 한국계 도래인에 대한 특별한 인식을 보여주며, 이는 「제번조」를 구성하는 성씨록의 편찬방침으로 보인다.

『신찬성씨록』 서문에는 편찬 상황에 대해 다음과 같이 기록하고 있다.

【3-2】①새로 바친 본계가 故實과 다른 경우가 많아서, 두 씨를 섞고 합하여 함부로 한 조상으로 만들기도 하고, 원류를 알지 못하여 조상의 순서를 거꾸로 뒤바꾸거나, 자기 조상을 잃어버리고 잘못 다른 씨에 들어가거나, 다른 씨에 교묘하게 들어가 자기 조상으로 삼기도 한다. 새로운 씨족과 오래된 씨족이 어지러워져 정리하기 어렵고, 이 씨족과 저 씨족이 잘못 뒤섞인 것이 헤아릴 수 없다. ②이런 까닭에 하루빨리 이루고자 하였으나, 이미 10년의 세월이 지나버렸고 경기의 본계 중 바치지 않은 것이 반이 넘는다.

상기 서문의 사료①은 각 씨족으로부터 제출받은 문서에 가상의 조상을 만들기도 하고, 남의 계보에 부회·가탁하여 조상의 계조와 본류를 알 수 없는 것이 헤아릴 수 없다고 할 정도라고 하여 혼탁한 본계장의 실상을 전하고 있다. 동 상표문에는 "書府의 오래된 문서와 진상된 新系를 교열하고, 확실하지 않은 것은 모아서 별권으로 하였다[48]"라고 한다. 서부는 도서료에 보관 중인 과거에 작성된 비장의 문서고를 말한다. 씨족의 보첩이나 장적으로는 씨의 본지를 분별하기 어려워 본계장을 제출시켰지만, "이 씨족과 저 씨족이 잘못 뒤섞인 것이 헤아릴 수 없다"고 할 정도로 신구의 문서를 막론하고 문제가 많음을 토로하고 있다. 한편 서문②에는 연력 18년(799)에 본계장의 제출명이 내려진 이후 10년이 되도록 반수 이상이 제출하지 않았다고 한다. 국가의 칙찬 성씨록에 등재되는 일은 씨족이 국가로부터 공

---

48 『新撰姓氏錄』上表, "然書府舊文, 見進新系, 讎校合之, 則捻以入錄, 其未詳者, 則集爲別卷".

인받아 지배층 반열에 올랐다는 표식임에도, 결과적으로 상당수의 씨족들이 제출하지 않았다. 이러한 현상은 우선 씨족들이 본계장 자체가 없었거나 새로 만들기가 쉽지 않았던 이유가 있었다고 본다. 다른 이유는 허위 기재가 드러날 경우 처벌을 두려워하여 처음부터 제출을 주저했을 가능성도 있다. 예를 들면, 『일본후기』大同 4년(809) 2월조에 「倭漢惣歷帝譜圖」에 노왕, 오왕, 고려왕, 한고조 등이 天御中主尊의 자손으로 되어 있는 등 일본과 외국의 계보가 뒤섞여 있어 天宗이 더럽혀지고 있다고 하여 소각을 명하고 발각되면 중벌에 처한다[49]는 칙이 내려지기도 하였다. 또 『일본서기사기』(갑본) 「홍인사기」(병서)에도 〈帝王系圖〉에 근거하여 천손의 후손이며, 신라왕, 고구려왕이 되고, 민간에서 제왕이 되었다고 주장하는 자들이 있어 연력 연중에 제국에 명하여 이를 소각시켰지만, 지금도 민간에 남아있다[50]라고 한 사실은 이를 대변해준다. 여기에서는 유독 외국계의 조작에 대한 지적을 강조하고 있지만, 이러한 계보조작은 씨족의 출자, 국적을 막론하고 보편적인 현상이었다. 일본계의 경우 황별과 신별만이 존재하듯이 이 자체가 많은 씨족들의 출자가 개변되어 있음을 말해주고 있다. 출자와 씨성의 오류와 문제점을 바로잡으려는 시도는 기대만큼 이루지 못하였다. 편찬의 기초자료로 삼은 문서군의 심각성을 체감하고 출자나 씨성의 허위를 밝혀냈으나 이를 걸러내거나 바로잡는데에는 한계가 있었다. 국사 등 고기류에 근거해서 확인되거나 불분명한 것은 별권으로 편집하여 대부분 제출된 그대로 수록하였다. 성씨록 서문에도 보이듯이 본계장과 古記를 비교하여 본계장에 누락되었거나 다르면 고기에 의거해 고쳤지만, 본계장에는 있지만 고기에 없는 경우에 대해서는 언급이 없다. 이러한 사실은 성씨록 편자가 출자의 검증에 극히 소극적이었음을 보여준다[51]. 즉 천황제 국가의 지

---

49 『日本後紀』 大同4년 2월 신미조.

50 『日本書紀私記』(甲本) 「弘仁私記」幷序, "更有帝王系圖.[天孫之後, 悉爲帝王, 而此書云, 或到新羅高麗爲國王, 或在民間爲帝王者. 曰茲延曆年中, 下符諸國, 令焚之. 而今猶在民間也]".

51 關晃, 1997, 「新撰姓氏錄の編修目的について」『日本古代の政治と文化』, 關晃著作集 第5卷, 吉川弘

배이념 추구라는 대전제 속에서 강행할 수밖에 없었고, 편찬국에서도 이들 히위문서를 묵인하거나 허용한 부분이 있었음을 말해준다.

이러한 과정을 거쳐 최종적으로 弘仁 6년(815) 7월20일에 1182씨가 수록된 본문 30권과 계도 1권이 완성되었다. 『신찬성씨록』은 기존의 많은 씨족지를 집대성하여 새롭게 편찬한 최초의 칙찬 계보서라고 할 수 있다. 완성된 성씨록의 구성을 보면, 平安京의 좌경과 우경을 필두로 山城, 大和, 攝津, 河內, 和泉의 순으로 배치하였다. 그리고 1182씨를 황별, 신별, 제번이라는 출자에 따라 '3體'로 대별하고, 제1권에서 제10권까지를 황별 325씨, 제11권에서 20권까지를 신별 404씨, 제21권에서 제29권까지를 제번 326씨 그리고 제30권에 미확정 씨족인 미정잡성 117씨로 분류하였다. 또 각 씨족의 출자를 '3例'로 분류하여 '出自', '同祖之後', '之後'로 표기하였다. 이어 본종의 시조과 별조, 별조의 지류의 인명, 후예씨족, 성씨명의 유래, 개사성, 본거지 등을 기록하였다[52].

『신찬성씨록』 서문에는 '3例'에 대해 다음과 같이 정의하고 있다. 본종에서 갈라져 특별히 가문을 세운 선조는 '出自'라 하고, 古記와 본계 모두 혹은 어느 한쪽에 실려 있는 경우는 '同祖之後'(~와 동조이고 ~후손이다)이고, 본종의 씨족과의 관계가 고기에 누락되어 본지 관계가 의심스럽지만, 선조를 세운 경우는 '之後'(~의 후손이다)라고 기록하였다. 이것은 본종의 시조와의 원근·친소관계를 나타내는 일종의 출자의 서열을 나타내는 표기법이다. 여기에서 가장 중요한 것이 본종의 시조와의 친소관계이다. 본종의 시조가 누구이고, 이 시조의 계보에 어떤 식으로 연결되어 있느냐가 씨족의 서열에서 기준점이 되고 있음을 말해준다. 여기에서 흥미로운 사실은 황별의 경우 '동조지후'가 전체 335씨 중에서 184씨로 55%를 차지한다. 즉 천황가와 연결된 유력한 씨와 동조관계에 들어가려면 본종가의 씨족장

文館, p. 209.

52 佐伯有淸, 2007, 『新撰姓氏錄の硏究』(硏究編), 吉川弘文館 참조.

인 씨상의 서명이 필요하다. 당시에 씨상은 혈연적으로 뭉친 집단의 장이 아니라 정치집단의 수장이고, 씨족 간의 동조관계는 연합적 성격이 강했음으로, 이해관계만 일치되면 수용할 수 있는 사회적 현상이었다고 보인다. 신별의 경우는 동조관계가 상대적으로 적지만, 신대로부터 천황가와 인연이 깊은 유력한 신으로부터 나온 몇 세내손의 후손이라고 하여 확인할 수 없는 중시조를 만들에 유력씨의 게보에 연결시키고 있다. 제번에서는 '出自'가 142씨로 전체의 44%를 차지하고 있다. 이것은 중국과 한반도 제국의 많은 왕조의 제왕, 인물로부터 출자를 구하고 있어, 상대적으로 비율이 높았다고 생각된다. 「미정잡성」의 경우는 예외 없이 '之後'로 기록되어 있다. 이것은 타씨족과의 동조관계에 편입하고 싶어도 본종가 씨상의 승인을 받지 못하여, 결국 편찬국으로부터 불확실한 씨로 간주되어 「미정잡성」으로 편입된 것으로 보인다.

개개의 씨족의 본종은 동조관계를 통해 씨족단을 구성하지만, 본종의 정점에 있는 존재는 말할 것도 없이 천황가의 본존인 천조대신이다. 이 성씨록은 천황가의 존엄과 정통성을 주장하고 이러한 신성성에 의해 천황제 국가를 지배해 나간다는 메시지였다. 신별의 후손이라고 자처하는 씨족들도 이 최고 본존과 분리할 수 없는 인연으로 맺어져 있다[53]. 성씨록에서 전체의 7할에 육박하는 황별과 신별의 씨족들은 천황제 국가의 지배계층이자 혈연적, 의제적 동족집단으로서 강한 연대의식을 공유한다. 즉『신찬성씨록』의 편찬 목적 중에 가장 중시된 것이 바로 출자의식이고, 그 정점에는 황조신이 자리잡고 있다. 따라서 3체의 순서도 황별-신별-제번 순으로 배치하였다.

---

[53] 『신찬성씨록』 편찬목적을 氏上인 本宗氏를 확인하여 본종씨를 통해 씨족들을 장악하기 위한 것으로 보는 견해도 있다(中村友一, 2002, 「新撰姓氏錄における氏と同祖同族關係」, 『駿台史學』116, 동 2005, 「新撰姓氏錄と未定雜姓氏族について」, 『ヒストリア』196). 본종씨 확인이라는 점은 공감하지만, 본종의 정점에 있는 천황가의 본존을 시야에 넣지 않고는 본질을 파악하기 어렵다.

2) 황별씨족의 계보와 동조 · 동족 관계

황별 씨족의 지역별 분포를 보면, 좌경 103씨, 우경 88씨, 산성국 25씨, 대화국 21씨, 섭진국 31씨, 하내국 46씨, 화천국 32씨 등 346씨를 수록하고 있다. 좌경과 우경에 거주하는 씨가 각각 103씨, 88씨로 전체의 55%인 191씨이다. 이들은 황별 중에도 현실의 우월적 지위를 갖고 있는 씨족이다. 이들의 출자를 보면 2대에서 9 대까지의 이른바 缺史 8대가 181씨로 54%에 이른다. 결사8대는 계보와 생몰년 이 외에는 기록이 없이 가상된 왕통보라고 할 수 있다. 사실상 이들을 원조로 하는 씨 족들의 계보는 후대에 조상의 계보를 부회한 결과이고, 대화정권 시절부터 유력 씨족들이 여기에 연결시키고 있다. 특히 결사 8대에서도 5대 孝昭와 8대 孝元으로 부터 출자를 구하는 씨족이 각각 41씨, 100씨로 전체의 42%를 차지하고 있다. 이 후 崇神부터 應神까지가 83씨이고, 일본고대 왕통이 일원화되는 繼體 이후가 42 씨 12.5%로 상대적으로 적은 비율이다. 이러한 사실은 천황가의 후예라고 하는 씨 족들의 출자 실태를 반영하는 것으로, 실제 왕족 후손의 씨족들이라고 할 수 있다. 이렇게 보면 계체 이전의 황별로 구성되어 있는 씨족들은 대부분은 천황가와는 관 련이 없는 씨족들로서 가상의 계보를 만들어 천황가에 가탁한 사례라고 할 수 있 다. 계체의 경우 일본고대의 왕통보에서 왕조교체의 상징적인 인물이다. 『일본서 기』계체기에 따르면, 그는 15대 응신의 5세손으로 越前國에서 25대 武烈이 후사 가 없자 중앙의 유력호족들의 추대로 즉위했다는 전승을 전한다. 이것은 계보의 연속성을 주장하기 위한 기술이고, 계체를 응신과 계보적으로 연결하면 초대 신무 로부터의 계체 이후까지 일계로 이어지는 왕통보가 성립하게 된다.

다음은 황별에 배치된 씨족들의 구성원리에 대해 살펴보자. 전체 335씨를 10개 그룹으로 분류하고 있다. 모두의 좌경 · 우경황별에서는 息長眞人에서 爲奈眞人 까지 44로, 전원 眞人 성을 갖는 씨족들이다. 이 중에서 필두인 식장진인은 응 신의 황자인 稚淳毛二俣王의 후예라고 하는 씨족으로, 천무의 8색 성 제정 시에 진인을 받은 息長公의 후예이다. 이 씨족은 『고사기』등의 계보 전승을 보면 仲哀

비로 나오는 신공황후가 식장씨이고, 응신의 비도 이 씨족의 여성으로 식장의 씨명을 갖는 왕비를 배출하였다고 전한다. 이 계보는 대화정권을 구성하고 있던 유력호족이었다. 게다가 천무의 일본식 시호가 天渟中原瀛眞人天皇이고, 아버지인 舒明의 화풍시호는 息長足日廣額天皇인 점에서 천무조와의 매우 긴밀했다고 보인다. 다음에 나오는 路眞人 역시 8색성 제정시 진인을 받았고, 다음 敏達의 후손인 大原眞人과 더불어 이들과 동조라고 주장하는 씨족들이 다수 존재한다. 말미에는 천지, 천무의 황자들의 후손이다. 우경황별 역시 식장진인과 동조라고 주장하는 山道眞人을 시작으로 게이타이에서 천무까지 각 천황의 왕자에서 출자를 구하는 진인계 씨족들이다. 이러한 사실은 성씨록의 기본적인 배열을 구상하는 데 천무조의 8색 성이 참조되었다고 보인다.

□ 『신찬성씨록』 황별 분류표

	左京	右京	山城	大和	攝津	河內	和泉	총계
神武	2	5	1	1	2	7	2	20
安寧	1	1						2
孝昭	10	6	8	3	6	3	5	41
孝安								
孝靈	2	6						8
孝元	24	17	5	13	11	20	10	100
開化	4	2	6	1	3	3	2	21
崇神	13	6		2	2	3	6	32
垂仁	2	4			2	3	1	12
景行	3	7	1		1	4	6	22
仲哀	1		1			2		4
應神	5	7	2		1	1		16
繼體	1	2	1	1				5
宣化		2			2			4
敏達	17	2						19
用明	3	1						3

舒明	1						1
天智	3						3
天武	8	2					10
文武		1					1
桓武	3						3
嵯峨	1						1
新良貴		1					1
합계	104	72	25	21	29	46	32	335

좌경황별상 이하의 씨들은 朝臣, 宿禰, 臣, 公, 首 등 다양한 성을 갖고 있다. 씨의 배열도 출자가 우선임을 알 수 있다. 필두에는 光仁, 桓武, 嵯峨의 소생들이 源朝臣의 성을 받은 인물들이다. 源朝臣信은 사가의 아들로 弘仁 5년(814) 5월8일의 칙으로 동생 弘, 常과 함께 臣籍으로 내려간 씨족이다. 『일본후기』延曆 11년(792)조에 "근년 京職에서 신속하게 諸王들에게 성을 주어 호적과 계장에 등재하는 것이 관례가 되어 왔다. 금후는 6世 이하의 왕이 성을 받기를 청원하면 희망하는 성을 주기해서 신청한 연후에 행하라[54]"라고 하는 조가 내려진 직후, 동 연력 24년(805) 2월 을묘조에 승려 2인과 諸王 102인이 진인으로 사성되었다[55]. 6세 이하의 왕족에 대해 臣籍으로 바꾼 것으로, 환무조 이후 후궁 소생의 자녀들이 源朝臣으로 사성되었다. 이어 천지와 천무를 비롯한 역대 천황의 황자의 후손들이 나온다.

다음 결사 8대인 孝元의 후손으로 나오는 武內宿禰는 많은 유력씨족들의 공동 조상으로 되어 있다. 무내숙녜의 계보를 잇는 씨족은 49씨로 모든 지역에 걸쳐 분포하고 있고, 朝臣이 22씨로 고위 신분이 많다. 『일본서기』전승에 보이는 무내숙녜는 景行에서 仁德까지 5대에 걸쳐 천황에 봉사한 전설적인 인물이자 충신으로

---

54 『日本後紀』延曆11년 7월 을묘조.
55 『日本後紀』延曆24년 2월 을묘조.

묘사되어 있다. 무내숙네를 조상으로 하는 씨족들의 면모를 보면 蘇我氏, 巨勢氏, 平群氏, 葛城氏, 紀氏 등 중앙의 유력씨들이고, 소아씨 이하 4씨는 대신을 배출한 명문가이다. 동 전승에 따르면 그는 경행51년에 棟梁之臣으로 임명되고, 成務 3년에는 대신이 되었고, 仲哀 9년에는 웅습 원정길에 천황이 급사하자 은밀히 사태를 수습한 지고의 충신으로 묘사되어 있다. 또한 신공황후의 신라 원정시에 신의 계시를 받아 무내숙네의 도움을 받았다는 이른바 삼한정벌설화와도 관련되어 있다. 무내숙네에 대해 츠다 소키치는 推古와 소아씨를 비교하면서 그 이야기는 소아씨가 만든것이 아닌가 추정하였다.[56]. 그러나 7세기후반에 중신겸족의 행적이 무내숙네와 유사함을 들어 중신겸족을 모델로 하여 만들어졌을 가능성이 높다[57]. 『속일본기』慶雲 4년(707) 4월조에 내린 조서에 "藤原朝臣이 봉사해온 것은 지금만이 아니다. 선조 천황 대대로 봉사해 왔고, …대신의 아버지 등원대신이 봉사했던 모습은 무내숙네가 봉사해 온 것과 같이 추앙되어야 한다"라고 특기하고 있듯이, 등원겸족을 무내숙네의 공업에 비유하고 있다. 이 전승은 등원씨의 행적과 유사성이 많으며, 대화정권 시대의 유력씨족들의 후손들이 계보상의 동조관계로 연결시켰다고 생각된다[58].

결사 8대의 孝昭를 시조로 하는 씨족들도 41씨에 달한다. 「좌경황별하」의 필두로 나와 있는 大春日氏는 효소의 황자에서 출자를 갖고, 천무의 8색 성 제정시에 조신을 받은 씨족으로서 연력 20년(801)에 대춘일조신으로 개성하였다. 대춘일씨와 동조관계에 있는 씨족으로는 和安部朝臣, 和爾部宿禰, 櫟井臣, 葉栗臣, 吉田連 등 많은 씨족이 연결되어 있다. 上毛野氏는 崇神에 출자를 잇고 있으며 池田朝臣, 池原朝臣 등 제씨와 동조관계를 맺고 있다. 이외에도 垂仁系 12씨, 景行系 22씨,

---

56 津田左右吉, 1944, 『日本古典の硏究』下, 岩波書店, p.113.

57 岸俊男, 1966, 「たまきはる內の朝臣」, 『日本古代政治史硏究』, 塙書房, p.141.

58 武内宿禰에 대해서는, 志田諄一, 1961, 「武内宿禰傳承の成立」, 『歷史評論』136, 佐藤治郎, 1983, 「武内宿禰傳承の硏究序說」, 『日本歷史』416 참조.

應神系 13씨 등으로부터 많은 씨족들이 효소에서 출자를 구하고 계보를 연결시키고 있다. 이와같이 황별의 특징은 종적 혈연관계뿐 아니라 횡적으로 확장된 계보망을 통해 황조신으로부터 내려오는 범천황가의 동일 출자, 동족의식을 공유한다.

3) 신별씨족과 천황가

神別은 天神, 天孫, 地祇로 구분하고 있다. 좌경과 우경의 천신, 천손 계열의 유력씨족들이 우선적으로 배열되었다[59]. 이들의 祖神과 그 후예 신들은 『記紀』 신화에 등장한다. 현실의 천황가와 협력·봉사하는 신료집단이 황조신인 천조대신의 시대부터 이러한 관계를 맺어왔다는 사실을 주장하기 위해 신화의 세계에 투영시킨 것이다. 특히 천신 계열은 천조대신의 자손인 瓊瓊杵尊이 천손강림할 때 동반한 신들의 자손이 많고, 천손은 니니기노미코토에서 神武 직전까지 3대 사이에 갈라진 후손들이고, 지기는 천손강림 이전에 토착한 신들의 후예를 가리킨다.

신별의 필두는 일본고대의 절대권력의 명문가인 등원조신이다. 동 조문에 따르면 등원조신은 津速魂命의 3세손인 天兒屋命으로부터 나왔고, 그 13세손이 되는 內大臣 大織冠 中臣連鎌子는 천지8년에 藤原의 씨를, 천무13년에는 정1위 태정대신 不比登이 朝臣 성을 받았다고 기록하고 있다. 중신겸족이 받은 藤原은 적자인 不比等과 그 자손만이 사용하였다. 이후 神護景雲 3년(769)에 中臣朝臣清麻呂가 大中臣朝臣을 사성받고 신기관에 임명되었다[60]. 성씨록에는 大中臣氏와 中臣氏의 수는 19씨이지만, 同祖라고 주장하는 씨도 25씨에 달하여 이 씨족의 번영을 말해준다. 중신씨의 조신인 『일본서기』 신대기에 나오는 天兒屋根은 천조대신이 그의 동생 素戔嗚尊에 대한 불신으로 岩屋戸에 은거하고 있을 때, 그 앞에서

---

59 神別의 天神 계열은 265氏, 천손은 109氏, 지기로부터 나온 씨족은 30氏에 달한다 「未定雜姓」 117씨 중에서도 신별로 분류할 수 있는 씨족이 35건 정도 확인된다.

60 『續日本紀』神護景雲3년 6월 을묘조.

축사를 주상하여 모습을 나타내게 했다는 전승이 있고, 천손강림 때에는 천손인 경경저존을 모시고 내려왔다는 5부신의 1인으로 나온다. 즉 중신씨는 천상의 세계에서부터 지상으로 강림하기까지 천황가의 조상신들과 밀접한 관계를 맺는다. 중신이라는 씨명 자체가 신과 인간을 중개한다는 의미도 있듯이 조정의 제사씨족으로서 봉사해온 유래가 있고, 현실의 권력자 藤原家의 元祖라는 씨족의 특성상 성씨록의 필두에 배치될 수밖에 없는 위치에 있었다.

【神別 분류표】

	좌경	우경	산성	대화	섭진	하내	화천	합계
天神	60	36	32	23	24	47	43	265
天孫	20	22	11	14	13	13	16	109
地祇	2	7	2	7	8	3	1	30
합계	82	65	45	44	45	63	60	404

神饒速日命의 후예씨족으로 나오는 石上朝臣은 대화정권 시기에 유력 씨족이었던 物部連의 계보를 잇는 일족이다. 석상의 씨명은 물부씨의 氏神인 석상신궁의 鎭座地인 석상의 지명에서 유래한다.『일본서기』朱鳥 원년(686) 이후에는 物部連麻呂를 石上朝臣麻呂라고 기록하고 있듯이 물부련이 조신을 받는 천무13년(684)경에 석상의 씨명도 고쳤다고 보인다. 물부씨, 석상씨를 동조, 동족으로 하는 씨족만 해도 36씨에 이르고 총 66씨가 신요속일명을 조신으로 하고 있다. 석상씨의 조신인 신요속일명은『일본서기』神武紀 戊午年(BC663)조에 신무보다 앞서 天盤船을 타고 대화에 내려와 神武東征 시에 충성을 다해 돕는 인물로 나온다. 이 전승은 대화정권 시절부터 군사씨족으로서 봉사해온 연원을 기록한 것이다.

「좌경신별중」의 필두로 나오는 大伴宿禰는 대화정권에서 물부씨와 함께 유력 씨족으로 활약한 대반대련 계열의 씨족이다 동 성씨록에는 高皇産靈尊의 5세손인 天押日命의 후손으로 나온다.『記紀』신화에는 천손강림 시에 함께 日向의 高

千穗峰에 내려와 天靫部가 되었다고 한다. 이는 대화정권하에서 궁성을 경비하던 靫負의 직무에서 유래한다. 특히 조신으로 나오는 고황산령존은 천조대신과 사돈간으로 그의 딸과 천조대신의 아들 사이에서 태어난 천손은 바로 지상으로 강림한 瓊瓊杵尊이다. 신화의 세계에서 천황가와 맺은 인연으로 성씨록에서 상위에 배열되었다. 천황가와의 친소관계가 성씨록의 배열에서 중시되고 있음을 보여준다. 고황산령존을 조신으로 하는 씨족은 대반숙녜 등 11씨에 이른다.

　尾張氏, 津守氏, 海部氏 등 52씨의 조신인 天火明命은『일본서기』신대(하) 一書에는 경경저존의 형으로 나오고 있다. 특히 미장씨는 후에 천황가와 혼인관계를 맺어 5대 효소의 황후를 배출하여 6대 孝安을 낳았고, 10대 숭신 때 천황이 미장씨 딸을 비로 입실시켰다는 전승이 있다. 임신의 난 때에 大海人皇子를 도와 천무 탄생의 공을 세워 그 후손들이 위계와 공전을 하사받는 등 씨족의 번영을 구가하였다.

　『신찬성씨록』에 犬養宿禰 등 36씨의 조신으로 나오는 神魂命은『일본서기』신대기의 神皇産靈尊으로 천지개벽 시에 天之御中主神, 高御産巣日神 등과 고천원에 출현한 조화 3신의 하나이다. 出雲을 중심으로 한 신화세계의 수호신적인 존재이다. 견양숙녜의 후손인 橘三千代는 天武에서 元正에 이르는 5대에 봉사한 女官으로 美努王에 입실하여 橘諸兄을 낳았고, 다시 등원불비등의 부인이 되어 聖武의 황후인 光明皇后를 낳아 씨족이 번영하는 기반이 되어『記紀』신화의 조화 3신에서 출자를 구할 수 있었다. 그 밖에『일본서기』신대(상)의 일서에 천조대신와 素戔嗚尊이 서약할 때 태어났다는 天穗日命과 天津彦根命을 조신으로 하는 씨족은 각각 17씨, 20씨에 이른다. 이른바 황조신과의 인연으로 태어난 신이 조상신이 되어 신대의 인연이 현실의 봉사로 이어진다는 씨족의 계보가 형성되어 있다.

4) 제번씨족과 천황제 국가의 신민화

　「제번」조에는 漢 163씨, 백제 104씨, 고구려 41씨, 신라 9씨, 임나 9씨 총 326씨를 수록하고 있다. 이중에서 왕경에 거주하는 씨족이 전체의 53%인 174씨이고,

기내 지역은 하내국이 55씨로 다수를 점하고 있다. 이들 도래계 씨족 중에서 漢系는 좌경제번의 진시황의 3세손 효무왕에서 나왔다는 太秦公宿禰를 필두로 이 씨와 동조라고 주장하는 31씨가 수록되어 있다. 아울러 한고조 계열 8씨와 후한의 광무제 6씨, 헌제 2씨, 효헌제 2씨, 영제 18씨 등 28씨가 황제의 후손으로부터 출자를 구하고 있다. 그 외에 魏 문제와 武皇帝, 수 양제, 연왕 공손연, 손권 등 역대 제왕을 조상의 계보로 하고 있다. 『속일본기』 연력 4년(785) 6월 계유조에는, 東漢氏의 후예인 坂上大忌寸苅田麻呂가 자신의 선조 "본래 후한 영제의 증손인 阿智王의 후예이다"라고 하면서 "선조의 왕족 성을 잃어버려 하급 사람의 卑姓을 받았다"라고 하였다. '비성'으로부터 탈출하기 위해 자신의 출자를 후한의 황세에게 가탁한 것이다. 게다가 〈坂上系圖〉에 인용된 『신찬성씨록』 逸文에는 그의 선조가 한고조로 되어 있어 『속일본기』의 후한 영제설을 압도하는 개변을 행하고 있다. 秦氏의 시조설화는 『記紀』의 응신조에 도래전승을 갖는 弓月君 설화가 원형이고, 진시황의 계보에 부회 · 가상되었다. 진시황 출자는 진씨가 漢氏에 대한 대항의식에서 한황제보다 앞선 진시황에서 구한 것으로 생각된다[61]. 특히 『記紀』 전승에 진시황-궁월군 계열, 한 황제-아지사주(아지왕) 계열의 씨족들의 일본 도래시기는 백제 초고왕(근초고왕), 귀수왕(근구수왕) 시대이다. 진한의 황제를 출자로 하는 계보는 『신찬성씨록』 편찬시에 제출된 본계장에서 개변이 이루어졌다고 생각된다. 조상 계보의 유구함과 고귀성을 주장하는 것은 당시에 만연된 습속이고 관행처럼 되었다. 도래계 씨족들은 이주의 시점을 더 멀리, 고귀한 왕조의 제왕의 후예들이 천황의 덕화에 감화된 것으로 오랜 봉사와 충성의 연원을 주장하였다. 출자는 상위 성으로의 개성에 유리한 조건이 되었기 때문이다.

한반도계의 씨족 중에서는 백제 都慕王의 18세손 무령왕의 후손인 和朝臣이 필두에 나와 있다. 이 씨족은 성씨록 편찬을 시작한 桓武의 외척으로 당시 도래계 씨

---

61 關晃, 1966, 『歸化人』, 至文堂, p.94.

족의 최고 위치에 있었다. 右京 諸蕃下에서는 의자왕을 출자로 하는 백제왕씨로부터 시작한다. 의자왕의 아들 善光의 후손들로서 도래씨족 중에서 특별 지위를 부여받은 씨족이다. 이어 도모왕의 10세손인 귀수왕으로부터 출자를 주장하는 菅野朝臣이 배열되어 있다. 환무로부터 총애받던 관야조신씨는 우월한 지위에서 나온 결과이다. 특히 근초고왕, 근구수왕 계열의 출자는 18씨에 달한다. 이것은『일본서기』신공기, 응신기에 보이는 양국의 활발한 도래전승에 기초하여 대부분 만들어진 계보라고 생각된다. 이 시기가『記紀』의 도래전승의 획기라고 간주한 후대의 인식의 반영이다. 본국의 왕을 출자로 하는 씨족은 백제가 29씨로 가장 많고, 고구려는 추모왕, 호태왕 등 5씨, 임나는 賀羅賀室王(嘉悉王) 등 4씨이다. 이들의 출자는 모두 현실에 존재하지 않은 멸망한 왕조들이다. 신라 출자는 9씨에 불과하고 대부분 '신라국인+모'라고 표기하고 있고, 당 출신을 선조로 한 사례는 견당사 귀국선에 동행했다가 정주한 '唐人' 沈惟岳 등 10여명에 불과하다. 즉 현실의 교류국인 신라와 당 출신의 씨족들은 본국에서 이탈하여 일본에 귀속된 자들이다.

　성씨록의「제번」조에 대해 한 두 가지의 흥미로운 관점이 있다. 하나는 천황이 化外의 제번을 지배할 수 없다고 인식한 단계에서 영원히 지배해야 할 대상을 고정적으로 설정하여 천황 중심의 세계가 반영구적으로 유지되는 구조라는 설이고[62], 다른 하나는 번국 지배의 외연을 확장해 주변제국을 번국으로 지배하는 신왕조의 창시를 천명하고자 만든 계보서라는 것이다[63]. 전자는 외부적 번국질서가 불가능한 시점에서 내부를 향한 것이고, 후자는 외부를 향한 천황의 제국주의적 인식을 논한 것이다. 양자 모두 일본판 중화주의의 표출이라는 점에서 공통되지만, 성씨록의 대상이 중앙의 일정한 씨족적 기반이 있는 관인층인데, 이들을 대상으로 제국주의적 성격을 논하는 것은 부자연스럽다. 즉 출자를 기반으로 천황가와

62　田中史生, 1997,『日本古代國家の民族支配と渡來人』, 校倉書房, pp.136~137.
63　서보경, 2012,「新撰姓氏錄의 편찬목적」,『韓日關係史硏究』41, p.70.

의 친소관계를 중심으로 특정 계층의 서열화된 구조를 갖는 성씨록의 성격을 간과한 측면이 있다.

　제번은 이미 멸망한 왕조의 후예들이 대부분이고, 천황제 국가의 지배질서 안에 들어와 있는 존재였다. 천황제 국가에서의 도래인의 활약상은 유학, 시문에 밝은 문장가를 비롯하여, 불교, 의술, 역법, 군사, 예능, 건축 등 다방면에 걸쳐있고, 이들 중에는 황별이나 신별로 출자를 개변하거나 천황으로부터 총애를 받아 포상을 받고 고위직에 올라간 인물도 적지않다. 양로 5년(721) 정월에 "문인, 무사는 국가가 소중히 여기는 바이며, 의술, 점복, 방술은 고금으로부터 숭상되어 왔다"라고 하면서 백료 중에서 사범이 될만한 뛰어난 인재를 분야별로 선발하여 포상하고 후학을 격려, 양성하게 하였다[64]. 이들 중에는 背奈公行, 余秦勝, 吉宜 등 11인의 도래계 인물이 포함되어 있으며, 이들은 국가가 관리하는 핵심 분야의 인재들이었다. 도래계에 대하여 왕권내에서 배타적인 시선도 있었지만, 성씨록에서 제번은 천황제 국가의 지배체제의 한 축을 이루는 천황의 신민으로서 포섭, 융합된 존재임을 확인시키는 인증서였다.

5. 결어

　『신찬성씨록』의 구성원리에서 보면 성씨록 편찬의 목적은 천조대신으로부터 내려오는 천황가의 대동맥으로부터 수혈받은 수많은 씨족들이 새로운 혈통을 생성하여 거대한 혈연적 가족주의 지배구조를 갖는 국가의 탄생이었다. 천황가와의 계보적인 연결망은 이미『記紀』의 세계에서 보이고 있으며 이를 종합적으로 정리한 것이 성씨록이다. 계보의 장악은 천황제 국가의 존속과 지배질서를 유지하는

―――――――――

64 『續日本紀』養老5년 정월 갑술조.

데 유효한 수단이었다. 지배계층인 씨족들 역시 천황가와의 친소관계가 위계와 관직에 영향을 미치고 있어 개변된 본계장을 만들어 성씨록에 등재하였다. 천황가와의 계보적으로 출자를 공유한 것은 신격화된 천황가를 통해 자신들의 권력을 유지해 나가기 위해서였다. 이들은 권력의 중심부인 경기지역의 관인층을 중심으로 현실의 천황가에 대해 충성, 봉사하는 신민의 관계가 신화의 세계에 투영된 결과이다. 씨족 상호간에도 수없이 동조관계가 형성되어 수직적인 계보만이 아니라 수평적으로 연결된 거대한 의제적 동조 씨족군이 만들어졌다. 일본국의 지배세력이라고 할 수 있는 중앙의 씨족단은 단순한 관인층이 아니라 계보적 연결고리를 통해 천황에 봉사하며 국가적 지배질서를 유지해 나가는 동업자였다.

제번을 구성하는 씨족들은 황별, 신별과는 달리 외부에서 들어온 이종족으로 化內人이 되어 천황의 지배질서안에 편입되어 신민임을 공인받은 집단임을 나타낸다. 이들 중에는 조상의 출자를 중국이나 한반도의 역대 제왕에서 구하고 천황의 덕화를 흠모하여 이주했다는 도래전승을 통해 권력에 대한 접근성을 강화시켰다. 그러나 현실의 왕조인 당이나 신라, 발해의 제왕으로부터 나왔다는 씨족은 1건도 보이지 않는다. 이것은 제번조의 성격을 말해주는 것으로, 이들은 천황제 국가의 지배체제를 구성하고 확립하기 위한 존재였다.

이러한 출자와 계보는 오직 황별, 신별, 제번이라는 3개층으로 이루어졌고, 대부분의 일반 공민은 여기에서 배제되었다. 그러나 씨족들의 출자와 계보는 성씨록 서문에서도 지적하고 있듯이 허위문서가 적지 않았으므로, 3체로 구분하기 어려운 씨족들은 '미정잡성'으로 처리하고 대부분 수용하였다. 문서의 진위를 판별하는 기준은 조상의 출자에 있었고, 『記紀』에 보이는 천황가와 씨족들과 혈연과 봉사의 인연이 성씨록의 이념으로 계승되었기 때문이다. 천황제 국가의 성립을 상징하는 관찬 역사서 『일본서기』 이후 100여 년 만에 이완된 천황제 국가의 지배체제를 새롭게 구축하기 위해 편찬한 것이 『신찬성씨록』이었다고 생각된다.

제2장 일본고대의 還俗僧과 '國家要道'의 學
-도래계 환속승과 음양관인의 역할-

1. 서언

　일본고대의 율령법전인『大寶令』,『養老令』의「僧尼令」에는 총 27조의 조문에 나온다. 이중에 환속에 대한 규정이 있다. 佛家의 계율을 어길 경우에 승니에 대한 처벌 조항이자 불교통제 및 관리방식이다. 이보다 앞서 天武·持統朝 당시 편찬, 시행된 淨御原令에도 관련 조문이 들어있었다고 생각되지만, 구체적인 실태는 알려져 있지 않다. 다만 율령제 국가 성립을 전후한 시기에 승니의 환속은 국가의 적극적인 의지에 의해 환속시켜 관인이 되는 사례가 적지 않다. 재능있는 자를 발탁하여 국가가 필요로 하는 분야에 배속시켜 왕권의 안정과 발전을 도모해 나가는 이른바 인재등용책이다.

　천황이 일원적으로 지배하는 율령국가 이전의 단계에서는 불교는 유력씨족이나 호족들이 개인적인 사찰인 氏寺를 중심으로 전개되고 있었고, 승려는 寺主의 통제 하에 있는 일종의 예속민적인 성격이 강하다. 왜왕권도 왕실의 사찰을 소유하고 승려를 통활했지만, 호족의 私寺와 승려에 대한 통제 그리고 출가, 환속 등도 왜왕은 권한 밖의 일이었다[1]. 이른바 '씨족불교'에서 국가불교로의 전환되는 시기에 환속의 현상이 두드러진다. 이 시기는 일본고대의 율령국가가 형성되어 가는 과정이다. 통치영역의 확대에 따른 중앙과 지방의 행정기구도 세분화되고 왕권의 안정과 발전을 위해 국가의 전략분야에 전문성을 갖춘 인물을 필요로 하였다.

1　田村圓澄, 1999,『古代日本の佛敎と國家』, 吉川弘文館, p. 550.

고대국가에서의 승려는 최고의 지식인, 교양인이었으며 불법의 홍법사로서의 역할 뿐아니라 천문, 역법, 의술 등에도 능해 잠재적인 관료군으로서의 역량을 갖춘 인물이 적지 않았다. 이들 환속된 승려들 중에는 백제를 비롯한 한반도제국로부터의 도래계 씨족들이 압도적으로 많고, 시기적으로도 690년대에서 710년대에 이르는 이십수년간에 집중되어 있다. 이들 도래승들은 대부분 망명 1세대 혹은 2세대에 해당하고 원래부터 승려의 신분으로 망명했을 했거나 본국에서 관료의 신분에서 이주 후에 무언가의 사정으로 출가한 인물도 있었다.

환속승에 대해서는 일찍이 田中卓이 기초적인 사례들을 검출하여 연구의 단서를 열었다[2]. 그후 橋本政良은 方技官僚의 형성이라는 측면에서 환속승의 역할과 기능에 대해 언급한 바 있고[3], 이에 대해 주술적인 예언이나 음양도와 관련된 기술을 지닌 승려들을 불교계에서 배제시켜 율령국가에서의 위험요소들을 제거한다는 측면도 지적되도 있다[4]. 이들 연구는 각각 승려의 학예적인 활용과 승려가 사회에 미치는 폐해에 대한 왕권의 대응이라는 시각에서 논한 것이다. 당연한 전제이지만 환속승의 배경에는 일본고대의 율령국가 성립과 밀접한 관련이 있다. 율령법전에 규정된 환속의 범위는 다양하고 정사의 기록에도 구체적인 사례를 남기고 있다.

환속에 대한 성격을 명확히 하기 위해서는「승니령」에 규정된 환속 등 관련 조문과 환속의 사례와의 비교검토가 필요하다. 양자의 사이에는 공통하는 요소도 있지만, 구체적인 사안에 대해서는 조문에 없는 경우도 적지 않다. 특히 환속의 배경에는 음양술와 관련된 천문, 역법, 점복 등 왕실과 국가의 명운과 관련된 내용들이 다수를 차지하고 있다. 이들 분야는 고대일본의 '國家要道'의 學로서의 위

---

2 田中卓, 1954,「還俗」,『続日本紀研究』1-12, 1956,「続・還俗」,『続日本紀研究』3-1, 同 2012,『田中卓 著作集』5, 國書刊行會 재록.

3 橋本政良, 1978,「勅命還俗と方技官僚の形成」,『史学研究』141, 同 1991, 村上修一 外編『陰陽寮叢書』 1, 古代, 名著出版, 재록.

4 宮崎健司, 1989,「奈良初期の還俗について」,『仏教史学研究』32-2.

치를 점하고 있고, 왕권사적 측면에서 볼 때 통치의 원리와 환속의 정치사상적 의미를 추구하는데 불가결한 요소라고 할 수 있다.

2. 僧尼의 名籍과 還俗에 관한 규정

『養老令』「雜令」38의「造僧尼籍」조에는 승니의 造籍에 관한 규정에 대해 다음과 같이 기록하고 있다.

【1-1】무릇 僧尼는 京國의 官司가 6년마다 승니의 籍 3통을 만들어 각각 출가의 연월, 夏臈 및 德業을 기록해서 式에 의거하여 날인한다. 1통은 職國에 두고 나머지는 太政官에 신고하면 1통은 中務에 보내고 1통은 治部에 보낸다. 필요한 調度는 모두 절에서 사람 수에 준하여 내도록 한다[5].

상기 사료에 따르면 왕경 및 지방[國]의 관사에서는 6년마다 승니의 명적 3통을 만들어 출가의 연월, 수행승으로서의 夏臈, 덕업을 기록해서 1통은 승려가 수행하고 있는 임지의 관사에 두고 나머지는 태정관을 통해 中務省과 治部省에서 보관한다. 필요한 물품은 모두 사찰에서 사람 수에 따라 제공하도록 규정하고 있다. 치부성에 보낸 명적은 관할 부서인 玄蕃寮의 승니의 명적에 등재된다[6]. 夏臈이란 『양로령』 주석서인『令義解』에서는 불교수업의 연수를 말하고 德業은 得業으로 '華嚴三論之類'라고 주석을 달고 있다. 출가 후의 수행상황을 기록하여 관리하고

---

5 「雜令」38「造僧尼籍」條, "凡僧尼, 京國官司, 每六年造籍三通, 各顯出家年月, 夏臈及德業, 依式印之, 一通留職国, 以外申送太政官, 一通送中務, 一通送治部, 所須調度, 並令寺准人數出物".
6 「職員令」18,「玄蕃寮」條, "玄蕃寮, 頭一人[掌, 佛寺, 僧尼名籍]".

있음을 알 수 있다.

고대일본의 율령국가에서는 모든 인민은 양인과 천민이라는 2개의 신분으로 구분하여 법제적으로 고정화시켰다. 이들은 민부성의 호적에 등재되고 각종 조세, 과역의 대상이 된다. 그러나 출가하여 승니가 되면 민부성의 호적에서 삭제되고 치부성 관할하에 들어가 현번료의 僧尼籍에 편입된다. 모든 승려는 율령법에 규정된 득도와 수계 제도에 따라 태정관[국가]의 승인을 받고 통제하에 들어간다. 득도자의 인원도 제한이 있고, 출가자가 사망하는 경우 그 수만큼 득도를 허가하였다. 과역을 피하기 위해 불법적인 私度僧이 출현하기도 했지만, 국가불교로서의 성격은 엄격히 유지되었다. 승니는 속계에서 부여된 과역의 대상에서 면제된다. 율령의 규정에는 승니에 대한 과역의 면제조항이 없지만, 한정된 공간에서 수행생활을 하고 있어 일반 공민과 같이 생산활동이 불가능하다는 점에서 불문화되어 있었다고 보인다. 이것은 불교의 수용과정에서의 관례화되어 중국, 한반도제국으로부터 계수되었다고 생각된다.

다음은 「僧尼令」에 규정된 환속에 대한 조문을 검토해 보자. 율령법에서는 일반 속인의 범죄에 대한 규정은 律에 의해 실행되지만, 승니의 경우는 「승니령」에서 처리하는 규정이 만들어졌다. 환속에 대한 규정도 계율을 어길 경우에 처벌의 한 형식으로 조문화되어 있다. 모두 27조문 중에 17조가 형벌에 관한 규정이고 5개 조문이 환속의 문제를 다루고 있다.

「僧尼令」의 「自還俗」조는 환속의 사유에 대한 규정이 아니라 환속 이후의 승적에서 일반 호적으로 바뀌는 행정절차에 대한 규정이다. 상기 「造僧尼籍」조와는 순서적으로 보면 역조문이라고 할 수 있다.

【1-2】「自還俗」조, 무릇 僧尼가 스스로 환속한 자는 三綱이 그 貫屬에 기록하고, 京은 僧綱을 거치고 그 외는 국사를 거쳐 모두 省에 알려 除付한다. 만약 三綱 및 師主가 숨기고 신고하지 않아 30일 이상이 경과하면 50일을 苦使

하고, 60일 이상이면 100일을 苦使한다[7].

「自還俗」조에는 승니가 스스로 환속할 경우 三綱이 본래의 호족에 기록하고, 왕경 거주자는 僧綱에게 보고하고 그 외는 국사에게 보고한다고 규정되어 있다. 또 치부성, 민부성에 신고하여 승니의 명적에서 除籍하고 호적에 올린다. 만약 三綱 및 師主가 이를 신고하지 않을 경우, 30일 이상이 경과하면 50일을 苦使하고, 60일 이상이면 100일 苦使한다고 벌칙을 규정하고 있다. 여기에서 삼강이란 상좌, 사주 등 사원을 통제하는 승직을 말하고 관속은 출가 이전의 본관인 호적에 기재된 본적으로 되돌리는 것이다. 즉 환속자는 치부성 현번료의 승적에서 일반 공민의 장적을 관리하는 중무성의 호적에 편입된다. 苦使란 「승니령」 15조에 기록되어 있는 공덕을 닦고 수양하고 불전을 청소하는 행위이다[8]. 공덕의 내용으로 경전 등의 서사 등이 포함된다. 불가에서 수행하던 승니가 스스로의 의지에 의해 속계로 나오는 경우는 승적에서 호적으로 이적해야 하기 때문에 관에 신고할 의무가 있고 이를 어길 경우에는 경전을 필사하거나 사원에서 청소하면서 공덕을 쌓으라는 의미이다. 공민이 되면 과역이 부과되는 등 과세의 대상이 되기 때문에 필히 신고의 의무가 있다.

승니의 자발적인 환속에 대해서는 다음의 사례가 있다.

【1-3】藥師寺 승 景國이 말하기를, 나는 원래 攝津國 西成郡의 大國忌寸木主이
　　　다. 성격이 우둔하고 학문을 닦는데 감당하지 못한다. 삼가 格旨을 살펴보
　　　건데 息子의 승은 일체 환속하고, 장래 이러한 일이 없도록 경계해야 한다

---

7 「僧尼令」3,「自還俗」條, "凡僧尼自還俗者, 三綱録其貫属, 京経僧綱, 自余經国司, 並申省除付, 若三綱
　及師主隱而不申, 三十日以上, 五十日苦使, 六十日以上, 百日苦使".
8 「僧尼令」15,「修営」條, "凡僧尼, 有犯苦使者, 修営功徳料理仏殿, 及灑掃等使…".

고 합니다. 엎드려 바라옵건데 환속시켜 帳에 등재해 주시기 바랍니다. 이를 허락하였다[9].

【1-4】大安寺 僧 孝聖이 말하기를 나는 원래 右京人 田中朝臣名貞이다. 태어나면서부터 병약하여 수행을 감당하기가 어렵습니다. 老母가 堂에 있어 안정을 취하기 어렵기 때문에 환속하여 노모 곁에 있고자 합니다. 이를 허락하였다[10].

사료【1-3】은 藥師寺 승려 景國은 攝津国 西成郡의 사람인데, 성격이 우둔하고 배움이 뛰어나지 않다고 하고, 「格旨」을 보건대 자식이 있는 승은 모두 환속시켜 앞으로 이러한 일이 없도록 경계한다고 되어 있으니 환속시켜 호적, 계장에 등재해 주기를 청원하여 허락받았다고 내용이다. 이 청원의 글이 단서로 삼은 것은 「格旨」로 延曆 17년(800) 4월 을축의 칙(『類聚國史』187 佛道14 度者)으로 생각된다. 그러나 해당 칙에는 '息子之僧, 一切還俗'이라는 말은 없다. 아마도 수행생활에 적응하지 못한 능력부족이 원인으로 보인다. 을축의 칙에는 다음과 같은 내용이 실려있다.

"세상을 구제하고 사람을 교화하는 숭고한 사업은 덕이 있는 고승의 존재에 의해 가능하다. 法華經과 金光經最勝王經의 음독을 학습해도 교설을 이해하지 못하는 자가 있는 상태이다. 명색이 승려가 되어 과세되지 않는 특권이 주어지면서 오히려 중요한 불교의 계율을 버리고 학업을 포기하고 있다. 이러한 행태는 승려이지만 행하는 것은 속세에 있는 것과 같다. …금후 年分의 度者에게는 연령이 35세 이

---

9 『日本後紀』卷9 逸文(『類聚國史』187 佛道14 還俗僧) 延曆19년(800) 8월 신사조, "藥師寺僧景國言, 己元攝津國西成郡大國忌寸木主也. 爲性遲鈍, 不堪修學, 謹案格旨, 息子之僧, 一切還俗, 以懲將來者. 伏望還俗附帳. 許之".

10 『日本後紀』卷9 逸文(『類聚國史』187 佛道14 還俗僧) 延曆19년(800) 10월 을묘조, "大安寺僧孝聖言, 己元右京人田中朝臣名貞也. 自性尫(?)弱, 不堪修行, 老母在堂, 無由安定省, 還俗色養, 許之".

상으로 출가해서 마음가짐이 바르고 불교의 지식과 수행하는데 충분하여 漢音을 습득한 자를 선발하여 충당해야 한다. 매년 12월 이전에 승강과 치부성 현번료가 학업을 쌓은 자를 불러서 마주하여 시험을 치루고 학습한 경전, 論書에 관해 大義 10조를 질문해서 5조 이상을 답한 자에 대해 상세하게 기록하여 태정관에 보고하고, 규정한 날에 득도시키라. 수계의 날에는 디욱 시험을 시행히여 8개 이상 답한다면 수계시켜라. 또 승려의 수행에는 계율을 호지하는 것이 안목이고, 이를 어긴다면 불교자라고 칭할 수 있겠는가. 그러나 현실의 승려는 불교의 훌륭한 학업을 중요하게 생각하지 않고, 어떤 자는 경제활동을 영위하고 촌리에 출입하니 통상의 호적에 편입되어 있는 민과 다르지 않은 상태이다. 이 때문에 많은 사람들이 승려를 업신여겨 불교의 가르침이 쇠망하는 사태가 되고 있다. 도를 벗어난 승려는 불교의 진리를 오명시킬 뿐아니라 국법도 위반하고 있다. 금후는 이러한 승려를 절에 거주시키거나 공양해서는 안된다. 齋食을 동반한 법회에 참가해서도 안된다. 절을 관리하는 삼강은 사정을 알면서 고치지 않으면 같은 죄를 묻는다. 그 외 승려에 대한 禁令事項은 승니령에 의거한다. 만약 잘못을 회개하여 수행한다면 특례로서 절에 돌아오는 것을 허락한다. 법을 지키는 승려에 대해서는 점점 정진에 힘쓰고 불교자로서의 생활에 싫증내는 자에게는 반성의 기운을 일으켜라[11].

---

11 『日本後紀』逸文(『類聚國史』187 佛道14 度者) 延曆17년(800) 4월 을축조, "勅, 雙林西變, 三乘東流. 明譬炬灯, 慈同舟楫是以, 弘道持戒, 事資真僧, 濟世化人, 貴在高德. 而年分度者, 例取幼童, 頗習二経之音, 末`三乘之趣. 苟忌避課役, 纔忝緇徒, 還棄戒珠頓廃学業. 爾乃形似入道, 行同在家. 鄒璞成嫌, 齊竽相濫. 言念迷途, 寔合改轍. 自今以後, 年分度者, 宜択年卅五以上, 操履已定智行可崇, 兼習正音, 堪為僧者, 爲之. 毎年十二月以前, 僧綱所司, 請有業者, 相対簡試, 所習経論, 惣試大儀十条, 取通五以上者, 具状申官, 至期令度. 其受戒之日, 更加審試, 通八以上, 令得受戒. 又沙門之行, 護持戒律, 苟乖此道, 豈曰佛子. 而今不崇勝業. 或事生產, 周旋閭里, 無異編戶. 衆庶以之軽慢, 聖教由其陵替. 非只黷乱真諦, 固亦違犯國典. 自今以後, 如此之輩, 不得住寺, 并充供養. 凡厥斎会, 勿関法莚. 三綱知而不糺者与同罪. 自余之禁, 宜依令条. 若有改過修行者, 特聴還住, 使夫住法之侶. 弥篤精進之行, 厭道之徒, 便起慚愧之意".

이 칙은 승니의 학업수준에 대한 비판이고 이를 위해 시험제도를 강화히여 득도와 수계를 받도록 한다는 취지이다. 승니가 갖추어야 할 기본적인 조건인 경전을 읽고 이해하지 못한다면 곤란하다는 것이지만, 이것 때문에 환속을 시킨다는 내용은 없다. 오히려 정진해 줄 것을 당부하고 있다. 그렇다면 환속을 청원한 이 승려가 자신의 우둔함을 말하면서 환속의 규정에도 없는 '息子之僧'을 내세운 것은 수행의 의지가 없어 포기하고자 가족에게 돌아가고 싶다는 표현으로 보인다. 상기 승려 경국의 경우는 아마도 가족이 있는 상태에서 출가하였고 경전에 대한 이해 부족으로 더 이상 수행의 불가능을 깨닫고 불가로부터의 탈출을 염원했다고 생각된다.

승려의 학식을 강조하는 것은 天平 6년(734) 11월 무인조의 태정관 하달문서에도 나온다. 이에 따르면 "추천받은 득도자 중에서 단지 법화경 1부 혹은 최승왕경 1부를 암송하고 아울러 예불을 이해하고 수행 3년 이상의 자만을 선발하여 득도시키고자 한다. 그럼으로 득도 희망자는 학문이 더욱 발전하고 의뢰는 자연히 줄어들 것이다[12]"라고 하듯이 학식의 중요성을 강조하고 있다. 위 사례는 불법을 배우고 수행할 정도의 능력부족이 승적을 포기하고자 한 가장 큰 이유라고 생각된다.

사료【1-4】는 大安寺의 승려인 孝聖은 태어날 때부터 몸이 약하여 수행하기가 힘들어 이 상태로는 노모의 도움이 어렵기 때문에 환속해서 집에 있고 싶다는 뜻을 전한다. 이 사례는 수행승의 몸이 병약해 스스로를 돌볼 수 없어 속계로 나가 노모의 도움을 받고자 청원한 것인데, 허락받아 환속하였다. 승려의 생활은 엄격한 수도생활이 요구되고 청결한 공간을 유지하면서 '淨行者'가 되지 않으면 안된다. 天武 8년 10월에 내린 칙에서도 알 수 있듯이 "모든 승니는 언제나 절 안에 거주하고 삼보를 수호하라. 그런데 혹은 늙거나 혹은 병으로 오랫동안 좁은 방에 누워 있

---

12 『續日本紀』天平6년 11월 무인조, "太政官奏, 佛敎流傳必在僧尼, 度人才行實簡所司, 比來出家不審學業, 多由囑請, 甚乖法意, 自今以後, 不論道俗, 所擧度人, 唯取闇誦法華經一部, 或最勝王經一部, 兼解禮佛, 淨行三年以上者, 令得度者, 學問彌長, 囑請自休".

어서 노환에 고생하는 자는 행동이 불편할 뿐만 아니라 청정해야 할 곳을 더럽힌다. 그러므로 금후 각 친족 및 독신자에게 부탁하여 한 두채의 사옥을 빈 땅에 세워서 노인을 돌보고 병자에게 약을 주라[13]"고 하였다. 즉 사원은 질병에 오염되지 않은 청결한 수행의 장소를 유지해야 한다는 칙이고 그 대책을 강구하고 있다.

다음은 승려의 범죄, 불법을 저질렀을 경우 환속되는 규정이다.

【2-1】「僧尼令」1,「觀玄象」조, 무릇 승니는 위로 玄象을 보고, 災祥을 거짓으로 설하고, 그 말이 국가에 미치고 백성을 미혹시키거나, 아울러 병서를 읽고 살인, 간음, 도적 및 聖道를 사칭하는 행위, 모두 법률에 의거하여 관사에 넘겨 죄를 과한다[14].

【2-2】「僧尼令」2,「卜相吉凶」조, 무릇, 승니는 길흉을 卜相하거나 또 小道, 巫術로서 병자를 치료하는 자는 모두 환속시킨다. 불법에 의거하여 무술로서 치료하는 것은 금지 범위에 있지 아니한다[15].

【2-3】「僧尼令」16,「方便」조, 무릇 승니는 거짓으로 방편을 써서 명의를 타자에 옮기면 환속시키고, 율에 의거하여 죄를 과하고, 그에 연루된 사람도 같은 죄를 준다[16].

---

13 『日本書紀』天武紀8년 10월 시세조.

14 「僧尼令」1,「觀玄象條」, "凡僧尼, 上觀玄象, 假說災祥, 語及國家, 妖惑百姓, 并習讀兵書 殺人奸盜, 及詐稱得聖道, 並依法律, 付官司科罪".

15 「僧尼令」2,「卜相吉凶」條, "凡僧尼, 卜相吉凶, 及小道巫術療病者, 皆還俗, 其依佛法, 持 呪救疾, 不在禁限".

16 「僧尼令」16,「方便」條, "凡僧尼, 詐為方便, 移名他者, 還俗, 依律科罪, 其所由人與同罪".

【2-4】「僧尼令」22, 「私度」조, 무릇 私度 및 冒名으로 서로 바꾸고, 아울러 이미 환속으로 판결난는데 法服을 입고 있는 자는 율에 의거하여 科斷한다. 師主, 綱及 및 同房의 사람으로 실정을 알고 있는 사람도 각각 환속시킨다(하략)[17].

【2-5】「僧尼令」21, 「准格律」條, 무릇 승니가 죄를 범해 格과 律에 준해서 徒 1년 이상인 자는 환속시킨다. 告牒으로 徒 1년을 대신하는 것을 허락한다. 만약 여죄가 있으면 율에 따라 科斷한다(하략)[18].

【2-6】「僧尼令」24, 「出家」條, 무릇 家人, 노비 등은 만약 출가한 후 환속을 범했거나 스스로 환속하는 경우는 아울러 舊主에게 돌려보내 각각 本色에 의거하도록 한다. 私度人은 經業이 있더라도 그 범위에 있지 아니한다[19].

「승니령」제1조인【2-1】「觀玄象」조는 승니가 하늘의 현상을 보고 재앙과 상서를 말하고 백성들을 미혹시키거나 병서를 읽는 일, 간음, 절도, 허위 聖道 등은 법에 따라 관사에 넘겨 처벌받도록 규정하고 있다. 본문 중에는 환속의 규정은 없지만 주석인 「義解」에서는 죄의 경중을 막론하고 '皆先還俗'라고 기록하고 있다. 음양, 역, 천문 등의 지식은 율령국가에서 관리대상이고 통제분야이다. 「雜令」8 「凡秘書玄象」조에도 "秘書, 玄象器物, 천문도서는 마음대로 반출할 수 없고, 천문생이라도 점서를 읽을 수 없으며 관찰한 바를 누설할 수 없다"라고 규정하고 있다[20]. 병서는

---

17 「僧尼令」22, 「私度」條, "凡有私度, 及冒名相代, 并已判還俗, 仍被法服者, 依律科斷, 師主三綱及同房人知情者, 各還俗".

18 「僧尼令」21, 「准格律」條, "凡僧尼有犯, 准格律合徒年以上者, 還俗, 許以告牒当徒一年, 若有余罪自依律科斷".

19 「僧尼令」24, 「出家」條, "凡家人奴婢等, 若有出家後犯還俗, 及自還俗者, 並追歸舊主, 各依本色, 其私度人, 縱有經業不在度限".

20 「雜令」8 「凡秘書玄象」條, 凡秘書, 玄象器物, 天文図書, 不得輒出観生, 不得読占書, 其仰観所見, 不

군사상의 비밀이고 간음, 절도, 허위 성도 등은 민간에서도 금지되는 죄악으로 모두 처벌과 동시에 환속된다. 특히 천문에 관한 지식을 국가기밀로 이 조문을「승니령」의 제1조에 실은 것은 천문지식을 보유한 승려가 적지 않았던 사실을 말하고 이러한 지식, 예언이 민간에 퍼져 현혹시키는 일을 방지하기 위한 것이다.

「승니령」제1소인【2-2】「卜相吉凶」조에는 승니가 길흉을 점치거나 巫術로 병을 고치는 행위에 대해서는 모두 환속시키고, 다만 佛法에 의거한 치료는 금지대상에서 제외하고 있다. 승녀가 길흉을 점치거나 예언 및 의료 행위는 초기불교에서부터 나타나는 현상이다. 皇極 4년(645)에 왜국에서 고구려에 파견된 유학승인 鞍作得志는 '種種奇術'을 체득하였고 그 동료의 말에 의하면 범을 벗으로 하고 그의 술수를 배웠다는 설화가 전해진다[21]. 그가 체득했다는 奇術이란 방술, 도술류의 妖術이다. 鞍作得志는 백제계 도래인으로 그의 일족으로 鞍作鳥(推古紀13년 4월조), 鞍作福利(推古紀15년 7월조), 鞍作德積(推古紀13년 4월조) 등이 보인다. 天智 원년(662)에도 中臣鎌足 가문의 고문인 고구려승 道顯이 고구려 멸망을 점을 쳐 예언했다는 전승이 나온다[22]. 이와 유사한 내용이『일본서기』持統 즉위전기 朱鳥 원년(686)조에 신라 沙門行心 등 30여인이 반란모의죄로 체포된 사건이 있다[23]. 사문행심은 신라계 도래인으로 天武의 아들 大津皇子의 측근으로 활동하였다. 『懷風藻』大津皇子 傳記에 따르면, "당시 신라승 行心이라는 사람이 있었다. 천문과 占卜에 밝았다. 행심은 황자에게 '황자의 골상은 보통 사람의 상이 아니다. 오랫동안 下位에 머물러 있으면 아마도 몸을 보존할 수가 없었을 것이다. 따라서 역

得漏泄, 若有徵祥災異陰陽寮奏, 記者, 季別封送, 中務省入國史[所送者, 不得載占言].

21 『日本書紀』皇極紀4년 4월 무술조.

22 『日本書紀』天智元年 4월조.『元亨釋書』(釋道顯)에도 도현이 方術에 뛰어났다고 한다.

23 『日本書紀』持統紀 即位前紀 朱鳥元年 10월 병신조, "詔曰, 皇子大津謀反, 詿誤吏民帳内不得已, 今皇子大津已滅, 從者當坐皇子大津者皆赦之, 但磛杵道作流伊豆. 又詔曰, 新羅沙門行心, 與皇子大津謀反, 朕不忍加法, 徙飛騨國伽藍".

모에 나아갔을 것이다"라고 기록하고 있듯이 억모를 부추긴 인물로 묘사되어 있다. 그는 지통의 특별 감면으로 죽음은 면하고 飛驒國의 가람으로 이주되었다. 이 사건은 국가가 독점해야 할 음양, 점복에 대한 지식이 사적으로 남용되는 것에 대한 경계이다. 율령국가의 성립 후에는 음양료라는 부서에서 전담하고 있어 승려들의 사적인 점술행위를 법적으로 금지했다고 보인다.

【2-3】의 「方便」조는 승니가 거짓 수단으로 명의를 타인에게 대여하는 경우 환속시키고 받은 사람도 모두 처벌을 받는다는 규정이다. 명의는 승니의 증명서인 公驗을 말한다.

【2-4】의 「私度」조에서도 관의 허락을 받지 않는 私度나 명의를 빌려주는 冒名의 행위에 대해 환속시키고, 환속이 된 상황에서도 法服을 입고 있거나 이런 사실을 방치한 사주, 삼강 등 관리자도 환속시킨다는 규정이다. 승려의 신분을 빌려주는 행위는 명의의 매매에 속하며 엄중히 규제하고 있다. 「승니령」이 발포되기 이전에는 이러한 불법적인 행위가 적지 않았음을 반영하고 있다.

【2-5】의 「准格律」조에서는 승니가 格과 律에 준해서 徒 1년 이상에 해당하면 환속시키는데, 고첩으로도 1년을 대신하는 것을 허락한다는 규정이다. 여죄가 있다면 마땅히 율에 따라 처벌한다고 되어 있다. 승니에게 속인법을 적용할 경우 승려의 신분증명서인 고첩이 해당 죄를 감해준다는 것으로 승려에 대한 우대책으로 볼 수 있다. 승려가 신분상의 특권을 지키기 위해서는 그에 상응하는 계율을 준수하지 않으면 안되었다.

【2-6】「出家」조에서는 가인, 노비 등이 만약 출가한 후에 죄를 범하면 환속하고, 또 스스로 환속한다면 모두 추적해서 옛 주인에게 돌려보내고, 각각 원래의 신분으로 되돌린다고 한다. 가인은 천민에 속하고 노비는 관노비, 사노비를 포함한다. 이 조문은 천민, 노비가 출가한 후에 발생한 범죄에 대한 환속 규정이지만, 원래 가인, 노비의 신분으로는 출가 자체가 불가능하다. 「古記」의 주석에는 주인이 방면하면 출가할 수 있다고 하고, 「義解」에도 "內敎에 의하면 노비는 출가를 허락하

지 않는다. 入道로 인해 후에 免賤하고 출가하도록 하기 때문이다"라고 주석을 달고 있다. 주인의 은혜 등으로 노비가 면천하여 양인이 된다면 「승니령」의 대상이 되지 않는다[24]. 율령의 규정에도 '凡以私財物奴婢, 畜産之物'(盗賊律 「貿易」조)라고 하여 노비의 법적인 성격은 '物'이고 그 주인에게 귀속되고 상속, 매매가 가능한 재산이다. 게다가 가인, 노비는 양인의 1/3의 구분전을 받는데 이 역시 주인의 몫이 된다. 노비의 출가는 소유자측에서 보면 재산의 상실이기 때문에 이 규정은 사문화된 조문이라고 할 수 있다.

3. 환속승의 출자와 성격

앞장에서는 율령에 규정된 환속의 조문을 살펴봤는데, 여기에서는 구체적인 사례를 통해 그 실태를 분석해 보기로 한다. 일본고대문헌 속에서 추출한 환속의 사례를 [표]로 정리하면 다음과 같다.

[표1] 일본고대의 환속승 일람표

환속시기	法名	俗名	출자	환속사유	출전	비고
① 敏達13년(584)	惠便		고구려	불교탄압	『日本書紀』 『元亨釈書』	蘇我大臣 스승
② 持統6년(692)	靈觀	山田史御形	중국/ 백제	문장	『日本書紀』	신라 학문승
③ 持統7년(693)	福嘉		고구려	음양(?)	『日本書紀』	
④ 文武4년(700)	通德	陽侯史久爾曾	백제	역법	『續日本紀』	
⑤ 文武4년(700)	惠俊	吉宜	백제	의술	『續日本紀』	
⑥ 大寶원년(701)	弁紀	春日倉首老	백제	역법	『續日本紀』	
⑦ 大寶원년(701)	慧耀	錄兄麻呂	백제	음양	『續日本紀』	穌兄麻呂

24 井上光貞 外, 1976,『律令』, 岩波書店, 僧尼令 補註24, p. 547.

⑧ 大寶원년(701)	信成	高金藏	고구려	음양	『續日本紀』	
⑨ 大寶원년(701)	東樓	王中文	고구려	천문	『續日本紀』	
⑩ 大寶3년(703)	隆觀	金財	신라	예술, 역산	『續日本紀』	
⑪ 和銅7년(714)	義法	大津連意毗登	일본	점술	『續日本紀』	신라 학문승
⑫ 天平寶字3년(759)	善神 專住		일본	악행	『續日本紀』	
⑬ 天平寶字4년(760)	華達	山村臣伎婆都	일본	도박, 살인	『類聚國史』	
⑭ 延曆17년(798)		羽栗臣翼	일본	학업우수	『類聚國史』	母 唐女
⑮ 延曆19년(800)	景國	大國忌寸木主	일본	개인의지	『類聚國史』	
⑯ 延曆19년(800)	孝聖	田中朝臣名貞	일본	수행불능	『類聚國史』	大安寺僧
⑰ 弘仁2년(811)	泰仙	阿牟公人足	일본	工術	『日本後紀』	大安寺僧
⑱ 天長7년(830)		石川朝臣河主	일본	工巧	『類聚國史』	還俗更仕
⑲ 承和3년(836)	惠靈	紀朝臣春主	일본	譯語	『續日本後紀』	大安寺僧

상기 표에서 보는 바와같이 총 19개의 사례를 정리하였고, 시기적으로는 6세기 말에서 9세기전반까지이다. 이 표에 나타난 특징을 보면 714년 이전과 이후는 현격한 성격의 차이를 보이고 있고, 그 후 환속승이 나타나는 것은 반세기가 지난 8세기 중후반이다. 전자는 환속승의 출자가 백제, 고구려 신라 등 도래계가 중심이고, 후자는 일본계이다. 도래계 중에서도 584년의 혜편을 제외하고는 692년에서 714년 사이에 환속하였고, 대보율령 발포 전후한 시점에 집중되어 있다. 山田史御形과 大津連意毗登의 경우는 신라 유학승을 경험한 인물들이다. 특히 당으로부터 문물을 수입하기 이전에는 신라중심의 교류였고 신지식을 경험한 이들을 환속시키는 이유는 명확하였다[25]. 도래승의 경우는 음양, 천문, 역산 등 국가의 기간이 되는 학문, 지식의 보유자이고, 이것이 환속의 중요한 사유가 되고 있다. 반면 일본승의 경우는 「승니령」에 규정된 처벌의 규정이나 스스로의 의지에 의해 환속을

---

25 関晃, 1955, 「遣新羅使の文化史的意義」, 『山梨大學學藝學部硏究報告』6, 同 1996, 『古代の歸化人』, 關晃著作集第3권, 吉川弘文館.

청원하고 있고, 9세기 이후는 소수의 사례이지만 학예 보유자임을 알 수 있다. 개개의 사례를 분석해 보기로 한다.

1) 고구려승 惠便의 환속

『일본서기』敏達紀 13년(584) 시세조에는 혜편의 환속에 대해 기록하고 있다.

【3-1】이해 蘇我馬子宿禰가 불상 2구를 얻었다. 鞍部村主 司馬達等, 池邊直氷田을 보내 사방으로 수행자를 찾게 하였다. 이에 播磨國에서 환속자를 찾았는데 이름은 高麗惠便이라고 한다. 대신은 이내 스승으로 삼았다. (중략)馬子宿禰는 또 石川의 댁에 불전을 지었다. 佛法은 이로부터 시작되었다[26].

　대신 蘇我馬子宿禰가 그 불상 2구를 얻어 鞍部村主 司馬達等 등에게 수행자를 구하게 하였는데, 播磨國에서 환속한 승려인 高麗惠便을 발견하여 스승으로 모셨다고 한다. 혜편은 고구려 출신의 도래승이다. 이 기록만으로는 혜편이 환속한 사유와 시기, 왜국으로의 이주시점, 왕경이 아닌 播磨 지역에 정착했는지에 대해서는 알 수 없다. 다만 환속한 시점은 왜왕권의 권력자인 대신 소아마자가 그를 발견한 시점에서는 환속한 상태였기 때문에 그 직전으로 추정된다. 혜편의 왜국 이주사정은 알 수 없으나『일본서기』欽明 31년(570), 敏達 2년(573), 민달 3년에 고구려 사신의 越 지방 내착사실이 기록되어 있고 이들을 위해 山背 지방의 상락관에서 향응을 베풀고 고구려왕의 국서를 받아 해독을 위해 조정회의를 여는 등 고구려와의 교섭사실을 전한다[27]. 혜편이 이주했다면 이 시기 외에는 달리 생각하기 어렵고

---

26 『日本書紀』敏達紀13년, "是歲, 蘇我馬子宿禰請其佛像二軀, 乃遣鞍部村主司馬達等, 池邊直氷田, 使於四方, 訪覓修行者, 於是唯於播磨國得僧還俗者, 名高麗惠便, 大臣乃以爲師, …馬子宿禰亦於石川宅脩治佛殿, 佛法之初自而作".

27 연민수, 2005, 「고대일본의 고구려관 연구」,『北方史論叢』2, 同 2014,『고대일본의 대한인식과 교

사정을 알 수 없으나 현지에 정착한 것 같다[28]. 당시 왜왕권은 백제로부터 불교를 수용했지만 수용파와 반대파간의 격렬한 대립이 진행중이어서 중앙을 피하고 왕경으로 들어오는 길목인 山背國에 인접한 파마국에 거주했을 가능성이 있다.

『元亨釋書』(卷第16 力遊9)에는 다음과 같은 기록이 나온다.

【3-2】釋 慧便은 고려국인이다. 敏達13년 蘓馬子가 백제의 미륵석상을 얻어 石川의 댁에 創殿을 지어 안치하였다. 때에 香火를 바치는 자가 없어 梁人 司馬達等에게 사방에서 사문을 찾게 하였다. 播州에서 比丘를 만나 물었더니, "이 지역은 沙門을 공경하지 않고 나는 속세에 섞이어 살 뿐이다"라고 말하였다. 이내 便을 馬子貴의 스승으로 삼았다[29].

이 기록은 상기『일본서기』의 내용을 대체로 답습하고 있으나 환속의 사유에 대해 추가적인 내용을 남기고 있다. 후반부의 내용을 보면, 사마달등이 播磨国에서 환속한 惠便을 발견하여 그 이유를 물었더니 "이 지역은 沙門을 공경하지 않고, 나는 속세에 섞이어 살뿐이다"라고 대답하였다. 이 기록으로부터 환속한 이유가 불교에 대한 지역주민의 불신, 탄압이었음을 알 수 있다[30]. 토속신앙에 물들어 있던 지방에서는 불교에 대한 저항이 만연하고 있었고 그의 포교에도 어려움이 있었음을 말해준다. 왜왕권에서 불교수용에 가장 적극적이었던 소아마자는 혜편을 만나 스승으로 삼고 자신의 집에 불전을 세웠다. 상기『일본서기』에 불법의 시초

류』, 역사공간.

28 이영재, 2014, 「고구려 승려 惠便의 渡倭와 飛鳥寺」, 『역사와 경계』91, pp.31~33.

29 『元亨釋書』(卷第16 力遊9), "釋慧便, 高麗國人. 敏達十三年, 蘓馬子奏取百濟彌勒石像, 於石川宅側, 創殿安置, 時無奉香火者, 使梁人司馬達等四方尋, 求沙門, 於播州得似比丘者, 問之, 對曰, 此方不敬沙門, 我混俗耳. 乃便也. 馬子貴爲師".

30 김임중, 2019, 「고구려 혜자와 쇼토쿠태자의 교유-「伊予湯岡碑文」을 중심으로-」, 『淵民學志』31, p.164.

는 이로부터 시작되었다고 하여 불교공인에 이르는 과정에는 혜편의 역할이 컸음을 상징적으로 말해주고 있다.

　한편「元興寺伽藍綠起幷流記資財帳」에는 '脫衣 高麗의 老比丘 惠便과 老比丘尼 法明'을 針間国에서 맞이하여 善信 · 善藏 · 惠善 등 3인의 여인을 득도시켰다고 한다[31]. '脫衣'는 법복을 벗은 환속승을 말하고 여기에 노비구 혜편과 노비구니 法明이 등장한다. 이 기사로부터 針間[播磨]에는 고구려의 혜편과 법명 등이 거주하고 있었고, 그들은 환속하기 전까지 지방에서 불교를 포교하고 있었음을 알 수 있다. 그 후 이들의 행적이 보이지 않는 것은 이미 노년에 접어들어 사망했을 가능성이 높다. 소아씨의 氏寺인 飛鳥寺 건립(593)과 관련해서 그에 관한 기록이 전무하다. 다만 비조사의 가람양식이 고구려의 평양 청암리폐사의 1탑 3금당의 형식을 갖추었다는 점에서 소아대신이 스승으로 모시고 있던 혜편이 생존 시에 사찰 건립에 대한 고구려 가람형식에 대해 정보를 제공했을 것으로 보인다. 비조사를 조영한 것은 백제공인들이 중심이 되었지만, 전체적인 가람 배치에 대해서는 혜편으로부터 얻은 고구려의 지식이 반영된 것으로 생각된다.

2) 山田史御形의 출자

　『일본서기』持統紀 6년(692) 10월조에 山田史御形에게 務広肆의 위계를 내렸는데, 그는 이전에 사문에 되어 신라에 학문승으로 파견되었다고 기록되어 있다.

　【3-3】山田史御形에게 務廣肆를 내렸다. 전에 沙門이 되어 학문승으로 갔었다[32].

31　竹内理三編, 1962,「元興寺伽藍綠起幷流記資財帳」『寧樂遺文』中卷, 東京堂出版, "但是時針間國, 有脫衣高麗老比丘名惠便與老比丘尼名法明, 時按師首達等 女斯末賣年十七在, 阿野師保斯女等己賣, 錦師都瓶善女伊志賣合三女等, 就法明受學佛法在, 俱白, 我等爲出家, 難(欲歟)受學佛法白, 大臣卽喜令出家(嶋賣法名善信, 等己賣法名禪藏, 伊志賣法名惠善".

32　『日本書紀』持統紀6年 동11월 임신조, "授山田史御形務廣肆. 前爲沙門, 學問新羅".

산선사어형이 언제 시문이 되었는지, 환속시기는 언제인지에 대해서는 기록이 없다. 그가 무광사의 관위를 받은 시기는 지통 6년이고 이미 이 시점에서는 산전사어형이라는 이름의 관인으로 되어 있었기 때문에 지통 6년 이전에 환속하였을 것이다. 그가 신라에 파견된 시기는 불명이지만,『일본서기』天武 14년(684) 5월조에는 "高向朝臣麻呂, 都努朝臣牛飼 등이 신라에서 돌아왔다. 학문승 觀常, 靈觀이 따라왔다"고 하고, 천무 13년 4월에 "소금하 高向臣麻呂를 대사로 하고, 소산하 都努臣牛飼를 소사로 하여 신라에 보냈다"는 내용이 나온다. 사절단의 대표로 나오는 高向臣麻呂와 都努臣牛飼는 천무 13년 10월에 단행된 8색의 성의 개편시에 臣에서 朝臣 성을 받은 인물들이다. 이 신라파견 사절단에 2명의 승려가 나오는데, 觀常은 持統 6년 윤5월조에 나오는 沙門觀成과 인명 발음도 같아 동일인물로 보인다. 靈觀에 대해서는 승려로서의 행적이 보이지 않아 그가 환속한 山田史御形일 가능성이 높다. 그는 천무 13년(683) 4월에 신라에 파견되어 이듬해 5월에 귀국하였고, 692년에는 이미 환속된 상태로 관인이 되었음을 알 수 있다. 환속의 시점은 대체로 그 사이일 것으로 추정된다. 그는 신라에 유학승으로 체재 시에 당대의 고승 원효와 의상 등을 만나 신라불교계의 동향, 최신의 불교사상, 학문에 대한 정보를 얻고 관련 전적을 입수했을 것으로 보인다. 山田史御形[御方]이 신라에서 귀국한 시점은 원효가 입적하기 2년 전이다. 원효와 의상은 화엄사상의 대가이고, 일본고대의 국가불교는 화엄경과 불가분의 관계에 있어 신라불교는 적극적으로 수용되었다고 생각된다.

환속한 산전사어형은『속일본기』慶雲 4년(707) 4월 24일에 '正六位下山田史御方布鍬鹽穀, 優學士'라고 하여 그에게 마포, 가래, 소금, 곡물 등을 내렸고 우수한 학자임을 특기하고 있듯이 그의 학문적 능력에 대한 포상으로 생각된다. 그는 和銅 3년(710)에는 周防守에 임명되었고, 養老 4년(720) 정월에는 종5위상으로 승진되었다. 그는 周防國守 재임 중에 관물을 훔친 죄로 처벌받을 위기에 처했으나 학문적 재능을 인정받아 유보되었다고 한다. 養老 6년(722) 4월에 따르면, "御方은 원방의 蕃國[新羅]에 유학하여 귀국한 후에는 학생들에게 학문을 가르치고 文舘[大學]의 學士는 대단히 문장을 쓸 수가 있었다. 이와같은 인물을 아끼지 않는다면 아마도 문장의 도는 추락할 것이다. 특별히 은총을 내려 훔친 재물은 징수하지 않도록 한다[33]"라고 하였다. 학문적 능력이 면죄부의 조건이 되었던 당시의 사정을 말해주고 있다. 『家傳』(下)에도 神龜 5년(728)경의 일로서 문학적 재능을 평가하고, 『懷風藻』에는 '大學頭 종5위하 山田史三方 三首'라고 기록하면서 「五言, 秋日於長王宅宴新羅客, 一首)[並序]」 등의 시문이 수록되어 있듯이 문장가로서도 이름을 남기고 있다. 養老 5년 정월에는 退朝 후에 東宮에서 근시하라는 명을 받는다. 동년 4월 27일에는 '文章從五位上山田史御方'이라고 하여 다시 포상을 내린다. '文章'은 문장박사를 가리키고 大學寮에서 한시문, 역사를 가리치는 교관이고, 수업의 교과서로는 중국 역사서와 『文選』 등 한시문집 등이 사용되었다. 신라 신문왕 2년(682)에 설치된 국립교육기관인 國學에는 '教授之法'으로 '周易, 尚書, 毛詩, 禮記, 春秋左氏傳, 文選' 등이 나와 있어 持統 3년(689)에 시행된 淨御原令에 대학료에 대한 규정은 신라의 국학이 참조되었을 가능성이 있다. 이 시기는 일본의 견당사가 정지된 시기이다.

한편 산전사어형의 출자에 대해 일본의 正史에는 기록이 없으나 일본 출자로 간주되어 있었다고 보인다. 그러나 『新撰姓氏錄』右京諸蕃에는 '山田宿禰 出自周靈王太子晉也'이라고 하여 東周 시대의 제10대 왕인 주령왕(재위, 기원전 571~545)이라고 하여 중국 출자설을 기록하고 있다. 山田宿禰는 山田史에서 개성한 씨족으로 이들의 본거지는 河內國 交野郡 山田鄕이다. 선조대로부터 정착한 지역명을 씨명으로 삼았다. 이 지역은 百濟王氏를 비롯한 백제계 씨족들이 많이 거주하고 있던 지역이다. 산전씨가 동주시대의 왕을 조상으로 삼은 것은 출자의 개변일 가

---

33 『續日本紀』養老6년 4월 경인조, "御方負笈遠方, 遊學蕃國, 歸朝之後, 傳授生徒, 而文舘學士, 頗解属文, 誠以不矜若人, 盖墮斯道歟. 宜特加恩寵, 勿使徵贓焉".

능성이 높다. 도래계 씨족의 경우 秦漢代의 황세로부터 선소를 구하는 경향은 많으나 동주시대까지 올라가는 사례는 매우 이례적이다. 조상의 출자를 더 먼 시대로 올리는 것은 다른 씨족보다 먼저 이주해 와서 일본천황에게 봉사해 왔다는 주장일뿐 사실성은 없다. 산전씨는 백제계에서 중국계로 출자를 개변한 씨족으로 보이며『신찬성씨록』에서 상당수 확인되고 있고, 특히 문장에 능한 史姓 씨족은 백제계가 다수를 차지하고 있다.

3) 高麗沙門福嘉

『일본서기』持統 7년(693) 6월 을미조에는 '詔高麗沙門福嘉還俗'이라 하여 고구려계 승려인 福嘉의 환속사실을 전하고 있다. 복가에 대해서는 기타 사료에 보이지 않아 그의 이주시기나 그 후의 활동에 대해서는 불명이다. 고구려승이 일본에 온 사례는 앞에서 본 혜편을 비롯하여『일본서기』推古 원년(595)에 왜국에 온 惠慈, 동 10년에 온 僧隆과 雲聰, 동 18년에 영양왕이 보낸 曇徵과 法定이 있고, 推古 33년(625) 8월에는 고구려왕이 보낸 惠灌이 僧正에 임명되었다. 大化 원년(645) 8월에 불교흥륭의 조를 내려 沙門狛大法師를 비롯한 10인의 승려를 十師로 임명한 기록이 있는데[34], 필두에 나오는 狛大法師는 고구려계이고, 『日本世記』를 저술한 道顯도 일본에 이주한 고구려승이다.

고려사문 福嘉은 이들보다 이후에 이주했으며 환속한 시점은 고구려 멸망으로부터 이십수년이 지났지만 그는 망명 1세대일 가능성이 있다.『일본서기』持統 朱鳥 원년(686) 윤12월조에 보이는 筑紫大宰가 고구려 등 삼국의 백성과 아울러 僧尼 62인을 바쳤다[35]는 기록에 근거하면 이때 일본으로 망명한 승려들 중에 고구려

---

34 『日本書紀』大化元年 秋七月 丁卯朔戊辰, "故以沙門狛大法師・福亮・惠雲・常安・靈雲・惠至[寺主]・僧旻・道登・惠隣・惠妙, 而爲十師".
35 『日本書紀』持統紀 朱鳥원년 윤12월조, "筑紫大宰獻三國, 高麗・百濟・新羅百姓男女并僧尼六十二人".

승 복가가 포함되었을 가능성이 있다. 그는 아직 고구려의 정체성으로부터 脫化되지 않은 고구려 승려이다. 그가 환속한 이후의 행적에 대해서는 기록이 없지만, 淨御原令 시행에 즈음해서 지식과 기술집단이 필요한 시기라는 점에서 관료로서발탁되었을 가능성이 높다.

4) 通德[陽侯史久爾曾]과 惠俊[吉宜]

『續日本紀』文武 4년(700) 8월 을축조에는 通德과 惠俊에 대해 다음과 같이 기록하고 있다.

【4-1】칙을 내려 승 通德, 惠俊을 함께 환속시켰다. 대신 각각 1인씩 득도시켰다.
　　　通德에게 陽侯史의 성과 久爾曾의 이름을 내리고 勤廣肆의 위계를 수여하
　　　였다. 惠俊에게 吉의 성과 宜의 이름을 내리고, 務廣肆의 위계를 수여하였
　　　다. 그 藝를 활용하기 위해서이다[36].

문무 4년은 大寶令이 제정되기 1년 전으로 일본조정에서는 通德과 惠俊 2인을 환속시키고 대신 각 1인씩 득도시켜 결원된 수만큼 보충하였다. 이들 환속승에 대해서는 통덕에게는 陽侯史의 성과 久爾曾의 이름, 근광진의 관위를 내리고, 혜준에게는 吉이라는 성과 宜라는 이름 그리고 무광진의 관위를 각각 내렸다. 환속의 사유는 '藝'를 활용하기 위해서라고 명기하고 있다. 701년 대보령의 제정과 시행을 앞두고 전문지식인 관인 확보의 일환으로 추진되었다고 보인다.

우선 通德 陽侯史久爾曾에 대해서 살펴보자. 통덕이 환속하여 받았다는 陽侯史라는 성은 陽侯라는 씨명과 가바네로서의 史가 합쳐진 氏姓이다. 陽侯氏의 조

---

36 『續日本紀』文武4년 8월 을축조, "勅僧通德, 惠俊並還俗, 代度各一人, 賜通德姓陽侯史, 名久爾曾, 授勤廣肆, 賜惠俊姓吉, 名宜, 授務廣肆, 爲用其藝也".

상에 대해서는 『일본서기』推古紀 10년(602) 10월조에 나온다.

【4-2】백제승 觀勒이 왔다. 曆本 및 天文地理書 아울러 遁甲方術의 책을 바쳤다. 이때 3,4인의 書生을 선발하여 觀勒에게 학습시켰다. 陽胡史의 조상인 玉陳은 曆法을 배웠다. 大友村主高聰은 天文遁甲을 배웠다. 山背臣日立은 方術을 배웠다. 모두 배워서 業을 이루었다[37].

이 기록에 따르면 백제에서 파견한 승려 관륵이 역본, 천문지리서와 둔갑, 방술 전적을 보냈는데, 陽胡史[陽侯史]의 선조 玉陳은 역법을 배우고, 大友村主高聰은 천문과 둔갑 그리고 山背臣日은 방술을 배워 성취했다고 한다. 문무 4년에 환속한 통덕의 선조는 바로 추고 10년에 백제승 관륵으로부터 역법을 배웠다는 玉陳이다. 양자의 활동시기는 100여년으로 3세대 정도 차이가 난다. 『三代實錄』貞觀 3년(861) 6월조에는 曆博士 大春日朝臣真野麻呂의 주언에 의하면 "백제국 승 관륵이 처음으로 역술을 전했는데 아직 세상에는 시행하지 않았다. 高天原廣野姬天皇[持統] 4년(690) 12월에 칙을 내려 元嘉曆을 사용하기 시작하였고 다음에 儀鳳曆을 사용하였다[38]"라고 기록하고 있다. 양후사씨의 역법에 대한 지식은 자손에게 전수되었고 음양료와 같은 역법을 관장하는 부서에서 근무했다고 보인다. 다만 통덕이 승려의 신분이 된 사정에 대해서는 알 수 없고 그를 환속시킨 것은 大寶令 시행을 앞둔 상황에서 역법지식의 관인을 등용시키기 위한 조치였다고 생각된다. 그의 일족으로는 대보율령의 개수작업에 참여하여 양로율령 편찬에 참여

---

37 『日本書紀』推古紀10년 冬10월조, "百濟僧觀勒來之. 仍貢曆本及天文地理書, 并遁甲方術之書也. 是時選書生三四人, 以俾學習於觀勒矣. 陽胡史祖玉陳習曆法, 大友村主高聰學天文遁甲, 山背臣日並立學方術, 皆學以成業".

38 『三代実録』貞観3년 6월16일조, "豐御食炊屋姬天皇十年十月, 百濟國僧観勒始貢曆術, 而未行於世, 高天原広野姬天皇四年十二月, 有勅始用元嘉曆, 次用儀鳳曆".

한 공로로 養老 6년(722) 2월에 공전을 포상받은 陽胡史眞身이 있다[39]. 통덕의 환속에는 양호사진신의 정보와 건의가 있었을 것으로 생각된다. 대보율령의 시행으로 확대된 관료조직에 걸맞는 유능한 관인 확보가 당면과제였기 때문에 지식계층인 수도승 중에서 관련분야의 전문가를 발탁하지 않을 수 없었던 것이다. 양호사진신은 天平 2년(730) 3월조에 외국과의 교류 시에 통역이 없으면 通事에 어려움을 겪을 것이라고 하여, 제자 2인을 취하여 漢語를 가르쳤다고 한다[40]. 天平寶字 4년(760) 11월에는 일족인 陽侯史玲璆가 일본에 온 발해사를 귀국시키는 송사의 업무를 맡아 외종5위하에서 종5위하로 승진되었다[41]. 양호사 일족은 史姓 씨족으로서 율령의 편찬, 교육, 외교사절 등에 종사하고 있었음을 알 수 있다.

양후사씨의 출자에 대해서는 『신찬성씨록』 좌경 제번(상)에 "楊侯忌寸, 出自隋煬帝之後達率楊侯阿子王也"이라고 하여 양후기촌이 수 양제의 후손인 달솔 楊侯阿子王으로부터 나왔다고 기록되어 있다. 楊侯忌寸의 원래 씨성은 楊[陽]侯史이다. 『속일본기』 神護景雲 2년(768) 3월조에는 좌경인 외종5위하 楊胡毗登人麻呂 등 64인에게 楊胡忌寸의 성을 주었다고 하듯이 양후씨의 옛 성은 史이고 忌寸으로 개성되었음을 알 수 있다. 양후사씨의 출자가 수 양제의 후손인 楊侯阿子王으로 되어 있으나, 그는 '達率'이라는 백제관위를 갖고 있었다는 점에서 백제관인 출신이 분명하기 때문에 수양제로부터 계보를 구하는 것과 모순이다. 게다가 양후사씨의 조상인 玉陳은 추고 10년(602)에 보이고 있어 수 양제의 재위기간(604년~618년)과 겹치고 있어 연대적으로도 양제의 후손설은 성립하지 않는다. 『남제서』 백제전에도 백제관인으로 楊氏 성을 갖은 楊茂란 인물이 나오고 있어 백제 출자설과 모순하지 않는다. 양후사씨의 출자는 백제계로 보아야 하고 수 양제로부터

---

39 『續日本紀』天平宝字元年 12월 임자조, "從五位下陽胡史眞身, 並養老二年修律令功田各四町".

40 『續日本紀』天平2년 3월 신해조.

41 『續日本紀』天平寶字4년 11월 정유조.

구하는 깃은 출자의 부회이고 개변임이 분명하다. 楊侯史의 일족으로는 藤原宮 발굴조사에서 출토된 목간에도 「陽胡史□百」이란 인명이 나오고 있다[42].

다음은 환속한 惠俊의 본명인 吉宜에 대해서 살펴보자. 吉宜에 대해서는『속일본기』神龜 원년(724) 5월조에, "從五位上吉宜, 從五位下吉智首並吉田連"라고 하여 종5위상 吉宜는 吉智首와 함께 吉田連으로의 사성된 기록이 보인다.『신찬성씨록』 좌경 황별(하)「吉田連」조에도 "故謂其苗裔之姓爲吉氏. 男從五位下知須等…神龜 元年賜吉田連姓"이라고 하여 (吉)知須의 인명이 나온다. 知須는 바로『속일본기』에 나오는 吉智首이고 吉宜와 함께 神龜 원년에 吉田連의 성을 받았다[43]고 기록하고 있다.『신찬성씨록』의 내용은 길전련씨의 조상의 유래에 대해 기록한 것인데, 그의 조상은 전설시대인 缺史八代의 孝昭天皇의 후손으로 나오고 있어 천황가의 핏줄을 이은 가문으로 되어 있다. 이 설화담에 따르면 길전련의 조상인 鹽垂津彦命이 三己汶에 파견되어 통치했는데, 그 후손의 성을 吉氏라고 불렀다고 한다. 그후 일본으로 귀국하여 후손인 吉知須가 奈良의 田村里河에 거주하면서 지역명 '田'자를 붙이고, 連姓을 하사받아 吉田連을 칭하게 되었다고 전하고 있다.

한편『속일본후기』承和 4년(837)조에는 길전련씨에 대해 다음과 같이 기록하고 있다.

【4-3】右京人 左京亮 종5위상 吉田宿禰書主, 越中介 종5위하 同姓高世 등은 興世 朝臣의 성을 받았다. 시조 鹽乘津은 大倭人이다. 후에 국명에 따라 三己汶 의 지에 살았다. 그 땅은 드디어 백제에 예속되었다. 염승진 8세손인 달솔

---

42 奈良国立文化財研究所, 1979,『飛鳥藤原宮発掘調査出土木簡概報』4.

43 佐伯有淸에 따르면『신찬성씨록』과『속일본기』의 해당 기사를 비교한 결과『신찬성씨록』의 "男從 五位下知須等"기사의 男과 從 사이에 '從五位上吉, 次'라는 6자의 누락을 지적한다(佐伯有淸, 2007, 『新撰姓氏錄の研究』考證編第二, 吉川弘文館, p.32). 이 지적에서 인명 '宜'를 보완하면 '從五位上吉 宜'이 되고 '次'는 반드시 보입해야 할 필요는 없다고 생각된다.

吉大尙과 그 동생 少尙 등은 일본을 그리워하여 잇달아 내조하였다. 대를 이어 의술에 종사하며 문예에도 통달하였다. 그 자손들은 奈良京 田村里에 거주하였기 때문에 吉田連을 성으로 주었다[44].

『속일본기』의 기록은 염승진 8세손인 달솔 吉大尙과 그 동생 少尙 등이 귀국하여 의술 분야에 종사하고 문예에 통달하였다고 한다. 길대상이란 인물은『일본서기』天智 10년(671)조에 백제 망명자들을 대상으로 한 관위수여식에서 "吉大尙[解藥]"이라 하여 제약에 재능이 있어 小山下의 관위를 받은 백제멸망 직후 일본에 명망한 백제인이다. 당시 天智朝廷에서는 백제 망명인들을 대상으로 법률, 병법, 의약, 유학, 음양 등에 뛰어난 인물들을 관인으로 발탁하여 등용시켰다. 길전련씨 가문이 대대로 의술에 종사하게 된 것도 망명 1세대인 길대상에서 비롯되었고, 그는 吉田連氏의 실질적인 시조에 해당한다.『文德實錄』嘉祥 3년(850)조의 興世朝臣書主의「卒年」기사에도 그의 本姓은 吉田連이고 선조의 출자에 대해 "其先出自百濟"라고 하여 백제국 출신임을 밝히고 있다[45]. 길전련씨를 大倭人으로 되어있는 것은 길전련씨의 출자개변이다. 조상의 유래를 설명한 염승진설화도 천황가에 부회, 가탁한 만들어진 이야기이다[46]. 길대상과 吉宜의 관계에 대해서는 언급이 없

---

44 『續日本後紀』承和4년 6월 기미조, "右京人 左京亮從五位上吉田宿禰書主, 越中介從五位下 同姓高世等, 賜姓興世朝臣. 始祖鹽乘津, 大倭人也. 後順國命, 住居三己汶地. 其地邃隷百済. 鹽乘津八世孫, 達率吉大尙, 其弟少尙等, 有懷土心, 相尋来朝. 世傳醫術, 兼通文藝. 子孫家奈良京田村里. 仍賜姓吉田連".

45 『文德實錄』嘉祥3년 11월 을묘조, "從四位下治部大輔興世朝臣書主卒. 書主右京人也. 本姓吉田連, 其先出自百濟, 祖正五位上圖書頭兼内藥正相摸介吉田連宜, 父内藥正正五位下古麻呂, 竝爲侍醫".

46 吉田連氏의 출자개변에 대해서는 加藤謙吉, 2011,「渡來系氏族の出自改變 - 皇別・神別諸氏との同祖・同族化をめぐって」,『古代韓日交流와 相互認識』동북아역사재단 한일국제회의발표집, 徐甫京, 2017,「新撰姓氏錄의 吉田連氏 出自와 氏姓 標題에 관하여」,『한일관계사연구』58, 연민수, 2019,「新撰姓氏錄의 鹽乘津彦命 설화와 吉田連」,『한일관계사연구』64, 참조.

으나 1세대 차이가 나고 의업에 종사하고 있었다는 점에서 사업을 계승한 부자관계일 가능성이 높다. 길대상은 『懷風藻』의 大友皇子傳에 대우황자의 빈객으로서 백제 망명 지식인들과 함께 '學士'로서 이름이 거론되고 있듯이 한시문에도 밝은 지식인이었다[47]. 그의 아들 길의가 승려가 된 이유에 대해서는 알 수 없으나 壬申의 난에서 전란의 화를 피하기 위해 法界로 피신했을 가능성도 있다. 그의 환속은 통덕과 마찬가지로 대보령 시행을 목전에 둔 상황에서 일본조정의 인재등용책의 일환으로 추진되었다. 길의의 행적에 대해서는 『속일본기』 和銅 7년(714)에 정6위하에서 종5위하로 2단계 승진하였고, 養老 5년(721) 종5위상의 관위에서 학업이 우수하고 모범이 되는 관리에 선발되어 의술분야에 이름을 올리고 각종 물품을 포상받았다. 天平 2년(730)에는 후진양성을 위해 3인의 제자를 받아 의술을 가르쳤고, 동 5년에는 圖書頭에 보임된 후, 이어 동 10년에는 典藥頭의 지위에 올랐다. 그는 한시문에도 밝아 『懷風藻』에도 "正五位下圖書頭吉田連宜 二首[年七十]"이라고 하여 도서두의 지위에 있던 그의 나이 70세에 「五言秋日於長王宅宴新羅客」 등 2수를 남겼다.

5) 弁紀[春日倉首老]

弁紀에 대해서는 『續日本紀』 大寶 원년(701) 3월 임진조에 다음과 같이 기록되어 있다.

【5-1】 僧 弁紀를 환속시키고, 대신 1인을 득도시켰다. 春日倉首의 성과 老의 이름을 하사하고, 追大壹의 관위를 내렸다[48].

---

47 『懷風藻』 大友皇子傳, "淡海朝大友皇子, 二首. 皇太子者, 淡海帝之長子也.… 年甫弱冠, 拜太政大臣, 總百揆以試之. 皇子博學多通, 有文武材幹. 始親萬機, 群下畏莫不肅然. 年二十三, 立為皇太子. 廣延學士, 沙宅紹明. 塔本春初, 吉太尚許率母木素貴子等, 以為賓客…"
48 『續日本紀』 大寶원년 3월 임진조, "令僧弁紀還俗, 代度一人, 賜姓春日倉首名老, 授追大壹".

이 사료에 따르면 환속된 변기의 원래의 성은 春日倉首이고 이름은 老이다. 조정에서 하사한 씨성은 원래대로 되돌렸다고 보인다. 관위는 정8위상에 상당하는 추대일을 받았다. 春日倉首老는 和銅 7년(714) 정월에 정6위상에서 종5위하로 승진되었고 春日椋首老로 표기되어 있다.『懷風藻』에 "從五位下常陸介春日藏首老 一絶[年五十二], 五言述懷"이라고 하여 常陸介의 직위에서 오언절구 1수를 남기고 있다. 당시 그의 나이는 52세이고 春日藏首老로 되어있다. 또『萬葉集』(0298)에도「弁基歌一首」"右, 或云弁基者, 春日藏首老之法師名也"라고 하여 和歌 1수를 남기고 있으며 弁紀는 弁基로 표기되고 春日藏首老의 法師名이라고 기록하고 있다[49]. 특히 倉[藏]을 우지[氏] 名으로 하는 씨족에는 도래계의 인물이 많고, 倉人(椋人·藏人)도 동일하다[50].

弁紀의 출자와 관련하여『속일본기』寶龜 원년(770) 3월조에 조에 보이는 稱德천황이 河內의 由義宮 설치를 축하하는 행사에 葛井, 船, 津, 文, 武生, 藏 등 6씨 남녀 230인이 집단 가무를 행한 사실이 있다[51]. 井上光貞은 王仁을 시조로 하는 文氏, 藏氏, 馬氏와 王辰爾 일족이 시조로 하는 船氏, 白猪(葛井)氏, 津(菅野)氏 등을 총괄해서 왕인후예씨족으로 파악한다[52].『일본서기』응신 16년조에 "소위 왕인은 書首 등의 시조이다",『고사기』응신천황단에는 "和邇吉師는 文首 등의 祖이다"라고 하여 왕인을 文[書]氏의 조상임을 기록하고 있다. 왕인을 씨조로 하는 본종가는 백제계 西文氏이고 藏氏는 이들과 동일 거주지, 동족 의식을 바탕으로 해서 의제적 동족관계를 맺었다고 보인다. 또 弁紀와 동시대인 환속승의 대부분이 도래인이라는 사실로부터도 春日倉首는 도래계였을 개연성은 극히 높다. 弁紀을 배

---

49 春日倉首老의 '倉'은 椋, 藏으로도 표기한다. 모두 '구라'로 음독되고 있다.
50 直木孝次郞, 2005,「河内の渡來人と古代國家」,『日本古代の氏族と國家』, 吉川弘文館, pp.35~38.
51『續日本紀』寶龜원년 3월 신묘조, "葛井·船·津·文·武生·藏六氏男女二百卅人供奉歌垣…".
52 井上光貞, 1943,「王仁の其の後裔氏と佛敎」,『史學雜誌』54-9, 同 1986,『井上光貞著作集』第2卷, 岩波書店, pp.416~421.

출한 春日倉首는 氏名에 倉[藏]이라는 직장명을 갖고 가바네가 首이기 때문에 이 氏는 본래 皇別의 (大)春日氏(臣→朝臣)과는 별계통의 氏이고 조정과 미야케의 구라(椋 · 倉 · 藏)의 관리에 있었던 伴造 씨족의 흐름을 잇는 일족으로 보인다[53].

春日倉首老의 일족인 大春日氏는 역산술 등의 천문, 음양도 관련 분야에 종사하였다. 「弘仁私記」序(『日本書紀私記』甲本序)에 의하면, 大春日朝臣穎雄은 弘仁 4년(813)의 일본서기강서인 日本紀講筵에 참가하였고, 明經道와 紀傳道에 능통한 有識者로부터 선임하는 大外記의 직에 있었다. 일본서기강서는 천황제 국가의 관인이 국가이념과 정치를 운영하는데에 불가결한 요소였다. 그의 父 종5위하 大春日朝臣魚成은 大同 원년(806) 2월에 玄蕃助에 보임되었다[54]. 일족인 大春日朝臣眞野麻呂는 齋衡 3년(856) 이전부터 貞觀 4년(862)까지의 사이에 曆博士의 직에 있었고, 貞觀 2년에는 陰陽頭에도 서임되었다[55]. 그는 天安 원년(857)에는 大衍曆에서 五紀曆으로 改曆을 건의해서 허락받았고[56], 또 貞觀 3년에는 宣明曆으로의 改曆을 주언해서 수용되었다[57]. 특히 大春日朝臣氏는 역산술의 독보적인 존재이며 眞野麻呂에 이르기까지 5세기에 걸쳐 계승되고 있음을 전하고 있다[58]. 天平寶字 7년(763)에 具注 · 七曜 · 頒曆 · 中星 등 4종의 曆을 만들어 淳仁天皇에 바친 大春日船主는 眞野麻呂의 조부에 해당한다[59]. 佐伯有清에 따르면 承和 원년(834)에 '造曆

---

53 加藤謙吉, 2011, 「渡來系氏族の出自改變 - 皇別 · 神別諸氏との同祖 · 同族化をめぐって」 『古代韓日交流와 相互認識』 동북아역사재단 한일국제회의발표집, p.148.

54 『日本後紀』 大同원년 2월 경술조.

55 『日本三代実録』 貞観2년 11월 계묘조, "從五位下行曆博士兼備後介大春日朝臣眞野麻呂爲陰陽頭。餘官如故"

56 『日本文德天皇実録』 天安원년 정월 병진조, "先是, 曆博士大春日朝臣眞野麻呂上請, 以開元大衍曆經造曆年久, 而今檢大唐開成四年大中三年兩年曆, 注月大小, 頗有相謬, 覆審其由, 依五紀曆經造之. 望也依件經術將造進, 今日仍許之".

57 『三代実録』 貞観3년 6월 기미조.

58 『日本文德天皇実録』 天安원년 정월 병진조, "眞野麻呂曆術獨步, 能襲祖業, 相傳此道, 于今五世也".

59 『日本三代実録』 貞観2년 윤10월 23일조.

의 才'로 포상받아 정6위상에서 종5위하로 승진한 大春日朝臣良棟[60]이 眞野麻呂의 父이고, 承和 7년(840) 6월에 종5위상 陰陽頭였던 大春日朝臣公守[61]를 그의 근친이라고 추정하면서 元慶 6년(882)에 종5위하에 서임된 權曆博士 大春日朝臣氏主[62]도 그 일족으로 본다[63]. 이와같이 春日倉首老가 대보 원년에 환속한 것은 그의 일족이 '曆術相傳'의 가문이었고, 그 역시 曆術에 능통해 있었기 때문으로 생각된다.

6) 惠耀와 信成, 東樓

『續日本紀』大寶 원년(701) 8월 임인조에는 3인의 환속을 기록하고 있다.

【6-1】칙을 내려 僧 惠耀, 信成, 東樓을 나란히 환속시키고 本姓으로 복구시켰다. 대신 각 1인씩 득도시켰다. 惠耀의 성은 錄이고 이름은 兄麻呂, 信成의 성은 高이고 이름은 金藏, 東樓의 성은 王이고 이름은 中文이다[64]

상기 조정의 칙에 따르면 惠耀, 信成, 東樓 3인의 승이 열기되어 있는데, 모두 환속시켜 본성으로 되돌렸고, 대신 환속승의 결원을 보충하기 위해 환속승 1인씩 3인을 득도시켰다. 이들의 속세명을 보면 惠耀은 錄兄麻呂, 信成은 高金藏, 東樓는 王中文이다. 승니는 일정한 정원이 있고 결원시에는 그 수만큼 보충하고 있음을 말해주고 있다.

우선 혜요에 대해 살펴보자. 그의 본성은 錄으로 되어 있으나 天平年中「官人考

---

60 『續日本後紀』承和元年 3월 신미조, "授正六位上春日朝臣良棟從五位下造曆之才也. …是日, 授正六位上大春日朝臣良棟從五位下, 褒造曆才也".

61 『續日本後紀』承和7년 6월 갑자조, "以陰陽頭從五位上大春日朝臣公守爲土佐權守".

62 『日本三代實録』元慶6년 정월 경술조.

63 佐伯有淸, 1985,「山上氏の出自と性格」『日本古代氏族の硏究』, 吉川弘文館.

64 『續日本紀』大宝원년 8월 임인조, "勅僧惠耀, 信成, 東樓, 並令還俗復本姓, 代度各一人, 惠耀姓錄, 名兄麻呂, 信成姓高, 名金藏, 東樓姓王, 名中文".

試帳」에는 「從六位下行陰陽博士祿兄麻呂[〈年四十三/右京]」(『大日本古文書』24-552·553)이라고 하여 錄은 祿으로도 표기되었다. 한편 『일본서기』天智 10년조에 백제 망명인에 대한 관위수여식에서 음양에 능통한 角福牟에게 소산하의 관위를 주었다(「角福牟[閑於陰陽]以小山下」)는 기록이 나온다. 『속일본기』양로 3년(719) 정월 임인조에는 종6위상에서 정5위하로 승진기사에는 角兄麻呂로 나온다. 또 神龜 원년(724) 5월 신미조의 賜姓 기사에 '從五位下都能兄麻呂羽林連'라고 하여 都能兄麻呂가 羽林連으로 새로운 씨성을 받는데 그는 祿兄麻呂이다. 都能은 '츠노'로 음독하듯이 본성은 角이다. 즉 角의 성은 祿, 錄으로 전화되었고 훈독 표기는 都能로도 한다. 상기 환속한 錄兄麻呂는 「관인고시장」에 나오는 음양박사 祿兄麻呂와 동일 인물이고 백제에서 망명한 1세대인 각복모의 아들이라고 생각된다. 혜요가 승가에 입적한 이유는 알 수 없으나 집안에서 전수된 음양도의 지식이 환속한 사유이며 대보령 시행에 즈음하여 관인으로 발탁된 것이다. 환속한 각형마려는 養老 5년(721) 정월에는 음양 분야에서 학업이 우수하여 포상을 받았다. 『萬葉集』(292~295)에도 「角麻呂歌四首」라고 하여 단가 4수가 기록되어 있다. 292수에 나오는 天探女는 『고사기』, 『일본서기』神代에 등장하는 여신으로 저자가 일본 고전에도 밝았고, 和歌에도 조예가 깊었음을 알 수 있다. 그의 지식의 범위와 능력을 보여주는 사례이다.

한편 각형마려는 丹後守 재임중인 神龜 4년(727) 12월에 범법이 심해 순찰사에게 적발되어 流罪에 처해졌다[65]. 동년 2월에 좌대신 長屋王이 대독한 칙에서 7도 제국에 사자를 보내 국사의 治政과 근무상황을 살펴 공적의 고과를 매겨 보고하도록 명하였다[66]. 그 결과 12월 20일에 보고서가 도착되었는데, 이 중에서 가장 심

---

65 『續日本紀』神龜4년 12월 정해조, "先是遣使七道, 巡檢國司之状迹, 使等至是復命, 詔依使奏状, 上等者進位二階, 中等者一階, 下等者破選, 其犯法尤甚者, 丹後守從五位下羽林連兄麻呂處流, 周防目川原史石庭等除名焉".

66 『續日本紀』神龜4년 2월 갑자조.

한 범법을 행한 자가 단후국 장관인 종5위하 羽林連兄麻呂였다고 한다. 그는 개성하기 이전 角兄麻呂이고 그후의 동향에 대해서는 알려진 바 없다. 상기 天平年中의「관인고시장」에 나오는 '從六位下行陰陽博士觫兄麻呂'는 종6위상이라는 관위로 보아 정5위하로 승진한 시점이 양로 3년(719)이므로 그 이전의 내용을 말한다[67]. 그가 어떠한 범법을 행했는지는 알 수 없으나 음양의 도는 정치적인 사건으로 연루될 수 있다는 점에서 사전에 수배된 순찰일 가능성도 있다. 이때 周方目川原史石庭 등이 제명된 외에 처벌받은 사람은 보이지 않는다는 점에서 근무평정과 관련된 사안과는 거리가 있다.

다음은 信成 高金藏에 대해 살펴보자. 환속한 신성의 본성은 高씨이고 이름은 金藏으로 되어 있다.『신찬성씨록』左京 諸蕃(下)에는 다음과 같이 기록되어 있다.

【6-2】高는 고려국인5위하 高金藏[法名信成]의 후손이다[68].

즉 高氏는 고구려국인 종5위하 高金藏의 후손이고, 그의 법명은 신성이다. 다만 일본에 있는 모든 고씨가 고금장의 후손은 아니다. 다른 조문에는 "高, 高麗國人高助斤之後也"라고 하여 고조근의 후손으로 나오고 있어 계통이 다른 복수의 고씨 동족이 존재하고 있음을 알 수 있다.『속일본기』,『신찬성씨록』 등에는 高寶公, 高安人, 高吳野, 高選理, 高白公, 高文信, 高福裕, 高道士 등 高氏 성을 갖은 많은 인명들이 기록되어 있어 이들을 선조라고 주장하는 후예씨족들도 존재한다.『삼국사기』고구려본기에는 "始祖 東明聖王[姓高氏 諱朱蒙],『삼국유사』왕력편에는 '姓高名朱蒙', 동 기이편에는 '國號高句麗, 因以高爲氏' 등으로 기술되어 있듯이

---

67 天平年中「官人考試帳」은 시기적으로 729년에서 749년 사이이므로 角兄麻呂가 종6위상의 관위에 있던 시기와 맞지 않는다. 이 문서는 후에 종합해서 작성되었음을 말해준다.

68 『新撰姓氏錄』左京諸蕃(下) "高, 高麗國人從五位下高金藏[法名信成]之後也".

高氏는 고구려 건국시조의 성이다. 이러한 현상은 고구려 멸망 이후에 지배계층이었던 왕족출신의 인물들이 대거 망명했음을 말해준다.

한편『일본서기』白雉 5년(654) 2월조에 인용된 伊吉博得의 발언 중에는 고씨의 일족인 高黃金이라는 인명이 나온다. 그는 왜국의 견당사 일원으로 파견되었듯이 이전에 왜국에 이주하여 왜왕권의 관인이 된 인물이다. 고황금과 고금장의 관계는 알 수 없으나 이름의 유사성이 흥미를 끈다. 양로 2년(718) 이전의「官人考試帳」(『大日本古文書』24-552)에는 음양사로서 고금장의 이름을 기록하고("陰陽師/中上/正七位下行陰陽師高金藏[年五十八, 右京]") 있는데 이때의 그의 나이는 58세이다. 양로 2년을 기준으로 해도 그의 출생은 670년이 되기 때문에 654년에 활동한 고황금과는 1세대 이상 차이가 난다. 『신찬성씨록』에 고황금을 선조로 주장하는 씨족이 없는 것을 보면, 고금장은 고황금과는 직접적인 혈족은 아니고 그는 고구려 멸망 이후에 망명했다고 생각된다. 고금장은 음양사로서 활동하고 있었기 때문에 대보령 반포 직후부터 음양료에서 관인으로 봉직했다고 보인다. 그는 양로 7년(723) 정월에는 도래계 씨족에 대한 관위 수여식에서 정6위하로부터 종5위하로 승진되어 당상관의 지위에 올랐다.

『寧樂遺文』(補1-4)『掌珍論』(軸裏)에 弁中遍論 합4권, 沙彌信成書本을 신전 8백관을 주고 구입했다는 기록이 있다[69]. 여기에 나오는 沙彌信成이라는 인물은 환속한 후의 高金藏이다. 沙彌信成書本이란 사미신성이 집필한 책으로 아마도 음양에 관한 전적이 아닌가 생각된다.『속일본기』天平 9년(737) 12월 임술조에 외종5위하 高麥太는 陰陽頭 겸 음양사로 삼았다고 한다. 이 시기에 고금장의 나이는 적어도 80세 가까이 되어 양자는 1세대 이상의 차이가 난다. 근무시기가 겹칠 수도 있으나 그 기간은 길지 않았다고 보이며, 혈족관계에 대해서도 기록은 없지만, 고금

---

69 竹內理三編, 1962,『寧樂遺文』下, 東京堂,「掌珍論」, 大和國田中郡御作連淸之書一卷、寶龜三年正月廿五日[](軸裏) "辨中遍論合四卷, 沙彌信成書本, 買直新錢八百貫, 如是書者勿".

장이 환속 이후 가정을 갖고 있었다면 음양의 지식은 상속되었을 가능성도 있다. 따라서 고맥태는 고금장의 아들의 가능성도 있다.

東樓 王仲文에 대해서는『신찬성씨록』左京 諸蕃(下)에 다음과 같이 기록되어 있다.

【6-3】王은 고려국인 5위하 王仲文[法名은 東樓]으로부터 나왔다[70].

王氏의 출자는 고구려이고 종5위하 王仲文이 시조로 되어있고 그의 법명은 東樓라고 한다. 왕중문은 養老 2년 정월에 정6위상에서 종5위하로 승진되었다[71]. 양로 2년 이전의「官人考試帳」에「從六位下行天文博士王中文[年四十五/右京]」(『大日本古文書』24-553)라고 하여 종6위하 천문박사 王中文, 나이 45세라고 되어 있다. 그는 太一, 둔갑, 천문, 六壬式, 산술, 相地 등에 능하고, 점복의 효험을 가장 많고 최고라고 평하고 있다(『大日本古文書』24-553). 또『속일본기』양로 5년(721) 정월 갑술조에는 우수한 관인 인재들 가운데 왕중문의 이름이 보이고, 僧 延慶이 지은『家傳』(下)에 음양에 뛰어난 관인을 열기한 중에 '眞人王仲文'라고 기록되어 있다. '眞人'은 天武 13년에 8색의 성을 개편할 때 천황가의 일족에게 내린 가바네인데 도래계 씨족인 왕중문이 받을 수 있는 것은 아니다. 한편 眞人은 도교에서 말하는 신선을 의미하고 음양사는 도가의 도술의 요소를 받아들이고 오행사상은 음양도의 중핵을 이룬다는 점에서 음양사상에 능통한 왕중문이 자칭 진인의 칭호를 사용했을 가능성도 있다.

그러나 일본에 있는 왕씨가 모두 왕중문의 후예라고 단정하기는 어렵다.『속일본기』慶雲 원년(704) 정월조 종5위하 王敬受가 있고, 正倉院文書에도 王善德(『大

70『新撰姓氏錄』左京 諸蕃(下), "王, 出自高麗國人從五位下王仲文[法名東樓]也".
71『續日本紀』養老2년 정월 경자조, "從六位上…王仲文並從五位下".

日本古文書』1-640), 王國益(『大日本古文書』7-143), 土馬養(『大日本古文書』12-217), 王廣嶋』(『大日本古文書』5-266) 등이 나온다. 고씨와 마찬가지로 계통을 달리하는 복수의 왕씨로부터 나온 인물이라고 생각된다. 이들은 고구려 멸망 이후에 망명한 왕씨들의 후손들이다. 성씨와 명을 그대로 간직하고 있는 것을 보면 일본의 씨성으로 개성하지 않은 채 관인으로 봉직하고 있었음을 알 수 있다. 자신의 정체성을 지키려는 이유에서인지 혹은 일본의 씨성을 사성받지 못했는지는 판단하기 는 용이하지 않다. 다만 이 시기에 백제계 씨족들의 대부분은 사성받아 일본의 씨성으로 개성하여 본래의 모습을 알 수 없는 사례가 많은데, 왕씨나 앞에서 본 고씨의 경우는 예외적이라고 할 수 있다.

7) 隆觀[金財]

『續日本紀』大寶 3년(703) 10월 갑진조에 僧 隆觀에 대해 다음과 같이 기록되어 있다.

【7-1】승 隆觀이 환속하였다. 본성은 金, 이름은 財이고 沙門 幸甚의 子이다. 藝術을 섭렵하고 아울러 算曆을 알았다[72].

융관은 대보령 이후 처음으로 환속한 승려이고, 본래의 이름이 金財이고, 사문 幸甚의 아들로 나온다. 예술이란 학문 전반을 일컫는 말이다. 역산 지식도 보유하고 있던 그는 율령국가가 필요로 하는 유능한 인물이었다. 『속일본기』神龜 원년(724) 5월 신미조에 '從六位上金宅良…並國看連'이라고 하여 종6위상 金宅良이 國看連의 씨성을 받는데, 金宅良의 宅良의 음독이 '타쿠라우'이고, 金財의 財는 '타카라'라는 점에서 양자는 동일 인물로 추정된다[73]. 神護景雲 원년(767) 8월조에 보

---

72 『續日本紀』大寶3년 10월 갑진조, "僧隆觀還俗, 本姓金, 名財, 沙門幸甚子也. 頗涉藝術, 兼知算曆".
73 新日本古典文學大系, 1990, 『續日本紀』2, 岩波書店, p.151 각주)23.

이는 陰陽寮 소속의 천문박사 國看連今虫은 국간련으로 개성한 金財[金宅良]의 아들로 추정된다[74]. 역산법, 천문지식에 대해 그의 아버지로부터 전수받았을 가능성이 높고 부자 2대에 걸쳐 음양료에서 근무했다고 생각된다.

한편 융관 김재의 아버지로 되어 있는 沙門幸甚에 대해서는『속일본기』대보 2년(702) 4월 을사조에 다음과 같은 내용이 나온다.

【7-2】飛驒國에서 神馬를 바쳤다. 천하에 대사면을 내렸다. 다만 도둑은 이 범위에 있지 아니한다. 그 國司의 目 이상과 신마를 차출한 郡 大領은 각 1계를 승서하고 신분에 따라 녹을 내렸다. 백성에게는 3년의 부역을 면제하고 신마를 잡은 僧 隆觀은 사면하여 입경시켰다.〈유배승 幸甚의 아들이다.〉[75].

이 기록은 비탄국에서 신마를 바쳐 천하에 대사면을 내렸는데, 상서로운 동물을 잡은 융관에게 죄를 면제하여 입경하도록 하고, 이어 그 분주에 융관은 "유배 중인 승 幸甚의 아들이다"라고 기록하고 있다. 행심이 유배된 사정에 대해서는 『일본서기』지통기 朱鳥 원년(686) 10월조에 다음과 같은 기록이 나온다.].

【7-3】기사(2일) 皇子 大津의 모반이 발각되었다. 황자 대진을 체포하고, 아울러 황자 대진에게 속은 직광사 八口朝臣音橿, (중략) 신라 사문 行心 및 帳內 礪杵道作 등 30여 명을 체포하였다. 경오(3일)에 대진황자는 譯語田의 집에서 죽었다. (중략) 병신(29일)에 "황자 대진이 모반을 꾀했다. 이에 속아 넘어간 관리와 舍人은 어쩔 수 없이 관련되었다. 지금 황자 대진은 이미 죽었

---

74 關晃, 1954,「新羅沙門行心」,『續日本紀研究』1-9, 同 1996,『古代の歸化人』, 關晃著作集第3권, 吉川弘文館, p.238.

75 『續日本紀』大寶2년 4월 을사조, "飛驒國獻神馬, 大赦天下, 唯盜人不在赦限, 其國司目已上, 出瑞郡大領者, 進位各一階 賜祿有差, 百姓賜復三年, 獲瑞僧隆觀免罪入京[流僧幸甚之子也]".

다. 황자 대진과 연좌된 시종들은 모두 용서하라. 다만 여저도작은 伊豆로 유배하라."고 명하였다. 또 "신라 사문 행심은 황자 대진과 함께 모반하였 지만 짐은 차마 죄를 물을 수 없다. 飛驒國의 절로 보내라."고 명하였다.

　여기에 나오는 신라사문 行心은 상기 幸甚과 동일 인물이고 대진황자의 모반사 건에 연루되어 유배되었다. 이 사건은 天武의 사망 직후 황후인 持統의 집정이 시 작된 시점에서 천무의 황자들 간에 권력암투에서 일어난 일이다. 모반의 혐의는 누명에 가깝지만, 행심이 대진황자의 관상을 말한 것이 발단이 되었다.『懷風藻』 大津皇子傳에 행심은 대진황자의 골상을 보고 보통 인물이 아님을 말하고 이 상 태로 머물다가는 몸을 보전하기 어렵고 하였다. 이것이 대진황자에게 모반죄라 는 누명이 씌어져 24세의 젊은 나이로 죽음을 당하는 비극을 초래하였다[76]. 모반 죄에 연루된 행심은 그의 아들 융관과 함께 비탄국의 절에서 유배생활을 보낸다. 이러한 조치는 사실상 모반혐의가 무고임을 방증하는 것으로 행심에 대한 최소한 의 유죄를 내린 것이다. 그 후 그의 아들 융관이 신마를 헌상한 덕분에 사면되었 고, 융관은 환속과 동시에입경시켜 관인으로 발탁되었다. 융관은 상기 동 대진황 자전에 "時有新羅僧行心, 解天文卜筮"이라고 하여 행심은 천문과 점술에 해박하 다고 하듯이 그의 역산 지식은 아버지 행심으로부터 전수받은 것이다.

8) 義法[大津連意毘登]

　義法에 대해서는『續日本紀』和銅 7년(714) 3월 정유조에 다음과 같이 기록되어 있다.

76『懷風藻』大津皇子傳, "時有新羅僧-行心, 解天文卜筮. 詔皇子曰, 太子骨法, 不是人臣之相. 以此久在
　下位, 恐不全身. 因進逆謀迷此誑誤, 遂圖不軌. 嗚呼惜哉. 蘊彼良才, 不以忠孝保身, 近此奸豎, 卒以
　戮辱自終. 古人愼交遊之意, 因以深哉. 時年二十四".

【8-1】沙門 義法이 환속하였다 姓은 大津連이고, 名은 意毘登이다. 종5위하를 하
　　　사받고 占術에 등용되었다[77].

사문 의법은 환속하여 종5위하 大津連意毘登라는 이름으로 관인이 되었다. 그
는 점술에 능하다고 하여 음양료에 배속되었을 것으로 보인다. 그의 환속 전의 행
적에 대해서는『속일본기』慶雲 4년(707) 5월 을축조에 보인다.

【8-2】종5위하 美努連浄麻呂 및 학문승 義法, 義基, 摠集, 慈定, 浄達 등이 신라에
　　　서 귀국하였다[78].

종5위하 美努連浄麻呂를 필두로 학문승 義法 등이 신라에서 귀국하였다는 기
사이다. 이때의 견신라사는 경운 3년(706) 8월에 美努連浄麻呂를 대사로 종6위하
對馬連堅石를 부사로 임명된 사절단으로 동년 11월에 출발하였다[79]. 이 견신라
사절단에 학문승이 다수 포함되어 있듯이 6개월간의 체류동안 신라불교계의 동
향을 파악하고, 불교사상의 습득, 신라승과의 교류, 관련 전적 등의 구입이 목적
이었다고 생각된다. 의법의 환속 후 동향에 대해서는『속일본기』天平 2년(730) 3
월 신해조에 다음과 같은 기록이 나온다. 태정관의 주청으로 國家要道의 학문 분
야로서 음양, 의술, 七曜, 頒暦 등에 뛰어난 관인을 선발하여 제자를 양성하게 했
다는 기록 중에 음양분야에 탁월한 인물로 大津連首이 이름이 나온다. 의법의 환
속 후의 이름인 意毘登의 음독은 '오비토'로서 바로 首이다. 그는 한시에도 밝아

---

77 『續日本紀』和銅7년 3월 정유조, "沙門義法還俗, 姓大津連, 名意毘登, 授從五位下, 爲用占術也".
78 『續日本紀』慶雲4년 5월 을축조, "從五位下美努連浄麻呂及学問僧義法・義基・摠集・慈定・浄達
　　等至自新羅".
79 『續日本紀』慶雲3년 11월 계유조, "賜新羅國王勅書曰, 天皇敬問新羅國王, …今故遣大使從五位下美
　　努連淨麻呂, 副使從六位下對馬連堅石等, 指宣往意, 更不多及".

『회풍조』에 "正五位下陰陽頭兼皇后宮亮大津連首, 二首[年六十六]"라고 하여 관인으로서 만년의 시기인 66세에 한시 2수를 남겼다. 그는 관위 정5위하로서 음양료의 장관인 음양두이자 황후의 가정기관인 황후궁량을 겸직하고 있었다.

한편 大津連意毘登의 자손으로 大津連大浦가 있다. 『속일본기』寶龜 6년(775) 5월 기유조의 그의 卒年기사에는 다음과 같이 기록되어 있다.

【8-3】종4위상 陰陽頭 겸 安藝守 大津連大浦가 죽었다. 大浦는 대대로 음양을 습득한 가문 출신이다. 仲満은 그를 신임하여 일의 길흉을 물었고, 大浦는 그 의도가 역모에 있음을 알고 화가 자신에게 미칠 것이 두려워 그 일을 밀고하였다. 머지않아 과연 仲満은 모반하였다. 그해 종4위상이 내려졌고 宿禰 성을 받았다. 兵部大輔 겸 美作守가 되었다. 神護 원년, 和氣王의 측근이라고 하여 宿禰 성을 제적당하고 日向守로 좌천되었다. 끝내 현재의 관직에서 해임되어 그 日向國에 머물게 되었다. 寶龜 初, 죄를 용서받아 입경하여 陰陽頭에 임명되고 갑자기 安藝守를 겸하였다. 재임중에 죽었다[80].

상기 사료에 따르면 사망 직전에 그는 종4위상 음양두 겸 安藝守였다. 대대로 음양도의 가문으로 음양학을 습득하고 藤原仲麻呂의 신임을 얻어 길흉을 점쳤다. 그러나 그는 藤原仲麻呂가 반역의 모의를 꾀하고 있음을 알고 화가 자신에게 미칠 것이 두려워 조정에 밀고하였다. 그 결과 그는 정7위상에서 종4위상으로 10단계나 뛰어넘는 승진과 더불어 連姓에서 宿禰를 사성받고 左兵衛佐 겸 美作守에 임명되었다. 그러나 神護 원년(765)에 和氣王의 모반이 발생할 때 연루되어 日向

---

80 『續日本紀』寶龜6년 5월 기유조의 "從四位上陰陽頭兼安藝守大津連大浦卒, 大浦者世習陰陽, 仲満甚信之, 問以事之吉凶, 大浦知其指意涉於逆謀, 恐禍及己, 密告其事, 居未幾, 仲満果反, 其年授從四位上, 賜姓宿禰, 拜兵部大輔兼美作守, 神護元年, 以黨和氣王, 除宿禰姓, 左遷日向守, 尋解見任, 卽留彼國, 寶龜初, 原罪入京, 任陰陽頭, 俄兼安藝守, 卒於官".

守로 좌천되고 位封을 박탈당했다. 여기에서 주목되는 것은 '世習陰陽'이라고 하여 환속승인 그의 아버지 大津連意毘登에 이어 음양두를 역임한 것이다. 그는 화기왕의 모반사건에 연루되어 좌천된 이후인 神護景雲 원년(767)에는 日向員外介의 관직에서도 해임되었는데 천문, 음양 등의 서적을 소지한 것이 이유였다[81]. 그러나 光仁朝에 들어가면 寶龜 원년(770)에 사면받아 귀경한 후에 동 2년(771)에 음양두에 임명되었고[82], 동 5년에는 安藝守를 겸직하였다[83]. 그리고 동 6년에는 상기「卒傳」에 보이듯이 종4위상 陰陽頭 겸 安藝守가 되었다. 음양지식인에 대한 국가적 인식과 배려를 알 수 있는 사례이다.

9) 일본계 환속승의 사례

天平寶字 3년(759) 이후에 보이는 일본인 환속승의 사례이자.

【9-1】이보다 앞서 승 善神은 마음이 탐욕스러워 악한 일을 멋대로 하고 있었다. 승 專住는 덕을 쌓은 승려를 심하게 욕하였다. 아울러 佐渡로 이주시켜 참회를 명하였다. 그러나 비뚤어진 성격은 고쳐지지 않았고 나쁜 평판이 점점 나왔다. 이에 이르러 환속시키고 과역을 부과하였다[84].

【9-2】藥師寺 승 華達은 俗名이 山村臣伎婆都이다. 같은 절의 승 範曜과 도박을 하다 끝내 죽였다. 환속시켜 陸奧國 桃生의 柵戶로 유배보냈다[85].

---

81 『續日本紀』神護景雲 원년 9월 16일조, "日向員外介從四位上大津連大浦解任, 其隨身天文陰陽等書沒爲官書".

82 『續日本紀』寶龜2년 7월 정미조, "從四位上大津連大浦爲陰陽頭".

83 『續日本紀』寶龜5년 3월 갑진조, "陰陽頭從四位上大津連大浦爲兼安藝守".

84 『續日本紀』天平寶字3년 5월 경진조, "先是, 僧善神殉心以縱奸惡, 僧專住極口而詈宿德, 並擯佐渡, 令其悔過, 而戾性不悛, 醜聲滋彰, 至是, 還俗從之差科".

85 『續日本紀』天平寶字4년 12월 무인조, "藥師寺僧華達, 俗名山村臣伎婆都, 与同寺僧範曜, 博戲爭道,

위 2개의 사례는 승려로서의 악행과 험담, 도박과 같은 부도덕한 행실로 모두 환속시키고 일반 백성과 같은 과역을 부과하고, 살해범에 대해서는 오지로 유배 시켰다. 이상의 사례는 승려가 지켜야 할 법도와 계율를 벗어난 행위에 대한 처벌이다. 「승니령」에는 악행과 부도덕한 행실에 대한 구체적인 시행세칙은 없으나 「승니령」21 「准格律」조에 "凡僧尼有犯, 准格律合徒年以上者, 還俗, 許以告牒当徒 一年"라고 하여 格과 律에 준하여 徒 1년 이상이면 환속시킨다는 규정이 있어 환속시켜 일반 공민의 의무사항은 납세와 과역을 부과하는 것이다. 다만 승려의 경우는 참회의 유예기간을 두었고, 승니의 신분증인 고첩 자체가 구금 1년을 상쇄하는 기능이 있어 특권이 주어졌다. 【9-2】의 도박에 대해서는 「僧尼令」9 「作音楽」조에 "凡僧尼作, 音楽及博戱者, 百日苦使, 碁琴不在制限"이라고 하여 음악, 도박, 유희 등에 대해서는 100일의 고사에 처해진다는 규정이 있다. 다만 바둑과 거문고는 제한을 받지 않는다고 하여 승니의 놀이문화의 성격을 엿볼 수 있다.

『일본후기』大同 원년(806) 10월 갑자조에는 다음과 같은 조정의 칙이 내려졌다

【9-3】内典의 문은 계율을 지키는 일이 으뜸이다. 계율을 어기는 승이 있다면, 어떻게 불교를 홍법할 수 있겠는가. 그런 즉 道의 성쇠는 실로 사람으로부터 연유하고 국가의 수호도 계율을 지키는데 있다. 고로 승려에 대한 조사는 상세하게 법에 정해져 있다. 무릇 비리가 있다면 법에 준하여 조사한다. 지금 少僧都 忠芬의 실상을 보면, 僧尼의 行業에 혹 법과 같이 아니한 것이 있다. 계율 중에 명백히 규정되어 있기 때문에 금지사항은 教旨에 준하여 처분해야 할 것을 신청한다. 속인과 승려는 계율을 달리하고 불계와 속계는 사정이 다르기 때문에 마땅히 청한 바에 의거하여 처리하라. 다만 살인, 간

逐殺範曜, 還俗配陸奧國桃生柵戸".

음, 절도는 가볍지 않으니 범법자는 환속시키고 속계의 법에 따른다[86].

　　이 칙의 주요 내용을 보면 다음의 5개로 정리된다. ①불교의 경전에서는 계율을 지키는 일을 가장 중요시한다, ②불교의 가르침과 국가의 수호도 계율을 준수함에 있다. ③승려의 범죄는 법으로 판단하지 않으면 안된다. ④少僧都 忠芬은 승려로서의 행실에 위법이 있고, 금지사항은 계율에 의해 처분해야 한다. ⑤살인, 강간, 절도의 죄상은 중하니 승려신분의 죄인은 환속시켜 속계의 법으로 처리하라. 이 칙은 상기의 악행, 절도, 도박, 살인 등 모든 것에 해당되고 환속시켜 속계의 법으로 처리할 것을 명하고 있다. 8세기후반 이후가 되면 율령국가의 모순과 문란으로 승려의 세속화 경향을 반영하고 있고 이에 대한 대책으로 칙이 내려진 것이다. 이것은 앞서 살펴본 대보령 시행 전후한 시기에 환속한 승려가 재능과 지식을 활용한 것과는 대비되는 내용이다.

　　다음은 『일본후기』延曆 17년(798) 5월에 보이는 재능있는 자를 환속시킨 사례이다.

【9-4】정5위하 羽栗臣翼이 죽었다. (略) 父 吉麻呂는 靈龜2년 학생 阿倍朝臣中麻
　　　　呂의 종자가 되어 入唐하여 唐女를 취해 翼과 翔을 낳았다. 翼의 나이 16세
　　　　인 天平 6년 父를 따라 귀국하였는데 총명하다는 평판을 얻었다. 다방면에
　　　　통했지만 출가하여 승려가 되었다. 얼마 지나지 않아 학업이 뛰어나 조정
　　　　에서 그 재능을 아까워하여 환속시키고, 특별이 2명을 독도시켰다[87].

---

86 『日本後紀』逸文(『類聚国史』186 僧尼制) 大同元年 10월 갑자조, "勅, 内典之門, 持戒為首. 苟有犯
　　破, 誰弘厥道. 然則, 道之盛衰, 良由其人. 保護国家, 無不奉斯. 故緇徒之禁, 具載科條. 凡在非違, 准
　　法応勘. 今得少僧都忠芬状, 僧尼行業, 或不如法. 即律教中, 已設明制. 禁断之事, 請准教旨. 夫緇素
　　異戒, 内外殊趣. 宜依所請, 任令遵行. 但殺人奸盗, 此是不軽. 随犯還俗, 一如外法".
87 『日本後紀』逸文 (『類聚国史』187還俗僧) 延曆17년 5월 병오조, "正五位下羽栗臣翼卒, 云云, 父吉麻

이 기록은 정5위하 羽栗臣翼의 졸년기사인데, 그는 견당사를 따라 입당했던 그의 부가 현지 여인과의 사이에서 낳은 아들인데, 16세에 귀국하여 학업에 우수한 능력을 보여 일본조정에서는 그 재능을 아깝게 여겨 환속시키고, 대신에 특별히 2인을 출가시켰다고 한다. 그의 귀국은 천평 6년(734)으로 율령국가의 융성기로서 보다 많은 재원을 발굴하던 시기였다. 승려는 비교적 거주하는 소재와 개개인의 능력을 확인하기 용이하다는 점에서 재능있는 자의 발굴은 우선 순위였다고 생각된다. 앞서 살펴보았듯이 환속한 경우에 결원된 만큼 보충했는데 이 사례는 2명을 득도시키고 있다. 그는 16세까지 당에서 생활하였고 당의 선진학문을 습득할 수 있는 기회가 있었다고 보인다. 그의 관력을 보면 寶龜 9년(778)에 견당사 귀국기사에 准判官[88]으로 파견되었던 사실이 있고, 동 10년에 외종5위하에서 종5위하로 승진하였고[89], 延曆 원년(782)에는 丹波介에 봉직하였다[90]. 이어 연력 5년(786)에는 內藥正 겸 侍醫에 보임되어 조정의 의료분야를 총괄하는 직무에 종사하였다[91]. 이어 연력 7년(788)에는 왕경의 사법, 행정, 결찰권을 총괄하는 左京亮 직에 보임되었고, 아울러 내약정과 시의도 겸직하였다. 羽栗臣翼의 재능은 의술분야에 집중되어 있듯이 그의 환속도 의술과 관련이 있고 환속 전에 僧醫로서 활동했음은 짐작하기 어렵지 않다.

다음은 技藝와 譯語와 관련된 사례이다.

呂, 靈龜二年, 以學生阿倍朝臣中麻呂傔人入唐, 娶唐女生翼及翔, 翼年十六, 天平六年, 隨父歸國, 以聰穎見稱, 多所通涉, 出家爲僧, 未幾學業優長, 朝廷惜其才而還俗, 特賜度二人".

88 『續日本紀』寶龜9년 10월 을미조, "正五位下羽栗臣翼卒, 云云, 父吉麻呂, 靈龜二年, 以學生阿倍朝臣中麻呂傔人入唐, 娶唐女生翼及翔, 翼年十六, 天平六年, 隨父歸國, 以聰穎見稱, 多所通涉, 出家爲僧, 未幾學業優長, 朝廷惜其才而還俗, 特賜度二人".

89 『續日本紀』寶龜10년 4월 정유조.

90 『續日本紀』延曆원년 2월 경신조.

91 『續日本紀』延曆5년 7월 임인조.

【9-5】阿车公人足에게 외종5위하를 내렸다. 人足은 大安寺 승 泰仙이다. 공작기
　　　술을 알아 漏刻 제작을 명받아 여러 해 걸려 이내 완성하였다. 帝가 그 기
　　　묘함을 기뻐하여 환속하여 서위하였다. 비록 그 기술은 기묘하였는데 시간
　　　에 차이가 있어 끝내 사용하지 못하였다[92].

【9-6】정4위상 武蔵守 石川朝臣河主가 죽었다. 右大弁 종3위 石足의 손이다. 中
　　　納言 정3위 겸 宮内卿 우경대부 豊成野의 제10자이다. 延暦 13년에 종5위
　　　하, 25년에 정5위하, 弘仁4년에 종4위하, 14년에 정4위상, (缺字□□□)18번,
　　　처음에 기연이 있어 출가했는데 환속하여 출사하였다. 불교와 경전을 배우
　　　고 아울러 기술을 알고 있었다. 桓武天皇 때에 조영사업을 중심에 두었기
　　　때문에 그는 시류에 따라 몸을 던져 이익을 취했는데, 욕심이 있어 베푸는
　　　일은 없었다. 나이 77세였다[93].

【9-7】이날 大安寺 승 傳灯大法師位惠靈이 환속하였다. 姓名은 紀朝臣春主이고
　　　정6위상에 서임되어 건당사 역어 겸 但馬權掾이 되었다[94].

　　우선【9-5】의 내용을 보면 대안사 승려인 泰仙이 공작기술이 뛰어나 누각[물시

---

92 『日本後紀』弘仁2년 3월 기미조, "阿车公人足授外従五位下, 人足者, 大安寺僧泰仙也. 以工術聞, 令
　　造漏刻, 積年乃成, 帝嘉其巧思, 還俗叙位, 雖機巧可奇, 而隻辰易差, 遂不爲用".
93 『日本後紀』逸文(『類聚國史』66 薨卒, 『日本紀略』) 天長7년(830) 12월 정묘조, "正四位上武蔵守石川
　　朝臣河主卒. 右大弁従三位石足之孫, 中納言正三位兼宮内卿右京大夫豊成野第十子也. 延暦十三
　　年授従五位下, 廿五年正五位下, 弘仁四年従四位下, 十四年正四位上, □□□一十八度, 初託緣出
　　家. 還俗更仕. 頗学内外, 兼知工巧. 桓武天皇之時, 造作為宗, 允従当時, 容身取利, 有欲無施. 年
　　七十七".
94 『續日本後紀』承和3년 윤5월 신사조, "是日, 大安寺僧傳灯大法師位惠靈還俗. 姓名紀朝臣春主, 叙
　　正六位上, 爲遣唐譯語兼但馬權掾".

게을 만들게 하여 성공시켰는데, 그 공으로 환속되어 외종5위하의 관위를 빌있다. 그러나 누각은 부정확하여 시계로서 사용할 수 없다고 하여 실용화되지는 못했지만, 기예분야에 대한 국가적인 관심사와 인재발굴의 현황을 말해주고 있다.

【9-6】은 정4위하 武藏守 石川朝臣河主의 졸년기사인데, 그의 조부는 우대변 종3위, 부는 중납언 정3위로 공경을 배출한 명문가이다. 그의 이력을 보면 어떤 기연이 있어 출가했는데 환속하여 조정에 재출사했다고 하듯이 환속 이전에 이미 관인으로서 활동하였다. 그는 弘仁 2년(811)에 內匠頭[95], 홍인 6년(815)에 民部大輔[96], 天長 4년(827)에는 左京大夫[97]에 보임되는 등 관인으로서는 고위직에 올랐다. 그의 환속과 출사의 사유는 '頗学內外, 兼知工巧'라고 하여 '內外의 學'인 불교와 유학의 경전 및 공예 지식이다. 桓武朝에 추진된 활발한 조영사업으로 환속시켜 기술을 활용했던 것이다.

【9-7】은 대안사 승려인 惠靈이 환속했는데 紀朝臣春主의 이름으로 정6위상에 서임되었다. 그는 환속하여 견당사 譯語 및 但馬權掾이 되었다. 특히 역어는 외국과의 교류에 필수적이다. 『속일본기』 天平 2년(730) 3월조에는 태정관의 상주에는 諸蕃, 異域은 풍속이 달라 만약 통역이 없으면 소통할 수 없으니, 粟田朝臣馬養 등 5인에게 제자 2인씩 취하여 漢語를 습득시킨다라고 하여 통역의 양성을 주장하는 기록이 나온다[98]. 『延喜式』 大宰府 「仕丁」 항목에도 '大唐通事四人', '新羅譯語' 등을 기록하고 있어 대외교류의 관문인 대재부에는 통역이 상주하고 있음을 알 수 있다. 상기 紀朝臣氏는 원래 일본고대의 전설적인 충신으로 나오는 武內宿

---

95 『日本後紀』弘仁2년 7월 을묘조.
96 『日本後紀』弘仁6년 정월 갑신조.
97 『日本後紀』逸文(『類聚国史』三六山陵・『日本紀略』) 天長4년 11월 계미조.
98 『續日本紀』天平2년 3월 신해조, "太政官奏稱又諸蕃異域, 風俗不同, 若無譯語, 難以通事, 仍仰粟田朝臣馬養, 播磨直乙安, 陽胡史眞身, 秦忌寸朝元, 文元貞等五人, 各取弟子二人令習漢語者, 詔並許之".

禰를 조상으로 한 씨족이며 天武 13년의 8색의 성으로 개편시에 朝臣 성을 받은 권력자 집안이다. 그가 唐語를 구사하고 지적 습득이 가능했던 것은 귀족의 가문에서 성장한 배경에 기인한다.

4. 환속승과 '國家要道'의 學

환속승의 사유는 국가인재의 발탁이고 천문, 역법, 방술, 점복, 문장, 의술 등 일본고대국가가 지향하는 전략적 핵심 학문이다. 특히 국가의 운명을 점치는 천문, 역법 분야는 기밀이고 환속승 중에는 이 분야의 탁월한 인재들이 많았다. 대보령 시행을 전후하여 환속승이 많았던 것은 천황제 율령국가의 이념적 지향성과 밀접한 관련이 있다. 이 시기에의 환속된 인물이 대부분 도래계 씨족이고 백제, 고구려 멸망 이후에 지식층이 대거 망명하여 이들의 2세들을 중심을 이루고 있다[99]. 음양도와 의술분야는 가업으로 相傳되는 사례가 많아 대를 이어 관인으로 진출하였다.

『속일본기』養老 5년(721) 정월 갑술조에는 다음과 같은 조서가 내려졌다.

【10-1】문인과 무사는 국가가 중시하는 바이고, 의술과 卜筮, 방술은 고금을 막론하고 존숭되어 왔다. 마땅히 백관 중에서 학업이 우수하고 모범이 될만한

---

99 『日本書紀』天武14년 10월조에 천무천황의 건강회복을 위한 招魂을 위해, 白朮을 달여 헌상한 음양박사 백제승 法藏이 持統6년(692)의 淨御原令制 하에서도 환속되지 않았다. 동 지통6년 2월조 음양박사 사문 法藏과 道基에게 각각 은 20량을 주었다고 하듯이 승려의 신분이면서 음양박사라는 칭호도 갖춘 인물이다. 이에 대해 新川登龜男은 율령국가가 예술을 보유하는 승려의 존재를 기본적으로 인정하지 않았다는 것을 말해준다고 한다(新川登龜男, 2015, 「日本仏教以前の仏教」 WASEDA RILAS JOURNAL NO. 3, p. 309). 그러나 전체적인 실태에서 보면 이것은 예외적인 일로서 특별한 사정에 기인한다고 생각된다.

지를 선발히여 상을 주고 후진을 격려하는데 힘쓸지이다[100].

이어 포상의 대상 분야로는 明經, 明法, 文章, 算術, 陰陽, 醫術, 解工, 和琴師, 唱歌師, 武藝를 들고 관인들의 인명을 거론하며 絁, 絲, 布, 鍬 등의 상을 내렸다. 이들 제분야는 『수서』 열전 제43 「藝術」조에 보이는 占候, 曆算, 經史, 相術, 陰陽, 災祥, 律曆術, 玄象, 醫方 등과 공통하는 분야가 적지 않다. 특별한 재능을 가진 전문가를 '藝術'로서 규정하고 있다. 『속일본기』 大寶 3년(703) 10월 갑진조에 보이는 '僧隆觀還俗…頗涉藝術兼知算曆'이라고 기록되어 있는 '藝術'을 말하고, 동 文武 4년(700) 8월 을축조에 '勅僧通德·惠俊並還俗…爲用其藝也'라는 내용에서 '其藝'와도 상통한다. 여기에 나오는 인명 중에는 명경에 背奈公行文, 문장에 山田史御方, 樂浪河内, 음양에 王仲文, 角兄麻呂, 余秦勝 그리고 의술에 吉宜, 吳肅胡明。秦朝元, 賈受君 등이 도래계 씨족들이고, 세습적 지위를 이어가고 있는 경우가 대부분이다.

『속일본기』 天平 2년(730) 3월 신해조에는 태정관이 조정에 상주한 내용이 나온다.

【10-2】음양, 의술 및 七曜, 頒曆 등은 國家要道이고 이를 폐하거나 결할 수는 없다 다만 제박사가 고령으로 노쇠하여 만일 가르칠 수 없다면 아마도 이 업은 끊어질 것이다. 바라건대, 吉田連宜, 大津連首, 御立連清道, 難波連吉成, 山口忌寸田主, 私部首石村, 志斐連三田次 등 7인은 각각 제자를 취하여 학업을 교수시키고, 그 時服, 식료는 대학생에 준하여 지급하고, 그 生徒는 음양, 의술 각 3인, 曜曆 각 2인으로 한다[101].

---

100 『續日本紀』養老5년 정월 갑술조, "又詔曰, 文人武士, 國家所重, 醫卜方術, 古今斯崇, 宜擢於百僚之內, 優遊學業, 堪爲師範者, 特加賞賜, 勸勵後生".

101 『續日本紀』天平2년 3월 신해조, "太政官奏稱…, 又陰陽醫術及七曜頒曆等類, 國家要道, 不得廢闕, 但見諸博士, 年齒衰老, 若不教授, 恐致絶業, 望仰, 吉田連宜, 大津連首, 御立連清道, 難波連吉成, 山口忌寸田主, 私部首石村, 志斐連三田次等七人, 各取弟子將令習業, 其時服食料亦准大學生, 其生

태정관이 상주한 내용 중에서 음양, 의술, 칠요, 반력 등의 분야는 '國家要道'의 학이라고 하여 중시하였다. 조정에서는 국가 주요 학문의 단절을 우려하여 후진양성을 위해 조치를 위하고 있는 것이다. 따라서 吉田連宜 등 7인에게 음양, 의술, 七曜와 頒曆 분야에 제자를 양성하게 하였다. 이번 태정관의 상주에서는 '國家要道'의 학이 명확하게 규정되어 있다. 또 天平寶字 원년(757) 8월 기해조에도 천문, 음양, 력산, 의침 등의 學을 '國家所要'라고 규정하고 있다. 이어 天平寶字 원년(757) 11월 계미조의 칙에는 의생, 천문생, 음양생은 역산생 등이 습득해야 할 교재로서 의생은 大素, 甲乙, 脉經, 천문생은 天官書, 漢晋天文志, 三色薄讚, 韓楊要集, 음양생은 周易, 新撰陰陽書, 黃帝金匱, 五行大義 그리고 역산생은 漢晋律曆志, 大衍曆議, 九章, 六章, 周髀, 定天論 등을 습득해야 임관할 수 있다고 기술하고 있다. '國家要道'의 학으로서 엄격하고 철저한 전문인력의 양성과정을 말해주고 있다. 天平寶宝 2년(758) 8월에도 음양료는 음양, 역법, 천문 등을 다루는 국가가 소중히 여기고, 大事를 기록하므로 大史局으로 고쳤다[102]고 한다. 대사국은 당의 秘書省 산하에서 천문, 역법, 누각, 풍운기색 등을 관장하던 太史局의 명칭을 모방한 것인데, '記此大事'라고 하듯이 기밀문서를 다루는 국가의 핵심 학문임을 강조하고 있다.

음양도의 대가로 알려진 吉備眞備는 養老 원년(717)에 국비 유학생으로 견당사를 따라 당에 유학하여 18년간 체재하며 당의 선진 학문과 문물을 접하였다. 그는 귀국 시에 經書経書(『唐禮』130권), 천문역서(『大衍曆經』1권, 『大衍曆立成』12권), 해시계(測影鉄尺), 악기(銅律管, 鉄如方響, 寫律管聲12조), 음악서(『樂書要録』10권) 등 수많은 전적과 신문물을 바쳤다[103]. 그가 당에서 배운 학문 중에는 陰陽曆道, 天文漏剋, 秘術雜占 등 음양도 관련 분야가 중심이었다[104]. 당에서는 吉備眞備의 재능을 높이 평가하여 본

　　徒陰陽醫術各三人, 曜曆各二人".
102 『續日本紀』天平寶字2년 8월 갑자조, "陰陽寮。陰陽曆數, 國家所重, 記此大事, 故改爲大史局".
103 『續日本紀』天平7년 4월 신해조.
104 『扶桑略記』天平7년 4월 신해조.

국으로 귀국을 불허했지만, 그는 비술로서 일월을 차단해 칙령을 모면할 수 있어 무사히 귀국했다는 설화가 전해지고 있듯이[105] 음양술에 뛰어난 인물이었다. 그는 이 공로로 종8위하에서 무려 10단계를 뛰어 넘는 정6위하에 서임되고, 대학료의 차관인 大學助에 임관되었다. 「선서령」의 규정에 따르면 6년의 고과로 中中 이상이 되어야 1단계 승진이 된다는 사실에 비추어 보면 파격적인 인사였다. 이것은 대보령 시행기에 일본조정의 음양도에 대한 관심이 어떠했는지를 웅변해 주는 사례이다.

앞에서 본 환속승과 관련해서 가장 많은 분야가 음양, 역산, 점복 등이다. 이들 학문은 음양료라는 관부에서 업무를 관장하고 있다. 율령에 규정된「職員令」음양료의 조문을 살펴보자.

【10-3】陰陽寮, 頭一人[掌, 天文, 曆数, 風雲氣色, 有異密封奏聞事], 助一人, 允一人, 大属一人, 少属一人, 陰陽師六人[掌, 占筮相地], 陰陽博士一人[掌, 教陰陽生等], 陰陽生十人[掌, 習陰陽], 歷博士一人[掌, 造曆及教曆生等], 曆生十人[掌, 習曆], 天文博士一人[掌, 候天文氣色有異密封, 及教天文生等], 天文生十人[掌, 習候天文氣色], 漏尅博士二人[掌, 率守辰丁伺漏刻之節], 守辰丁二十人[掌, 伺漏尅之節以時擊鐘皷], 使部二十人, 直丁三人。

음양료의 구성은 頭 1인 등 5인의 행정관인을 비롯하여 음양사 6인, 음양박사 1인, 역박사, 1인, 천문박사 1인, 누각박사 2인 등 11인의 해당분야의 전문가가 있고, 교습생으로서 음양생 10인, 역생 10인, 천문생 10인으로 되어 있다. 기타 행정보조, 잡역 등 43인 등 전체 구성원은 86인이다. 음양료의 총괄 책임자인 음양두은 천문, 역수, 풍운기색 등을 살펴 이상한 점이 있으면 밀봉하여 사안에 대해 조정[천

---

105 『扶桑略記』天平7년 4월 신해조, "由是太唐留惜, 不許歸朝. 或記云, 爰吉備竊封日月, 十箇日間, 天下令時惟動, 令占之處, 日本國留學人不能歸朝, 以秘術封日月, 敕令免宥逐歸本朝".

황)에 주상하는 일을 한다. 음양사는 '占筮相地'라고 하여 점을 쳐서 지세를 판단하여 천도와 관련된 궁도, 산릉 등의 입지를 선정하는 역할이 있고, 역박사는 역을 만들고 역생을 교육하는 일, 천문박사는 천문기상을 관측하는 일을 담당하였다.

한편 「養老令」의 주석서인 『令義解』에는 다음과 같이 주석하고 있다.

【10-4】謂, 天文者, 日月五星廿八宿也. 曆數者, 計日月之度數, 而造曆授時也. 氣
色者, 風雲之氣色也. 言以五雲之色, 視其吉凶, 候十二風氣, 知其妖祥, 其
天文博士職掌, 唯言氣色, 不言風雲者, 擧氣色, 則有風雲可知故也.

상기 사료를 정리하면 다음과 같다. 천문은 일월, 오성, 28수를 말하고, 역수는 일월의 횟수를 계산하여 달력을 만들고 시를 정하는 것이다. 기색은 풍운의 상태이고 5개의 구름의 색으로 길흉을 예측하고 12개의 바람의 기운의 징후를 살펴 괴이하고 상서로움을 안다. 즉 역법은 일월, 성진의 운행이나 월식, 일식 등 천체의 주기적 현상에 따라 시간 단위를 정해 나가는 원리이자 이론 공식이며 달력은 역산 작업을 통해 제작된 실용력이다. 「雜令」6 「造曆」조에도 "무릇 음양료에서는 매년 미리 다음해 역을 만들어 11월1일에 중무성에 보내고, 중무성은 천황에게 아뢴다. 내외 제관사에 각각 1부씩 준다. 모두 해가 시작되기 전에 소재지에 도착하게 한다[106]"고 기록하고 있다. 요컨대 역은 음양료가 매년 12월에 御曆을 주상할 즈음하여 頒曆한 것으로 이른바 具注曆이다. 매일의 길흉과 24절기 등을 자세히 기록하고 천황과 귀족은 이를 행동의 규범으로 존중하고 역의 행간에 전날의 일들, 주로 공무, 행사 등을 기재한다[107]. 『延喜式』(第卷16) 음양료 「進曆」조에도 '凡進曆者,

---

106 「雜令」6 「造曆」條, "凡陰陽寮, 每年預造来年曆十一月一日, 申送中務中務奏聞, 内外諸司, 各給一本
並令年前至所在".
107 米田雄介, 1984, 「貴族文化の展開」, 『講座日本歴史』2, 東京大学出版会, p.216.

具注御曆二卷'라고 하여 매일의 길흉을 기록한 具注의 御曆 2권을 만들어 진상하는 의식이 있다. 음양료의 역할 중의 달력의 제작은 중요한 위치를 점하고 있다.

다음은 養老 2년 이전의「官人考試帳」(『大日本古文書』24-552)의 음양료 소속의 관인들의 근무평정에 관한 기록을 통해 그들의 직무와 근무 실태를 살펴보기로 한다[108]

陰陽師
中上
正七位上陰陽師高金藏[年五十八/右京]
能[太一 天文 六壬式/相地]　　　　　　　　日參伯玖
恪勤匪懈善　　　　　　　　　　　　　　占卜效驗多者最

從七位下守陰陽師文忌寸廣麻呂[年五十/右京]
能[五行占/相地]　　　　　　　　　　　日貳伯玖拾肆
恪勤匪懈善　　　　　　　　　　　　　　占卜效驗多者最

陰陽博士
從六位下行陰陽博士緣兄麻呂[年卅三/右京]
能[周易經及楪荵太一甲/笨術相地]　　　日貳伯玖捌拾肆
恪勤匪懈善　　　　　　　　　　　　　　占卜效驗多者最

天文博士
從六位下行天文博士王中文[年卅五/右京]
能[太一 遁甲 天文 六壬式/笨術相地]　　日貳佰柒拾

108 田中卓,「還俗」,「続・還俗」, 2012,『田中卓著作集』5, 國書刊行會 참조.

恪勤匪懈善　　　　　　　　　　占卜效驗多者最

漏刻博士

正七位上行漏刻博士池邊史大嶋[年五十七/右京]

能[匠]　　　　　　　　　　　　日貳佰拾壹

恪勤匪懈善　　　　　　　　　　訪察占精審, 庶事兼舉最

[표 2] 「官人考試帳」 官人 분류표

인명	관위	관직	연령	본관	능통분야	근무일수	근무평정
高金藏	정7위상	음양사	58세	우경	太一 · 天文 · 六壬式/相地	309일	中上
文忌寸廣麻呂	종7위하	음양사	50세	우경	五行占/相地	194일	
縣兄麻呂 (角兄麻呂)	종6위하	음양박사	43세	우경	周易經及楪莁/太一甲/笁術相地	294일	
王中文 (王仲文)	종6위하	천문박사	45세	우경	太一 · 遁甲 · 天文 · 六壬式/笁術相地	270일	
池邊史大嶋	정7위상	음각박사	57세	우경	匠	210일	

　　상기 표는 「官人考試帳」의 내용을 정리한 것이다. 음양료의 관인 5인 중에서 고금장, 각형마려, 왕중문 3인은 환속승이다. 상기 문서의 내용은 근무평정에 관한 세부적인 인적사항과 해당 부서의 근무일수, 평가 등을 기록하고 있다. 「考課令」 제14 제1조에는 "무릇 내외 문무관의 초위 이상은 매년 당사의 장관이 속관의 考를 정한다. 1년의 공과와 능력을 기록하고 모두 모아서 대독한다. 그 우열을 의논하여 9등제로 정한다"라고 기록되어 있다. 9단계란 「選敍令」 제12, 제50조에 기록되어 있듯이 상 · 중 · 하를 각각 3단계로 구분한 것이다. 또 「選敍令」 제12 제9조에 "무릇 초위 이상, 장상관의 천대는 모두 6년의 考課로 기한을 삼는다, 考가 중중이면 1단계 올려서 서위하고, 3考가 중상, 2考가 상하, 1考가 상중이면 각각 1계 올려 서위한다"라고 규정되어 있다. 또한 「考課令」 제59조에는 "무릇 내외 초위 이

상이 長上官이 考를 헤아리기 이전에 사무를 본 것이 240일을 채우시 못하고, 分番이 140일을 채우지 못하고, 帳內와 資人이 200일을 채우지 못했다면 모두 考의 대상이 아니다"라고 기록하고 있다. 중앙의 정식관인인 장상관의 경우에는 연간 240일을 근무해야 고과의 대상이 된다.

이러한 규정에 따라 상기 표를 보면 240일 이상 근무자는 3인으로 고금장이 309일, 각형마려가 294일, 왕중문이 270일이고 모두 환속승들이다. 근무평정의 결과는 고금장만 나타나 있어 기타의 관인들에 대해서는 알 수 없다. 근무평정의 기준이 되는 것은 '善'과 '最'이다. 善은 유교적 가치관에 기초한 4개 항목(德義有聞, 淸愼顯著, 公平可稱, 恪勤匪懈)이 있고, 選敍의 대상이 되는 中中 이상이 되기 위해서는 이 요소들을 달성해야 한다. 最는 직무의 달성 기준으로 모두 42개 항목이 있다. 「考課令」 제6조에 "힘써 해이하지 않으면 1善으로 한다"는 규정은 상기 문서의 '恪勤匪懈善'이라는 내용을 말하고, 5인 모두에게 공통된 평가이다. 동 7조에는 '最'에 관한 조항으로 『令義解』의 주석에는 "음양사의 最는 점의 효험이 많은 것과 같은 부류이다"라고 하여 상기 문서의 평가기준인 '占効驗多'를 가리키고, 음양사의 평가에는 실제로 효험을 많이 보인자가 높은 평가를 받고 있다. 『唐令』 「方術之最」조에는 '占候醫卜, 効驗多居'라는 규정이 있고, 『唐令』을 계수한 대보령 「考課令」41 「最」조에도 "占候医卜, 効驗多者, 爲方術之最"라고 하여 점복, 천문, 의술에서 효험이 많은 자를 '最'로 평가한다고 기록하고 있다.

한편 개개인이 능통한 분야에 대해 기록하고 있는데, 太一, 天文, 六壬式, 相地, 五行占, 遁甲 등이다. 太一은 太乙이라고도 하며 後漢 鄭玄의 『易』 주석에서는 北辰(北極)의 신으로 우주 최고의 신으로 간주되고 있다. 六壬式은 시각을 기초로 天文과 干支術을 조합하여 길흉을 판정하는 점술이다. 遁甲은 『後漢書』(권112) 「方術列傳序」의 遁甲의 賢註에 '推六甲之陰, 而隱遁也'라고 기록되어 있듯이 음양의 변화를 틈타 몸을 숨기는 술수이고, 주술적인 병법으로 전쟁의 승패를 점치기도 한다. 元慶 6년(882)에 陸奧鎭守府에 음양사를 설치한 바 있는데, 진수부가 음양사 배치를 신청한 문서에 "군단의 이용에는 卜筮가 가장 중요하다"라고 기록되어 있듯이[109] 음양사의 점술은 국가의 군사적 대응에 중요한 역할을 하였다. 점을 쳐 입지선정을 하는 相地에 대해서는 천무 13년(684) 2월에 음양사 등을 기내에 보내 도읍을 만들 땅을 보게 했다는 기록이 있다[110]. 국가 중대사의 결정에 음양사의 역할이 중시되고 있음을 알 수 있다.

상기 표에서 보듯이 율령국가에서 천문, 역법, 점술 등은 음양료에서 총괄하고 음양사 혹은 음양박사, 천문박사의 직을 갖고 있다. 중국에서 발달한 천문과 역산은 제왕의 학으로 알려져 있으며 시간을 지배하는 황제의 특수 영역이다. 천체의 관측은 달력을 제작하는 기초이고 현실의 길흉을 판단하고 미래를 예측하는 왕조의 흥망과도 관련이 있어 엄중한 국가적 관리체계 하에서 운용되었다. 고대일본에서는 推古朝 때 백제승 觀勒에 의해 역본, 천문지리, 방술서가 전래된 이래 천지조에는 백제에서 음양에 밝은 관인들이 망명하였고, 천무 4년(675)에 陰陽寮의 운용기사가 나온다[111]. 천지·천무조의 관제의 정비에 따라 漏刻台와 占星台가 설치되었고[112], 천문, 역법 등 음양 관인층이 형성되었다. 「雜令」8「秘書玄象」조에 祕書와 玄象器物, 천문도서는 마음대로 반출할 수 없고, 천문생이라도 占書를 읽을 수도 없고 관찰한 바를 누설할 수 없다고 하듯이 국가의 기밀사항에 속한다. 이를 어길 경우에는 「職制律」「玄象器物」조에 처벌규정이 나와 있다. 즉 천문, 도

---

109 『類聚三代格』권5, 太政官符 「應置鎭守府陰陽師事」, "右得陸奧國解稱, 鎭守府牒稱, 軍團之用卜筮尤要, 漏剋之調亦在其人, 而自昔此府無陰陽師, 每有恠異向國令占, 往還十日僅決吉凶, 若有機急何知物變, 請被言上將置件職者, 國加覆露事誠可然, 望請, 始置其員令脩占決, 謹請官裁者, 大納言正三位兼行民部卿藤原朝臣冬緒宣, 奉勅, 依請" 元慶六年九月廿九日.

110 『日本書紀』天武13년 2월 경진조, "遣淨廣肆廣瀬王. 小錦中大伴連安麻呂及判官. 錄事. 陰陽師. 工匠等於畿內. 令視占應都之地".

111 『日本書紀』天武紀4년 정월조, "大學寮諸學生, 陰陽寮, 外藥寮及舍衛女, …珍異等物進".

112 『日本書紀』天智紀10년 4월 신해조, "置漏剋於新臺, 始打候時動鍾鼓, 始用漏剋, 此漏剋者天皇爲皇太子時始親所製造也", 天武紀4년 정월조, "庚戌, 始興占星臺".

서, 침시, 병시, 칠요력, 태일뢰공식 등 관린 전적을 사사로이 소시하거나 학습하면 徒 1년에 처하고 금지기한은 기한이 없다고 명확하게 규제하고 있다[113].

다음의 사례는 천체의 祥瑞 현상에 대한 권력자의 대응의 실태를 잘 보여주고 있다[114]. 『속일본기』 神護景雲 원년(767) 8월 계사조의 천황이 내린 조에 관한 내용을 살펴보자.

> 【10-5】① 神護慶雲으로 개원하였다. (중략) 금년 6월 26일 申時에 동남의 방각에서 대단히 기이하고 수려하면서 7색이 서로 교차한 구름이 떠올랐다. 이것을 짐 스스로 보고 또 근시하던 사람들도 함께 보면서 불가사의하다고 생각하며 기뻐하였다. 伊勢國守 종5위하 阿倍朝臣東人 등이 6월 17일, 度會郡의 等由氣의 宮 위에서 5색의 瑞雲이 일어나 덮고 있었는데, 그 형상을 서사하여 진상한다고 주상하였다. 또 陰陽寮에서는 7월 15일, 서북의 방각에서 아름답고 진기한 구름이 있었고, 동월 23일에는 동남의 방각에서 나타난 구름은 근본은 붉은 색이나 끝부분은 황색이 되어 거의 5색을 갖추고 있었다고 주상하였다. 이렇게 기이한 구름이 나타난 이유를 조사시킨 바, 式部省에서 祥瑞의 책을 자세히 검토해 보면, 그것은 慶雲이고 실로 大瑞와 합치된다고 주상하였다. 이와같이 대단히 귀하고 기이한 것은 大瑞가 있는 것이다. 聖皇의 御世에 至上의 덕에 감응하여 天地가 보여주는 것이라고 듣고 있다. 이것은 결코 짐의 덕이 높아서 천지의 마음을 감동시켜 생긴 일은 아니라고 생각한다. 그

---

113 「職制律」, 「玄象器物」條, "凡玄象器物, 天文, 圖書, 讖書, 兵書, 七曜曆, 太一雷公式, 私家不得有, 違者徒一年, 私習‧亦同, 其緯候及論語讖, 不在禁限".

114 이 부분은 宣命體 형식으로 되어 있고, 활용어미, 조사, 조동사 등의 萬葉假名 형식의 부속어는 小字로 표기되어 있다. 이들 小漢字는 본문 인용문에서는 생략하였다. 宣命의 助字에 대해서는 池田幸惠, 1997, 「宣命の漢文助字につい」 『三重大學日本語語文學』 8 참조.

러나 이것은 大御神宮의 위에 나타났다. 그런 까닭에 大神이 자비를 베푼 것이다. 또 셀 수 없을 만큼 많은 선황들의 어령이 도와주신 것이다. (중략) 고로 이 진귀하고 기쁜 大瑞를 위에서 받으면서 참고 침묵할 수는 없다. 諸王臣과 함께 기뻐하고 천지의 은혜에 보답해야 한다고 생각하고 있다.

② 大神宮의 禰宜, 大物忌, 内人 등에게는 2급을 서위하고, 단 御巫 이하에게는 1급을 내렸다. 또 이세국의 神郡 2군의 郡司와 제국의 祝部의 有位, 無位자에게 1급을 내렸다. (중략) 또 천하의 제국에 금년 田租의 반을 면제하였다. (중략) 또 상서를 내려주신 대로 연호를 개정한다. 이에 天平神護 3년을 고쳐서 神護景雲 원년으로 한다는 천황의 어명을 받으라고 분부하였다. 또 천하에 죄지은 자는 死罪 이하 죄는 경중을 묻지않고, 이미 발각된 죄도 아직 발각되지 않은 죄도, 아직 확정된 것도 확정되지 않은 것도 옥에 갇혀있는 죄인도 모두 사면하라. (중략) 陰陽員 外助 종5위하 紀朝臣益麻呂에게 정5위하, 允 정6위상 朝臣船主에게 종5위하에 서임하고,(중략) 員外允 정6위상 日下部 連虫麻呂, 大属 百濟公秋麻呂, 天文博士 國見連今虫, 呪禁師 末使主望足을 함께 외종5위하를 서임하였다. (하략)

사료①은 금년 6월16일 申時에 동남방에서 진귀하고 수려한 7색의 구름이 떠올라 천황과 근시하던 이들이 이상하게 느끼고 기뻐하던 차에 伊勢國守로부터 5색의 瑞雲이 이세신궁 위를 감싼 구름의 형상을 모사하여 진상하였고, 음양료에서도 7월15일에 서북방에서 진귀한 구름이 피어올라 式部省에서 검토한 바 景雲이고 대단히 상서로운 일이라고 주상하였다. 요컨대 각지에서 서운이 출현한 것은 大瑞에 해당하고, 이것은 天照大神, 천황의 어령에 의한 것이라며 함께 기뻐해야 할 일이라고 하였다.

사료②는 조를 내려 이세신궁을 비롯한 제국의 祝部 등에게 관위 2단계 진급시키고, 제국의 田租를 반으로 감해주는 등 백성들에게 은혜를 베풀었다. 이어 하늘이 내려준 상서대로 연호를 天平神護 3년을 神護景雲 원년으로 改元하였고, 대사면을 내려 死罪 이하는 경중을 묻지않고 모두 면제시켰다. 또한 천문관측의 해당 관부인 음양료 소속의 紀朝臣益麻呂, 山上朝臣船主를 비롯한 천문박사 國見連今虫, 呪禁師 末使主望足 등 많은 관인들에게도 특별 승진을 내렸다. 이 기록은 천문을 다루는 음양료의 역할이 얼마나 중요한 지를 보여주는 사례이다. 천체의 상서로운 현상은 천황의 권력의 정당성을 나타내는 하늘의 징표이며 이를 기념하여 국가적인 은총을 베풀고 연호를 개정하는 등 대대적인 축하행사를 거행하였다.

상서의 현상에 대해 성황의 치세에 至上의 덕에 감응하여 천지가 보여준 것으로 알고 있다는 일본국 천황의 발언은 바로 유교정치사상에서 말하는 덕치이다. 중국고대의 유교적 왕도사상에서 군주의 덕치는 바로 상서의 출현이자 천의 은상이고, 실정은 災異로 나타나 천의 견책이라고 하는 신비적인 자연관에 기초한다. 이것은 한대에 董仲舒가 제창한 이른바 天人相關說에서 비롯된 것으로 일체의 만물을 유기적인 생명체로 파악하는 천인합일의 자연관이다. 그는 유가의 덕치문제를 자연의 천인감응 방식에 기초하여 음양설과 융합하여 재이상서설을 탄생시켰다. 이것은 천문, 역법과 밀접하게 관련되어 있고 천도의 통일적 원리로 인식되어 인간의 명운이나 천명, 천의의 방식으로 수용되었다[115]. 중국적 예제를 받아들인 일본도 천황은 상서와 재이로 희비가 엇갈리는 모든 자연현상과 사회현상에 대해 이를 판단하고 예측하는 관인층을 등용시킬 필요가 있었다. 이를 위해 학업이 우수한 관인을 포상하고 학문후속세대의 양성하였고, 아울러 가업을 계승하는 '世世相傳'이 이루어졌다. 일본 율령국가의 '國家要道'의 학으로서 천문, 역법, 점복

---

115 조형근, 2018, 「동중서의 陰陽天道觀과 자연철학적 세계」, 새한철학회 학술대회발표논문집, pp.66~69.

등 음양학과 관련된 학문이 중시된 것은 통치원리와 관련해서 국가의 명운이 걸린 문제였기 때문이다.

5. 결어

일본고대의 율령제 시행을 전후로 하여 우수한 관인층을 확보하기 위한 방편으로 불가의 수도승들을 환속시켜 율령국가의 관인으로 등용시켰다. 이들의 능통분야는 천문, 역법, 점복 등 음양과 관련된 학문이 대부분이다. 당시 승려는 최고의 교양인으로 한역불경 뿐아니라 유학의 오경 지식도 습득하였다. 특히 오경이 필두에 있는 易經은 易이라고도 하며 중심사상은 음양의 두 요소가 대립과 통합의 원리에 따라 자연의 변화와 법칙을 설명하는 것이다. 역에는 卜筮라고 하는 미래를 예측하는 점술이 있어 공동체의 존망에 관한 해결법으로 인식되었고 음양사는 정치의 무대에서 운명을 건 예측을 해야 한다. 상서 현상을 예측하여 보고하면 은상을 받지만, 점괘가 반대측 집단에 새어나가 모반죄에 연루되어 처벌받기도 한다. 고대의 왕조국가에서는 역법과 더불어 천문, 역법에 심혈을 기울리는 이유도 국가와 왕권의 운명이 걸린 문제로 인식되었기 때문이다.

일본의 율령국가 역시 천문, 역법 등 음양의 분야를 '國家要道', '國家所重', '國家所要'의 학으로서 인식하고 철저히 국가적 관리하에 두었다. 이미 天智朝 때에 백제 망명인들을 중에서 유식자 집단을 대거 관인으로 발탁하여 등용시킨 바 있고, 천무조에는 음양료, 점성대 등이 설치되었다. 8세기초 대보율령 시행기에 확대된 관사조직에 대응하여 전문인력을 배치하게 되었다. 관련 전적은 秘書로 분류되었고 사사로이 소지하거나 학습하는 것은 금지되었다. 또한 관측, 실견한 천체 현상에 대해서는 누설되지 않도록 밀봉하여 조정에 보고하도록 규정하고 있다. 승니령에 규정된 환속의 조문을 보면 계율을 어긴 경우에 처벌의 방편으로 환속시켜 승적을 박탈하고 민부성의 공민의 호적에 편입되어 자연히 승려의 특권인 조세와 과역을 부과시켰다.

환속승들의 면면을 보면 백제, 고구려, 신라에서 이주한 도래계 씨족들이 다수를 차지한다. 일본계라고 하더라도 신라에 유학승으로 파견되어 신학문을 습득한 인물이다. 도래계 출신자가 많은 것은 출자를 고려한 조치라기 보다는 개개의 학문적 특성과 능력에 따른 선택이었고, 시기적으로도 백제, 고구려 멸망 이후에 망명자 출신들이 관련분야에서 뛰어났기 때문으로 생각된다. 환속승들은 대부분 일본에 정주하고 있던 도래계 후손들이었고, 이들의 기예는 가문의 相傳에 의한 바가 많고 대를 이어 전수되어 일족의 학문으로 명성을 쌓았다.

환속의 이유를 주술적인 예언이나 음양도와 관련된 기술을 지닌 승려들을 불교계에서 배제시키기 위한 조치로 보는 시각도 있지만, 기타의 환속되지 않은 승려는 이 방면에 문외한이라는 전제가 있어야 한다. 일본 율령국가의 태동기인 690년대에서 710년대에 이르는 이십수년간에는 철저한 국가불교의 시행기로서 칙명에 의한 환속이 추진되었고 불교계도 국가의 관리와 통제하에 있었기 때문에 승려의 이탈행위에 대해서는 엄중하게 처리되었다. 이들 분야는 율령국가의 관사조직에서 음양료의 직무였고 환속승들은 음양사, 음양박사, 역박사 등으로 활동하였다. 음양사는 음양료 조문에도 나와있듯이 점으로 지세를 판단하여 왕도나 능묘 등을 선정하는 역할이 있고, 군사적인 대응에도 중요하게 인식되어 北九州의 대재부나 동북방의 진수부에도 배치되었다.

일본고대국가 통치이념은 공지공민제에 기초한 왕토왕민사상이고, 중국적 정치사상을 수용하여 예제적 덕치주의에 입각한 왕도정치의 구현이었다. 상서와 재이가 교차하는 천체의 현상을 간파하고, 일월과 성진의 움직임을 포착하여 역을 만드는 행위는 왕조의 존망을 좌우하는 사안으로 통치의 근본원리이기도 하였다. 천문, 역법, 점복에 능통한 음양관인의 출현은 당연한 현상이었다.

제2부
도래계 씨족의 시조전승과 실태

제1장 王辰爾 일족의 문서행정과 시조전승

1. 서언

백제에서 왜국으로 이주한 王辰爾는 王仁과 더불어 일본고대사회의 대표적인 교양인으로서 인구에 회자되고 있다. 일본 최고의 漢詩集인『懷風藻』(751)의 서문에서도 "왕인은 응신조에 학문을 깨닫게 하였고, 왕진이는 민달조에 가르침을 널리 알렸다. 그 결과 사회에 유학의 풍습이 퍼져 사람들은 공자의 학문을 배우게 되었다"라고 기록하고 있듯이 8세기 나라시대에서도 왕진이의 학문적 업적과 사회적 영향에 대해 예찬하고 있다.

설화성이 가미된 왕인전승과는 달리 왕진이는 실체가 분명한 도래인으로 그의 일족들이 왜왕권에서 이룩한 업적은 문서행정 등 다방면에 걸쳐있다. 특히 문서행정의 기본은 한문에 대한 지식으로 유식자만이 가능한 일이었다. 5~6세기에 걸쳐 왜왕권은 영토확장과 더불어 중앙과 지방의 행정을 조직화하고 확대된 관료기구에 상응하여 문필에 능한 인물의 등용이 절실하던 시대였다. 이러한 상황에서 왕진이의 등장은 왜왕권의 문서행정에 커다란 변화를 불러일으켰다. 고구려왕이 보낸 국서를 왜왕권의 사관들이 누구도 해독하지 못하자 왕진이가 이를 능히 해결했다는 전승은 단지 특출한 유식자의 등장이 아니라 왜왕권의 문서행정 체계에 새로운 변화를 말해준다. 왕진이를 비롯한 그의 일족들은 문서행정을 담당하는 史姓 씨족으로 재정, 조세, 修史, 외교, 불교 등 다방면에 걸친 활약상이 이를 대변해 주고있다.

왕진이계 씨족은 가문의 번영과 더불어 새로운 시조전승을 만들었다. 고귀한 신분으로 출자를 바꾸는 행위는 당시의 씨족들에게는 신분상승을 위한 보편적 행위였다. 『續日本紀』延歷9년(790)조에 왕진이의 후손인 津連眞道의 상표문에 따르면, 이 씨족의 본계는 백제 貴須王이고 그 손자인 辰孫王이 왜국으로 건너와 그 후손인 왕진이로 이어지는 계보였다고 주장한다. 이 전승은 왕인전승과 매우 흡사하여 왕진이계 시조전승이 왕인계 후손과의 同族, 同祖 의식에서 나온 것으로 지적되어 왔다. 그러나 이러한 동족의식은 시간이 지남에 따라 변화하고 8세기 이후가 되면 양 씨족간에는 동족의식이 희박해지고 분파씨족 단위로 움직이고 있다.

본장에서는 기왕의 연구에서는 언급되지 않았던 왕진이의 이주 배경과 왜왕권 내에서 그의 일족의 활약상을 살펴보고, 그 후예들의 족적 기반이 된 문필씨족으로서의 새로운 시조전승의 생성과정과 배경에 대해 새롭게 고찰해 보고자 한다.

2. 王辰爾의 이주배경과 국서해독사건

왕진이에 관한 초견은 『일본서기』欽明紀 14년(553)조에 蘇我大臣이 왕명을 받들어 왕진이에게 船賦를 기록시키고, 왕진이를 船長으로 삼아 船史의 姓을 내렸다는 그 유래를 밝힌 기록이다[1]. 여기서 선부란 조정에 공납하는 공진물, 즉 조운선에 적재한 국가의 조세를 가리킨다. 왕진이에게 부여된 선장의 지위는 각지로부터 운반된 물자를 항구에 집적하여 이를 기록하고 보관, 관리하는 임무였다. 5세기이후 왜왕권은 복속시킨 지역에 屯倉을 설치하여 해당지로부터 조세형태의 공진물을 상납받았다. 지방으로부터의 공납물은 육로와 해로, 하천, 운하를 이용하였다. 특히 6세기중엽에 조영된 古市大溝는 주로 서일본에서 大和로 향하는 수

---

1 『日本書紀』欽明紀14年秋7月條, "蘇我大臣稻目宿禰, 奉勅遣王辰爾, 數錄船賦. 卽以王辰爾爲船長. 因賜姓爲船史. 今船連之先也".

운 교통로인 難波津, 東除川을 거쳐 大溝의 종점에서 육지로 이어지는 공납물 운송을 위한 운하이다[2]. 각지역 수장들이 대왕가에 물품을 공납할 때 왕궁에 가까운 항구에 물자의 입하를 관리하는 관청이 설치되었다고 보인다.

왜왕권의 재무관련 업무를 관장하던 왕진이의 이주시기에 대해서는 기록이 없다.『속일본기』연력 9年(790) 추7월조의 신련진도의 상표문에는 왕진이의 계보를 백제 귀수왕의 손자인 진손왕 때의 일로서 도래전승을 언급하고 있지만, 이것은 8세기대의 후예씨족들이 현실의 높은 성을 하사받기 위해 만들어진 계보이다. 船首王後의 묘지명에는 '船氏中祖王智仁'이라 하여 王智仁을 船氏의 '中祖'라고 부르고 있다. 왕지인은 왕진이와 동일인물이고 그의 후손들에 의해 중시조이자 중흥의 조로 추앙받고 있듯이 왜국으로의 이주 1세대였음을 추측할 수 있다. 왕진이의 도래시기는 확정하기는 어렵지만, 그의 활동이 초견되는 흠명 14년(553) 이전의 가까운 시기라고 추정된다.

왕진이가 왜왕권에서 공진물의 문서담당관으로 활동하고 있던 당시의 국제정세를 살펴보자. 이 시기 백제는 북으로는 고구려와 남으로는 가야제국을 둘러싸고 신라와 대립하던 전란의 극점에 있었다.『삼국사기』에는 성왕31년(553)에 신라가 동북변을 취하여 신주를 두었다고 하여 한수유역의 상실을 전하고,『일본서기』흠명 13년조에도 "이 해에 백제가 한성과 평양을 포기하였다. 신라가 이를 틈타 한성으로 들어갔다"고 하여 동일 사건을 전한다. 이때 왜왕권은 백제의 요청에 응해서 筑紫의 병사 1천병을 비롯하여 군마, 병선, 활, 화살 등 군수물자를 보내고, 이어 醫博士, 易博士, 曆博士와 복서, 역본, 약물를 요청한다. 당시 백제는 중국 남조로부터 경전, 유학, 의학, 역학 등 최신의 학문을 수입하고 있었고, 중국과 교류가 없었던 왜왕권으로서는 백제는 유일한 선진문물의 창구였다.

---

2 野上丈助, 1975,『增補河內の古代遺跡と渡來系氏族』, 私家版, pp.4~5, 吉田晶, 1977,「船氏の氏族傳承について」, 羽曳野市史編纂紀要『羽曳野史』2, pp.2~3.

백제가 왕신이를 왜왕권에 보낸 것도 이러한 정세하에서였다. 무령왕대의 제박사의 파견은 대략 3년 주기였지만, 왕진이는 정주를 전제로 한 일족의 이주로 고급인력의 수출이었다. 한편으로는 백제왕권이 왕진이에게 기대한 것은 문물전수 뿐아니라 왜왕권의 관료로서 백제와 왜왕권의 외교현안에 대한 역할도 생각할 수 있다. 이 시기 백제의 대왜 군사외교의 성공, 문물의 교류에는 왕진이와 같은 백제계 왜인관료의 역할도 간과할 수 없다. 왜왕권내에서 왕진이가 능력을 발휘할 수 있었던 배경에는 친백제정책을 추진하고 있었던 소아대신의 총애가 있었기 때문이다. 당시 대신 蘇我稲目은 왕실의 외척으로 정무를 장악하고 있었고, 한반도계 도래인들을 자신의 휘하에 두면서 불교 등 선진문화의 수용하면서 권력을 강화해 나갔다. 그가 왕진이를 항만의 공진물을 관장하는 업무에 종사하게 한 것도 문서행정의 장악을 통해 재정의 독점적 집행을 꾀하기 위해서였다. 소아대신과 왕진이의 결합은 왜왕권의 친백제정책의 중요한 기반이 되었다고 생각된다.

왕진이가 왜왕권의 관료가 된 지 18년이 지난 敏達 원년(572) 5월에 고구려 사신이 갖고 온 국서의 해독을 둘러싸고 왜왕과 蘇我大臣, 사관들 사이에 이른바 국서해독을 둘러싼 사건이 발생하였다.

【1-1】천황이 고구려의 국서를 대신에게 주었다. 여러 사관들을 불러 그것을 해독시켰다. 이때 여러 사관은 3일 동안 아무도 읽어내지 못하였다. 그런데 船史의 시조인 왕진이만이 능히 읽어내어 바쳤다. 이에 천황과 대신이 모두 칭찬하며 "수고하였다. 진이야, 훌륭하구나. 그대가 만약 학문을 사랑하지 않았다면, 누가 능히 읽어낼 수 있었겠느냐. 마땅히 지금부터는 조정에서 근시하라"고 하였다. 이윽고 동서 여러 사관에게 "그대들이 학문을 제대로 익혔더라면, 어찌 이런 결과가 나왔겠는가. 그대들은 비록 숫자는 많으나, 진이에게 미치지 못하는구나"라고 하였다. 또한 고구려가 바친 국서는 까마귀 깃털에 쓴 것이었다. 글자가 깃털의 검은색 때문에 식별할 수가 없

었다. 이에 왕진이가 깃털을 밥증기로 쪄서, 이를 비단에 눌러 새겨내 모든 글자를 읽어내었다. 조정에서는 모두 그것을 기이하게 여겼다[3].

사실과 설화가 혼재된 이 기록은 570년에 왜국의 동쪽 해안인 越 지방에 도착한 고구려사의 국서가 왜왕에게 전달되고 개봉되는 과정이다. 흠명 말년에 왜국에 온 고구려사는 흠명의 사후 민달 원년에 비로서 접견하게 되었다. 흠명기 32년3월조에는 "고구려사의 헌물과 表文을 주상하지 못했다. 수십일 사이에 점치고 길일을 기다렸다"는 내용으로부터 왜왕이 상당기간 중병에 앓고 있던 까닭에 국서의 전달 등 외교적 의례가 실현되기 어려웠다고 보인다. 고구려의 국서를 유식자 집단인 동서의 사관들에게 해독을 맡겼으나 3일이 지나도 판독을 못하였다고 한다. '東西諸史'란 『令集解』「學令」 대학생조 소인의 古記에 "倭川內의 文忌寸을 本으로 하는 동서의 史는 모두 이것이다[4]"라고 기록되어 있다. 왕인을 선조로 하는 東文氏와 西文氏 휘하에 결집한 후히토(史)를 가리키는데, 東西史(部)로 표현은 율령적 지식이 투영되어 있다. 이들은 왕진이보다 이른 시기에 건너온 선주 도래인이다. 종래 이 기록은 왕진이를 새로 온 도래인이라 보고 서문씨계가 장악하고 있던 문필의 업을 왕진이 일족의 제씨가 대신한 것으로 본다[5]. 그러나 문필의 업무가 서문씨계에서 왕진이계로 이동했다기 보다는 오히려 동서의 여러 사관 중에서 왕진이가 가장 우수하다는 것을 보여주는 설화로 보인다[6]. 국서해독에 왕진이의 '能奉讀釋'에 비해 제 사관들의 '皆不能讀'이라는 상대적 우위적 표현은 가장 최근에 도래한 지식인으로서의 신구의 능력의 차이를 말해준다.

---

3 『日本書紀』敏達紀元年5月條.
4 『令集解』學令 大學生條 "古記云, 東西史部子, 謂, 倭川內, 文忌寸等為本, 東西史等皆是. 朱云, 東西史部子者".
5 關晃, 1966, 『歸化人』, 至文堂, p. 47.
6 請田正幸, 1989, 「渡來人論・序章」, 『歷史學研究』582, p. 19.

한편 까마귀 깃털에 새겨 국서의 내용을 해독하지 못했다는 표현은 기밀이 생명인 국서의 성격을 상징하는 설화로 보인다. 중간에 누군가에 탈취당해 기밀이 누설되는 위험을 방지한다는 은유적인 표현이다[7].『일본서기』추고 16년조에 견당사 小野臣妹子가 귀로 중에 백제에서 당 황제의 국서를 약탈당했다고 보고하자, 군신들이 "무릇 사자는 죽는 한이 있더라도 임무를 다하여야 한다. 이번 사자는 어찌 태만하여 대국의 국서를 잃었는가"라고 말하고 소야신매자를 즉시 유형에 처해야 한다는 여론이 들끓고 있듯이 국서는 국가의 기밀문서이다. 이러한 은유적인 표현을 제외하면 종전의 사관들이 국서의 해독에 충분히 대응하지 못했다고 생각된다. 이 국서의 해독에는 왜왕을 비롯하여 소아대신의 주재하에 진행되었다. 소아대신의 측근으로 한문에 능통한 지식인이자 한반도정세에 밝은 관료였기에 이 회의에 참여할 수 있었다. 조정에서 능력을 인정받은 왕진이는 "近侍殿中"하라는 왜왕의 명을 받아 조정에 출사하는 영예를 얻었다.

왜왕권에서 문필, 기록의 직무를 담당하는 史部의 성립은 언제일까.『일본서기』履中紀 4년 8월조에는 "처음으로 諸國에 國史를 두었다. 언사를 기록하여 국내의 정세를 보고하게 하였다"는 후히토(史) 설치기사가 보이지만, 이것은 중국 고전에 의거한 작문이다[8]. 雄略紀 2년10월(是月)조에 "史戶와 河上舍人部를 두었다.…단지 총애한 이는 史部인 身狹村主青과 檜隈民使博德 등이었다[9]"고 한다. 이 기사는 조정의 문필, 기록을 담당하는 후히토로서 2인을 거론하고 史戶의 설치를 기록하고 있지만, 가바네는 村主, 民使이지 후히토가 아니다[10]. 5세기후반 江田船

---

7 延敏洙, 2005,「고대일본의 고구려관 연구」,『북방사논총』2, 동 2014『고대일본의 대한인식과 교류』, 역사공간.

8 『春秋左氏傳』序, "周禮有史官, 掌邦國四方之事, 達四方之志, 諸侯亦各有國史".

9 『日本書紀』雄略紀2年10月條, "是月, 置史戶河上舍人部, 天皇以心爲師. 誤殺人衆, 天下誹謗言, 大惡天皇也, 唯所愛寵, 史部身狹村主青檜隈民使博德等".

10 關晃, 1966,『歸化人』, 至文堂, pp.30~31.

山고분 대도명에 보이는 典曹人은 관청의 문서를 담당하는 사람을 의미하고, 조정내에서 관사에 소속된 서기관을 가리킨다[11].

후히토의 원래의 뜻은 書人, 文人으로 문서작성 담당관이다. 도래계 씨족에게 부여했던 후히토에 史의 한자표기로 고치고 후에 가바네(姓)로 정착하였다. 사료에서 출자를 알 수 있는 사성 씨족은 도래계이고, 史姓의 성립기는 흠명, 민달기에 보이는 왕진이와 그 일족에게 준 船史, 白猪史, 津史 3씨이다[12]. 사성의 성립의 시기에 대해서는 논란이 있지만 율령적 관사제의 시원으로서 왕진이의 등장은 중요한 의미가 있고, 왜왕권의 행정문서체계가 제도적으로 정비되었다고 생각한다.

3. 王辰爾 일족의 문서행정

왕진이의 일족으로 동시대에 활동했던 인물로서 膽津과 牛 2인이 보인다. 우선 이들의 활동상황에 대해 흠명기 30년조와 민달기 3년조의 기록을 살펴보자.

【2-1】① 흠명30년 봄 정월 신묘삭(1일)에 조를 내려 "田部를 둔 지 오래되었다. 세월이 10여년이 지났는데도 호적에서 빠져 과역을 면한 자가 많다. 마땅히 膽津[담진은 왕진이의 조카이다]을 보내 白猪田部의 丁籍을 조사하도록 하라."고 하였다. 여름 4월에 담진이 백저전부의 丁의 수를 조사하여 조칙

---

11 直木孝次郎, 1979, 「稻荷山古墳出土鐵劍銘の問題點」, 『古代硏究』16, 佐伯有淸, 1988 『雄略天皇とその時代』, 吉川弘文館.

12 『元興寺伽藍緣起幷流記資財帳』에 인용된 元興寺塔露盤銘에 보이는 '書人伯加博士, 陽古博士'의 書人과 博士가 후히토일 가능성이 있다. 書人伯加博士는 『日本書紀』崇峻紀 원년 시세조에 畫工百加라는 인물이 나오는데 동일인으로, 도래계 화공으로서 露盤의 명문 작성 등 문필, 기록에도 관여했을 것으로 보인다.

에 따라 호적을 작성하였다. 이리하여 田戶가 되었다. 전황은 담진이 적을 정한 공적을 기뻐하여 白猪史의 성을 내렸다. 즉시 田令에 임명하고 瑞子의 副로 삼았다[瑞子는 위에 보인다][13].

② 민달3년 겨울 10월 무자삭 병신(9일)에 蘇我馬子大臣을 吉備國에 보내어 白猪屯倉과 田部를 증액하게 하였다. 곧 전부의 名籍을 白猪史膽津에게 주었다. 무술(11일)에 船史 왕진이의 동생 牛에게 津史의 성을 내렸다[14].

위 기록에서 보듯이 왕진이의 조카인 담진에게 白猪史의 성을 주고[15], 왕진이의 동생에게는 津史의 성을 내렸다고 한다. 왕진이가 船史의 성을 받은 이후 그의 일족이 史姓 씨족으로서 자리잡은 사실을 전하고 있다[16]. 이 기록은 백저사의 성의 유래를 설명하고 이 성을 취한 최초의 인물인 담진의 공적을 현창하는 내용으로부터 백저사의 家記에서 나온 것으로 추정된다[17]. 백저사 담진의 활동에 대해 사료①에 보이듯이 왕진이 조카인 담진은 흠명 30년(569)에 백저둔창 설치 후 10년이 경과한 뒤 현지 경작민인 田部의 호적을 재작성하고, 백저둔창의 전부의 성년

---

13 『日本書紀』欽明紀30年 春正月條.

14 『日本書紀』敏達紀3年 冬10月條.

15 膽津이 받았다는 白猪史의 白猪를 백제의 族稱으로 보는 설(山尾幸久, 1988, 『日本古代王權史論』, 岩波書店)이 있고, 이를 『新撰姓氏錄』 「未定雜姓」 "河內國 大友史條에 "百濟國人白猪奈世之後也"의 예를 들어 白猪를 백제의 2字姓일 가능성을 제기하여 白猪氏 家記의 윤색일 것으로 보는 설도 있다 (加藤謙吉, 2002, 『大和政權とフミヒと制』, 吉川弘文館, p.270).

16 『續日本紀』延暦9年(790) 秋7月에는 貴須王의 손자 辰孫王(智宗王)의 계보에 太阿郎王-亥陽君-牛定君으로 이어지고, 우정군의 아들 味沙, 辰爾, 麻呂 3인이 분가되어 葛井, 船, 津으로 칭하게 되었다고 한다. 『일본서기』에는 津史의 선조 牛가 왕진이의 弟, 白猪史의 선조인 胆津이 왕진이의 조카로 나오는데, 『속일본기』에는 津史 牛는 왕진이의 弟, 白猪史 胆津은 왕진이 형 味沙로 나온다. 『속일본기』의 계보는 津連眞道의 家傳에서 나온 것으로 이 씨족은 백제왕씨와도 동족임을 주장하며 근구수왕대로부터 선조의 계보를 조작하고 있다.

17 榮原永遠男, 1975, 「白猪・兒嶋屯倉に関する史料的研究」, 『日本史研究』160, p.12.

남자인 丁男을 조사해서 호적을 만들어 전호로 편성했다고 한다. 동년 담진은 길비지역의 둔창의 장관이었던 葛城直瑞子의 副田令으로 임명되었다[18]. 흠명 17년 7월에 "소아대신도목숙녜 등을 備前의 兒嶋郡에 보내어 둔창을 두도록 하였다. 갈성산전직서자를 전령으로 삼았다"라고 하여 전령의 임명사실을 기록하고 있다. 민달기 3년(574)에는 백저둔창과 田部를 증액하고, 전부의 명적을 백저사담진에게 주었다고 한다. 田部의 名籍은 노동력을 제공할 수 있는 연령에 달한 성인남자를 가리킨다. 길비지방의 백저둔창의 설치와 관련하여 흠명기 16년조에는 길비5군에 백저둔창을 설치했다는 기사가 보인다[19]. '吉備5郡'은 길비지역의 5개군으로 백저둔창은 길비의 복수 장소에 설치된 곳이고 전체적으로 백저사가 관리했기 때문에 씨족명을 관칭한 둔창의 명칭이 되었다[20]. 이 시점에서 백저둔창에 대한 담진의 실질적인 지배력을 보여주고 있다. 길비지역에 白猪部 성을 갖은 자의 분포와 田部의 호구 인적사항이 기록된 명적을 담진이 장악하고 있었다는 사실은 실질적인 둔창의 운영자였음을 말해준다. 이 길비지역에 백저사를 설치한 사실은 平城京 출토 목간에 의해서도 확인된다. 동 보고서에는 길비의 행정구역을 구성하는 備前國, 備中國, 그 하부 행정단위인 郡鄕里, 그리고 白猪部라는 씨명을 관칭한 부명이 나온다[21]. 평성경 목간의 백저부의 사례는 이 지역에서 왕진이계 씨족인 백저씨의 세습적 직무가 확립되었음을 보여주고 있다.

도래인들의 이주가 활발해지는 5세기후반에서 6세기대에는 둔창설치의 획기를 이루고 있다. 흠명기 17년조의 둔창설치 사례를 보면, "왜국의 高市郡에 한인

---

18 『日本書紀』欽明紀30年夏4月條.

19 『日本書紀』欽明紀16年秋7月條, "遣蘇我大臣稻目宿禰 · 穗積磐弓臣等, 使于吉備五郡, 置白猪屯倉".

20 狩野久, 2001, 「白猪屯倉の設置事情」, 『京都橘女子大學研究紀要』27, 森公章, 2010, 「吉備白猪 · 児島屯倉と屯倉制」, 武光誠編 『古代国家と天皇』, 同成社, p. 32.

21 奈良文化財研究所編, 1975, 『平城京發掘調査出土木簡槪報』16, "三宅鄕白猪部少國" "備前國邑久郡方上鄕寒川里, 白猪□色不知□二尻" "備前國子嶋郡小豆鄕志磨, 里白猪部乙嶋調三斗" "備中國哲多郡□□鄕白米五豆, □人白猪部身万呂".

人身狹屯倉, 고려인 小身狹屯倉, 紀國에 海部屯倉을 누었다"고 한다[22]. 고시군은 今來郡이라고도 하며, 일찍부터 대화지방의 도래인들이 집단적으로 거주하던 지역이다. 대신협둔창 설치기사의 분주에 "韓人者百濟也"라 하여 대신협둔창의 관리자가 백제인이었고, 기국의 해부둔창 설치기사의 분주에 도처의 한인을 대신협둔창의 田部로 삼았다는 한인도 백제인이라고 생각된다. 동 분주에는 고구려인을 전부로 삼았다는 기록도 나오지만, 당시 고구려인의 집단이주는 생각하기 어렵고 백제인 혹은 가야인으로 생각된다. 이들 기사는 왕진이 일족보다 이른 시기에 이주한 백제계 도래집단을 대상으로 설치한 둔창으로 왕진이의 도래를 계기로 새롭게 편재되었을 것으로 생각된다.

한편 상기 둔창설치 기사는 율령제 지방지배 성립의 연원으로서 계보적으로 연결시키는 사료로서 중시되어 왔다. 둔창의 田令의 직무는 후에 대보율령에 의한 國司制 시행으로 폐지된 田領(『속일본기』대보원년 4월 무오조)과 유사하고, 담진이 백저둔창의 田部의 丁籍을 관리한 것은 율령국가가 전 주민을 상대로 호적을 만든 역사적 단서가 된다. 이러한 호적제도는 왕권의 직할령인 둔창으로부터 시작되었다는 것을 보여준다. 담진이 만든 것은 성년남자를 중심으로 한 丁籍이고, 그들을 전호로 편성했기 때문에 후에 율령제의 호적이 남녀노소를 불문하고 전 주민을 대상으로 한 점에서 양자의 차이는 분명하고 담진의 업적은 율령국가의 호적제도의 역사적 전제로서 위치시킬 수 있다[23].

이러한 호를 단위로 한 고대일본의 지배의 원류는 도래인의 파악방식에 유래되었고 최초의 편호제는 한반도계 도래인들을 일정 지역에 집단적으로 거주시켜 '戶'의 호칭을 사용했다[24]. 실제로 둔창을 장악한 형태는 호를 단위로 하는 지방방

---

22 『日本書紀』欽明紀17年冬10月條, "遣蘇我大臣稻目宿禰等於倭國高市郡, 置韓人大身狹屯倉[言韓人者百濟也] 高麗人小身狹屯倉, 紀國置海部屯倉".

23 吉田晶, 1997, 「渡來人氏族の定着とその役割」, 『羽曳野市史』第1卷, pp. 390~391.

24 岸俊男, 1973, 「日本における戶の源流」, 『日本古代帳籍の研究』, 塙書房, p. 37, pp. 43~44.

식은 대부분 도래인 씨족 중에 나타나고 있다. 예를 들면 웅략기 9년 7월조에 '河內國飛鳥戶郡人'의 사례, 웅략기 2년 10월조에, "史戶와 河上舍人部를 두었다"는 '史戶'가 나온다. 河內國의 飛鳥戶郡은 비조호의 본관지로서 5세기후반 백제 개로왕때 왜국에 보낸 昆支를 제신으로 모시는 후예씨족들의 집단거주지이다. 『정창원문서』에도 '百濟飛鳥戶伎彌廣成'라고 하여 백제를 관칭한 도래계 飛鳥戶씨의 인명이 보인다[25]. 흠명기 원년 8월조에 "秦人, 漢人 등 諸蕃 투화자를 불러모아 國郡에 안치하고 호적을 작성했다. 진인의 호수는 총7,053호였다. 大藏掾를 秦伴造로 임명했다"고 하는 도래인의 집단적 이주전승에서 보이듯이 호 단위의 주민 편성은 한반도에서 유래되었음을 시사한다. 『주서』백제전에는 호구의 작성, 징발 등 호적의 관리를 담당했던 點口部라는 관부가 존재하고 있었다. 백제에서 호구와 관련된 『삼국사기』백제본기에 따르면 구수왕 9년(222)조에 "군사를 보내 신라의 우두진에 들어가 민호를 약탈하였다", 아신왕 8년(399)조에 "백성들은 전역에 시달려 신라로 많이 도망하니 호구가 줄었다", 문주왕 2년(476)조에 "대두산성을 수리하고 漢北의 민호들을 이주시켰다"는 '民戶' '戶口'의 사례가 보인다. 『일본서기』흠명기 4년11월조에도 "在任那之下韓, 百濟郡令城主"라 하여 6세기대 백제의 지방관으로서 郡令, 城主의 관직이 확인되고 있어 주민지배의 말단조직인 호도 편재되었다고 생각된다. 또한 부여능산리 사지에서 출토된 상하 4단으로 횡선으로 구분하여 인명을 묵서한 목간은 인력을 파악, 관리한 형태이고, 부여 궁남지에서 출토된 목간에도 '丁' '中口' '小口' 등의 문자가 확인되고 있어 연령구분에 의한 호구를 파악하고 있음을 확인할 수 있다[26].

　이러한 사례에서 알 수 있듯이 왜왕권의 田戶의 호적은 새로온 도래인을 대상

---

25 『大日本古文書』17-5, "位子无位百濟飛鳥戶伎彌廣成[年三十二河內國安宿國人]".

26 윤선태, 2004, 「한국고대목간의 출토현황과 전망」, 『韓國의 古代木簡』, 國立昌原文化財研究所, 田中史生, 2012, 「倭國史と韓國木簡」, 『日本古代の王權と東アジア』, 吉川弘文館 참조.

으로 편성한 것이고, 호를 기준으로 한 새로운 주민지배였다. 즉 전통적으로 주민지배는 재지호족을 통해 이루어져 왔는데, 왕권에 의한 주민의 직접적 지배로 전환하여 주민 자신의 가족적 결합체를 단위로 왕권이 그들을 공적 단위인 호로 편성하고 이를 문서상으로 명확히 하고 이를 통해 과세를 부과하게 된다[27]. 즉 국가가 모든 민중을 파악하여 지배질서안에 두고 조세원을 확보해 나가는 것이다. 이러한 호구조사의 제도적 정비가 도래인에 의해 시작되었고, 胆津이 백저둔창에서 이러한 업무를 수행할 수 있었던 것은 이미 본국 백제에서의 지식과 경험이 있었기에 가능한 일이었다고 생각된다.

백저둔창이 설치된 길비지방은 왜왕권측에서 보면 풍부한 철, 소금 등의 생산지로 군사적, 경제적 기반을 확충하는 대상 지역이다[28]. 특히 大和의 해상출구인 難波로부터 세토내해를 거쳐 한반도로 이어지는 해외관문인 筑紫로 통하는 중간기착지에 있는 吉備에 대한 직접지배는 왕권의 주요 과제였다. 게다가 길비씨의 반란사건도 발생하였다. 웅략 23년(479)에는 왕의 사망 직후 왕비 吉備稚媛이 星川皇子에게 왕위계승을 위해 "천하의 자리에 오르고자 하거든 먼저 大藏의 官을 장악해야 한다"고 사주하자 반대세력간에 내란으로 번졌다. 이에 吉備上道臣은 길비치원이 낳은 성천황자를 구하기 위해 병선 40척을 이끌어 출병했으나 그가 죽음을 당했다는 소식으로 듣고 길비로 철수했고, 이 사건 후 조정은 길비상도신의 지배하에 있던 山部를 빼앗기고 말았다[29]. 이 난의 발단이 된 왕비 길비치원은 원래 길비상도신의 부인이었지만, 그녀의 미모에 빠진 웅략에게 빼앗긴 비극

---

27 吉田晶, 1997, 「渡來人氏族の定着とその役割」, 『羽曳野市史』第1卷, p. 391.
28 白猪둔창의 설치목적을 철생산, 염생산과 관련하여 고고학적으로 검토한 연구로는, 龜田修一, 2006, 「久世に白猪屯倉はあったか」, 『旭川を科學する』(シリーズ『岡山学』4), 岡山理科大學岡山學硏究會, 同 2008, 「吉備と大和」, 『古墳時代の實像』, 吉川弘文館. 이에 따르면 백저둔창 관련유적으로 생각되는 五反廢寺의 특이한 기와가 한반도와 관련되어 있을 가능성이 있고, 岡山縣 남부지역의 철, 철기생산과 한반도와의 관련성을 표시하는 주변의 유적군과 문자자료 등을 거론하고 있다.
29 『日本書紀』清寧天皇 卽位前期.

의 가족사가 있었다. 길비치원은 웅략의 사후 자신이 낳은 왕자를 왕위에 세울 목적으로 전 남편 길비상도신의 지원을 받아 반란을 일으켰다. 상대적으로 왜왕권에 대해 독립성이 강했던 길비에 중앙의 관리가 파견되어 직접지배의 형식을 취한 것은 당연한 조치였다. 이 반란의 제압에는 왜왕권의 중신 大伴室屋大連이 東漢掬直을 투입하여 성공시켰다. 東漢氏는 백제계 도래인으로 흠명조에 들어오면 소아씨 휘하에서 활동하게 되며 선주한 도래인으로서 그의 씨족은 왕진이 일족과도 교류하고 있었음은 추측하기 어렵지 않다. 왕진이의 일족인 담진이 백저둔창의 관리자로 파견된 것도 동한씨와의 백제계라는 지연적 동류의식, 교류의 인연도 짐작할 수 있다.

　한편 백저둔창의 설치를 대외적 측면에서 보면 길비씨가 백제, 가야 등 한반도 제국과의 오랜 교류로 그 교역의 이권을 계승한다는 경제적인 의도가 있었다고 생각된다. 웅략기 7년조를 보면 吉備上道臣田狹을 任那國司에 파견했다는 전승이 있다. 국사제는 제도상으로 7세기 후반의 용어의 투영이지만, 그가 가야제국과의 교류의 일단을 설명해주고 있다. 또 그의 아들인 吉備臣弟君은 웅략기 7년 시세조의 분주에 백제에서 돌아와 漢手人部, 衣縫部, 宍人部를 바쳤다고 한다[30]. 동 사료의 본문에도 백제로부터 각종 수공업, 기술자 집단의 도래전승이 보이듯이 길비씨의 백제와의 교류를 통해 선진문물의 수입을 보여주고 있다[31]. 540년대 흠명조에 들어가면 가야제국이 신라, 백제에 의해 침탈당할 당시, 안라국이 중심이 되어 전개한 이른바 가야독립운동인 임나부흥회의에 길비씨를 참석시켜 국제적 지원을 요청한 일이 있다. 이러한 사실은 가야와 길비지역의 호족간의 오랜 우호적 교류의 산물이라고 생각된다. 왜왕권의 재지세력의 뿌리가 강한 길비지방에

---

30 『日本書紀』雄略紀7年 是歲條, "或本云, 吉備臣弟君, 還自百濟, 獻漢手人部·衣縫部·宍人部".
31 吉備지역의 渡來人과 한반도계 유물의 실태에 대해서는 龜田修一, 1997, 「考古學からみた吉備の渡來人」, 武田幸男編, 『朝鮮社會の史的展開と東アジア』, 山川出版社 참조.

백지둔창을 설치한 것도 크게 보면 한반도제국과의 교류를 통해 얻어지는 선진문물의 혜택을 왜왕권이 흡수하기 위한 조처였다고 할 수 있다.

船史 왕진이의 동생 牛에게 津史의 성을 내렸다는 '津'도 선박이 정박하는 항구를 의미하고 船氏의 分家에 어울리는 직명이다[32]. 船史氏가 '數錄船賦'에 종사했듯이 史姓을 받은 津氏 역시 문필을 기반으로 한반도제국과의 무역활동을 통해 왜왕권의 재정을 확충하고 씨족의 번영을 추구해 나갔을 것이다. 『속일본기』 양로 6년(722) 5월조에 보이는 津史主治麻呂는 式部省 大錄으로서 文案과 公文관계의 사무를 담당한 관인으로 遣新羅大使가 되어 신라에 파견되었다. 동 연력9년의 津連眞道의 상표문에서도 "자신의 선조들은 가문 대대로 文業에 종사하며 일족은 학교에서 가르치는 직에 종사했다[33]"라고 주장하였다. 문필씨족으로서 津氏의 직무의 전통이 나라시대에도 이어지고 있다.

4. 船首王後의 묘지명과 船史

다음은 왕진이의 후손인 선수왕후(船首王後)에 대해 그의 묘지명을 통해 살펴보자.

【3-1】故 船氏王後首는 船氏의 中祖인 王智仁首의 아들인 那沛故首의 아들이다.
　　　민달천황의 세에 태어나 추고천황 조정에서 봉사하고, 서명천황의 대에 이르렀다. 천황이 그 재능의 탁월함과 높은 공적을 알고 제3위 大仁의 관위를

32　井上光貞, 1943, 「王仁の其の後裔氏と佛敎」, 『史學雜誌』54-9. 同 1986, 『井上光貞著作集』第2卷, 岩波書店, p.450.

33　『續日本紀』延曆9年7月條, "眞道等先祖, 委質聖朝, 年代深遠, 家傳文雅之業, 族掌西庠之職".

받았다, 서명천황의 말년, 신축(641) 12월3일에 사망하였다. 무진년(668) 12월에 松岳山 위에 묻었다. 부인 安理故能刀自의 묘와 합장하고, 그의 장형 刀羅古首의 묘 옆에 만들었다. 즉 만대의 靈域으로 이 땅을 영원히 굳건하게 지키려 한다[34].

묘지명의 주인공인 船氏 王後首는 敏達朝에 출생하여 推古朝에 봉사하고 舒明朝에 그 재능을 인정받아 관위12계의 3위에 해당하는 大仁을 받는다. 당시 畿內 지역의 수장층에게만 주는 대인은 중앙관인으로서 지위를 나타낸 것이다. 그가 조정에 출사한 기간은 추고조때 시작하여 641년 사망 시점까지 40여년에 달한다. 이 묘지명에 따르면, 왕후수는 왕진이의 아들인 那沛古首의 아들이다. 『일본서기』에는 조부에 해당하는 왕진이가 史姓을 받았는데 묘지명에서는 王智仁(王辰爾) 이하 3대가 모두 首의 姓이다. 일반적으로 가네바는 세습된다는 점에서 의문이다.

그럼 『일본서기』와 묘지명의 기록의 차이를 어떻게 볼 것인가 이에 대해 기왕의 학설은 왕진이가 받은 史를 성으로 보는 통설[35]과 왕진이가 받은 최초의 성은 首였으나 『일본서기』 편찬과정에서 왕진이계 씨족들이 관여한 결과 史姓으로 바뀌었다는 신설이다[36]. 특히 후자의 입장은 『일본서기』의 7세기중엽까지 나오는 사

---

34 船氏王後墓誌, "惟船氏故王後首者, 是船氏中祖王智仁首児那沛故首之子也, 生於乎娑陀宮治天下天皇之世奉仕, 於等由羅宮治天下天皇之朝至於阿須迦宮治天下天皇之朝, 天皇照見知其才異仕有功勳勅賜官位大仁品為第三, 殯亡於阿須迦天皇之歲次辛丑十二月三日庚寅, 故戊辰年十二月殯葬於松岳山上. 共婦安理故能刀自同墓 其大兄刀羅古首之墓並作墓也 即為安保万代之靈基牢固永劫之寶地也".

35 關晃, 1966, 『歸化人』, 至文堂, p.115, 東野治之, 1979, 『日本古代の墓誌』, 同朋社, p.168.

36 請田正幸, 1989, 「渡來人論・序章」, 『歷史學研究』582, pp.19~20, 加藤謙吉, 2002, 『大和政權とフミヒ制』, 吉川弘文館, pp.22~34, 서보경, 2017, 「고대일본의 文筆實務職과 한국계 渡來씨족」, 『사림』59, p.307.

싱 기록온 믿을 수 없다는 것이다[37]. 묘지명에 따르면 王後首는 신축년(641)에 사망한다. 이 묘지명의 제작연대는 무진년(668)에 부인 安理故能刀自의 사망과 더불어 개장한 시점이 아니라 '天皇'이 명기되어 있는 것으로 보아 천황호가 시작되는 천무조(672~686)라고 생각된다[38]. 즉 이 묘지명은 王後 부부의 합장 이후 무언가의 사정에 의해 십수년이 지난 천무조 때 그의 후손에 의해 새로 만들어져 부장된 것이다[39]. 그런데 왕후의 사망에서 묘지명이 만들어지는 기간동안 개성이 있었다면 묘지명에 반영되어야 한다. 천무조때 이미 船氏는 사성 신분이었다. 성은 정치적 신분이자 가문의 상징이기 때문에 묘지명을 만들 당시의 가문의 성을 명기하는 것은 당연하다. 『일본서기』에는 천무 13년(684)에 '8色의 姓'이 제정되기까지 개성한 사례는 천무 9년에서 동 12년까지 3년간 총 78씨이고 모두 連 성을 받는다. 이때 왕진이계 船史氏도 船連으로 개성된다. 그러나 『일본서기』를 보는 한 최초의 성을 취한 씨족이 천무 9년에 이르기까지 개성된 기록은 확인되지 않는다[40]. 왕진이보다 먼저 도래한 文首氏도 천무12년 9월에 連으로 개성될 때까지 首의 성을 유지하였다. 大化前代의 각 씨족의 성은 고착화, 세습화되었으며 임신의 난을 통해 집권에 성공한 천무조에 이르러 호족에 대한 융합책, 논공행상으로 대규모의 改賜姓을 추진했고, 곧이어 '8色의 姓' 제정으로 새로운 신분질서를 만들었다.

---

37 다만 鎌田正幸의 경우는 史姓의 성립을 6세기말까지 소급될 수 있다고 한다. 주37) 논문 p.20.

38 일본에서의 군주호로서의 천황호의 사용시기는 唐 高宗 上元원년(674)에 皇帝에서 天皇으로 개칭한 정보가 일본에 전해진 이후이고, 飛鳥寺 근처의 飛鳥池 유적에서 天武 · 持統朝에 해당되는 '天皇'이 새겨진 목간이 발견으로 680년경으로 보는 것이 통설이다.

39 東野治之는 묘지명에 '官位'라는 용어는 관직과 위계에 대응하는 반영하는 용어이고, 관위상당제가 제도로서 확립되는 8세기 이후에 용례가 많이 보인다고 한다. 따라서 이 묘지는 적어도 천무조 말년 이후에 船氏의 묘역을 명시할 의도로 追葬되었을 것으로 본다. 타당한 견해라고 생각된다(奈良國立文化財研究所 飛鳥資料館編, 1979, 『日本古代の墓誌』, 同朋社, 「船王後墓誌」해설, p.169).

40 推古朝, 舒明朝의 高向漢人玄理가 大化新政府에서 國博士로 임명된 高向史玄理로 나타나는 것은 漢人에서 史로 개성된 사례라는 주장도 있으나(加藤謙吉, 2017, 『渡來系氏族の謎』, 祥傳社新書, p.178), 漢人은 백제 혹은 가야계 도래인에게 붙인 칭호이고 정식 가바네로 성립한 명칭은 아니다.

한편『일본서기』지통기 5년(691) 8월조에 조정에서 18씨에 대해 조상의 墓記를 바치게 했다는 기록이 있다[41]. 이때의 묘기는 묘지명으로 그 내용은 부장하기 전에 기록하여 조상을 현창하는 家記의 일부로서 활용되고 있었다. 상기 18씨 중에 왕진이게 船氏는 보이지 않지만『일본서기』편찬의 재료로서 관련자료가 修史局에 제출되었음은 그 활동 내용으로부터 확인된다. 여기서 유의해아 할 점은『일본서기』편찬시에 시조전승의 가상, 부회, 개찬을 할 수 있는 것은 왕권과 밀접한 관계가 있는 소수의 특권씨족에 한정된다는 사실이다. 姓을 조작하는 행위는 경쟁관계에 있는 타 씨족에게 발각될 수 있고 편찬과정에서 쉽게 확인된다.

이상의 검토에서 船史氏는 개성된 싱이 아니다. 그렇다면 묘지명의 '首'는 어떻게 해석해야 할 것인가. 원래 首는 '大人'의 의미가 있듯이 유력자에 대한 존칭에서 유래하여 성으로 성립했다. 묘지명의 首는 성이 아니라 가문의 적통을 나타내는 우두머리로 사용되었다고 본다.『元興寺伽藍緣起幷流記資財帳』에 인용된 塔露盤銘에 무신년(588)에 백제에서 파견한 공인들이 불탑을 만들 때 탑의 노반에 금을 입히는 金作人으로 意奴彌首, 阿沙都麻首, 鞍部首, 山西首 등 4인을 四部首의 장으로 삼았다고 한다[42]. 이들 인명 말미의 首에 대해 중앙의 생산분담조직의 首長의 지위를 표시하는 칭호라는 견해[43]에 따른다면 수의 용례는 성 뿐아니라 집단의 장, 우두머리로서도 사용되고 있었다. 따라서 묘지명의 수는 가바네(姓)가 아니라 존칭으로 보는 것이 타당하고, 왕진이는 처음부터 史姓을 받았다. 그의 일

---

41 『日本書紀』持統紀5年8月條, "詔十八氏, 大三輪·雀部·石上·藤原·石川·巨勢·膳部·春日·上毛野·大伴·紀伊·平群·羽田·阿倍·佐伯·采女·穗積·阿曇, 上進其祖等墓記".

42 竹內理三編, 『寧樂遺文』中卷(東京堂出版, 1962), "始請百濟王名昌王法師及諸佛等, 改遺上釋令照律師, 惠聰法, 鏤盤師將德自昧淳, 寺師丈羅未大·文賈古子, 瓦師麻那文奴·陽貴文·布陵貴·昔麻帝彌, 令作奉者, 山東漢大費直名麻高垢鬼·名意等加斯費直也, 書人百加博士·場古博士, 丙辰年十一月旣爾時使作金人等意奴彌首名辰星也, 阿沙都麻首名末沙乃也, 鞍部首名加羅爾也, 山西首名都鬼也, 以四部首爲將, 諸手使作奉也".

43 山尾幸久, 1993, 「大化年間の國司·郡司」, 『立命館文學』530.

족으로 추고조의 船史王平, 船史龍, 황극기의 船史惠尺 등의 인물이 나온다. 특히 선사혜척의 경우는 사서 편찬과 관련있는 인물로서 그의 史姓은 부정하기 어렵다. 王後는 묘지명에 '天皇照見知其才異'라고 기록되어 있듯이 천황으로부터 재능을 인정받아 수십년간 중앙의 고위관리로 복무할 수 있었다.

5. 船史氏와 外交 · 修史 · 佛教

船史氏 중에는 외교업무에 종사한 인물이 있다. 왜왕권이 견수사로 파견한 小野臣妹子가 추고 16년(608)에 隋使 배세청을 동반하고 귀국했다. 이때 수의 사절에 대한 접대역인 掌客使로서 中臣宮處連鳥麻呂, 大河內直糖手와 함께 船氏의 일족인 船史王平이 담당하였다[44]. 왜왕권으로서는 5세기대에 남조와의 교류 이후 120여년만에 중국왕조와의 통교를 재개하였고 게다가 중국왕조의 사신이 왜국에 온 것은 최초의 일이었다. 이 중요한 외교업무에 선사왕평이 발탁된 것은 史姓 씨족으로서 높은 학식과 도래계라는 국제적 식견이 작용했다고 보인다.

추고17년 4월에 백제승 도흔, 혜미 등 85인이 肥後國 葦北津에 표착했을 때 難波吉士德摩呂와 함께 그 표착의 사정을 묻는 관인으로 중앙에서 船史龍이 파견되었다. 비후국 위북진은 九州 중서부에 위치한 지역으로 이른 시기부터 백제와의 교류가 있었다. 해외의 관문에서 대외업무를 담당하고 있던 筑紫大宰의 보고에 따라 중앙에서 긴급히 파견한 것이다. 선사룡과 함께 온 난파길사덕마려도 도래인 출신으로 2인 모두 백제어에 능통하고 해외사정에 비교적 밝은 인물이었다고 보인다. 선사룡은 백제인들의 표착사정을 듣고 귀국시키는 한편, 11인은 왜국 체재를 희망한 사람에 대해서는 조정에 보고하여 백제의 지원으로 설립된 飛鳥의

---

44 『日本書紀』推古紀16年夏4月條.

원흥사에 거주하게 하였다[45]. 여기에 거주한 인물은 아마도 승려인 도흔, 혜미 등이었다고 보이고 당시 집권자인 대신 소아마자의 불교진흥책, 백제불교수용에 대한 열망이 이들의 영주를 권유했을 것임을 추측하기 어렵지 않다. 소아씨의 氏寺였던 비조사에 찰주를 세워 불사리를 봉안하던 날, 소아마자를 비롯한 왜왕권의 중신 100여명이 백제옷을 입고 참석했다[46]고 전할 만큼 이 사찰의 건립은 왜왕권의 선진화, 국제화의 상징물이었다. 게다가 비조사에는 고구려승 혜자와 함께 백제승 혜총이 주지로서 설법하고 있었다.

역사편찬과 관련있는 船史惠尺에 대해 살펴보자. 皇極紀 4년 6월조에는 소아본종가 멸망시에 蘇我蝦夷는 자신의 집에 불을 질렀는데, 이때『天皇記』,『國記』등 역사서가 불타는 상황에서 선사혜척이『국기』를 빼돌려 中大兄皇子에게 바쳤다고 한다. 이보다 앞서 추고기 28년조에 "이해 천황기와 국기, 臣·連·伴造·國造·百八十部, 아울러 公民 등의 本記를 기록했다"고 한다. 여기서「천황기」란 천황의 계보와 치적 등을 기록한 사서이고,『고사기』서문에 보이는 '帝紀·帝王本紀·帝皇日繼'와 같은 종류의 역대왕의 기록이다.『국기』는 문자그대로 국가의 기록이고 나머지는 왜왕권내에서 봉사하는 씨족, 호족들의 기록으로 보인다. 史姓은 원래 기록, 문서담당 씨족이고 도래인들로 구성되어 있다. 645년 소아씨 본종가가 멸망당할 당시 이 저택에 보관되어 있던 일련의 국가 문서류 중에서 제1급 기록인 역사서를 선사혜척이 건져냈다는 사실은 해당 사서에 대한 기록, 보관, 유포 등의 흐름을 잘 알고 있었다는 증거이고, 사관으로서 이 사서의 편찬에 관여했음을 시사하고 있다. 아마도 이때 불길에서 살아남은 사서들은『일본서기』편찬시의 역대왕들의 계보, 활동에 대해 기초적인 정보로 활용되었을 것으로 보인다. 그

---

45 『日本書紀』推古紀17年 夏4月條.
46 『扶桑略記』推古天皇元年 正月條, "蘇我大臣馬子宿禰依合戰願. 於飛鳥地建法興寺, 立刹柱日, 嶋大臣并百餘人皆着百濟服. 觀子悉悅. 以佛舍利籠刹柱礎中".

는 활동시기로 보아 왕진이의 3세손으로 보이고 앞의 선사룡의 아들이거나 조카로 추정된다.

다음은 선사혜척의 아들이자 고승으로 알려져 있는 道昭에 대해 살펴보자. 『속일본기』 문무 4년(700)3월조에는 道照(道昭)의 卒年과 생애에 대해 기록하고 있다. 그의 사망소식을 접한 문무천황은 사자를 보내 조문과 포상을 내려 국가의 고승에 대한 예의를 표하고 있다. 도소화상의 본거지는 河內國人이고, 俗姓은 船連, 부는 少錦下惠釋이라고 한다. 「卒傳」에는 惠尺을 惠釋으로 기록했는데 아마도 고승의 父에 대한 존숭의 의미에서 釋迦의 釋을 취했다고 보인다. 尺과 釋은 '사카'라는 동음이기도 하다. 선사씨는 천무 12년 10월에 船連으로 사성되었다. 도소는 효덕 백치 4년(653)에 견당사와 함께 內大臣의 中臣鎌足의 장자인 定惠를 비롯하여 道嚴, 道通, 道光, 惠施, 覺勝, 辨正, 惠照, 僧忍, 知聰, 安達, 道觀 등 많은 학문승과 당 유학을 떠난다[47]. 왜왕권의 대당 통교 이후 최대 규모의 견당사절이다. 특히 학문승이 유학의 길을 떠난 것은 새로운 불교사상에 대한 왜왕권의 염원이 반영되어 있다고 생각된다. 「卒傳」에 따르면 도소는 당에 들어가 玄奘三藏을 스승으로 모시고 수학했고, 삼장은 도소를 총애해서 구법시 고행담을 들려주며 불법의 가르침을 받았다고 한다. 도소는 삼장이 소지하고 있던 불사리와 경론을 받아 660년에 일본으로 귀국하여 원홍사 동남편에 선원을 만들고 불법을 전파하였다. 뿐만아니라 10여년간 전국을 돌며 교량, 항만, 선박, 도로 등 많은 토목공사를 추진해 나갔다. 국제도시 당의 長安의 잘 정비된 웅장한 경관, 견당사의 교통로인 대운하를 따라 목격한 항만시설, 물류의 운반 등은 목격한 도소에게는 충격적이고 경이로운 광경이었을 것이다. 그가 선방을 나와 기간시설을 정비한 것은 민중의 삶을 개선하려는 사회구제사업이었다. 다시 선원으로 돌아온 도소는 3일, 7일간의 반복적인 좌선을 수행하였다. 도소화상의 나이 72세로 생을 마감하자 그의

---

47 이때의 견당사의 기록은 『日本書紀』 孝德紀 白雉4年條에 상세하다.

제자들이 유언에 따라 화장했는데, "天下火葬從 此而始也"라고 하여 천하의 화장은 여기에서 시작되었다고 한다[48]. 왕진이의 4세대 후손인 도소화상은 견당 학문승으로서 일본에 중국의 법상종, 섭론종 등 새로운 불법을 알린 교단의 스승이자 사회구제사업에 온몸을 바친 지도자였다. 도소의 유업은 그의 제자인 백제계 승려 行基에 의해 계승되어 갔다. 나라시대에도 왕진이계 씨족의 활약은 계속된다. 僧綱의 직에 오른 慶俊과 慈訓, 양로 3년(719)과 양로 6년(722)에 각각 견신라대사로 파견된 白猪史廣成와 津史主治麻呂, 한문학의 대가 葛井連廣成, 대보율령의 제정에 참여한 白猪史骨, 『속일본기』편찬자 菅野朝臣眞道 등 불교와 외교, 학문의 세계에서 두각을 나타내고 있다.

6. 王辰爾系 씨족의 시조전승의 성립과 배경

船首王後의 묘지명에 왕진이를 '中祖'로만 표현하고 있고 그 선대 시조에 대해서는 언급이 없다. 『일본서기』에도 왕진이를 필두로 하는 船史氏 등 후예씨족만을 기록하고 있을 뿐이다. 이들 씨족의 유래와 시조의 출자를 밝힌 것은 8세기말『속일본기』연력 9년(790) 추7월 신사조에 처음으로 나타난다.

이 기록에 따르면 종5위상 津連眞道는 百濟王仁貞, 百濟王元信, 百濟王忠信 등과 함께 자신들의 출자에 대해 상표문을 올린다. 자신들의 本系는 백제국 귀수왕으로부터 나왔고, 근초고왕때에 귀국에 조빙을 시작하였는데, 신공황후가 섭정하던 해의 일이라고 한다. 응신이 황전별을 백제에 파견해서 유식자를 구하자 귀수왕은 손자인 辰孫王[일명 智宗王]을 보내어 황태자의 스승이 되어 비로소 서적이

---

48 일본에서 火葬의 기원은 논란이 있지만, 도소화상의 화장 이후 持統, 文武, 元明, 元正 등 천황들의 화장이 이어지고 있어 이 시기에 葬法의 변화를 초래한 것은 사실이다.

전해지고 儒風이 크게 열려 문교가 발흥되었음을 고한다. 인덕천황은 진손왕의 장자인 태아랑왕을 근시로 삼았는데, 태아랑왕의 아들은 해양군이며, 그 아들은 오정군인데 여기서 세 아들을 낳았으니 장남은 味沙, 차남은 辰爾, 막내는 麻呂이고, 이들로부터 葛井, 船, 津連 등 3성으로 나누어졌다고 한다. 이어 왕진이의 고구려 국서해독사건을 기록하고 이는 모두 국사와 가첩에 그 일이 자세히 실려 있다고 한다. 자신들의 가문은 문필의 업을 계승하고 교학의 직을 맡고 있어 천자의 은혜에 감사의 정을 술하고, 이어 連 성을 朝臣으로 올려 줄 것을 상주하자, 칙을 내려 菅野朝臣의 성을 하사했다고 한다.

이 전승은 이미 지적되고 있듯이 文(書)氏의 시조인 왕인의 사적과 동일하다. 『일본서기』 응신 16년조에 "소위 왕인은 書首 등의 시조이다", 『고사기』 응신천황단에는 "和邇吉師는 文首 등의 祖이다"라고 하여 왕인을 文(書)氏의 조상임을 기록하고 있다. 앞의 왕진이계인 津連氏의 계보는 귀수왕-O-辰孫王(智宗王)-태아랑왕-해양군-오정군으로 이어지고 장남 味沙으로부터 葛井氏, 차남 辰爾로부터 船氏, 막내 麻呂로부터 津連氏로 分氏되어 있다. 즉 왕진이계 선씨는 일본 도래의 시조를 진손왕으로 주장하고, 왕진이는 진손왕의 5대손에 해당한다. 『고사기』와 『일본서기』(이하 『記紀』) 응신조에 왕인이 귀수왕 때 도래했다는 점, 황태자의 스승이 되었다는 점, 유학과 서적의 전래 등 등 사건의 전개, 모티브가 모두 일치한다[49]. 진손왕을 왕인으로 대체하면 양 전승은 동일한 시조전승이다. 이 전승에서 왕진이계는 왕인에 해당하는 진손왕을 귀수왕의 손자라는 백제왕족으로 변형시켰다. 즉 일반 백제인 왕인에 대해서 왕족 진손왕으로 신분을 승격시킨 것이다. 이것은 왕진이계가 왕인계의 시조전승을 도용했다는 의심을 피하기 위한 신

---

49 請田正幸은 왕인, 아직기 전승 중에서 황태자의 스승, 유학과 서적을 전한 유식자의 도래담 역시 7세기에서 8세기초에 많은 학자, 문인이 황태자 등 유력 황자들에게 近侍한 사례를 모방한 것이라고 한다(請田正幸, 1988, 「渡來人論·序章」, 『歷史學研究』582, pp. 197~198). 사료적으로도 확인할 수 있는 타당한 지적이다.

분조작일 뿐이지 실상은 왕인전승의 각색에 불과하다. 양 전승의 선후관계를 밝히자면『記紀』에 왕인전승을 갖는 文氏系 씨족전승이 먼저 생겼고 이를 모방하여 船史氏 왕진이계가 8세기말에 만들었다고 보는 것이 명백하다.

이에 대해 船氏系가 7세기 전반에 왕진이를 과거에 투영시켜 왕인전승을 만들어냈다는 견해가 있다[50]. 그러나 자신의 시조전승에 앞서 타씨족의 시조전승을 만들 이유가 없다는 점에서 따르기 어렵다.『일본서기』의 왕인전승은 문씨계의 독자전승이고, 8세기말『속일본기』편찬 단계에서 왕진이계가 왕진이를 모델로 내세워 왕인전승을 차용한 것이다.『속일본기』의 왕진이계 시조로 나오는 辰孫王의 '辰'은 工辰爾의 가운데 글자를 차용했고[51], '孫'은 귀수왕의 손이라는 의미에서 진손왕이 만들어졌다[52]. 진손왕의 다른 이름인 智宗王이라는 명칭도 '宗王'이 선조왕을 의미하고 '智'는 고대한국어의 인명어미에 보이는 미칭이지만 이를 관칭하면 선조에 대한 존칭이 된다. 또 왕인의 별칭인 王智仁의 '智'도 동일한 의미로 해석할 수 있다. 즉 진손왕은 왕진이가 모델이 되어 왕인의 사적 속에 투영된 것이다. 당시 귀족사회에서 교양인으로 인구에 회자되고 있던 왕인의 현인관은 타씨족의 시조전승에 영향을 미쳤다고 보인다.

---

50 山尾幸久, 1983,『日本古代王權形成史論』, 岩波書店, pp. 331~332.

51 山尾幸久, 1983, 앞의 책.

52 『新撰姓氏錄』河內國諸蕃 百濟條에,「岡原連, 出自百濟國辰斯王子知宗」이라 하여 辰斯王의 子 知宗의 이름이 나온다. 이에 근거해서 진손왕의 다른 이름인 智宗王을 가리킴으로 진손왕은 진사왕의 아들에 해당한다는 견해가 있다(金恩淑,「西文氏의 歸化傳承」,『歷史學報』118, 1988, pp. 77). 그렇다면 진손왕은『속일본기』의 계보대로 귀수왕의 손자이다. 이를 복원하면 구수왕(근구수왕)-진사왕-진손왕으로『삼국사기』백제왕력의 근구수왕-진사왕과도 일치한다. 다만『삼국사기』에는 진사왕의 아들에 대해서는 언급이 없다. 진사왕은 재위8년만에 정치적인 음모라고 생각되는 죽음을 당하는데, 만약 이때 그의 아들 일족이 왜국으로 탈출해서 생존했다면『속일본기』에 진사왕의 一名을 智宗王,『신찬성씨록』의 진사왕의 아들 知宗이라는 인물은 사실로 보인다. 한편으로는『신찬성씨록』의 辰斯王은『日本書紀』응신기3년 시세조에 나오는 백제 辰斯王과『속일본기』의 智宗을 차용해서 岡原連의 출자를 만들었다는 의문도 있다.

『記紀』의 응신조에 왕인이라는 조상전승을 갖고 있던 文氏系와는 달리 왕진이 이후 조정의 史姓 씨족으로서 문필업무에 종사하고 있던 선사씨의 시조전승은 기록되어 있지 않다. 현실의 정치적 입지를 강화하기 위해 조상의 유래를 더 멀리, 보다 존귀한 가문으로부터 출자를 주장하는 등의 조상계보의 가상, 부회 등이 행해지기도 한다. 그러나 『記紀』에 도래전승의 형식을 갖춘 것은 왕인과 아직기, 궁월군 정도이다. 이런 현상은 『일본서기』 편찬시에 각 씨의 세력관계에 기반하여 소수 씨족의 시조전승만이 선정된 결과로 보인다. 『記紀』 편찬사업이 개시된 천무조때에 문씨계의 智德, 根麻呂, 成覺 등은 임신의 난 때 천무의 장수로 활약한 덕분에 천무 12년에 書直에서 書連, 동14년에 文忌寸으로 승진할 수 있었고, 그들에게 하사된 功封, 功田은 나라시대에도 자손에게 상속되었다. 문씨계의 시조인 왕인전승이 『기기』에 등재될 수 있었던 것은 이러한 사정에 기인한다[53]. 소아본종가의 멸망 당시 선사혜척은 『天皇記』, 『國記』를 불길에서 건져내 중대형황자에게 바칠 만큼 양자의 관계는 돈독하였다. 그러나 천지의 사후 권력싸움에서 패한 천지계 인물들은 일정기간 권력의 핵심에서 벗어난 것같고 실제로 선사씨의 활동은 천무에서 지통, 문무초년까지 보이지 않는 것도 이를 뒷받침한다.

이러한 사실이 왕진이계의 시조전승이 존재했다는 증거는 아니다. 만일 독자의 전승이 있었다면 구태여 『속일본기』 연력9년조에 전하는 문씨계 시조전승을 차용할 필요는 없었다. 7세기 전반 수십년간 왜왕권의 관료로 있던 선씨왕후의 묘지명에 그의 원시조명이 없는 것도 시조전승이 만들어지지 않았다는 증거이다. 즉 『기기』 편찬의 시점까지 왕진이계 시조전승은 없었다는 것은 확실하고, 최초의 도래자 왕진이가 『일본서기』 민달기 원년조에 보이듯이 '船史祖王辰爾'라고 하여 선사씨의 시조였다.

---

53 吉田晶, 1973, 『日本古代國家成立史論』, 東京大学出版会, p.372, 同 1977, 「船氏の氏族傳承について」, 羽曳野市史編纂紀要 『羽曳野史』 2, p.7.

그럼 8세기말에 이르러 왕진이계가 문씨계 왕인전승을 차용한 것은 무슨 이유일까. 이에 대해서는 일찍이 양자 사이에 씨족적 공통의식, 의제적 동조의식이 존재했을 것이라는 지적이 있다. 井上光貞은 왕인을 시조로 하는 文氏, 藏氏, 馬氏와 왕진이 일족이 시조로 하는 船氏, 白猪(葛井)氏, 津(菅野)氏 등을 총괄해서 왕인후예씨족으로 파악한다. 이 6씨가 주거지역이 극히 근접하여 정신적=생활적 공동의 유대관계를 형성할 수 있었고,『속일본기』신호경운 4년(770)조에 보이는 稱德 천황이 河內의 由義宮 설치를 축하하는 행사에 양 계통의 6씨가 공동으로 歌垣을 행했던 사실을 지적한다[54]. 가원이란 일종의 집단가무로 중국에서 한반도를 거쳐 전해져 처음에는 도래계 씨족이 주체가 되어 행해졌다고 한다[55].

이러한 사실은 양 씨족이 밀접히 연휴하면서 그들 독자의 문화적 전통을 장기에 걸쳐 공유하고 있었음을 말해준다. 다만 이러한 지연적, 문화적 공통성이 양 씨족간 동류의식을 느끼고 씨족적 친연관계를 유지시킨 요인이 되었겠지만, 시조 전승을 공유할 정도의 동족의식으로는 발전했다고는 보이지 않는다. 특히 왕진이계가 왕인계의 시조전승을 차용하는 8세기 말까지 수백년간 시조 공유를 통해 씨족적 결합을 유지했다는 것은 상상하기 어렵다.『속일본기』연력9년조와 10년조의 사성 청원 상표문에 왕진이계의 津氏는 船氏, 葛井氏와 同祖 관계를 주장하고, 왕인계의 文, 武生은 東文氏와의 동조 관계임을 언급하고 있듯이 양자 상호간에는 동족으로서의 의식은 보이지 않는다. 왕진이계 선, 갈정, 진 3씨는 항상 동조 관계를 강조하면서 상위의 성을 청원하는 왕진이계로서 동족의식이 깔려있지만,

---

54 井上光貞, 1943,「王仁の其の後裔氏と佛教」,『史學雜誌』54-9, 同 1986,『井上光貞著作集』第2卷, 岩波書店, pp. 416~421. 그러나 井上光貞은 船氏, 白猪氏, 津氏는 원래 왕진이 일족이 왕인의 후예씨족은 아니고 왕인을 시조로 삼은 것은 스스로의 존귀성을 강조하고 궁정내에서 높은 지위를 얻으려는 의도가 있었다고 한다.

55 荻美津夫, 1977,『日本古代音樂史論』, 吉川弘文館.

분씨 그룹과의 동족임을 주장하는 일은 없다[56]. 연력 9년의 상표문에 동족으로서 백제왕씨의 인명은 보이지만, 문씨계 인명은 배제되어 있다. 『일본후기』연력 18년(799) 3월조에 당시 왕진이계 3씨 중에서 궁정관인으로 가장 높은 지위에 있던 菅野朝臣眞道가 조상의 묘역에 대한 청원문에는 "우리의 선조인 葛井, 船, 津 3씨의 묘지는 河內國 丹比郡 野中寺의 남쪽에 있고, 寺山라고 한다. 자손들이 대대로 침해받지 않도록 지켜왔다"[57]고 한다. 이 청원문에서 왕진이계의 후예씨족들은 동족으로서 일체성을 보여주고 있지만, 왕인계와의 동족의식은 보이지 않는다. 게다가 『속일본기』천평보자 2년(758) 8월조에 津史秋主 등 34인은 船, 葛井, 津 3씨는 원래 동조 관계를 내세우면서 진씨도 선씨, 갈정씨와 같이 連 성으로 내릴 것을 청원한다. 동일 씨족이 분파를 거치면서 상하의 위계가 형성되어 동족간에도 경쟁의식이 나타나고 있다.

한편 연력 9년(790) 7월에 종5위상 진련진도는 백제왕인정 등 백제왕씨를 끌어들여 스스로를 백제왕의 자손인 진손왕으로 그 후예인 왕진이 일족이라고 주장하여 菅野朝臣의 성을 받는데 성공하였다. 백제왕씨는 백제멸망 후의 의자왕자인 善光에게 준 특별 성으로 왕진이의 후예씨족과는 직접적으로 관계가 없다. 백제왕씨가 진연진도의 청원문에 連名한 것은 자신에게 유리하게 작용할 것이라는 정치적 의도이고, 일종의 명의를 빌려준 댓가를 기대한 것이다. 이러한 왕진이계의 작위적인 주장의 배경에는 우선 왕족출신이어야만 朝臣의 성을 받을 수 있다[58]는 현실적인 문제가 있고, 또 백제왕씨를 우대한 桓武 천황의 정치적 성향과도 일치하고 있다. 특히 연력 16년(797) 5월28일 「格」에는 환무천황은 백제왕씨에 대해 과역과

---

56 吉田晶, 1977, 「船氏の氏族傳承について」, 羽曳野市史編纂紀要『羽曳野史』2, p.6.

57 『日本後紀』延暦18年3月丁巳條, "正四位下行左大弁兼右衛士督皇太子学士伊勢守菅野朝臣真道等言, 己等先祖, 葛井·船·津三氏墓地, 在河内国丹比郡野中寺以南, 名曰寺山, 子孫相守, 累世不侵, 而今樵夫成市, 採伐冢樹, 先祖幽魂, 永失所帰, 伏請依旧令禁, 許之".

58 金恩淑, 1988, 「西文氏의 歸化傳承」, 『歷史學報』118, p.8.

잡요를 영구히 면제하라는 칙을 내린다[59]. 그 사유로서 귀수왕이 재사를 보내 문교를 진흥시켰고, 유학을 현창했다는 백제왕씨와의 역사적 유래를 설명하고 있는데, 바로 진련진도의 청원문과 왕인전승에 나오는 내용이다. 왕진이계 후예씨족인 진련진도는 백제왕씨와 동족임을 주장하고 왕인전승을 차용한 배경에는 바로 이러한 환무천황의 특혜를 염두에 둔 현실적인 목직이 있었다. 津連眞道(菅野朝臣眞道)는 환무의 신임이 두터워 동궁학사, 圖書頭, 伊豫守 등 요직을 거쳐 平安 천도에도 관여하였고 연력16년에는 정4위하로 승진하고 참의라는 공경의 반열에 오르게 된다. 왕진이계의 계보조작은 환무천황의 묵시적인 동의하에 이루어졌고, 관야조신 진도기『속일본기』편찬을 주도함으로서 용이하게 진행되었다[60].

한편 시조전승을 왕진이계에 빼앗긴 왕인계 문씨는 새로운 계보를 창출한다. 『속일본기』연력 10년 4월조의 文忌寸最弟 등은 상표문에서 다음과 같이 주장한다. "한고조의 후손인 鸞, 그의 후손인 王狗가 백제에 이주해 왔는데, 久素王 때에 성조에서 사신을 보내 문인을 찾으니 구소왕이 왕구의 손자인 왕인을 바쳤다. 이가 곧 文·武生 등의 선조다"라고 하였다. 이 청원문에 보이는 종전의 백제국인 왕인 위에 원조를 한고조에 두고, 백제에 이주한 왕구를 추가한 계보를 만들어 전년도에 청원한 왕진이계보다 우월하다는 시조전승을 주장하였다. 즉 한고조에서 왕구-왕인으로 이어지는 완전한 중국왕조의 왕통을 잇는 계보이다. 『記紀』편찬 이전에서는 왕인은 단지 백제인의 유식자였는데 그 혈통을 중국왕조로 완전히 바꾼 것이다. 이것은 시조전승에서 왕진이계와의 단절을 의미하고, 상대 씨족에 대

---

59 『類聚三代格』卷17「蠲免事」, "延曆十六年五月廿八日格云, 勅, 百済王等, 遠慕皇化航海梯山, 輸款久矣. 神功攝政之世, 則肯古王遣使貢其方物. 輕嶋御宇之年. 則貴須王擇人獻其才士, 文教以之蔚興, 儒風由其闡揚, 煥乎斌斌, 于今為盛, 又屬新羅肆虐并吞扶余, 即擧宗歸仁, 為我士庶, 陳力従事, 夙夜奉公, 朕嘉其忠誠, 情深矜愍, 宜百済王等, 課并雜徭永従蠲除, 勿有所事, 主者施行".

60 서보경, 2016, 「同祖계보의 변화를 통해 본 王仁·王辰爾系 씨족」, 『韓日關係史研究』53, pp.105~108.

한 공격적인 선언문이었다.

요컨대 왕진이계의 시조전승은 왕인전승을 차용했지만, 왕인계와의 동조 의식에서 나온 것은 아니다. 오히려 당시 환무천황의 총애를 받던 백제왕씨와의 동족관계를 주장하며 현실의 정치적 이해관계를 최대한 활용하였다. 실제로 양 씨족군은 7세기 이후의 동향을 보면 분파 씨족 단위로 움직이지 상호간의 동족 개념은 거의 사라졌다고 보인다. 칭덕천황때의 후히토(史)계 6씨의 집단무희는 지연적 요인에 의해 차출된 집회이지 동조 의식의 발로는 아니었다. 西文氏의 西琳寺, 船氏의 野中寺, 葛井氏의 藤井寺, 津氏의 大津神社 등 개별 씨족이 세운 사찰, 신사의 사례에서 엿볼 수 있듯이 시간이 흐름에 따라 동족간에도 분화가 진행되어간다.

7. 결어

백제 성왕이 왜왕권에 파견한 왕진이 일족은 국가전략의 일환으로 행해진 두뇌수출이었다. 당시 동아시아의 격동기에 대왜 군사동맹, 문류교류의 일환으로 이루어졌다. 왜왕권의 선진문물의 유일한 창구였던 백제와의 친연관계의 결과였다. 왕진이는 행전문서에 능숙한 관료경험이 있었던 지식이었다. 그는 왜왕권에 발탁되어 백제에서의 경험을 바탕으로 새로운 문서행정의 새로운 체계를 세웠다. 왕진이의 등장으로 왜왕권의 행정조직으로서의 史部의 성립을 보게 되었고, 행정문서의 체계가 제도적으로 완성되었다는 점에서 왜왕권사상의 중요한 전환기였다고 할 수 있다.

왕진이의 일족인 백저사는 당시 왜왕권이 지방세력을 장악하는 과정에서 왕권의 직할령으로 설치한 둔창의 관리자로 파견되었다. 그가 파견된 길비지역은 세토내해의 중심부에 위치한 지역으로서 철생산과 염산지가 있었고, 한반도제국과의 교류를 통해 부를 축적하고 있었다. 왜왕권의 길비지역의 장악은 국내통합의 시작이자 대외교섭권의 일원화였다. 백저사 일족은 세습적 지위를 통해 지역사회에 뿌리를 내리게 된다. 왜왕권의 전통적 주민지배는 재지호족을 통해 이루어졌는데, 이 시기를 계기로 한반도에 기원을 갖는 戶를 단위로 한 주민편제로 민중을 국가의 직접적인 지배하에 들어오게 하였다. 담진이 백저둔창에서 이러한 업무를 수행할 수 있었던 것은 이미 본국 백제에서의 지식과 경험이 있었기에 가능한 일이었다. 왕진이의 동생 津史牛 역시 항구의 선박을 관리하는 직무에 종사하여 문필을 기반으로 한반도제국과의 무역활동을 통해 왜왕권의 재정을 확충하고 씨족의 번영을 추구해 나갔다. 왜왕권의 사관으로 활동한 船史惠尺은 『국기』, 『천황기』 등 역사편찬에도 관여하였다. 게다가 그의 아들인 道昭는 대당유학승이 되어 현장법사의 사사를 받아 일본 법상종의 개조가 되었으며 10여년간 전국을 돌며 교량, 항만, 도로 등을 국가기간시설을 정비해 나갔다.

왕진이계 후손들은 씨족의 결속과 번영을 위해 중시조 왕진이를 모델로 한 시조전승을 만들어 냈다. 백제 귀수왕에서 시작하여 그의 손인 진손왕을 도래의 시조로 삼고 5대손인 왕진이로 이어지는 계보전승을 만들었다. 이 시조전승은 유학과 서적을 전했고 왜왕자의 스승이 되었다는 왕인 전승을 차용하였다. 즉 진손왕은 왕진이를 왕인의 사적 속에 투영시킨 결과이다. 당시 귀족사회에서 교양인으로 인구에 회자되고 있던 왕인의 賢者像을 시조전승에 반영시키는 일은 씨족의 현실적 지위에도 영향을 주었다. 그러나 왕진이계의 왕인 시조전승의 차용은 왕인계와의 동조의식에서 나온 것이 아니라 현실적인 효용성에서 이용된 것으로 씨족 상호간의 교류도 점차 소멸되어 간다. 양 씨족의 공동의 사찰이나 신사는 존재하지 않았으며 동족간 혹은 분파 씨족 단위로 氏寺, 氏社가 성립되어 도래 당시의 동족의식은 종료한다.

제2장 고대일본의 백제계 씨족의 시조전승과 '都慕'

1. 서언

『續日本紀』,『新撰姓氏錄』등 일본사료에 보이는 '都慕'는 백제계 이주민이 남긴 자료로서 백제의 시조로서 전하고 있다. 이 시조명에 대해서는 고구려의 시조인 朱蒙(鄒牟)으로 보는 설[1], 부여의 시조이자 범부여계의 시조인 東明으로 보는 설[2] 이 있다. 전자는 동명과 주몽을 동일 인물로 보는 전제에서 출발했고, 후자는 범부여계 시조인 동명신화에 바탕을 두고, 부여계임을 자처하는 그 후예들의 사료로서 보는 것이다. 제3의 설로는 특정인물에 비정하지 않고 범부여족의 族祖로 보는 이해이다[3]. 같은 사료에서 이러한 다양한 생각이 나오는 것은 동명신화가 전

---

1 李丙燾, 1976,「백제의 건국문제와 마한중심세력의 역할」,『韓國古代史硏究』, 박영사, p.471, 同 1977,『國譯三國史記』, 을유문화사, p.355, 李基東, 1982,『韓國史講座』古代篇, 일조각, p.131, 金杜珍, 1990,「百濟 建國神話의 復元試論」,『국사관논총』12, 同 1999,『韓國古代의 建國神話와 祭儀』, 일조각, p.194, 이근우, 2002,「桓武天皇 母系는 武寧王의 후손인가」,『한국고대사연구』26, p.217.
2 노명호, 1981,「百濟의 東明神話와 東明廟」,『역사학연구』10, p.44, 임기환, 1998,「백제 시조전승의 형성과 변천에 관한 고찰」,『백제연구』28, pp.19-20, 박현숙, 2005,「백제 建國神話의 형성과정과 그 의미」,『한국고대사연구』39, p.46, 김병곤, 2007,「中國史書에 나타난 百濟 始祖觀과 始國者 仇台」,『한국고대사연구』46, p.186, 이승호, 2011,「광개토왕비문에 보이는 天帝之子 관념 형성의 史的 배경」,『역사와 현실』81, pp.110~112, 김화경, 2012,「백제 건국신화의 연구」,『한민족어문학』60, pp.8~12, 김영심, 2012,「백제, 누가 세웠나-문헌학적인 측면」,『백제, 누가 언제 세웠나』, 한성백제박물관, pp.100~101.
3 권오영, 1995,「백제의 성립과 발전」,『한국사』6, 국사편찬위원회, p.16, 정재윤, 2008,「백제의 부여계승의식과 그 의미」,『부여사와 그 주변』, 동북아역사재단, pp.188~189.

승되는 과정에서 많은 굴절과 오해가 생겼기 때문이다.

일본사료에 전해지는 백제의 시조 도모전승은 백제계 후예들의 기억의 소산이기 때문에 도모=동명설에서는 백제에서 동명신화가 멸망의 시점까지 계승되고 있었는지에 대해 엄정한 사료적 검증이 필요하다. 도모=주몽설에서는 일본사료에 추모, 주몽이라는 고구려 시조명이 산견되는데 도모라는 명칭을 사용했는지에 대해 의문이 남는다. 都慕는 일본에 남아있던 백제계 씨족들의 특유의 표현이고 朱蒙과도 구별되는 존재로서 인식했다고 보인다. 이것은 백제계 씨족들이 일본으로 이주 후 오랜 세월이 흐르는 동안에 기억에 혼란이 있었고 고구려계와 차별화된 시조의식이 내재되어 있었기 때문이다. 특히 백제시조로서의 도모전승은 백제 멸망 이후 백수십년이 지난 8세기말에서 9세기초라는 특정 시기에 집중되어 나타나고 있다. 이 시기에는 많은 도래계 씨족들이 정치적 입지를 강화하기 위해 시조전승과 出自의 개변을 시도하고 있고, 백제계 씨족들도 새로운 계보, 출자를 만들어 신분상승을 위한 수단으로 이용하였다.

본장에서는 범부여계의 공동의 시조로 이해되고 있는 동명신화에 대해 신화의 세계가 현실의 정치적 상황 속에서 어떻게 변용되어 가는지를 살펴보고자 한다. 먼저 부여의 동명신화가 고구려와 백제의 시조신화에 미친 영향과 그 계승관계에 대해 중국사료, 금석문 등을 통해 재검토하고, 『삼국사기』에 전하는 동명=주몽설, 주몽의 아들로서의 온조라는 범부여계의 공동의식이 나타나게 된 시기와 배경을 알아본다. 나아가 일본사료에 나오는 都慕 신화의 생성과 실태에 대해 모계가 백제계인 桓武의 정치적 목적과 백제계 씨족들의 현실적 이해관계 속에서 어떻게 나타나는지를 추구해 보고자 한다.

2. 東明神話의 사료적 검토

1) 중국사료에 보이는 백제의 동명신화

근년 동명신화에 대한 학계의 동향은 부여족의 분열, 이동과정에서 고구려와 백제에 계승되었고 東明廟는 그 상징으로 본다. 고구려의 주몽신화는 동명신화의 바로 그것이며 백제는 동명과 건국자를 분리시켰으며, 고구려는 태조왕, 백제는 仇台(고이왕)때에 와서 새로운 지배세력의 始祖廟가 성립되었다고 한다. 일본에 남아있는 도모전승도 그러한 인식의 반영이며 범부여족의 시조로서의 동명신화의 정체성을 유지하고 있었다는 것이다[4]. 동명과 주몽은 동일인인지, 그렇지 않다면 언제 동인인물로 인식되었는지,『삼국사기』에 전하는 백제의 건국시조 온조에 대한 시조묘의 기록은 보이지 않는지 해결해야 할 문제가 적지않다.

먼저 백제에서 동명신화의 성립에 대해 중국정사의 백제전을 중심으로 살펴보자. 중국정사 동이전에 독립된 백제열전이 기록되기 시작한 것은 南朝의 梁 沈約이 쓴『宋書』(488년)이다. 同書의 백제전에는 "백제국은 본래 고구려와 더불어 요동의 동쪽 1천여리 밖에 있었다"는 백제의 지리적 상황을 기술하고, 전지에서 개로왕까지의 조공, 책봉기사가 전부이다.『남제서』(537년) 백제전 역시 결락된 부분이 있지만, 동성왕 牟大의 조공과 책봉, 백제왕의 신료들에 대한 작호기사뿐이다.『梁書』백제전에서는 그 시초가 동이의 삼한국이고, 그 중의 하나인 백제가 점차 강대해져 여러 소국들을 통합했다고 한다. 이 전승은『삼국지』,『후한서』의 韓條를 기초로 한 것으로 백제의 출자를 마한 54개국의 일국으로 보고 있다. 부여출자와 관련된 내용은 보이지 않는다. 629년의『양서』편찬단계에서도 중국측에서 본 백제는 마한출자설을 기록하고 있어 前史의 내용을 따랐을 뿐이다. 여기에서 이해하기 어려운 것은 梁의 존속시기에는 백제 무령왕 재위시로 양국의 교류, 교

---

4 이것은 필자가 접한 연구동향에 대한 인식이며 논자에 따라 차이가 있을 수 있다고 본다.

섭이 왕성하여 백제의 많은 정보가 양에 전달되었다고 보이는데, 출자에 대해서는 3세기 사서의 전승을 답습하고 있다. 이러한 사실은 양에 백제의 시조전승에 대해 전해지지 않았음을 말해준다.

다음은 北齊의 魏收가 554년에 편찬한『魏書』백제전을 보자. "百濟國其先出自夫餘"라고 하여 백제의 부여출자를 언급하고, 상표문의 모두에 "臣與高句麗源出夫餘"라고 하여 고구려와 함께 부여에서 나왔다고 출자를 밝히고 있다. 이것은 유교적 예제주의를 빌려 같은 부여족인 백제를 공격하는 고구려의 부도덕을 규탄하는 발언이다. 이 상표문을 통해 중국사서에 백제 부여출자의 사실이 처음으로 소개되었다.『周書』(636년) 백제진에서는 "백제는 그 선대가 대체로 마한의 속국이며 부여의 별종인 듯하다. 仇台란 사람이 처음으로 대방에 나라를 세우니…"라는 문장에 이어 백제의 16품계, 5부5방제, 풍습 등에 대해 기록하고 있다. '부여의 別種'설과 仇台 전승담은 각각『魏書』와『隋書』에서 전거로 한 것이다.『北史』(659년) 백제전에서는 "백제는 마한의 족속이며 索離國에서 나왔다"는 출자를 전하고, 왕의 시녀가 임신한 일, 난생설화, 東明이 활을 잘쏘고 용맹스러워 왕은 죽이려하여 도망하는 장면, 淹滯水에서 물고기, 자라 도움으로 도하, 부여의 왕으로 즉위, 동명의 후손에 仇台 대방의 옛땅에 나라를 세웠다는 등 다양한 정보를 제공하고 있다. 그러나 이 내용의 전거는 이전 사료의 것을 대부분 가져다 쓴 것이다. 색리국, 엄체수 등은『후한서』부여전을 참고했고, 동명이 활을 잘 쏘고 용맹하다는 내용도『논형』,『후한서』,『위략』의 내용이고, 동명의 후손에 仇台라는 인물이 있었다는 기록도『주서』와『수서』에서 전재하였다. "百濟之國, 蓋馬韓之屬"이라는 표현도『양서』,『주서』에서 가져왔다. 새로운 정보없이 이전 사료로부터 편집하다 보니 제대로 된 기술이 나오기 어려웠다고 보인다. 특히 백제를 마한의 족속이라고 하면서 색리국에서 나왔다고 한 것은『주서』편자의 정보에 대한 취사선택의 미숙성을 드러내고 있다. 마지막으로 당태종 정관3년(629)에 편찬된『隋書』백제전을 보자.

【1-1】百濟의 先代는 高麗國에서 나왔다. 그 나라 왕의 한 侍婢가 갑자기 임신을 하게 되어 王은 그녀를 죽이려고 하였다. 侍婢가 말하기를, "달걀같이 생긴 물건이 나에게 내려와 닿으면서 임신이 되었습니다."고 하자, 그냥 놓아 주었다. 뒤에 드디어 사내 아이 하나를 낳았는데, 뒷간에 버렸으나 오래도록 죽지 않았다. 신령스럽게 여겨 기르도록 명하고, 이름을 東明이라 하였다. 장성하자 高(句)麗王이 시기를 하므로, 東明은 두려워하여 도망가서 淹水에 이르렀는데, 夫餘 사람들이 그를 모두 받들었다. 東明의 후손에 仇台라는 자가 있으니, 매우 어질고 信義가 두터웠다. 帶方의 옛 땅에 처음 나라를 세웠다. 漢의 遼東太守 公孫度가 딸을 주어 아내로 삼게 하였으며, 나라가 점점 번창하여 東夷 중에서 强國이 되었다. 당초에 百家가 바다를 건너왔다고 해서 百濟라 불렀다. 십여대 동안 대대로 中國의 신하 노릇을 하였는데, 前史에 소상히 기록되어 있다. 開皇초에 그 나라의 王 餘昌이 使臣을 보내어 方物을 바치니, 昌을 上開府 帶方郡公 百濟王으로 삼았다[5].

『수서』의 고구려 출자설은 『위서』에 실린 백제 개로왕의 북위 상표문에서 부여 출자설에 근거하여 고구려와 동족이라는 인식에서 나왔다. 백제의 동명신화는 『수서』에서 처음으로 등장하는 것이다. 이 신화의 내용에서 왕의 시녀의 달걀같은 기운이 닿아 임신하여 아이를 낳았다는 사실, 방치했으나 죽지않았고 왕이 신령스럽게 여겨 양육시켜 이름을 東明이라고 했다는 내용은 『논형』, 『위략』, 『후한서』의 부여전 기록을 그대로 전재한 것이다. 다음 문장인 고구려왕이 시기하여 동명이 도망가자 부여인들이 그를 모두 받들었다("夫餘人共奉之")는 내용도 부여전에서 동명이 부여왕이 되었다(『論衡』 "因都王夫餘", 『魏略』 "東明因都王夫餘之地", 『후한서』 "因至夫餘而王之焉")는 기록에 해당한다. 이상이 『수서』의 찬자가 선행 문헌

5 『隋書』東夷列傳 百濟傳.

에 근거한 東明에 관한 서술이다. 이를 통해 확인할 수 있는 것은 동명은 원래 고구려인인데 고구려왕으로부터 쫓겨나 부여의 통치자가 되었다는 것이다. 그러나 시간적 선후관계로 보면 모순으로, 고구려인 동명이 부여에서 나라를 세운 것이 된다. 이것은 『수서』가 편찬되는 7세기전반대까지도 중국 왕조에서는 백제의 출자가 부여인지, 고구려인지 혼란을 겪고 있었고 東明이라는 인물에 대해서도 『논형』 등의 부여전의 기록을 통해 그 실체를 알고 있었음은 분명한데 그 출자를 고구려로 이해하고 있고, 게다가 부여를 고구려보다 뒤에 건국한 것과 같이 맞지 않은 기술을 하고 있다. 이러한 사실은 당시까지 백제의 출자에 대한 정보가 중국왕조에 정확하게 전해지지 않았음을 말해준다. 그 다음 기술인 "동명의 후예인 仇台라는 자가 대방고지에 나라를 세웠다"고 하여 백제국의 건국자인 仇台를 동명의 후예로 연결한 것이 백제에 대한 시조전승의 전부이다. 요컨대 『수서』편찬 단계에 가서야 東明을 백제의 遠祖라는 의식이 비로서 성립되었다고 보인다.

그러나 중국사서에 보이는 백제의 遠祖 東明에 대한 인식이 당시 백제에서 전해진 정보인가에 대해서는 의문이다. 『수서』편찬단계까지의 전 왕조들의 백제전의 기술은 제도와 풍습, 조공과 책봉에 관한 내용이 대부분으로 시조전승이나 출자에 대해서는 부여전에 기초하고 있다. 『위서』백제전의 개로왕의 상표문에 나오는 부여출자설은 백제측이 중국왕조에 제공한 유일한 정보로 구체적인 실태는 전하고 있지 않다. 이미 5세기후반 멸망한 부여라는 나라의 존재가 당시 백제왕조의 대중외교에 얼마나 효용성이 있었는지, 부여출자를 말하면서 동명을 거론하면서 백제가 주장하고 싶었던 것은 무엇이었는지를 생각할 필요가 있다. 당시의 백제의 대중외교는 고구려와 관련되어 있고, 『위서』, 『수서』에 전하듯이 고구려에 대한 군사적 응징이 가장 중요한 문제였다. 당시 부여시조 동명과 관련된 백제로부터의 직접적인 정보는 거의 알려지지 않았다고 보인다. 그렇다면 백제의 동명시조관은 『수서』편차의 이전 사료에 나오는 부여, 마한, 백제, 고구려에 관한 기록을 종합하여 표출된 인식이라고 생각된다. 따라서 백제의 동명시조론 자체도 백제인이 갖고 있던 시조관은 아니라고 본다. 게다가 仇台 시조관 이후에 어떻게 동명 시조관이 계승되었는가에 대해서도 불분명하고 그 연속성에 의문을 갖지 않을 수 없다.

한편『일본서기』흠명기 16년 춘2월조에 나오는 '建邦之神'에 대해 부여의 시조신인 東明으로 보는 설이 있다[6]. 이 사료는 백제 성왕의 사망시 구원요청을 위해 왜국에 온 惠王子와 蘇我大臣과의 대화에서 나온 말이다. 여기에서 백제에 대한 번국사관을 걸러내면 대강은 다음과 같다. 웅략천황 世에 백제가 고구려에 핍박받아 위기에 있을 때, 천황의 명을 받은 祭官이 신칙을 받아 "①建邦之神을 모셔와 멸망해 가는 백제왕을 구한다면 국가는 안정되고 백성들도 편안해 질 것이다"라고 告했기 때문에 천황은 신을 모셔와 구원하고 사직을 도모할 수 있었다고 한다. 이어 ②"建邦之神이란 하늘과 땅이 나뉘어지고 초목이 말을 할 때 하늘에서 내려와 나라를 세운 신이다". ③"요즈음 그대 나라에서는 제사를 지내지 않는다고 들었다. 지금이라도 神宮을 수리하여 神靈을 제사지낸다면 나라가 크게 번영할 것이다"라고 한다. 사료②는『일본서기』神代紀에 나오는 '古天地未割剖…', '復有草木咸能言語'를 전재한 것으로 일본신화에 나오는 건국신을 말한다. 즉 사료①의 웅략천황 때 백제가 고구려의 공격을 받아 한성이 함락되었던 상황에서 일본이 문주왕에게 久麻那利를 주어 구원했다는 설화를 일본신(건방지신)의 도움으로 사직을 도모할 수 있었다고 주장하는 것이다. 그리고 사료③은 만약 백제도 자신들의 신령에게 제사지낸다면 나라가 번영할 것이라는 의미이다. 백제에게 신궁을 세워 제사지내라고 한 신령이란 일본의 건방지신이 아니고 백제신을 가리킨다. 즉 ①②의 건방지신은 일본신이고 ③의 신령은 백제신으로 양자는 명확히 구별된다[7]. 신령도 백

---

6 김주성, 1990,「백제 사비시대 정치사 연구」, 전남대 박사학위논문, p.22, 高橋有美紀, 1992,「建邦之神考」,『梅澤伊勢三先生追悼記念論集』, 同 2013,『神道思想史研究』, ぺりかん社, pp.38~45, 김경화, 2017,「백제 구태묘 제사의 내용과 의의」,『한국고대사연구』85, p.356, 이병호, 2018,「웅진·사비기 백제왕실의 조상제사 변천」,『先史와 古代』55, p.30.

7 建邦之神을 백제신으로 보는 견해는 石田一良이 최초이다(1978,「建邦의 神」,『韓日關係研究所紀要』

제의 특정 신을 전제로 한 것이 아니라 보통명사로서의 백제의 國神을 가리킨다. 여기서도 부여족의 시조신으로서의 東明의 존재는 읽을 수 없다.

2) 고구려 동명신화와 주몽

다음은 고구려에서 동명신화의 수용에 대해 살펴보자. 현존하는 고구려 시조전 승의 최초의 자료는 광개토왕비문이다. 비문의 冒頭에 고구려는 "始祖鄒牟王之創 基也"라고 했고, 출자는 北夫餘이고 자신은 天帝의 아들이고 어머니는 河伯의 딸이 라고 하였다. 그리고 "剖卵降世 生而有聖…"라 하여 출생의 신비성과 신성성을 말 하고 있다. 이어 남으로 내려와 부여의 奄利大水에 이르러 다시 한번 "皇天之子, 母 河伯女郞" 외치고 갈대와 거북의 도움으로 도하하여 비류곡 홀본산성에서 도읍을 정할 수 있었다고 한다. 이 건국의 시조인 추모의 "天帝之子, 母河伯女郞"은『魏書』 "我是日子母河伯女", 牟頭婁墓誌의 "河泊之孫 日月之子"에도 동일한 표현이 나오고 있어 4~5세기대에는 고구려의 건국신화가 형성, 유포되고 있었다고 보인다.

그럼 고구려의 시조전승은 어떻게 해서 만들어졌는가. 앞에서 본『논형』,『위 략』,『후한서』등에 전하는「부여전」이 기반이 되고 있다. 이 시기의 중국기록은 후 한 건무 25년(49)에 부여왕이 광무제에게 사신을 보낸 일이 있고, 英帝 永寧 원년 (120), 順帝 永和 원년(136), 桓帝 延熹 4년(167), 靈帝 熹平 3년(174) 등 수차의 공 적 사절에 의한 정보를 기초로 하고 있다고 보인다. 문제는 고구려가 부여전의 동

8, pp.24), 이후 백제 건국신 혹은 백제왕실의 조상신 설(이기동, 1996,『百濟史硏究』, 일조각, p.5), 仇台(고이왕)설(李鍾泰, 1998,「百濟 始祖仇台廟의 성립과 계승」,『한국고대사연구』13, pp.140~141, 김병곤, 2007,「中國史書에 나타난 百濟 始祖觀과 始國者 仇台」,『한국고대사연구』46, p.176), 웅진시 대의 天地神설(이장웅, 2017,「백제 웅진기 '建邦之神' 제사와 聖王代 유교식 天관념」,『한국고대사탐 구』26, p.91)이 나왔다. 仇台설의 경우는 사료③에 한정한다면 백제가 제사지내야 하는 현실의 신령 으로서의 시조신으로서의 구태설은 가능성이 높지만, 일본측에서 볼 때 특정화하지 않은 보통명사 로서의 백제의 國神을 카리킨다고 보는 것이 옳다. 이와는 달리 조경철은 건방지신을 일본신으로 본 다(2015,『백제불교사 연구』, 지식산업사, p.195 각주31).

명신화를 자신들의 시조전승인 주몽신화에 어떻게 인식하고 반영했는지가 중요하다. 1세기후반에 편찬된『논형』은 동명신화의 기본 모형을 제공하여 그 후의 편찬자들은 이를 기초로 부여의 건국신화를 기록했다고 보인다. 여기에 나오는 동명신화는 北夷의 탁리국왕의 시녀가 달걀과 같은 하늘의 기운을 받아 임신을 하여 아들이 태어나자 東明이라 하였고, 활을 잘 쏘는 출중한 지도자 상을 그리고 있다. 이에 그 나라 왕이 시기하여 죽이려하자 남으로 도망가 掩遞水에 이르르니 魚鼈이 다리를 만들어 무사히 건너 도읍을 정하고 부여왕이 되었다고 한다.『후한서』부여국전에서도 北夷의 탁리국이 索離國으로 변한 건 외에 하늘의 기운을 받은 시녀의 몸에서 태어난 난생설화, 출생 인물이 東明, '善射', 엄사수, 魚鼈의 등장, 부여왕이 되었다는 사건의 모티브, 소재 등 완전히 일치한다.『魏略』에서도 高離國王, 施淹水 등 글자의 이동만 있을 뿐 의미는 동일하고 그대로『논형』의 전승을 전재하고 있다. 이들 기록은 부여가 존속한 시기에 기록된 것으로 시조 동명이 부여국의 건국과정에 대해 당시의 전승을 충실히 반영하고 있다고 생각된다.

광개토왕비문에 전하는 추모왕 시조전승과 이들 사서의 내용을 비교해 보면, 동명신화에서는 시조의 탄생을 하늘에서 내려온 기운으로 잉태했는데 달걀모양으로 표현했고, 광개토왕비에서는 알을 깨고 나온 난생설화를 전하고 있다. 동명신화에서는 모친은 시녀로 나오지만, 비문에서는 河伯의 딸로 되어 있다. 하백의 이야기는『晏子春秋』에 "景公欲詞靈山河伯禱雨 晏子曰 河伯以水爲國以 爲魚鼈爲民" 라고 하여 하백이 물을 나라로 하고 물고기와 자라를 백성으로 한다는 중국 고전에 나오는 내용을 차용하고 있다[8]. 동명신화에 비해 주몽신화에서는 부모의 신분이 천제, 하백신으로 되어 있어 신분상의 우월성이 나타나 있다. 요컨대 주몽신화는 동명신화를 계승한 부여족의 祖神으로서 동명신화를 인식한 것이 아니라 동명신화를 모델로 한 독자적인 고구려의 시조신화를 만든 것이다. 달리 표현

---

8 박승범, 2009,「夫餘國의 신화적 변동과 東明神話의 시・공간적 推移」,『한국사학보』37, p.482.

하면 비문에서는 부여국의 시조로서 동명이라는 인물상을 차용한 것이지 주몽에 앞선 고구려의 遠祖로는 보지 않았다. 이미 동명신화와의 차별화가 시작된 것이다. 고구려의 주몽신화의 생성기는 부여의 쇠퇴기와 무관하지 않다. 선비족 慕容廆는 285년에 부여를 침공하여 1만명의 포로를 잡아갔고 부여왕 依慮가 자살하는 등 국가적 재앙이 닥쳤고, 광개토왕대에는 동부여가 복속되는 등 이미 4세기 이후 쇠퇴일로에 있었다. 이 시기 고구려에서는 한군현의 마지막 낙랑군을 몰아내고 요동지방을 들러싼 선비족 모용씨의 침공을 극복해 내는 등 영역을 확대해 나가고 국가의 제도적 정비에 막차를 가했다. 소수림왕때에 불교의 수용, 태학의 설립, 율령의 반포는 새로운 국가질서의 정비였고 고구려국가의 정체성을 확립하기 위해 고구려국 건국신화를 창출하였다[9]. 광개토왕비문의 건국시조전승은 이러한 흐름 속에서 등장한 대내외적 표상이었다. 기존 부여계승의식에 더하여 來降한 부여인들을 통합하고 중국의 황제에 비견되는 천손족으로서의 위상을 높이기 위해 동명신화에서는 보이지 않는 하백신을 안치하였다[10].

5세기 이후 고구려의 시조로서의 동명이란 명칭은 나타나지 않는다. 『삼국사기』 보장왕5년조에 고구려의 멸망과 관련하여 "동명왕 어머니의 塑像이 사흘 동안 피눈물을 흘렸다"는 설화가 전하고 있지만, 이것은 『삼국사기』 찬자의 동명=주몽설의 인식일 뿐 당대의 용어는 아니다. 고구려 멸망 후 기록된 주변국의 자료에서도 고구려 시조로서 동명이 아닌 주몽으로 기록되어 있다. 신라 文武王陵碑(682년경)에는 "接黃龍駕朱蒙"라고 하여 문무왕의 통일에 대한 선언문 형식으로 주몽이 나오고 있다[11]. 또 당에 대항하다가 포로로 끌려가 出仕한 고구려 유민인 高乙德墓誌

---

9 노태돈, 1993, 「朱蒙의 出自 傳乘과 桂婁部의 기원」, 『韓國古代史論叢』5, 同 1999, 『고구려사연구』, 사계절 참조.

10 이원배, 2009, 「고구려 시조명 '東明'의 성립과정」, 『한국사연구』146, pp.145~146.

11 문무왕릉비문에 나오는 주몽에 대해서는 인명설 분아니라 지명설도 나오고 있어 논란이 되고 있다. 그러나 해당 부분의 표현이 신라 문무왕이 통일 후의 주변제국에 대한 영토의식, 통합에 대한 하나의 선언적 文句라고 생각되기 때문에 고구려 통합에 대한 상징성으로 주몽이라는 시조명을 제

(701년)에도 "사해가 피도를 일으키고 슈백의 태양이 정기를 내려주니, 주몽이 태어났다"라고 하여 주몽신화를 언급하고 있다. 「泉男産墓誌」(702년)에도 "옛날에 東明이 氣를 느끼고 濊川을 넘어 나라를 열었고, 朱蒙은 해를 품고 浿水에 臨해 수도를 열었다"고 하여 동명과 주몽을 분리하여 기록하고 있다. 백제 의자왕의 왕자이자 멸망 후 웅진도독으로 부임하였던 扶餘隆墓誌銘(682)에도 "河伯의 자손으로서 상서러움을 드러냈고…"라고 하여 백제의 왕족이 고구려의 하백신의 자손으로 기록되어 있어 부여의 동명신화와는 단절되어 있음을 보여주고 있다.

3)『삼국사기』의 동명신화와 고려왕조

그럼『삼국사기』의 동명에 관한 기록을 어떻게 보아야 할 것인가. 「고구려본기」始祖 東明聖王條에 姓은 高氏이고, 諱는 朱蒙[一云鄒牟 一云衆解]라고 기록하고, 동 19년조에 왕이 승하하니 號를 東明聖王이라 칭했다고 한다. 大武神王3년조에는 東明王廟의 설치기사가 보인다. 「백제본기」에는 多婁王 2년조 시조 東明廟에 참배했다는 기록을 비롯하여 仇首王 14년조, 責稽王 2년조, 比流王 9년, 腆支王 2년조에 東明廟에 대한 제천의식이 거행되고 있다. 동명을 고구려의 시조 주몽으로 보고, 백제본기의 시조 동명묘 기사 모두『삼국사기』찬자의 동명=주몽관의 반영임은 재언을 요하지 않는다. 「백제본기」 백제시조 온조왕조에, '其父鄒牟 或云 朱蒙'이라 하여 온조를 주몽의 아들로 기록하고 있다. 즉 백제의 왕계는 동명=주몽에서 나온 고구려 왕가의 일파로서 기록하고 있다.

동명(=주몽)-온조라는 계보관은 언제 형성된 것일까. 대체로『삼국사기』,『삼국유사』,『東國李相國集』등의 전거사료인『구삼국사』를 비롯하여 각종 古記類에서 찾고있다[12]. 일찌기 末松保和는 거란병의 침략으로 國初 이래 당시까지의 실록이 소

시한 것은 아닌가 생각한다.

12 고려시대 사서에 인용된『구삼국사』등 古記類에 대해서는 이강래, 2007,『삼국사기형성론』, 신서

실되어 관찬사서로서의『구삼국사』가『고려사』목종 원년(1010)을 전후로 하여 기록에 현저한 차이를 있음을 지적하고, 그 편찬시기는 고려건국 이후 1010년 이전으로 '高句麗第一主義'의 입장에서 편찬되었다고 한다[13]. 정구복은『구삼국사』는 삼국의 본기 중「高句麗本紀」를 제일 앞에 서술하였고, 그것은 국초에 고려가 고구려를 계승한 왕조이며 보다 고구려 부흥국가라는 의식이 팽배하였기 때문이라고 추정하였다[14]. 이규보가 편찬한『東國李相國集』古律詩 東明王篇「幷序」에 보면, "지난 계축년(1193, 명종23) 4월에『구삼국사』를 얻어 東明王本紀를 보니 그 神異한 사적이 세상에서 얘기하는 것보다 더했다"라고 하여「東明王本紀」가 나온다. 즉『구삼국사』에 나오는 동명왕본기는 바로 고려왕조 개창시의 역사관을 말해주는 명칭이다.

고려를 창건한 왕건의 당면과제는 고려에 복속한 주변제국의 주민들에 대한 포용책이었다. 후삼국시대라는 분열된 오랜 전란 속에서 탄생한 신왕조였기 때문에 복속민에 대한 위무정책, 이들을 고려라는 국가의 틀 속에서 신왕조에 충성하고 일체감을 조성하는 일이었다. 이를 위해 표방한 것이 고구려 계승주의였고, 범부여족을 포용하기 위한 새로운 민족신화의 창출이었다. 특히 부여출자의식을 갖는 후백제세력에 대한 동질감의 형성, 고구려의 계승국임을 선언하고 부여의 땅에서 번성했던 발해유민에 대한 포용책도 해결해야 할 과제였다. 이에 왕건의 고려왕조는 범부여족의 遠祖인 동명신화를 재창출하기 위해 동명이라는 인물상에 고구려의 시조인 주몽을 투영시키고 백제의 건국시조를 주몽의 아들로 하는 새로운 왕조의 시조계보를 만들어 모두 부여에서 갈라져 나왔다는 동일종족의식을 바탕으로 고려국의 민족통합정책을 추진하였다. 동명(=주몽)-온조신화는 고려국을 하나로 묶는 통합의 이데올로기였고 선언문이었다. 왕건의 고려왕조 창건 당초에 구상된 일련의 정

원, 제2장, 제4장 참조.

13 末松保和, 1966,「舊三國史と三國史記」,『青丘史草』第二, 笠井出版印刷社, pp. 3~8.

14 정구복, 1993,「高麗 初期의《三國史》編撰에 대한 一考」,『국사관논총』45, p. 183.

책을 추진하는 과정 속에서 『구삼국사』가 편찬되고 기타 각종 고기류에도 기록되어 『삼국사기』를 비롯한 고려중기의 사서에 반영된 것으로 보인다[15].

고려왕조의 창건 후에 고려 이전의 역대 왕들 중에서 祭祀廟를 조영하고 시조신으로 모신 것은 동명이 유일하다. 『고려사』 지리지 서역유수관조에 東明王墓의 주기에 "仁里坊에 祠宇가 있는데, 고려 때에 御押을 내려 제사를 지내게 했으며, 초하루와 보름에 담당 관리에게 명하여 제사를 지내게 하였다. 고을 사람들은 지금까지 일이 있으면 자주 소원을 빈다. 세상에 전하기를 東明聖帝의 사당이라 한다"고 기록하고 있다. 동명묘에 대한 제사의식이 왕의 御印이 날인된 국가제사로 진행되고 있었고 민간신앙의 형태로도 퍼지고 있었음을 알 수 있다. 『고려사』 세가에도 현종 2년(1011)에는 평양 지역의 토속신들과 함께 동명왕의 신령에게 국가제사의 신성함을 표시하는 勳號를 내렸다. 숙종 10년(1105)에는 왕이 사신을 보내 東明聖帝의 사당에 옷과 폐백을 보내 제사지냈고, 예종 4년(1109)에도 왕이 同知樞密院事 許慶을 보내 평양 목멱산의 東明王 신사에서 제사를 지냈다. 예종 11년(1116)에는 동명사당 등에 기우제를 지냈다는 기록이 보인다. 동명묘에 대한 이러한 의식은 고려후기 충렬왕대까지도 나타나고 있어 당시 고려왕조의 동명신앙은

---

15 『삼국사기』 편자는 백제본기 온조왕 즉위년조에 보이는 온조설, 細註에 비류설을 기록하고, 어느 것이 옳은지 알수 없다고 하듯이, 당시 전해오는 다양한 백제의 시조의 전승에 대해 혼란을 겪고 있었다. 한편 동 잡지 제사조에서는 구태설과 함께 세주에는 "海東古記에는 東明 혹은 優台를 말하고 『北史』, 『隋書』에는 동명의 후손으로 仇台라는 이가 있다"고 언급하면서, 말미에는 "동명이 시조인 것은 事跡에 명백함으로 기타의 것은 믿을 수 없다"고 편자의 입장을 밝히고 있다. 그러나 중국 정사에 대한 사료적 이해는 현재의 사가들에 비해서도 후퇴하고 있다. 『삼국사기』는 고려왕조 창건 직후에 성립한 『구삼국사』에 비해 300여년 뒤의 편찬물이고 고려왕조 창건 당시의 동명시조관의 영향을 가장 많이 받았다고 생각된다. 그리고 많은 연구자들의 주장대로 백제성왕이 사비로 천도하면서 국호를 일시적으로 남부여로 개칭한 사실이 백제의 부여출자설을 보여주는 증거임은 틀림없으나 백제가 시조로서의 동명을 공유하면서 멸망 이후까지 계승해 나갔다고 하는 것과는 별개의 문제이다. 『삼국사기』 편자도 고민하고 있듯이 동명신화의 기록은 매우 불안정하고 재해석의 여지가 많다는 것은 분명하다.

중요한 국가적 의식이었다[16]. 한편 1112년 송나라 사신 서긍이 고려체험기를 그린 『高麗圖經』에도 동명신에 대해 기록하고 있다. 이 기록에 따르면, 東神祠의 정전에는 東神聖母之堂이란 방이 있고 장막으로 가려 사람들이 神像을 보지 못하게 만들고, 나무로 만든 여인상은 부여의 처인 河神의 딸이고, 고구려 시조가 된 주몽을 낳았기 때문에 제사를 모시게 되었다고 한다. 여기서 주목뇌는 것은 주몽을 낳은 하백신의 딸을 東神聖母라는 제신으로 숭배하고 있다는 사실이다. 당시 서긍의 눈에 비친 동명신화는 동명은 주몽이며 고구려의 건국신화의 모계의 조신인 하백신이 중시되고 있었음을 보여주고 있다. 동시에 주몽을 낳은 하백의 딸의 신상을 만들어 장막에 가려진 사당에 東神聖母라는 이름으로 모셨다는 사실은 부여의 동명신화와 하백-동신성모-주몽으로 이어지는 고구려신화가 결합되어 부여족의 일체화된 시조신화로 탈바꿈되고 있음을 말해주고 있다. 즉 고려왕조의 동명신화는 이미 고구려신화 속에 용해되어 동명=주몽인식이 정착되어 있었다고 생각된다. 범부여족의 동명신화는 고려왕조에 의해 고구려신화로 재탄생되었고 주몽과 온조를 부자관계로 묶는 혈연의식을 통해 후삼국을 통일한 고려왕조의 혈통의 정통성을 대내외적으로 공포, 각인시켜 나갔다고 생각된다.

3. 백제계 도래씨족의 都慕 시조전승

1) 桓武天皇과 都慕 시조전승의 생성

백제계 씨족이 남긴 도모 시조전승을 기록된 『續日本紀』의 관련사료를 검토해

---

16 고려조의 동명묘, 동명신앙과 관련된 연구로는, 노명호, 1997, 「東明王篇과 李奎報의 多元的 天下觀」, 『진단학보』83, 김광수, 1998, 「고려조의 고구려 계승의식과 고조선인식」, 『역사교육』43, 김창현, 2005, 「고려시대 평양의 동명숭배와 민간 신앙」, 『역사학보』188, 채미하, 2009, 「고려시대 東明에 대한 인식-국가제사를 중심으로-」, 『동북아역사논총』24 참조.

보자. 백제계 씨족이 자신들의 출자를 부여에서 나왔고 시조가 都慕王, 都慕大王이라고 밝힌 것은 백제의 멸망으로부터 130여년이 지난 8세기말의 일이다. 백제 존속시에 이주하여 정착한 백제왕족의 경우는 이보다 더 오래된 전승을 갖고 있었다고 보인다. 이러한 후대의 인식이 백제멸망 이전부터 계승된 것인지 아니면 망명 이후 어느 시점부터 나타난 것인지는 그 사이의 기록이 보이지 않아 명확하지 않지만, 東明을 시조로 하는 백제 독자의 전승은 仇台의 등장과 동명묘에 제사 의례가 보이지 않는 5세기전반 이후에는 점차 소멸되어 갔다고 보인다. 상기 도모시조설의 경우는 기록의 출발점인 8세기말의 도래계 씨족들이 처해있던 정치적 상황과도 무관하지 않다. 이미 백제 망명세력들은 일본조정의 관료로서 지방의 새로운 개척자로서 완전히 동화된 일본천황의 신하로서 살아가고 있었다. 그런 와중에서도 자신들의 원출자는 기억하고 계승하고 있었다.『신찬성씨록』이 편찬된 815년의 시점에서 1182씨 중 3할이 도래계라는 사실로부터도 자신들의 선조의식은 의연 남아 있었다고 보인다. 자신들의 출자를 숨기고 살 필요가 없을 정도로 도래계가 많았고 현지 사회에서 위화감없이 적응해 나갔다. 특히 백제망명 세력들에게는 능력있는 인물들을 발탁해 등용시켰던 사례에서 보듯이 출자에 대한 정체성을 오랫동안 유지하였다.

먼저 도모 시조전승을 전하는 桓武천황의 황태후였던 高野新笠의 사적을 살펴보자. 그녀는 延曆 8년(789) 12월에 사망기사가 나오고 이듬해 정월「薨傳」에 다음과 같이 기록하고 있다.

【2-1】황태후의 姓은 和氏이고 이름은 新笠이다. 정1위에 추증된 乙繼의 딸이다. 어머니는 정1위에 추증된 大枝朝臣眞妹이다. 황태후의 선조는 백제 무령왕의 아들인 純陁太子에서 나왔다. 황후는 용모가 덕스럽고 훌륭하여 일찍이 명성을 드러냈다. 天宗高紹天皇(光仁天皇)이 아직 즉위하지 않았을 때 혼인하여 맞아들였다. 桓武天皇과 早良親王, 能登內親王을 낳았다. 寶龜

연간(770-780)에 姓을 高野朝臣이라 고쳤다. 환무천황이 즉위하자 존칭하여 황태부인이라 하였는데, (연력)9년에 존호를 높여 황태후라 하였다. 그 백제의 遠祖인 都慕王은 河伯의 딸이 태양의 정기에 감응해서 태어났는데, 황태후는 바로 그 후손이다. 이로 말미암아 시호를 올렸다[17].

　백세의 후예씨족인 高野新笠의 가문의 내력을 소개하고 있다. 그녀는 환무천황의 모친이자 환무의 아버지인 光仁천황의 황후로서 환무의 재위시에 황태후의 존호를 받았다. 고야신립의 원래는 성은 和氏로 전하는데 그녀의 아버지가 백제계 도래씨족인 和乙繼와 일본계 어머니인 上師眞妹 사이에서 태어났다. 和乙繼는 원래 和史라는 성을 갖은 문필을 관장하는 씨족이었다. 그의 딸 新笠이 왕실의 白壁王의 비가 되어 광인천황으로 즉위하자 和乙繼와 和新立 父女에게 高野朝臣의 성을 내리고, 연력 2년(783)에는 和乙繼의 아들이자 고야신립의 동생인 和國守 등 일족에게도 史姓으로부터 朝臣의 성을 하사하였다[18]. 당시 朝臣의 성은 도래계 중에서도 왕족 출신만이 받을 수 있는 극히 제한된 貴姓이었다. 이「薨傳」에 고야신립의 출자를 밝히는데 "황태후의 선조는 백제 무령왕의 아들인 純陁太子에서 나왔다"고 하고, "백제의 遠祖인 都慕王은 河伯의 딸이 태양의 정기에 감응해서 태어났는데 황태후는 바로 그 후손이다"라고 기록하고 있다. 『신찬성씨록』(左京諸蕃)「百済 · 和朝臣」조에도 "백제국 도모왕의 18세손 무령왕으로부터 나왔다"고 한다. 이들 사료를 종합해 보면 고야신립의 遠祖는 하백의 딸이 태양

---

17 『續日本紀』延暦9年(790)正月壬子條(延暦8年12月附載), "壬午, 葬於大枝山陵, 皇太后姓和氏, 諱新笠, 贈正一位乙繼之女也, 母贈正一位大枝朝臣眞妹, 后先出自百濟武寧王之子純陁太子, 皇后容德淑茂, 夙著聲譽, 天宗高紹天皇龍潛之日, 娉而納焉, 生今上, 早良親王, 能登内親王, 賓龜年中, 改姓爲高野朝臣, 今上卽位, 尊爲皇太夫人, 九年追上尊號, 曰皇太后, 其百濟遠祖都慕王者, 河伯之女感日精而所生, 皇太后卽其後也, 因以奉謚焉".

18 『續日本紀』延暦2年4月丙寅條.

의 정기에 감응해서 태어난 도모왕인데, 직접적으로는 백제 무령왕의 아들 순타태자에서 계보를 구하고 있다. 순타태자는『일본서기』계체기 7년(513)조에 '百濟太子淳陀薨'이라는 백제태자 사망기사의 淳陀이다.『일본서기』무열기 7년(505)조에 백제왕이 斯我君을 보냈고, 후에 자식을 두어 法斯君이라 하고, 倭君의 선조가 되었다고 한다. 순타와 법사군은 동일인물일 가능성이 크고 그의 후손인 倭氏는 和氏와 같은 '야마토'씨로 동일 계통의 가문이다. 즉 고야신립의 중시조에 해당하는 인물은 백제 무령왕때 왜국에 파견된 순타태자(사아군)의 후손으로 생각된다. 그의 후손들은 8세기말 和乙繼-和(高野)新笠에 이르기까지 백제계라는 인식을 갖고 이어져 왔다고 생각한다. 和氏는 원래 문서실무관인 史姓 씨족으로 역사물 편찬과도 관련이 있고, 집안의 내력을 담은 家傳에 가문의 유래에 대한 전승이 있었다고 보인다. 和氏 가문에서는 그들의 遠祖를 주몽신화에 나오는 하백신을 祖神으로 하고 있다. 이는 고구려신화의 차용으로 8세기후반 단계에서 고구려화된 시조인식을 갖고 있었음을 알 수 있다. 이때의 都慕王은 부여의 시조신 동명과는 다르고, 주몽(추모) 전승에서 파생된 2차 전승의 형태를 띠고 있다. 이 도모신화는 고구려 시조신화의 투영이다. 그러나 고구려계 씨족들이 추모를 시조신으로 인식하고 있었기 때문에 백제계 씨족들은 추모와는 구별되는 도모신화를 창출했던 것이다. 당시 도래계 씨족 중에는 한반도제국의 왕이나 중국 秦漢시대의 황제를 자신들의 시조로 삼거나 가상의 시조를 만들기도 하고 혹은 유력한 다른 씨족의 시조에 가탁하여 同祖를 하는 풍조가 강하였다. 특히『신찬성씨록』편찬을 앞두고 각 씨족의 본계장을 제출받을 시에 두드러졌다. 이러한 현상은 씨족의 출자와 시조의 위상이 신분상승에 영향을 미치고 있던 시대적 상황과도 깊은 관련이 있다.

환무가 모계의 출자가 백제 무령왕의 후손이고 그 원조는 都慕王이라고 밝힌 것은 어떤 이유에서일까. 원래「薨傳」은 亡者를 추모하는 내용이지만, 그 말미에 "河伯之女感日精而所生"이라고 하는 출생의 신화를 담은 것은 특별한 의도가 있다. 도래계 史姓 씨족인 모계의 가문을 신성시하여 환무 자신의 현실의 정치적 입장을 강화하려는 강한 메시지였다고 보인다. 이것은 환무천황의 출생의 비밀을 공식적으로 밝힌 선언문으로 모계의 혈통이 단지 백제왕가의 후손이 아닌 日神과 맺어진 천손족이라는 사실을 내외에 공표한 것이다. 그동안 天武系가 계승해 왔던 왕권이 환무의 父인 光仁代에 天智系로 교체되는 권력의 변화 속에서 모계의 혈통을 부각시키는 일은 통치권 강화의 수단이었다[19]. 당시 동아시아세계에서는 시조신화가 왕권을 존엄성을 높이고 정당화하는 도구로 이용되어 왔고 일본의 경우도 『일본서기』 편찬시의 천황가의 시조신화가 만들어졌고, 환무대에도 모계의 혈통의 신성화 작업을 통해 현실정치의 정당성을 추구하였다.

2) 都慕神話와 津連眞道의 시조개변

다음은 桓武의 모계 都慕신화와 관련하여 『속일본기』의 津連眞道의 상표문에 나타난 都慕大王 신화를 살펴보자.

【3-1】左中弁 정5위상 兼木工頭 百濟王仁貞, 治部少輔 종5위하 百濟王元信, 中衛少將 종5위하 百濟王忠信, 圖書頭 종5위상 兼東宮學士 左兵衛佐 伊豫守 津連眞道 등이 表를 올려, "眞道 등은 本系가 백제국 貴須王에서 나왔습니다. 귀수왕은 백제가 처음 일어난 때로부터 제16대 왕입니다. 대저 백제의 太祖 都慕大王은 日神이 靈氣를 내려 扶餘에서 나라를 열었습니다. 天帝가 符命을 받아 여러 韓을 통솔하고 王을 칭하게 하였습니다. 근초고왕대에 이르러 멀리서 聖化를 흠모하여 비로소 귀국에 조공을 바치게 되었는데, 이는 신공황후가 섭정하던 해의 일입니다. 그 후 輕嶋豊明조정에서 천하를 통치하는 응신천황은 上毛野氏의 먼 조상인 荒田別에 명하여 백제에 보

---

19 이근우, 2002, 「桓武天皇 母系는 武寧王의 후손인가」, 『한국고대사연구』26, pp. 210~215.

내 유식사를 찾아오게 하였습니다. 그 나라 국주 귀수왕은 공경하게 사신의 뜻을 받들어 宗族 중에서 택하여 그 손인 辰孫王[一名 智宗王]을 보내어 사신을 따라 입조하게 하였습니다. 천황은 가상히 여겨 특별히 총애를 더하고 황태자의 스승으로 삼았습니다. 이에서 비로소 서적이 전해지고 儒風이 크게 열리고, 文敎가 일어남이 실로 여기에 있었습니다. 難波高津朝의 인덕천황은 辰孫王의 장자인 太阿郎王을 近侍로 삼았습니다. 太阿郎王의 아들은 亥陽君이며, 해양군의 아들은 午定君인데 오정군은 세 아들을 낳았습니다. 맏아들은 味沙, 가운데는 辰爾, 막내 아들은 麻呂입니다. 이로부터 갈라져 3姓이 되었는데 각각 맡은 직책을 따라 姓氏로 삼았는데, 葛井·船·津連 등이 바로 그것입니다. 他田조정에서 천하를 통치하는 민달천황 대에 이르러 고려국에서 사신을 보내어 까마귀 깃털에 쓴 표문을 올렸습니다. 여러 신하들과 史官들은 그것을 읽어내지 못하였는데, 辰爾가 나아와 그 표문을 가져다가 읽고 잘 베껴내어 풀이했습니다. 천황은 그 학문이 높음을 가상히 여겨 포상하고 詔를 내려 '학문에 힘써 뛰어나구나. 그대가 만약 학문을 좋아하지 않았다면 누가 능히 해독할 수 있었겠는가. 마땅히 이제부터는 궁궐에서 近侍하도록 하라'고 하였습니다. 그리고 또 東西의 여러 사관들에게 詔를 내려, '너희들은 비록 수가 많으나 辰爾에 미치지 못하였다'고 하였습니다. 이는 모두 國史와 家牒에 그 일이 자세히 실려 있습니다. … 이후 가문은 文筆의 업을 이어오고 일족은 학교에서 가르치는 職에 종사하고 있습니다. 眞道 등은 태어나면서부터 큰 천황의 은혜를 받았습니다. 삼가 바라건대 連姓을 고쳐 朝臣의 姓을 내려 주십시오"라고 말하였다. 이에 칙을 내려 거주지의 이름을 따서 菅野朝臣이라는 姓을 내렸다[20].

---

20 『續日本紀』延曆9年秋7月辛巳條.

이 상표문은 延曆 9년(790)에 백제계 도래씨족인 津連眞道이 높은 성을 받기 위해 자신의 출자와 선조들이 일본천황에게 봉사한 연원을 기록하면서 連姓에서 朝臣姓을 내려 줄 것은 간청하는 내용이다. 津連眞道이란 인물은 환무천황대의 고위관료로서 환무의 신임이 두터워 東宮學士, 圖書頭, 伊豫守 등 요직을 거쳐 平安천도에도 관여하였고 延曆16년에는 정4위하로 승진하고 參議라는 공경의 지위에 오르게 되는 유력한 도래계 씨족이다. 그가 주장한 선조들의 봉사의 내력을 보면 백제 근초고왕때부터 조공을 시작하였고 이를 신공황후가 섭정하던 해의 일이라하고, 천황이 유식자를 구하자 백제에서는 귀수왕(근구수왕)의 손자인 辰孫王을 보내 황태자의 스승으로 삼은 일, 진손왕의 아들 아태랑왕으로부터 3남이 있었는데, 장남 味沙, 차남 辰爾, 삼남 麻呂로 이들로부터 葛井·船·津連 등 3씨가 나왔다고 한다. 상표문의 주인공인 津連眞道는 진손왕-아태랑왕-麻呂-津連으로 이어지는 8세기말의 인물이다. 즉 진손왕을 선조로 하는 津連의 가문은 津連眞道 때에 이르러 보다 고귀한 성을 요청하게 된다. 이 전승에서 같은 조상에서 나온 왕진이에 대해 그 우수성을 강조한다. 왕진이는 고구려가 가져온 국서를 어느 史官도 읽어내지 못했으나 뛰어난 한문실력으로 왜왕의 칭찬을 받고 近侍하는 영예를 얻었다. 이 내용은 『고사기』, 『일본서기』에 나오는 일본에 유학과 천자문을 전했다고 하는 王仁 전승을 차용한 것이다. 津連眞道의 조상으로 되어 있는 辰孫王은 왕진이 후손인 津連眞道가 왕진이를 모델로 왕인전승을 차용해 만든 시조설화이다. 辰孫王의 '辰'은 王辰爾의 가운데 글자를 차용했고, '孫'은 貴須王의 孫이라는 의미에서 辰孫王이 만들어졌다[21].

『신찬성씨록』序文을 보면 勝寶 연간(749~756)에 특별히 은칙을 내려 도래계 씨족들에게 "聽許諸蕃. 任願賜之"하였다고 하듯이 도래계 씨족들은 자신들이 원하는 성을 국가로부터 취득하였다. 이에 따라 씨성에 혼란이 생기고 卑姓에서 貴姓

---

21 山尾幸久, 1983, 『日本古代王權形成史論』, 岩波書店, pp.331~332.

으로 개성하기도 하고, 씨성들이 서로 뒤섞여 남의 조상에 들어가거나 다른 씨를 의도적으로 자신의 조상으로 삼는 등 왜곡된 同祖, 同族의 현상이 두드러져 이를 바로잡기 위해『신찬성씨록』을 편찬한다고 하였다[22]. 8세기중엽 이후 도래계 씨족 중에는 출자의 개변이 빈번히 일어나고 있음을 보여주고 있다.

이러한 현상은 상기 津連眞道 가문에도 나타나 있다. 이미 지적했듯이 자신의 선조라고 주장한 왕인전승에 왕진이를 모델로 진손왕이라는 가공의 선조를 만들었다. 여기에다 백제왕씨의 시조전승을 마치 자신의 조상인 것처럼 인용하고 있다. 그는 상표문의 서두에서 津連眞道는 百濟王仁貞 등 당상관의 관위를 갖은 百濟王氏의 고위관료들과 함께 자신들의 本系가 백제국 貴須王에서 나왔고, 백제의 태조 都慕大王이 扶餘에서 나라를 열었다는 이 시조전승은 백제왕씨의 시조전승이다. 津連眞道는 百濟王仁貞 등 백제왕씨를 끌여들여 스스로를 백제왕의 자손인 辰孫王이고 자신은 그 후예라고 주장하여 菅野朝臣의 성을 받는데 성공하였다. 백제왕씨는 백제멸망 후의 의자왕자인 善光에게 준 특별 姓으로 왕진이의 후예인 菅野朝臣과는 직접적으로 관계가 없다.

백제왕씨의 시조전승으로서 津連眞道의 상표문에 나오는 "백제의 태조 都慕大王은 日神이 靈氣를 내려 扶餘에서 나라를 열었고, 天帝의 부명(籙)을 받아 모든 韓을 통솔하고 왕을 칭하게 되었다"는 이 전승은 앞의 백제 무령왕의 순타태자로부터 나왔다는 고야신립의 전승과는 약간의 차이가 존재한다. 백제시조의 전승에서『일본서기』에 보이는「百濟記」에서 나왔고 백제왕력 중 가장 이른 시기가 근초고왕에서 근구수왕대로부터 시작하고 있다. 그 이전의 왕계에 대해서는 언급이 없듯이 백제계 씨족들이 갖고 있던 기록과 전승은 근초고왕을 상한으로 한다. 그럼 도모전승

---

22 『新撰姓氏錄』序, "勝寶年中, 特有恩旨, 聽許諸蕃, 任願賜之, 遂使前姓後姓文字斯同, 蕃俗和俗氏族相疑, 萬方庶民, 陳高貴之枝葉, 三韓蕃賓, 稱日本之神胤, 時移人易, 罕知而言, …新進本系多違故實, 或錯綜兩氏混爲一祖, 或不知源流倒錯祖次, 或迷失己祖過入他氏, 或巧入他氏以爲己祖, 新古煩亂不易芟夷, 彼此謬錯不可勝數".

과 부여출자설은 어디에서 나온 것일까. 이것은 중국사서에서 얻은 정보에 고구려 시조 추모왕 전승을 의식하여 새로운 백제시조전승을 변형해 만든 것이다. 이 시조 전승을 남긴 津連眞道는『속일본기』의 편찬자로서 당시 전해오는 氏族志 등 관련 문서를 모두 열람할 수 있었던 인물이다. 게다가 도래계 출자와 관련해서는 중국의 동이열전을 참고했다. 특히『위서』백제전의 "其先出自夫餘", "臣與高句麗源出夫 餘"의 기록과『수서』백제전의 "百濟之先出自高句麗"에 이어 달걀과 같은 기운을 받 아 태어난 동명 출생담 그리고『수서』고구려전 등에 보이는 주몽신화가 참조되었 다고 보인다. 여기에 "諸韓을 통솔하고 왕을 칭했다"는 내용도 동이열전의 韓條의 내용을 기초로 재구성했다고 생각한다. 당시 노래계 유력씨족들은 환무천황의 총 애를 받고 있던 백제왕씨들의 시조전승에 자신들의 출자를 부회하여 동족으로 만 들어 유리한 정치적 입장을 기대했다. 도래계 씨족들의 출자개변은 정치적 지위의 향상을 위한 수단으로 이용되었고 이러한 문제점 때문에『신찬성씨록』편찬을 시 작했던 것이다[23]. 眞連眞道의 시조전승은 그 자신이『속일본기』편찬을 주도함으로 서 용이하게 출자를 개변시킬 수 있었다. 원래 백제왕씨의 시조전승으로 전해오던 부여출자설, 도모시조설은 고구려계 주몽신화를 모델로 하여 각종 동이열전의 기 록을 종합하여 만들어진 것으로 그후『신찬성씨록』에 전하는 '백제도모왕' 출자를 주장하는 씨족들은 예외없이『속일본기』의 도모전승에 기초하고 있다[24].

『속일본기』가 편찬된 직후 환무천황은『신찬성씨록』을 편찬하기 위해 각 씨족 으로부터 本系帳을 제출시킨다.『日本後紀』에 전하는 내용을 보면, "천하의 신민

---

23 『신찬성씨록』의 편찬 목적에 대해서는, 서보경, 2012,「『新撰姓氏錄』의 편찬과 목적」,『한일관계사 연구』41, 同 2018,「『新撰姓氏錄』의 기초적 연구」,『한림일본학』30 참조.

24 『續日本紀』에 전하는 都慕전승은 延曆7년(788)에 中宮大夫에 임명된 和気朝臣清麻呂가 황태부인 高野新笠의 명을 받아 편찬한 고야신립의 氏族志인『和氏譜』에도 실려 있었을 것으로 생각된다. 이 에 대해서는 김은숙,「和朝臣씨의 발전과『和氏譜』의 편찬」,『도래인과 고대한일관계』, 한일관계사학 회 학술회의(한성백제박물관, 2018.11.10.) 발표집 참조.

에 속하는 씨족은 많으나 출자는 같으면서 별파이기도 하고, 本宗을 달리하면서 같은 성을 갖은 자도 있다. 계보를 기록한 譜牒에 의거하려고 해도 改姓이 행해지고, 조사가 뜻대로 되지 않는다. 호적과 計帳에서는 本宗과 枝族을 구별할 수 없다. 이에 천하에 포고하여 본계장을 진상토록 하라. 三韓과 中國으로 부터의 도래 씨족에 대해서도 동일하게 하라"[25]는 조서를 내린다. 본계장에는 각 씨족의 시조명을 비롯하여 계보, 사적, 사성 등이 기록된 家記(譜牒)이다. 씨족들간에 출자에 혼란이 많아 제대로 된 씨족의 계보를 파악하기 어려웠다는 당시의 상황을 말해주고 있다. 따라서『신찬성씨록』서문에는 "각 씨족이 제출한 本系帳과 古記 등을 대조하여 諸姓이 本系에 빠졌으나 古記에 인용되어 경우는 古記의 내용을 그대로 수록하고, 本系가 古記와 다르면 古記에 의거하여 刪定한다"[26]고 하였다. 古記란 『신찬성씨록』편찬 이전의 각종 전거사료들을 말하는데,『신찬성씨록』에 등재되기 위해서는 본계장과 古記의 기록을 일치시키는 일이 중요하다. 따라서 古記에 맞추기 위해 본계장에 손을 가하는 일도 발생하는 것이다.

　다음은 백제 도모왕 시조를 전하는『신찬성씨록』「百濟」조의 기록을 살펴보자.

【3-2】
　①"左京 諸蕃 和朝臣, 出自百濟國都慕王十八世孫武寧王也".
　②"左京 諸蕃百濟朝臣, 出自百濟國都慕王卅世孫惠王也".
　③"左京 諸蕃百濟公, 出自百濟國都慕王廿四世孫汶淵王也".
　④"右京 諸蕃菅野朝臣, 出自百濟國都慕王十世孫貴首王也".
　⑤"右京 諸蕃百濟伎, 出自百濟國都慕王孫德佐王也".
　⑥"右京 諸蕃不破連, 出自百濟國都慕王之後毗'有王也".

---

25 『日本後紀』延曆18年(799)12月戊戌條, "勅, 天下臣民, 氏族已衆, 或源同流別, 或宗異姓同, 欲據譜牒, 多経改易, 至檢籍帳, 難弁本枝, 宜布告天下, 令進本系帳, 三韓諸蕃亦同…".
26 『新撰姓氏錄』序, "又有諸姓漏本系而載古記. 則抄古記以寫附. 本系之與古記違. 則據古記以刪定".

사료①은 앞에서 검토한 환무의 외척 고야신립의 출자이다. 사료②는 百濟朝臣의 姓을 갖은 씨족으로 도모왕의 30세손 惠王에서 구하고 있다. 백제조신에 대해서는『속일본기』天平寶字 원년(757) 4월에 도래계 씨족을 대상으로 한 賜姓 정책에 따라 주어진 성으로 百濟朝臣足人의 이름이 보인다. 그는 천평보자 8년(764)에 授刀佐가 되었고, 동10월에는 정5위하에서 종4위하로 승진하고, 神護慶雲 2년(768)에는 右京大夫가 된다. 百濟朝臣足人은 백제멸망기에 망명한 왕족의 후예일 것으로 추정된다. 천평보자2년(758) 6월에는 "大宰陰陽師 종6위하 余益人과 造法華寺判官 종6위하 余東人 등 4인에게 百濟朝臣의 성을 내렸다"는 기록이 나온다. 이들도 余氏 성을 갖은 백제왕족 출신의 후예로서 일본의 관료가 된 인물들이다. 百濟朝臣이 惠王을 중시조로 본 것은 원래 혜왕으로부터 나왔다는 전승을 갖고 있었다기 보다는『일본서기』흠명기 16년조에 보이는 왜국에 온 혜왕자의 모습이 투영된 것은 아닌가 생각한다.『일본서기』, 古記 등 이전 사료에 나오는 인물은 도래계 씨족들에게 시조전승의 주요 소재가 되고 이를 근거로 자신들의 출자에 이용한 사례가 많아 이 경우도 유사점이 발견된다. 사료③의 百濟公은 원래 백제 부흥운동을 주도한 鬼室福信의 아들인 鬼室集斯의 후손들로서 8세기 나라시대에 들어 百濟公, 百濟君 등의 성을 받아 중앙의 관료로서 활동하였다[27]. 귀실집사는 망명 직후 天智朝에서 學職頭에 임명되어 대학의 정책을 총괄하는 책임자의 지위에 있었으며 그의 후손들도 관료로서 일본조정에 출사하였다. 귀실씨 후손들에게 백제공, 백제군의 칭호가 내려진 것은 백제왕족에 준하는 씨족으로서 대우받고 있었음을 말해준다. 사료④의 菅野朝臣은 앞에서 본 연력9년에 津連真道가 朝臣 姓을 청원하여 거주지의 이름을 따 菅野朝臣의 성을 받았다. 그는『신찬성씨록』편찬시에 가문의 본계장을 제출하여 등재된 것이다. 사료⑤의 百濟伎에 대해서는『일본서기』응략기7년조에 보이는 "百濟所貢今來才伎"라는 기사로부터 만들

---

27 연민수, 2016,「백제 鬼室氏와 일본의 후예씨족」,『백제학보』17.

어진 계보일 가능성이 있다[28]. 사료⑥의 不破連은 美濃國 不破郡이라는 지명에서 유래된 성으로 보인다. 도래계 씨족으로 이 지역에 거주한 씨족으로 백제 비유왕을 직접적인 시조로서 출자를 주장하고 있는 것에 대해서는 불명이다.

이상의 씨족들은 도모왕을 遠祖로 하여 그 후예왕들로부터 나왔다고 하는 출자를 전하고 있다. 이들은 백제왕족임을 인정받아 『신찬성씨록』에 등재되었는데, 그 중에는 출자가 불분명한 씨족도 있고 菅野朝臣과 같이 출자개변을 통해 백제왕족으로 재탄생된 사례도 있다. 일본고대의 씨족계보는 공적인 가치를 인정받기 때문에 각 씨족들은 『일본서기』 등 고기의 전승에서 시조의 가상, 부회 등을 통해 유리한 계보를 만든다. 또한 천황가와의 친소관계도 出仕에 유리하여 천황가와 혈연관계에 있는 백제왕족을 표방하는 일은 씨족의 정치적 입지를 높힐 수 중요한 수단이었다. 이러한 현상은 환무조라고 하는 백제왕씨를 우대하는 사회적 분위기와 깊은 관련이 있다. 환무조 이후에는 백제왕족을 선조라고 주장하는 씨족은 사료상에서 사라지게 된다. 이들은 예외없이 遠祖의 출자를 都慕王이라고 주장하고 있다. 무령왕의 순타태자에서 출자를 구하는 和史氏를 비롯하여 백제멸망 이후에 망명한 百濟王氏, 이주의 시기가 다른 百濟朝臣, 百濟公, 菅野朝臣 등 다양한 씨족들이 동일한 시조명을 사용하고 있다. 백제의 시조왕으로서의 도모는 실제의 인물이라기 보다는 고구려의 시조 추모, 주몽을 빌려 만들어진 가상의 始祖像이고 백제왕족 출자 씨족들의 공통의 인식으로 자리잡았다고 생각한다. 이를 구상한 인물은 환무의 총애를 한몸에 받은 津連眞道였다고 생각된다. 백제의 원시조로서 都慕라는 통일적인 명칭과 시간적으로 환무조라는 특정시기에 집중되어 있다는 사실에서 도모 시조전승의 인위성, 작위성이 엿보인다.

---

28 佐伯有淸, 2007, 『新撰姓氏錄の硏究』考證編 第5, 吉川弘文館, p. 228.

4. 결어

　동명신화는 북방에서 출현한 부여의 시조신으로서 그 후의 고구려, 백제, 신라, 가야 나아가 고려왕조에 이르는 고대 한민족국가의 시조탄생설화의 원류로서 지대한 영향을 미쳤다. 남겨진 사료는 새로운 왕조의 탄생과 함께 차용, 굴절, 변형되면서 다양한 학설을 낳았다.

　고구려의 주몽신화는 부여의 동명신화를 차용하여 새로운 시조신으로서 동명보다 우월한 출자의식을 갖고 재탄생되었다. 부여를 복속한 고구려왕조는 부여 계승의식에 더하여 來降한 부여 유민들을 통합하고 국토의 확장과 더불어 다양한 이종족을 아우르는 새로운 시조신화를 만들기 위해 원출자국인 부여와는 차별화된 지모신인 하백신을 도입하여 천하를 통치하는 고구려의 시조상을 창출하였다. 고구려왕조가 존속하는 동안 遠祖로서의 동명은 소멸되었으며 그 유민들이 남긴 자료에서도 조그만 흔적조차 확인할 수 없었다. 고구려 독자의 주몽시조만이 기억되고 전승되었던 것이다.

　백제의 부여출자설은 북위의 사료인『위서』에 와서 처음으로 등장한다. 그후 비교적 정보가 많이 수록된『수서』에서는 백제 선대의 고구려 출자설, 시녀의 임신설화, 동명의 출생담은『논형』,『위략』,『후한서』의 부여전 기록을 전재한 것이다. 그러나 동명이 고구려에서 쫓겨나 부여의 왕이 되었다는 등 사건의 선후관계가 뒤바뀌고 있어『수서』가 편찬되는 7세기전반까지도 중국왕조에서는 백제의 출자가 부여인지, 고구려인지 혼란을 겪고 있다. 중국정사 동이열전의 백제에 대한 기록은 이전 사료에 의한 편자의 주관적 판단과 인식의 결과이고, 백제에서 전한 정보는 아니라고 생각한다. 백제에서도 자국에 대한 중국정사의 기록을 알고 있어 부정확한 기술을 정정하기 위해서라도 출자와 관련된 정확한 내용을 전달했을 것으로 생각되나, 오류는 그대로 방치되어 있다. 이것은 백제에서 부여족임을 주장하면서도 동명을 백제의 시조로서 인식하고 받들었는지에 대해 의문을 갖게 하는 것이다.

仇台 시조묘의 등장과 동명묘에 대한 제사기록이 소멸된 이후에는 백제에서 동명신화의 존재는 확인할 수 없고, 부여융의 묘지명에서도 고구려 시조 주몽신화가 나타나 있어 유민들의 의식 속에서도 동명이란 존재는 기억밖의 인물이 되었다.

『삼국사기』의 동명신화에 대한 기록은 고려왕조의 현실 정책 속에서 나온 산물이다. 오랜 전란 속에서 탄생한 고려왕조의 당면과제는 복속민들을 고려라는 신왕조의 틀 속에서 일체감을 조성하는 일이었다. 범부여족을 포용하고 새로운 민족신화를 창출하기 위해 동명을 고구려의 시조인 주몽을 투영시키고 온조를 주몽의 아들로 하는 새로운 왕조의 시조계보를 만들었다. 같은 부여족이라는 동족의식을 바탕으로 한 민족통합정책의 이데올로기였다.

일본사료에 보이는 都慕神話는 고구려 주몽신화를 모방한 백제계 씨족의 출자의식이 반영되어 있다. 부여출자를 말하면서도 日神, 河伯神을 도입하는 등 신화의 구조, 모티브가 고구려 신화를 차용한 것이다. 도모라는 이름도 동명이 아닌 추모, 주몽에서 착안한 용어이다. 즉 고구려화된 백제신화로서 가상의 시조인 도모로서 재창출되었다. 당시 환무천황은 모계의 시조신화를 통해 통치권의 강화를 추구하였다. 환무의 총애를 받고있던 『속일본기』편자인 津連真道은 백제 시조전승의 기록을 조망하는 위치에서 和氏의 家傳인 『和氏譜』와 백제왕씨의 본계장을 비롯하여 『일본서기』, 중국정사 등 각종 古記 등을 참조하여 백제왕족 신화를 정리했다고 생각된다. 이러한 흐름 속에서 편찬된 『신찬성씨록』의 도모전승은 백제왕의 후예라고 하는 씨족들의 통일적인 시조관을 보여주고 있다.

동아시아에 퍼진 동명신화는 각 왕조의 현실적 상황에 맞게 변형되어 갔고 통합의 이데올로기로서 지배층의 정치적 입지를 강화하는 수단으로 활용되었다. 특히 8세기후반 일본고대사회에서의 도래씨족들의 시조개변은 신분상승이라는 정치적 목적하에서 나타난 보편적인 현상이었다. 씨족들간의 同族, 同祖의식도 후대에 가면 지배자의 통치의 도구화로 재해석, 재생산되어 간다. 일본에 남은 都慕전승도 그러한 형태의 하나로서 이해되는 것이다.

제3장 秦氏의 渡來傳承과 후예씨족의 활동

1. 서언

秦氏는 漢氏와 더불어 일본열도에 커다란 족적을 남긴 도래계 씨족이다. 秦氏의 原出自에 대해서는 중국계, 백제계, 신라세 등 제설이 있고, 구체적으로 특정 지명에 비정하는 학설도 나오고 있다. 이것은 남겨진 사료의 정보가 다양하고 혼란을 가져올 만큼 다양한 전승이 존재하기 때문이다. 그럼에도 불구하고 도래인의 대부분은 한반도에서 건너온 한반도계가 다수이고 일부 중국계도 있지만 그들의 대다수는 중국 본토에서 한반도에 이주, 정착한 주민들이다. 이것은 일본고대의 특정시기에 어떠한 목적 하에서 자신의 조상에 대한 출자의 개변이 행해지고 있다는 것을 말해준다.

秦氏에 대해서는 기존의 연구가 적지 않고[1], 필자도 이들 연구에 힘입어 소견을 피력한 바 있다[2]. 秦氏에 대해서는 출자문제를 비롯하여 도래시기, 배경 등에 대해서는 아직도 다양한 학설이 나오고 있다. 도래인 문제는 일본고대사의 문제일

---

1 秦氏 관련 주요 연구는 다음과 같다. 關晃, 1966,『歸化人』, 至文堂, 平野邦雄, 1961,「秦氏の硏究(一, 二)」,『史學雜誌』75-3・4, 平野邦雄, 1993,『古代國家と歸化人』, 吉川弘文館, 上田正昭, 1965,『歸化人』, 中公新書, 佐伯有淸, 1982,『新撰姓氏錄の硏究』考證編4 左京諸蕃上, 吉川弘文館, 上田正昭, 1989,「新羅古碑と秦氏の由來」,『古代の道敎と朝鮮文化』, 人文書院, 井上滿郎, 1987,『渡來人』(株式會社リブロポート, 大和岩雄, 1993,『秦氏の硏究』, 大和書房, 井上滿郎, 2011,『秦河勝』, 吉川弘文館, 加藤謙吉, 1998,『秦氏とその民』, 白水社.

2 延敏洙, 2000,「古代韓日關係와 蔚珍地方」,『韓國古代社會와 蔚珍地方』, 韓國古代史學會, 同 2010,「新羅國家形成期の優由國と秦氏」『京都産業大學日本文化硏究所紀要』16.

뿐아니라 당시 한반도의 상황과도 밀접한 관련이 있기 때문에 한일관계사의 관점도 필요하다. 이들은 양잠, 직조, 토목, 관개시설, 불교 등 다양한 분야에서 활동하였다. 대외적으로도 새로운 선진문화의 수입, 외교업무에도 관여하는 등 씨족의 존재감을 높여갔다. 나아가 자신들의 씨족집단의 결속을 위해 氏寺, 신사를 만들어 정신적 유대감을 동일 씨족의식을 추구해 나갔다. 일본고대왕권사상에서 秦氏의 존재는 중요하며 이들의 역할은 왕권의 안정과 발전에 불가결한 요소였다.

본장에서는 秦氏의 신라 출자설을 보완하면서 새로이 秦氏 집단의 일본열도 정착 이후의 활동을 秦酒公, 秦大父津, 秦河勝을 중심으로 검토해 보기로 한다. 이들은 5세기 후반에서 7세기 전반까지 사료상에서 확인되고 있으며, 진씨의 활동 실태를 파악하는데 핵심 인물들이다. 일본고대국가형성사에서 秦氏의 위치를 재조명해 보고자 한다.

2. 秦氏의 出自와 도래전승

秦氏의 도래전승과 출자에 대해서는 『古事記』, 『日本書紀』, 『新撰姓氏錄』 등에 기록이 있다.

【1-1】

① 秦造의 祖, 漢直의 祖, 술 빚는 것을 아는 사람, 이름은 仁番, 또 이름은 須須許理 등 도래하다[3].

② 弓月君이 백제로부터 귀화하였다. 奏하기를 臣은 저의 나라의 인부 120현을 이끌고 귀화하였다. 그러나 신라인이 방해하는 바람에 모두 가라국에 억류되

---

3 『古事記』 應神天皇段.

었다라고 하였다. 이에 葛城襲津彦을 보내어 弓月의 인부를 가라로부터 불렀다. 그러나 襲津彦은 3년이 지나도 돌아오지 않았다[4]. …平群木菟宿禰, 的戶田宿禰를 加羅에 보냈다. 정병을 주며 "습진언이 오래도록 돌아오지 않고 있다. 분명히 신라가 방해하여 체류하고 있을 것이다. 너희들은 빨리 가서 신라를 치고 길을 열도록 하라."고 명하였다. 목토숙네 등이 정예병을 이끌고 나아가 신라의 국경에 이르렀다. 신라왕은 놀라 사죄하였다. 弓月의 인부를 거느리고 습진언과 함께 돌아왔다[5].

③ 秦忌寸. 太秦公宿禰와 同祖이고 진시황제의 후손이다. 功智王, 弓月王은 譽田天皇(시호는 應神)14년에 내조히였다. 표를 올리고 또 귀국해서 127현의 백성을 이끌고 귀화했다. 아울러 금은옥백 다양한 보물을 바쳤다. 천황은 이를 기뻐하여 大和의 朝津間의 腋上의 땅을 주어 거주케 했다. 아들은 眞德王이고 그 다음은 普洞王이다. 大鷦鷯天皇(시호는 仁德)의 御世에 姓을 주어 波陀라 하였다. 지금의 秦字의 訓이다[6].

우선 사료①『고사기』에는 秦造의 조상인 仁番(또는 須須許理)이라는 사람이 응신조 때에 일본열도에 왔다고 하는 전승인데 그 출자에 대해서는 언급이 없다. 秦造는 大化前代의 秦氏 집단을 이끌고 있는 족장격인 호족이다. 그의 조상이 술 제조와 관련되어 나오는 것은 후에 진씨의 가업 중에 양조의 일이 보이고 있어 그 기원설화로서 전승되었다고 보인다.

사료②『일본서기』응신기 14년조, 동 16년조의 궁월군이 120현의 사람들을 데리고 백제로부터 온 경위에 대해 기술하고 있다. 궁월군의 백제 출자설을 말하고

---

4 『日本書紀』應神紀14年 是歲條.

5 『日本書紀』應神紀14년 8월조.

6 『新撰姓氏錄』山城國諸蕃「秦忌寸」條.

있지만, 진씨의 조상이라고 언급하고 있지 않다. 이 기록은 궁월군의 전승이라기보다는 궁월군을 데리러 간 葛城襲津彦의 家傳에서 채록된 것으로 보인다. 그는 한반도 관련 외교임무를 띠고 자주 왕래하는 인물로 묘사되어 있다. 신라가 백제 사절의 일본행을 방해하고 억류한다거나 가라에 군대를 보내 데리고 왔다는 사건의 전개과정은 『일본서기』의 신라적시관, 신라응징론, 가야 내관가설과 같은 후대의 인식이 투영되어 있다.

　사료③은 『신찬성씨록』에 나오는 기술이다. 秦忌寸氏는 중국의 진시황제의 후손임을 주장하며 그 계보관계가 구체적으로 기술되어 있다. 앞의 양 사서에서 진씨가 한반도계라는 것에 대하여 『신찬성씨록』에서는 중국계라는 주장이다. 『고사기』, 『일본서기』가 『신찬성씨록』보다 내용에 있어서는 간략하지만 편찬 연대가 빨라 원형을 유지하고 있다고 보이며 『신찬성씨록』은 후에 내용상의 부가와 개변이 있었을 가능성이 높다. 『신찬성씨록』은 改賜姓에 의해 씨성의 혼란과 계보의 사칭이 일어났기 때문에 이를 바르게 하기 위하여 편찬된 것으로 畿內 거주자만을 대상으로 황별 335씨, 신별 404씨, 제번 443씨로 분류해 모두 1182씨의 출자와 계보를 기록하였다. 이중에서 제번은 한반도나 중국 등 도래계 씨족이다. 『신찬성씨록』에 기록된 각 씨족의 출자는 사실과 다른 경우가 많다. 이것은 각 씨족이 제출한 씨족지를 근거로 해서 편찬된 것이기 때문이다. 『신찬성씨록』 서문에 의하면 "勝寶 연중에 특별이 恩旨가 있어 제번이 청한바 대로 姓을 하사하였다"고 하여 자유신고에 의해 편찬되었음을 기록하고 있다. 이를테면 자신의 선조의 도래시기의 먼 과거에 있었고, 중국왕조의 황제에 가탁하는 경우이다. 예를 들면 한반도 출자가 분명함에도 秦이나 漢 王朝 출신임을 주장한다는 것이다. 『속일본기』 天平寶字 원년(757) 4월4일조에는 "고구려, 백제, 신라인이 聖化를 흠모하여 와서 우리 풍속에 동화되어 姓 받기를 원하는 자는 모두 허락하였다"라고 하듯이 한반도로부터의 도래씨족에 대한 많은 사성이 행해지는데 이 시기에 중국황제로의 출자개변이 이루어졌을 것으로 보인다. 이러한 현상은 출자를 중국왕조로 개변하는 일이 당시의 상황에서 씨족의 이익에 유리하다는 판단했기 때문으로 생각된다[7]. 특히 신라의 경우는 天平 연간(729~749)에 이르러 일본과의 관계가 악화일로에 있었고 심지어 759년에는 藤原仲麻呂에 의한 신라정토계획이 나올 정도로 양국관계는 대립관계였다. 당시 출자에 대한 개변이 있었다고 하면 도래씨족 중에서도 신라계가 많았을 것으로 추정된다.

한편 진씨를 중국왕조의 진시황제의 후손으로 칭하게 된 배경으로『삼국지』「위서」한전의 "辰韓, 耆老自言秦之亡人, 避苦役, 適韓國 … 有似秦語, 故或名之爲秦韓"이라는 사료가 근거로 되어 왔다. 즉 진한인은 진의 망명인으로 고역을 피하여 한국에 왔고 언어도 秦語와 유사하여 秦韓이라고 했다는 것이다. 이 기사에 의해 진씨의 127현 백성을 辰韓人으로 보거나 秦氏를 辰韓 또는 濊 부근에 살던 秦亡人의 후예라는 설이 있다[8]. 이 설에 따르면 진씨는 신라로부터 왔지만 원출자는 중국왕조의 진이 된다. 요컨대 신라계인 秦氏가 秦이라는 글자를 쓰게 된 연유가 秦人 망명설에 있는 것이다. 그런데 문제는 秦의 훈독이 波陀(하타)였다는데에 있다. 앞서 인용한『신찬성씨록』에 의하면 인덕천황의 때에 성을 주어 波陀라 하고 지금의 秦字의 訓이다 라고 하듯이 원래 波陀라는 말이 있었고 후에 이를 秦字로 표기했다고 생각된다.

진씨가 진시황제의 후예라고 주장한 것은『신찬성씨록』에서 시작된 이야기이고, 그 이전에 편찬된『고사기』,『일본서기』등에는 없다. 이것은 8세기후반 이후에 진씨가 만들어낸 이야기로 생각된다[9].『일본서기』에는 진씨가 궁월군이 조상이라고 언급하고 있지 않다.『신찬성씨록』우경 제번「太秦公宿禰」에 "진시황 13

---

7 井上滿郎에 의하면 씨족들의 출자개변은 고대일본이 중국문화에의 동경이 강했고 견당사가 빈번히 행해질 무렵에 자신의 씨족을 중국황제에 결부시키는 일에 의해 이익을 얻으려고 했던 것이 동기라고 한다(井上滿郎, 1987,『渡來人』(株式會社リブロポート, p.73).

8 秦氏가 辰韓系라는 제설은 平野邦雄, 1961,「秦氏の硏究(二)」,『史學雜誌』75-4 참조.

9 關晃, 1966,『歸化人』, 至文堂, p.91.

세손 孝武王의 후손이고, 그 아들 功滿王이 仲哀 8년에 내조하다. 아들 融通王(一書에 弓月君)이 응신천황 14년에 내조하다. 127현의 백성을 이끌고 귀화하고 金銀寶帛을 바치다"라고 기록하고 있다. 진씨의 시조는 『일본서기』 응신기 14년에 귀화했다는 궁월군으로, 그의 이름은 후대의 사서에 弓月王, 融通王으로 기록되어 있다. 조상 이름의 경칭으로 王 자를 붙인 것은 8세기 이후이고 융통왕의 융통의 발음인 '유즈'는 궁월군의 '유츠키'와 상통하고 궁월군(유츠키노키미)이 본래의 이름으로 융통왕에 해당한다. 또 『신찬성씨록』과 『삼대실록』(元慶7년12월25일)에 仲哀朝에 功滿王이 도래했다고 하는 것도 진씨가 그 도래연대를 이른 시기에 자리매김하기 위해 후대에 조작한 것으로[10], 공만왕과 공지왕은 일본서기 편찬 이후 진씨에 의해 2차적 가상된 시조이다[11].

한편 궁월군 전승은 진씨와 더불어 도래계 웅족인 漢氏의 도래전승과 유사하다. 『일본서기』 응신기 20년조에 "倭漢直의 祖 阿智王, 그 아들 都加使主 및 黨類 17현을 이끌고 내조하다"라고 기록하고 있다. 『속일본기』 延曆 4년(785) 6월조에는 右衛士督從三位兼下總守 坂上大忌寸苅田麻呂等이 올린 상표문에는, "자신이 본래 後漢 靈帝의 증손인 阿智王의 후예이다"라고 밝히고 있다. 이것은 坂上氏가 동 상표문에서 "선조의 왕족의 姓을 잃어버려 하급 사람의 卑姓을 받았다"라는 주언에서도 알 수 있듯이 '卑姓'으로부터 탈출하기 위해 자신의 출자를 후한의 황제에게 가탁한 것이다. 『續群書類從』에 수록된 〈坂上系圖〉 소인의 『신찬성씨록』 逸文에는 그의 선조는 漢 高祖로 되어 있어 앞서 편찬된 『속일본기』의 후한의 영제설을 압도하는 개변을 행하고 있다. 漢氏의 17현에 대해 秦氏는 127현(『일본서기』에는 120현)을 데리고 왔고, 후한 왕조보다 앞선 秦王朝 때에 건너왔고, 게다가 倭漢直의 조상은 아지왕의 도래 연대가 응신 20년인데 비해 그보다 6년전에 진씨의

---

10 佐伯有淸, 1982, 『新撰姓氏錄の硏究』, 考證編4 左京諸蕃上, 吉川弘文館.
11 加藤謙吉, 1998, 『秦氏とその民』, 白水社, p.146.

조상인 궁월군이 도래했다는 시기적으로 빨랐음을 나타내고 있다. 진씨가 한씨에 대한 경쟁, 대항의식에서 자신의 조상이 한씨보다도 우월하다는 것을 과시하기 출자개변으로 당시의 현실에서 유리한 정치적 지위를 얻기 위한 목적에서 나왔다고 보인다.

그럼 秦의 훈독인 하타의 의미에 대해 살펴보자. 『신찬성씨록』 좌경 세번상에 太秦公宿禰의 출자를 술하는 기사 중에 "秦王이 바친 糸綿絹帛은 짐이 착용하는 데 부드럽고 피부(肌膚, 하타)에 따듯해서 波多를 성으로 하사했다"라고 한다. 또 『古語拾遺』에도 "공상한 絹, 綿이 피부에 부드러워서 秦字를 고쳐서 波陀라고 했다"서술하고 있다. 이 전승에 따리 진씨의 씨명을 機織(하타오리)의 機(하타)에서 구하는 설도 있다[12]. 진씨가 직조기술과 관련이 있는 씨였다는 것은 앞에서 인용한 『신찬성씨록』의 秦忌寸 전승에도 보이지만(『일본서기』 웅략기 15년조에도 동일전승), 이 일례를 제외하면 직조 관련사료는 보이지 않는다. 또 범어로 pata는 絹布를 가리키는 말이기 때문에 絹을 짜는 사람을 服部, 秦氏라 칭하고 絹을 짜는 도구도 하타라고 했다는 설도 제기되고 있다[13]. 진씨와 관련있는 직종을 보면 정치상의 일은 물론이고 武事, 음악, 불법숭상, 상행위, 조정의 재무, 학에 등 다방면에 걸쳐 나온다. 직조와 관련된 직무를 씨족명으로 했다고 한다면 오히려 5세기후반에 도래한 今來漢人이라 불리우는 漢氏가 보다 가깝다. 현재 하타라는 말을 직조와 관련시키는 설의 지지자는 거의 없다고 해도 좋다.

'하타'의 어원에 대해 일찍이 江戶 시대의 국학자 新井白石이 波陀는 한국어라는 지적에 감응되어 한국어의 海를 의미하는 바다(pata, pada)로부터 전화되었다는 설을 제기한 바 있다[14]. 이 설은 한반도로부터 바다를 건너 온 사람을 의미했던

---

12 佐伯有淸, 1983, 『新撰姓氏錄の硏究(考證編 第5)』, 吉川弘文館, pp. 161~163.

13 高楠順次郎, 1966, 『日本外來語轉典』(關晃, 『歸化人』, 至文堂, p. 96 재인용).

14 關晃, 1966, 『歸化人』, 至文堂, p. 96, 上田正昭, 1965, 『歸化人』, 中公新書, pp. 71~72.

것이 후에 씨족명으로서 특정의 씨족을 가리키게 되었다고 보는 것이다. 그러나 바다를 건너온 씨족이 진씨만이 있는 것은 아니기 때문에 특정씨족에 한정시키는 일은 문제가 있다[15]. 근년 다수의 지지를 받고 있는 지명으로부터 유래했다고 설로서, 일본열도에 도래한 사람들이 고향의 지명을 씨족명으로 했다는 것이다. 지명설을 적극적으로 주장하고 있는 鮎貝房之進에 의하면 하타는 秦民이 거주한 지명을 칭하는 것으로 보고 동해안의 지명을 인정해야 할 것이라 하면서 현재의 울진지방으로 비정한다[16].『삼국사기』잡지4(지리2)에「蔚珍郡, 本高句麗于珍也縣, 景德王改名, 今因之, 領縣一, 海曲(一作西)縣 本高句麗波旦縣, 景德王改名, 今未詳」이라하여 울진의 領縣이었던 海曲의 古名이 波旦였다고 한다. 波旦의 旦는 원래 旦이 아니었을까 생각된다. 광개토왕비문에 나오는 阿旦城을『삼국사기』에는 阿旦城이라 하듯이『삼국사기』에는 旦字를 旦로 바꿔 쓴 예가 종종 보인다. 하타라는 어원이 秦氏가 도래하기 전의 지명으로 본다면 이 波旦 이외에는 달리 비정할 곳이 없다. 울진의 古名 波旦과 관련하여 波旦이라는 말이 울진봉평비에 보이고 있어 관심을 끌고 있다. 봉평비의 제7행 31, 32번째 字인 波旦이 그것이다. 波旦에 대해서는 지명설 뿐만 아니라 관등명, 관직명, 인명의 일부에 이르기까지 다양한 견해가 제시되고 있어 논란의 여지는 남아있다. 그러나 봉평비와 더불어『삼국사기』에도 울진의 한 지역명으로서 波旦이라는 지명이 남아있어 지명일 가능성은 높다. 秦氏의 출자는 자신의 고향명을 딴 波旦, 즉 고대의 優由國인 울진으로 추정해도 좋을 것으로 생각된다[17].

---

15 上田正昭, 1989,「新羅古碑と秦氏の由來」,『古代の道敎と朝鮮文化』, 人文書院, p.249.

16 鮎貝房之進, 1972,『雜攷新羅王號攷朝鮮國名攷』, 國書刊行會, pp.346~347.

17 上田正昭도 봉평비의 발견이후 하타의 어원을 바다(海)였다는 자설을 수정하여 울진의 波旦說에 동조하고 있다(上田正昭, 1991,「古代史のなかの渡來人」,『古代豪族と朝鮮』, 新人物往來社, p.69).

3. 優由國과 秦氏

그럼 秦氏의 고향으로 추정되는 울진지방과 당시의 일본열도의 왜와의 관계는
어떠했는지 알아보자.『삼국사기』열전 昔于老傳에는 울진지방과 고대일본과의
관계를 추정할 수 있는 기록이 나온다.

【2-1】(沾解王)7년에 왜국의 사신 葛那古가 使館에 와 었었는데 于老가 주관하였
다. 使客과 희롱하여 말하기를 '조만간에 너희 王으로 鹽奴를 삼고 王妃로 炊事
婦를 삼겠다'고 하였다. 왜왕이 이 말을 듣고 노하여 장군 于道朱君을 보내어 우
리를 치니 대왕이 于柚村에 나가 있었다. 于老가 말하기를 '지금 이 환난은 내가
말을 조심하지 않은 데서 온 것이니 내가 당하겠다' 하고 왜군에게 가서 말하기
를 '전일의 말은 희롱이었다. 어찌 군사를 내어 이렇게 까지 할줄 알았겠는가' 하
였다. 왜인이 대답하지 아니하고 잡아서 나무를 쌓아 그위에 얹어놓고 불태워 죽
인 다음 돌아갔다. 于老의 아들이 어리고 약하여 보행하지 못함으로 다른 사람이
앉고 말을 타고 돌아왔는데 후에 흘해이사금이 되었다. 미추왕때에 왜국 사신이
내빙하였는데 于老의 아내가 국왕에게 청하여 사사로이 왜국 사신에게 음식을
대접하다가 몹시 취하게 되자 壯士를 시켜 끌어내어 불태워 앞의 원한을 보복하
였다. 왜인이 노하여 와서 금성을 치다가 이기지 못하고 돌아갔다.

이 전승의 주인공인 于老라는 인물은 신라국가형성기에 혁혁한 무공을 세운 장
군으로 자리매김되어 있다. 우로는 석씨왕계의 내해니사금의 왕자로서 대외군사
활동에 의해 무공이 많아짐에 따라 舒弗邯으로 승진하여 병마권을 장악하는 최
고의 실력자로 부상하게 된다. 그러나 그는 왜사에 대한 실언으로 죽음을 맞게 된
다. 특히 왜와의 관련전승이『삼국사기』에서는 보기 드물게 왜사와 왜장의 이름이
기록되어 있는 등 내용이 너무도 구체적이고 사실적이다. 뿐만 아니라 동일한 계

동의 전승이 『일본서기』 신공황후 섭정전기(仲哀紀9년12월조)에도 신공황후가 신라를 치려하자 신라왕인 宇流助富利智干이 무릎을 꿇고 복속을 맹서했다고 하고, 별전에는 신라왕이 포로가 되어 죽음을 당하자 그의 처가 왜사를 꾀어 살해했다고 한다. 『일본서기』 소전의 宇流助富利智干의 宇流가 于老, 助富利(智)干은 舒弗邯에 해당한다. 『삼국사기』가 우로를 敍弗邯이라 한 것에 대하여 『일본서기』에서는 왕이라 표현한 것은 신라왕을 일본천황에 복속시켰다는 신라복속담의 설화로서 후에 윤색된 것이다. 그러나 한일 양사서에 기록되어 있는 우로전승은 모티브가 거의 일치하고 있어 사료의 신뢰성을 높여주고 있다. 이 전승은 신라국가형성기의 지방세력의 일이 어느 시기엔가 신라의 중앙정권의 경험으로 전화된 사건으로 추정된다[18].

신라국가형성기에 왜와의 관련전승은 『삼국사기』 신라본기에 수십차례나 등장하고 있다. 내용의 대부분은 왜의 침략기사로 일관되어 있으나 우로전승의 경우는 다분히 외교적 성격을 띠고 있다. 신라와 왜와의 외교분쟁으로 비화된 于柚村의 위치에 대해서는 일찍이 前間恭作이 진흥왕순수비의 창령비에 보이는 '于抽 · 悉直 · 河西阿郡使大等'이란 기사에 주목하여 이를 于抽에 비정하고, 于抽는 悉直(三陟), 河西阿(江陵)와 함께 使大等이 주재한 동방 3군의 하나로서 현재의 蔚珍으로 추정한다. 나아가 『삼국지』 「위서」 변진조에 보이는 진한 12국 중의 하나인 優由國으로 보고있다[19]. 『삼국사기』 권35(지리2) 溟州 蔚珍郡條에 의하면 「蔚珍郡 本高句麗于珍也縣」라하여 울진의 古名인 于珍也는 于柚, 于抽, 優由와 서로 통하고 있어 于柚村을 蔚珍으로 보는 견해는 온당하다 하겠다[20].

18 李基東, 1985, 「于老傳說의 世界」 『韓國古代의 國家와 社會』, 일조각, 延敏洙, 1989, 「五世紀以前 新羅의 對倭關係」, 『日本學』 8 · 9집, 同 1998, 『고대한일관계사』, 혜안.

19 前間恭作, 1925, 「新羅王의 世次와 其의 名에 대하여」 『東洋學報』 15-2, p. 215 註26), 千寬宇, 1991, 「辰 · 弁韓諸國의 位置試論」 『加耶史硏究』, 一潮閣, pp. 83~85.

20 延敏洙, 2000, 「古代韓日關係와 蔚珍地方」 『韓國古代社會와 蔚珍地方』, 韓國古代史學會, 同 2003,

게다가 『新撰姓氏錄』山城國 諸蕃 「秦忌寸」조에는 "太秦公宿禰와 同祖이고 진시황제의 후손이다.… 이에 (秦酒公이) 秦民을 이끌고 양잠과 견직을 바구니에 담아 조정에 나아가 공진하니 산악과 같이 조정에 쌓아 천황은 기뻐하다. 특히 총명을 내려 호를 하사하여 우즈마사(禹都万佐)라고 하였는데 이는 꽉차서 이익이 있다는 뜻이다"라고 하여 진씨는 웅략조 때에 우즈마사(禹都万佐, 禹豆麻佐)의 칭호를 받았다는 전승이 있다. 우즈마사는 후에 진씨의 본가로 알려진 太秦이다. 『古語拾遺』(一卷)에도 「長谷朝倉朝廷(雄略朝) 때에 진씨가 분산되어 타 씨족에게 들어가거나 예속되었다. 秦酒公이 출사하여 총애를 받다. 진씨를 불러 모으라는 조서를 내리고 酒公의 휘하에 두었다. 따라서 180종의 勝部를 통솔하여 양잠을 짜고 공물을 바쳤다. 이로 인하여 성을 우즈마사(宇豆麻佐)로 하사받았다고 하여 그성의 유래를 전하고 있다. 진씨가 받은 우즈마사라는 성을 직조와 관련하여 이야기 하고 있지만, 울진의 옛 지명인 우유촌, 유유국과 언어학상으로 보면 유사하다. 山尾幸久는 百納本魏書 韓傳에 優中國으로 나오는 것에 착안하여 「우즈마사」의 우즈를 「優中」에 대응시키고 「마사」는 村의 의미로 보아 蔚珍인 于抽村으로 본 것은 정확한 지적으로 생각된다[21]. 우즈마사가 지명으로부터 유래했다고 하면 『삼국사기』지리지의 울진의 고명인 于珍也의 '于珍', 또 석우로전에 나오는 역시 울진의 고명인 于柚村의 '于柚' 『삼국지』위서 변진전의 優由國의 '優由'와 관련이 있을 것이다. 진씨의 출신지가 울진이라고 하면 일본열도로의 이주는 언제 이루어졌고 그 배경은 무엇인가. 『일본서기』 등에는 진씨의 조상인 弓月君의 도래를 웅신조의 일로 기록하고 있다. 웅신조의 도래전승은 이미 지적되고 있듯이 후세의 씨족전승의 형성과정에서 웅신조에 가상된 것이다. 웅신조와 웅략조의 각 씨족의 도래기록을 보면 대체로 일치하고 있어 웅략조의 도래전승이 웅신조에 투영되어 선

『古代韓日交流史』, 혜안.

21 山尾幸久, 1983, 『日本古代王權形成史論』, 岩波書店, p.337.

조의 도래 기원설화로서 전승된 것으로 보인다[22]. 울진지방에서 집단적 도래의 파동이 있었다고 한다면 그것은 정치적 변동을 생각하지 않을 수 없다. 즉 울진지방이 외부에 의해 복속이나 핍박받고 있던 시기이다. 울진지방을 중심으로 한 동해안 지역은『삼국사기』지리지에서도 나타나듯이 고구려 지명이 많아 초기에는 고구려의 세력권이었다. 4세기말에서 5세기초에 걸쳐 고구려의 남정, 경주에서 발견된 광개토왕의 이름이 새겨진 청동제 壺杅의 발견, 중원고구려비에 보이는 장수왕대의 대신라 우위적 관계 등에 비추어 볼 대 5세기 후반대까지는 동해안의 주요지역은 고구려의 영향하에 있었다고 보인다. 신라가 동해안의 고구려 세력을 언제 축출했던가는 잘 알 수 없지만,『삼국사기』에 450년과 468년에 고구려가 신라의 북변 悉直(三陟)에서 싸우고 何瑟羅(江陵)人을 동원하여 泥河에 성을 쌓았다는 기록으로 보아 적어도 울진지방은 5세기 후반에는 신라의 영역화가 이루어졌다고 보인다. 이 시기는 도래전승이 빈번히 보이는『일본서기』웅략조의 시기와도 대체로 일치하고 있어 울진에서 도래 파동을 상정한다면 이 시기가 가장 근접한다고 생각한다.

지정학적으로 울진은 동해안의 중간지점에 위치하고 남북을 잇는 중요한 교통의 요지였다. 위로부터 남하하는 고구려에 있어서도 북진하는 신라에 있어서도 군사상의 요충지이었다고 볼 수 있다. 또한 우로전승에서도 보이듯이 고대에 있어서 왜의 중요한 교섭 대상지역이기도 했다. 그러나 남북 양세력의 영토확장전쟁의 와중에서 울진의 고대왕권인 優由國의 자립성은 와해되고 급기야는 지배세력의 일파라고 생각되는 진씨 일족은 5세기후반경 일본열도로 이주하게 되었다고 생각된다.

---

22 平野邦雄, 1985,『大化前代政治過程の研究』, 吉川弘文館, pp.19~31.

4. 秦酒公·秦大父津과 식산활동

秦氏가 일본열도에서 활동하기 시작한 시기는 그 일족이 이주한 5세기 후반경이라고 생각된다. 왜의 오왕시대이고 대화정권의 웅략조에 해당한다. 일본고대인에게 웅신기와 웅략기는 특별한 시대로 자리매김한 역사관이 있다. 궁월군의 도래를 웅신조에 기록하고 秦酒公을 伴造의 직에 임명된 것을 웅략조에 배치한 것도 이 두 시대를 대화정권의 획기라는 인식에 기초한다. 도래인의 이주를 양분해서 웅신조를 이른 시기의 도래인으로, 웅략조를 今來의 도래인으로 기록하고 있다. 東漢氏의 선조인 阿知使主를 웅신조에, 都加使主를 웅략조의 인물로 한 것과 동일하다. 『新撰姓氏錄』과 『古語拾遺』의 관련기록을 살펴보기로 한다.

【3-1】

① 大泊瀨稚武天皇(雄略)의 어세에 주하여 아뢰기를 "普洞王 때에 秦民을 모두 잃어버려 지금 있는 자는 열에 하나도 있지 아니합니다. 청컨대 칙사를 파견하여 조사하여 불러 모으시길 바랍니다"라고 하였다. 천황은 사자 小子部雷를 보내어 大隅, 阿多의 隼人 등을 이끌고 조사시켜 모으니 秦民 92부 18,670인을 얻어 酒(秦酒公)에게 주었다. 이에 진민을 이끌고 양잠과 견직을 바구니에 담아 바치니 산악과 같이 조정에 쌓이고 천황은 기뻐하였다. …제진씨를 사역시켜 八丈의 大藏을 궁 옆에 지어 그 공물을 수납시키다. 고로 그 지명을 따서 長谷朝倉宮이라 하였다. 이때 비로서 大藏官員을 두고 酒(秦酒公)로 장관을 삼았다[23].

---

23 『新撰姓氏錄』山城國諸蕃「秦忌寸」조, "大泊瀨稚武天皇[諡雄略]御世, 秦普洞王時, 秦民惣被劫掠, 今見在者, 十不存一, 請遣勅使括招集, 天皇遣使小子部雷, 率大隅阿多隼人等, 搜括鳩集, 得秦民九十二部一万八千六百七十人, 逐賜於酒, 爰率秦民, 養蚕織絹, 盛詣闕貢進, 如岳如山, 積蓄朝庭, 天皇嘉之, 特降籠命, 賜号曰禹都万佐, 是盈積有利益之義, 役諸秦氏搆八丈大藏於宮側, 納其貢物, 故

② 長谷朝倉朝(雄略朝) 때에 진씨가 분산되어 다 씨족에게 들어가거나 예속되었
　　다. 秦酒公이 출사하여 총애를 받았다. 진씨를 불러 모으라는 조서를 내리고
　　酒公의 휘하에 두었다. 따라서 180종의 勝部를 통솔하여 양잠을 치고 공물을
　　바쳤다. … 이후 각 지방의 공물이 매년 늘어났다. 게다가 大藏을 만들어 蘇我
　　麻智宿禰에게 三藏(齋藏, 內藏, 大藏)을 감독하게 하고, 진씨에게 그 물건을 관리
　　시키고, 東西의 文氏에게 그 장부를 기록하게 하고, 漢氏에게 성을 내리고, 內
　　藏, 大藏을 담당시켰다. 秦漢 양씨가 내장, 대장의 관사를 맡게 된 기원이다[24].

　　5세기 후반 웅략조는 한반도로부터 도래의 물결이 왕성하던 시기였다. 고구려
의 남하에 의한 백제계, 가야계인들의 이주가 있었고, 동으로는 신라에 의해 침식
당하는 동남해안 지역을 중심으로 한 세력들이 이주의 파동을 일으켰다. 웅략조
에 나타나는 秦酒公은 秦氏 일족을 거느리고 있던 실질적인 족장이며 신라에 복
속당한 우유국의 수장이었다고 생각된다. 이들이 동해를 건너 일본열도에 도착하
여 처음에 정착한 곳은 大和国 葛城 지역이었다고 보인다[25]. 『신찬성씨록』山城國
諸蕃「秦忌寸」조에 의하면 秦氏는 大和의 朝津間腋上에 거처를 정했다고 한다. 현
재의 奈良縣 御所市 三室 부근으로 추정된다. 이곳은 5세기 세력을 구축하고 있
던 葛城氏의 본거지로서 다수의 도래계 집단들이 거주하고 있었다. 그 후 멀지않
은 시기에 진씨는 기존의 세력들과의 대립을 피하기 위해 山城國으로 이주하여
점차 현지를 개척해 나가며 세력권을 형성하게 되었다고 생각된다.

　　名其地曰長谷朝倉宮, 是時始置大藏官員, 以酒爲長官 …"
24 『古語拾遺』(一卷), "至於長谷朝倉朝 秦氏分散 寄隷他族 秦酒公進仕蒙寵 詔聚秦氏 賜於酒公 仍領
　　百八十種勝部 蠶織貢調 充積庭中 因賜姓宇豆麻佐[言 隨積埋益也 所貢絹綿 軟於肌膚 故訓秦字謂之
　　波陀 仍以秦氏所貢絹 纏祭神釼首 今俗猶然 所謂秦機織之緣也] 自此而後 諸國貢調 年年盈溢 更立
　　大藏 令蘇我麻智宿禰 檢校三藏[齋藏內藏大藏] 秦氏出納其物 東西文氏勘錄其簿 是以 漢氏賜姓 爲
　　內藏大藏 今秦漢二氏爲內藏大藏主鎰藏部之緣也"
25 水谷千秋, 2009, 『謎の渡来人秦氏』, 文藝春秋.

상기 2개의 전승은 秦酒公의 발전과정을 보여주고 있다. 『신찬성씨록』에는 秦民 92부 18,670인을 휘하에 두고 이들을 통솔하여 양잠과 견직물을 생산하여 왜 왕권의 공납하는 등 조정의 재원을 확보하는데 중요한 역할을 하여 대장성의 장관으로 발탁되었다고 한다. 『古語拾遺』에서는 전국에 흩여져 있는 진씨 일족을 불러 모아 양잠을 치게 하고 그 결과 조세원이 늘어나 大藏을 세우고 그 출납을 맡겼다고 되어 있다. 이 기록은 일본고대에 있어 양잠의 중요성을 말해주는 것이고, 특히 국가 재정에 크게 기여했다는 점에서 이를 주도한 진씨에 대한 특별한 인식을 반영하고 있다. 『고어습유』의 설화는 蘇我氏와 秦漢 양씨가 재정을 담당하고 그 시이에 官司制的 통속관세를 형성하면서 식산적 씨족으로서 재무행정을 담당하고 있었음을 말해주고 있다.

『일본서기』웅략기 16년 7월조에는 각 지방에 뽕나무를 심게 하였고, 또 秦民에게 庸과 調를 바치게 하였다는 기록이 보인다. 『신찬성씨록』좌경 제번상에는 "太秦公宿禰는 진시황제의 3세손, …인덕천황대에 127현의 진씨를 각 지방에 분산시켜 양잠을 치게하고 견직물을 만들어 바치게 했다[26]"라고 한다. 또 『삼대실록』仁和 3년(887)조에, 종5위하 時原宿禰春風이 朝臣 성을 하사받는 기사에서 그는 스스로 말하기를 진시황제 11세손 功滿王의 자손으로 공만왕이 귀화시에 '珍寶蠶種等'을 바쳤다고 한다[27]. 『삼대실록』貞觀 5년(863)조에 나오는 山城國 葛野郡 출신의 圖書大允 종6위상 秦忌寸春風이 時原宿禰 성을 하사받았다고 기록되어 있어 秦忌寸春風과 時原朝臣春風은 동일인물이다[28]. 진씨의 후예인 그가 '蠶種'을 특별

---

26 『新撰姓氏錄』左京 諸蕃上, "男功滿王, 帶仲彦天皇[諡仲哀 八年来朝, 男融通王[一云弓月王], 譽田天皇[諡應神]十四年, 来率廿七縣百姓歸化, 獻金銀玉帛等物, 大鷦鷯天皇[諡仁德]御世, 以百廿七縣秦氏, 分置諸郡, 即使養蠶織絹貢之".

27 『三代実錄』仁和3年 7月 17日條, "戊子, 左京人從五位下行釆女正時原宿禰春風, 賜朝臣姓, 春風自言, 先祖出自秦始皇十一世孫功滿王也, 帶仲彦天皇四年, 歸化入朝, 奉獻珍宝蠶種等".

28 大和岩雄, 1993, 『秦氏の硏究』, 大和書房, p.327.

이 거론한 것은 진씨 일족에게 역사적으로 양잠과 관련된 전승이 강하게 남아있었고 양잠이 일족의 영광스러운 직무였음을 말해준다. 현재 京都에는 진씨와 양잠, 기직과 관련된 양잠신사가 있다. 山城秦氏의 본거지인 太秦에 있는 本島坐天照御魂神社의 境内社는 바로 그것이다.

秦氏의 양잠기술은 그의 본국인 신라에서 들어온 것이다. 『삼국사기』 신라본기 시조 혁거세 17년(41)에 왕이 6부를 두루돌며 농사와 양잠을 권장하는 기사가 나온다[29]. 파사이사금 3년(82)조에도 왕이 令을 내려, 지금 창고는 텅 비어있고 병기는 무뎌져 있으니 담당 관청에 농사와 양잠을 장려하고 유사시에 대비할 것을 명하였다[30]. 또 문무왕 11년에는 나라 안 천리 땅 곳곳에서 전쟁이 있어 누에 치는 아낙네는 제때에 뽕잎을 따지 못하고 농사짓는 농부는 밭 갈 시기를 잃었다고 한다[31]. 신라에 있어 양잠은 왕권의 안정과 국가재원의 중요한 자원이었고 국가의 핵심적 관리대상이었음을 알 수 있다.

일본에서의 양잠에 대한 최초 기록은 『일본서기』 신대기에 나온다. "이 신의 머리 위에서 누에와 뽕나무가 생겼다", "그 신이 입속에 누에를 머금고 있어서 그냥 실을 뽑을 수 있었다. 이것이 양잠의 시초이다"라고 기록하고 있다. 후대 사실의 투영이지만, 양잠의 신화적 유래와 방법을 말하고 있다. 동 황극기 3년(644) 7월조에는 양잠신앙에 대해 기술하고 있다. 그 주요 내용을 보면, 동국의 大生部多라는 사람이 벌레에게 제사할 것을 마을 사람들에게 권하며 "이는 常世의 신이다. 이 신을 제사하는 사람은 부와 장수를 얻을 것이다"라고 말하였다. 그래서 왕경과 지방의 사람들은 상세의 벌레를 잡아서 청좌에 놓고, 노래 부르고 춤을 추며 행복을 구하고 귀한 재산을 버렸다. 아무 이익이 없고 손해만 극심하였다. 이때 葛野의

---

29 『三國史記』新羅本紀 始祖 赫居世17年, "王巡撫六部 妃閼英從焉 勸督農桑 以盡地利".
30 『三國史記』新羅本紀 婆娑尼師今3年 春正月, "下令曰, 今倉廩空匱 戎器頑鈍 儻有水旱之災 邊鄙之警 其何以禦之 宜令有司 勸農桑 練兵革 以備不虞".
31 『三國史記』新羅本紀, 文武王11年條.

秦造河勝이 사람들을 현혹시키는 것을 미워하여 대생부다를 타도하였다. 무격들이 두려워하여 제사를 권하는 것을 중지하였다. 이 벌레의 형상은 누에(蠶)와 흡사하였다고 한다. 누에와 비슷한 곤충을 제사지낸다는 점에서 누에는 특별한 생물로 인식되었다고 보인다. 『荀子』賊編에 "그 형상이 자주 변화하는 것이 신과 같다"라고 하는데, 그 화신하는 모습이 영적이고 신비로움을 자아내고 영물로 인식되었다고 생각된다. 대생부다 전승에 보이듯이 누에와 유사한 곤충이 부와 장수를 바라는 도교적 신앙인 常世神으로 받들었다는 것은 양잠 그 자체도 얼마나 중요한 사업이었던가를 대변해 주고 있다. 『고사기』인덕천황단에 황후가 山城의 韓人 奴理能美가 키우는 곤충을 보러갔는데, 한번은 유충이 되고 한번은 껍질을 벗고 한번은 나는 새가 되고 3색으로 변하는 기이한 곤충이라고 하였다[32]. 이것은 죽음과 재생을 반복하는 不老不死의 常世의 곤충으로 사실상 누에와 다름아니다. 이때의 한인이 누구인지는 모르나 신라계 진씨와 관련이 있다면 양잠을 전하고 중요한 가업의 하나였던 秦氏의 양잠과 밀접히 연결된다.

다음 秦大津父란 인물은 秦造公과는 1세대 차이가 나는 후손이다. 진씨 일족의 족장권의 계승이라는 측면에서 보면 부자관계일 가능성도 있다. 이 인물에 대해서는 『일본서기』흠명 즉위전기에 천황이 어릴 적에 꿈에 어떤 사람이 나타나 "천황께서 진대진부라는 자를 총애하시면, 커서 반드시 천하를 다스릴 것입니다"라고 하였다. 이 말을 듣고 그를 찾아 근시시켜 즉위 후에 대장성의 관리를 맡겼다고 한다. 꿈 속의 계시에 따라 진대진부를 발탁했다고 전하는데, 진씨와의 범상치 않은 인연을 강조한 것이라고 할 수 있다. 이 설화에서 진대진부는 자신의 고향인 山背國과 伊勢를 왕래하며 상업에 종사하던 인물이었다. 秦酒公 전승에서 보이듯이 양잠, 직조와 관련있는 일에 진씨가 관여하고 있었음을 알 수 있다. 그는 직물류의 판매, 공급을 주관하고 교역망을 장악하면서 거대한 부를 축적하고 있었을

---

32 『古事記』下卷 仁德天皇段.

깃으로 추정된다. 그의 이러한 경험과 능력이 재무를 관장하는 조정의 관리로 출사했던 사실이 천황과의 꿈속의 인연설로 부회되어 나타났다고 보인다.

『일본서기』흠명기 원년 8월조에, "秦人, 漢人 등 諸蕃의 投化者 國郡에 안치하고 호적을 작성하였다. 秦人의 호수는 총 7,053호였다. 大藏掾을 秦伴造로 임명하였다"고 한다. 이 기록은 흠명조에 진씨의 씨족조직과 지배조직이 성립하고 진씨의 지배집단이 공납하는 調가 조정의 창고에 납입되고 그 결과 진씨가 창고 관리 직무에 나가간다는 사실을 전하고 있다. 전자는 그 유래를 웅략조에 소급하여 진씨의 伴造職의 유래를 진주공과 결부시켜 말한 기원설화로 이해된다[33]. 秦大津父는 진씨의 씨족조직이 편성될 때 최초의 반조로서 최초의 진씨의 족장이었다. 그는『일본서기』흠명기 즉위전기에 커다란 鏡富를 이룩했다고 기록되어 있고, 후에 천황에게 근시해서 출납의 직무를 맡을 수 있었다.『聖德太子傳曆』에도 '富饒家'라고 기록하고 있고 그 재력에 의해 성덕태자의 측근으로서 활동하였다. 이러한 재부의 축적은 기술력에 의한 토지개발에 의해 더욱 발전하고 국가재정을 장악하는 大藏 관인으로서 활약할 수 있었다.

5. 秦河勝과 왜왕권

秦氏 일족 중에서 왜왕권과 긴밀한 관계를 유지하면서 다양한 분야에서 활약한 인물이 秦河勝이다. 그가 활동한 시기는 사료상으로도 587년부터 644년까지 나오고 있어 왜왕권에서 오랜 기간 동안 봉사한 인물이다. 진하승의 대표적인 업적으로는 그의 본거지인 葛野지방에 葛野大堰이라는 대규모 제방을 축조한 일이다. 나아가 광륭사 건립, 외교업무, 군사적인 역할 등 폭넓게 활약하고 있다. 이렇듯 진

---

33 加藤謙吉, 1998,『秦氏とその民』, 白水社, pp. 149~150.

하승은 진씨 일족의 족장으로서 왜왕권에 봉사하면서 일족의 번영을 추구하였다.

진씨가 주도한 개발의 출발점은 제방과 수로의 건설이었다. 진씨의 거점인 갈야는 鴨川과 桂川의 범람지역이었다. 농업생산을 위해서는 물의 관리는 필수적인 조건이었고, 葛野大堰의 축조는 진씨가 이룩해낸 금자탑이었다. 『政事要略』에 인용된 「秦氏本系帳」에는 "葛野大堰를 만드는 일을 천하의 누구에 비할 바인가, 이는 진씨가 일족을 이끌고 이룩한 것이다. 옛날 진 昭王이 홍수를 방지하기 위해 제방을 축조하고 토지를 개간하여 1만경을 만들어 진의 부를 수배 늘렸다. …지금 大井의 제방은 그에게 배워 만든 것이다[34]"라고 기록하고 있다. 이것은 현실의 葛野川(桂川)에 거대한 제방을 만들고 관개용수를 공급하여 농업생산력을 증대시켰던 진씨의 공로를 예찬한 것이다. 大阪平野의 개척에 대해서도 『고사기』 仁德天皇段에, "又役秦人作, 茨田堤及茨田三宅"이라고 하여 秦人이 茨田堤와 茨田三宅의 조영에 종사했다는 사실이 전해지고 있다[35]. 『일본서기』 인덕기 11년 10월조에도 "북쪽 하천의 홍수를 막기 위해 茨田堤를 쌓았다"고 한다[36]. 이 茨田堤와 茨田三宅 조영과 대응하는 기록이 『古事類苑』 地部4[河內志 十茨田郡] 항목에 鄕名으로 '幡多'의 명칭이 보인다. 幡多는 하타(秦)이고, 幡多鄕이란 秦鄕으로 이 일대는 고대에 진씨가 거주하였고 淀川의 치수 등을 관리했을 것으로 보인다. 이러한 전승과 기록은 진씨가 왕성한 식산씨족으로서 葛野 뿐아니라 河內 지역에도 미치고 있었음을 말해주고 있다. 『일본서기』 응신기 6년조에는 천황은 近江國에 행차

---

34 『政事要略』卷54,「秦氏本系帳」, "造葛野大堰於天下誰有比檢, 是秦氏率訓催種類所藏造構之, 昔秦昭王, 塞訓堰洪河通溝槍, 開田万頃秦富數倍, 所謂鄭伯之沃衣食之慌者也, 今大井堰樣, 則習彼所造"

35 『日本紀略』延暦 19年(800)과 大同 3年(808)에 葛野川의 축조공사와 굴삭공사가 있었다고 기록하고 있고, 『類聚三代格』天長 원년(824)에도 갈야천의 수리를 담당하는 防葛野河使가 설치되었다고 하듯이 진씨가 축조한 갈야천에 대한 관리는 계속되고 있었다.

36 茨田堤에 대해서는 表口喜嗣, 1983,「茨田堤に関する二・三の問題」,『横田健一先生古稀記念文化史論叢』, 創元社, 直木孝次郎, 1997,「茨田 - 茨田郡と茨田堤を中心 - 」,『大阪春秋』89, 新風書房, 서보경, 2012,「고대일본의 治水事業과 韓人」,『韓日關係史研究』43 참조.

하여 菟道野에 이르러 노래하기를, "千葉의 葛野를 바라보면 풍요한 마을도 보이고, 나라의 빼어난 것도 보인다"라고 하여 갈야지방의 풍경을 묘사하고 있다. 이 國見歌는 葛野의 백성들 사이에서 불려오던 전통 민요였을 것으로 보이며 자신들이 개척한 농지, 대제방의 건설 등 지역사회의 풍요로움을 예찬한 것으로 응신기에 투영시켜 기술한 것이다.

진하승이 동원한 일족의 노동력과 그 기술능력은 왜왕권의 재원확보와 국가경영에 커다란 영향을 미쳤고, 그의 후예들은 8세기 이후 왕경 조영사업에도 관여하게 된다. 『속일본기』의 기록을 살펴보면, 天平 13年(742)에 造宮錄 秦下嶋麻呂이 恭仁宮의 大宮垣을 조영하였고 이듬해에 太秦公의 氏姓을 받았고[37], 神護景雲 3年(769)에는 造宮長上 秦倉人岯主가 秦忌寸의 씨성을 하사받았다[38]. 연력 3년(784)에 山背國 葛野郡의 秦忌寸足長은 長岡京의 궁성을 축조한 공적으로 외정8위하에서 內位 종5위상에 서임되었다[39]. 10단계 가까운 이례적인 승진으로 그가 보유하고 있던 재정의 힘이 얼마나 컸는지를 보여준다. 게다가 主計頭에 임명되어 명실공히 재무관료로 활동하게 된다. 主計寮는 조세를 파악하고 감독하는 관직이다. 조세의 양을 계산해서 이것이 규정된 양에 달하는지 감독하기 때문에 숫자에 관한 능력이 요구되는 국가 재정상의 주요 기능이다. 이듬해에는 太秦公忌寸宅守가 太政官院의 담장을 축조한 공로로 종7위상에서 종5위하에 서임되었다. 이와같이 진씨 일족의 관개수리 등 토목, 건축기술은 가문의 전통이었고 우수한 기술과 풍부한 노동력을 제공하여 일본고대국가의 국가건설에 크게 기여하였다[40].

---

37 『續日本紀』天平13年 春正月, "癸未朔, 天皇始御恭仁宮受朝, 宮垣未就 … 」, 天平十四年丁丑,「詔授造宮錄正八位下秦下嶋麻呂從四位下, 賜太秦公之姓, 并錢一百貫絁一百疋布二百端綿二百屯, 以築大宮垣也".

38 『続日本紀』神護景雲3年 11月, "壬午, 彈正史生從八位下秦長田三山, 造宮長上正七位下秦倉人岯主, 造東大寺工手從七位下秦姓綱麻呂, 賜姓秦忌寸".

39 『続日本紀』延曆3年 12月, "乙酉山背國葛野郡人外正八位下秦忌寸足長築宮城, 授從五位上".

40 『廣隆寺由來記』에는 推古11년에 秦河勝이 성덕태자로부터 받았다고 하는 불상에 대해 金銅彌勒菩

진하승의 업적 중에 불교관련 사업을 빼놓을 수 없다. 『일본서기』추고 11년 (603) 11월조에, 황태자는 모든 대부들에게 "나에게는 존귀한 불상이 있다. 누가 이 불상을 얻어 예배하고자 하는 사람은 없는가"라고 물었다. 이때 秦造河勝이 나와서 "제가 예배하겠습니다"라고 말하고 즉시 불상을 받아 蜂岡寺를 세웠다. 이 사찰은 일명 太秦寺라고도 불리우는 廣隆寺이다. 광륭사의 창건연대에 대해서는 여러 설이 존재한다. 먼저 추고 11년조에 근거해서 광륭사 창건을 603년으로 보면, 진하승은 성덕태자로부터 신라에서 보내온 불상을 받아 건립했다는 것이 된다. 즉 성덕태자의 거주지였던 奈良의 斑鳩宮에서 진씨의 본거지인 京都로 돌아와 광륭사를 창건하고 이곳에 본존불로서 안치했다고 보인다. 다음으로 추고 31년 7월조에는, "신라가 대사 나말 智洗爾를, 임나가 달솔 나말 智를 파견했다. 그리고 불상 1구 및 금탑과 사리를 바쳤다. 또 큰 관정번 1구와 작은 번 12개를 바쳤다. 이 불상은 葛野의 秦寺에 안치시켰다"고 기록하고 있다. 한편 『廣隆寺緣起』에는 "推古天皇治天下卅穢次壬午, 大花上秦造河勝奉爲上宮太子所建立也"라고 하여 추고 30년에 진하승이 성덕태자를 위해 건립한 것으로 나오고, 현존 『일본서기』最古本인 岩崎本에도 추고 30년으로 기록되어 있어 622년으로 보는 것이 타당하다. 성덕태자는 추고 29년에 사망했기 때문에 아마도 성덕태자의 사후 1년이 지난 시점에서 그를 추모하기 위해 건립했다고 생각된다. 광륭사는 신라불교의 요소가 강했던 진씨 씨족집단의 氏寺였고, 동시에 국가적 성격의 사찰이었다.

신라에서 불교가 번성하고 있을 시기에 왜국에의 영향은 여러 사례를 통해 확인할 수 있다. 왜국에서 불교가 왕권 차원에서 수용되기 이전 신라에서는 법흥왕대 이미 공전되었고 진흥왕 14년(553)에는 황룡사의 조영에 착수하여 17년만인 569년에 완공하였다. 선덕여왕때는 주변나라가 침략을 막고 九韓이 와서 조공하

薩像[坐像高一尺八寸]이라고 기록되어 있다. 이 불상은 현재 일본 국호1호로 지정되어 있는 광륭사의 寶冠彌勒菩薩半跏思惟像에 해당한다.

며 왕업이 길이 태평할 것을 기원하는 황룡사 9층탑을 세워 국가신앙으로서의 호국불교는 더욱 발전하였다. 당시 왜국은 백제불교의 영향하에 있으면서 대사찰을 조영한 신라불교에 대한 관심도 있다는 것은 추측하기 어렵지 않다. 『일본서기』 숭준기 3년(590)조에 보이는 출가한 비구니의 이름 중에 新羅媛善妙나 나오는데 이 여승은 왜국에 가 있던 신라인이다. 어떤 경로로 왜국에 갔는지는 분명치 않으나 적어도 신라불교를 왜왕권에 알리는 역할을 했을 것이다. 숭준 4년(591)에 왜왕권은 吉士金과 吉士木蓮子를 신라에 보냈고[41], 또 추고 5년(597) 11월에 왜왕권은 신라에 難波吉士 磐金을 신라에 파견하였다[42]. 이듬해 4월에 신라에서 귀국하여 까치 두 마리를 바쳤다[43]. 2번에 걸친 왜국사절의 신라파견은 왜왕권의 대신라정책의 일환으로서 추진되었지만, 성덕태자의 신라불교에 대한 관심, 여기에 그의 측근인 진하승의 역할도 예상할 수 있다. 이들은 신라 왕경에 체재하는 동안 불교계의 인사들과의 접촉, 황룡사와 같은 국가사찰의 견학 등 신라불교의 실상을 체험했을 것이다. 왕권의 통치이념으로서의 불교사상, 경전 연구, 교단조직, 승려양성과 같은 교육 등 신라불교문화 전반에 대해 많은 정보를 얻었을 것으로 생각된다. 게다가 推古 30년(622)에 대당 학문승 惠齋, 惠光, 의사 惠日, 福因 등이 신라사를 따라 귀국한다. 이른바 신라의 대왜 送使외교의 시작이다[44]. 이러한 송사외교는 양국의 격동기의 국제정세 하에서 국가적 이익을 추구하기 위한 전략적 실리외교였다. 신라에 도착한 왜국의 대당학문승들은 중국의 최신의 불교를 체득한 상황에서 신라불교에 대해 관심을 갖지 않을 수 없었을 것이다. 이들 왜국사절은 신라사의 안내를 받아 왜국으로 귀환하는데, 이때 신라는 불상, 금탑, 사리, 관

---

41 이때의 왜국사 파견에 대해 『일본서기』에는 임나문제를 논의하기 위해서라고 말하고 있으나, 이는 가야를 복속시키는 왜곡된 가야관에 의거한 것으로 신용할 수 없다.

42 『日本書紀』推古紀 5년 11월조.

43 『日本書紀』推古紀 6년 4월조.

44 田村圓澄, 1979, 「新羅送使考」, 『朝鮮學報』 90.

정번 등을 보냈다. 황룡사 창건 이후 융성해진 신라불교의 우수성을 왜국에 과시하고 적대관계에 있던 백제를 의식한 신라 진평왕의 대왜외교의 일환이었다. 이와는 별도로 왜왕권의 수차에 걸친 신라에 사절의 파견이 양국의 우호관계로 전환되는 계기가 되었다고 생각한다[45].

진씨의 불교관련 사례로서 中宮寺에 소장되어 있는 〈大壽國曼茶羅繡帳〉 제작에 진씨의 일족인 椋部 秦久麻가 감독으로 참여하였다. 『上宮聖德法王諸說』에 인용된 이 만다라의 명문에 의하면 성덕태자의 사후 그의 비 橘大郎女가 여왕 추고에게 건의해서 태자가 아미타불이 거주하는 서방극락세계인 천수국에서 재생하기를 염원하는 불교의 이상세계를 자수하여 제작한 것이다. 秦久麻는 大藏의 출납을 맡고 있지만, 성덕태자의 근시자로서 이 사업의 총책을 수행하였다. 불교에 대한 이해와 지식이 없으면 불가능한 일이라고 생각된다.

秦河勝은 用明의 사후 物部守屋 토벌전에 성덕태자편에 가담하여 승리를 이끈 일화도 전하고 있다. 『上宮聖德太子傳補闕記』에는 다음과 같이 기록되어 있다[46].

【4-1】軍政 秦川(河)勝은 군대를 이끌고 태자를 보위하였다. 관군의 기세가 쇠퇴해짐을 보고 달려가 태자와 모의하였다. 즉 秦川勝에게 白樛木을 채취하여 四天王像,을 만들어 높이 세웠다. 태자는 스스로 용사들을 이끌고 적을 적들을 추격하였다. 적들은 物部府都大神의 활을 버리고 태자의 진영으로 투항하였다. 태자는 사천왕의 활을 쏘아 賊首 大連의 가슴에 명중시켰다. 秦川勝,은 大連의 목을 베고 소장군은 잔당을 평정하였다. 平群臣神手, 軍政人 秦造川勝 등 3인에게 새로이 위계를 만들어 神手는 小德에 川勝 등은 大

45 平野邦雄는 飛鳥佛教의 주류가 蘇我氏와 東漢氏, 司馬氏 등이 주도한 백제불교라고 한다면 이에 대항해서 성덕태자는 진하승의 조언을 받은 신라불교를 수용했다고 한다(平野邦雄, 1993, 『古代國家と歸化人』, 吉川弘文館, pp.233~234).
46 『上宮聖德太子傳補闕記』「太子生年十四 丁未年七月」條

仁으로 서임하였다.

　진하승이 불교공인을 둘러싼 내전에 軍政人으로서 병력을 이끌고 성덕태자를 호위하면서 적장 物部 大連守屋의 머리를 베어 승리를 이끌었다고 한다. 이 이야기는『일본서기』등에는 보이지 않아 의심의 여지도 있으나 진하승이 성덕태자의 불교이념을 실현하기 위해 그의 측근으로서 불교공전을 위한 종교전쟁에 참여했다는 점은 부정하기 어렵다. 한편으로는 이 기록을 남긴『上宮聖德太子傳補闕記』의 찬술자가 秦氏로 추정된다는 견해[47]도 있듯이 자신의 조상의 무훈, 군사적인 공적을 찬양하는 필법은 예상할 수 있다고 생각한다.

　신라와 왜국 관계는 왜왕권의 친백제 정책에 따라 그에 연동되어 적대적 관계로 지속되었다. 그러나 7세기에 들어 양국관계는 변화의 조짐이 나타난다. 바로 왜국의 대수외교의 재개와 동아시아를 상대로 한 다원외교가 나타나면서 신라와의 관계도 변화하기 변화를 보이기 시작한다[48]. 신라 진평왕 32년(610)에 왜국에 온 신라사절에 대한 왜왕권의 태도가 주목된다.『일본서기』의 관련 내용을 보면, 신라사 沙㖨部 奈末 竹世士와 㖨部 大舍 首智買가 북구주에 도착하자, 조정에서 사인을 보내 이들 일행을 왕경으로 맞이하고 장식말로서 河邊館이라는 영빈관에 안치시킨다. 秦造河勝 등의 안내로 조정에 들어가는데 이 외교의례를 주재한 자는 당시 최고의 실력자였던 蘇我大臣馬子였다. 이전의 왜왕권의 신라에 대한 태도로 보아 신라사에 대한 일련의 빈례 의식은 이례적인 일로서 대신라정책의 변화로 보인다. 여기에는 신라계 도래인 秦造河勝의 역할이 있었을 것으로 짐작된다. 그는 왜국내의 진씨 집단의 족장격인 인물이고 조정에서는 성덕태자의 측근이다. 왜왕권의 대신라 고립책을 수정하는데 진조하승의 숨은 노력이 있었을 것

<hr/>

47　新川登龜男, 1980,『上宮聖德太子傳補闕記の硏究』, 吉川弘文館.
48　延敏洙, 2004,「7世紀 동아시아정세와 倭國의 對韓政策」,『新羅文化』24.

임을 간파하기 어렵지 않다. 그가 신라사를 조정으로 안내하는 역을 맡은 것도 신라편에 선 외교의 협력자임을 말해주는 것이다. 진하승이라는 진씨 일족의 족장에 해당하는 인물을 신라외교의 일익을 담당하는 정치적 역할을 부여한 것은 그가 신라계라는 사실이 발탁의 배경이 되었다고 보인다. 왜왕권은 전통적으로 도래계 출신자를 외교사절로서 파견하는 등 실리외교를 위해 관례화되고 있었다. 앞에서 본 신라에 파견된 吉士金, 吉士木蓮子, 難波吉士도 외교관련 업무에 종사하는 吉士 집단으로 도래계 씨족에게 부여되는 姓이다[49]. 이 吉士는 신라 17관등의 하나로 왜왕권의 씨성으로 수용된 것으로 생각된다[50]. 진씨의 왕성한 식산적 활동, 외교와 군사업무, 불교문화의 수입과 전파에 이르는 광범위한 분야에 걸쳐 왜왕권과의 협력관계를 계속해 나갔다.

이러한 가운데 씨족의 결합을 공고히 하기 위해 공동체 의식을 구현하는 신사를 성립하게 된다. 『延喜式』神名帳의 山城國 葛野郡條에는 大酒神社를 주기하여 '元名 大辟神'이라고 되어 있다. 大酒神에 대해서는 廣隆寺緣起인『廣隆寺来由記』에는 "大酒大明神은 秦始皇이 祖神이고, 중애천황대에 功滿王이 내조하여 이를 받들어 모셨다"라고 기록하고 있다. 현재의 祭臣은 秦始皇帝, 弓月君, 秦酒公 등 3인으로 되어있다. 이중에서 진시황제, 궁월군은 진씨의 도래전승에 가상된 것이다. 실제의 제신은 太秦 일대를 개발한 신라계 진씨의 씨신으로 추정되는 秦河勝으로 보는 것이 타당하다[51]. 大辟神社가 진씨의 氏社로 성립하게 된 계기는 진씨라는 혈연적, 지연적 인연을 바탕으로 그 집단의 정신적 유대감과 공동체 의식을

---

49 吉士에 대해서는 三浦圭一, 1957,「吉士について - 古代における海外交渉 - 」,『日本史研究』34, 吉田晶, 1982,『古代の難波』, 敎育社 歷史新書, 請田正幸, 1983,「吉士集団の性格,」『続日本紀研究』227, 加藤謙吉, 2001,『吉士と西漢氏』, 白水社 참조.

50 本居宣長이『古事記傳』(三十三之卷)에서 吉士는 신라 17관등 중 14위에 해당하고 신라의 영향이라고 지적한 이래 대체로 수용되고 있다.

51 『日本地名大系』27, 1979, 京都市の地名,「大酒神社」항목, 平凡社.

공고히 하기 위해서였다. 진씨는 중앙정세의 상층부에 진출한 한씨와는 달리 지역에 뿌리는 내리고 선진 농업 토목기술을 이용하여 그 지역사회의 번영을 추구해 나갔다.

「廣隆寺來由起」에 나오는 大酒大明神의 酒는 裂과 음운상으로 통하고 大裂神은 대지를 크게 자른 신이라는 의미로 볼 수 있고, 이 신은 葛野大堰, 大溝 등 진씨의 토목공사를 나타내는 개발의 수호신이다[52]. 즉 大裂神은 진씨의 치수, 관개사업 등을 신격화한 것으로 직접적으로는 갈야대언의 축조과정에서 갈야지방의 수리를 관장하는 신으로 받들어지게 되었다. 요컨대 大辟神社는 진씨 일족의 일체감을 유지하기 위한 공동의 신, 즉 조상신을 모시는 신사로서 성립되었다고 본다.

6. 결어

5세기 후반 한반도의 격동기에 울진을 중심으로 세력권을 형성하던 진한 12국 중의 1국인 優由國은 북진하는 신라의 군사적 압박을 받아 그 지배세력의 일파는 동해를 건너 일본열도로 이주하게 된다. 그들은 모국에서 갖고 온 선진기술을 이용하여 새로운 신천지에서 개척하며 적응해 나갔다. 진씨라고 불리우는 이들 도래인은 '하타'라고 하는 지명에서 유래되었으며 그 기원은 울진 신라봉평비에 보이는 '波旦'과 연결되고 있고, 한편으로는 진씨의 거주지인 京都의 太秦의 훈인 '우즈마사'도 울진의 옛 지명인 우유촌, 우유국과 언어학상으로 유사하여 지명의 기원으로 추정된다. 우유국의 도래집단이 자신의 출자를 하타(秦)에서 구하고 진시황제의 후손이라고 주장한 것은 중국왕조와 교류가 왕성하던 시기의 출자개변이 이루어진 결과라고 생각된다.

---

52 山尾幸久, 1983, 『日本古代王權形成史論』, 岩波書店, 井上滿郎, 1987, 『渡來人』, リプロ-ト.

진씨 집단을 이끌고 일본열도로 망명했던 秦酒公은 양잠과 직조기술로 왜조정에 생산물을 공납하는 등 부를 축적해 나갔다. 그 결과 왜조정에서는 진주공에게 국가의 물품을 관리하는 大藏을 맡겼다. 신라의 기술인 양잠과 직조기술은 국가관리의 주요 대상으로 왜왕권에 이식되었다. 진주공과 부자관계로 추정되는 秦大津父는 진씨 일족을 통솔하는 伴造로서 양잠, 직물을 생산하여 판매, 공급하는 교역망을 장악하고 있었다. 이러한 새로운 기술도입과 생산으로 국가재정이 늘어나자 왜조정에서는 진대진부를 大藏의 장관으로 발탁하였다. 秦氏 2대에 걸친 왜왕권 財務의 수장이 된 것이다.

　秦河勝은 그의 씨족의 본거지인 葛野지방에 葛野大堰이라는 대제방을 쌓고, 외교와 군사면에 걸쳐 왕성한 활동을 한 인물이다. 특히 진하승 주도의 제방과 수로의 건설은 葛野川의 치수, 관개를 목적으로 한 최초의 대규모 토목공사였다. 농지의 개발과 생산력 증대를 촉진시켰다. 「秦氏本系帳」에 "葛野大堰를 만드는 일을 천하의 누구에 비할 바인가"라는 찬사는 이를 단적으로 말해주고 있다. 진하승은 성덕태자의 측근으로서 광륭사를 건립과 신라불교의 수입에도 관여하였고, 신라사절을 안내하는 외교적 업무를 수행하였다. 진흥왕대 조영한 황룡사의 거대한 사찰은 왜왕권의 신라불교에 대한 관심을 촉발시켰다. 이러한 일련의 일들은 진하승이라는 신라계 도래인의 역할이 있었기에 가능했던 일이었다.

　진씨는 본거지인 갈야지방의 鴨縣主와 혼인관계를 통해[53] 압현주가 주재하는 賀茂祭에도 관여하게 되고 진씨가 모시는 松尾神과도 습합하게 된다. 松尾神은 大寶 元年(701) 문무천황의 칙명을 받은 秦忌寸都理가 갈야에 권청했다고 하는 酒造神이다[54]. 松尾神이 酒神이라는 신앙의 유래는 『고사기』 응신천황단에 나오는

53　平安時代 중기에 明法博士 惟宗公方이 편찬한 『本朝月令』에 인용된 「秦氏本系帳」에는 "而鴨氏人爲秦氏之聟也, 秦氏爲愛聟, 以鴨祭讓與之, 故今鴨氏爲禰宜奉祭, 此其縁也"라고 하여 鴨氏人을 秦氏의 사위로 삼았다고 하는 양씨의 인연을 강조한 혼인기록이 나온다.

54　平野邦雄, 1993, 『古代國家と歸化人』, 吉川弘文館, pp.105~106.

"秦造의 祖, 漢直의 祖, 술빚는 것을 아는 사람, 이름은 仁番, 또 이름은 須須許理 등 도래하다"라는 전승과 관련이 있다고 보인다. 현실적으로도 진씨 일족의 양조 기술과 신에게 奉齋하는 술의 신성함이 융합되어 나타난 것으로 보인다. 갈야 지역사회에서 진씨가 차지하는 비중과 위상을 말해주고 있다.

『일본서기』흠명기 원년 8월조에, "秦人, 漢人 등 제번의 투화자를 國郡에 안치하고 호적을 작성했다. 진인의 호수는 총 7,053호였다"고 한다. 과장된 숫자이지만 진씨 세력의 규모가 어느 정도였는지를 말해주고 있다. 진씨는 전국에 秦人, 秦部, 秦人部 등을 공납민으로 두고 있었다. 그 범위는 동으로는 美濃, 伊勢, 尾張, 越前, 越中이고 서로는 播磨, 美作, 備田, 備中, 讚岐, 伊豫, 豊前, 筑前에 이르고 있다. 진씨는 인구면에서도 고대 호족 중에서 최대의 규모를 이루고 있다고 생각한다[55]. 지리적으로도 하타씨 관련인물의 분포는 32개국 82군에 이른다. 하타씨는 전국적 규모의 일본 고대 최대의 씨족임을 말해주고 있다.

진씨라는 씨족의 집단을 정신적으로 결합하고 유지시키는데에는 그 중핵으로서 씨신을 모시는 신사의 존재를 생각하지 않을 수 없다[56]. 사원과는 달리 씨신은 권청이나 분사에 의해 전국적으로 퍼져나간다. 진씨의 씨신을 모시는 大辟(酒)神社는 넓은 지역에 걸쳐 분포했다. 진씨의 전국적 분포와 이들이 각 지역개발에 성공하여 정착한 사례가 많았던 배경에는 강한 족적결합을 유지시킬 수 있는 씨신의 존재를 전제로 해야 비로서 이해할 수 있다고 생각한다.

---

55 平野邦雄, 1961,「秦氏の研究」,『史學雜誌』70-3, 70-4, 同 1993,『古代國家と歸化人』, 吉川弘文館, p.109.

56 井上滿郎, 1987,『渡來人』, 株式會社リプロート, pp.187~192.

제4장 의술씨족 惠日과 好太王 시조전승

1. 서언

惠日은『日本書紀』推古 31년조에 '醫惠日', 동 舒明 2년조에 '藥師惠日'이라고 하여 의술과 제약에 밝은 인물로 기록되어 있다. 그는 견당사의 일원으로 3차에 걸쳐 당에 파견되어 문명세계의 의학을 배우고 고대일본에 선진의술을 이식시킨 인물이다.『續日本紀』에 따르면 그의 선조는 고구려인으로 백제에 귀화한 후, 다시 5세기후반 왜국으로 이주한 德來의 5세손으로 나온다. 혜일의 후손인 難波連 일족 중에는 일본조정에서 侍醫, 內藥正에 보임된 인물도 배출되는 등 혜일의 가문은 의약분야에서 뛰어난 업적을 남겼다.

혜일 이전의 5대조 덕래에 대해서는 고구려에서 백제로 이주한 시기, 동기에 대해서는 알 수가 없고, 그가 왜국으로 이주한 사실도 단지『일본서기』에 번국관이 반영된 '헌상'으로 기록되어 있어 그 실태는 불명이다. 그러나 혜일의 조상인 덕래의 왜국 이주는 왜왕권에 최초의 의술 전파라는 점에서 주목된다. 덕래의 왜국으로의 이주는 백제와 왜왕권 간의 정치적 교류의 산물이고 당시 왜왕권의 질병치료에 대한 절박한 상황을 반영하고 있다. 당시 동아시아의 의학은 중국의 본초학을 비롯한 침술 등 한방의학으로 덕래와 혜일의 의학지식도 여기에 기반하고 있다. 특히 왜국은 불교 수용을 전후한 시기에 발생한 역병으로 사회적으로 대혼란의 시기였고, 질병치료와 의료지식은 왜왕권의 당면한 국가적 과제였다는 점에서 혜일의 역할은 중시하지 않을 수 없다고 생각된다.

한편 惠日이라는 이름은 그의 선조인 德來와는 매우 이질적으로 보인다. '惠'로 시작되는 2자녕에는 불교의 승려가 저건되고, '日' 역시 일반인의 인명으로는 않은 글자이다. 불교의 역할 중에는 의료적인 선행, 자비가 적지 않고, 승려로서 의술을 갖춘 僧醫라고 불리우는 불교승도 존재하는 등 혜일의 전력에 불교와 관련된 단서도 포착되고 있다. 당시 고구려나 백제의 의료기술이 왜국에 미친 영향은 제사료를 통해 확인되고 있어, 혜일의 佛家와의 관계를 생각하는데에 유효하다고 생각된다.

혜일의 후손인 난파련씨 일족은 고구려 好太王 시조설을 주장하고 있다. 호태왕에 대해서는 일본 고대사료에 유일하게 『신찬성씨록』에만 기록되어 있다. 여기에 보이는 난파련이 호태왕 시조설을 주장하게 되었는지는 명확하지 않지만, 당시 고구려계 씨족이 호태왕 계보의식을 주장할만한 나름대로의 근거가 있었다고 보인다. 적어도 『신찬성씨록』 편찬시에 편찬국에 제출된 난파련의 씨족 계보서에는 존재했고 씨족의 시조로서 인식이 계승되고 있었다고 생각된다.

본장에서는 고구려계 씨족 혜일에 대해서 기왕의 연구에서 주목하지 않았던 선조 덕래의 도래사정, 출자, 의술관련 정보, 불교와의 관계, 호태왕 시조전승 등에 대해 씨족사적인 측면에서 새롭게 조명해 보고자 한다.

2. 惠日의 5대조 德來의 왜국 이주와 출자

혜일의 5대조인 德來가 왜국에 이주해 온 사정에 대해서 『속일본기』 天平寶字 2년(758) 4월조에는 다음과 같이 기록되어 있다.

【1-1】內藥司佑 겸 出雲國 員外掾 정6위상 難波藥師奈良 등 11인이 "奈良 등의 먼 조상 德來는 본래 고구려인으로 백제국에 귀화했습니다. 지난 泊瀨朝倉 朝廷(雄略)에서 백제국에 조칙을 내려 才人들을 찾았는데 이에 德來를 聖朝

에 바쳤습니다. 덕래의 5세손 惠日이 小治田朝廷(推古) 때에 大唐에 파견되어 의술을 배웠기 때문에 藥師라고 불러서 마침내 姓이 되었습니다. 지금 어리석은 우리 자손들은 남녀를 불문하고 모두 약사의 성을 가지고 있어서 이름과 실제가 혼돈될까봐 두렵습니다. 엎드려 바라컨대 약사라는 글자를 고쳐서 難波連이라고 하게 해 주십시오"라고 말하니, 허락하였다[1].

혜일이 활동하던 7세기 전반으로부터 120여년이 지난 시기의 그의 후예 씨족의 전승자료에 기초한 기억이다. 이 기록은 難波藥師奈良 등 11인이 개성을 청원하고 있다. 우선 難波藥師라는 씨성은 藥師惠日이라는 인명으로부터 추측할 수 있듯이 藥師로부터 어느 시기에 난파약사라는 씨성으로 개성하였고, 이후 난파약사를 다시 難波連으로 개성해 줄 것을 청원하여 승인받았다. 난파약사나량의 관직은 내약사우라고 하는 內藥寮의 차관에 해당한다. 그는 동시에 출운국의 원외연이라는 지방국사의 관인을 겸하고 있던 인물이다. 아마도 奈良 등 11인이 공동으로 청원한 것으로 보아 이들은 모두 일족으로 생각된다. 이들의 조상에 해당하는 德來의 이주사정에 대해 그의 먼 조상은 고구려인으로 백제에 귀화하였다가 웅략조 때에 왜왕권이 재능있는 사람을 찾자 덕래를 보냈다고 한다. 도래계 씨족들의 이주전승에 대해서는 후대에 가상된 계보를 만들어 그 시기를 올리고 帝王을 시조로 하는 출자, 계보조작이 빈번히 행해지기도 한다. 그러나 위의 사례는 5세기 후반대에 백제에서 왜국으로 많은 이주전승을 기록하고 있고 시기적으로도 이주의 파동이 활발하게 이루어지고 있던 상황임을 감안할 때, 역사적 사실을 반영하고 있다고 생각된다. 덕래의 5세손 惠日이 추고조 때에 大唐에 파견되어 의

---

1 『續日本紀』天平寶字2년 4월 기사조, "内藥司佑兼出雲國員外掾正六位上難波藥師奈良等十一人言, 奈良等遠祖德來, 本高麗人, 歸百濟國, 昔泊瀬朝倉朝廷詔百濟國, 訪求才人, 爰以德來貢進聖朝, 德來五世孫惠日, 小治田朝廷御世, 被遣大唐, 學得醫術, 因号藥師, 遂以爲姓, 今愚闇子孫, 不論男女, 共蒙藥師之姓, 竊恐名實錯乱, 伏願, 改藥師字, 蒙難波連, 許之".

술을 배워 藥師라고 칭했기 때문에 마침내 姓으로 삼았다는 내용도 『일본서기』에 나오고 있어 의술을 배워 약사를 성으로 했다는 내용을 확인해 주고 있다.

상기 사료에는 혜일의 원향에 대해 고구려라고 기록하고 있다. 그의 5대조인 덕래가 고구려에서 백제로 귀화한 시기는 대체로 웅략조에서 그다지 소급되지 않은 5세기중엽 이전으로 추정된다. 고구려와 백제의 관계는 4세기말 5세기초 광개토왕의 남정시 백제 한성을 함락시키고 아신왕의 항복을 받은 이후, 고구려 우위의 국제정세 하에서 군사적 긴장관계는 지속되고 있었다. 이 시기에 백제 비유왕은 433년에 신라에 화의를 청했고[2], 이듬해에는 양마 2필과 흰 매를 보내자 신라에서도 황금과 明珠를 보내 답례하는 등 우호관계를 형성하였다[3]. 광개토왕 남정 이후 백제의 신라에 대한 국가전략의 변화를 보여주는 것이고, 고구려에 압박받던 양국의 공동대응이었다. 이보다 앞서 비유왕 2년(428)년에는 왜국에서 50여명의 사절단을 보내 백제와의 우호관계를 재확인하였다[4]. 이러한 국제질서 속에서 고구려인 덕래의 백제 귀화는 정상적이 이주가 아니라 정치적인 이유로 탈출한 망명자의 성격이 강하다. 아마도 고구려 조정의 관인층일 가능성이 높다고 생각된다. 그가 어떤 관직에 있었는지는 분명하지 않지만, 당시 백제에서 왜국으로 보낸 인물들은 대체로 지식인, 기술자가 다수를 차지하고 있어 전문 지식을 보유한 인물로 추정된다.

『일본서기』웅략기에 보이는 백제로부터 왜국으로 인적자원의 파견기사는 덕래의 왜국이주와 관련하여 유사한 성격을 보이고 있다. 백제에서 왜국으로 건너온 인물 중에는 특정 기술인력이 다수 등장한다. 『일본서기』웅략기 7년(463)조에 西漢才伎인 歡因知利라는 인물이 백제에는 자신보다 재능이 뛰어난 자가 많아 불러서 활용해야 할 것이라고 주언하였다[5]. 이에 백제에서 今來才伎를 바쳤는데, 도

---

2 『三國史記』백제본기 비유왕7년 7월조, 『삼국사기』신라본기 눌지왕17년조.
3 『三國史記』백제본기 비유왕8년조. 『삼국사기』신라본기 눌지왕18년조.
4 『三國史記』백제본기 비유왕2년조.
5 『日本書紀』雄略紀7년 시세조.

래계 씨족인 東漢直掬에게 관리시켰다. 금래재기란 앞 시대에 건너온 이주민에 대해 상대적인 말로서 새로 왔다는 의미의 新來才伎, 新來漢人이라고도 한다. 이 때에 왜국에 온 인물을 보면 陶部 高貴, 鞍部 堅貴, 畫部 因斯羅我, 錦部 定安那錦, 譯語 卯安那라 하여 직무가 관칭된 인명이 기록되어 있다. 그 분주의 或本에 따르면 吉備臣弟君이 백제에서 돌아와 漢手人部, 衣縫部, 宍人部 등을 보냈다고 한다. 여기에 나오는 백제에서 보낸 금래한인의 직무를 보면, 도공을 비롯하여 마구제작자, 화공, 직물제조자, 통역 등 다양하다. 상기 분주의 의봉부는 왜조정에 직속되어 의복의 제작, 재봉에 종사하는 공인 집단으로 錦部와 함께 국가가 필요로 하는 각종 관복을 납품하였다. 또 육인부는 어패류, 식육의 조리에 종사했던 왜조정의 품부이다. 왜조정은 백제의 기술공들은 河內國 남하내군의 상도원, 하도원, 大和國 高市郡의 진신원 등지에 거주시켜 왜조정에 관련 물품의 생산과 조달업무를 담당시켰다. 그리고 왜왕권은 이들 기술집단을 모태로 하여 직업 部民을 조직하게 된다. 직능별 생산기술 집단으로서의 部制는『周書』백제전에 보이는 내관에 소속된 穀部, 肉部, 馬部, 刀部, 藥部, 木部 등의 부명에서 보듯이 백제 내관제의 영향이라고 생각된다. 덕래 역시 '才人'이라고 표기되어 있고, 그의 후손이 의술을 가업으로 계승하고 있듯이 의업에 종사했을 가능성이 높다고 생각된다.

고구려와 백제에서 왜국으로 의술, 제약 분야에 영향을 준 사례가 나온다.『일본서기』皇極紀 4년(645)조에는 고구려에 파견한 왜국의 학문승들이 同學 鞍作得志가 범의 술수와 침술을 배워 치료하면 고치지 못하는 병은 없다는 기록이 있다. 설화성이 가미된 전승이지만, 당시 왜왕권에서 고구려의 의술을 배우러 학문승을 파견하였음을 말해준다[6]. 이어 동 효덕기 白雉 원년(650)조에 다음과 같은 기록이 나온다.

6『日本書紀』皇極紀4년 히4월조.

【1-2】조정의 의장대가 원단의 의례와 같았다. 좌우대신, 백관 등이 4열로 紫宮門 밖에 배열하였다. 粟田臣飯蟲 등 4인을 꿩의 가마를 메게하고 좌우대신, 백관 및 百濟君豊璋, 아우 塞城, 忠勝, 고구려의 侍醫 毛治, 侍學士 등을 거느리고, …대전 앞으로 나왔다[7].

이 기록은 穴戸國에서 바친 白雉를 상서로운 일로 간주하여 왜왕과 조정의 신료들이 참석하여 거행한 의식이다. 이 중에 고구려 侍醫 毛治란 인물이 등장한다. 그가 고구려에서 시의였는지는 알 수 없으나 의술의 전문가로서 왜왕의 의료를 담당하고 있었다. 고구려의 선진의술이 왜왕권에 직접적으로 전수되고 현실적으로 고구려계 의료진이 활약하고 있었음을 보여주고 있다.

한편 『신찬성씨록』 좌경 제번하에는 "後部藥使主는 고구려인 大兄 憶德으로부터 나왔다"는 후부약사주의 출자를 밝히고 있다[8]. 후부는 고구려의 5부의 하나이고, 藥使主는 제약과 관련된 직무에서 유래한다. 후부약사주의 선조인 憶德의 관위인 대형은 『周書』 고려전에 보이는 관위 13등 중에서 제3위에 해당하고, 『隋書』 고려전에는 "官有大大兄, 次大兄…凡十二等"이라고 하여 12관등의 제2위에 해당하듯이 고위직에 있던 인물이다. 『일본서기』에 보이는 고구려의 인명 중에 天武 5년(677) 11월조의 前部 大兄 德富, 天武 9년(681) 5월조의 西部 大兄 俊德 등 德來와 유사한 인명이 등장하고 있고 이들은 모두 대형의 관등을 갖고 있는 것도 특징적이다.

『수서』 經籍志에는 梁의 陶弘景(452~536)이 편찬한 저작물 중에 『陶弘景本草經集注』(7卷) 『名醫別錄』(3卷)과 같은 의학서가 포함되어 있다. 11세기 말 송나라 唐愼微가 지은 『經史證類備急本草』에는 도홍경의 저작물을 인용하고 있는데, 총

---

7 『日本書紀』孝德紀 白雉원년 2월조.
8 『新撰姓氏錄』左京 諸蕃下, 「高麗」, "後部藥使主, 出自高麗國人大兄憶德".

1558종의 약물을 기재하고 매 약물마다 그림을 붙여 어떠한 형태의 것인지 이해를 돕고 있다[9]. 여기에는 10여종에 달하는 고구려 약재도 포함하고 있다[10]. 당시 고구려에서는 梁朝의 의학서가 수용되고 있었다. 백제 역시 양과의 교류가 활발했던 무령왕대에 이들 의학서가 수입되었을 것이다.『일본서기』흠명기 14년(553) 조에는 "칙을 내려 醫博士, 易博士, 曆博士 등은 순번대로 교대하라. 上件의 色人은 교대할 시기가 되었다. 귀국하는 사신에 딸려 보내라. 또 卜書, 曆本, 種種藥物을 올려라[11]"라고 하여 의술관련 기록이 나온다. 동 흠명기 15년조에도 醫博士 나솔 王有悷陀, 採藥師 시덕 潘量豊, 고덕 丁有陀 등을 파견하였다[12]. 의박사를 비롯하여 채약사, 종종약물 등은 질병이나 부상자 등 현실의 학으로서 중시되었고 왜왕권에 기술전수 형식으로 파견되거나 정주를 목적으로 보낸 경우도 있다.

　『신찬성씨록』좌경 제번「和藥使主」조에도 다음과 같은 의술관련 시조전승이 나온다.

【1-3】吳國主 照淵의 손자인 智聰으로부터 나왔다. 天國排開廣庭天皇[시호는 欽明]의 치세에 大伴佐弓比古를 따라서 內外의 典, 藥書, 明堂의 圖 등 164권, 불상 1구, 伎樂의 調度 1구 등을 갖고 입조하였다. 아들은 善那使主이고, 天萬豊日天皇[시호는 孝德]의 치세에 우유를 바쳤던 까닭에 和藥使主의 성을 받았다. 봉납한 本方의 書 130권, 명당의 圖 1개, 藥臼 1개 및 伎樂 1구는 지금 大寺에 있다[13].

9　이현숙, 2013,「고구려의 의약교류」,『한국고대사연구』69, p.61.

10　이현숙, 앞의 논문, p.65.

11『日本書紀』欽明紀14년 6월조.

12『日本書紀』欽明紀15년 2월조.

13『新撰姓氏錄』左京 諸蕃下「和藥使主」, "出自吳國主照淵孫智聰也. 天國排開廣庭天皇[謚欽明]御世, 隨使大伴佐弓比古, 持內外典, 藥書, 明堂圖等百六十四卷, 佛像一軀, 伎樂調度一具等入朝, 男善那使主, 天萬豊日天皇[謚孝德]御世, 依獻牛乳, 賜姓和藥使主, 奉度本方書一百卅卷, 明堂圖一, 藥臼一,

이 기록은 화약사주라고 하는 의약관련 씨족의 조상의 유래를 설명한 것이다. 우선 화약사주의 선조인 지총이 흠명의 치세 때에 大伴佐弖比古를 따라 왜국에 온 것으로 나온다. 그러나 이 기록은 『일본서기』흠명기 23년(562) 8월조에 천황이 대장군 大伴連狹手彦이 이끄는 수만의 군대가 백제의 계략으로 고구려를 쳐서 많은 보물을 얻어 귀국했다는 기사[14]에 근거해 술작한 것이다. 『일본서기』의 기록은 大伴氏 家傳에서 나온 기록으로 보이며, 조상의 무훈을 강조하는 허구담이다. 오국의 손자인 지총이라는 인물은 원래 백제 출신일 가능성이 높다. 『일본서기』웅략기 8년(464) 2월조와 동 12년(468)조에는 身狹村主靑, 檜隈民使博德을 오국에 보냈다고 하고, 동 11년 7월조에는 "백제국에서 도망하여 귀화한 사람이 있었다. 스스로 貴信이라고 불렀다. 또 말하기를 귀신은 오국인이라고 했다"는 기사가 보인다. 동 웅략기 14년(470) 정월조에는 "신협촌주청 등이 오국의 사자와 함께 오에서 바친 손재주가 있는 漢織工, 吳織工, 衣縫의 형원, 제원을 데리고 주길진에 묶었다"고 하여 5세기 후반에 오국으로부터의 도래기사가 다수 등장한다. 지총이라는 인물도 웅략조의 도래기사를 기초로 만든 시조설화일 가능성이 높다. 이 시기의 오나라는 이미 멸망한 삼국시대의 국으로 백제로 보는 것이 타당하다. 상기 사료에 보이듯이 명당도, 약구, 본방서 등 의약관련 서적, 도구 등이 열기되어 있다. 본방서는 의약의 처방서로서 본초약방의 서적이고, 명당도는 침술을 위한 인체지도를 말한다. 『養老令』의 醫療令,「醫針生受業」조에도 明堂 관련기록이 보이고, 『隋書』經籍志 醫方部에도 '明堂孔穴圖三卷' 등 의술기록이 있다.

백제의 의학서에 대해서는 일본고대의 丹波康賴(912~995)가 편찬한 『醫心方』에 『百濟新集方』이란 의학서가 인용되어 있다. 이 의서의 명칭으로부터 백제의 다양한 의학관련 기록을 새롭게 집대성한 의서로 백제멸망 이전에 일본에 전해진 것

及伎樂一具, 今在大寺也".
14 『日本書紀』欽明紀23년 8월조.

으로 생각된다. 아마도 백제의 藥部에 소속된 의박사 등이 중심이 되어 만들어진 의학서일 가능성이 높다고 생각된다[15]. 여기에 인용된 내용 중에는 폐에 이상이 생겼을 때, 약재를 사용하여 복용하는 치료법이 기록되어 있다[16].

당시 고구려나 백제의 의술은 재래의 의학기술에다 중국 양나라 의학을 접목시켜 발전시킨 것으로 이것이 왜국으로 전해진 것으로 보인다. 『주서』 백제전에 내관에 소속된 藥部는 조정의 관인을 대상으로 하는 의료기관으로 여기에 소속된 의사들은 관인으로서 의료업무에 종사했을 것이다. 앞에서 살펴본 고구려에서 망명한 德來 역시 약부 소속의 관의로 추정되고, 오국왕의 후손이라는 지총도 백제의 관의로 생각된다. 5세기 후반경 웅략조 때에 다양한 전문인력을 파견한 기록에서 알 수 있듯이 덕래도 이 시기에 이주했다고 생각된다. 당시 백제의 대고구려 군사적 긴장관계 속에서 파견한 외교적 전략물자였다고 생각된다.

3. 惠日의 의술과 官歷

혜일은 덕래의 5세손으로 7세기 전반기에 활동한 인물이다. 그는 5대조 덕래의 왜국 이주 이후 150여년 지난 추고 31년(623)에서 효덕 백치 5년(654)에 걸쳐 활동하였고 견당사의 일원으로 당에 파견된 인물이다. 그의 의약에 관한 지식은 덕래 이래의 가업으로 생각된다. 혜일은 의술에 뛰어난 재능을 갖고 있으면서도 불가의 법명과도 같은 이름을 갖고 있다. 그가 속계를 떠나 불가에 입문했는지에 대해서는 확인할 수 있는 자료는 없다. 다만 그의 전력에 대해 몇가지 사례에서 볼 수 있듯이 불가에 몸담았던 인물일 가능성도 배제하기 어렵다.

---

15 이현숙, 2015, 「한국고대의 본초-고조선, 백제, 신라를 중심으로-」, 『신라사학보』33, p. 284.
16 이현숙, 앞의 논문, pp. 282~283.

당시 왜왕권은 백제에서 새로운 지식과 기술을 지닌 진문인력을 받아들이고 7세기 이후에는 견수사, 견당사를 파견하여 신지식, 신문물을 수용하고 있듯이 국가제도의 정비와 운용에 필요한 인재를 발탁하였고, 재능있는 자라면 승려의 경우도 환속시켜 관인으로 등용시켰다.『일본서기』민달기 13년584) 시세조에 蘇我馬子宿禰는 播磨國에서 환속한 승려인 高麗惠便을 맞아들여 스승으로 모셨다고 한다[17]. 그는 고구려인으로 왜국에 이주하여 법계에 있다가 환속한 승이다. 당시 최고의 권력자였던 소아대신이 불교이념을 충실히 받아들이기 위해 불법에 정통한 인물을 찾다가 고려혜편을 발탁한 것이다. 이러한 환속책은 대부분 도래계 출신자로서 문필, 기예, 천문, 역법 등에 뛰어난 자를 현실의 정책에 반영하는 인재발굴책이었다[18].

惠日의 이름을 보면 그의 선조 덕래와는 이질적이고 일반인의 이름과도 거리가 있다. 주지하듯이 혜일과 같은 '惠'자 돌림의 인명은 불가의 법명에 저견되고 있다.『일본서기』의 사례를 보면 崇峻 원년(588)조의 백제승 惠總, 惠寔, 惠衆, 惠宿, 推古 3년(595)조의 고구려 승 惠慈, 백제승 惠聰, 추고 31년(623)조 대당 학문승 惠齊, 惠光, 추고 33년(625) 고구려승 惠觀, 舒明 11년(639) 대당 학문승 惠隱, 惠雲, 孝德白雉 4년(653)조의 대당 학문승 惠施, 惠照 등이 나온다. 법명에 산견되는 '惠'는 베푼다는 불교의 자비심을 말하고, 수행승이 갖춰야 할 덕목을 의미한다고 생각된다. '日'의 의미도 만물을 비추고 소생시키는 불교의 사생관, 윤회설과도 통한다. 또한 고구려의 건국신화에 '皇天之子' '天帝之子'(廣開土王碑文), '日子'(『魏書』), '日月之子'(牟頭婁墓誌銘) 등에 보이는 天日 사상도 담겨져 있다. 혜일을 법명이라고 추정할 때 그가 승적에 있었다고 하면 떠오르는 인물이 飛鳥寺의 주지승이었던 고구려 승 惠慈와 백제승 혜총이다. 혜자는 추고 3년(595)에 왜국에 파견되어

---

17 『日本書紀』敏達紀13년 是歲條, 『元亨釈書』16   力遊   高麗國慧便.
18 연민수, 2021, 일본고대의 還俗僧과 '國家要道'의 學-도래계 환속승과 음양관인의 역할-』, 『한국학』62.

성덕태자의 스승이 되었고, 백제의 혜총 역시 飛鳥寺에 머물며 불법을 설파하며 불교계의 동량이 되었다[19]. 비조사의 조영에는 백제 기술자들이 대거 파견되었지만, 동 사찰의 가람배치는 1탑 3금당으로 고구려 평양부근의 淸岩里廢寺와 上五里廢寺와 동일하여, 고구려의 영향도 있었다[20]. 당시 왜왕권은 6세기 후반 이후 고구려와 교류가 시작되어 추고조에 혜사를 비롯하여 僧隆, 雲聰, 曇徵, 法定, 惠灌이 파견되었고, 추고 13년(605)에는 비조사 금당에 안치하는 장육상을 조영할 때에 고구려왕이 황금 300량을 보낸 사실도 있듯이[21] 우호관계를 유지하고 있었다. 한편으로는 왜왕권에서 불교에 대해 이해할 수 있는 계층은 도래계 출신자가 많았고 신불교사상의 유입에 따른 그들의 역할은 커질 수 밖에 없었다. 게다가 비조사는 당대 최고의 실력자인 蘇我氏 氏寺의 성격이 강했고, 백제계 이주 씨족과의 긴밀한 관계를 맺고 있었던 까닭에 백제에서 온 덕래의 후손인 혜일도 소아씨와의 인연을 맺고 비조사에서 수행과 질병 치료를 병행했을 가능성도 있다.

의료체계가 발달하지 않았던 고대에는 불교계의 의료 역할은 중시되었다. 官醫는 조정의 왕족이나 관인들을 대상으로 하기 때문에 민간인에 대한 진료에는 한계가 있어 불교 사원이 일정 부분 대행하고 있었다. 고대의 선진의료기술이 도입되기 이전에는 무녀, 주술사 등도 주요 의료 행위자였다. 불교 수용 이후에는 전통적인 의료 행위와 더불어 승려의 역할이 중요해졌다[22]. 당시 공적인 의료 혜택을 받는 대상은 한정되어 있었고, 신분의 귀천, 남녀노소를 불문하고 민간의 의

---

19 『日本書紀』推古紀3년 5월조, "戊午朔丁卯, 高麗僧慧慈歸化. 則皇太子師之. 是歲, 百濟僧慧聰來之. 此兩僧弘演佛教, 並爲三寶之棟梁".

20 飛鳥寺의 조영과 관련해서는 加藤謙吉, 1999, 「蘇我氏と飛鳥寺」, 狩野久編, 『古代を考える·古代寺院』, 吉川弘文館 참조.

21 『日本書紀』推古紀13년 夏4월조, "是時高麗國大興王聞日本國天皇造佛像, 貢上黃金三百兩", 『元興寺伽藍緣起并流記資財帳』, "十三年歲次乙丑四月戊辰, 以銅二万三千斤, 金七百五十九兩, 敬造尺迦丈六像, 銅繡二軀并挾侍, 高麗大興王方睦大倭, 尊重三寶, 遙以隨喜, 黃金三百卅兩助成大福, 同心結緣".

22 백제의 불교의학에 대해서는 吉基泰, 2006, 「백제의 呪禁師와 藥師信仰」, 『신라사학보』6 참조.

료구세를 담당한 僧醫가 적지 않았다.『삼국유사』「阿道基羅」조에도 "王女가 몹시 위독했는데, 묵호자를 불러들여 향을 사르며 소원을 표하게 하니 왕녀의 병이 곧 나았다", "또 21대 毗處王(炤知王) 때 我道(阿道)和尙이 侍者 세 명과 함께 毛禮의 집에 왔는데, 모습이 묵호자와 비슷하였다. …3년이 지났을 때 成國公主가 병이 났는데, 巫醫도 효험이 없자 사람을 사방으로 보내 의원을 구하게 하였다. 스님이 급히 대궐로 들어가서 마침내 그 병을 고쳤다[23]"라는 기록에서 보이듯이 승려의 의술에 대해 기록하고 있다. 8세기의 기록이지만『養老令』의 관찬 주석서인『令義解』「醫疾令」의 규정을 보면, "무릇 5위 이상이 병환이 들면, 모두 아뢰고 의사를 보내 치료한다[24]"라고 규정되어 있어 조정의 치료의 범위가 고위관인층으로 한정되어 있었다. 특히 의료체계가 확립되지 않은 이전 시기의 국가적인 의료혜택의 범위는 한정될 수 밖에 없었다.

불교와 의료의 상관성에 대해 설명한 것은 경전『金光明最勝王經』卷9「除病品」이다. 이 서적은 당의 義淨이 인도에서 갖고 온 경전을 한역한 것으로 여기에 우수한 의사가 중생의 병고에서 고치는 자세가 설명되어 있다[25]. 병에 고통받는 중생에 대해 대자비심을 일으켜 醫方과 의술을 다하여 중생을 구제해야 한다고 설명한다. 또 불교에서는 병고를 벗어나는 구체적인 방법으로 의학이 승려의 기초교양의 하나임을 표시하고 있다. 불교의 수용과 발전은 새로운 의료기술을 수용하는 계기가 되었다.

당시 왜왕권의 불교수용과정에서 일어난 역병의 유행은 극심한 사회적 혼란을 야기시켰다.『일본서기』흠명기 13년(552)조에는 "그 후 나라에 역병이 돌아 백성들이 고통스럽게 죽어갔다. 시간이 지나면서 더욱 심해져서 치료할 수가 없었

---

23 『三國遺事』권3 興法,「阿道基羅」조.
24 『令義解』「醫疾令」, "凡五位以上病患者, 並奏聞遣醫爲療".
25 『金光明最勝王經』卷九 除病品, "見是無量百千衆生受諸病苦, 起大悲心作如是念, 無量衆生為諸極苦之所逼迫, 我父長者, 雖善医方妙通八術".

다[26]"라고 하여 왜국에 불교가 전래된 시기에 역병의 발생으로 나라가 혼란에 빠진 상황을 전하고 있다. 敏達 14년(585) 2월에는 "소아대신이 역병을 앓았다. …이때 나라에 역병이 유행하여 많은 백성이 죽었다[27]"고 하고 동년 3월에도 "돌아가신 천황에서 폐하에게 이르기까지 역질이 유행하여 나라 사람들이 다 죽게 되었다[28]", "이때 천황과 大連이 갑자기 두창에 걸렸다[29]", "포창에 걸려서 죽은 사람들이 나라에 가득하였다. 그 병을 앓는 사람들이 말하기를 몸이 불타고 두들겨 맞고 부서지는 것 같다[30]' 등의 기록에서 당시의 역병의 피해와 심각성을 보여주고 있다. 당시 흠명과 민달 2명의 왜왕이 역병으로 희생당하고, 당대 최고의 권력자 蘇我馬子宿禰도 이 역병에 감염되는 등 정치적, 사회적으로 심각한 혼란을 초래하였다. 이때의 역병은 국가적 위기였고, 동시에 불교를 수용하는 계기가 되었다. 불교의 수용과 더불어 佛家의 의료에 대한 책임과 관심은 높아졌을 것이다. 불교의 전통 치료법을 포함해서 백제, 고구려 등으로부터 수입한 의술, 약물제조법 등은 적극적으로 활용하였다. 동시에 의술에 관한 지식과 재능이 있는 인물을 발탁하여 견당사로 보내 선진의학을 받아들였다.

약사혜일이 비조사에서 승으로 활동하다가 왜왕권에 발탁된 시기는 혜자의 귀국 직후로 생각된다. 혜자는 『上宮聖德法王諸說』에 따르면 "上宮御製疏을 갖고 본국으로 귀환하여 流傳시켰다[31]"라고 하여 어느 시기엔가 고구려로 돌아갔다. 그가 壬午年[32](622)에 성덕태자의 죽음의 소식을 접하고 슬픔을 감추지 못하고 성덕

---

26 『日本書紀』欽明紀13년 冬10월조, "於後, 國行疫氣, 民致夭殘, 久而愈多, 不能治療".
27 『日本書紀』敏達紀14년 春2월조, "辛亥, 蘇我大臣患疾., …是時, 國行疫疾, 民死者衆".
28 『日本書紀』敏達紀14년 3월조, "自考天皇, 及於陛下, 疫疾流行, 國民可絶".
29 『日本書紀』敏達紀14년 3월조, "屬此之時, 天皇與大連, 卒患於瘡".
30 『日本書紀』敏達紀14년 3월조, "又發瘡死者, 充盈於國. 其患瘡者言, 身如被燒被打被摧, 啼泣而死".
31 家永三郞外校注, 1975, 『上宮聖德法王諸說』, 岩波書店, "慧慈法師上宮御製疏還歸國本國, 流傳之".
32 『上宮聖德法王諸說』에는 壬午年(622)으로 되어 있고, 『日本書紀』에는 推古 29년(621)으로 나와 있어 1년의 차이가 있다.

내사와 정토에 만날 것을 기약하였다고 하는 전승담이 나온다[33]. 왜왕권은 혜일의 의약적 지식과 능력을 평가하고 혜자의 귀국하는 622년 이전 어느 시기에 당의 선진의술을 습득시키기 위해 견당사의 일원으로서 파견하였다. 그가 처음으로 견당사절로서 파견된 시기는 불명이지만 귀국한 것은 추고 31년(623) 7월이었다.

【2-1】신라가 대사 나말 智洗爾를, 임나가 달솔나말 智를 파견하여 함께 내조하였다.⋯ 이때 대당에 있던 학문승의 惠齊, 惠光 및 醫 惠日, 福因들이 모두 智洗爾를 따라 귀국하였다. 그리고 惠日 등이 함께 아뢰기를 "당나라에 유학한 자들은 다 학업을 달성하였다. 소환함이 좋을 것입니다. 또 저 대당국은 법전과 의식이 정비된 훌륭한 나라입니다. 항상 통해야 합니다."라고 말하였다[34].

상기 사료에 보이는 왜국의 견당사 일행은 신라사의 선박에 동승하여 귀국하였다. 이때의 견당사절은 당의 선진문물을 배우고 왜왕권에 이식시키는 담당자들이었고, 역량있는 인물이 선발되었다. 특히 왜왕권은 역병의 발생으로 국가적 혼란을 겪은 경험이 있었고, 왕권의 안정을 위해서도 의약제조와 질병치료는 중요한 국가적 과제였다. 이때 귀국한 혜일은 대당국은 법전과 의식이 정비된 훌륭한 나라이니 교류해야 할 것을 주청하였다. 혜일이 건의한 法式이 잘 갖추어진 훌륭한 나라라는 제언은 당의 율령법을 비롯하여 각종 학문과 기술의 우수성과 교류의 당위성을 강조한 것이다. 그의 최대 관심은 당의 의료제도와 기술이었고 의학서

---

33 『上宮聖德法王諸說』, 『日本書紀』 推古紀29년 춘2월조.
34 『日本書紀』 推古紀31년 秋7월조, "新羅遣大使奈末智洗爾. 任那遣達率奈末智, 並來朝, ⋯是時大唐學問者僧惠齊 · 惠光及醫惠日 · 福因等, 並從智洗爾等來之. 於是惠日等共奏聞曰, 留于唐國學者皆學以成業. 應喚. 且其大唐國者法式備定之珍國也. 常須達".

를 비롯한 치료법, 조제법이었다고 생각된다[35]. 혜일은 왜왕권에서 의료기술을 습득하기 위해 파견된 제1호 대당 국비유학생이었고, 그만큼 왜왕권에서 조정의 관의로서의 역할을 기대한 것이다.

혜일이 2번째 파견된 것은 舒明 2년(630)이다. 동 기록에는 "대인 견상군삼전사, 대인 약사혜일을 대당에 보냈다[36]"고 한다. 이때의 견당사는 大仁의 관위를 갖는 2인만이 대표로 기록되어 있다. 혜일은 1차 건당사 때에 당과의 교류를 주장하였고, 이미 당에 대한 지식이 있었던 까닭에 2차 때에는 犬上君과 함께 대표 자격으로 사절단을 통솔했던 것 같다. 이들 사절단은 2년 후인 서명 4년(632) 8월에 귀국하였다. 당시의 상황에 대해 "대당이 高表仁을 파견하여 삼전사를 귀국시켰다. 함께 대마에서 머물렀다. 이때 학문승 靈雲과 僧旻, 勝鳥養이 신라의 송사들이 따라왔다[37]"라고 기록하고 있다. 당이 고표인을 파견할 당시 동행하여 귀국하였다[38].

혜일의 제3차 건당사 파견은 孝德白雉 5년(654) 2월이다.

【2-2】당에 보낼 押使 大錦上 高向史玄理[一書에는 여름 5월 당에 보낼 압사 大花下 고향현리라고 한다.] 대사 소금하 河邊臣麻呂, 부사 대산하 藥師惠日, 판관 대을상 書直麻呂, 宮首阿彌陀[一書에는 판관 소산하 書直麻呂라고 한다.] 소을상 岡君宜, 置始連大伯, 소을하 中臣間人連老[於喩라 읽는다.] 田

---

35 중국의 남북조시대 및 수당대의 의학서에 대해서는 이현숙, 2007, 「백제의 의학과 복서」, 『百濟의 社會經濟와 科學技術』, 충남역사문화연구원, 李澔, 2012, 「唐代 太醫署의 醫學分科와 醫書-『天聖令』 「醫疾令」의 관련조문에 근거하여-」, 『중국고중세사연구』27 참조.

36 『日本書紀』舒明紀2년 秋8월조. "以大仁犬上君三田耜 · 大仁藥師惠日, 遣於大唐".

37 『日本書紀』舒明紀4년 秋8월조, "大唐遣高表仁, 送三田耜共泊于對馬. 是時, 學問僧靈雲 · 僧旻及勝鳥養, 新羅送使等從之".

38 이때 혜일은 귀국명단에는 보이지 않지만, 舒明11년(639), 同 12년에 신라사절이 왜국에 올 때 승선하여 귀국한 건당사 일행 중에 이름이 보이지 않지만, 舒明 4년의 귀국시에 사료상에서 누락되었다고 생각된다.

邊史鳥 등을 두 척의 배에 나누어 태웠다. 수개월 간 머물렀다. 신라도로 나아가 萊州에 정박하였다. 드디어 왕경 이르러 천자를 뵈었다[39].

高向史玄理를 총책임자로 하는 일단의 사절단이 파견되었다. 혜일은 副司 대산하 藥師惠日이라고 하듯이 부사의 직위에서 대산하의 관위와 약사의 성을 수여받았다. 『속일본기』 천평보자 2년(758) 4월조에, 추고의 치세 때에 당에 파견되어 의술을 배워 '藥師'의 칭호를 받았기 때문에 이를 성으로 삼았다[40]고 기록하고 있듯이 그의 업적은 후예들에 의해서도 전승되고 있었다. 동일 인물을 3차에 걸쳐 발탁한 것도 흔치 않은 일로서 혜일에 대한 왜왕권의 신임이 높았다는 것을 말해준다. 이 단계에서 혜일은 왜조정의 의료를 담당하는 최고의 지위에서 왜왕권의 의료제도를 정비하고, 의료기술의 향상과 보급에 지도적 역할을 수행하고 있었다고 생각된다.

4. 惠日의 후예 難波連과 好太王 시조전승

혜일의 후예씨족인 難波連은 『신찬성씨록』에 호태왕을 시조로 하는 출자를 기록하고 있다. 앞에서 살펴봤듯이 『속일본기』 천평보자 2년(758) 4월조에 難波藥師 奈良 등의 遠祖는 고구려인 德來이고, 그의 5세손 惠日이 당에서 의술을 배워와 藥師를 성으로 했는데, 지금 어리석은 우리 자손들은 남녀를 불문하고 모두 藥師

---

39 『日本書紀』 孝德白雉5년 2월조, "遣大唐押使大錦上高向史玄理[或本云, 夏五月遣大唐押使大花下高向玄理.]大使小錦下河邊臣麻呂, 副使大山下藥師惠日, 判官大乙上書直麻呂, 宮首阿彌陀[或本云, 判官小山下書直麻呂] 小乙上岡君宜. 置始連大伯. 小乙下中臣間人連老[老, 此云於喩.]田邊史鳥等, 分乘二船. 留連數月. 取新羅道, 泊于萊州. 遂到于京, 奉覲天子".

40 『續日本紀』天平寶字2년 4월조, "小治田朝廷御世, 被遣大唐, 學得醫術, 因号藥師, 遂以爲姓".

의 성을 가지고 있어서 이름과 실제가 혼란을 일으킬 우려가 있어 난파련으로 개성을 청원했다고 한다. 요컨대 의술씨족으로서의 약사라는 성을 칭했는데 약사를 이름과 혼동할 우려가 있어 連으로 고쳐 난파련이라는 새로운 씨성을 승인해 줄 것을 요청한 것이다. 원래 連 성은 大伴氏 등 왜왕권의 유력씨족의 성이라는 전통이 있었다. 이후 천무 13년(684) '8色姓' 제정 이후에는 중하위급 신분으로 재편되었지만[41], 도래계 씨족 중에는 連 성을 갖은 자가 많았다. 桓武朝 때 백제왕씨와의 동족관계를 주장했던 津連眞道 역시 개성되기 이전에는 連 성이었다. 이 청원은 받아들여져 이후에는 혜일의 직계 후손들은 난파련을 칭하게 되었다. 다만 난파련이라는 씨성은 혜일의 후예씨족이 처음 사용한 것이 아니다. 『일본서기』 천무 10년 정월조에 大山上 草香部吉士大形에게 소금하의 관위를 주고 難波連을 사성한 기록이 나온다[42]. 그는 동 3월조에 『일본서기』 편찬 기초작업인 '帝紀及上古諸事'를 기록하고 정하게 한 史官의 1人인 難波連大形이다[43]. 천무 14년에는 8색의 성 제정으로 상당수의 기존의 씨족들은 새로운 성으로 개성되었고, 이때 난파련 등 連 계열의 11씨가 忌寸으로 바뀌게 된다.

한편 『속일본기』 神龜 원년(724) 5월조에는 종6위하 谷那庚受라는 인물이 難波連으로 개성된 기사가 나온다. 이 인물은 백제멸망 후 망명한 谷那晉首의 후예이다. 그는 천지 10년에 백제 망명인들에 대한 관위 수여식에서 '達率 谷那晉首'는 병법에 밝다고 하고 대산하의 관위를 받는다. 그는 여타의 병법가와 더불어 군사상의 요충지에 산성의 축조에 책임자 혹은 군사상의 직무를 부여받았다. 곡나강

---

41 『日本書紀』 天武紀13년 冬10월조 諸氏의 가바네(族姓)를 고쳐 8색의 성을 만들어 천하의 만성을 통일한다고 하고, 眞人을 필두로 하여, 朝臣, 宿禰, 忌寸, 道師, 臣, 連, 稻置 등 8개의 서열화된 姓을 새롭게 제정하였다.

42 『日本書紀』 天武紀10년 정월조, "則大山上草香部吉士大形授小錦下位, 仍賜姓曰難波連".

43 『日本書紀』 天武紀10년 3월조, "丙戌, 天皇御于大極殿, 以詔川嶋皇子, …難波連大形, 大山上中臣連大嶋, 大山下平群臣子首令記定帝妃及上古諸事, 大嶋, 子首親執筆以録焉".

수가 난파련으로 개성될 당시 荅本陽春이 麻田連으로 개성되는데 그의 선조도 백제망명인 병법가인 荅㶱春初이다.『속일본기』신귀 원년(724) 5월조에는 음양, 의술, 역법 등에 뛰어난 관인을 선발하여 제자를 양성하게 하는데 그 중에 難波連吉成이란 인물은 난파련으로 개성한 곡나씨의 후손이다. 이 경우 혜일의 후손인 난파련과 7세기후반 백제멸망 이후에 온 곡나씨의 난파련은 동일한 씨성이지만, 양씨족은 별개의 계통이다. 아마도 혜일계 씨족이 곡나씨계의 난파련을 공유하여 의제적인 동족관계로 발전했을 가능성이 있다. 혜일계 씨족이 의약 관인으로서 활동하고 있을 시기에 곡나씨계 역시 음양, 의술, 역법과 관련있는 관인으로 교류하며 도래계라는 동류의식을 갖고 있었다고 추측된다.

혜일의 후손인 난파련씨 일족 중에는 의약분야에 종사한 인물들이 다수 나온다.『속일본기』천평보자 2년(758) 4월조에 難波連으로 개성한 難波藥師奈良이 이미 內藥司佑에 보임되어 있었다. 그는 3년 후인 천평보자 5년(761)에는 內藥正에 지위에 있었고[44], 동시에 典藥寮의 차관인 典藥助의 직위를 겸직하였다[45]. 율령국가 일본의 의료제도는 내약사와 전약료 2개의 관부가 설치되어 있었다. 내약사는 中務省 소속으로 율령의 조문에, "正 1인, 佑 1인, 令史 1인, 侍醫 4인, 藥生 10인, 使部 10인, 直丁 1인"으로 구성되어 있고, 장관인 내약정은 향약을 올리고 천황을 위해 약을 조제하는 일을 관장한다. 난파련나량은 천평보자 2년(758)에 내약사의 차관에서 동 5년에는 장관으로 진급하여 내약사의 일을 총괄하는 책임자의 위치에 있었음을 알 수 있다. 그가 겸직하고 있던 典藥助는 대보령, 양로령의 규정에서는 전약료의 차관에 해당한다. 전약료는 宮內省에 소속한 의료와 調藥 담당부서로서 궁정관인의 의료 및 의료인 양성, 약초를 재배하는 藥園을 관리한다. 내약사에 비해 규모가 크고 장관인 典藥頭를 비롯하여 4인의 행정관인, 의사 10인, 의

---

44 『大日本古文書』15-130.
45 『大日本古文書』15-131.

박사 1인, 의생 40인, 침사 5인, 침박사 1인, 침생 20인, 안마사 2인, 안마박사 1인, 안마생 10인, 주금사 2인, 주금박사 1인, 주금생 6인, 약원사 2인, 약원생 6인 使部 20인, 直丁 2인 그리고 藥戶, 乳戶 등 총 134명으로 구성된 실질적으로 조정의 의료를 장악하는 기관이다. 당시 難波連奈良는 일본 조정의 실질적인 책임자로서 활동하고 있었다. 이어서 일족인 難波連廣名은 延曆 23년(804)에 侍醫에 보임되었고[46], 大同 3년(808)에는 內藥正에 임명되었다[47]. 『令義解』醫疾令에 따르면 "무릇 醫生 · 按摩生 · 咒禁生 · 藥園生은 먼저 藥部와 세습한 자를 선발한다고 하여 학생 선발에 세습가문을 우선한다고 하고, 그 분주에는 세습에 대해 "3대에 걸쳐 의업을 익혀 계승하면 名家라고 한다[48]"고 규정하고 있다. 혜일의 가문은 200여년 가까운 세월동안 의술관인으로서 봉사한 의술의 명가라고 할 수 있다.

한편 『三代實錄』貞観 5년(863) 8월조에는 난파련의 일족인 右京人 종5위하 隼人正 難波連縵麻呂, 伊予権掾 정6위하 難波連実得。縫殿少允 종6위상 難波連清宗 등에게 朝臣의 성을 내리는데, "그 선조가 高句麗人이다"라고 기록하고 있다[49]. 이들은 모두 왕경의 우경에 거주하고 있는 관인들이다. 난파련만마려가 隼人正에 임명된 것은 天安 원년(857) 2월이다[50]. 隼人正은 율령제하에서 궁문을 수비하는 衛門府에 소속된 관사의 장관이다. 이 관사는 大同 3년(808)에 병부성에 통합되면서 九州 남단의 隼人에 관한 업무를 맡았다. 당시 준인은 동북지방의 蝦夷와 더불어 중앙정부의 지배체제 속에 들어오지 않은 이종족으로 긴장관계에 있었다. 당시 일본조정은 하이 대책에 백제계 등 도래계 씨족에게 맡겼듯이 남방의 준인 대책에

46 『日本後紀』延曆23년 4월조.
47 『日本後紀』大同3년 8월조.
48 『令義解』卷8 「醫病令」第24 「醫生等取藥部及世習」條, "凡醫生 · 按摩生 · 禁生 · 藥園生, 先取藥部及 世習[謂. 藥部者, 姓稱藥師, 即蜂田藥師, 奈良藥師類也. 世習者, 三世習醫業, 相承爲名家者也]".
49 『三代実録』貞観5년(863) 8월 신사조, "…右京人從五位下行隼人正難波連縵麻呂, 伊予権掾正六位 下難波連実得, 縫殿少允從六位上難波連清宗等並賜姓朝臣, 其先高麗国人也".
50 『文德實錄』天安원년 2월 갑신조.

난파련에게 담당시킨 것은 흥미롭다. 난파란실득은 伊豫國의 국사이고, 난파란청종은 중무성 소속으로 궁중의 의복제조와 관련된 縫殿寮의 관인이다. 특히 이들 씨족에게 朝臣의 성을 내린 것은 파격적이다. 8색의 성에서 보면 朝臣은 眞人 다음의 제2위로 6단계나 앞당긴 초고속 신분상승이라고 할 수 있다. 이에 대해서는 난파련의 시조전승과 관련하여 검토해 보기로 한다.

『신찬성씨록』우경 제번하의「難波連」조에 "出自高麗國好太王也"라고 하여 난파련의 출자가 고구려 광개토왕임을 기록하고 있다. 난파련이 조상의 출자를 고구려 호태왕으로 주장한 근거가 무엇인지는 불명이고, 그의 조상이 고구려인이라는 사실 이외에는 알려져 있지 않다. 호태왕은 광개토왕비문에 '國罡上廣開土境平安好太王'을 비롯하여 牟頭婁墓誌銘에는 '國罡上廣開土境平安好太聖王', '國罡上聖太王' 그리고 경주 호우총에서 발견된 청동은합에 새겨진 '乙卯年國罡上廣開土地好太王壺十' 등에 보이듯이 고구려 제19대왕 광개토왕이다. 긴 시호 말미의 3자를 따서 호태왕이라고 칭했다고 보인다. 다만 모두루묘지명에는 '聖'자를 추기하였고 모두에도 '鄒牟聖王'이라고 시조명에도 동일하게 표현하고 있다. 호태왕을 시조로 하는 계보의식이 고구려에서 백제로 이주하여 왜국에 온 덕래로부터 전해진 것인지 그 후의 시조전승을 창작한 것인지에 대해서는 판별한 근거는 보이지 않는다. 호태왕에 대해서는『신찬성씨록』이외의 일본기록에서도 확인되지 않는다. 그렇다면 돌발적으로 나타난 기록으로 생각되지만,『신찬성씨록』에 등재된 기록은 각 씨족들이 올린 본계장의 기록에 근거하기 때문에 씨족의 전승으로는 남아 있었다고 생각된다. 각 씨족의 족보에 해당하는 씨족지에 대한 편찬은『신찬성씨록』서문에 "寶字末(758)에 그 다툼이 더욱 빈번해져서, 이에 이름있는 학자들을 모아 氏族志를 편찬하였으나, 초안이 만들어지는 중에 어려움이 있는 때를 만나서, 여러 학자들은 흩어지고 편찬은 중단되었다"고 하듯이 1차 시도가 있었다. 다음에 延曆 18년(799)에는 성씨록의 편찬을 위한 본계장의 제출을 명하고 있다[51]. 이상의 기록에 근거하면 적어도 8세기 중엽 단계에서는 혜일의 후손들에게는 호태왕 계보의식이 명확하게 형성되고 있었다.

한편『신찬성씨록』에는 좌경 제번하「高麗朝臣」조에도 "出自高句麗王好台七世孫延典王也"라고 하여 고려조신은 고구려 호태왕의 7세손인 연전왕으로부터 출자를 구하고 있다. 호태왕의 7세손에 해당하는 고구려왕은 영양왕(590~618), 영류왕(618~642) 그리고 영류왕의 동생으로 즉위하지 않은 大陽王이 있다. 아마도 사서에 전하지 않은 방계의 인물에 왕의 호칭을 붙였다고 생각된다.『속일본기』연력 8년(789)조의 高倉朝臣福信의「薨傳」에 따르면 福信의 본관, 조상의 내력, 씨명의 변화, 관직에 오르는 과정 등을 기록하고 있다[52]. 그는 武藏國 고려군인으로 본성은 背奈이고 조부인 福德이 당나라 장군 이세적이 평양성을 함락했을 때 일본에 귀화하여 무장에 살게 되었다고 한다. 668년 고구려가 당의 공격으로 멸망당할 당시에 많은 고구려 유민이 발생하였고, 복신의 조부 福德은 일본으로 망명한 것이다. 복신의 시조계보전승은 그의 조부대로부터의 계승임을 생각하면 신뢰할 수 있는 내용이다[53].『신찬성씨록』에는 우경 제번하「長背連」조에 "出自高麗國主鄒牟[一名朱蒙]也", 山城國諸蕃「高井造」조에 "出自高麗國主鄒牟王廿世孫汝安祁王也"라고 하여 고구려의 건국시조인 추모에서 계보를 주장하는 씨족도 존재하듯이 고구려계 씨족들은 자신들의 계보의식이 존재했고 그들의 가전류에 전해오고 있었음은 분명하다.『일본서기』孝德紀 大化 원년(645)조에 고구려 사신이 왜국에 왔을 때 "高麗神子奉遣之使"라고 하여 고구려가 보내는 '神子'이라는 표현을 하여 왜왕권측에서도 고구려의 천손건국신화에 대해서도 알고 있었다. 추모와 호태왕에 계보를 연결시키는 고구려계 씨족들은 왕족 출신일 가능성이 높다. 광개토왕

---

51 『日本後紀』延曆18년 12월 무술조.
52 『續日本紀』延曆8년 10월 을유조.
53 연민수, 2020,「고대일본의 高麗郡 설치와 고구려계 씨족의 동향」,『동북아역사논총』70, pp.173 ~178.

비문 등에 호태왕은 추모왕의 손 3대 大朱留王으로부터 17대손으로 명기하고 있어 왕족출신의 후손이라면 당연히 기억하고 전승되었다고 생각된다.

혜일의 5대조인 덕래가 백제로 망명할 시기는 장수왕 재위기로 그가 왕족 출신이었다면 호태왕 등 당시의 고구려 왕권사, 계보에 대해 상세한 정보를 갖고 있었을 것이다. 그렇다면『신찬성씨록』편찬시에 제출한 본계장에는 각 씨족의 출자, 계보, 사적, 개성의 여부 등이 기록되어 있었다고 생각된다. 원래『신찬성씨록』편찬국에서는 그 서문에 각 씨족의 계보의 내용에 따라 '三例'라고 하는 분류법을 채택하였다. 본종에서 갈라져 특별히 가문을 세운 선조는 '出自'라 하고, 古記와 本系 모두 혹은 어느 한쪽에 실려있는 경우는 '同祖之後'(~와 동조이고 ~후손이다)로 하고, 본종의 씨족과의 관계는 古記에 누락되어 本枝 관계가 의심스럽지만, 선조를 세운 경우는 '之後'(~의 후손이다)라고 기록하였다. 이중에서 '出自'라고 표기한 것은 계보사에 대한 가장 신뢰할 수 있다는 기준이다. 난파련의 본종은 건국시조인 추모를 가리키고 중시조격인 호태왕을 시조로 하는 계보인식을 갖고 있었고, 왜국으로 이주한 덕래 이래의 전승이라고 생각된다.

난파련의 직계 선조인 덕래가 왜국으로 이주할 무렵인 5세기 중후반에 백제에서 왜왕권에 보낸 인물의 면모를 보면 대부분 실용적 학문이나 기술을 지닌 '才伎' 집단이고, 왕족출신 중에는 재기를 겸비한 인물도 있었을 것이다. 호태왕 자손의 직계, 방계 등 후예들의 실태에 대해서는 알 수 없으나 계보적으로 연결되는 수많은 지족들과 관인으로 출사한 인물도 존재했을 것으로 본다. 호태왕 시조전승에서 덕래의 후손들이 고귀한 왕손임을 주장하기 위해 호태왕이라는 인물에 가탁했을 가능성도 있지만, 이 경우는 계보조작이라고 판단할 특별한 사유가 발견되지 않는다. 호태왕 시조전승은 덕래의 후손들이 전승된 씨족지의 계보서에 근거했다는 점에서 신뢰할 수 있다고 본다. 상기 인용한 호태왕의 7세손이라고 시조계보를 주장한 高麗朝臣氏는 고구려멸망 후에 망명한 씨족으로 난파련씨와 비교된다. 『신찬성씨록』편찬시에 편수관들은 계보의 진위여부를 가리기 위해 양 씨족의 본계장 등을 검토하였고 검증과정에서 문제가 있었다고 하면 「未定雜姓」으로 편재했을 가능성도 있다. 당시 타씨족의 계보에 가탁하거나 부회하는 경우도 적지않아 『신찬성씨록』 편찬국에서는 동 서문에서 전하듯이 그 진위여부를 판별하는데 고민하고 있었다. 더욱이 貞觀 5년(863)에 난파련 일족은 朝臣이라는 성을 받아 천황가의 후손인 황별 씨족 이외에는 이외에 받을 수 있는 최고의 신분을 부여받았다. 고구려계 씨족으로 조신 성을 받은 사례는 高麗朝臣 이외에는 난파련이 유일하다. 일본조정과 긴밀한 관계를 유지했던 백제계 씨족 중에서도 왕족 출신의 일부만이 승인되었을 정도이다. 난파련의 조신 성이 사여된 배경에는 의술씨족으로서 오랫동안 조정에 봉사해 온 官歷이 있었고, 이 시기에 의료상의 특별한 공헌도 예상된다. 여기에 고구려 왕족의 후예라는 신분상의 조건이 추가되어 6단계를 뛰어 넘는 특혜를 받았다고 생각된다. 특히 조정에서 청원에 의하지 않고 최고위 성을 사성하는 일은 매우 이례적인 일로서, 호태왕을 시조로 하는 骨族의 계보가 중요한 기준이 되었을 것을 보인다.

5. 결어

의술씨족 혜일의 선조와 후예씨족들의 단편적인 사료들에 대한 분석을 통해 고구려에서 백제, 왜국으로 이어지는 이주의 시기와 배경, 혜일과 불교와의 관계, 일족인 난파련의 의술관련 활동 그리고 호태왕을 출자로 하는 가문의 계보 등을 추적해 보았다. 혜일의 5대조인 덕래는 고구려의 왕족이자 관인출신으로 의술에도 밝은 인물이었다. 그는 무언가의 사정에 의해 백제로 망명하였고, 백제의 藥部에 소속되어 활동하였다. 이후 5세기 후반 백제와 왜왕권의 국가전략의 일환으로 많은 才伎 집단과 함께 왜왕권에 정주를 목적으로 파견되었다.

그의 5대손 혜일은 선조 대대로의 가업인 의술분야에서 활동하였다. 왜왕권에서는 불교 수용과 飛鳥寺 건립을 계기로 불교에 밝은 도래계 씨족들을 우대했으며 의약에 밝은 혜일은 비조사의 僧醫로서 활동하였다. 그의 수행은 비조사의 주지승이었던 고구려승 惠慈의 영향이었다. 특히 惠日의 법명에 惠를 돌림자로 하고, '日'자도 고구려의 天日 사상에 근거한 작명으로 혜자로부터 수계받은 것으로 생각된다. 그는 승의로 봉사와 수행을 겸행하면서 고구려 승 혜자의 귀국 이후 왜왕권의 의료정책에 따라 官醫가 되었다. 왜왕권의 견당사절로 3차에 걸쳐 파견되어 당의 선진의학을 받아들여 발전시킨 주역이었다. 혜일의 후손들은 대대로 의술을 가업으로 계승하였고, 조정의 의료기관인 내약사, 전약료의 장관, 시의 등을 배출한 의술의 명가로서 번영하였다.

『신찬성씨록』에 기록된 혜일의 후예 난파련씨는 고구려 호태왕을 선조로 하는 시조전승을 남겼다. 호태왕은 광개토왕비문, 모두루묘지명 등에 명기되어 있듯이 고구려 19대왕 광개토왕이다. 호태왕을 시조로 하는 계보는 가문의 씨족지로 전해졌고 덕래로부터 시작되는 조상의 이주경로와 시기는 명확하고 의술을 가업으로 계승하면서 여러 대에 걸쳐 조정에 봉사해 온 명문가로서 번영하였다. 이들 씨족이 일본왕족 이외의 신료집단 최고위 姓인 朝臣을 하사받을 수 있었던 배경에는 고구려 왕족출신이라는 신분상의 조건이 작용하였다. 혜일의 후예인 난파련 가문의 조상에 대한 계보의식은 씨족지에 기록되어 전승되었고, 『신찬성씨록』편찬시에 제출된 본계장에 기록된 계보, 사적 등의 내용은 그대로 승인받아 등재되었다고 생각된다.

제5장 일본고대의 高氏와 狛氏의 존재형태와 계보의식

1. 서언

『新撰姓氏錄』에는 고구려계 출신으로 등재된 씨족들이 모두 52씨이다[1]. 이중에서 선조의 출신국 씨명을 사용한 인물은 高氏가 8례이고 王氏가 1례 등 9개 사례가 나온다. 『신찬성씨록』 편찬이 시작되는 8세기말경이 되면 고구려계 뿐아니라 대부분의 도래계 씨족들이 일본식 씨성으로 개성하고 있지만, 고씨나 왕씨의 경우는 원래의 씨명을 갖고 있다. 게다가 『일본서기』와 『속일본기』 등 정사에도 고씨 인명은 11인이나 나오고, 正倉院文書에도 고씨를 칭한 인물이 15인에 달하고 있어 이 씨족의 특별한 출자의식을 보여주고 있다. 『삼국사기』에 나오는 고구려인 고씨 인명이 10여명에 불과하다는 점에서 일본측 소전에 전하는 고씨 인명은 놀라운 수치이고 고구려 성씨 연구의 귀중한 자료이다.

고씨에 이어 고구려왕의 후예라고 주장하는 狛氏 계열의 씨족들도 다수 검출된다. 狛은 濊貊의 貊에서 유래하고 고대일본사료에서는 狛을 '고마'라고 읽어 고구려를 가리키는 국명 혹은 종족명으로 사용되었다. 중국정사나 『삼국사기』 등에는 狛氏 인명이 보이지 않아 이를 씨명으로 사용하기 시작한 것은 일본으로 이주한 고구려계 씨족들이다. 이러한 현상은 자신들의 정체성과 관련된 출자와 계보의식

---

1 『新撰姓氏錄』에 분류된 고구려계 씨족은 41씨이지만, 중국계로 분류된 씨족 중에서 11씨가 고구려계이다. (연민수 외 역주, 2020, 『新撰姓氏錄』(上·中·下), 동북아역사재단, 부록 「새로 발굴한 한국계 씨족」 참조).

과 관련이 있다고 보여진다. 한편 高氏系와 狛氏系 씨족들의 선조의 출자를 보면, 고씨계는 고구려왕으로 나왔다고 주장하는 사례가 거의 나오지 않는데 비해 狛氏 계열의 씨족들은 고구려왕의 후손임을 표명하고 있다. 특히 狛氏系는 자신들의 고유의 씨명을 사용하지 않고 출신국, 종족명을 의미하는 狛을 씨명으로 차용한 것은 흥미로운 사례이다. 狛氏 중에는 연개소문의 일족으로 추정되는 伊利斯 계열의 씨족도 나오고 있어 양자간에 동족의식도 존재하고 있었다고 보인다.

『신찬성씨록』에 등재된 씨족들은 왕경과 그 주변지역 畿內를 본관으로 하는 중앙의 관인층이 많다. 적어도 씨족지를 만들고 선조에 대한 출자, 계보의식을 지닐 정도이면 유식자층이 아니면 불가능한 일이고 사회적으로도 일정 이상의 신분을 갖고 있는 계층이라고 생각된다. 고구려계 이주민의 후예인 高氏와 狛氏는 씨명과 출자의식에서 볼 때 고구려의 상층부를 구성하고 있으면서 자신들의 정체성을 오랫동안 유지하고 있던 집단으로 생각된다.

일본고문헌에 남아있는 高氏와 狛氏 관련자료는 종래 연구자들의 시야 밖에 있었다고 생각되고 정리되지 않은 부분이다. 이들 사료에 대한 분석은 산일된 고구려 성씨의 문제를 비롯하여 출자와 계보의식, 이들의 이주시기와 일본왕권 내에서의 활동 및 존재형태 등 고구려 이주민 씨족사의 실태를 밝힐 수 있는 기초적 작업이다.

2. 고구려 高氏의 존재형태와 계보의식

주지하듯이 高氏는 고구려 건국시조 추모왕의 성씨이다. 北魏의 역사서인『魏書』고구려전에 "高句麗者, 出於夫餘, 自言先祖朱蒙…, 號曰高句麗, 因以爲氏焉" 이라고 하여 고구려는 부여로부터 나왔고 선조는 주몽인데 고구려 국호에 따라 氏로 삼았다고 한다.『宋書』고구려전에도 고구려왕 高璉이 晉 安帝 義熙9년(413)

에 長史 高翼은 보냈다는 기록에서도 高氏가 고구려왕의 성으로 나온다. 중국정사에서는 적어도 5세기대 이후에는 國姓으로서의 高氏가 확인된다. 한편『삼국사기』고구려본기에는 "始祖東明聖王, 姓高氏, 諱朱蒙[一云鄒车, 一云衆解]"라고 하여 시조 동명성왕의 성은 고씨, 휘는 주몽 혹은 추모, 중해라고 전하고 있다. 이어 "國號高句麗 因以高爲氏[本姓解也]"라고 하여 국호를 고구려라고 한 까닭에 高를 성으로 삼았다는 그 유래를 기록하고 있다. 성씨의 유래는『위서』를 참조하였다고 생각된다.

『삼국유사』왕력편에도 "第一東明王甲申立理十八, 姓高名朱蒙[一作鄒蒙]"라고 하여 동일전승을 전하고 있다. 동 왕력에는 제2대에서 4대에 이르는 유리왕, 대무신왕, 민중왕이 解氏로 표기되어 있다.『삼국사기』에 전하는 부여왕 解夫婁 전승과 解慕漱의 아들로 나오는 朱蒙의 출생신화에서 보이듯이 해씨는 부여의 王姓이고 출자가 부여인 주몽의 성이 '本姓解也'라고 하는 기록은 이해된다. 부여에서 갈라져 나온 고구려는 건국 후에 국명에 따라 건국시조의 성을 고씨로 정한 것이다.『삼국유사』에 초기왕들의 성을 해씨로 표기한 것은 해씨에서 고씨로 변화과정에서 병존, 병기한 상황을 반영하고 있다. 이후 고구려 왕권이 안정화되는 太祖王이후에는 고씨는 고구려의 國姓으로 고착되었다고 생각된다[2]. 일본고대의 正史를 비롯한『신찬성씨록』등에도 고구려계 씨족으로서 解氏를 선조로 하는 씨족은 확인되지 않아 고씨는 고구려의 유일한 王姓으로 존재했음을 알 수 있다.

다만 고씨는 추모왕 이래의 고구려 왕족만 사용하지는 않았던 것같다. 고구려본기에는 고씨 성을 갖은 다양한 인명이 보이고 있어 개개의 고씨들의 출자를 파악하기 어렵지만, 그 중에는 왕족과는 무관한 인물 중에서도 고씨를 칭한 사례가 다수 나온다. 〈高慈墓誌銘〉에 나오는 高慈의 20대 선조인 高密이 모용씨의 공격으로 고구려가 국가적 위기에 처했을 때 전공을 세워 국가로부터 고씨를 사성

---

2 김철준, 1975,「百濟寺社會와 그 文化」,『韓國古代社會研究』, 知識産業社.

받은 사례도 나온다[3]. 고구려 왕권의 혈통에 대한 神聖性라는 측면에서 성씨의 독점을 예상할 수 있으나 국가 유공자에 대한 사성정책으로 다수의 새로운 고씨들이 나왔을 것으로 보인다[4]. 또한『삼국사기』고구려본기 閔中王 4년 9월조에 "東海人 高朱利가 鯨魚目을 바쳤는데 밤에 빛났다"고 하여 해안지방에 거주인도 高氏를 칭하고 있었던 사실도 있어 고씨의 출자는 고구려 건국시조의 일족 외에도 여러 계층에서 사용되고 있었다고 추정된다.

그럼『신찬성씨록』에 나오는 고씨를 선조로 삼고 있는 씨족들의 사료를 검토해 보자. [표-1]은 사료【1-1】를 분류, 정리한 것이다.

【1-1】

① 左京諸蕃「福當連, 出自高麗國人前部能婁也」.

② 左京諸蕃「御笠連, 出自高麗國人從五位下高庄子也」.

③ 左京諸蕃「新城連, 出自高麗國人高福裕也」.

④ 左京諸蕃「男抹連, 出自高麗國人高道士也」.

⑤ 左京諸蕃「高史, 出自高麗國元羅郡杵王九世孫延拏王也」.

⑥ 左京諸蕃「高, 高麗國人高助斤之後也」.

⑦ 左京諸蕃「高, 高麗國人從五位下高金藏[法名信成.]之後也」.

⑧ 左京雜姓「後部高, 高麗國人正六位上後部高千金之後也」.

⑨ 右京雜姓「後部高, 高麗國人後部乙牟之後也」.

---

3 한국고대사회연구소편, 1992,『譯註韓國古代金石文』I.

4『삼국사기』등 국내사료에 나오는 高氏에 대해서는 김현숙, 1994,「高句麗의 解氏王과 高氏王」,『대구사학』47 참조.

[표-1]

氏姓	先祖	出自	部名	官位	本貫	三例	비고
福當連	高能婁	高麗國人	前部		左京	出自	
御笠連	高庄子	高麗國人		종5위하	左京	出自	
新城連	高福裕	高麗國人			左京	出自	
男抹連	高道士	高麗國人			左京	出自	
高史	延挈王	高麗國			左京	出自	元羅郡杵王 9세손
高	高助斤	高麗國人			左京	之後	
高	高金藏	高麗國人		종5위하	左京	之後	法名: 信成
後部高	高千金	高麗國人	後部	정6위상	左京	之後	
後部高	高乙車	高麗國人	後部		右京	之後	

『신찬성씨록』에 등재된 高氏는 모두 9명이다. 『신찬성씨록』에는 씨명이 없이 部名이 관칭된 인명만 기록된 사례도 적지 않아 이 중에도 高氏가 포함되어 있을 가능성도 있지만, 여기서는 사료상에서 확인된 사례를 중심으로 검토해 본다. 전체 9명의 고씨 중에 8명이 좌경을 본관으로 두고 있고 나머지 1명이 우경이다. 왕경에 본관을 두고 거주하고 있다는 사실만으로 이들은 도래계 씨족 중에서도 우월함 지위에 있었고 일본율령국가의 지배계급인 해당하는 중앙의 관인층을 형성하고 있었다고 보인다.

우선 상기 사료⑤에 나오는 고려국 원라군저왕의 9세손인 연라왕으로부터 자신의 선조를 구하는 高史氏부터 살펴보자. 高史의 史는 일본에서 받은 가바네[姓]이다. 史 성은 도래계가 다수를 차지하고 유식자층이 많았던 점으로부터 이 씨족 역시 문서행정에 종사했을 했을 가능성이 있다. 고사씨 일족으로는 正倉院文書에 몇 개의 사례가 나온다. 첫째는 天平13년 3월 8일부「大般若波羅密多經 卷第581奧書」(『大日本古文書』24-129)에 나오는 高史千嶋, 高史橘이다. 이 문서에는 '天平十三年歲次辛巳三月八日發願'이라고 기록한 문장 다음에 '左京八條二坊'이라고 하여 본관의 주소지와 2인의 인명이 명기되어 있다. 이들은 대반야바라밀다경을 필사한 사경사로 보인다. 사경 등 문서류를 필사하는 경우에는 날짜와 내력, 서명 등 奧書를 기입한다. 둘째는 天平14년부「近江國高市鄕計帳」(『大日本古文書』2-326)이다. 이 문서는 근강국 고시향의 計帳으로 '奇口高史加太賣三十三, 丁女'라고 기록되어 있다. 계장은 일본율령국가의 調, 庸을 징수하는 징세대장으로 매년 각 지방의 국사는 호주에게 호구의 연령, 성별, 課·不課, 개인의 신체적 특징 등을 기록시킨 후 이를 정리하여 태정관에 보고한다. 여기에 나오는 高史加太賣는 과역을 부담하는 나이 33세의 정녀이다. 인명의 모두에는 가족관계를 표기하고 있는데 '奇口'라는 명칭으로부터 보아 타씨족에서 편입된 戶口로 추정된다. 셋째는 천평18년 6월 8일부「志斐万呂打紙注文」(『大日本古文書』9-215)에「右, 依邊史生宣來令打[使高史佐美万呂]」라고 하여 사경할 때 사용되는 종이를 주문받아 제작에 관여한 高史佐美万呂가 나온다. 여기에 보이는 打紙는 麻를 원료로 하여 필사에 적합한 사경용 종이를 말하고 그 제조방식에 따라 붙인 명칭이다5. 高史氏가『신찬성씨록』에 자신의 선조를 원라군저왕의 9세손 연라왕이라고 기록된 것은 그가 고구려 왕족임을 주장한 것이다. 2인의 왕명에 대해서는 고구려사에서는 확인되지 않지만, 왕족을 지칭한 용어라고 보이며 고사씨의 본계장에 기록되어 등재된 것이다. 가령 가공의 인물을 내세워 고구려 왕족임을 과시하기 위한 수법으로도 생각할 수 있지만, 고사씨는 고구려 멸망 이후에 망명한 씨족일 가능성이 높아 계보의식은 강하게 남아있었다고 추정된다. 正倉院文書에는 고사씨의 활동이 천평 13년(741)이 상한으로 나오고 있어 사성시기는 그 이전이고 8세기 1/4분기로 추정된다. 이 시기에 도래계 씨족들에 대한 사성기록이 나타나기 시작하고, 천황제 율령국가의 공민으로서 흡수, 융합되어 간다.

　사료①은 福當連의 출자가 高麗國人 前部能婁로부터 나왔다고 되어 있다. 이能婁에 대해서는『일본서기』天智 5년(666) 정월 무인조에 "高麗遣前部能婁等進

5　增田勝彦·大川昭典, 1982,「製紙에 關한 古代技術의 硏究(Ⅱ)-打紙에 關한 硏究-」,『保存科學』22, pp.99~104.

調"라고 하여 고구려에서 일본에 사자로 파견되었고, 同 5년 6월 무술조에는 "高麗前部能婁等罷帰"라는 귀국한 기사가 나온다. 고구려가 멸망하기 2년 전에 군사외교의 일환으로 666년 정월에 파견되어 6개월 정도 체재한 후 귀국한 것으로 되어 있다. 『신찬성씨록』서문에는 조상의 출자에 대해 '出自', '同祖之後', '之後'라고 하여 '3例로 구분한다. 이중에서 본종에서 갈라져 특별히 가문을 세운 선조는 '出自'라고 정의한다. 元祖없이 중시조의 인물을 조상으로 내세우는 경우이다. 도래계 씨족의 경우는 일본에 정착한 인물이 중시조가 되고 계보상으로 후예씨족들의 실질적인 시조로 나오는 사례가 대부분이다. 따라서 능루는 사신으로 일본에 왔다가 귀국한 후 고구려 멸망 이후 어느 시기에 일족을 거느리고 망명해 왔다는 추정이 가능하다. 당시 고구려는 국가적인 위기상황이었고 백제의 멸망한 상황에서 일본은 유일한 동맹세력이었다. 그는 일본에 왔던 경험으로 본국 멸망에 즈음하여 자신의 일족의 망명처로 선택했다고 생각된다.

상기 기록에는 능루의 씨명이 누락되어 있으나 『속일본기』천평보자 5년(761) 3월 경자조에는 그의 일족인 前部高文信이 福當連의 씨성을 받았다는 기록이 나온다. 前部高文信은 前部高가 씨명으로 망명 당시에는 고씨였다가 자신의 소속 부명을 관칭하여 씨명으로 한 것이다. 부명을 씨명으로 사용한 것은 後部高氏의 사례도 있는데, 선조가 속해있던 部 자체가 씨족의 정체성을 말해주는 것으로 추정된다. 전부고문신은 전부능루와는 3세대 정도 차이가 나 조부와 손자 관계로 보인다. 따라서 복당련의 시조 전부능루의 씨명은 고씨였음을 알 수 있다. 그는 일본에 정착한 후 어느 시기에 고구려에서의 소속 부였던 前部를 관칭하여 前部高를 일족의 씨명으로 삼았고, 그 후 『속일본기』에 나오는 761년에 복당련이라는 일본식 씨성을 사성받은 것이다. 이후 『신찬성씨록』이 편찬되는 과정에서 씨족의 가전인 본계장에 능루의 이름을 올려 자신들의 시조임을 분명히 하였다.

한편 連 성을 갖지 않은 이른바 無姓인 복당씨의 사례도 나온다. 모든 일족 중에는 복당이라는 씨명만을 바꾸고 성을 받지 못한 사람들도 있었다고 보인다. 이

늘은 부성이지만 복당련씨 일족으로 高氏의 혈통을 이어받은 같은 씨족이다. 天平寶字 8년(764) 8월부「大般若經料淨衣下帳」(『大日本古文書』16-522)에 福當倉主가 있다. 이 문서에는 "十七日下淨衣七具[經師依羅國方 福當倉主…并七人各一具]"라고 하여 사경사 7인 중의 1명으로 나오고 이들에게 각각 淨衣 1벌식 나눠주고 있다. 정의는 사경할 때 입는 작업복으로 불경을 필사하는 경건한 마음의 자세를 의미하는 용어이고, 사경할 때 먹물 등으로 오염되면 세탁하는 경우도 있어 여벌을 준비한 것으로 보인다. 동『大日本古文書』(16-531)에는 "二十一日下錢陸拾文菟毛一筆直[充福當倉主]"라고 하여 급료로 전 21문과 모필 1개를 지급하였다. 동『大日本古文書』(16-551)에는 대반야경 1부를 사경한 인물 중에 복당창주가 제40질을 작업한 내용이 기록되어 있다. 그는 천평보자 2년 6월 19일「經師墨筆直充帳」(『大日本古文書』13-239)에 천평보자2년 8월 19일부「東寺寫經所召」(동 13-291)에 나오는 前部倉主와 동일인물이다. 즉 복당씨 중에는 이전의 前部高氏 때의 전부를 그대로 사용한 사례이다. 천평보자 9월5일자「經師九十三人」(『大日本古文書』13-307)에도 "前部倉主 寫紙四百三十二張 布十端三丈三尺六寸"라고 하여 사경사 93인 중에 이름이 나오고 사경용지 432장과 布 10단 3장 3척을 지급받았다. 사경용지 432장은 작업분량이고 이에 대한 급료를 포로 받은 것이다.

사료②는 御笠連氏가 고구려인 종5위하 高庄子를 선조로 하는 출자를 주장하고 있다. 高庄子는『속일본기』和銅 원년(708) 정월 을사조에 관위수여 기사에 "正六位上…高庄子…並從五位下"라고 하여 정6위상에서 종5위하로 승진한 사실이 기록되어 있다. 5위 이상이면 귀족층에 속하는 고위관인이지만, 그의 관력에 대해서는 더 이상 보이지 않는다. 고장자가 어립련씨의 선조로 인식되고『신찬성씨록』에 이름을 보이고 있다는 사실은 그가 고구려 망명 1세대임을 말해주는 것이다. 고장자가 종5위하 관위를 갖게 되는 708년에는 그가 일본에 망명한지 30년 이상이 지난 시기로 아마도 노년의 관인이었다고 생각된다. 神龜 원년(724) 5월에 신미조에 高正勝이 三笠連[御笠連]의 씨성을 받았다고 기록되어 있는데, 고정승은 고장자의 일족이다. 따라서 고장자가 高氏에서 어립련으로 사성받은 시기도 고정승이 사성된 724년으로 보면 대과없을 것이다. 御笠의 씨명은 大和國 添上郡의 山笠山의 지명에서 유래하였다[6]. 이 지역은 현 奈良市 御蓋山[三笠山] 일대이고, 아마도 고장자 일족이 거주하던 지명으로 보인다. 『속일본기』 신귀 원년(724) 해당 조에는 다수의 고구려계 高氏를 비롯하여 백제, 신라 등 도래계 출신들이 망명 이전의 본국의 씨명에서 일본 씨성을 사성받아 개성되었다.

한편 어립련씨의 일족으로는 『속일본기』 天應 원년(781) 3월 무진조에 보이는 三笠連秋虫이 있다. 이때 그는 종8위하에서 外종5위하로 승진하는데 무려 9단계나 뛰어넘는 인사였다. 율령제 「選敍令」의 규정에서는 관인들의 인사고과는 6년마다 실시되는 근무평정에서 上上에서 下下까지 9단계로 구분해 中中 이상의 평가를 받아야 1단계 승진한다. 9단계의 파격적인 승진은 국가에 대한 특별한 공로나 배려가 없으면 불가능한 일이다. 그 사정에 대해서는 알 수 없으나 그는 뛰어난 공적을 세웠고 그에 걸맞는 우월한 지위를 획득했다고 보인다.

사료③은 新城連氏의 출자가 고구려국인 高福裕으로부터 나왔다고 한다. 신성련씨의 선조인 고유복에 대해서는 정사에 보이지 않지만, 본국의 씨명을 그대로 유지한 것으로 보아 고구려 멸망 이후에 망명한 것은 분명하다. 이주의 시점이 오래된 도래계 씨족들은 대체로 선조의 씨성이 일본식으로 나오는 사례가 많다. 고유복의 후예들이 신성련씨로 개성한 시기에 대해서는 『속일본기』 天平 11년(739) 6월 을미조에 정6위상에서 외종5위하로 승진한 新城連吉足이라는 인물이 나오고 있어 적어도 개성 시기는 739년 이전이라는 것은 분명하다. 그의 원 이름은 高吉足이다. 한편 『속일본기』 神龜 원년(724) 5월 신미조에는 종7위하 王吉勝이 신성련의 씨성을 받았다. 요컨대 신성련씨를 사성받은 씨족이 高氏 이외에도 王氏도 있어 출자를 달리하는 복수의 씨족이 같은 성을 받은 사례도 있다. 아마도 양씨는

---

6 佐伯有淸, 1983, 『新撰姓氏錄の硏究』 考證篇5, 吉川弘文館, p. 57.

고구려계라는 동일한 출자의식으로부터 의제적 동족관세를 맺고 같은 씨성을 받았을 가능성이 있다. 도래계 씨족간에는 공동의 선조를 세워 동족관계를 형성하는 일이 자주 볼 수 있다. 씨족의 규모가 커질수록 그에 상응해서 세력도 확대될 수 있고 정치적으로도 유리한 입지를 강화해 나가는 수단으로서 결합하는 것이다. 이러한 사례는『신찬성씨록』에 나오는 일본씨족들 간에도 선조의 공유를 통한 동족적 결합이 만연되어 있음을 볼 수 있다.

신성련씨의 유래에 대해서는 고구려의 지명인 新城에서 유래했을 가능성이 있다7.『삼국사기』고구려본기 烽山王 2년조에 모용외가 침입해 올 당시 "新城宰北部小兄高奴子"라고 하여 '新城宰北部小兄高奴子'가 나온다. 고복유는 고노자의 후예이고 그의 선조가 신성태수로 있던 新城을 지명을 관칭했을 것으로 생각된다.『삼국사기』에 나오는 고구려 신성관련 기록을 보면 고구려 성장기에 북방의 선비족 모용씨와의 전쟁기사에 국방상의 요충지로 자주 등장한다. 봉산왕 2년(293)에 모용외의 침략 때에 新城 宰인 北部 小兄 高奴子가 500명의 기병으로 적을 물리치자, 왕은 기뻐하고 고노자에게 大兄으로 삼고 식읍으로 주었다고 한다. 동 5년조에도 국왕이 모용씨의 침공에 대한 신료들의 의견을 묻자, 국상 倉助利가 북부 대형 고노자가 어질고 용감하니 적을 막고 백성을 편안하게 하려면 그만한 인물이 없다고 추천한다. 이에 왕은 고노자를 신성태수로 삼았다고 한다. 신성태수 고노자에 대한 탁월한 군사적인 능력과 지도력을 말해주고 있고 국상으로부터 백성들에 이르기까지 신망이 두터웠던 인물로 전해진다. 7세기 이후에도 신성에 대한 군사적 위치는 중시되었다.『삼국사기』고구려본기 영양왕 24년(613)에 수양제가 평양을 공격하기 위해 우문술 등을 보냈을 때 신성에서 고구려군 수만명이 막아 성문을 지켰고, 동 보장왕 4년(645)에 당군이 요동성을 쳐들어 올때도 신성과 국내성의 병력을 보내 구원했던 전승담이 전한다. 고구려 멸망기인 보장왕

---

7 鮎貝房之進, 1973,『雜攷姓氏攷及族制攷・市廛攷』, 國書刊行會, p.97.

26년(667)에는 당이 신성을 점령한 후, "신성은 고구려의 서쪽 변방의 요해지이니 먼저 그곳을 빼앗지 않고는 나머지 성들도 쉽게 빼앗을 수 없다."고 하여 신성이 고구려의 전략적 요충지임을 명확히 밝히고 있다. 이와같이 고구려에 있어서 신성의 국방상의 위치와 고노자가 태수로 있으면서 구축해 놓은 군사적 권력기반은 고씨 후예들에게 계승되었고 선조에 대한 강한 기억으로 남았을 것이다. 보장왕 27년(668) 고구려가 멸망하자 고씨 일족 중 일부는 일본으로 망명하였고 고유복은 일족의 장으로서 이른바 신성 고씨의 시조가 되었을 것이다. 그의 후예씨족들은 선조의 고향이었던 신성의 지명을 관칭하였고 후에 일본조정으로부터 連 성을 받아 신성련씨로 개성되었다고 생각된다. 대부분의 도래계 씨족들은 그들이 정착한 지역명을 씨명으로 삼는 것이 일반적인데, 신성련씨와 같이 선조의 출신지명에 따라 씨성을 삼은 것은 매우 이례적인 일이다. 이것은 아마도 신성이라는 지역과 선조의 영웅담이 그 후손들에게 전승되었던 사실이 있고, 중시조인 高福留에서 신성련으로 이어지는 계보의식이 강하게 존재하고 있었다는 사실을 말해준다.

　다음은 사료④는 男拭連氏는 고려국인 高道士로부터 계보를 구하고 있다. 고도사도 고구려 멸망 이후에 망명한 인물로 생각된다. 기타의 사료에는 보이지 않아 그에 대한 동향을 알 수 없으나 일족 중에 남구련의 씨성을 받은 인물이 나온다. 『속일본기』 神龜 원년(724) 5월 신미조에는 종8위상 高益信이 남구련의 씨성을 받았다고 한다. 남구련의 시조인 고도사와 고익신의 활동시기는 50여년 정도의 차이가 나고 계보적으로 보면 조부와 손자 관계로 추정된다. 고익신 역시 724년에 일본조정에서 도래계 씨족들에게 사성할 때 받았다. 이때 사성된 고씨 중에는 앞에서 살펴본 고정승, 고도사를 비롯하여 정7위하 高昌武가 殖槻連을 받았고 勳12등 高祿德이 淸原連으로 사성되었다. 이외에도 함께 사성된 고구려계 씨족으로 無位 狛祁乎理和久가 古衆連, 정6위하 賓難大足이 長丘連의 씨성을 받았다. 모두 본국의 씨명을 갖고 있어 멸망 이후의 도래계 씨족의 후손들임을 알 수 있다. 고창무와 고록덕 등은 『신찬성씨록』에 이름이 보이지 않아 독자의 계보서를 갖지 못한 것 같다. 이것은 유력한 高氏로부터 분가되어 독립된 계보를 형성하기 어려웠던 사정이 있다고 보여진다.

『일본서기』,『속일본기』등 正史에 나오는 高氏들의 인명을 표로 정리해 보면 다음과 같다[8].

[표-2]

씨성명	인명	출자	부명	관위	연대	이력/관력
	高黃金	高句麗			白雉5년(654)	견당 유학생
三笠連	高正勝	高句麗		정8위상	神龜 원년(724)	
男拱連	高益信	高句麗		종8위상	神龜 원년(724)	
殖槻連	高昌武	高句麗		정7위하	神龜 원년(724)	
淸原連	高祿德	高句麗		훈12등	神龜 원년(724)	
	高麥太	高句麗		외종5위하	天平9년(737)	陰陽頭, 陰陽師
	高笠麻呂	高句麗	後部	정6위상	天平寶字원년(757)	
	高元道	高句麗		종5위상		遣唐大使, 能登守, 三河守
福當連	高文信	高句麗人	前部		天平寶字5년(761)	
大井連	高吳野	高句麗人	後部		天平寶字5년(761)	
	高内弓	高句麗			天平寶字7년(763)	발해 유학생

8세기후반 이후가 되면 상기 표에서 보듯이 신귀 원년에 다수의 고구려계 고씨들은 일본의 사성정책으로 본래의 씨성을 바꾸게 되고, 8세기중엽 이후가 되는 천평보자 연간(757~763)에는 高文信과 高吳野가 각각 복당련과 대정련으로 개성되었다. 이러한 흐름 속에서도 고씨 성을 그대로 사용한 씨족들도 있었다. 대부분의 도래계 씨족들이 일본의 씨성으로 개성하는 이유는 보다 유리한 정치적 입지를 추구할 목적에서 나온다. 따라서 개성을 청원하는 씨족들이 많아지고 일본조정에서도 개성의 사유가 충분하다고 판단되면 허락하는 분위기였다. 상기 고씨들의

---

8 『日本書紀』白雉5년에 나오는 高黃金을 제외하고는 모두『續日本紀』기록이다.

경우는 개성하지 않은 이유가 청원했음에도 불구하고 사성되지 않았을 가능성도 있으나, 이 경우는 선조의 출자국의 성을 유지하고 싶었던 사정이 있었고, 선조에 대한 출자의식과도 깊은 관련이 있다고 생각된다.

사료⑥의 「高, 高麗國人高助斤之後也」와 사료⑦의 「高, 高麗國人從五位下高金藏[法名信成]之後也」 등을 검토해 보자. 두 사료에서 보듯이 『신천성씨록』 편찬 당시까지 고조근과 고금장의 후예들은 高氏 名을 그대로 유지하고 있다. 고씨의 선조인 고조근에 대해서는 사료상에 알려진 바 없지만 여타의 고씨와 마찬가지로 고구려 멸망 이후에 이주해 온 인물임은 분명하다. 고조근은 관위가 없어 그가 관인으로 출사했는지에 대해서는 알 수 없으나 적어도 『신찬성씨록』에 등재되기 위해서는 일정 이상의 학식과 배경이 있는 가문이고 국가로부터 승인된 씨족임을 생각할 때 조정에 출사했을 가능성이 있다. 이와 관련하여 『속일본기』 天平寶字 3년(759) 정월 정유조에 정6위상에서 외종5위하로 승진되고 迎入唐大使使에 임명된 高元度가 있다[9]. 상기 표에서 볼 수 있듯이 그는 8세기중엽 이후까지 고씨 성을 갖고 고위 관력을 지녔다. 개성하지 않은 고씨 중에서는 고씨의 선조인 고조근과의 관계를 설정할 수 있는 인물로 추정된다. 그는 천평보자 3년에 견당사로 파견되었다가 귀국 후 동 5년(761) 8월에 渡唐의 공로로 외종5위하에서 종5위상으로 승진되어 고위 귀족이 되었다. 게다가 그가 견당사로 당에 체재 중인 천평보자 4년 정월에 能登守에 임명되었고, 동 6년 정월에는 三河守에 임명되어 2차에 걸친 지방장관을 지냈다. 이어 동 7년(763) 8월에는 東海, 東山, 北陸 지방을 관할하는 左右平準署의 장관에 보임되었다. 고원도의 관력으로 보아 고조근을 선조로 하는 고씨의 본계장이 『신찬성씨록』 편찬시에 작성되어 제출되었다고 보인다.

상기 표에 나오는 발해에 유학한 高内弓은 고원도와 같은 시기에 활동한 인물이다. 고구려계 후예씨족으로 선조의 옛 땅인 발해에 유학했는데, 아마도 고구려

---

9 『続日本紀』天平寶字3년 정월 정유조, "授正六位上高元度外從五位下, 爲迎入唐大使使".

를 계승하고 현실의 교류국인 발해와의 언어 소통능력을 인정받아 파견된 것으로 보인다. 그는 천평 20년(740) 발해사 己珍蒙 등의 귀국시에 파견된 遣渤海使 大伴犬養과 함께 발해에 간 유학한 것으로 추측된다[10]. 高内弓은 천평보자 7년(763) 10월에 발해에서 유학생활을 마치고 귀국하는데 그의 처 高氏, 아들 廣成, 유아 1인, 유모 1인 등 가족들의 존재가 보인다[11]. 동 기록에는 그의 처를 '異方婦女'라고 표현하듯이 유학중에 발해인 고씨 즉 고구려계 발해인과 결혼하여 그 사이에서 2인의 자식을 두었다. 寶龜 4년(773) 6월 병진조에는 발해국사가 일본에 온 사정에 대해 서면 답신에서 일본사절 内雄[高内弓]이 발해국에 체재하며 '音聲'을 배우고 본국으로 귀국하였다[12]는 기록에 보이듯이 高内弓이 발해에 유학간 목적은 음성이다. 음성이란 일본에서는 악기를 연주하는 사람을 가리키고 특히 笛을 중심으로 한 발해악의 악기주법으로 생각된다[13]. 『養老令』의 「職員令」 아악료조에는 唐樂과 더불어 고구려, 백제, 신라 삼국의 악을 연주하는 樂師가 배치되었고, 이후 발해와의 교류와 더불어 발해악도 수입하였다. 일본고대의 아악의 연주는 국가의식과 대법회 등에서 장엄을 연출하여 음악을 통한 왕권과의 일체감을 형성하는데 필수적인 행사였다. 773년의 발해사가 일본에 온 목적이 고내궁의 안부를 묻기 위해

---

10 大日方克己, 2017, 「日本・渤海関係のなかの音楽-渤海楽と高内弓・板振鎌束をめぐって-」, 『社会文化論集』13, 島根大學 法文學部 社会文化學科, p.9.

11 『續日本紀』天平寶字7년 10월 을해조, 동 기사에 따르면 귀국 도중에 해상의 풍랑이 심하자 이를 異國의 부녀와 우바새 탓으로 돌려 고궁내의 처, 유아, 유모, 우바새 등 4인을 바다에 빠트려 죽음을 당하였다.

12 『續日本紀』寶龜4년 6월 병진조, "能登國言, 渤海國使烏須弗等, 乘船一艘來著部下, 差使勘問, 烏須弗報書曰, 渤海日本, 久來好隣, 往來朝聘, 如兄如弟, 近年日本使内雄等, 住渤海國, 學問音聲, 却返本國, 今經十年, 未報安否, 由是, 差大使壹萬福等, 遣向日本國擬於朝參, 稍經四年, 未返本國, 更差大使烏須弗等四十人, 面奉詔旨, 更無餘事, 所附進物及表書, 並在船内".

13 荻美津夫, 1982, 『日本古代音楽史論』, 吉川弘文館, 養老令의 「職員令」 雅楽寮條에 장관인 頭의 職掌에 「掌, 文武雅曲, 正儛, 雅楽, 男女楽人音声人名帳, 試二練曲課一事」라고 音聲人이 보이고 『令集解』穴記에도 "皷笛等人稱二音聲人一"라고 하여 皷笛을 다루는 사람을 음성인라고 주석을 달고 있다.

서였고, 유학생 신분인 그가 발해여성과 결혼했던 사실을 보면 발해조정에는 고구려계라는 동족의식과 더불어 뛰어난 재능을 높이 평가하여 각별히 인식하고 있었던 것같다. 이후 그에 관한 기록은 보이지 않지만 아악료의 관인으로 근무했을 것임은 추측하기 어렵지 않다. 그의 선조는 고구려 멸망 이후에 망명한 인물이고 상기『신찬성씨록』에 보이는 高氏의 선조인 고조근 혹은 고금장 등 고씨와의 관련성도 추측할 수 있다.

사료⑦은 "高氏는 고구려국인 종5위하 高金藏의 후손이다"이고 법명은 信成이라고 기록하고 있다. 그는 법계에서 속계로 나온 환속승인데 관인으로 발탁된 인물이다. 고금장에 대해서는 정창원문서에도 나온다. 養老 2년(718) 이전의「官人考試帳」에 "陰陽師/中上/正七位下行陰陽師高金藏[年五十八, 右京]"(『大日本古文書』24-552)이라고 하여 음양사로서 이름을 기록되어 있다. 이때 그의 나이는 58세이다. 양로2년을 기준으로 해도 그의 출생은 670년이다. 고금장은 음양사로서 활동하고 있었기 때문에 대보령 반포 직후부터 음양료에서 관인으로 봉직했다고 보인다. 그는 양로 7년(723) 정월에는 도래계 씨족에 대한 관위 수여식에서 정6위하로부터 종5위하로 승진되어 고위 귀족의 지위에 올랐다. 大寶 원년(701) 8월 임인조에 "칙을 내려 惠耀, 信成, 東樓를 함께 환속시켜 본성으로 되돌렸다. 대신 득도자 1인씩을 두었다. 惠耀의 성은 錄고 이름은 兄麻呂, 信成의 성은 高이고 이름은 金藏, 東樓의 성은 王이고 이름은 中文이다[14]"라고 기록되어 있듯이 대보 원년에 信成은 惠耀, 東樓 등 2명의 승려와 함께 환속하여 본성인 고금장의 이름으로 관인이 되었다. 상기「관인고시장」에는 정7위하로 기록되어 있듯이 환속한 시점에서는 이보다 낮은 관위였을 것이다. 그는 양로 7년에 종5위하로 승진했으므로 20여년 사이에 7단계 이상 승진된 종5위하에 올라섰다. 6년마다 시행되는 인사고과

---

14 『續日本紀』大寶 원년 8월 임인조, "勅僧惠耀 · 信成 · 東樓並令還俗復本姓, 代度各一人, 惠耀姓錄, 名兄麻呂, 信成姓高, 名金藏, 東樓姓王, 名中文".

에서 2단계 승진하는 최고 등급을 3회 연속 받고 여기에 특진을 해야 오를 수 있는 관위이다. 음양사로서의 고금장의 능력을 말해주고 있다. 한편『寧樂遺文』(補 1-4)『掌珍論』(軸裏)에는 "弁中遍論 합4권, 沙彌信成書本을 신전 8백관을 주고 구입했다"는 기록이 있다. 여기에 나오는 沙彌信成이라는 인물은 환속한 후의 高金藏이고, 그가 환속하기 전에 '沙彌信成書本'은 사미 신성이 집필한 책을 말하고 아마도 음양에 관한 내용으로 생각된다. 天平 9년(737) 12월 임술조에 외종5위하 高麥太는 陰陽頭 겸 음양사가 되었다[15]. 이 시기에 고금장의 나이는 적어도 80세 가까이 되어 양자는 1세대 이상의 차이가 난다. 근무시기가 겹칠 수도 있으나 그 기간은 길지 않았다고 보인다. 고금장의 음양지식은 그의 후손들에 의해 상속되었을 것으로 보이며 고맥태는 고금장의 아들의 가능성도 있다.

다음은 사료⑧, ⑨의 後部高氏에 대해서 살펴보자. 사료⑧의 후부고씨는 고구려국인 정6위상 後部高千金의 후손이라고 하고, 사료⑨의 후부고씨는 고구려국인 後部高乙车의 후손으로 등재되어 있다. 後部高氏는 망명 직후에는 고씨명을 유지하다가 어느 시기에 부명을 관칭하여 후부고를 씨명으로 삼았다고 생각된다. 자신들의 선조가 원 출신국에서 소속되었던 부의 명칭을 그대로 계승하여 씨명으로 사용한 것은 출자와 계보의식이 강하게 남아있던 증거하고 생각된다. 대부분의 도래계 씨족들은 출신국명의 흔적을 남기는 경우는 있지만 그 하부조직의 용어를 사용한 사례는 보기 어렵다. 이러한 점에서 후부고씨의 특별한 계보관을 엿볼 수 있다. 후부고씨의 선조인 高千金, 高乙车는 모두 고구려 멸망 직후에 망명한 인물들이다. 高千金에 대해서는 알져진 바 없으나 7세기중엽 孝德朝 때에 견당사의 일원으로 유학생으로 파견된 高黃金과 이름이 유사하고 대보율령기에 환속승 관인으로 활동한 高金藏과도 관련성이 있어 보인다. 이들이 혈족관계인지는 단언하기 어려우나 千金, 黃金, 金藏의 이름은 공통점이 있어 계보상으로 연결되어 있다고 추측

15『續日本紀』天平9년 12월 임술조, "外從五位下高麥太爲陰陽頭兼陰陽師".

된다. 후부고씨의 선조인 고천금의 관위는 정6위상으로 나오고 있어 그의 최고 관위라고 생각된다. 大寶令ㆍ養老令制 하에서「官位令」의 규정을 보면 관위상당제에서 정6위상의 보직으로는 중무성 산하의 화공료와 내약사의 장관 직이고, 병무성 산하의 병마사, 조병사의 장관을 역임할 수 있다. 고천금의 후손들도 직업이 '相傳'되는 관례에 비추어 보면 관련 부서에서 근무했을 가능성이 있다.

한편 高乙牟는 후부고씨의 선조로 나오지만 같은 후부고씨인 고천금과의 관계도 알 수 없고 이후의 그와 관련도 보이지 않는다. 乙牟와 유사한 이름으로『삼국사기』에 나오는 고구려 인명을 보면, 대무신왕8년 춘2월조에 "拜乙豆智爲右輔", 동 10년 춘정월조 "拜乙豆智爲左輔"라고 하여 우보와 좌보에 임명된 乙豆가 나오고, 태조대왕 22년 10월조에 왕자 乙音을 古鄒加로 삼았고, 고국천왕13년조에는 고구려의 재상 乙巴素가 나오고 그의 조부는 유리왕대의 大臣 乙素이다. 또 美川王의 諱도 乙弗라고 나오고 있다. 모두 고구려의 지배층을 구성하고 있는 인물들이라는 공통점이 있다. 이런 면에서 고을모 역시 망명 이전의 고구려에서는 지배층의 혈통을 이어받고 있었을 것으로 보이고, 그의 후예 씨족들에 의해 선조로 인식되고 있었다는 사실에서도 추측된다.

이외에도 後部高氏는『속일본기』天平寶字 원년(757) 9월 신사조에 정6위상에서 외종5위하로 승진한 後部高笠麻呂가 보이고, 천평 17년(745) 2월 20일자「雅樂寮解」(『大日本古文書』2-389)에 나오는 後部高多比 등이 있다. 후부고립마려의 인명인 笠麻呂는 일본식 표기로 변화를 보이고 있다. 부명이 관칭된 고씨는 앞에서 본 前部高文信이 있다. 이들 부명은『後漢書』,『魏書』고구려전에 나오는 연노부, 절노부, 순노부, 관노부, 계루부의 5부를 가리키고 방위명에 따라 東ㆍ西ㆍ南ㆍ北ㆍ內 혹은 上ㆍ下, 左ㆍ右, 前ㆍ後로 불리우기도 하고 五行思想에 의거하여 5방색인 黃ㆍ黑ㆍ靑ㆍ赤ㆍ白으로 구분하기도 한다[16]. 이중에서 후부는 절노부를 말하고

---

16 『翰苑』蕃夷部 高麗, 「部貴五宗」, "五部皆貴人之族也. 一曰內部即後漢書桂婁部一名黃部, 二曰北部

북부 혹은 흑부로 기록된다.

　방위명 인명표기는 고구려 멸망 이후 신라의 고구려유민 지배정책으로 세워진 보덕국에서 일본에 파견한 사절명에도 다수 보인다. 『일본서기』에서 그 사례를 보면 上部大相可婁(天智10년 정월조), 上部大相可婁(天智10년 8월조), 前部富加抃(天武원년 5월조), 後部主博阿于(天武원년 11월조) 前部大兄德富(天武원년 11월조), 上部大相/桓欠(天武8년 2월조), 下部大相師需婁(天武8년 2월조), 南部大使卯問(天武9년 5월조), 西部大兄俊德(天武9년 5월조), 下部助有卦婁毛切(天武11년 6월조) 등이다. 고구려 멸망기에는 上下, 前後, 南西 등 방위명이 관칭된 부명/관위[관직]/인명 순으로 열기되어 있고 고구려 초기의 계루부, 절노부와 같은 부명은 보이지 않는다. 그렇다면 상기 사료⑧, ⑨의 후부고씨의 선조인 후부고천금과 후부고을모의 일본 망명시기는 고구려 멸망기로 추정된다. 혹은 보덕국으로부터 망명한 씨족일 가능성도 배제할 수 없다. 보덕국에는 이미 안승이 투항할 때 4천여호의 고구려인이 있었고, 이후 부흥운동기에 신라로 투항한 고구려인도 적지 않았다. 그러나 신라의 동화정책으로 신문왕 3년(683) 10월에 보덕왕 安勝을 왕경으로 불러들여 보덕국을 해체시켰고 684년 10월에는 안승의 일족인 大文의 반역 사건 후에는 金馬郡으로 편입하였다. 보덕국에서 고구려의 명맥을 유지하고자 했던 일단의 지배계층을 구성하고 있던 고씨 일족도 포함되었을 가능성은 매우 높다. 『일본서기』天武 14년(685) 2월조에 "大唐人, 百濟人, 高麗人, 并百四十七人賜爵位"라고 하여 고구려인 등 147인에게 작위를 수여하였다고 한다. 이 중에는 보덕국의 고구려계 고씨도 있었다고 보이고 시기적으로도 부합한다. 특히 고구려인의 인명표기에 部名이 관칭된 사례가 많아 씨족적 遺制인 소속 부의식이 강하게 남아있었다고 생각된다.

即絶奴部一名後部又名黑部, 三曰東部即順奴部一名左部或名上部又名靑部, 四曰南部即灌奴部一名前部又名赤部, 五曰西部即消奴部也一名右部, 其內部姓高即王族也. 高麗稱無姓者皆內部也".

정창원문서에도 다수의 高씨가 보인다. 천평7년 12월7일부「寫經所啓案」(『大日本古文書』7-43)에 高廣麿, 천평9년 4월 4일부「小野備宅所」(『大日本古文書』2-28)에 高忍熊, 천평10년 2월28일「經師等行事手實」(『大日本古文書』7-132)에 高豊嶋, 천평11년 4월15일부「寫經司所」(『大日本古文書』2-162)에 高束麻呂 등이 있다. 이외에도 高束人(『大日本古文書』2-347), 高淨成(『大日本古文書』25-134), 高吉人(『大日本古文書』25-134), 高秋長(『大日本古文書』12-247), 高益國(『大日本古文書』3-567) 高大万呂(『大日本古文書』6-36), 高礒足(『大日本古文書』19-271), 高龜主(『大日本古文書』6-315), 高乙虫(『大日本古文書』25-161), 高秋永(『大日本古文書』13-244), 高眞鳥(동 4-453) 등 사경 업무 등에 종사하는 일족이 많다. 이들은 고구려 멸망 이후에 망명한 사람들의 후예이고 일본조정으로부터 새로운 성을 받지 못했거나 혹은 개성하지 않은 채 본국의 씨명을 그대로 유지하고 있었다고 생각된다.

3. 狛氏의 출자와 계보의식

일본고대사료에 보이는 狛은 '고마'라고 읽고 고구려를 가리킨다. 고구려는 高麗라고 표기하고 있어 狛=高麗는 같은 의미로 쓰였다. 고대 만주의 동북방에 퍼져 살던 한민족을 지칭하는 濊貊의 貊은 지역명, 종족명으로 인식되었고[17], 삼국시대 이후 고구려인들이 일본에 이주하면서 狛은 고구려국, 고구려인을 지칭하는 용어로서 정착되었다고 생각된다. 狛은 貊과 통하고 貊으로부터 유래되었고 일본고대사료에 狛으로 시작되는 씨명은 예외없이 고구려계 씨족을 말한다.

---

17 濊貊에 대해서는 金貞培, 1968,「濊貊族에 關한 硏究」,『白山學報』5, 송호정, 2007,「高句麗의 族源과 濊貊」,『고구려발해연구』27, 권오중, 2015,「고대중국 正史에서의 예맥-'요동예맥'의 자취에 관한 검토로서-」,『동북아역사논총』49 참조.

우선『일본서기』에 보이는 狛의 용례를 살펴보자.

【2-1】

雄略紀20년(476) 高麗王大發軍兵, 伐盡百濟, 爰有少許遺衆, 聚居倉下,…[百濟記
云, 蓋鹵王乙卯年冬, <u>狛大軍</u>來, 攻大城七日七夜, 王城降陷, 遂失尉禮國, 王及大
后王子等皆沒敵手].

【2-2】

欽明紀7년(546) 是歲, 高麗大亂, 凡鬪死者二千餘[百濟本記云, 高麗以正月丙午, 立
中夫人子爲王, 年八歲, <u>狛王</u>有三夫人, 正夫人無子, 中夫人生世子, 其舅氏麁群也.

사료【2-1】은 고구려가 백제의 함락시킬 때의 상황이다. 분주의「百濟記」에 기
록된 乙卯年은 475년으로 狛 대군이 7일 동안 왕성을 공략하여 위례국을 잃었고
왕과 왕후, 왕자 등이 모두 적의 손에 살해되었다고 기록하고 있다. 본문에서는
高麗의 용어를 사용하고「百濟記」에는 狛으로 표기하였다. 이로부터 추정할 수 있
는 사실은 백제에서는 적국 고구려에 대해 정식 국명을 호칭하지 않아 고구려에
대한 일종의 비하적인 인식이 내포되어 있다고 생각된다. 사료【2-2】에서는 본문
에 국명을 고구려로 표기하면서 분주의「百濟本記」에는 고려 국명과 더불어 狛王
이라고 하여 앞의「百濟記」와 마찬가지로 종족명을 사용하였다. 충주고구려비에
나오는 '高麗大王'이라는 표기법에서 보듯이 정식국호를 사용하고 있는 것과는 대
비되는 내용이다. 이외에도 동 흠명기 9년 6월조에 '汝國爲狛賊所害', 동 11년 4월
조에 '獻狛虜十口', 동 14년 8월조에 '新羅與狛國通謀', 동 15년 12월조에 '今狛與斯
羅' 등 狛賊, 狛虜, 狛國, 狛 등의 표기는 백제측에서 본 고구려에 대한 적대의식의
표현이다. 즉 백제에서 볼 때 狛은 고구려에 대한 상대적인 표현으로 정식국가로
인정하지 않겠다는 인식이 깔려있다고 생각된다. 그러나 이러한 백제측의 인식과

는 무관하게 고구려인 스스로는 선대로부터 사용해 온 종족, 거주지명인 狛[貊]에 대해 저항감없이 자신들의 정체성을 나타내는 용어로 사용했다고 본다. 일본에 이주한 고구려인들은 狛이라는 글자를 씨명 혹은 거주지명으로 삼은 사례가 많고 일본측에서도 고구려, 고구려인을 의미하는 용어로 정착되어 간다. 狛을 관칭한 씨족들은 대부분 고구려 멸망 이전에 이주해 온 사람들이고 앞에서 본 高씨 계열 의 씨족들과는 시기적으로 차이가 있다. 같은 고구려계 씨족이라고 하더라도 狛 계열은 먼저 정착한 이른바 선주민이라고 부를 수 있는 집단이다.

그럼『신찬성씨록』에 수록되어 있는 狛氏 계통의 씨족들을 검토해 보자.

【2-3】

① 右京諸蕃 狛首 出自高麗人安岡上王也.

② 山城國諸蕃 狛造 出自高麗國主夫連王也.

③ 河内國諸蕃 大狛連 出自高麗國溢士福貴王也.

④ 河内國諸蕃 大狛連 出自高麗國人伊利斯沙禮斯也.

⑤ 河内國雜姓 狛染部 高麗國須牟祁王之後也.

⑥ 河内國雜姓 狛人 高麗國須牟祁王之後也.

[표 2]

본관	씨족명	出自/之後	시조명	비고
右京	狛首	出自	安岡上王	
山城國	狛造	出自	夫連王	
河内國	大狛連	出自	溢士福貴王	
河内國	大狛連	出自	伊利斯沙禮斯	
河内國	狛染部	之後	須牟祁王	未定雜姓
河内國	狛人	之後	須牟祁王	未定雜姓

상기 사료에서 보듯이 狛首, 狛造, 大狛連, 狛染部, 狛人 등 狛 자를 관칭한 우지명[氏名]이 보이고, 首, 造, 連 등의 가바네[姓]를 갖고 있는 씨족도 있다. 狛 계열 씨족은 사료④를 제외하고는 고구려왕을 선조로 하는 출자를 주장하고 있다. 이주시기가 오래된 씨족일수록 그들의 선조를 제왕으로부터 출자를 구하는 경향이 두드러진다. 특히 씨족의 출자, 계보는 후대로 가면 그들 씨족의 고귀한 신분을 강조하기 위해 출자를 개변하는 현상도 나타나고 있다. 이것은 고구려계만이 아니라 백제계, 신라계 씨족들에게도 자주 나타나는 현상이다. 한편 고구려왕족의 성이 高氏라는 사실과 상기 狛氏 계열의 선조들을 某王으로 표기하고 있어 이들의 원래의 씨명은 고구려 國姓인 高氏임을 전제로 하고 있다.『신찬성씨록』편찬 당시에 각 씨족들은 씨족지인 本系帳을 편찬국에 제출하고 진위여부를 판단하는 심사를 받고 있지만, 대부분의 본계장은 '三例'라는 분류를 거쳐 등재되었을 것으로 보인다.

사료①의 狛首氏의 首는 大化前代로부터의 가바네[姓]이고 天武13년에 재편된 8색의 성에는 포함되지 않고 전대의 성을 그대로 사용되었다.『신찬성씨록』에 등재된 고구려계 씨족 중에서 왕경에 거주하고 있는 씨족은 24씨이고 그중에서 우경에는 狛首氏 등 9씨가 있다. 狛首氏의 선조라고 기록되어 있는 인물은 安岡上王이다. 고구려왕 중에서 장지명인 '某原[岡]上+王'의 왕호를 갖은 인물은 고국원왕을 國岡上王, 광개토왕을 國岡上廣開土境平安好太王, 양원왕을 陽岡上好王, 평원왕을 平岡上好王 등이 있다. 이들 왕호 중에서 '原'자를 '岡(崗)'으로도 쓰고 있듯이 安岡上王은 고구려 제23대왕인 安原王(531~544)이고 그의 별호도 安岡上好王으로 추정된다. 안원왕에 대해서는『일본서기』흠명기 6년(545)조에 "是年, 高麗大亂, 被誅殺者衆"이라고 하여 고구려 내란의 소식을 기록하고 그 분주에「百濟本記」를 인용하여 "狛國香岡上王薨也"라고 하여 안원왕을 狛國 香岡上王이라고 표기하고 있다. 狛首氏는 香岡上王[安岡上王]인 안원왕을 선조로 하고, 씨족지에 있던 계보라고 생각된다. 한편 평경궁 발굴조사 출토의 목간에도 일족으로 보이는

'狛首多須麻呂[18]', '狛首乙山[19]' 등의 인명이 나오고 있어 우경을 본관으로 한 이 씨족의 활동을 뒷받침해 주고 있다. 전자의 목간에는 「狛首多須麻呂/進氷/六月廿九日始至閏月十二日五䭾」라는 내용이 새겨져 있어 和銅4년(711) 6월29일에서 윤6월12일까지 2주간 마차 5대 분량의 얼음을 진상한 인물로 나온다. 후자의 경우는 '狛首乙山謹解申'라는 문서형식으로 보아 상급관부에 무언가를 신청한 관인으로 생각된다.

사료②는 山城國을 본관으로 하고 있는 狛造氏이며 高麗國主 夫連王을 선조라고 주장하고 있다. 부련왕이 누구인지에 대해서는 불명이지만, 고구려왕 중에는 고국양왕이 伊連, 장수왕이 巨連과 같이 連 계열의 인명도 있듯이 왕족 출신일 것으로 추정된다. 造를 姓으로 갖는 씨족은 大和朝廷에서 왕권에 봉사하는 직업 部民을 통솔하는 伴造인 경우가 많고 특히 도래계 씨족들에게 자주 보인다. 『신찬성씨록』에는 산성국을 본관으로 한 고구려계 씨족 중에 桑原史氏는 狛國人 漢胸을 선조로 하고, 八坂造氏는 狛國人 之留川麻乃意利佐로부터 자신의 출자를 하고 있다. 이들은 현실의 씨명은 일본식으로 개성했지만, 출자에 대해서는 원초적인 狛國 의식을 보여주고 있다. 『일본서기』欽明紀 26년(565) 5월조에는 "고려인 頭霧唎耶陛 등이 筑紫에 투화하여, 山背國에 안치하였다. 지금의 畝原, 奈羅, 山村의 高麗人 선조이다"라고 하듯이 산성국 등지의 고구려인 선조의 기원설화가 기록되어 있다. 이 씨족 역시 고구려 망명 이전에 정착한 선주민이다. 동 天武 10년(681) 4월조에는 山城狛烏賊麻呂라는 인물이 連 姓을 받는다. 그는 산성국에 거주하는 狛氏라는 의미인데 거주지명을 따서 山城狛을 씨명으로 삼고 이름은 일본식으로 烏賊麻呂라고 개명하였다. 無姓에서 바로 連으로 사성된 것은 이례적이다. 이것은 아마도 672년의 왕위계승의 전란인 壬申의 난 때에 大海人皇子측에 가담하여

---

18 奈良国立文化財研究所, 1989, 『平城宮発掘調査出土木簡概報』21, p.12.
19 奈良国立文化財研究所, 1981, 『平城宮発掘調査出土木簡概報』14, p.12.

공신이 되었을 가능성이 크다. 이 시기에 개성된 인물 중에는 대체로 대해인황자[天武天皇] 편에 서서 전란을 승리로 이끈 공신이고 그 후예들에게 功田을 지급하는 등 이들에 대한 배려가 지속되었다.『속일본기』和銅 4년(711) 7월조에는 山背國 相樂郡의 狛部宿祢奈賣라는 여인이 한번에 세 아들을 낳아 명주, 목면, 베, 벼 등의 물품과 유모 1인을 받았다는 기록도 보인다[20].

산성국의 고구려 狛氏 계열 씨족에 대해서는 정창원문서에도 나온다. 天平勝寶5년 6월25일부에는「狛人黒麻呂[年十五/山背國相樂郡戸主狛人麻嶋戸口]」(『大日本古文書』25-65)라고 하여 狛人黒麻呂는 나이 15세이고 山城國 相樂郡의 호주인 狛人麻嶋의 호구라고 하여 일본의 공민이 된 고구려인의 모습을 전하고 있다.『和名類聚抄』에는 상락군의 하부 행정단위로 大狛(鄕), 下狛(鄕) 등의 향명이 기록되어 있어 고구려인들의 집단 거주지임을 말해주고 있다[21]. 또 寶龜7년 3월부「相樂郡司解」(『大日本古文書』23-616)에도 大狛鄕의 지명이 보이고 있고, 평성궁발굴조사에서 출토된 목간에도「□□國相樂郡大狛里」라고 하여 國郡里 행정단위로 편재된 大狛里가 기록되어 있다[22].『속일본기』和銅 4년(711) 7월 조에는 산배국 상락군의 狛部宿禰奈賣라는 여인이 한번에 3男을 출산했다고 하여 명주, 목면, 베, 벼 등과 함께 유모 1인을 보냈다[23]고 한다. 이 여인은 산성국에 거주하는 狛部氏인데 宿禰라는 고위 성을 갖고 있어 기타의 狛氏 계열의 씨족보다도 우월한 지위에 있었다고 보인다. 다만『신찬성씨록』에는 박부숙녜씨의 독자적인 계보가 실려있지 않고 관인으로 활동한 기록도 보이지 않는 점은 의문이다.

---

20 『續日本紀』和銅4년(711) 7월 무인조, "山背國相樂郡狛部宿祢奈賣, 一產三男, 賜絁二疋, 綿二屯, 布四端, 稻二百束, 乳母一人".

21 『和名類聚抄』卷6, 國郡部第12, 山城國第68, 相樂郡.

22 奈良国立文化財研究所, 1990,『平城宮発掘調査出土木簡概報23』, p.13.

23 『續日本紀』和銅4년 7월 무인조, "山背國 相樂郡 狛部宿禰奈賣, 一產三男, 賜絁二疋, 綿二屯, 布四端, 稻二百束, 乳母一人".

한편 산성국의 狛造氏는 아니지만 承和 10년(843) 11월에 陸奧國 白河郡 백성 외
종8위상 훈9등 狛造智成이 陸奧白河連으로 개성하였고, 동 安積郡 백성 외소초위하
狛造子押麻呂에게 陸奧安達連의 씨성을 받았다[24]. 이들은 모두 고구려 멸망 이전이
이주한 박조씨의 일족으로 생각된다. 일본조정에서는 도래인이 급증하는 7세기후
반 이후에도 고구려, 백제, 신라계 망명인들을 동북지방으로 이주시킨 바 있다.

사료③, ④는 河內國을 본관으로 하는 大狛連氏의 출자이다. 사료③의 大狛連
은 고려국 溢士福貴王을 선조로 하고 있고, 사료④는 高麗國人 伊利斯沙禮斯를 선
조로 하는 출자의식을 보여주고 있다. 사성되기 전의 大狛氏는 고구려국 溢士福貴
君으로부터 나왔다는 씨족과 고구려인 伊利斯沙礼斯를 선조로 하는 씨족 2계통이
있음을 알 수 있다. 溢士福貴王에 대해서는 불명이지만 관칭어인 溢士의 일본식
훈독은 '이리시'이고 伊利斯沙禮斯의 伊利斯와 동음으로 양자는 일족일 가능성이
있다. 이와 관련하여 『일본서기』 皇極紀 원년(642) 정월조에 大臣 伊梨柯須彌가 나
오는데 고구려 연개소문을 가리킨다. 또 동 齊明紀 2년(656) 8월조에 일본에 온 고
구려 사신 중에 '대사 達沙 부사 伊利之'라고 하여 伊利之란 인명이 나온다. 『신찬
성씨록』에 보이는 고구려계 씨족의 인명인 伊利斯沙禮斯를 비롯하여 伊理和須使
主, 伊利須意彌, 伊利須使主, 伊和須 등은 모두 동일계통의 씨명으로 연개소문의
일족과 관련이 있다고 생각된다. 『일본서기』 황극기 원년(642) 9월조에는 고구려
사신에 따르면 大臣 伊梨柯須彌가 대왕을 죽이고 아울러 伊梨渠世斯 등 180여 명
을 살해하였으며, 제왕자의 아들을 왕으로 삼고 同姓인 都須流金流를 대신으로 삼
았다"라는 사실을 전하고 있듯이 수많은 동족들을 제거한 바 있다. 『삼국사기』 열
전 「蓋蘇文」전에도 살해된 수가 100여명이었다고 기록되어 있듯이 영류왕과 중신
들을 죽이고 권력을 장악한 연개소문은 莫離支의 지위에 앉아 전권을 장악하였다.

---

24 『續日本後紀』 承和10년(843) 11월 경자조, "陸奧國白河郡百姓外從八位上勳九等狛造智成戶一煙,
改姓位爲奧白河連, 同國安積郡百姓外少初位下狛造子押麻呂戶一煙, 改姓爲陸奧安達連".

이들 일족 중에는 연개소문의 폭정을 피해 일본으로 망명했을 가능성이 있고『신찬성씨록』에 보이는 伊利斯 계열 씨족은 이때 망명한 후예들이라고 생각된다.『신찬성씨록』에 나오는 伊利斯 계열의 씨족들을 표로 정리하면 다음과 같다.

[표 3]

씨명	선조명	중시조	출자	본관	비고
日置造	伊利須意彌		高麗國人	左京	
日置造	伊利須使主		高麗國人	右京	一名伊和須
日置造	伊利須使主			大和國	
鳥井宿禰	伊利須使主			大和國	日置造同祖
榮井宿禰	伊利須使主	麻弖臣		大和國	日置造同祖
吉井宿禰	伊利須使主			大和國	日置造同祖
和造	伊利須使主			大和國	日置造同祖
日置倉人	伊利須使主	許呂使主		大和國	日置造同祖
大狛連	伊利斯沙禮斯		高麗國人	河內國	
島本	伊理和須使主		高麗國人	河內國	

연개소문의 일족으로 추정되는 伊利須 계열의 씨족들은 10여개에 달하며 고구려왕족은 아니지만 고구려말기 왕족을 능가하는 권력에서 일족의 번영을 누렸다. 다만 연개소문의 집권과정에서 동족의 일부는 제거당했고 그중에는 일본으로 망명하여 왕경, 대화국, 하내국 등 기내 주요 지역에 정착한 인물도 있었다. 특히 대화국을 본관으로 하는 이리수계 씨족들은 상기 표에서 보듯이 日置造氏를 중심으로 하여 鳥井宿禰, 榮井宿禰, 吉井宿禰, 和造, 日置倉 등 6씨는 伊利須使主를 공동의 조상으로 하는 동족적 결합을 통해 세력을 확대해 나간다. 씨족의 세력에 클수록 정치적, 사회적 입지가 강해지고 개성을 청원할 때 유리한 입장에서 성공할 가능성이 높다. 이들 중에는 造나 連에 비해 상위의 성인 宿禰를 갖고 있는 씨족들이 있어 그 실상을 이해할 수 있다. 숙네 성은 천무13년에 개편한 8색의 성에서도 3위에 해당되고 도래계 씨족들이 사성받기에는 쉽지않은 성이다.

한편 大狛造氏 중에서는 大狛連으로 造에서 連을 사성받은 인물도 나온다.

【2-4】天武10년 4월 庚戌,「…大狛造百枝·足坏,… 山背狛烏賊麻呂, 并十四人賜
　　姓曰連」

【2-5】天武12년 9월 丁未,「…大狛造, 秦造,…黃文造…文首, …凡卅八氏, 賜姓曰
　　連」

【2-6】靈龜원년 7월 壬辰, "授刀舍人狛造千金, 改賜大狛連"

　　사료【2-4】의『일본서기』천무 10년(681)에 사성받은 大狛造百枝·足坏와 앞
서 살펴본 山背狛烏賊麻呂 등 14씨가 連 성을 받았고, 사료【2-5】의 천무 12년에
는 大狛造氏 일족 모두가 連 성을 받아 大狛連氏로 개성되었다. 이들 중에는 秦
造, 黃文造, 文首 등 도래계 씨족들도 다수 포함되어 있다. 이때의 사성정책은 씨
성의 개편이라는 왕권의 의도도 있지만, 임신의 난이라는 내전에서 승리한 천무
의 은상으로 생각된다. 2번에 걸쳐 52씨를 대상으로 한 대규모 사성이고 대부분
천무를 지지한 인물들이라고 생각된다. 狛造氏와 大狛造氏의 관계는 선조의 계
통은 달리 주장하지만 동일씨족이다. 大狛造百枝에 대해서는『일본서기』持統 10
년(696) 5월조에 "以直廣肆贈大狛連百枝, 并賜賻物"이라고 하여 直廣肆 관위와 賻
物을 내렸다. 직광진은 율령제하에서 종5위에 상당하는 고위관위이고 부물은 일
종의 조위금으로 이때 그의 사망사실을 전하고 있다.【2-6】는『속일본기』영귀 원
년(715)에 授刀舍人 狛造千金이 大狛連으로 개성한 기록이다. 授刀舍人은 內廷의
경호를 담당하는 병력을 말한다. 狛과 大狛 은 동족이지만 표기법의 차이가 무엇
인지에 대해서는 알 수 없다.

　　다음은 사료⑤의 河內國을 본관으로 하는 狛染部氏에 대해서이다. 이들은 모두
고려국 須牟祁王을 선조로 하는 씨족임을 주장하고 있다. 狛染部氏는 씨명에서 보
듯이 染部는 가죽 등을 염색하는 일을 담당한 部民으로부터 유래한다. 즉 대화정권

에서 伴造에게 통솔되어 염색 기술을 갖고 봉사한 집단이 律令制 성립 이후에도 계승되었다고 보인다. 『삼국지』부여전에는 여우, 살쾡이, 원숭이, 담비 등의 가죽옷을 만들어 입었다는 내용이 전해지고 있고 같은 환경에서 생활한 고구려 역시 수렵에서 획득한 모피를 가공하여 피혁을 제작하는 기술이 발달하였다. 『일본서기』仁賢紀 6년조에 日鷹吉士를 고구려에 보내어 巧手者를 불렀다[25]는 기록에 이어 동 시세조에는 "日蘆吉士가 돌아와 工匠 須流枳, 奴流枳 등을 바쳤는데, 지금의 倭國 山邊郡 額田邑의 熟皮高麗가 그 후손이다[26]"라고 기록하고 있다. 工匠은 특정 기술을 지닌 공인을 말하며 이때 일본에 온 고구려인의 후손이 熟皮高麗氏이다. 熟皮란 가죽을 다루는 숙련공을 의미하며 牛馬 등 각족 동물의 가죽으로 각종 제품을 제작하는 씨족이다. 대화정권에서는 고구려에서 들어온 피혁에 대한 신기술을 기초로 이를 전담하는 직업부민을 조직하였고 狛染部 역시 피혁을 염색하는 공인집단으로 생각된다. 大寶·養老令의 「職員令」大藏省條에는 "典革一人[掌雜革染作, 檢校狛部], 狛部六人[掌雜革染作], …狛戶"라고 하여 고구려계 씨족 집단인 狛部가 피혁의 염색 등에 종사하고 동 조직의 구성에는 狛戶도 포함되어 있다[27].

사료⑥의 狛人氏은 狛染部氏과 같이 하내국을 본관으로 하고 있고 須車祁王을 선조로 하는 계보를 갖고 있다. 아마도 양씨는 선조를 같이하는 同祖 관계에 있는 씨족이다. 『三代實錄』에는 狛人氏에 대해 다음과 같은 기록이 있다.

【3-1】貞観3년(861) 8월 경신조, "欽明天皇世, 百済以高麗之寇, 遣使乞救, 狭手彦

---

25 『日本書紀』仁賢紀6년 추9월조, "壬子, 遣日鷹吉士使高麗召巧手者".

26 『日本書紀』仁賢紀6년 是歲條, "日蘆吉士還自高麗獻工匠須流枳·奴流枳等今倭国山邊郡額田邑熟皮高麗, 是其後也".

27 『日本後紀』逸文(『類聚國国』107 内蔵寮) 大同元年 10월 신미조에도 "典履二人·百済手部十人·典革一人·狛部六人·百済戶·狛戶, 隷内蔵寮, 許之"라고 하여 율령의 조문과 동일한 내용이 수록되어 있다.

复爲大将軍, 伐高麗, 其王踰城而遁, 乘勝入宮, 尽得珠寶貨略, 以獻之, 礒城嶋天皇(欽明)世, 還来獻高麗之囚, 今山城国狛人是也"

【3-2】貞観14년(872) 5월 갑신조, "右京人左官掌従八位上狛人氏守賜姓直道宿禰, 氏守為人長大, 容儀可観, 権爲玄蕃屬, 向鴻臚館, 供讌饗送迎之事, 故随氏守申請, 聴改姓, 其先, 高麗國人也".

【3-3】元慶6년(882) 2월 정해조, "大学釋尊, 直講従六位下直道宿禰守永講古文尚書, 文章生学生等, 賦詩如常".

사료【3-1】은 흠명의 치세 때에 백제가 고구려의 침공을 받아 구원을 요청하자 狹手彥复를 대장군으로 삼아 고구려를 정벌하고 많은 재화와 함께 고구려 포로를 바쳤는데, 이들이 지금의 산성국 狛人의 선조라고 한다. 이 기록은『일본서기』흠명기 23년(562) 8월조에 보이는 "천황이 대장군 大伴連狹手彥을 파견하여 군사 수만을 이끌고 고구려를 치도록 하였다[28]. 협수언은 이에 백제의 계책을 써서 고려를 격파하였다. 그 왕이 담을 넘어 도망하자 협수언은 드디어 승세를 타고 왕궁으로 들어가 갖가지 진귀한 보물, 七織帳, 鐵屋을 모두 빼앗아 돌아왔다"는 기록에 근거한다. 대화정권에서의 大伴氏는 大連의 성을 갖는 중신으로서 대외관계에서 뛰어난 업적을 쌓은 씨족으로 나오고 있다. 이른바 임나경영의 핵심인물로 등장하고 고구려에도 군사적 행동을 감행하여 큰 전과를 올렸다는 전승을 남기고 있다. 이 전승은 역사적 사실과는 무관하게 大伴氏 家傳에서 나온 기록을『일본서기』편찬시에 채록한 것이다. 대반씨가 고구려정벌에 데려왔다는 狛人氏는『일본서기』에는 없는 내용으로 후에 추가된 것이다. 동 기록은 대반씨의 후예인 伴大田宿禰氏가 '大田'의 2자를 제거하고 伴宿禰씨로 개성하기 위해 한반도에서의 선조의 무훈

---

28 왜왕권의 고구려 침공 기사는 大伴氏 家傳에서 나온 기록으로 보인다. 이것은 한반도와의 교섭에 관계한 씨족으로서 무훈을 강조하는 조작된 필법이다.

을 강조한 필법이다. 여기에서 산성국의 狛人氏의 존재는 사실이지만 박인씨 선조의 유래에 대해서는 만들어진 전승임은 말할 필요도 없다. 사료【3-2】는 우경인 종8위상 狛人氏守가 개성을 청원하여 直道宿禰氏가 되었는데, 그의 모습이 장대하고 위엄이 있어 玄蕃屬에 배속되어 영빈시설인 鴻臚館에서 임시 외국사 접대업무를 맡았다고 한다. 말미에는 狛人氏守의 선조는 고구려인이라고 되어 있다. 사료【3-3】은 개성된 이후의 狛人氏 일족인 종6위하 대학료의 교관인 直講 直道宿禰守永가 공자를 받드는 의례에서 고문, 상서를 문장생 등에게 강의했다는 내용이다. 이상의 사료에서 추측할 수 있는 것은 狛人氏의 씨족적 정체성은 直道宿禰로 개성한 9세기후반까지 지속되었다는 점이다. 대보율령이 제정되고 관인층이 증가되기 시작할 무렵에는 대부분의 도래계 씨족들은 새로운 성을 받아 일본식 씨성으로 개성하는 경우가 많았다. 선조의 고향인 고구려에 대한 출자의식도 분명히 남아있고 狛이라는 씨명을 유지했다는 점에서 여타의 도래계 씨족과 비교된다.

상기 狛染部氏와 狛人氏의 須牟祁王을 선조로 하는 계보관에 대해 생각해 보자. 須牟祁王에 대해서는 須牟의 발음이 '스무'이고 고구려 건국시조인 鄒牟의 '스무'와 朱蒙의 '슈모'와 매우 유사하다는 점에서 동일 인물일 가능성이 제기되고 있다[29]. 발음의 유사성만으로는 양자를 동일시하기 어렵지만, 동일 종족집단에서는 특정 인물을 모델로 하여 유사한 선조를 창출하는 경우도 있다. 이와 관련하여 『속일본기』天平寶字 2년(758) 6월 갑신조에는 "散位大属正六位上狛廣足, 散位正八位下狛淨成等四人長背連"라고 하여 고구려계 狛氏 계열인 狛廣足와 狛淨成 등 4인에게 長背連의 성을 내렸다고 한다. 長背連에 대해서는 『신찬성씨록』右京諸蕃의「長背連」조에 다음과 같이 그 출자를 기록하고 있다.

【4-1】長背連, 出自高麗國主鄒牟[一名朱蒙.]也. 天國排開廣庭天皇[謚欽明]御世,

29 佐伯有清, 1983,『新撰姓氏錄の研究』考證篇6, 吉川弘文館, p.122.

率衆投化, 兒美體大, 其背巾間長, 仍賜名長背王.

상기 장배련에 대해 高麗國主 鄒牟로부터 나왔고 흠명의 치세에 무리를 이끌고 투화하였다. 얼굴이 잘생기고 신체가 크고 장대하여 長背王이라는 이름을 내렸다고 한다. 장배련씨가 추모왕을 선조로 하는 계보의식을 갖고 있었고 상기『속일본기』에도 4인의 狛氏에게 장배련의 씨성을 내렸다고 하듯이 장배련의 성을 받은 狛氏와 추모왕 시조 출자설을 주장하는 長背連氏는 일족으로 보아도 좋을 것이다. 다만『신찬성씨록』편수국에서 須牟祁王과 狛染部, 狛人 양씨의 계보를 증명할만한 기록이 정사나 고기류 등에 보이지 않아「未定雜姓」으로 분류한 것이다. 상기 狛廣足은 天平寶字2년 7월부「長背廣足經師貢進解」(『大日本古文書』4-275·276)에 經師를 貢上한 長背廣足과 동일인이고, 天平寶字2년 10월 25일부「散位寮牒」(『大日本古文書』14-208, 211)에도 '大属正六位上長瀬連'이 보이고, 天平2년 10월 26일부「散位寮牒」(『大日本古文書』14-210·211)에는 '正六位上行大屬長瀬連廣足'으로 기록되어 있다. 또『속일본기』寶龜 7년(776) 3월 계사조에는 '外從五位下長瀬連廣足爲園池正園池正', 同 신해조에는 '外從五位下長瀬連廣足爲西市正西市正' 등으로 나오고 있어 1단계 관위 상승이 보이고, 園池司宮의 장관인 園池正과 西市司의 장관인 西市正을 역임하였다.

한편『속일본기』慶雲 2년(705) 12월 계유조, 종6위상 狛朝臣秋麻呂가 종5위하로 승진한 기록이 나온다. 그는 동 和銅 4년(711) 12월조에 자신의 본성은 阿倍인데, 用明天皇 치세 때에 秋麻呂의 2세 선조인 比等古臣 이 고구려에 사신으로 파견된 까닭에 狛의 칭호를 받았는데 실제의 성이 아니니 본성으로 회복시켜 줄 것을 청원하여 허락받았다고 한다[30]. 用明朝(586~587)에는 고구려에 사신을

---

30 『續日本紀』和銅4년(711) 12월 임자조, "從五位下狛朝臣秋麻呂言, 本姓是阿倍也。但當石村池邊宮御宇聖朝, 秋麻呂二世祖比等古臣使高麗國, 因卽号狛, 實非眞姓, 請復本姓, 許之".

파견한 사실이 없고 왜왕권에서 고구려에 공적 사신의 파견은 推古 9년(601)이 최초이다[31]. 이것은 고구려계에서 일본계로 개변하기 위한 조건을 만들기 위해 만들어낸 이야기로 보인다[32].

이상에서 본 바와같이 狛氏 계열의 씨족은 대체로 고구려 멸망 이전에 이주해 온 고구려계 씨족의 선주민으로 고구려의 토착 용어로서 자신들의 정체성, 계보의식을 표현하였다. 이들은 자신들의 계보를 고구려왕 혹은 연개소문 일족으로부터 나온 후손이라고 주장하고 있다. 이에대한 세부적인 사실여부는 확인하기 어렵지만 그들의 씨족지인 본계장에는 기록되어 있었고 『신찬성씨록』 등재에 성공했다는 것은 국가로부터 공적으로 인정받았음을 말해주는 것이다.

4. 결어

이상 『신찬성씨록』 등 일본고문헌에 기록되어 있는 고구려계 高氏와 狛氏의 존재형태와 그 계보의식에 대해 살펴보았다. 고구려 씨족 중에서도 다수를 점하고 있는 高氏는 모두 왕경에 거주하고 있고, 고구려 國姓을 갖는 지배층이면서 선조의 출자를 고구려왕으로부터 나왔다고 주장하지 않았다. 이들의 본국에서의 선조가 모두 왕족 출신인지 어떤지는 확인하기 어렵다. 다만 고씨의 선조들이 일본으로 이주한 시점은 고구려 멸망 직후라는 점에서 망명 1세대의 인물을 계보상의 선조로 삼았을 가능성이 높다. 선조의 계보는 보다 올라가지만 실체가 분명한 중시조를 씨족의 시조로 삼았고, 개개의 씨족지도 망명 선조의 시기부터 기록했을 것으로 보인다.

---

31 『日本書紀』 推古紀9년 춘23조 무자조 "遣大伴連囓于高麗, 遣坂本臣糠手于百濟".

32 예컨대 본성이라고 주장하는 阿倍氏와의 무언가의 연결성을 이용해 아배씨의 승인하에 동 씨족에 가탁한 것이다. 보통 개성하는 사유를 보면 천지조에 제정된 경인년적에 근거하여 그 오류를 지적하는데 이 경우는 國史에도 보이지 않는 가공의 이야기를 근거로 내세우고 있어 신빙성이 떨어진다.

고씨 중에서도『신찬성씨록』편찬 당시까지 고씨명을 갖는 씨족은 2개의 사례가 나오고 이들의 선조는 高助斤과 高金藏이다. 전자에 대해서는 알려진 바 없으나 후자는 대보령 반포 직후에 속계로 나온 승려 출신으로 환속하여 가계를 만든 인물이다. 그는 종5위하 관인으로 음양료에서 음양관인으로 활약하였다. 고구려 멸망으로부터 1세대가 경과한 시점의 인물이 시조로 등재되었다는 점에서 분파씨족으로부터 선조의 출자를 구하는 계보관을 엿볼 수 있다. 고씨 중에는 본국의 부명을 관칭한 前部高氏와 後部高氏의 선조들은 일본에 망명한 후 어느 시기에 자신들의 출신 部名을 더하여 씨명으로 사용하였다. 도래계 씨족들이 씨명으로 출신국명을 남기는 경우는 있지만 그 하부조직의 용어를 사용한 사례는 고구려계 씨족에게만 나타나 씨족적 遺制인 소속집단을 상징하는 部에 대한 관념이 강하게 반영된 특별한 출자의식이라고 생각된다.

한편 선조의 출신지명을 씨성으로 삼은 사례도 나온다. 新城連氏의 선조의 이름이 高福留로 나오지만 新城은 고구려의 지명에서 유래한다. 신성은 고구려의 북방을 지키는 요충지이고 일찍이 선비족 모용씨의 침공을 막아냈던 신성태수 高奴子의 居城이었다. 이 성은 고노자 일족들의 생활권이자 거점이었으며 고구려 전쟁사에서 영웅적 전승담이 전해졌고 신성이라는 본관은 후예씨족들의 기억 속에 각인되었다고 보인다. 따라서 일본에 망명한 高福留와 그의 후손들은 지명을 관칭한 新城連으로 개성하였다. 이른바 선조의 고향이 씨족의 출자와 계보의식을 이어주고 있는 사례이다.

개성하지 않은 고씨 중에는 天平承寶 4년(752)에 견당대사로 파견된 高元道가 있다. 그는 종5위상의 관인으로 能登守, 三河守 등 2개국의 지방장관을 역임하였다. 고원도와 같은 시기에 활동한 高内弓은 발해의 음악을 배우기 위해 유학생으로 파견되기도 하였다. 正倉院文書에도 고씨의 이름을 갖는 인명이 다수 검출되고 있고 이들은 관인으로 사경 등의 업무에 종사하였고, 대부분『신찬성씨록』에 나오는 고씨 계보를 갖는 일족으로 생각된다.

狛씨 계열의 고씨와는 달리 고구려왕을 선조로 하는 계보관을 보이고 있다. 선조의 이주시기가 오래된 씨족일수록 제왕 등 고귀한 신분에서 출자를 구하는 경향이 두드러진다. 狛氏 계열의 씨족들도 대부분 고구려 멸망 이전에 이주한 전승을 갖고 있다고 생각된다. 狛氏들이 고구려왕을 선조로 하고 있다는 점에서 그들의 원 씨명은 高氏를 출자로 한다. 狛은 고구려인이 거주하던 지역명, 종족명이지만, 고구려계 씨족들은 자신들의 정체성과 관련되어 씨명을 사용하였다. 이중에는 고씨와 일족인 씨족도 있다고 생각되지만, 멸망 이후의 고씨와는 차별화된 계보관을 갖고 있었다. 이중에서 실체가 분명한 왕은 狛首氏의 선조로 나오는 安岡上王 즉 安原王이다. 狛造氏의 선조인 夫連王은 고구려왕 중에는 보이지 않지만, 고국양왕이 伊連, 장수왕이 巨連도 있듯이 왕족 출신일 것으로 추정된다. 大狛連氏는 溢士福貴君과 伊利斯沙礼斯 등 2계통의 출자가 있다. 溢士福貴王의 溢士의 훈독은 '이리시'이고 伊利斯沙禮斯의 伊利斯와 동음이고, 『일본서기』황극기 원년조에 연개소문의 인명으로 伊梨柯須彌가 나오는데 동족일 가능성이 있다. '이리시' 계열의 씨족 중에는 동족적 결합을 통해 세력을 확대해 나가 정치적 입지를 강화하는 수단으로 삼았다.

狛氏 계열 씨족중에 狛染部氏와 狛人氏는 須牟祁王을 선조로 하는 계보관을 갖고 있다. 須牟祁王의 須牟의 발음은 '스무'이고 고구려 건국시조인 鄒牟(스무), 朱蒙(슈모)와 매우 유사하고, 동일 종족집단에서는 특정 인물을 모델로 하여 유사한 선조를 창출하는 사례도 있다. 실제로 추모왕 계열인가는 확인하기 어렵지만, 추모왕에 가탁 부회한 출자로 볼 수도 있어 이 씨족의 계보인식의 일면을 엿볼 수 있다.

일본고대국가에서의 高氏와 狛氏 계열의 씨족들은 대체로 중간 관인층을 형성하며 외교사절, 음양관인, 사경업무, 염직 등 다양한 분야에서 활동하였다. 특히 고구려 씨족임을 나타내는 씨명과 선조의 출신지역명, 소속 부명 등 고유성이 강한 명칭을 고수했다는 사실은 자신들의 씨족적 정체성이 유독 강했던 집단이었음을 말해준다.

제3부

이주와 후예씨족의 동향

제1장 고대일본의 조형문화와 한국계 화공씨족

1. 서언

　회화는 원시시대부터 생활사의 한 부분으로 인간의 내면의 세계를 표현하는 수단으로서 출현한다. 이후 왕권의 성립과 발달, 국가조직이 확대되고 국가의례, 종교의식도 증가하면서 각종 의식구와 조형물이 제작되고 이를 장엄하게 표현하기 위해 회화가 가미된다. 화공들은 밑그림에서 채색 나아가 기본적인 설계까지 참여하여 조형물을 완성하는데 일익을 담당한다. 회화는 평면적인 그림뿐 아니라 공간적인 디자인, 채색 등 제작에 이르는 일련의 공정을 포괄하고 있어 조형문화를 상징하다고 할 수 있다. 회화를 중심으로 한 조형예술은 왕권의 위엄을 나타내는 지배의 표상이었다. 특히 채색이 갖는 강렬한 시각적 효과는 사물에 대한 정치성, 사상성을 표출하는 선전도구라고 할 수 있다.

　한국고대의 회화사는 자료가 풍부하게 남아있는 고구려 고분벽화를 중심으로 하여 당대인의 생활사, 생사관, 세계관 등 다양한 측면에서 연구되어 왔다. 그러나 고고학적 자료를 제외하고는 제작에 참여한 인물이나 官司制로서의 조직 등 실태를 알려주는 문헌자료는 전무한 상태이다. 신라의 경우『삼국사기』열전에 황룡사 벽에 노송을 그렸다는 솔거라는 천재화가가 전해지고 있고, 동 직관지에는 彩典, 典彩署라는 회화를 전담하는 관사 조직에 대해 기록되어 있으나 백제나 고구려에 대해서는 언급이 없고 그 운용에 대해서는 불명이다.

　반면 일본고대의 문헌에는 국내에서는 확인하기 어려운 화공 관련 기록들이 다양하게 남아 있다. 현존하는 기록 중에는『일본서기』,『속일본기』를 비롯하여 고대일본의 계보서인『신찬성씨록』에는 화공들의 인명과 유래에 대해 기록하고 있다. 율령의 조문에는 화공사라는 관사의 조직이 있고, 사찰의 자재장, 正倉院文書 등에도 화공들의 역할과 그 조직의 실태에 관한 자료를 남기고 있다. 이들 제사료에 보이는 화공들 중에는 한반도에서 건너온 도래계 출신자들이 저견되고 있다. 특히 불교가 수용되고 융성해 감에 따라 조형문화는 새로운 변화를 가져왔고, 화공들의 역할은 더욱 증대되어 중앙의 관사조직으로 정비되어 간다.

본장에서는 고대일본의 화공관련 기록을 통해 한국계 화공들의 이주시기와 배경, 출자, 활동의 영역, 조직 등 그 실태에 대해 검토해 보고자 한다. 일본고대국가 형성기에 한반도로부터의 신문물의 전래와 더불어 전해진 조형문화의 배후에는 일본에 직접 이주하여 왕권에 봉사하며 활동했던 한국계 공인들이 존재했던 만큼 국내에서는 산일된 화공의 활동과 역할, 조직체계 등 그 실태를 이해하는데에도 유익한 정보를 제공해 줄 것으로 생각된다.

2. 왜왕권의 형성과 백제계 화공

사료상에 나오는 백제계 화공으로 최초의 인명은『일본서기』雄略紀 7년(463) 시세조에 기록되어 있는 화부 因斯羅我이다.

【1-1】천황은 大伴大連室屋에게 명하여, 東漢直掬으로 하여금 新漢陶部高貴, 鞍部堅貴, 畵部因斯羅我, 錦部定安那錦, 譯語卯安那 등을 상도원, 하도원, 진신원 3곳에 옮겨 살게 하였다.

5세기후반은 백제에서 왜국으로 문물전래의 획기를 이루고 있는 시기였다. 양국의 군사적 동맹관계가 백제문물의 수출이라는 형태로 이루어졌다. 백제의 대왜

교류는 인적자원의 파견과 이주를 통해 이루어지고 각종 기술, 지식을 보유한 인력이 중심이었다. 『일본서기』웅략기5년조와 동 추7월조의 「백제신찬」을 인용한 기록에 개로왕의 동생 昆支의 왜국 파견은 양국의 동맹관계의 상징으로 그 후속 조치로서 화공 등 기술인력을 보낸 것이다. 대반대련실옥은 왜왕권의 유력씨족으로 백제에서 보낸 인력들을 관리하는 책임을 맡고 있었다. 이때에 왜국에 온 인물의 면모를 보면 陶部, 鞍部, 畫部, 錦部, 譯語 등 직무가 관칭된 인명이 기록되어 있다.

화부 因斯羅我라는 인물에 대해서는 알려진 바 없으나 그가 개로왕 조정에서 활동한 화공이었다고 생각된다. 화부를 관칭한 것은 왜왕권의 직업부민으로서 조직된 이후의 명칭이지만, 왜왕권의 부민제는 『주서』백제전에 보이는 穀部, 肉部, 馬部, 刀部, 藥部, 木部 등과 같은 백제의 관사제에서 유래하고 있다. 이중에서 목부는 건축물의 조영과 관련된 관사로 생각되는데, 장식과 관련된 직무도 포함되어 있었음을 추측하기 어렵지 않다. 건축물의 조영에는 다양한 분야의 공인들이 참여하고 회화는 조형물의 마지막을 장식하지만, 화공은 기본적인 설계, 디자인의 역할이 있었다고 생각된다. 고대의 조형물의 대표적인 것은 불교사원이다. 화공 인사라아가 활동한 시기에는 백제에서는 이미 불교사찰이 조영되고 종교적 의식이 거행되고 있을 때였다. 그는 백제인으로서 왜왕권에 봉사하는 신료가 되어 왜왕권의 표상물, 의식구 등을 디자인, 채색하는 역할을 맡아 왕권의 이념을 표출하는데에 일조했을 것으로 보인다. 5세기후반의 왜왕권은 지역적 통합의 시기로 거대고분을 비롯한 각종 토목사업, 조형물을 제작하였다. 『일본서기』흠명기14년(553) 5월조에 "(천황이) 화공에게 명하여 불상 2구를 만들도록 명하였다. 지금의 吉野寺에서 빛을 발하는 樟像이 그것이다"라고 하는 내용이 나온다. 백제에서 불교수용 이후에 나오는 최초의 불상제작 기사이다. 이때의 화공은 5세기후반 웅략조에 이주한 인사라아의 후손일 가능성도 추측된다. 『신찬성씨록』좌경제번상에도 백제계로 추정되는 화공 관련 기록이 나온다.

【1-2】大崗忌寸는 魏文帝의 후손인 安貴公으로부터 나왔다. 大泊瀬幼武天皇[시호는 雄略]의 치세에 4部의 무리를 이끌고 귀화하였다. 아들 龍[일명 辰貴]은 그림을 잘 그렸다. 小泊瀬稚鷦鷯天皇[시호는 武烈]은 그 재능을 칭찬하여 首의 성을 하사했다. 5세손인 勤大壹 惠尊도 그림에 재능이 있었다. 天命開別天皇[시호는 天智]의 세에 倭畫師의 성을 받았다. 또 高野天皇 神護景雲3년(796)에 거주지에 따라 재차 大崗忌寸의 성을 하사했다[1].

대강기촌이란 인물은 위문제의 후손으로 웅략조 때에 4部를 이끌고 이주하였고, 그의 아들인 龍이 그림에 재능을 인정받아 무열조때에 首 성을 받았다고 한다. 위 문제는 후한의 헌제로부터 선양을 받아 위나라를 개창한 초대 군주이다. 한편『신찬성씨록』우경제번하「백제」조에 "岡連은 市往公과 같은 조상이다. 目圖王의 아들인 安貴의 후손이다"라고 하여 백제를 출자로 하는 안귀라는 인물이 나온다. 앞의 안귀공의 출자는 중국이고 안귀는 백제로 나와 있다. 양자는 동일인물일 가능성이 크고 백제 출자에서 어느 시기에 중국 왕조의 후손을 표방했다고 보인다. 중국의 황제로부터 출자를 구하는 행위는 시조전승의 개변으로 중국왕조의 계보지식에 기초하여 만든 것이다. 또한 "4부의 무리를 이끌고 귀화하였다"는 4부에 대해서는『삼국사기』백제본기에 다수의 사례가 확인된다. 온조31년에, "국내의 민호를 나눠 남북부로 삼았다"라는 기록을 비롯하여, 동 33년조에 "동서의 2부를 추가로 설치했다"고 하고, 이어 다루왕 11년조에는 백제왕이 동서의 양부를 순행한 기록이 있고, 비유왕2년조에도 왕이 4부를 순행하였고, 동성왕12년조에도 북부인을 징발하여 2성을 쌓았다는 기록이 보인다. 이들 제 기록으로부터 대강기촌의 출자는 백제로 보아도 대과없을 것이다.

한편『속일본기』神護景雲 3년(769) 5월조에는 "右京人 정6위하 倭畫師種麻呂

등 18인에게 大岡忌寸의 씨성을 주었다"고 기록하고 있듯이, 대강기촌의 원래의 성은 倭畫師였다. 『일본서기』天武 6년(678) 5월조에, "이날, 倭畫師音橋에게 小山下의 관위를 주고, 20호를 봉하였다"고 한다. 위계와 봉호는 조정에서 특별한 공을 인정받은 이른바 국가 유공자에게 내리는 포상이다. 왜화사음도는 화공으로서의 재능을 인정받고 국가의 조영사업에 참여했을 가능성이 높다. 왜화사씨의 실질적인 시조는 웅략조에 도래하여 그림에 재능을 보인 일명 辰貴라고 불리우는 龍이란 인물로 보인다. 12지에서 辰은 龍을 의미한다. 진귀는 5세기후반 백제의 공인들이 파견될 당시 포함되어 있었다고 보이며 인사라아와 함께 회화 관련 직무에서 활동했을 가능성이 높다. 용의 5세손인 惠尊도 그림에 재능이 있어 天智朝에서 倭畫師의 성을 받았다. 이들의 거주지는 大和国 添上郡 大岡郷으로 씨명은 大和(倭)에서 유래하고, 후에 개성한 大岡忌寸도 "거주지에 따라 재차 大崗忌寸의 성을 하사했다"는 그 유래를 설명하고 있다. 『속일본기』천평 17년(745)조에 나오는 養德畫師楯은 일족이다. 동 神護景雲 3년(769)조에는 倭畫師種麻呂가 있고, 천평18년 윤9월24일부의 平城宮 출토목간에 倭畫師大虫[2]이 보이고, 정창원문서에도 倭畫師小弓(『대일본고문서』13-358), 倭畫師池守(동 4-359) 등이 기록되어 있다. 이들은 8세기 율령제하에서 화공사 등 관련 관사에 소속되어 화공의 직무를 수행하고 있었다. 웅략의 치세에 이주한 龍(辰貴)은 다음 무열대에 首의 성을 받는데, 동시에 화사집단의 수장, 통솔자를 의미한다[3]. 용으로부터 시작된 이 씨족은 혜존을 거쳐 왜화사, 대강기촌의 씨성의 변천을 거치면서 화공씨족으로서 활동하게 된다.

다음은 왜왕권의 불교수용과 더불어 불사의 건립이 시작될 무렵 활동한 백제화공 白加에 대해 살펴보자. 『일본서기』崇峻紀 원년(588) 시세조에는 다음과 같이 기록되어 있다.

---

2 奈良国立文化財研究所, 1982, 『平城宮発掘調査出土木簡概報』15, p. 10.
3 佐伯有淸, 2007, 『新撰姓氏錄の研究』考證編 第4, 吉川弘文館, p. 392.

【1-3】백제국이 사신과 승 혜총, 영근, 혜식 등과 불사리를 보냈다. 백제국이 은
　　　솔 수신, 덕솔 개문, 나솔 복부미신 등과 조를 보내고 아울러 불사리와 승
　　　영조율사, 영위, 혜중, 혜숙, 도엄, 영개 등과 寺工 태양미태와 문고고자, 노
　　　반박사 장덕백매순, 와박사 마나문노, 양귀문, 능귀문, 석마제미, 畫工 白加
　　　를 보냈다.

　당시 왜왕권에서 불교의 수용을 둘러싸고 권력내부의 양파로 갈라져 논쟁하였
다. 이 사건은 내전으로 발전하여 수용파인 소아씨가 반대파인 물부씨를 타도하
고 불교의 공인이 확정되었다. 백제에서 불교가 전래된 이후 반세기만에 분쟁은
종식되고 飛鳥寺의 건립을 위해 백제의 공인들이 대거 파견되었다. 이해 백제에
서는 혜총을 비롯하여 8명의 승려를 보냈고, 寺工, 노반박사, 와박사, 화공 등이
파견되었다. 본격적인 불교사찰의 건립과 불법전수를 위한 마스터플랜이 세워졌
다. 추고 4년(596)에 완공된 비조사에서는 백제승 혜총이 고구려승 혜자와 함께
불법을 전파하였고, 불교계의 동량으로서 역할을 수행하였다. 이때 파견된 화공
白加는 비조사의 금당 등 사찰의 내부의 채색 및 불화, 불상 등 각종 의식구에 대
한 장엄한 불국토의 세계를 표현했을 것으로 생각된다.
　〈元興寺伽藍緣起并流記資財帳〉에 수록된 탑의 노반명에도 관련기록이 명기
되어 있다.

【1-4】무신년(588)에 처음으로 백제주 창왕에게 법사와 제불 등을 구했다. 이에
　　　석 영조율사 · 혜총법사, 鑢盤師 장덕자매순, 寺師 장나미대 · 문매고자, 와
　　　사 마나문노 · 양귀문 · 포능귀 · 석마제미를 보냈다. 만들어 바친 사람은
　　　山東漢大費直麻高垢鬼, 意等加斯費直이다. 書人은 百加博士, 陽古博士이
　　　다. 병진년(596) 11월에 끝냈다. 이때 作金人은 意奴彌首辰重, 阿沙都麻首
　　　未沙乃, 鞍部首加羅爾, 山西首都鬼이다. 이 4인의 首를 將으로 하여 여러

사람들이 만들어 바쳤다[4].

상기 백제 창왕은 위덕왕(554~597)으로 관산성전투에서 신라군에 피살당한 성왕의 뒤를 이어 즉위하였다. 이때 위덕왕은 왜국에 혜왕자를 보내 파병을 요청하여 축자화군이 이끄는 북구주의 병력 1천병 등 군수물자를 지원받았다. 전쟁이 종료된 후, 위덕왕은 부왕의 유지를 이어받아 왜왕권의 군사적 지원에 대한 보답으로 불교문화 등 선진문물을 보냈다. 노반명에는 '書人' 百加博士, 陽古博士 2인이 나오는데, 百加博士는 『일본서기』의 화공 白加와 동일인이다. 書人에 대해서는 글을 작성한 사람, 새긴 사람의 의미인데, 『일본서기』의 화공이라는 직무명과는 달리 박사의 칭호를 갖고 있다. 상기 양기록을 직무명을 비교하면, 寺工-寺師, 瓦博士-瓦師, 露盤博士-鑢盤師 등으로 표기되어 있다. 박사의 칭호는 기술적인 공인 혹은 유학 등 학술적인 전문집단을 지칭하고 師는 가르친다는 의미로 개개의 분야의 전문직을 말한다. 書人 百加博士는 화공으로서 채색과 회화를 전문으로 하지만, 글씨와 문장을 구사하는 능력도 보유하고 있었다고 생각된다. 백가는 금당 내부의 장식회화 등 노반명의 문장도 그의 손에 의해 작성되었다. 또 한명의 書人 양고박사 역시 화공으로서 문장에 재능이 있던 인물로서 추측된다. 제작의 책임자로 생각되는 山東漢大費直麻高垢鬼, 意等加斯費直과 4인의 장인인 意奴彌首辰重, 阿沙都麻首末沙乃, 鞍部首加羅爾, 山西首都鬼 등도 인명의 표기법에서 알 수 있듯이 백제계 공인들이다.

위덕왕이 보낸 화공 백가는 이전 개로왕 시대에 보낸 화공과 그 후에 화공들에 비해 회화에 대한 신기법을 보유한 공인으로 생각된다. 그는 백제의 불교회화를 일본 최초의 가람의 조형물에 적용시키고, 인사라아의 후예 화공들에게도 전수했을 것으로 보인다. 왜왕권의 대외관계는 480년 이후 120여년간 중국과는 교류가

---

4 竹內理三編, 1962, 「元興寺伽藍縁起幷流記資財帳」, 『寧樂遺文』中卷, 東京堂書店.

단절된 채 문물수입의 주요 창구는 백제를 통해 수입하던 친백제 정책이었다. 특히 이 시기의 백제의 불교문화는 왜왕권의 정치, 사상, 문화 전방에 걸쳐 변혁을 이루는데 지대한 영향을 주었다. 사실상 회화는 불교문화가 주도하였으며 불교의 수용과 사원건축의 증가에 따라 화공의 수요와 역할은 증대되어 갔다.

3. 〈聖德太子傳曆〉과 〈大壽國繡帳〉에 보이는 한국계 화공

『일본서기』推古 12년(604) 9월에 "是月, 始定黃書畫師·山背畫師"이라고 하여 황서화사와 산배화사를 정하였다. '始定'이라는 말은 최초로 설정, 조직했다는 의미로 왜왕권에서 화공집단을 관사조직내에 편입하였다. 앞에서 본 〈원흥사가람연기〉의 노반명에 에 보이는 "作金人은 意奴彌首辰重, 阿沙都麻首未沙乃, 鞍部首加羅爾, 山西首都鬼이다. 이 4인의 首를 將으로 하여 여러 사람들이 만들어 바쳤다"라고 하는 기록에서 특정 기술집단의 장에 통솔되어 品部制 하에서 伴造에 이끌려 조정에 봉사하는 직업부로서 활동하였다. 화사조직을 정했다는 것은 율령제하의 화공사와 같은 조직이라고는 생각되지 않고 조정에서 상시 운용할 수 있는 관사조직이 전문화, 세분화되기 이전의 초기 형태일 것으로 보인다. 화사는 화공에게 부여한 성이고, 황서화사, 산배화사는 씨성으로 이들 씨족이 동족을 중심으로 조정에 소속되어 직무를 수행했다고 추정된다. 〈성덕태자전력〉(상권) 推古 12년(604) 12월조에는 다음과 같은 기록이 나온다.

【2-1】爲繪諸寺佛像莊嚴, 定黃文畫師, 山背畫師, 簀秦畫師, 河內畫師, 楢畫師等.
免其戶課, 永爲名業.

황문, 산배 2씨를 포함한 5개씨가 화사집단을 구성하고 있다. 이들 화사씨족에 대한 조정의 조치를 보면 호구로서의 과역을 면제하고 오래도록 화공의 명가를 이룰 수 있도록 하였다. 화공의 직무에 전념하여 과역을 면제하는 등 가업으로 계승될 수 있도록 특별 배려이다. 왜왕권의 조치는 불교의 융성을 위해 각종 조영사업에 화공들의 역할을 중시하고 있음을 말해 주고 있다. 이미 비조사의 조영을 통해 불법에 퍼지기 시작했고, 장엄한 불교건축물은 새로운 왕권의 지배의 상징이 되었고, 유력 귀족과 호족들도 사찰의 건립에 나아가게 된다. 당시 왜왕권의 지배권력은 왕실의 외척으로 권력을 장악한 소아씨와 왕실에서는 성덕태자가 불교의 흥륭을 주도히여 많은 사원을 조영하였다. 당시 성덕태자가 건립했다고 전하는 法隆寺, 廣隆寺, 法起寺, 四天王寺, 中宮寺, 橘寺, 葛木寺 등 7개 사찰에 투입되는 인력과 공정은 왜왕권의 불교국가로서의 모습을 상징하는 거대 불사 조영사업이었다.『일본서기』추고 32년(624) 9월조에 당시 46개의 사찰과 1385인의 승니가 있었다는 하는 기록은 불사의 건립이 말해주고 있다[5]. 또한 백치 4년(653)에는 旻法師(僧旻)의 죽음을 추모하기 위해 불보살상을 만들여 川原寺에 안치시키고[6], 추고 13년(605) 4월에는 고구려 영양왕이 황금 300량을 보내와 장육불상의 조영하는 등 불교 건축물 조영의 시대였다.

　상기 〈성덕태자전력〉에 보이듯이 제사찰의 불상을 장엄하게 표현하기 위해 화사를 조직하였다. 즉 금당 내부의 불상, 불화 등 각종 의식구에 대한 화공들의 채색작업이 조형물을 장엄하게 하는 핵심이었다. 불교에서 '장엄'의 표현은 왕즉불 사상의 표현으로 불타의 권위를 빌린 왕의 지배의 이념으로 전화되었다. 위엄과 화려함으로 장식한 국가의례와 불교의식은 현실의 왕권의 존엄성을 나타내는 것이었다. 장엄과 관련된 기록은『扶桑略記』에 '淨土莊嚴', '莊嚴法筵'이 보이

---

5 "當是時, 有寺卌六所, 僧八百十六人, 尼五百六十九人, 并一千三百八十五人"(『日本書紀』推古紀32년 秋9월 병자조).
6 『日本書紀』白雉4년 6월조.

고,『元亨釋書』에도 '秘密莊嚴心', '母莊嚴美服', '吾法有莊嚴佛土之句' 등 불교의식을 표현하는 용어이다.『삼국유사』탑상편「만불산」조에도 "다시 금과 옥을 새겨 수실이 달린 幡蓋와 菴羅, 담복, 花果의 莊嚴한 것과 누각, 臺殿, 堂樹들이 비록 작기는 하지만 위세가 모두 살아 움직이는 것 같았다"[7]라고 하여 각종 불교 의식구를 장엄이라고 표현하였다.『삼국사기』백제본기 무왕 35년(634) 2월조에 王興寺가 낙성된 모습을 "채색과 장식이 장엄하고 화려하였다"고 전한다. 장엄의 사전적 용어도 불상, 불전, 사찰, 각종 장엄구 등을 채색과 문양으로 장식한다는 의미로 해석되고 있다.『일본서기』추고기 11년(603) 11월조에는 7사의 하나인 광륭사의 건립에 대해 秦造河勝이 성덕태자로부터 불상을 받아 蜂岡寺(廣隆寺)를 세웠다고 말미에 "又繪于旗幟"라고 하여 깃발에 채색했다는 화공의 역할을 말해주고 있다. 또『신찬성씨록』좌경제번상「漢」조에 "幡文造은 大崗忌寸과 同祖이고 安貴公의 후손이다"라고 기록되어 있다. 幡文의 씨명은 幡에 그림을 그리는 업무에서 유래한다. 번문조는 백제계 안강기촌과 동족관계로 그 역시 백제계 이주민의 후손으로 보인다. 번은 불전의 안팎에 기둥과 벽에 세워진 旗을 상징하고, 제작에는 화공의 참여가 필수적이다. 특히 관정번은 불교의식을 장엄하게 하기 위해 사용하는 깃발이다. 推古 31년(623)에 신라에서는 불상, 금탑, 사리와 더불어 대관정번, 소번을 보냈다[8]는 기록이 나오듯이 당시 불교의식에서 번은 장엄을 나타내는 중요한 도구였음을 알 수 있다.

화사조직으로 편입된 5개씨의 출자에 대해 살펴보자. 黃文畫師에 대해서는『신찬성씨록』山城國諸蕃「黃文連」조에 "出自高麗國人久斯那王也"라고 보인다. 黃文(書)氏는 천무 12년(683)에 黃文造에서 黃文連으로 개성하였다. 성씨록에서는 황문련이 고구려 구사나왕을 선조로 하는 도래계 씨족으로 나온다. 일본으로 이주

---

7 "更鏤金玉爲流蘇幡蓋菴羅蒼萅花果莊嚴"(『三國遺事』塔像編「萬佛山」조).
8 『日本書紀』推古紀31년 추7월조.

시기는 불명이지만, 추고 12년(604)에 화공으로서 활동하고 있어 그 이전임을 추정할 수 있다. 고구려와 왜왕권과의 공적기록은 흠명 31년(570)에 고구려사신의 북륙지방의 越 해안에 도착한 사건이다. 이어 민달2년(572)과 동3년에도 파견기사가 나오듯이 양국의 교류는 본격적으로 시작되었다. 이러한 교류의 과정에서 추고 3년(595)에 고구려승 혜자가 왜국에 왔고, 성덕태자의 스승이 되어 정치적, 종교적 자문역할을 하게 되었다. 또 추고 10년(602)에는 고구려승 승륭과 운총이 고구려 불교사상과 문화를 전파하였다. 고구려에서의 승려 파견은 왜왕권의 요청에 따른 것이다. 그렇다면 황서화사의 왜국 이주시점도 고구려 불교의 수용과 무관하지 않다. 이미 성덕태자의 7사가 추진되고 있는 상황에서 화공의 수요는 늘어났고 모자라는 인적자원을 고구려에 요청했을 것이고, 이에 응해서 승려를 비롯한 화공 등 사원건축의 장인들을 파견했다고 보인다.

黃書의 '黃'은 음양오행설에서 말하는 우주생성의 오방색의 하나이다. 음양오행 사상의 색채체계는 동서남북 및 중앙의 오방으로 이루어지며, 이 오방에는 각 방위에 해당하는 색채가 있다. 사방의 수호신인 동방의 청룡, 서방의 백호, 남방의 주작, 북방의 현무가 있고, 중앙의 황색은 5방의 중심색으로 黃熊이 자리잡고 있다. 황색은 중국 등 동아시아제국에서는 제왕을 상징하고 있고, 고구려 고분벽화의 색감에도 황색계열이 많아 이러한 사상적 배경을 말해주고 있다. 황서라는 문자는 화사에 어울리는 씨명으로 황서화사를 씨성을 하는 화공전문 씨족으로 활동해 나갔다. 고구려의 회화문화는 고분벽화고분에서 보이듯이 불교와 도교적 요소를 가미한 사상성과 천체도, 생활사 등 다양한 주제를 표현하였다. 이러한 화려한 색채와 정교한 묘사는 고구려 회화의 특징과 성격을 보여주고 있다. 회화기법의 근간은 채색을 위한 물감의 제조법이다. 추고 18년(610)에 고구려승 담징이 전했다는 채색법은 바로 고구려의 회화의 독자적 기술, 기법으로 생각된다. 7세기대 고구려 화공을 중심으로 화공조직을 편성한 것은 그 후의 왜왕권의 회화사의 발전에 기반이 되었다고 생각된다.

황서화사와 함께 화공조직에 편입된 山背畵師는 山背의 지명에서 기원한다. 『신찬성씨록』산성국 제번조에는 이 지역에 본관을 둔 고구려계 씨족이 다수 존재한다. 앞에서 본 黃文連을 비롯하여 狛國人 漢唷의 후손이라는 桑原史, 고려국주 추모왕의 20세손 安祁王의 후손이라는 高井造, 고려국주 夫連王을 시조로 하는 狛造, 그리고 狛國人 留川麻乃意利佐에서 출자를 구하는 八坂造 등이 있다. 산배화사 역시 고구려 계통일 가능성이 높고 정착지의 지명을 씨로 하는 화공이라고 생각된다. 이주 시기에 대해서는 왜왕권이 사원건축과 관련하여 최신의 회화기법을 수용했다는 점에서 황서화사와 같은 시기에 왔다고 보는 것이 타당하다.

河內畵師에 대해서는 『신찬성씨록』하내국제번에 "하내화사는 上村主와 동조이고 陳思王植의 후손이다"라고 기록되어 있다. 하내화사의 선조라고 하는 진사왕직이란 인물은 중국 魏 태조 무제의 아들인 曹植(192~232)을 가리키지만, 만들어진 계보일 가능성이 높다. 한반도계에서 중국계로 출자를 개변하는 일은 씨족의 정치적인 입지를 유리하게 하기 위한 수단으로 행해졌고, 당시 사회적인 현상이었다. 한편 상기 사료에서 하내화사가 같은 조상에서 나왔다고 주장하는 上村主에 대해 『일본서기』지통기 5년(691) 4월조에는 "大學博士 上村主百濟에게 학업을 장려하기 위해 전조 1천속을 내렸다"는 기록이 보인다. 또 동 지통 7년(693) 3월에는 대학박사 상촌주백제에게 유학에 뛰어난 재능으로 식봉 30호를 내렸다. 대학박사는 式部省 산하의 대학료 소속으로 박사1인을 두고 있다. 『속일본기』慶雲 원년(704) 2월조에는 종5위하 상촌주백제에게 阿刀連이라는 씨성을 내리고 있다. 상촌주백제는 국명을 씨명을 하고 있고, 상촌주는 성이다. 하내지역에는 일찍부터 백제계 씨족들이 거주하고 있었고, 백제왕, 왕족을 시조로 하는 많은 씨족들이 거주하고 있었다. 하내를 본관으로 하는 백제계 씨족들은 화공으로서 뿐아니라 학술적 분야에서도 뛰어난 업적을 남기고 있다. 정창원문서에 보이는 하내화사씨만 해도 河內畵師次万呂, 河內畵師古万呂, 河內畵師鯨, 河內畵師廣川(이상 동 4-227), 河內稲長, 河內廣道(이상 동 4-259), 河內稲万呂(동 4-260), 河內畵師石嶋(동

4-266) 등이 보인다. 상촌주씨 중에서도 화공으로 활동한 인물로는 上村主牛養(동 4-266), 上村主馬養(동 4-222) 등이 있다. 평성궁 출토 목간에도 '書吏河内畫師屋万 呂'의 인명이 보인다[9]. 이들은 동대사 조영을 전후한 8세기중엽 일본의 국가불교 의 융성기에 활동했던 당대 최고의 회화기술을 보유했던 화공들이었다.

簀秦畫師 역시 정창원문서에 다수 등장한다. 天平勝寶 9년(752) 4월7일부「畫 工司未選申送解案帳」(『大日本古文書』13-219)의 簀秦惠師道足과 簀秦惠師千嶋, 동 4월7일부「西南角領解申畫師等歷名事」(동 4-227, 228)에는 簀秦畫工豊次가 나온 다. 簀秦은 신라계 秦氏로 생각되고 이 씨족도 신라에서 이주한 화공으로 이해된 다[10]. 실제로 天平寶字 2년(758) 2월24일부「畫工司移」(동 4-259, 260)에 신라계 화 공 新羅人伏麻呂飯万呂가 보인다. 그의 본관은 山背國 宇治郡이고 중무성 산하 의 화공사 소속의 화공으로 19명의 화공들과 함께 동대사 대불전의 채색을 위해 투입되었다. 여기에 보이는 화공 중에 簀秦君麻呂, 秦稻守 그리고 앞서 거론된 簀 秦豊次 등은 모두 簀秦畫師의 후예 씨족이다. 이밖에 동 문서에는 고구려계 黃文 三田, 黃文川主 등 고구려계 화공들도 화공사에서 차출되어 동대사의 채색작업에 참여하였다.

〈성덕태자전력〉에 나오는 5인의 화사 중에 楢畫師에 대해서는 알려진 바 없 으나 天平勝寶 원년(750) 8월의「經師上日帳」(『大日本古文書』3-280~282)에 楢許智 蟻石, 동 5년 6월15일부의 문서(동 25-93)에는 己知伊香豆란 인물이 있다. 己智의 씨명은『일본서기』신공기섭정전기에 微叱己知波珍干岐, 동 신공황후섭정5년조 에 微叱許智伐旱 등에 보이듯이 고대 한국어의 수장층을 의미하는 말에서 유래 한다[11]. 許知荒石(『大日本古文書』8-324)이란 인명은 楢許智蟻石으로도 표기하고(동

9 奈良文化財研究所, 1991,『平城宮発掘調査出土木簡概報』24.

10 直木孝次郎, 1972,「畫師氏族と古代の繪畫」『日本のなかの朝鮮文化』14, p.63.

11 佐伯有清, 2007,『新撰姓氏録の研究』考證編 第4, 吉川弘文館, pp.344~345.

3-282), 己知安利芳(동 8-502)로도 나온다. 栖는 奈良의 지명에서 유래하고 栖中鄕이 본거지이다.『신찬성씨록』대화국제번「漢」조에는 "己智는 秦의 태자 胡亥로부터 나왔다"고 출자를 밝히고 있으나, 秦을 출자로 하는 씨족들은 거의 신라이고, 己知 등 신라계의 씨명에 보이는 사례 등에서 栖畫師의 출자는 栖中鄕에 본관을 둔 신라계일 가능성이 높다.

다음은 中宮寺에 소장되어 있는 〈天壽國繡帳〉의 제작에 참여한 화공들에 대해 알아보자. 원래 이 자수에는 제작자의 이름, 제작의 사정을 기록한 명문이 기록되어 있었지만, 현존하는 천수국수장에는 20자의 단편만이 남아있다. 이 명문은 〈上宮聖德法王帝説〉에 인용되어 4자 1조씩 총 400자의 전문이 실려있다. 천수국수장은 성덕태자의 비 귤대랑녀가 추고천황의 허락을 받아 태자가 왕생을 기원한 천수국의 모습을 궁중의 채녀에게 자수시키고, 畫者는 東漢末賢, 高麗加世溢, 漢奴加己利, 감독자는 椋部秦久痲라고 기록하고 있다. 자수된 도안에는 연화, 비천, 봉황, 금강역사상, 향로, 승려, 연주문, 연인상 그리고 글자가 새겨진 귀갑도 등이 묘사되어 있다. 이 자수의 화자는 밑그림을 그린 화공들이다. 고려가세일는 고구려계 화공이고, 동한말현, 한노가기리는 백제계 인물이다. 감독자인 진구마는 신라계이고 경부는 재정담당 부서인 藏部일 것으로 추정된다.

이상에서 〈성덕태자전력〉의 5인의 畫師 및 천수국수장에 기록된 3인의 畫者와 감독자는 고구려, 백제, 신라에서 온 공인들임을 확인할 수 있다. 7세기에 들어 왜왕권의 외교는 이전의 백제일국외교에서 다국외교로 전환하여 불교문화 등 선진문물을 다양한 루트를 통해 받아들였다. 특히 불교의 수용과 사원건축의 증가에 따라 화공의 수요는 급증했고 이를 한반도제국으로부터 적극적으로 받아들였다. 이외에도 이 시기에 활동한 한국계 화공 중에는『일본서기』제명 5년(659) 시세조에 高麗畫師子痲呂가 있고, 그는 白雉 4년(653)에 조정의 명으로 사망한 민법사를 위해 불보살상을 만들었다는 竪部子痲呂는 동인인물이다. 고려화사자마려는 천수국수장을 그린 高麗加世溢과는 동족관계이고 한 세대 차이가 아들일 가능성이 있다. 불보살상이 회화인가 조형물인가는 알 수 없으나 화공의 역할은 회화뿐아니라 여타의 사례에서 불상 제작에도 참여하고 있다.

4. 고구려계 화공 黃書氏의 활동과 영역

7세기초 추고조에 보이는 일본 최초의 화공조직에 편성된 고구려계 씨족인 黃書(文)畫師는 일본고대의 화공계의 명가로 이름을 남기고 있다. 황서화사는 黃書造로 씨성을 바꾼 후에 천무 12년(683)에 다시 黃書連으로 개성하였다. 황서화사가 황서조로 개성한 시기는 정확히 추정하기는 어렵지만, 『일본서기』天智紀 10년(664) 3월조에 黃書造本實이 등장하고 있어 적어도 7세기 중엽에는 새로운 성으로 개성했다고 보인다. 그는 일족 중에서 다양한 많은 활동기록을 남기고 있다. 藥師寺 소장의 〈佛足石記〉에는 황서조본실이 당 普光寺의 佛足跡圖를 모사한 관련 내용이 명기되어 있다[12].

【3-1】

① 大唐使人王玄策向中天竺鹿野薗中轉法輪處因見跡得轉寫塔是第一本,

② 日本使人黃文本實向大唐國於普光寺得轉寫塔是第二本,

③ 此本在右京四條一坊禪院向禪院壇披見神跡敬轉寫塔是第三本,

④ 從天平勝寶五年歲次癸巳七月十五日盡卄七日并一十三箇日,

⑤ 作口檀主從三位智努王以, 天平勝寶四年歲次壬辰九月七日改王家成文室眞人
　　智努,

⑥ 畫師越田安万書寫□石手□□□呂人足□仕奉□□□人

12　竹内理三, 1962, 『寧樂遺文』下, 〈金石文〉, 東京堂, p.974. 본 명문은 단락을 재배열한 私案이다.

이 불족석기는 상면에 불족적을 새기고 그 우측면에 불족적을 세우기까지의 경위를 밝힌 불족석기의 유래기이다. 사료①은 당 정관(627~649) 경에 왕현책이 중천축 마게타국의 녹야원 법당 안에 있던 불족적을 전사해서 가져와 당의 晋光寺의 돌에 새긴 것이 제1본이고, 사료②는 黄書本実이 일본사인으로 당에 가서 晋光寺에서 탑의 불족적을 전사한 것이 제2본이고, 사료③은 이 모사본은 우경 4조 1방의 선원에 두었는데, 이 神跡을 다시 전사한 것이 제3본이라고 기록하고 있다. 사료④는 불족적을 돌에 새긴 연대로 천평승보 5년(753)에 7월15일에서 27일까지 13일에 걸쳐 작업을 종료하였다. 사료⑤는 불족석이 소장된 선원의 단주인 종3위 智努王이 天平勝宝 4년(752)에 왕가를 고쳐 文室眞人智努로 개성했다는 기록이다. 지노왕은 천무천황의 손으로 동년에 臣籍으로 내려온 사실을 말한다. 이 불족석의 배면에는 문실진인이 망부인 자전군왕을 추선공양하기 위해 제작했다고 기록하고 있다. 일본에 남아있는 불족적은 문실진인정삼이 황실본실의 제2본을 모사해 새긴 것이다. 사료⑥의 畵者는 도상을 그린 越田安万이고, 書者는 명문을 쓴 □石手 그리고 마모된 부분은 도상과 명문을 새기고 봉사한 인물로 추정된다. 명문의 주위에는 비운, 집금강신, 석가여래, 용, 바위산, 구름 등 불교의 세계를 나타내는 문양들이 묘사되어 있다.

황서본실이 당에 파견된 시기는『일본서기』天智 10년(671) 3월조에 황서조본실이 측량기구인 水臬을 바쳤다는 기록으로부터 천지 8년(669)에 河内直鯨이 견당사로 파견되었을 때 동행했을 가능성이 높다. 이보다 앞서 추고 31년(623)에 견당사의 일원으로 파견되었다가 귀국한 薬師惠日은 "대당국은 법전과 의식이 정비된 훌륭한 나라이다. 항상 통해야 한다[13]"고 보고했듯이 견당사는 새로운 문명을 받아들일 수 있는 기회였다. 법식, 의례, 학문, 기술을 담은 전적류 등은 용이하게 반출할 수 있지만, 견당사가 실견한 지역의 건축, 교량, 각종 시설물 등은 도안의

13『日本書紀』推古紀31년 추7월조.

형태로 그려내야 한다. 즉 문자로 기록하기 어려운 것들은 화공의 눈을 통해 모사된다. 불족적도의 전사는 그 중의 하나이다. 황서본실의 견당사절 파견은 조정의 의례와 관련된 각종 의식구, 건축의 측량, 제작, 회화, 불교용품 등 당의 최신의 기술을 습득하고 디자인화하는 임무였다고 생각된다.

황서본실이 다시 사료에 보이는 것은 지통 8년(694) 3월에 "황서련본실 등을 주전사에 임명하였다"고 하여 전화를 주조하는 관사에 배치되었다. 고대일본에서의 화폐주조의 관사는 대보령, 양로령제에서 나타나고 화동원년(708)에 발행된 和銅開珍이 있다. 이때의 주전사는 지통 3년(689)에 반포된 淨御原令의 관제에 포함되었고, 주조에 대한 계획이 입안되었다고 보인다. 황서본실은 견당사로 갔을 당시 유통되고 있던 開元通寶(621년 발행), 乾封泉寶(666년 발행) 등을 실견했을 것이다. 화폐로 거래하는 시장경제의 모습은 그대로 그의 눈에 들어왔고, 습득한 주조지식을 바탕으로 주전관에 임명되었다. 화폐의 주조도 디자인이 필요하다는 점에서 황서본실에게 도안을 맡겼다고 생각된다. 또한 황서본실(황문련본실)은 『속일본기』大寶 2년(702) 12월조에는 "黃文連本實, 爲作殯宮司"라고 하여 빈궁을 조영하는 직무인 作殯宮司에 임명되었다. 장송의례에는 각종 의식구가 필요하고 물품제작시의 설계, 그림과 채색이 들어가기 때문에 화공의 직무와 관련되어 있다. 동 慶雲 4년(707)에는 종5위하 황문련본실은 빈궁사에서 장송의례에 따른 애곡, 착복을 주관하고 4大寺인 대관대사, 약사사, 원흥사, 흥복사에서 49재까지의 재회에 필요한 각종 시설들을 준비하였다[14]. 이어 동 10월에는 御裝司에 임명되어 국가의식과 관련된 각종 장식, 복식, 시설물을 관장하는 직무를 맡았다[15].

한편 황서본실의 활동기에 제작된 회화로는 법륭사 금당벽화를 비롯하여 高松塚고분벽화, 기토라고분벽화 등이 있다. 이들 벽화를 황서본실이 직접 그렸는지

---

14 『續日本紀』慶雲4년 6월 임오조.
15 『續日本紀』慶雲4년 동10월 정묘조.

는 명확하지 않으나 적어도 7세기 이래 황서씨는 화공의 명가로서 이름이 전해지고 있는 만큼 다수의 인력이 투입된 거대한 벽화제작에 참여했을 가능성은 농후하다. 법륭사는 천지 9년(670)에 "災法隆寺, 一屋無餘[16]"라고 하여 1채도 남김없이 전소되었다. 현존하는 법륭사 가람은 〈法隆寺資財帳〉에 지통 7년(693)에 인왕회가 열리고 있었다[17]는 기록으로부터 벽화가 그려져 있는 금당은 그 이전에 완성된 것이다. 이 시기는 황서본실의 활동한 전성기로서 그는 지도적 입장에서 벽화의 디자인, 구성 등 전체의 기획을 주도했다고 본다. 이 금당벽화의 안료에는 적색, 황색, 청색, 자색, 흑색 등으로 벽면에 백토를 칠한 후에 밑그림을 그리고 채색하였다[18]. 고송총고분벽화는 藤原京(694~710) 시대에 축조된 종말기고분으로 벽화는 석실의 4벽과 천정에 인물상, 일월, 사신도, 천문도 등이 묘사되어 있다. 이들 벽화에 소재들은 고구려의 고분벽화에 나오는 양식과 유사성이 지적되고 있다[19]. 키토라 고분도 7세기 말에서 8세기 초 조영된 종말기고분으로 동서남북 4벽 중앙에 사신도가 묘사되어 있고, 천정에 3중의 동심원과 황도와 그 내측에 북두칠성 등 성좌을 표현하고, 일월상을 배치한 천문도가 있다. 이들 벽화는 고구려 벽화고분에 나타난 회화적 특성과 당시 고구려계 화공들을 염두에 두지않고는 설명하기 어렵다고 생각된다[20].『속일본기』대보 원년(701) 춘정월조에는 천황이 원단의 조하의식의 기록에는 대극전의 정문에는 오형당을 세우고 좌측에는 일상, 청룡, 주작의 번, 우측에는 월상, 현무, 백호의 번을 배치했다[21]는 기록이 보인다. 고

---

16 『日本書紀』天智紀9년 하4월 임신조.

17 竹內理三編, 1962,「法隆寺伽藍緣起幷流記資財帳」,『寧樂遺文』中卷, 東京堂書店, "右癸巳十月二十六日仁王會, 納賜飛鳥宮御宇天皇者".

18 山崎一雄, 1972,「法隆寺金堂壁畫の顔料」,『佛敎藝術』87, pp. 23~24.

19 末永雅雄・井上光貞編, 1972,『高松塚壁画古墳』, 中央公論社 참조.

20 전호태, 2011,「일본 고송총키토라고분벽화와 고구려 문화」,『역사와경계』81.

21 『続日本紀』大寶원년 춘정월 을해조, "天皇御大極殿受朝, 其儀於正門樹烏形幢, 左日像青龍朱雀幡, 右月像玄武白虎幡, 蕃夷使者陳列左右, 文物之儀, 於是備矣".

분벽화 속에 나오는 사신도, 일월상이 실제로 천황과 국가를 상징하고 수호하는 국가의식, 의례의 소재로서 실현되고 있음을 나타내고 있다. 사신도와 일월상의 제작에는 화공의 직무이고 황실련본실 등이 주도했음을 추측하기 어렵지 않다.

이외에도 법륭사에 소장되어 있는 아스카시대의 대표적인 공예품인 玉蟲廚子에 묘사된 불교적 세계관을 표현한 회화들도 황서씨와 무관하지 않다고 생각된다. 7세기중엽에 제작된 것으로 추정되는[22] 이 주자는 3단으로 구성되어 있으며, 중간부인 수미좌부의 정면의 사리공양도를 중심으로 좌우면에 석가의 전세를 그린 시신문게도와 사신사호도, 뒷면에 수미산세계도가 묘사되어 있다. 상부인 궁전부에는 2체의 무장신장상을, 좌우에 보살입상, 뒷면에는 영취산정토도 그외에 좌불상, 나한상, 비천상, 봉황 등이 있다. 여기에 사용된 안료는 주, 황, 녹의 3색으로[23] 황서씨의 5방색의 주요 색으로 고분벽화 등의 채색과 통일적인 기법을 사용하고 있다. 또한 법륭사 소장의 백제관음상, 구세관음상의 채색에도 황서씨계 고구려 화공, 백제계 화공 등이 참여했을 것으로 생각된다.

『類聚三代格』권4, 大同 4년(809) 8월28일부의「定內匠寮雜工數事」조에는 태정관에서 식부성에 내려보낸 문서에는 조영사업에 필요한 공인들을 차출하는데 분야별로 순서와 인원을 기록하고 있다.

【3-2】長上廿三人, 畫師二人 細工二人 金銀工二人 玉石帶工二人 銅鐵二人 鑄工
　　　二人 造丹一人 屛風一人 漆塗二人 木工二人 轆轤一人 捻一人, 番上一百人,
　　　畫工十人 細工十人 金銀工十人 玉石帶工四人 銅鐵工十三人 鑄工四人 造丹
　　　工二人 造屛風工四人 漆塗工十人 木工廿人 轆轤工二人 捻工二人 革笘工四
　　　人 黑葛笘二人 柳箱工四人

---

22 鈴木嘉吉, 1999,「建築かた見た玉蟲廚子」,『玉蟲廚子』, 小學館.
23 濱田隆, 1999,「佛世界のミクロコスモス」,『玉蟲廚子』, 小學館, p.70.

상근자인 長上 23인에는 畵師가 필두이고, 비상근직인 番上 1백인에도 畵工이 먼저이다. 이 규정은 이전부터 존재한 것으로 궁정의 공인 그룹에는 필히 화공이 선두에 나온다. 이것은 일체의 조영을 위한 디자인이 필요했고 완성된 기물, 조도에는 채색으로 마무리를 필요로 했기 때문이다. 채색에는 문양을 그리는 것이 필수이고, 화공이 다자인을 필요로 하지 않은 것은 전무하다. 모든 공인은 화공의 디자인에 기초하여 제작에 종사하고, 고분벽화에 그려져 있는 칼, 방패 등도 디자인적인 것을 반영한다[24]. 이렇듯 조형문화에서 차지하는 화공의 역할은 다양하며 주도적인 입장에 있었다고 생각된다.

한편 황서본실의 일족인 黃書造大伴은 672년 임신의 난 때에 천무천황으로 즉위하는 대해인황자편에 가담한다. 그가 군사전략가인지는 알 수 없으나 가업인 화공의 신분으로 군사지도의 제작에도 관여했을 가능성이 있다[25]. 지도는 작전설계에 대단히 중요하며 눈으로 실견한 지세, 지형을 정확히 그려내는 일은 전쟁의 전술, 작전을 펴는데 유용하기 때문이다. 그는 지통 원년(687)에는 천황의 명을 받아 藤原朝臣大嶋와 함께 3백명의 고승들을 飛鳥寺에 초청하여 천무천황의 御服으로 만든 가사를 1벌씩의 보시하였다[26]"고 한다. 천황의 어복을 불교계를 대표하는 고승들에게 보시한 것은 천무의 공덕을 추모하고 불국토의 세계에서 왕생하기를 비는 의식이기도 하다. 천황의 어복은 그 자체가 권위이고 왕실을 위해 불교계의 역할을 강조하는 메시지였다. 이 의식에 당대 최고의 가문인 藤原朝臣氏와 함께 참여한 것은 특수한 그의 직무때문으로 생각된다. 황서조씨의 정치적 신분은 중급 이하로 이러한 국가적 행사에 참여할 대상은 아니었다. 아마도 천무가 남긴 상당량의 옷감을 새롭게 디자인하여 300여벌이 이르는 승려의 가사로서 제작하

---

24 下店静市, 1966,「日本古代の画工たちについて」,『文化史学』20, p.7.
25 下店静市,1966, 앞의 논문 p.19.
26 『日本書紀』持統紀 원년(687) 8월 기미조.

는 책임자였기 때문에 가능한 일이었다.

　정창원문서의 天平勝寶 9세(757) 4월7일부(『대일본고문서』13-219)에는 "黃文連黑人은 나이가 24세이고, 산배국 구세군 구세향의 호주인 黃文連乙麻呂의 戶口이다"라고 기록하고 있다[27]. 황문련을마려는 천평보자2년(758) 2월24일부의 「畫工司移」(동 4-259, 260)에 "정7위상 行令史 黃文連乙万呂"라고 서명하고 있듯이 그는 畫工司의 令史였다. 또 동 기록에 나오는 大和國의 黃文三田과 山背國의 黃文川主도 황문련씨 일족인 화공들이다. 평성궁 발굴출토 목간에도 若狹國 三方郡 竹田里의 낭인이었던 黃文五百相[28], 식부성의 인사고과에서 사용된 목간에 黃文子老의 이름이 보인다[29]. 이외에도 『속일본기』 문무4년(700) 6월조에 대보율령의 제정에 참여한 공로자인 1인인 黃文連備는 『회풍조』에도 「主稅頭 종5위하 黃文連備, 1首[年五十]」라고 하여 시문을 싣고 있듯이 문사에 뛰어난 인물도 배출하고 있다. 이와같이 7세기초 고구려에서 이주한 황문씨는 화공의 명가로서 조정과 사찰의 조영물의 디자인과 채색을 담당했고, 국가의례와 의식을 관장하였다.

5. 율령제 화공조직과 作畫의 실태

　율령제하에서의 화공사 조직에 대해 알아보자. 대보·양로령의 직원령「화공사」조에는 다음과 같이 기록되어 있다.

　【4-1】正一人[掌, 繪事, 彩色, 判司事, 余正判事准此]. 佑一人, 令史一人, 畫師四

---

27 『大日本古文書』4-260. "黃文連黑人[年二十四, 山背國久世郡久世鄉戶主正七位下黃文連乙麻呂戶口]".

28 奈良国立文化財研究所, 1974, 奈良国立文化財研究所史料8『平城宮木簡』2, p. 196.

29 奈良国立文化財研究所, 1967, 『平城宮発掘調査出土木簡概報』4, p. 10.

人, 畫部六十人, 使部十六人, 直丁一人.

　이 조문에 따르면 장관인 正은 1인이고, 직무는 繪事와 채색, 관사의 사무를 맡고 나머지 正의 업무도 이에 준한다고 되어 있다. 행정사무관인 佑와 令史는 각각 1인을 두고, 화사 4인, 화부 60인, 사부 16인, 직정 1인 등 총 84인으로 편재되어 있다. 동 관위령에서는 畫工正 정6위상, 畫工佑 종7위하, 令人은 畫工令史 大初位上, 畫師도 대초위상으로 되어 있다. 그러나 직제에 따른 관위는 율령 조문의 규정이 그대로 지켜지지 않는다. 정창원문서에 나타난 운용의 실례를 보면 이보다 2단계 정도의 상위의 관위도 있고 화부의 경우도 관위를 갖는 사례가 나온다. 말미의 使部는 각 관사에서 잡역에 종사하는 하급관이고, 直丁는 율령제하에서 성인남자에게 부과된 번상제로 징발되어 관사에 배치된 잡역이다. 화사와 화부에 대해서는 양로령의 사찬 주석서인『영집해』직원령「화공사」조에는 "畫部六十人[穴云, 畫部六十人, 謂, 識畫也. 然則識畫之人六十四人而已]"라고 기록하고 있다. '화부60'에 대해「穴記」의 해석은 화부 60인은 그림을 아는 사람이고, 그런 즉 그림을 아는 사람은 64인이라고 하였다. 이들은 화사와 화부를 합친 숫자이며 그림, 채색 등을 담당하는 화공들이다. 양자의 관계는 화사 4인에 화부 60인이라는 인원수에서 볼 때, 전자는 지위나 전문성에서 지휘감독하는 입장에 있었다고 보인다. 화부는 웅략조의 화부 因斯羅我라는 사례에서도 알 수 있듯이 大化前代의 부민제에서 유래한 것이다. 율령제하에서는 관사에 소속되어 화사 밑에서 실무적인 작업을 하면서 사부나 직정 등의 잡호를 통솔한다. 한편『영집해』직원령의「穴記」에는 "만약 畫師에 결원이 생긴다면 友造 60(인) 중에서 취하여 보충한다[30]"라고 되어 있다. 여기에 말하는 友造 60은 화부 60이고, 화사는 화부 중에서 선발하는 것을 원칙으로 하고 있다. 이것은 화사의 성을 갖는 재래의 畫技 보유자의 수

30『令集解』職員令,「畫工司」條, "畫師四人[跡云, 若畫師有闕者, 取友造六十内補耳, 此記可求也]".

준이 상당히 높고 새로운 기법을 자주적으로 섭취한 증거라고 생각된다[31].

상기 조문에서 화공사의 장관인 화공정의 직장 중에 '彩色'에 대해 양로령의 관찬 주석서인『영의해』에는 채색에 대해 다음과 같이 기록되어 있다.

【4-2】생각컨대 그림에 사용하는 여러 가지 색이다. 즉 붉고 푸른 종류가 그것인데, 붉고 푸른 잡색은 대장성 및 내장료에 있다. 그 용도에 따라 임시로 갖다 쓴다. 평상시에는 이 관사에 비축해 두지 않는다[32].

채색이란 물감의 원료나 재료를 말하고, 회화나 채색시에 사용하는 물품을 담당부서는 화공사에 비치하지 않고 국가의 물품을 관리하는 대장성이나 내장료에 보관하면서 필요시에 갖다 쓰고 있음을 알 수 있다. 아마도 화공사에 화구를 비치하지 않는 것은 화구가 귀중한 물건이기 때문에 그 지출을 엄중히 하기 위한 조치로 보인다[33]. 당시 물감의 수요에 비해 공급체계에서 조달하기 어려운 상황을 반영하고 있다고 생각된다. 국가기구의 확대와 각종 물품의 제작, 불교관련 의식구 등의 제작에 안료의 수요가 급증하여 국가적으로 일원적인 관리체계가 필요하였다고 본다.

藤原宮에서 발굴된 화공사의 운영의 실태를 보여주는 목간 문자의 사례를 살펴보자.

【4-3】畫工司解今加畫師十人分布七端[□□四両 / 由布三束]并三品·受志太連

---

31 直木孝次郎, 1972,「畫師氏族と古代の繪畫」,『日本のなかの朝鮮文化』14, p.65.
32 『令義解』職員令,「畫工司」條, "[彩色]. 謂. 用画之雜色. 即朱黛等之類. 其朱黛等新色, 在大蔵省及内蔵寮, 随其用度, 臨時受用, 常不在此司貯之也".
33 木村武夫, 1966,「画工司と画師について」,『龍谷史壇』56 · 57, p.336.

五百瀬[佐伯門 /「中務省(移)出」]今持退人使部和尓積木万呂[34]. (※ [ ] 內의
문자는 상하 2열의 소문자)

이 목간의 시기는 관제의 명칭으로부터 701년 대보령 시행 이후 710년 平城京
천도 이전의 8세기초로 추정된다. 화공사에서 중무성에 보낸 상신문서로 새로 증
원된 화사 10인에게 내린 포 등 3품을 佐伯門에서의 반출해 줄 것을 중무성에 청
구한 것이다. 물품 반출의 책임자는 중무성의 志太連五百瀬이고, 이 목간을 중무
성에 지참한 인물은 화공사의 使部인 和爾積木万呂이다. 화공의 업무를 보조하는
잡역인 사부가 문서전달자의 역할도 있었음을 보여주는 사례이다. 대보령제의 조
직에서는 화사는 4인인데, 시행 초기부터 화사의 수를 10인이나 증원한 것은 관
영사업의 증가로 업무량이 폭주했음을 말해주고 있다.

한편 회화의 소재인 안료의 조달방법에 대해 부역령「공헌물」조에 각 지방에서
헌상하는 물품을 '珍異之物'이라고 하여 열기하고 있는데, 금은, 주옥, 피혁, 비단,
향약, 채색 등 다양하다[35]. 이중에 안료인 '채색'도 중요한 헌상물이었다. 또 문무
2년(698) 3월에 下野國에서 안료인 雌黃을 바쳤다는 기록이 보이고[36], 동 9월에는
제국에 명하여 근강국에서 金青, 이세국에서 朱沙, 雄黃, 상륙국 등에서 朱沙, 안
예국 등에서 金青綠青, 풍후국에서 眞朱를 바쳤다[37]. 이중에서 금청은 청색안료,
주사는 적색안료, 웅황은 황색안료, 진주는 적색안료이고, 그 원료는 황혈염, 유
황, 수은, 비소 등의 광물질을 화합한 안료로 알려져 있다[38]. 또 동 和銅 6년(713) 5

34 奈良文化財研究所, 2002,『飛鳥藤原宮発掘調査出土木簡概報』16.
35 井上光貞 外 校注, 1976,『律令』, 岩波書店) 賦役令「貢献物」條, "凡諸国貢献物者, 皆尽当土所出, 其
　　金銀珠玉, 皮革, 羽毛, 錦, 罽, 羅, 縠, 紬, 綾, 香, 薬, 彩色, 服食, 器用及諸珍異之類".
36『續日本紀』文武2년 3월 기미조, "下野國獻雌黃".
37『續日本紀』文武2년 9월 을묘조, "令近江國獻金青, 伊勢國朱沙, 雄黃, 常陸國, 備前, 伊豫, 日向四國
　　朱沙, 安藝長門二國金青綠青, 豐後國眞朱".
38 新日本古典文學大系『續日本紀』1, 岩波書店, 1989, p. 13 각주 18~19 참조.

월조에는 조정에서 기내, 7도, 제국의 군향에서 산출되는 은동채색을 비롯한 초목, 금수, 어, 충 등을 기록하여 보고하라는 명령을 내리고 있다[39]. 여기서도 안료가 되는 '은동채색'이 필두로 명기되어 있다. 한편『일본서기』지통2년(688) 2월조에 신라가 보낸 물품 중에 '金銀彩色'은 물감의 소재인 안료이다. 동 중애기9년 10월조에도 신라왕이 금은채색을 보냈다는 설화에서도 안료의 희귀성을 말해주고 있다 금은채색은 광물질 안료로서 당시 최고의 '珍異之物'이었다. 신라로부터 안료의 수입은 정창원에 남아있는〈買新羅物解〉에도 기록되어 있다. 이 문서는 天平勝字 4년(752) 6월에 왕경의 귀족들이 신라의 물품을 사기위해 그 품목과 가격을 적어 무역을 관리하는 대장성 혹은 내장료에 올린 것이다. 여기에 보이는 안료의 종류는 同黃, 朱沙, 胡粉, 黃丹, 金青, 雌黃, 白淸, 烟子 등이 있다[40]. 이 문서의 물품은 김태렴을 수석으로 하는 신라사절이 갖고 온 것으로[41], 7척의 선단에 700여명의 대규모 사절단으로 공적으로는 동대사의 대불개안식에 참석이었지만, 동시에 교역품을 적재한 무역선단이었다. 이들 물품은〈東大寺獻物帳〉에 보이고,〈法隆寺伽藍緣起幷流資財帳〉,〈大安寺伽藍緣起幷流資財帳〉 등 사찰문서에도 나온다. 당시 안료에 대한 수요와 교역의 실상을 보여주는 사례들이다.

다음은 화공들의 作畫의 실태에 대해 정창원문서에 보이는 동대사 대불전의 채색작업의 사례를 통해 살펴보기로 한다[42]. 천평승보 9년(757) 4월7일부「西南角領

---

39 『續日本紀』和銅6년 5월 갑자조, "制, 畿内七道諸國郡鄉名着好字, 其郡内所生, 銀銅彩色草木禽獸魚虫等物, 具錄色目…載于史籍言上".

40 東野治之, 1977,「鳥毛立女正屛風下帖文書の研究」,『正倉院文書と木簡の硏究』, 塙書房, pp.312~314, 박남수, 2011,「752년 김태렴의 대일외교와 매신라물해의 향약」,『한국고대의 동아시아 교역사』, 주류성, pp.200~204.

41 『續日本紀』天平勝寶4년 윤3월 기사조.

42 正倉院文書의 畫師 씨족의 실태에 대해서는 岡藤良敬 1975,「古代画師氏族考」,『福岡大学人文論叢』7-2, 동 1975,「8世紀中葉画工司所属画工-非画師氏族-」,『福岡大学人文論叢』7-3, 高木玲子, 1969,「畫師畵部考」,『お茶の水史學』11・12 참조.

解, 申畫師等歷名事」(『대일본고문서』4-227~228)에는 동대사 대불전의 채색작업을 위해 동원된 화공들의 이름, 본관, 나이, 호주, 호구 등을 열기하고 있다. 畫師司 長上인 정7위상 河內畫師次万呂를 필두로 畫師司人 17인, 東大寺舍人 2인, 里人 4인 등 23인이다. 화공 중에는 화사 성의 씨족 출신자가 많고, 상근관인 長上과 비 상근 未選이 있다. 당시 화공사에는 64인의 화공이 소속되어 있지만, 각종 관영사 업의 증가로 미선이라는 정원외로 회화에 숙달된 비공식 직원을 채용하고 있음을 볼 수 있다. 造東大寺司에는 전속화공이 항시 배치되어 있지 않아 대불전 등 대규 모 채색 공정시에는 화공사에 화공의 파견 요청하거나 里人과 같이 재야의 공인 들도 불러들이는 상황도 자주 볼 있는 것이다.

천평보자 3년(751) 3월부의 정창원문서에는 대불전의 須理板을 채색한 화공들 에게 그 작업량에 따라 공전료를 지급하는 내용이 나온다. 여기에 참여한 화공은 총 36인으로 화공사 소속이 9인, 식부위자 1인, 동대사 소속 10인, 里人 16인이다 [43]. 이들은 동대사 대불전의 천정판, 수리판 등 내부 구조의 영역을 구분해 작업을 하고 있다. 흥미로운 것은 이들이 작업의 임금인 공전료에는 塗白土功料, 木畫功 料, 彩色功料, 堺功料 등으로 분류되어 있다. 화공의 명칭도 도백토화사, 목화사, 채색화사, 계화사라고 하고, 이들의 손을 거쳐 하나의 장식문양이 완성된다. 화공 들이 어떠한 역할을 분담했는지에 대해서는 논란이 있지만, 도백토화사가 목재 바탕에 백색안료인 호분을 칠하면, 목화사는 밑그림을 그리고 채색화사가 채색을 하면, 계화사는 마무리 윤곽선을 그리는 것으로 생각된다[44]. 이것은 분업에 의한 작업의 효율성을 높이는 방법이다. 임금수준도 작업의 정밀도에 따라 차이가 있 다. 천평보자3년 3월의 동대사대불전 천정판 채색시의 상황을 보면, 대불전의 천

---

43 『大日本古文書』4-353~357, 「大佛殿廂繪畫師作物功錢帳」, "畫師參拾陸人[九人畫工司人, 一人式部 位子, 十人司人, 十六人里人]".
44 野間淸六, 1939, 「奈良時代の畫師に関する考察」, 『建築史』1-6, 久野健, 1947, 「法隆寺金堂天井板落 書」 『美術研究』140, p. 40, 風間亜紀子, 2013, 「古代の作画事業と画工司」 『古代文化』65-1, p. 48.

정은 10,011구로 구획되어 있고, 여기에 참여한 화공은 모두 42인이다[45]. 이들이 받는 임금은 도백토의 일은 30구에 전1문, 목화사는 8구에 전1문, 계화의 일은 전 3구에 전1문, 채색은 1구에 전2문이다. 임금은 채색이 가장 높고 계화사, 목화사, 도백토화사 순이다. 이것은 위계 등 신분에 다른 급료가 아닌 맡은 일에 따른 급 료로 정밀묘사를 요하는 숙련공의 차이로 생각된다[46].

6. 결어

회화는 조형물의 장엄을 나타내는 미의식의 표현이자 정치적인 메시지였다. 고대의 왕권은 조형물의 가시적인 표상들을 통해 왕권의 권위를 과시하는 수단으 로서 활용하였다. 불교문화의 수용과 사원건축물의 확산에 따라 화공들의 수요와 역할은 증대되어 나갔다. 일본고대 사원 건축물을 비롯한 각종 의식구에는 화공 들의 손을 거치지 않은 것이 없을 정도로 많은 영역에서 활동하였다.

일본고대국가형성기의 조형문화의 주역은 한국계 공인들이었다. 5세기후반에 기술자 집단의 이주시에 건너간 因斯羅我, 龍(辰貴)은 일본에 백제회화를 이식시 킨 선구적 인물이었다. 특히 용의 5세손인 惠尊은 천지조 때 왜화사의 성을 받아 가업을 계승시켜 나갔다. 불교의 수용과 더불어 白加 등의 화공이 파견되었고 비 조사의 건립시에는 대규모의 사원 건축사들이 참여하여 왜왕권의 조형문화의 획 기를 마련하였다. 7세기에 들어가면 왜왕권의 외교의 다변화로 고구려, 신라로부 터의 불교문화의 수용과 함께 각종 의식구의 제작도 급격히 증대되었다. 왜왕권

---

45 『大日本古文書』4-357~358, "畫師肆十貳人駒[十人畫工司人, 一人式部位子, 十一人司人, 二十人里 人]".
46 平田寛, 1967, 「木畫師小考」『佛教藝術』66, 上村順造, 1993, 「八世紀における畫師の勞動編成につ いて」『名古屋大學日本史論叢』37.

은 고구려계 화공인 황서화사, 산배화사를 조정의 화공조직으로 편재하였고, 〈성덕태자전력〉과 〈천수국수장〉에 보이는 한국계 화공들은 불교의 조형문화를 선도하였다, 특히 고구려계 황서씨 일족 황서조본실은 견당사의 일원으로 당에 파견되어 당의 보광사에 남아있는 불족적을 모사하는 등 불교회화, 문명세계의 조형물을 그림에 담아 새로운 국가건설의 일익을 담당하였다. 대규모 인력이 투입된 법륭사의 금당벽화를 비롯하여 고총송고분벽화, 기토라고분벽화 등 당대의 최고 조형예술의 회화에는 황문조본실이 주도적 위치에서 참여했다고 보이며, 아스카 조형예술의 백미인 옥충주자, 백제관음상, 구세관음상 등도 한국계 화공들의 참여한 작품이었다고 생각된다.

8세기 율령제하에서는 화공사라는 관사조직이 성립되었고, 동대사를 비롯한 전국에 국분사의 조영이 시작되는 이른바 사찰조영의 시대였다. 이들의 활동영역은 단지 채색에만 머물지 않고 조형문화 전체를 관장하는 역할을 수행하였다. 관사조직으로서의 화공사에 소속된 화공만 64인이고, 관영사업의 증가로 인력이 부족할 때에는 증원하거나 재야의 화공들을 고용하는 등 그 수요는 급증하였다. 정창원문서, 목간 등에 보이는 한국계 화공들은 5세기후반에서 7세기후반 사이에 이주해 온 화공들의 후손이며 화사의 씨족적 성을 계승하면서 고대일본의 회화, 건축의 '명업', '명가'로서 이름을 남겼다.

제2장 사비시대 사택씨의 위상과 멸망 이후의 후예씨족

1. 서언

『隋書』백제전에 대성 8족의 필두에 沙氏(沙宅氏)가 기록된 것은 당대 현실의 반영이고 사비시대 사택씨의 씨족적 위상을 함축하고 있다. 성왕대의 상좌평 沙宅己婁를 시작으로 7세기 무왕, 의자왕 시대에는 권력의 중추인 대좌평의 지위는 사택씨가 독점했다고 보인다. 특히 미륵사지 출토〈舍利奉安記〉에 보이는 沙宅積德은 무왕의 장인으로 왕비를 배출한 외척으로 확고한 지위를 구축해 나가는 등 백제왕권사에서 사택씨의 존재는 타씨족을 압도하고 있었다. 의자왕 즉위 초년인『일본서기』황극기에 보이는 대좌평 沙宅智積 등 왕족, 귀족들의 왜국에 온 사정에 대해 백제왕권으로부터 추방되었을 것으로 보는 일각의 시각은 의자왕대의 정치개혁에 대한 과잉해석이다. 멸망 전후의 시점에서도 좌평의 지위를 갖은 여러 명의 사택씨가 등장하고 있어 이들 씨족의 건재함을 말해주고 있다. 사택씨는 백제왕권이 붕괴하는 최후의 시기까지 핵심세력으로서 백제국과 운명도 같이했다고 보인다.

백제국의 패망으로 상당수의 왕족과 귀족들은 의자왕과 함께 당의 장안으로 압송되었고, 부흥운동 실패 후에는 일본으로 망명의 길을 택하게 된다. 당으로 끌려간 사택씨 중에는 대좌평 沙宅千福이 있고, 일족인 좌평 沙宅孫登은 곽무종이 이끄는 당사절을 송사하여 왜국에 파견되는 등 전후 처리를 위한 대일외교를 수행하였다. 한편 일본으로 망명한 좌평 沙宅紹明은 天智朝에서 法官大輔에 서임되는 등 고위관료로서 등용되었다. 이후 사택소명의 일족으로『속일본기』,『신찬성씨록』에는 沙門詠, 沙宅萬福, 沙田史 등이 나오고, 正倉院文書에도 沙宅家人, 沙宅

山, 沙宅行金 능의 인명이 기록되어 있다. 이들은 모두 백강전투 이후 망명한 사택씨의 후예들이고 일본고대사회에서의 사택씨 혈족이 대를 이어 존재하고 있었음을 말해주고 있다. 이와같이 사택씨 일족들이 몇세대가 지난 시점에서도 본국의 씨명을 사용하고 있었던 것은 선조로부터 계승되어 온 출자의식을 갖고 있었음을 말해주고 있다.

본장에서는 사비시대 대표적인 귀족인 사택씨의 정치적 위상에 대해 점검해 보고자 한다. 특히 왕도 사비의 王興寺와 사택씨가 관여했던 익산의 王興寺[彌勒寺]와의 관계는 동일한 사찰명으로 인해 고려조의 사서에서부터 혼란을 일으키고 있어 검증이 필요하다[1]. 나아가 기왕의 연구에서 언급되지 않았던 백제 멸망 이후 일본으로 망명한 사택씨 가문의 후예씨족들의 동향에 대해 검토한다. 주제의 폭이 다소 확산되어 있으나 사택씨에 대한 전체상을 조망해 본다는 의도에서 포괄적으로 다루기로 하였다.

2. 사택씨의 정치적 위상과 왕흥사 창건문제

사씨는 沙宅을 비롯하여 沙乇, 沙吒, 砂宅 등으로 표기되어 있다.『남제서』백제전에 동성왕이 주청하여 남제로부터 '行征虜將軍邁羅王'으로 제수된 沙法名은 그의 이름이 '名'으로 나오고 있어 사법이 씨명임을 알 수 있다. 반면『삼국사기』동성왕 6년조에 보이는 내법좌병 沙若思는 복성이 아닌 단성으로 되어 있어 같은 씨족이 단성과 복성으로 동시에 존재하고 있었음을 알 수 있다. 한편『일본서기』신

---

1 제2장의 사비 왕흥사 창건문제는 사택씨와는 직접적인 관련이 없지만, 사택씨가 관여한 익산의 왕흥사 기록과 혼재되어 있어 이 문제를 언급하지 않으면 논지가 흐려질 우려가 있어 추가하게 되었다. 기왕의 연구와 발굴보고서에도 사료해석에 혼란을 일으키고 있어 재검토가 필요하다.

공기 49년조에 보이는 신라를 공격한 장군으로 나오는 沙白은 다음의 蓋盧라는 인명으로부터 추정하면 무성의 인명표기로 생각된다. 이어 木羅斤資와 함께 나오는 沙沙奴跪는 웅략기 2년 7월조의 阿禮奴跪, 흠명기 5년 2월조의 津己守麻連奴跪 등에서 보이듯이 왜인이다. 또 신공기 62년조에 나오는 沙至比跪는 왜인 葛城襲津彦이라는 갈성을 씨명으로 하는 소츠비코(襲津彦)를 가리킨다. 일부에서는 이들을 사씨의 범주에 포함시키기도 하지만 모두 왜인들이다. 이외에도 『삼국사기』에 보이는 沙豆(아신왕7년조), 沙鳥(무령왕23년조), 沙乞(무왕28년조) 등은 무성의 인명으로 추정되지만[2], 씨명일 가능성도 남아있다. 이들의 존재를 시야에 넣는다고 해도 사비시대 이전의 사씨의 존재는 그다지 드러나지 않아 권력의 중심부에서는 벗어나 있었다고 생각된다

사비시대 초기에 활동한 상좌평 沙宅己婁에 대해서 『일본서기』 흠명기 4년 (543) 12월조의 내용을 검토해 보자.

【1-1】백제의 성명왕이 이전의 조서를 군신에게 두루 보이며, "천황의 조칙이 이와 같다. 어찌하면 좋은가"라고 물었다. 상좌평 沙宅己婁, 중좌평 木劦麻那, 하좌평 木尹貴, 덕솔 鼻利莫古, 덕솔 東城道天, 덕솔 木劦眛淳, 덕솔 國雖多, 나솔 燕比善那 등이 의논하여, "신들은 품성이 우매하고 어리석어 모두 지략이 없습니다. 임나를 재건하라는 조칙은 속히 받들어야 합니다.(중략)"라고 대답하였다. 성명왕이 "군신들이 의논한 바가 매우 과인의 마음과 같다."라고 하였다.

이 기록은 사비로 천도한 이후 성왕대에 가야지역을 둘러싸고 신라와 대립하고 있던 상황을 말해주는 내용이다. 6세기 무령왕 이후 백제는 가야방면으로 진출하

---

2 李弘稙, 1971,「百濟人名考」,『韓國古代史의 硏究』, 新丘文化社, p.334, 初出 1954.

였고, 신라 역시 법흥왕 대 남부가야에 대한 정치적, 군사적 공세를 취하여 낙동강 서안으로 영역을 확대해 나갔다. 이 시기의 가야지역 중에서 금관국은 이미 신라의 수중으로 들어갔고 고령의 대가야 역시 결혼동맹 이후 신라의 영향력이 커졌고, 안라국을 사이에 두고 백제와의 대치상황에 이르렀다. 『일본서기』 흠명기에 나오는 540년대의 이른바 임나부흥회의는 바로 가야영역을 두고 동서의 강대국들의 세력싸움을 보여주고 있다[3]. 상기 사료에서 가야지역에 대한 성왕의 대책회의에 참여한 인물들을 보면, 상좌평 沙宅己婁를 필두로 중좌평 목리마나, 하좌평 목윤귀, 덕솔 비리막고, 덕솔 동성도천, 덕솔 목리미순, 덕솔 국수다, 나솔 연비선나 등이다. 백제의 8족 대성 중에 沙, 木, 國, 淵이 포함되어 있듯이 당시 왕권을 구성하고 있던 주요 인적 구성이라고 생각된다. 이 중에서 상좌평 사택기루는 이 조정회의의 좌장으로 성왕의 국정운영의 계획을 마련하고 건의했다고 보인다. "군신들이 의논한 바가 매우 과인의 마음과 같다"라고 한 성왕의 발언은 중신들의 계획안이 수용되었음을 말해준다. 사비시대의 백제왕권 내에서 사택씨의 정치적 위상을 보여주고 있다[4].

　무왕대의 인물로는 미륵사지 출토의 〈舍利奉安記〉에 보이는 沙宅積德이다. 그의 딸은 무왕의 왕후로 간택되어 귀족세력의 최고 권력자로 부상하게 된다. 성왕대의 사택기루와 무왕대의 사택적덕의 관계는 〈사리봉안기〉의 연대인 639년을 기준으로 해도 100여년의 시차가 있다. 양자의 혈연적 계보관계는 명확하지 않지만, 사택기루의 지위가 상좌평이고 사택적덕은 좌평으로 족벌적 귀족사회의 성격상 그의 직계 후손이 아니면 올라가기 어려운 최고의 관위라는 점에서 직계손일 가능성이 높다. 적어도 사택적덕은 무왕의 재위 중에는 좌평의 지위에서 조

---

3 延敏洙, 1990, 「六世紀前半 加耶諸國을 둘러싼 백제와 신라」, 『新羅文化』6, 동 1998, 『고대한일관계사』, 혜안.
4 이용현, 2009, 「미륵사 건립과 사택씨」, 『新羅史學報』16, pp. 56-57.

정회의의 중추적 역할을 담당했을 것으로 생각된다. 무왕시대에는 좌평으로 解
讎, 王孝鄰이 나오고, 國智牟, 鬼室福信 등 유력 귀족들이 보이고 있으나 사택씨
와의 관계가 우선이었다.

한편 45년간 재위한 위덕왕에게 왕위를 계승할 왕자들의 존재가 보이지 않아
형제상속으로 이어갔는지는 알 수 없으나 위덕왕 시기에는 무왕은 왕위계승상의
확정된 후보가 아니었다. 부여 왕흥사지 출토 사리기 명문에는 ""정유년(577) 2월
15일에 백제왕 창이 죽은 왕자를 위하여 절을 세웠다"라고 하듯이 위덕왕 재위시
에는 왕자가 있었고, 『일본서기』 추고기 5년(597)조에 왜국에 파견된 아좌태자라
는 인물도 보이듯이 복수의 왕위계승 후보군들이 존재하였다. 그 저간의 사정은
알 수 없으나 위덕왕의 사후 동생 혜왕이 즉위했고, 불과 2년 사이에 조부인 혜왕
과 부왕인 법왕의 죽음으로 무왕이 계승하게 되었다. 이런 상황에서 기타의 왕족
과 귀족세력들을 통제하면서 왕권의 안정을 추구하기 위해서는 전대로부터 좌평
의 지위를 갖는 외척인 사택씨의 협력이 중요하였다. 무왕이 태자 책봉을 즉위 33
년이 지난 시점에서 결정한 것도 차기 왕위계승권을 섣불리 결정할 수 없었던 상
황을 말해주고 있다.

『삼국사기』 무왕조에 "풍모와 예의가 훌륭하였고, 지조와 기세가 호걸이었다"
라고 평할 정도로 포용력과 카리스마 넘치는 제왕상을 묘사하고 있다. 『삼국유
사』 서동설화에 보이는 신라 공주를 배필로 삼기위해 국경을 넘나들며 저자거리
에 소문을 퍼트리는 인물상과는 상반된 내용이다. 관산성 전투에서 성왕이 피살
된 이후 신라와의 적대적 관계는 무왕대에도 지속되었고 무왕 3년에 아막산성 전
투를 비롯하여 대소 전쟁은 끊이질 않았다. 현실의 양국관계와는 괴리된 무왕의
결혼담을 비롯하여 용과 인간의 이종간의 출생신화, 유년시절 마를 캐어 생활했
다는 설화 등은 후대의 변용된 민담의 성격이 강하다고 생각된다[5].

---

5 김기흥, 2010, 「서동설화의 역사적 진실」, 『역사학보』205 참조.

다시 〈사리봉안기〉에 보이는 무왕과 사택씨의 관계를 검토해 보자. 명문의 내용은 기해년 정월29일에 백제왕후가 淨財를 내어 미륵사를 세우고 탑에 사리를 봉안하였고, 그 공덕으로 백제의 '대왕폐하'의 장수와 왕권의 안정, 불법의 홍륭을 기원하고 있다. 앞부분에 명기된 "我百濟王后, 佐平沙宅積德女"는 무왕의 왕후가 좌평 사택적덕의 딸이고 미륵사 건립의 발원자가 좌평 사택씨 가문의 인물임을 강조한 것이다. 미륵사 창건의 배경에는 이미 지적되고 있듯이 무왕 자신의 의지뿐만 아니라 왕권의 협력자인 사택씨의 정치적인 영향력이 담겨져 있다. 미륵사는 그 규모에서 기존의 사찰과는 비견될 수 없는 거대한 국가적 마스터 플랜의 결정체였다. 가람배치는 중앙에 금당과 목탑을 세워 1원의 구조를 갖추고 좌우에 각각 금당, 석탑을 갖춘 3원가람 형식이다. 불사의 조영은 기획에서 설계, 석재, 목재 등의 물자 운송에 동원된 인력, 자연재를 예술적으로 승화시켜 조형물을 완성한 수많은 공인들이 만들어 낸 백제문화의 정수를 보여주는 불교예술의 종합체이다. 특히 9층으로 구성된 중앙의 목탑, 그 좌우에 배치된 2개의 석탑은 장엄한 위용을 드러내고 있다.

이 사찰의 조영은 〈사리봉안기〉에 기록된 무왕 40년(639)이다. 동 명문에 따르면 미륵사의 조영에는 사택씨의 사재가 투입되었지만, 실제로는 왕권이 함께 한 국가사찰이다. 다만 왕도가 아닌 지방에 조영되었다는 점에서 그 정치적 배경에 대해 다양한 추측이 나오고 있다[6]. 무왕의 익산경영론 혹은 무왕과 그의 모후의 익산 출자와 관련한 논의로는 국가적 에너지를 총동원한 거대 사찰의 건립을 설명하기에는 충분하지 않다. 신라의 황룡사, 일본의 동대사의 사례에서 보듯이 제왕의 권력과 권위의 표상물은 왕도에 설치하였다. 왕도를 대표하는 국가사찰의

---

6 〈사리봉안기〉 발견 이후 관련 논고가 적지 않게 나왔다. 학설사에 대해서는 여러 논자에 의해 소개되어 있어 중복은 피한다. 미륵사 창건을 둘러싼 논의에 대해서는 정재윤, 2009, 「彌勒寺 舍利奉安記를 통해 본 武王·義慈王代의 政治的 動向」, 『한국사학보』37.

조영은 새로운 왕도의 건설과 같은 계획이 없이는 이해하기 어렵다. 요컨대 천도계획과 함께 신왕도 건설시에 기왕의 왕도에 소재했던 사찰의 명칭을 그대로 갖고 이전할 계획하에서 조영했다고 생각된다. 〈觀世音應驗記〉에 기록된 "백제 무광왕이 지모밀지로 천도하여 새로 정사를 조영하였다"라는 일절은 무왕대의 익산 천도 사실을 전하고 있다[7]. 천도의 사정은 논외로 하고 계획단계에서 사비의 국가 사찰 왕흥사 이전을 추진했을 것이다.『삼국유사』무왕조에 "미륵 3상과 회전, 탑, 회랑을 각각 3곳에 세우고 액호를 미륵사라고 했다"라고 기록하고 있다. 이어 그 주기에 "국사에는 왕흥사라고 불렀다"고 하는 내용은『삼국사기』무왕 35년(634)의 왕흥사 낙성기사를 가리키고, 바로 익산의 왕흥사[미륵사] 조영사실을 말한다. 〈사리봉안기〉의 발견으로『삼국사기』기록이 5년 일찍 편년되어 있음을 알 수 있다. 이를 종합하면 사비의 왕흥사는 익산 천도 시에 같은 사명으로 재조영되었던 까닭에 왕흥사로 불리우게 되었다[8].

사비의 왕흥사와 익산의 왕흥사[미륵사] 조영에 대한 기왕의 논란은『삼국유사』흥법제3「법왕금살」조에 대한 해석의 문제에서 비롯되었다고 생각된다.

【1-2】이듬해 경신에는 승 30명에게 도첩을 주어 당시 서울인 사비성[今扶餘]에 왕흥사를 세우게 하였는데, 겨우 기초를 세우다가 승하하셨다. 무왕이 왕위를 계승하여 아버지가 기반을 닦아 놓은 곳에 아들이 조영하게 시작하여 수기(數紀)을 지나 완성하였다. 그 절 을 또한 미륵사라고 한다.…[古記의 기록과는 조금 다르다. 무왕은 가난한 어머니가 池龍과 관계하여 낳았는데, 어릴 때의 이름은 서여이고, 즉위한 후 시호를 무왕이라고 하였다. 처

---

7 宋日基, 2005,「京都 靑蓮院藏「觀世音應驗記」所收 百濟記事의 檢討」,『서지학연구』30.

8 천도 시에 사찰도 함께 이전된 사례는 고대일본의 사찰에서도 보인다. 백제의 영향하에 조영된 일본의 飛鳥寺(法興寺, 元興寺)는 平城京 천도시에 이전하였고, 일본 최고의 귀족인 藤原氏의 氏寺인 興福寺도 2번에 걸친 藤原京, 평성경 천도시에 재조영되었다.

음에 왕비와 함께 이 절을 창건하였다].

상기 사료에는 경신년(600)에 승 30명에게 도첩을 주어 왕흥사 건립을 계획했으나 법왕의 사망으로 중지되어 무왕이 계승하여 수십년[數紀]이 지난 후에 완성했다고 기록하고 있다. 이 내용은『삼국사기』법왕 2년(600)조에 "왕흥사를 세우고 승 30인을 두었다"는 기사와 동 무왕 35년(634)의 왕흥사 낙성기사를 참조한 것이다. 즉『삼국유사』는『삼국사기』법왕2년 王興寺 창건기사를 조영개시로 보고 무왕 35년을 완성된 시점으로 기록하였다. 일연선사는 말미의 세주에서「고기(古記)」의 전승과 비교하여 다른 점을 발견하고 "처음에 왕비와 함께 창건하였다(初興王妃草創也)"고 주기하고 있는데, 이 내용은 미륵사 〈사리봉안기〉의 내용과 합치한다. 그러나 일연선사는 전거사료를 대조하면서 사명이 같은 왕흥사에 대해 명확하게 설명하지 못한 채 "그 절은 또한 미륵사라고도 한다(其寺亦名弥勒寺)"라는 내용을 덧붙이고 있다. 위 사료에 따르면 왕흥사는 사비에서 착공했지만 완공된 사찰은 익산 왕흥사[미륵사]로 인식될 수 있어 착공의 장소와 완공의 장소가 서로 다른 불가해한 기록이 되어 버린다. 일연선사가『삼국유사』를 집필중이던 고려조 당시 사찰의 기능을 유지하고 있던 현실의 왕흥사[미륵사]가 기록으로만 남아있던 사비 왕흥사에 투사되었다고 생각된다. 이것은 지역을 달리하는 2개의 왕흥사를 혼동하여 법왕대에 개시하여 무왕대에 완성된 하나의 사찰로 기술한 것이다.『삼국유사』무왕조에 "신력으로 하루밤에 산을 무너트려 못을 메워 평지를 만들었다. 미륵3상과 회전, 탑, 낭무를 각각 세 곳에 세우고, 절 이름을 미륵사라고 하였다"라는 기록은 익산 미륵사창건 연기설화이다. 세주에 "국사에서는 왕흥사라고 하였다(國史云王興寺)"라고 하듯이 일연선사 자신도 사비의 왕흥사와 익산의 왕흥사[미륵사]에 대해 혼란을 일으키고 있다. 미륵사라는 이름도 원래의 명칭이 아니라 후대 구비전승으로 내려오던 서동설화가 미륵연기설화와 융합되어『삼국유사』편찬시에 전승되어 채록되었다고 보인다.

彌勒寺의 조영개시를 법왕대로 볼 경우 〈사리봉안기〉의 기록대로 무왕 40년 (639)이 완공시점이므로 40여년에 달한다[9]. 신라 제일의 사찰 황룡사는 17년만에 완공되었다. 일본 최대 사찰인 동대사도 『속일본기』에 따르면 741년 國分寺 건립의 조가 내려진 후 752년에는 대불개안회가 열리고 대불전이 준공된 시점은 758년으로 17년 걸렸다. 동대사의 사지인 『東大寺要錄』〈大佛殿碑文〉에는 창건시 대불전의 규모가 전장 29장, 폭 17장, 높이 12장 6척, 기둥 84개라고 기록되어 있고 [10], 당시 사용된 당척을 근대적 도량형법으로 환산하면 각각 85.8m, 50.3m, 37m에 해당한다[11]. 여기에 동서 2개의 7중탑의 높이는 각각 23장 8촌, 23장 6척 7촌이고 노반의 8장 8척 2촌까지 더하면 100m에 달한다. 이들 사찰을 익산 왕흥사와 비교하면 상대적인 공사기간을 추정할 수 있다. 일각에서는 축조의 단계설, 복수 왕후를 상정하여 왕흥사 조영에 역할을 추정하기도 하지만[12], 이러한 계산법은 또 다른 추론을 낳는다.

한편 1934년 傳王興寺址에서 출토된 '王興' 기와명과 2007년 동 사지의 목탑지에서 발견된 청동제 사리합에 새겨진 정유년(577)에 백제왕창[위덕왕]이 망왕자를 위해 세웠다는 기록을 근거로 위덕왕대 왕흥사 창건설이 제기된 이후 대세를

9　최근의 미륵사발굴조사보고서(국립문화재연구소·부여문화재연구소, 2018, 『益山彌勒寺址』-제17차발굴조사-)에도 법왕2년(600)을 조영개시로 보면서, 사비 왕흥사지 발굴조사보고서(국립부여문화재연구소, 2016, 『王興寺址』-왕흥사지Ⅶ-)에는 사비 왕흥사 창건연대로 기술하고 있어, 『삼국사기』, 『삼국유사』 편자와 마찬가지로 양사의 조영시기가 중첩되어 있어 혼란을 일으키고 있다.

10　東大寺史研究所, 『東大寺要錄』, 東大寺(2018), 卷第2, 緣起章第2 「大佛殿碑文」 "大仏殿一字二重十一間, 高十二丈六尺, 東西長卅九丈, 廣十七丈, 基砌高七尺, 東西砌長卅二丈七尺, 南北砌長卅丈六尺, 柱八十四枚, 殿戶十六間, (中略)塔二基, 並七重, 東塔高二十三丈八寸, 西塔高二十三丈六尺七寸, 露盤高各八丈八尺二寸".

11　1891년에 제정된 근대일본의 도량형법에서 정한 1척은 약 30.3cm이고, 唐尺 1척은 약 9寸 72分로 추정되고 있다.

12　주보돈, 2012, 「彌勒寺址 출토 舍利奉安記와 백제의 왕비」, 『百濟學報』7, 김영심, 2013, 「利器 銘文을 통해 본 백제 사비시기 국왕과 귀족세력의 권력계」, 『한국사연구』163.

이루고 있다. 이 경우『삼국사기』법왕, 무왕대 2번에 걸쳐 나오는 왕흥사 조영기사에 대한 정합적인 해석에 어려움이 따른다. 위덕왕 창건 이후 법왕대 중개창했다는 설도 있지만[13],『삼국사기』에 창건연대를 누락하고 중개창을 창건과 같이 기록했다는 합리적인 설명이 필요하다. 동 사지의 가마터발굴조사보고서에 따르면 중심 사지에서 150여미터 떨어진 경사면에 총11기 가마터가 조영되었는데 이중 1호 기에서 고려시대 '王興'명 기와가 발견되었고 나머지 10기는 백제시대 것으로 보고하고 있다[14]. 동 보고서에는 고려시대 건물지와 유구가 확인되었다고 하여 백제시대로부터의 계승성을 기술하고 있지만, 기와명문이 동 사지의 사찰명이라고 단정하기는 어렵다고 생각된다.

문제는 왕흥사가 백제멸망 이후에도 존속했는지의 여부이다. 문헌상에서 통일신라 이후『고려사』를 비롯한 기타의 사료에도 왕흥사 관련기록이 보이지 않아 폐사의 가능성을 시사하고 있다.『삼국사기』신라본기 태종무열왕 7년(660) 11월 5일조에 "왕이 계탄을 건너서 왕흥사 잠성을 공격했는데, 7일에 이겨서 7백명의 목을 베었다"는 백제멸망기의 기록에 근거하면 이때 왕흥사 역시 온존했을 리 없으며 신라군에 의해 파괴되고 사찰로서의 기능은 정지되었다고 보인다. 특히 2016년도 왕흥사지 발굴조사보고서에는 백제 이후의 유물 중에는 불상이나 불구 등 사찰의 특징을 보여주는 고고학적 자료가 전무하다는 점이다[15]. 동 사지의 유물자료를 통해서 본다면 고려조의 건물지는 백제시대 이래 폐사지의 초석, 자재를 재활용한 현지 지방행정을 위한 관아의 분소와 같은 성격의 부속건물로 추정해도 무리가 없고, 동 보고서에서 말하는 건물지의 시대적 계승성에도 모순하지 않는다. 2019년도 공주 반죽동 일원의 대통사지 추정지 발굴조사에 따르면 고려시대

---

13 조경철, 2010,「백제 왕흥사의 창건과정과 미륵사」,『史叢』70, pp.8-9.
14 國立扶餘文化財研究所, 2007,『王興寺址』II-기와가마터 發掘調查報告書-, p.52, p.126.
15 國立扶餘文化財研究所, 2016,『王興寺址』VII.

'大通' 인장기와, '大通寺', '大通之寺' 명문기와 등이 출토되고 있어 백제시대 대통사와의 계승성이 명확히 밝혀졌다[16]. 또 『삼국유사』 기이편 무왕조에 나오는 용화산 사자사의 경우도 미륵사지 북쪽 중턱에 소재하는 사자사지에서 '至治二年師子寺造瓦'라는 문자가 새겨진 고려시대(충숙왕10년, 1322) 기와의 발견으로 동 사지가 사자사임이 드러났고[17], 익산 왕궁리유적에서도 大官宮寺, 官宮寺, 王宮寺 등이 새겨진 기와명문의 출토로 그 실체가 확인된 바 있다[18]. 이에 비해 전왕흥사지는 고려조의 기와명을 통한 역추적이지만, 사찰의 연속성을 말하기에는 관련자료와 상충하고 있어 수용하기 어려운 측면이 있다.

근년 박남수의 연구에 의하면 전왕흥사지의 '王興'의 '興' 자는 『隸辨』(清朝 顧藹吉 편찬)에 소개된 동한의 영제 中平 2년(185)의 「曹全(景完)碑」에 '典'의 이체자와 일치하고 있어 위덕왕 건립의 사찰을 왕흥사로 보기 어렵다고 분석하고 있다[19]. 대세론에 밀려 주목받지 못하고 있으나 재음미해 볼 필요가 있다. 설사 '王興'을 인정한다고 해도 문자 그대로 왕실의 흥륭을 기원하는 관용구일 가능성도 배제하기 어렵다. 특히 위덕왕대 창건설에서는 단지 망왕자를 위한 추복사찰이 어떻게 백제왕실의 불법 의식을 거행하는 장엄의 성지가 되었는지 그 정치적 배경, 상징성에 대해서도 검토가 요구된다. 사비 왕흥사의 창건은 사료의 정합성에서는 법왕 2년설이 합리적으로 생각되고 그 소재지도 기왕의 전왕흥사지가 아닌 별도의 장소에서 새롭게 추구해야 한다[20].

---

16 충청남도역사문화연구원, 2019, 『공주대통사지 추정지[3지역] 학술조사 개략보고서』, p. 23.

17 扶餘文化財研究所, 1994, 『獅子菴發掘調査報告書』, pp. 3-4, p. 34.

18 國立扶餘文化財研究所, 2008, 『王宮里發掘中間報告』Ⅵ, p. 126, p. 213, p. 232.

19 박남수, 2013, 「신라중고기초의 僧政과 寺主」, 『신라문화』42, pp. 32-34.

20 傳 왕흥사지의 지리적 환경은 『삼국사기』, 『삼국유사』에 전하는 배를 타고 강가에 인접해 있다는 기록과 부합하고 있지만, 이러한 기술을 반드시 江岸에만 구속되어 해석할 필요가 없다. 접안에서부터 사찰로 이어지는 백제왕 일행의 장엄한 불사의 행렬과 자연경관 등을 포괄적으로 묘사한 것으로 보면, 왕흥사의 지리적 위치는 보다 넓은 범위에서 추구할 수 있다.

무왕의 익산 천도는 미륵사 창건 직후에 본격화되었다고 생각되지만, 당시 무왕의 나이는 이미 노년으로 생의 마지막 2년은 병약한 상태에서 태자에게 정무를 위임했다고 생각된다. 이러한 상황에서 즉위한 의자왕은 사비시대를 그대로 유지해 갔을 것이며, 사실상 미완의 천도였다. 그럼에도 불구하고 미륵사 건립은 불국토의 실현을 염원한 국가사찰이었고, 새로 즉위한 의장왕에게는 부왕의 유업을 계승, 상징하는 기념탑이었다. 양사는 백제 호국사찰로서의 역할과 기능을 병존해 나갔다고 생각된다.

장년의 나이에 즉위한 의자왕은 무왕의 원자로서 부왕 체제하에서 탄탄한 왕자 수업을 받으며 "용감하고 담력과 결단성 있는(雄勇有膽決)" 인물로 성장하였다. 그는 즉위 후 곧바로 당과 왜국에 사신을 보내고 대신라 전쟁에 돌입하여 원정군 사령관이 되어 대야성을 비롯한 신라의 40여성을 함락시켰다. 의자왕은 강력한 대외정책을 통해 왕권의 안정을 추구하였다. 이때 왜국에 파견된 인물 중에 사택덕지의 일족인 대좌평 沙宅智積이 있다. 의자왕의 외조부에 해당하는 사택덕지는 이미 생을 마감했다고 보이며, 그를 대신하여 사택지적이 좌평의 지위에서 의자왕을 보좌하였다. 양자의 혈연관계는 알 수 없으나 무왕대에 왕비를 배출한 사택덕지의 신분과 대좌평 사택지적의 지위를 보면 직계 혈통일 가능성이 있고, 부자관계로 추정해도 대과없을 것이다. 이와같이 무왕대에 이어 의자왕대에서도 사택씨의 번영은 계속되고 있었다. 다음은 왜국에 온 사택지적 일행에 대해 『일본서기』皇極紀 원년(642)과 2년조의 내용을 정리해 보자. 백제에 사신으로 파견된 아담련비라부가 백제사절과 함께 귀국하여, 백제의 대란 소식을 전하고, 백제사절의 수행원인 儻人으로부터 "금년 정월에는 국왕의 모가 죽고 弟王子, 兒翹岐 및 同母妹 여자 4인, 내좌평 岐味, 高名之人 40명을 섬으로 추방하였다"는 말을 전해 듣는다. 고명지인 40여명의 섬 추방설은 백제대란의 논거가 되고 있다. 이 사료를 둘러싸고 다양한 해석이 있지만, 결론부터 말하면 국왕모는 무왕의 왕후 사택씨를 말하고, 무왕이 세상을 뜬지 얼마지나지 않아 생을 마감한 것으로 생각된다. 제왕자는 무왕의 동생으로 의자왕의 삼촌인 忠勝일 가능성이 높다. 교기는 풍왕자를 가리키고[21] 塞上은 풍자의 동생인 善光으로 생각된다. 이때의 사절단에는 사택지적으로 추정되는 인물이 나온다. 황극 원년 2월조에는 겸인의 전언으로 "去年 11월 大佐平智積이 죽었다"고 하여 사망설이 유포되고 있지만, 동년 7월조에는 "백제사인 대좌평 지적 등에게 조정에서 향응하였다"고 하여 백제사절로 나온다. 동일한 사료 속에서 착란이 심하다. 이때의 백제사절은 무왕과 왕후의 죽음을 알리고 동시에 왜왕의 조상사와 하등극사를 겸하고 있다. 황극 원년(642) 4월조에는 "대사 교기가 종자를 이끌고 배조하였다"고 하듯이 풍왕자 교기는 사절단의 대표로서 왔고, 의자왕의 강력한 군사적 대외정책의 일환으로 대왜외교를 강화하기 위한 조치였다[22]. 이어 4개월이 지난 동년 8월에 백제사절의 귀국기사가 나온다. 이때 풍왕자 등 일부 왕족을 제외하고는 사택지적 등 대부분의 사절은 귀국하였다.

갑인년(654) 기년명이 있는 砂宅智積碑에 따르면 그는 말년에 몸이 쇠해가는 것은 탄식하며 "금을 뚫어 진당((금당)을 세우고 옥을 다듬어 보탑을 세우니(穿金以建珍堂鑿玉以立寶塔)"라고 명기하고 있듯이 불교에 귀의하기 위해 절을 세웠다. 氏寺의 성격을 띤 사찰의 조영은 당대 최고의 사택씨 가문이 할 수 있는 일이었다. 금과 옥으로 장식된 사찰의 장엄을 표현하고 있어 사택씨의 권력과 위상을 말해주고 있다. 사택지적은 적어도 왜국에 파견된 642년 이후 654년 직전까지 사택씨 가문의 씨족장이자 백제왕권의 대좌평으로서 국정을 수행하고 있었다.

---

21 西本昌弘, 1985, 「豊璋と翹岐」, 『ヒストリア』107 참조.
22 延敏洙, 1997, 「백제의 대왜외교와 왕족」, 『백제연구』27, 동 『고대한일관계사』, 혜안.

3. 백제 멸망기의 사택천복과 사택손등

백제 멸망기에 보이는 사택씨로는 당의 포로로 압송된 대좌평 沙宅千福과 沙宅孫登이 있다. 사택천복에 대해서는 〈大唐平百濟國碑〉, 『삼국사기』, 『일본서기』 등에 다음과 같은 기록이 있다.

【2-1】그 왕 부여의자 및 태자 隆 이외 왕자 孝 13인은 대수령 대좌평 沙吒千福, 國辯成 이하 700여 인과 함께 이미 궁궐에 들어가 있다가 모두 사로잡히니 말가죽을 버리게 하고 우거에 실어다가 잠시 있다가 司勳에 올리고 이에 淸廟에 드렸다(大唐平百濟國碑)

【2-2】의자왕이 좌우 측근을 데리고 밤을 타서 도망하여 웅진성에 몸을 보전하고, 의자왕의 아들 융은 대좌평 千福 등과 함께 나와 항복하였다.(『삼국사기』 신라본기 태종무열왕7년조).

【2-3】장군 소정방 등에게 잡힌 백제왕 이하 태자 융 등 여러 왕자 13명, 대좌평 사택천복, 국변성 이하 37명, 모두 50여명이 조정에 바쳤다(『일본서기』 齊明紀6년 7월조)

사택천복에 대해 〈대당평백제국비〉에는 '大首領大佐平'으로 표기하고 『삼국사기』, 『일본서기』에는 大佐平으로 기록하고 있다. 그보다 연배인 대좌평 사택지적이 〈사택지적비〉에 노쇠하여 병약한 상태가 갑인년(654)이라는 점을 상기하면, 사택천복의 대좌평 지위는 사택지적이 관직에서 물러났거나 혹은 사망 직후에 계승되었을 것이다. 양자의 관계는 적통으로 이어지는 부자지간일 가능성이 높고, 사택지적이 노년임을 감안하면 사택천복은 40대 장년으로 추정된다. 의자왕대에서도 대좌평은 사택씨의 독점적 지위였고, 백제왕권내에서도 명문가로서의 위치를 점하고 있었다. 상기 사료에서 "의자왕의 아들 융은 대좌평 천복 등과 함께 나와 항복하였다"라고 하여 사택천복은 당군에게 포로가 되는 최후의 순간까지 주군 의자왕을 보위하며 최측근으로서의 역할을 다했다. 이 기록을 전하는 〈대당평백제국비〉는 당 학사 賀遂亮의 글로서 소정방 이하 전쟁에 참여한 장군들의 공을 현창한 기공비이다. 당시의 생생한 정보를 기초로 하여 웅진도독부 설치 직후에 제작되었다. 사택천덕에 대한 정보도 그를 심문하는 과정에서 드어났고 백제왕권 내에서 그의 위상에 대해서도 소상히 알고 있었다. 특히 〈대당평백제국비〉에 그를 대수령을 관칭하고 있듯이 귀족세력을 대표하는 존재로 인식하고 있었고, 이를 명문에 새긴 것은 사택천복의 인물상을 함축적으로 묘사한 것으로 생각된다.

다음은 『일본서기』天智 10년(671) 11월조에 보이는 사택손등에 대해서 살펴보자.

【2-4】대마국사가 사자를 축자대재부에 보내 이달 2일에 沙門道久, 筑紫君薩野
馬, 韓島勝裟婆, 布師首磐 4인이 당에서 돌아와서 "당의 사신 곽무종 등
600여 인과 송사 沙宅孫登 등 1400인, 합해 2,000인이 배 47척에 타고 比知
島에 정박하고는 지금 우리는 사람과 배가 많다. 갑자기 가면 저쪽의 防人
들이 놀라고 동요하여 활을 쏘고 싸우려고 할 것이다"라고 의논하여 미리
내조의 뜻을 알리도록 먼저 저희 道久 등을 보냈다고 말하였다.

沙宅孫登은 『일본서기』 제명 6년(660) 10월조의 분주에 "백제왕 의자, 그의 처 恩古와 아들 隆 등과 신하 좌평 千福, 國辨成, 孫登 등 모두 50여명이 가을 7월 13일에 소장군에게 사로잡혀 당나라로 끌려갔다"고 하듯이 3명의 좌평 중에 손등을 가리킨다. 상기 기록은 당측에서는 671년 정월에 웅진도독부의 李守眞을 보냈지만 재차 당 본국에서 곽무종을 대표로 하는 6백명과 웅진도독부의 사택손등을 송

사로 하여 1천4백명 등 2천명을 왜국에 보냈다. 이때의 2천명이라는 대규모의 사절단은 왜인 포로이고[23], 당으로 끌려간 포로와 웅진도독부 관할하에 있던 왜인들이다. 당의 사절단은 웅진도독부의 존속과 신라와 고구려 대책의 일환으로 백제 부흥운동에 참여한 왜인 포로를 송환하였다. 대좌평 사택천복의 일족인 좌평 사택손등은 당으로 압송된 후, 다시 웅진도독부로 귀환시켜 사절단을 왜국에 보내는 임무를 맡겼다. 당의 포로가 된 禰軍도 천지 4년(664)에 '百濟佐平 禮軍'의 대마도 도착 기록이 보이고[24], 이듬해 9월에도 당의 유덕고 등과 함께 왜국에 파견되었다[25]. 이것은 以夷制夷의 형태로 현지 사정에 밝은 복속민 활용책이다.

한편 사택손등이 일본에 파견된 그해 정월에 일족인 좌평 사택소명은 왜왕권의 백제유민 등용정책에 따라 법관대보에 임명되었다. 양자의 혈연관계는 알 수 없으나 동세대의 인물로서 모두 좌평의 지위에 있었던 백제 최고위 관인들이고 백제 멸망기의 사택씨의 위상을 엿볼 수 있다. 이때 사택손등과 사택소명이 조우했을 가능성도 있다. 당에서는 이미 왜왕권의 고위관인이 된 사택소명에 대한 정보를 입수하고 대일 외교를 원활히 하기 위해 사택손등을 사절단의 일행에 편입시켰을 것으로 생각된다.

4. 일본 망명기의 사택소명과 후예씨족

663년 주류성의 함락과 더불어 백제의 부흥운동을 막을 내리고 많은 백제의 유

---

23 松田好弘, 1980,「天智朝の外交について」,『立命館文學』415 · 416 · 417, p. 123, 直木孝次郎, 1988,
　　『古代日本と朝鮮 · 中國』, 講談社學術文庫, pp. 200-206.
24『善隣國寶記』"海外國記曰, 天智天皇三年四月, 大唐客來朝, 大使朝散大夫上柱國郭務悰等卅人. 百
　　濟佐平禰軍等百餘人, 到對馬島…".
25『日本書紀』天智紀4년 9월 임진조.

민들은 왜의 패잔병과 함께 왜국으로 망명길에 올랐다. 이중에는 왕권을 구성하고 있던 지배계층들이 포함되어 있었고, 이들은 지위와 능력에 따라 왜왕권에 의해 발탁되어 관인으로 등용되었다. 천지10년(671) 춘정월에 내린 관위와 관직 수여기사에는 沙宅紹明을 비롯한 다수의 백제인들이 관위와 관직을 수여받았다.

> 【3-1】이달에 좌평 余自信, 沙宅紹明[法官大輔이다]에게 대금하를 주었다. 鬼室集斯[學職頭이다]에게 소금하를 주었다. 달솔 谷那晉首[병법에 밝았다], 木素貴子[병법에 밝았다], 憶禮福留[병법에 밝았다], 答㶱春初[병법에 밝았다], …나머지 달솔 등 50여 인에게 소산하를 주었다[26].

여자신, 사택소명을 비롯한 16명의 인명이 기록되어 있고, 나머지 달솔 등 50여 인에게 관위와 관직을 부여하였다. '좌평 여자신, 사택소명'이라고 하듯이 사택소명은 좌평의 지위에 있었다. 백제 멸망기의 사료상에 보이는 사택씨 좌평만 해도 3인이다. 사택소명은 상기 사료에 보이듯이 대금하의 관위와 법관대보의 관직을 받았다. 법관은 율령제에서 식부성으로 대보는 차관에 해당한다. 법관은 천지조 때에 처음으로 설치된 관부이다. 『일본서기』 천무 朱鳥 원년(686) 9월조에 천무의 빈례 때에 추도문을 읽는 인물의 관부가 기록되어 있는데, 法官, 理官, 大藏官, 兵政官, 刑官, 民官 등이 나온다. 이들 6관은 대보령, 양로령에서의 式部, 治部, 大藏, 兵部, 刑部, 民部에 해당한다. 천무조에 나오는 6관은 이미 천지조 때에 제정된 것으로 일부 관제는 백제 6좌평과도 관련이 있다. 예컨대 사택소명이 맡은 법관은 백제의 내법으로부터 착안하여 만들어진 것은 아닌가 생각한다.

고대일본의 최고가문 藤原家의 기록인 『家傳』에는 다음과 같은 기록이 나온다.

---

26 『日本書紀』 天智紀10년 춘정월(是月)조.

【3-2】帝令大臣撰述禮儀, 刊定律令, 通天人之性, 作朝廷之訓, 大臣與時賢人, 損益舊章, 略爲條例

　　이 기록은 천지천황이 대신에게 명하여 의례를 찬술하고 율령을 편찬하게 했다는 내용이다. 천지 7년(668)경에 中臣鎌足을 중심으로 대화개신 이후 단독법령[舊章]을 집성하여 체계적인 법전[條例]을 편찬하는 사업이 개시되었다. 이른바 근강령을 가리킨다. 여기에서 "대신이 때의 현인과 함께 舊章을 검토하여 거의 조례를 완성하였다"고 한 '時의 賢人'이란 근강령의 편찬자로서 高向玄理, 僧旻과 함께 백제에서 망명한 沙宅紹明, 許率母 4인이 거론되고 있다[27]. 이 중에서 고향현리는 효덕 백치 5년(654) 2월에 견당사로 파견중 당에서 사망하였고[28], 승민 역시 백치 4년(653) 6월에 세상을 떠났다[29]. 당의 율령 지식을 알 수 있는 두 인물이 사망한 까닭에 법관대보에 임명된 사택소명이 우선적으로 거론된다. 근강령 제정의 책임자로 중신겸족이 임명되었지만, 이것은 관인사회의 정치적 서열관계이고 실제로 법령의 제정에 세부적 조문을 작성한 것은 법관대보인 사택소명으로 생각된다. 백제에는 6좌평 중에 내법좌평이 있고, 내관에 의례를 담당하는 법부, 외관에는 사법을 다루는 司寇部가 설치되어 있어 이들 관부가 있다. 좌평의 지위에 있던 사택소명은 이들 관부의 장관에 보임되었을 것임은 명백하다. 그는 율령에 밝은 당대의 지식인이었으며 왜왕권에서도 그의 능력을 인정하여 발탁, 등용할 수 있었다. 사택소명이 받은 대금하의 관위 역시 대보령제 하에서는 종4위에 해당하는 고위직으로 8성의 장관급에 해당한다.

　　『家傳』에도 "백제인 소자 사택소명은 재사가 발굴이고 문장이 당대의 으뜸이

---

27 瀧川政次郎, 1921, 「近江令の編纂者」, 『律令の研究』, 刀江書院, p. 46, 薗田香融, 1995, 「古代の知識人」, 『岩波講座日本通史』第5卷 古代4, p. 117.

28 『日本書紀』孝德紀 白雉5년 2월조.

29 『日本書紀』孝德紀 白雉4년 6월조.

다"라고 평하고 있으며 그는 당대의 권신 藤原鎌足의 비문을 작성한 인물로도 알려져 있다[30]. 사택소명이 사망했을 당시『일본서기』에는 "대금하 백제의 사택소명이 죽었다. 사람됨이 총명하고 지혜로워 그 당시에는 수재로 불리었다. 이에 천황이 놀라서 은혜를 내려 外小紫의 관위를 추증하였다. 아울러 본국의 대좌평의 관위를 내렸다[31]".라고 기록하고 있다. 소자는 종3위의 고위관이다. 이울러 백제의 대좌평의 관위를 내린 것은 망국의 유민에 대한 예의와 당대의 최고의 석학에 대한 예우였다.

사택소명의 사후『일본서기』持統紀 5년(691) 12월 기해조에 보이는 사택씨에 대해서 살펴보자.

【3-3】의박사 무대삼 德自珍, 呪禁博士 木素丁武, 沙宅萬首에게 각각 은 20량을 주었다.

지통 5년에 沙宅萬首는 의박사 덕자진, 주금박사 목소정무와 함께 은 20량을 하사받았다. 이들은 백강전투 직후에 망명한 2세대 인물로 보인다. 덕자진의 관위는 무대진으로 율령관제에서 종7위상에 해당하는 중하급 관위이다. 사택만수 등도 별도의 관위가 생략되어 있어 동일한 관위였다고 생각된다. 대보령제「선서령」에서는 21세 이상이 된 종5위의 적자는 종8위상의 관위를 받는다. 이들은 음서의 영향으로 부의 관위에 따라 관위과 관직을 받은 것으로 생각된다. 5위 이상의 자제는 대학에 입학할 수 있는 특전도 있다. 의박사, 주금박사의 칭호를 갖고 있는 것으로 보아 해당 부서에 보임되었음을 알 수 있다.

---

30 『藤氏家傳』「鎌足傳」上卷, "大師百濟人小紫沙宅昭明, 才思穎拔, 文章冠世. 傷令名不傳, 賢德空沒. 仍製碑文".
31 『日本書紀』天武紀2년 윤6월조.

주금박사는 율령제에서 전약료에 속한 관인으로 주금사의 양성을 위해 설치된 보직으로 정원은 1인으로 종7위상의 관위이다. 율령제 하에서의 주금은 질병치료나 安産에 종사했으며, 국가안태의 도교적 주술도 직무의 하나였다. 『속일본기』 천평 2년(730) 3월조에 "陰陽醫術及七曜頒曆等類, 國家要道"라고 하여 음양, 의술, 역법 등은 국가가 중요시하는 도라고 하고 엘리트 관인들을 선발하여 후계자를 양성하게 했다는 기록이 나온다. 이들이 은 20량을 국가로부터 하사받았다는 것은 의술과 관련하여 공헌이 있었기 때문으로 생각된다.

한편 의료의 '醫'는 원래 밑변에 '巫'가 들어간 이체자로서 '毉'로 쓰였다. 이것은 주술에 의한 의료행위로서 나타낸다. 『삼국유사』 「아도기라」조에 "성국공주가 병이 났는데, 巫醫도 효험이 없자 사람을 사방으로 보내 의원을 구하게 하였다[32]"라는 기록에도 보이듯이 무의는 주금사에 해당한다. 『일본서기』 민달기 6년(577) 11월조에도 백제에서 불교 경전을 비롯하여 율사, 선사, 비구니, 주금사, 조불사, 조사공 등 6인을 보냈다는 기록이 나온다. 이때의 주금사는 주술로서 질병치료를 목적으로 파견되었다[33]. 당시 왜국에서는 역병이 유행하여 수많은 사람들이 죽어갔다. 왜왕 흠명도 역병의 희생자였고, 민달 역시 이때의 감염으로 고통받다가 죽음을 맞이하였다. 왜왕권은 이에 대한 대책으로 불교를 통한 위기를 극복하고, 질병을 치료할 수 있는 의료인을 백제에 파견을 요청하였다.

『양로령』 직원령의 「典藥寮」조에 소속된 의료관인을 보면, 의박사, 침박사, 안마박사, 주금사, 주금박사 등이 있다. 전약료는 궁내성에 소속한 궁정관인들의 의료, 의술 인력의 양성과 의략재료의 재배와 보급을 관리하는 부서이다. 이중에서 주금사도 중요한 의료진을 구성하고 있으며, 주금박사는 주금생을 교육하는 역할

---

32 『三國遺事』권3 興法, 「阿道基羅」條.

33 주금사의 의료행위에 대해서는 장인성, 2000, 「고대 한국인의 질병관과 의료」, 『한국고대사연구』20, 吉基泰, 2006, 「백제의 呪禁師와 藥師信仰」, 『신라사학보』6 참조.

이다. 사택씨의 일족인 사택만수가 사택소명의 아들인지 방계의 사택씨인지는 알 수 없으나 사료상에서 추측할 수는 계보로는 그의 아들일 가능성이 높다. 사택소명의 왕권내에서의 위치로 봐서 그의 아버지의 영향으로 교육을 받고 관위를 받았을 것으로 생각된다.

　다음은『속일본기』神護景雲 2년(768) 7월 임오조에 "女孺 無位 沙宅萬福에게 종5위하를 주었다"고 하여 沙宅萬福라는 인물이 나온다. 여유는 왕실 후궁의 內侍司에 소속된 하급 여관이다. 율령제하에서의 내시사에는 尚侍 2명, 典侍 4명, 掌侍 4명, 女孺 100인으로 구성되어 있다. 내시사의 여관들은 중앙의 귀족의 딸이나 지방호족으로부터 조정에 봉사하는 채녀가 선발되어 되어 각 관사에 배치되었다.『양로령』후궁직원령「內侍司」조에는 내시사 장관은 종5위 상시이고 차관은 종6위 전시이다. 이들은 大納言, 中納言 등 공경의 딸이 대체로 선발되었다. 장시는 정7위 판관이고, 여유는 후궁의 하급관인이지만, 낮은 신분에도 불구하고 재능을 인정받아 상위 관위로 승진하는 인물도 나온다. 특히 내시사의 여관은 천황에 근시하여 奏請과 傳宣, 궁중의 예식 등 담당하는 천황의 비서역을 수행하기 때문에 학문과 예법에 밝은 유능한 여성이 발탁되었다. 따라서 상황에 따라 고위 관인으로 진출하는 경우도 생기게 된다. 상기 사택만복은 관위가 없는 무위에서 종5위하의 관위를 받았듯이 실로 파격적인 관위 수여이다. 고위 관위를 받은 사정에 대해서는 알 수 없으나 그녀의 재능으로 무언가의 공헌을 했거나, 천황의 특별한 사랑을 받아 내시사의 장관급인 최고의 신분으로 승격되었다고 생각된다. 사택만복이 활동하던 시기는 여성인 칭덕천황으로 궁중에 근시하며 비서역을 담당했을 것으로 보인다.

　正倉院文書의 신호경운 원년(767) 10월10일부「阿彌陀悔過知識交名」(『大日本古文書』17-111~114)에는「아미타회과지식」을 행하는 78명의 인명을 열기하고 있다. 그 중에 '沙宅家人三文'이라고 하여 沙宅家人이라는 인명이 들어 있다. 悔過는 불교에서 개인의 죄와 과오를 참회하는 행위로서, 고대일본에서는 나라시대에 성행한 회과를 통해 죄과에서 벗어나려는 의식이다. 『속일본기』에 나오는 회과 관련 기사를 보면, 天平 11년(739)에 전국의 사찰에 오곡성숙경을 독경시키고 7일7야 동안 회과한 것을 시작으로[34] 동 16년(744)에는 7일간의 약사회과가 행해졌다[35]. 동 17년에는 성무천황의 쾌유를 비는 왕경, 기내 및 명산처에서 약사회과의 법회를 열게하였다[36]. 天平勝寶 원년(749)에는 정월 초하루에서 49일간 전.의 국분사와 금광명사에 회과법회를 열어 금광명경을 독경시켰다[37]. 그리고 동 천평승보 3년(759)에는 전국 사찰에 매년 장월에 회과를 하도록 정례화시켰고[38], 신호경운 원년(767)에는 기내와 7도 제국에 17일간 천하태평을 기원하기 위한 회과법회를 열었다[39]. 불교의 참회법은 감죄신앙과 결부되어 성행하였고, 신앙의 대상에 따라 약사회과, 아미타회과, 석가회과, 관음회과로도 칭해졌다. 이중에서 사택가인은 아미타회과의 법요의식을 행하고 있다. 인명에 붙은 삼문(三文)이란 전 3문을 말한다. 아미타불에 바치는 보시로서 상기 문서에 보이는 知識은 선업을 쌓기 위해 적선하는 행위이다. 이때의 「交名」의 작성은 천평보자 2년(750) 2월경으로 광명황태후의 쾌유를 비는 사경사업과 관련되어 있고 불경 3,600권의 사경을 위한 集錢 리스트이다[40]. 이들 대부분은 造東大寺司 관인이고 사경생으로서 사경에 참가하고 있다. 사택가인은 사경에 참가하고 있지는 않지만, 조동대사사 내의 관인이고 知識錢을 헌납하고 있다. 지식전도 차이가 있어 50문을 보시한 사

---

34 『續日本紀』天平11년 7월조 "宜令天下諸寺轉讀五穀成熟經, 并悔過七日七夜焉".

35 『續日本紀』天平16년 12월조 "令天下諸國, 藥師悔過七日".

36 『續日本紀』天平17년 9월조 "又令京師畿內諸寺及諸名山淨處行藥師悔過之法".

37 『續日本紀』天平勝寶 원년 정월조 "始從元日, 七七之內, 令天下諸寺悔過, 轉讀金光明經".

38 『續日本紀』天平寶字3년 6월 "天下諸寺, 每年正月悔過".

39 『續日本紀』神護景雲원년 정월조 "畿內七道諸國, 一七日間, 各於國分金光明寺, 行吉祥天悔過之法, 因此功德, 天下太平".

40 栄原永遠男, 2014, 「奈良時代の阿弥陀悔過—「阿弥陀悔過知識交名」について—」, 『續日本紀と古代社会』 創立60周年記念 続日本紀研究会編, 塙書房, pp. 136-137.

람이 3명이고 10문도 30명에 이른다. 대부분은 1문에서 5문까지가 다수를 차지하고 있다. 사택가인은 사택소명과 4세대 정도 차이가 나는 일족으로 증손 정도의 인물을 것으로 보인다.

천평승보 5년(753) 6월15일부 「造東大寺司解」(『大日本古文書』25-132~134)에는 沙宅山[日二十四/夕七], 沙宅行金[日二十五/夕四]이라고 하여 2인의 사택씨 인명이 보인다. 造東大寺司는 동대사 조영과 사경사업을 목적으로 태정관의 직속기관으로 설치된 관사이다. 이 문서의 말미에 「以前, 官人舍人并諸内人等, 八月中上日如前, 以解」라고 기록되어 있어 열기된 64명은 여기에 소속된 관인, 사인, 내인들로서 출근일수[上日]를 기록한 장부라고 생각된다. '八月中上日'이라는 표현으로부터 8월 중에 沙宅山은 14일, 沙宅行金은 25일 근무한 것으로 되어 있고, '夕七' '夕四'는 야근 일수를 표기한 것으로 생각된다. 이들은 대체로 중하급 관인으로 생각된다.

사택소명으로부터 시작하여 일본에 남아있는 사택씨 일족은 사례가 많지 않아 그 구체적인 실태는 알 수 없다. 특히 8세기중엽 이후에는 관인으로 출사한 인물들이 두드러지지 않아 사택소명의 능력에 비해 직계 후손들의 번영은 그다지 높지는 않았다고 생각된다.

5. 『속일본기』에 보이는 사문영과 고구숙녜

『속일본기』 신호경운 2년(768) 6월 경자조에는 사택씨의 일족으로 보이는 사문영과 그의 후예씨족인 고구숙녜에 대해 다음과 같이 설명하고 있다.

【4-1】内藏頭 겸 大外記 遠江守 종4위하 高丘宿禰比良麻呂가 죽었다. 그 조부는
　　　 沙門詠이고 近江朝 계해년에 백제에서 귀화하였다. 부는 樂浪河内이고 정

5위하 大學頭이다. 신구원년에 高丘連으로 개성하였다. 比良麻呂는 어려서부터 대학에 놀러다니면서 서적을 두루 섭렵하였다. 대외기를 역임하였고, 외종5위하를 받았다. 보자 8년에 仲滿(藤原仲麻呂)이 반란을 꾀한다는 것을 밀고해 종4위하를 받았다. 경운원년에 宿禰의 성을 받았다.

　이 사료는 高丘宿禰比良麻呂의 「졸년」 기사이다. 그의 관직은 조정의 물품을 관리하는 내장료의 장관 내장두이자 태정관 소속 대외기와 지방국사 원강수를 겸직하고 있다. 그의 최종 관위는 종4위하이다. 중앙과 지방의 요직을 거친 고위 관리임을 알 수 있다. 상기 졸년기사에 따르면 그의 조부는 沙門詠이고 近江朝 癸亥年에 백제로부터 귀화했다고 한다. 계해년은 백제 주류성이 함락한 663년으로 부흥운동의 실패 직후 사문영은 그의 일족을 거느리고 일본에 망명하였다. 『일본서기』 천지 2년(663) 9월조에 "백제의 주류성이 마침내 당에 항복하였다. … 드디어 전부터 침복기성에 있는 처자들에 가르쳐 나라를 떠날 것을 알렸다"라고 하듯이 백제부흥운동의 주역들은 은거하고 있던 가족들과 함께 일본으로 이주하였다. 사문영의 아들이자 고구숙네의 아버지인 樂浪河內는 정5위하 대학두에 보임되었고, 신귀 원년(724)에 高丘連으로 개성하였다. 사씨 일족은 일본 정착 이후 어느 시점에서 낙랑하내로 개성하였고, 724년에는 다시 고구련을 씨성으로 삼고, 신호경운 원년(767)에 사성받아 고구숙네라는 씨성으로 변화의 과정을 거치고 있다.

　상기 고구숙네의 조부에 해당하는 사문영은 사택과 같은 복성이 아닌 단성으로 되어 있다. 앞에서 본『남제서』 백제전의 沙法名의 沙法,『삼국사기』 동성왕 6년조에 보이는 '沙若思'의 沙 등 복성과 단성이 병존하고 있었다. 사문영이 사택씨 일족인 것은 추정할 수 있으나 백제유민 사택소명과는 어떤 관계였는지는 분명하지 않다. 그의 백제에서의 관위도 불명이고 망명 이후의 관위와 관직도 알려져 있지 않다. 다만 천지 10년(671)의 백제유민에게 내린 관위 수여식에서 "달솔 등 50인에게 소산하의 관위를 주었다"는 기록으로부터 이 50인 중에 포함되었을 가능성이 있다. 그는 백제에서의 관위는 달솔로 추정되고, 그가 받은 소산하는 대보령제에서 종7위에 해당한다.

한편 사문영에 대해 일본근세의 국학자 契冲이 저술한 『만엽집』 주석서인 『万葉代匠記』에 환속한 승려로 추정한 바 있다[41]. 이것은 '沙門'이라는 명칭에서 나온 발상이지만 오류이다. 『속일본기』 大寶 3년(703) 10월조에 "승 隆觀은 환속하였는데, 본성은 金이고 이름은 財이다. 沙門幸甚의 아들이다"라고 기록하고 있고, 화동 7년(714) 3월조에 "沙門義法이 환속하다", 동 養老 원년(717) 7월조에 "沙門辨正을 소승도로 삼다" 등의 표현에서도 알 수 있듯이 환속승일 경우는 환속 사실을 밝히고 있고, 사문 다음의 법명은 예외없이 2자명이고 기타의 사료에도 예외는 없다. 그의 성은 사씨이고 백제에서 망명한 관인이다.

사문영의 아들 樂浪河內에 대해서는 『속일본기』 화동 5년(712) 7월조에 파마국 대목 종8위상 낙랑하내가 正倉을 만든 공로로 1계급 승진과 絁, 麻布를 포상받았다[42]. 양로 5년(721) 정월 경오에는 "정6위하 낙랑하내 등은 퇴조 후에 동궁에 근시하라"는 명을 받는다[43]. 성장기의 동궁의 학문적 소양을 쌓는데 조력자로서의 역할을 담당하였다. 또 동년 정월 갑술조에는 관료 중에서 학업이 뛰어나고 모범이 될 만한 자를 포상하는데 낙랑하내는 문장가로 나오고 이때 그의 관위는 정6위상이다[44]. 『家傳』(『寧樂遺文』下-885)에도 문사에 뛰어난 인물로 紀朝臣淸人, 山田史御方, 葛井連廣成, 百濟公倭麻呂, 大倭忌寸小東人 등 당대의 석학들과 더불어 낙랑하내에서 개성한 高丘連河內의 이름이 열기되어 있다. 이들은 고전에 밝은 유식자로서 역사서, 율령의 편찬 등에 관여한 최고 문장가들이고 모두 도래계 씨족

41 川上富吉, 2017, 「高丘連河内伝考-萬葉集人物伝研究(十)」, 『大妻女子大学紀要』49, pp.2-3.

42 『續日本紀』和銅5년 7월조.

43 『續日本紀』養老5년 정월 경오조.

44 『續日本紀』養老5년 정월 갑술조.

이다. 그는 천평 3년(731)에 외종5위하로 승진하면서 왕도 우경의 사법, 행정, 경찰 등의 직무를 책임지는 右京亮이 된다[45]. 낙랑하내가 대학두 임명된 것은 상기 정5위하 大學頭라고 기록되어 있듯이 적어도 외종5위하 우경량에 임명된 731년 이후 어느 시점이다. 대학두는 직원령의 관위상당으로는 종5위이다. 대학두는 율령제하에서는 대학료의 장관으로 그 밑에는 행정관인 및 교수인 박사, 조교 등 8인과 학생 400인 그리고 음박사, 서박사, 산박사 6인과 산생 20인, 사부 20인, 직정 2인 등으로 구성된 최고의 교육기관이다. 그는『만엽집』에도 천평 15년(743)의 「高丘河內連謌二首」(6-1038, 1039)라고 하여 단가 2수를 남기고 있어 시문에도 능했던 것으로 전해지고 있다.

사문영의 손자에 해당하는 高丘宿禰比良麻呂에 대해서는 상기 「졸년」 기사에 어려서부터 대학에서 배우고 널리 서적을 탐독했다고 한다. 타고난 재능에다가 대학두로 있던 아버지의 영향으로 고전을 배우고 읽을 수 있는 환경에서 성장하였다.『속일본기』에 그의 관력이 기록되어 있다. 그는 天平寶字 5년(761)에 외종5위하로 월전국 국사로서 차관인 월전개에 임명되었다. 아마도 정5위하 관위를 갖은 아버지의 음서에 의해 20세가 된 시점에서 종8위로부터 출사했다고 보인다[46]. 3년 후인 764년에는 외종5위하로 승진하여 내장료의 차관에 보임되었고 대외기도 겸직하였다[47]. 천평보자 8년(764) 9월조에 藤原仲麻呂의 반란을 천황에게 밀고한 공으로 외종5위하에서 종4위하로 특진하였고[48], 천평신호 원년(765) 정월에는 종4위하, 훈4등을 받았다[49]. 神護景雲 원년(767) 3월에는 이해 법왕궁직을 신설했는데 대외기로서 원강국 장관인 그를 法王宮職 차관인 亮에 임명하였다. 법왕궁

---

45 『續日本紀』天平3년 9월 계유조, "癸酉, 外從五位下高丘連河内爲右京亮".
46 『續日本紀』天平寶字 5년 정월 임인조 "外從五位下高丘連比良麻呂爲越前介.
47 『續日本紀』天平寶字 8년 정월 기미조, "内藏助外從五位下高丘連比良麻呂爲兼大外記".
48 『續日本紀』天平寶字 8년 9월 임자조.
49 『續日本紀』天平神護 원년 정월 기해조, "從四位下…高丘連比良麻呂…並勳四等".

직은 당시 권승이었던 道鏡이 법왕에 임명되자 설치한 기구로서 그는 병중에 있던 효겸상황(후에 稱德天皇으로 重祚)의 치료를 위해 기도한 것을 계기로 신임을 얻어 태정대신선사, 법왕에 보임된 인물이다. 즉 권력의 실세를 위해 만든 특별 관사에 엘리트 관인을 발탁한 것으로 보인다. 이 관사의 장관인 대부직에는 고구려계 씨족인 종3위 高麗朝臣福信이 임명되어 도래계 씨족이 장차관을 독점하게 된다[50]. 신호경운 2년(768) 6월에는 내장두의 지위에서 대외기 및 원강수를 겸임하게 된다[51]. 한편 정창원문서 천평보자 8년 7월25일부「施藥院解」에도 대외기 겸 內藥助인 高丘連[比良麻呂]라고 하여 그의 이름 比良麻呂를 서명한 문장이 나온다[52]. 이 문서는 시약원에서 상급기관인 내장료에 올린 것으로 의약품 조달을 위한 물품청구서로서 내장료 차관인 그의 자필 서명이 들어간 것이다.

『신찬성씨록』하내국 제번「高丘宿禰」조에는 이 씨족의 출자에 대해 "백제국 公族大夫 高侯의 후손인 廣陵高穆이다"라고 기술하고 있다. 이 기록은 사문영의 후예씨족인 고구숙녜의 본계장에서 나온 것이다. 다만『신찬성씨록』에서는 고구숙녜에 대해 '漢'이라고 하여 중국계로 분류되어 있지만, 백제국 출신이라는 모순된 내용을 싣고 있다. 아마도 이 씨족은『신찬성씨록』편찬 단계에서 그의 원 조상을 중국계로 개변할 의도가 있었다고 보인다. 도래계 중에서는 중국계 백제인을 주장하는 씨족들이 적지 않았고, 문명국 당에 대한 동경이 출자의 개변에도 영향을 미쳤다고 보인다.

『속일본후기』承和 6년(839) 8월 갑술조에는 고구숙녜의 일족인 高丘宿禰百興은 藤原常嗣를 대사로 하는 견당사의 귀국기사에 이름이 보인다. 그는 원인의『입

---

50 『續日本紀』神護景雲원년 3월 기사조 "始置法王宮職, 以造宮卿但馬守從三位高麗朝臣福信爲兼大夫, 大外記遠江守從四位下高丘富連比良麻呂爲兼亮".

51 『續日本紀』神護景雲2년 6월 경자조, "内藏頭兼大外記遠江守從四位下".

52 天平寶字8年7月25日付「施藥院解」(『大日本古文書』16-504), "知院事外從五位下 行大外記兼內藏助高丘連「比良麻呂」".

당구법순례행기』승화 5년(838) 7월2일조에 등원상사를 대사로 하는 견당사에 准錄事로서 나오고 있다[53]. 녹사는 기록, 문서를 담당하는 직무이고 한문에 조예가 깊은 지식인이 선발되었다. 仁壽 원년(851)에는 외종5위하 尾張介가 되었고[54], 齊衡 3년(856)에는 越前介에 보임되었다[55]. 또 정관 원년(859) 에는 和泉守가 되었고 [56], 정관 5년(863)에는 河內守에 오르는 등 다양한 관력을 갖고 있다[57].

그밖에 『신찬성씨록』좌경제번에 "沙田史는 백제국인 意保尼王에서 나왔다"고 하는 사전사씨의 출자가 기록되어 있다. 史는 도래계 씨족들에게 많은 가바네[姓] 이고 사전은 씨명이다. 사전사라고 하는 일본적 씨성을 개성한 시기는 알 수 없으나 사전이라는 씨명은 원래 沙에서 나왔을 가능성이 높다. 앞서 사문영의 사례에서 단성으로 사씨의 망명이 있었듯이 사전사도 백강전투 직후 망명한 백제유민의 후손으로 생각된다. 한편『신찬성씨록』화천국 제번의「葦屋村主」조에 위옥촌주는 "백제의 意寶荷羅支王으로부터 나왔다"고 한다. 사전사씨의 조상인 의보니왕 역시 '오호네왕'이라고 읽듯이 의보가라지왕과도 통한다. 또한『일본서기』수인기 2년(是歲)조의 분주에 나오는 意富加羅(오호가라)는 김해의 대가락을 가리키듯이 백제국인이라고 하는 의보니왕은 가야왕을 연상시킨다.『신찬성씨록』계보 중에는 백제계와 가야계가 혼재되거나 착란된 사례가 있다. 불명확한 계보를 명확히 하기 위해『일본서기』등 고기류를 참조하여 출자와 조상명을 만들어 내는 경우도 있다. 사전사씨도『신찬성씨록』에 등재하기 위해 만든 씨족지에 가상의 인물을 상정했을 가능성이 있다. 이 씨족은 이후 사료상에 확인되지 않는다[58].

---

53 圓仁,『入唐求法巡禮行記』承和5년 7월2일조, "差判官長岑宿禰高名, 准錄事高丘宿禰百興, 今向鎭家, 兼送文條".

54 『文德實錄』仁壽 원년 정월 갑신조, "外從五位下高丘宿祢百興爲尾張介".

55 『文德實錄』齊衡 3년 정월 병진조, "外從五位下高丘宿祢百興爲越前介".

56 『三代實錄』貞觀 원년 정월 경오조, "外從五位下高丘宿祢百興爲和泉守".

57 『三代實錄』貞觀 5년 2월 계묘조, "和泉守從五位下高丘宿祢百興爲河內守".

58 『和名類聚抄』에 安藝國 沙田郡의 지명이 나오고,『文德実録』仁壽3년(853) 10월 계유조에도 安藝

6. 맺음말

사비시대 사택씨는 백제 왕권사에서 타씨족을 압도한 지위를 독점하였다. 대좌평, 상좌평으로 불리우는 이른바 '大首領'으로서의 위치는 사비시대 전시기를 통해서 변함이 없었다. 성왕대 조정회의의 의장 상좌평의 위치에 있었던 사택기루는 당시 가야 등 대외정책을 주도하여 왕권내에서의 입지를 다지는데 기반이 되었다. 그후 사택씨는 위덕왕대에 왕제였던 혜왕의 손자인 무왕과 혼인관계를 맺는 왕실의 외처로 등장한다. 『일본서기』 흠명기 16년(555) 8월조에 위덕왕 여창이 출가를 결심하자 국가종묘는 누가 지키겠느냐는 신하들의 간언으로 100인을 출가시키는 조건으로 중지하였다는 기록이 나온다. 이때 신하들과 국사를 논의한 중심 인물은 조정회의 의장인 사택씨였다. 무왕 즉위 후에 沙宅積德의 딸은 왕후로 승격되었고 왕실 외척으로서 귀족들을 통솔하는 대좌평의 지위는 확고해졌다.

미륵사라고 불리우는 익산의 왕흥사 조영은 천도를 염두에 둔 국가사업이었다. 사비의 왕흥사를 이전시켜 새로운 호국사찰로서의 위용에 걸맞는 규모로 축조하였다. 이전에 볼 수 없었던 3원 가람으로 9층으로 설계된 중앙의 목탑을 중심으로 좌우에 석탑을 세웠다. 미륵신앙이 토대가 되어 새로운 군주상이 투영된 무왕 통치의 표상이었다. 그러나 왕흥사가 조영되고 천도가 추진되던 시기에 무왕은 노년으로 병약한 상태에서 생을 마감하였고, 새로 즉위한 의자왕은 천도를 중지한 채 사비시대를 그대로 이끌어 갔다. 사비와 익산 2개의 왕흥사의 존재는 호국사찰로서의 기능과 신구 왕도의 교체 계획을 상징적으로 말해주고 있다.

의자왕대의 대외정책은 안정된 왕권을 바탕으로 외교와 전쟁을 병행해 나갔다. 왜국에 대좌평 沙宅智積을 비롯한 사절단 파견은 대신라 군사외교의 일환이

國 沙田郡이 기록되어 있다. 그러나 沙田史氏와의 관계에 대해서는 불명이다.

었다. 의자왕 즉위 직후 권력의 계승, 천도문제로 대규모 숙청을 감행했다면 무왕대의 집정관이었던 사택씨의 모습을 사라졌을 것이다. 사택지적은 몸이 쇠한 노후까지 대좌평의 지위를 유지했으며, 금과 옥으로 장식된 장엄한 사찰을 조영하는 등 권세의 건재함을 보여주고 있다. 백제왕실이 해체되기까지 의자왕 측근에서 보위했던 인물은 '大首領大佐平'이었던 沙宅千福이었다. 그의 일족인 좌평 사택손등은 당의 전후처리를 위한 대일외교에 송사로서 파견되었다.

주류성 함락 직후 일본으로 망명한 좌평 沙宅紹明은 법관대보로서 등용되어 왜왕권의 신국가건설의 일원으로서 활동하게 된다. 그는 近江令 제정에도 참여하였고, 뛰어난 학식과 문장가로서 당대의 석학으로 이름을 올렸다. 그의 사후 일본조정에서는 정3위의 관위와 백제의 대좌평을 관위를 동시에 수여하는 등 예우하였다. 사택소명의 후예들 중에는 주금박사로서 활동한 沙宅萬首가 있고, 내시사의 여관으로 종5위하에 서임된 沙宅萬福이 있다. 전자는 사택소명의 아들일 가능성이 높다. 사택씨 일족으로 사택소명과 함께 망명한 沙門詠의 후예들은 고위관리로서 저견되고 있다. 그의 아들인 樂浪河內는 뛰어난 문장가로 정5위하 대학두의 직위에 올랐다. 손자인 高丘宿禰比良麻呂은 내장료의 차관으로 大外記, 遠江守를 겸직하였다.

사비시대 120여년 동안 대좌평의 지위를 독점한 씨족은 사택씨가 유일하다. 사택씨의 성공은 권력에 밀착된 외척의 신분을 넘어 백제왕권의 안정성을 유지해 나가는데 헌신하였고, 왕흥사의 창건은 지배의 이념적 배경이 되었다고 생각된다.

제3장 백제 鬼室氏와 일본의 후예씨족

1. 서언

사료상에 나오는 최초의 鬼室氏는 鬼室福信이다. 그는 백제패망 후 각지의 세력을 규합하여 부흥운동을 주도했고, 대왜외교를 통해 왜국에 체재 중이던 풍왕자를 새로운 부흥군의 수장으로 추대하여 점령군에 대항하였다. 그러나 부흥군의 지도부를 이루던 도침, 풍왕자와의 대립으로 죽음을 맞이한 후, 백제에서의 귀실씨의 행적은 살아졌다.

한편『일본서기』에는 귀실복신의 혈족인 귀실집사라는 인물이 나온다. 그는 백제부흥운동의 실패 후 일단의 백제 망명인들과 함께 近江의 蒲生郡에 정착하여 학직두라는 관직을 부여받고 왜왕권의 관료가 된다. 이후 망명 1세대인 귀실집사는 왜국에서의 귀실씨의 시조로서 뿌리를 내리게 된다. 그의 후손들 중에는 百濟君, 百濟公의 성을 하사받고 지방장관으로 출사하는 등 5위 이상의 관료를 다수 배출하기도 하고, 사경소에서 經師로서 활동하는 흥미로운 기록도 보인다. 특히 귀실신사, 귀실집사의 묘비, 정착지 주변에 관련 유적, 유물, 전승은 귀실씨 연구에 귀중한 자료들이다.

귀실씨에 대해서는 향토사에 관심을 갖고 연구해 온 胡口靖夫가 관련 자료의 발굴과 정리, 해석, 현지조사를 통해 신지견을 제시하는 등 기초적인 연구성과를 발표하였다[1]. 필자도 기왕의 자료를 재검토하면서 귀실씨의 가문, 후예씨족의 행

---

1 胡口靖夫, 1976,『近江朝と渡來人』, 雄山閣.

적 등 몇가지 추가적 사실을 발견할 수 있었다. 백제 멸망 후 일본으로 망명한 귀실씨 일족은 귀실집사를 시조로 하여 신사와 사찰 등의 조영을 통해 씨족적 결속력을 유지해 갔다. 이것은 백제 氏族史에서 흔치 않은 일이다.

국내에서의 귀실씨에 대한 연구는 부흥운동기의 복신의 활약상이 대부분으로 그 후예씨족에 대해서는 귀실집사에 대한 언급을 제외하고는 거의 이루어지지 않았다. 본고에서는 그간 논쟁이 되어 온 귀실이라는 씨명의 유래를 밝히고, 망명 1세대인 귀실집사를 비롯한 그 후예씨족들이 남긴 행적, 나아가 일본왕권사상에서 귀실씨의 위치를 재조명해 보고자 한다.

2. 鬼室氏의 유래와 鬼室福信

귀실씨의 유래에 대해서는 지명설이 일찍부터 존재하고 이를 충청남도 洪州(支侵州)로 비정하거나[2], 특정하지 않은 지명설도 나오고 있다[3]. 이에 대해 胡口靖夫는 '鬼'자가 들어가는 지명은 백제지역에서는 찾기 어렵다며 『신찬성씨록』우경 제번하조에 부흥운동을 주도한 복신의 행적 중에, "唯福信起神武之權, 興旣亡之國"이라는 용맹성, 『구당서』유인궤전에 '兇暴殘虐過甚'이라는 적에 대한 공포심 등의 부흥운동기의 강렬한 인상에 기인해서 백제에서 사성되었을 것으로 추정하였다[4]. 그러나 백제부흥운동기라는 전란 속에 사성을 내린다는 것은 상상하기 어렵고, 또한 사성할 수 있는 사람은 유일하게 부흥군의 수장으로 왜국에서 온 풍왕자이지만, 그 역시 복신과의 알력으로 시대적으로 보아 사성할 수 있는 상황이 아니

---

2 鮎貝房之進, 1987, 『雜攷 姓氏攷及族制攷·市廛攷』, 國書刊行會, 1937년 복간본, p.104.

3 노중국, 2003, 『백제부흥운동사』, 일조각, p.100.

4 胡口靖夫, 1976, 「鬼室福信と劉仁願紀功碑」, 『近江朝と渡來人』, 雄山閣, pp.30~39.

다. 또 백제의 2자성의 관례에 따라 귀실씨가 망명 후 일본에서 사성했다는 설[5]도 있지만 무리한 추측이다.

복신에 대해서는『구당서』유인궤전의 '璋從子福信',『삼국사기』백제본기 무왕28년조의 '遣王姪福信入唐朝貢', 동 의자왕26년조에 '武王從子福信'에는 복신을 무왕의 조카라고 기록되어 있어 왕족이라면 餘福信이라고 해야 옳을 것이다. 한편 劉仁願紀功碑에는 '扞率鬼室福信'이라고 하여 귀실씨 명이 나온다. 이 비는 유인원의 가문과 생애를 기록하고 고구려, 백제부흥군과의 전쟁 내용을 담고 있어 복신에 대한 정확한 정보를 알고 있는 인물이 기록했을 것이다.『일본서기』제명기 6년(660) 9월조에도 '西部恩率鬼室福信'이라는 이름이 나오고 있듯이 왜국으로 망명한 귀실집사 등 백제망명세력들에 의해 전해진 정보가『일본서기』에 그대로 채록된 결과이다. 요컨대 복신은 처음부터 귀실이라는 씨명을 갖고 있었다. 복신이 왕족이면서 귀실씨임을 모두 만족시키는 안으로서 무왕의 여자 형제가 일반 귀족인 귀실씨와 결혼하여 복신을 낳았을 경우, 그는 귀실의 씨명을 갖는 왕족으로 무왕의 조카가 될 수 있다.

귀실씨의 유래에 대해서는 씨족의 직무와 관련성을 추측해 본다.『신찬성씨록』우경 제번하조에는 "百濟公, 因鬼神感和之義, 命氏謂鬼室"이라고 하여 귀실씨의 씨명 유래에 대해 귀신을 감화시킨다는 의미에서 나왔다고 한다. 이 말은 신과의 교감을 통해 신의 마음을 움직인다는 원시적 주술사를 연상케 한다.『일본서기』제명기 6년 9월조에도 "唯福信起神武之權, 興旣亡之國"이라고 하여 복신만이「神武之權」을 일으켜 망해가는 나라를 일으켰다고 하듯이 신과 같이 초월적인 능력을 발휘하는 장군의 모습을 그리고 있다.「鬼室」이라는 말 자체가 鬼神의 방, 귀신이 거처하는 장소인 祠堂, 神堂을 의미하듯이 귀신을 섬기고 제사하는 직무에서 유

---

5 平野邦雄, 1972,「日本書紀にあらわれた古代朝鮮人名」, 坂本太郎博士古稀記念會編『續日本古代史論集』上卷.

래한 것은 아닐까. 그렇다면 복신은 백제소정에서 왕실이나 국가의 제사를 주관하는 祭官, 神官일 가능성이 있다. 『주서』백제전에 「그 왕은 四仲의 달에 天과 五帝의 신에게 제사하였다. 또 매년 4번 그 시조 仇台의 사당에 제사지냈다」라고 기록하고, 『삼국사기』제사조에도 『책부원귀』를 인용하여 동일한 내용을 싣고 있다. 백제의 시조묘에 대한 제사와 5제라고 하여 5방의 신에게 제사하는 것이며 이것은 5방5행사상에서 나온 것이고[6], 백제의 5부5방제의 성립과도 관련되어 중국 제례의 수용이라고 생각한다[7]. 제관의 조건은 음양오행설, 점성술, 불교의 생사관 등 미래를 예측할 수 있는 예지력과 중국의 고전과 불교사상에 능통한 지적 소유자여야 한다. 이러한 능력과 직무를 겸비한 복신이 견당사로서 외교관의 임무도 수행하기도 하고 백제 패망기의 부흥운동의 주역으로서 활약할 수 있었던 것은 아닌가 생각한다.

복신과 동시대에 살았던 왜왕권의 中臣鎌足의 경우도 국가의 제사를 담당했던 신관의 가문에서 출발하여 내신으로서 천지조의 중신으로서 활약한 경력을 갖는다. 그는 당대 최고의 권력자인 소아씨를 타도하고 국왕을 중심으로 한 새로운 권력체제를 성립시킨 대화개신의 주역이다. 그는 정변을 성공시킨 직후 황극의 양위와 효덕의 즉위에 즈음해서 효덕, 황극, 중대형황자의 면전에 좌우대신 이하 군신들을 모아놓고 天神地祇에 충성을 맹세시킨다. "제왕의 길은 오직 하나이다. 그런데 말세가 되자 약화되어 군신의 질서가 없어졌다. 하늘은 내 손을 빌려 반역한 자를 주륙하였다. …신은 조정에 두 마음을 품지 않아야 한다. 만일 이 맹세를 저버린다면, 하늘에는 재앙이 땅에는 괴이함이 일어나고 귀신이 사람을 벌하게 될 것이다. 그 명확함이 일월과 같다[8]"고 하였다. 왕과 신하의 관계를 天地의 자연현

---

6 이병도, 1977, 『譯註三國史記』, 을유문화사, p.503 주)9 참조.

7 서영대, 2000, 「백제의 오제신앙과 그 의미」, 『한국고대사연구』20, 한국학중앙연구원편, 2012, 『역주 삼국사기』4, 주석편(하), pp.50~51.

8 『日本書紀』孝德紀 즉위전기(645) 6월 을묘조.

상에 비유하여 신분질서를 명확히 하고, 유교에 의해 뒷받침되는 관인의 도덕적 이념, 정치적 이상이 천신지기를 통해 강조되고 침투시킨 것이다. 이러한 기획을 주도한 인물은 중신겸족이었고 그는 중앙집권국가체제를 확립하기 위한 원동력을 천황신도의 창출에서 구했다[9].

복신의 '鬼神感和', '神武之權'과 같은 행위는 범상치 않은 능력의 소유자임을 보여주고 있고, 그에 대한 인상은 부흥운동의 지휘관으로서의 무장의 모습과 영적인 신통력이 융합되어 나온 표상이라고 할 수 있다. 아마도 복신은 풍왕자를 이용한 부흥운동이 성공한다면 권력의 재창출을 통해 집권의 의도가 있었을 지도 모르겠다. 그와 관련된 정보는 귀실집사에 의해 왜국에 전해지고『신찬성씨록』편찬국에 제출된 귀실씨 家傳을 통해 채록되었을 것으로 생각된다.

귀실복신의 관위에 대해『일본서기』에는 좌평, 은솔, 유인원기공비에는 한솔로 나온다. 그의 출신과 경력으로 보아 이 시기의 은솔, 한솔의 관위는 의외로 낮다. 이것은 귀실복신에 대한 부정확한 정보에 의거했거나 이전의 관위 혹은 유인원이 이끄는 당군에 대항한 복신의 지위를 비하하려는 의도가 아닌가 생각된다. 그는 이미 좌평의 위치에서 백제왕실이 붕괴된 시점에서 백제부흥의 수장으로 추대받아 부흥운동을 주도하였다. 왜왕권에의 사절 파견, 지원 요청도 복신이 주도했고, 풍장을 부흥기의 백제왕으로 모신 것도 복신이었다. 일찍이 그는 무왕 시절에 견당사로 고구려와 신라에 대항하는 군사외교를 벌인 적이 있어 국제외교의 감각을 지니고 있었다.

백제부흥운동의 선봉장은 귀실복신이었다. 그는 나당연합군에 의해 왕실이 붕괴되고 많은 왕족, 귀족들이 포로가 된 혼란 속에서 백제왕권의 회복을 위해 점령군에 대항하여 일어섰다. 백제의 정부군이 와해된 상황에서 복신은 임존성을 거점으로 도침이 이끄는 승병을 비롯하여 왕족인 여자신 그리고 흑치상지가 지휘하

---

9 田村圓澄, 1966,『中臣鎌足』, 塙新書, pp. 80~83.

는 군단을 하나로 묶어 조직적인 부흥운동을 추진하였다. 이어 주류성을 거점을 옮겨 점령군이 장악하고 있는 사비성을 여러차례 공격하여 몇차례 위기에 빠트리기도 하고 주요 전투에서도 승리하여 전세를 우리하게 이끌어 갔다. 이러한 여세를 몰아 왜왕권에 파병을 요청하는 사자를 파견하고 왜국에 체재하고 있던 풍왕자를 백제왕으로 옹립하여 새로운 백제국 차원의 운동을 전개해 나갔다.

그러나 풍왕자와의 갈등을 빚어 죽음을 맞이하였고, 백제부흥운동은 실패로 돌아가 주류성이 함락되자 부흥운동의 주역들은 왜의 패잔병들과 함께 왜국으로 망명길에 오른다. 그때의 사정을 『일본서기』천지 2년(663) 9월조에는 「백제의 주유성이 마침내 당에 항복하였다. …일본의 수군 및 좌평 余自信, 달솔 목소귀자, 곡나진수, 억례복류와 국민들이 테레성에 이르렀다. 이튿날에 비로소 배가 출항하여 일본으로 향하였다」.

3. 鬼室集斯와 近江朝의 백제인

『일본서기』천지 4년(665)에, 백제국에서의 관위를 검토하여 그에 상응하는 왜왕권의 관위를 수여하였고, 귀실집사에게는 좌평복신의 공적에 의해 小錦下를 주었다고 특기하고 있다[10]. 귀실집사가 왜국에 온 시기는 사료상에서는 보이지 않지만, 663년 9월 주류성의 함락 직후 좌평 余自信 등 일행과 함께 승선하였을 것이다.

그럼 귀실복신과 귀실집사의 관계는 무엇인가. 복신에 대해서는『삼국사기』백제본기 무왕 28년(627) 8월에 "왕의 조카 복신을 당나라에 보내 조공하니"라고 하

---

10 이때 귀실집사에게 수여한 소금하의 관위는 天智10년(671)의 관위 수여기사와 중복된다. 그러나 天智4년에는 관위만 수여하고, 그 후 천지8년에는 학직두의 직무를 맡겼다고 보면 중복설은 해소된다고 생각한다.

여 627년에 이미 당에 사신으로 파견된 바 있다. 외국사절로 파견될 정도라면 그는 20세가 넘은 성인이었음을 틀림없다. 백제 멸망시에는 60세는 족히 되었을 나이로 백제의 중신 중에서도 원로급에 속하는 인물이었다고 생각된다. 귀실집사가 왜왕권의 관료로서 등용되었다고 하면 그는 활동력이 왕성한 연령이었음은 추정히기 어렵지 않다. 세나가 "좌평 복신의 공적에 의해 소금하를 주었다"는 기록은 가까운 혈족으로 부자관계임은 거의 틀림없다. 이것은 백제부흥기의 왕권을 대행했던 복신에 대한 왜왕권의 특별한 인식의 반영이었다. 천지10년(671)에 백제 망명인에 대한 관위 수여식 때 귀실집사와 함께 귀실집신이라는 인물이 나온다. 그는 의약에 통달했고 대산하의 관위를 받는다. 두 사람은 형제관계이거나 동세대의 친척으로 귀실씨 일족이 망명집단에 다수 포함되었음을 말해주고 있다.

귀실집사는 천지 8년(669)에 좌평 여자신 등 남녀 700여인과 함께 근강의 포생군으로 이주한다. 이미 천지조는 667년 3월에 飛鳥에서 근강으로 천도했다. 이듬해 5월에는 「천황이 浦生野에 사냥을 나갔다[11]」고 한다. 이것은 백제인들의 이주와 관련한 사전 답사였다. 천지4년에는 백제인 4백여명을 近江의 神前郡으로 이주시키고 천도한 지 2년 후에는 다시 7백여명을 사민시킨 것이다. 이 지역에 대규모의 백제인을 이주시킨 것은 새로운 왕도에서 신국가건설을 위해 백제인의 지식과 기술을 적극적으로 활용하기 위한 조처로 생각된다. 근강 천도 이듬해 중대형황자는 칭제를 종료하고 천지천황으로 즉위하게 된다. 이어 그는 패전 후의 내정을 수습하기 위해 近江令을 제정하고 호적제도인 경오년적을 작성하는 등 대화개신 이래 추진해 온 왕을 정점으로 한 율령국가의 확립을 위해 제도적 정비를 추진해 나갔다. 751년에 편찬된 한시집인 『懷風藻』의 서문에는 다음과 같은 내용이 실려있다.

【1-1】淡海先帝가 즉위함에 이르러 帝業을 넓혔다. 천자의 도는 널리 세상에 퍼

---

11 『日本書紀』天智7년 5월조.

지고 功業은 천지에 빛났다. 따라서 풍속을 敎성하고 인민을 교화히는데에는 한
문에 비할 것은 없고 덕을 쌓고 뛰어난 사람이 되기위해서는 학문보다 앞서는 것
이 없다. 이에 따라 학교를 세우고 인재를 모아 오례와 법도를 정하느니라. …때
때로 문학을 애호하는 선비들을 불러 주연을 베풀기도 하고 천황 스스로도 글을
쓰고 현사들은 찬미의 시문을 바쳤다. 아름답게 쓰여진 문장은 백편을 셀 수 없
을 정도였다.

담해선제는 백제부흥운동을 지원하고 근강으로 천도한 천지천황이다. 이 시기
에 인재를 모아 학교를 세워 학문을 장려하는 정책을 적극적으로 추진하였다. 천
지 10년(671) 정월에 시행된 백제망명인에 대한 대규모 관위와 관직수여는 바로
그것이었다.

【1-2】이달에 좌평 餘自信, 사택소명[法官大輔이다]에게 大錦下를 주었다. 귀실
집사[學職頭이다]에게 小錦下를 주었다. 달솔 곡나진수[병법을 잘 알았다],
목소귀자[병법을 익혔다], 억례복류[병법을 익혔다], 답발춘초[병법을 잘
알았다], 발일비자, 찬파라,금라금수[의약에 통달하였다], 鬼室集信[의약에
통달하였다]에게 대산하를 주었다. 달솔 덕정상[의약에 통달하였다], 吉大
尙[의약에 통달하였다], 허솔모[오경 밝았다], 각복모[음양도를 잘 알았다]
에게 소산상을 주었다. 나머지 달솔 등 50여 인에게 소산하를 주었다[12].

백제로부터의 새로운 망명인들에게 근강조정에서 직능별로 관인으로 등용하
고 정치, 군사, 문화 등 다양한 분야에서 발탁하였다. 천지조에서 이들에게 국가
적 관위를 준 것은 이들의 전문지식과 기술을 활용하여 국가가 당면한 대내적, 대

---

12 『日本書紀』天智紀10년 정월조.

외적 난국을 극복하고 새로운 국가건설을 위한 왕권 차원의 결단이었다. 귀실복신의 아들인 鬼室集斯에게는 學職頭이라는 관직을 수여한다. 학직두는 율령제하에서 식부성 산하의 대학료의 장관에 해당한다. 대학에 입학하는 기준은 5위 이상의 자손 및 문서행정을 담당하는 東西史部의 子로 한정되어 있다. 예외적으로 8위 이상의 子로 특별한 능력이 출중한 특별한 자는 청원에 의해 들어갈 수 있다. 따라서 대학이란 귀족만이 입학할 수 있는 특권이자 엘리트코스이다. 학직두에 임명된다는 자체가 명예로운 일이고 인품과 학식이 뛰어나지 않으면 발탁되기 어려운 관직이다. 백제 망명인을 이 자리에 세웠다는 자체가 놀라운 일이다. 이것은 왜왕권의 학문과 학교행정을 총괄하는 책임자로 백제인에게 맡겼다는 것은 백제의 선진지식과 교육제도를 이입시키려는 왜왕권의 의도에서 나왔다고 생각된다.

沙宅紹明은 대금하를 받고 法官大輔라는 관직을 받았다. 그가 받은 관직인 법관대보는 대보율령에서 式部省에 상당하는 부서로서 천지조때 제정된 近江令制로 생각된다. 『家傳』에서는 "才思穎拔, 文章冠世"라고 하여 재사가 발군이고 문장이 세상에 으뜸이라고 평할 정도로 그는 당대 최고의 지식인이었다. 그가 대화개신의 주역이며 천지와 천무의 신임을 독차지 했던 藤原鎌足의 비문을 작성한 것도 최고의 문장가로서 추앙받고 있었기 때문일 것이다[13]. 余自信라는 인물은 왕족 출신의 관료로서 백제의 왕도함락 직후부터 부흥운동에 뛰어들었다. 그는 복신과 더불어 백성들로부터 존경받던 백제부흥운동의 핵심 인물이었다(『日本書紀』齊明紀6年9月條, 「國人尊曰, 佐平福信, 佐平自進」). 다음은 달솔관을 지닌 木素貴子 등 5인의 인명이 보인다. 이들은 달솔의 관위를 갖고 있으면서 병법에 밝다고 하여 모두 군사와 관련된 일에 종사한 공통점이 있다.

이들 망명인들에게는 과역을 면제하는 조치도 내려졌다. 천무 10년(682) 8월에

---

13 竹內理三編, 1962, 「家傳」上, 『寧樂遺文』下卷, 東京堂出版, "…百濟人小紫沙吒昭明, 才思穎拔, 文章冠世, 傷令名不傳, 賢德空沒, 仍製碑文…".

삼한의 여러 사람에게 詔를 내려 "앞서 10년간 조세를 면제한다'는 것은 이미 결정하였다. 이에 더하여 귀화한 첫해에 같이 온 자손은 과역을 모두 면제한다."라고 하였다. 또『令集解』영구 3년(717) 11월8일조의 태정관부에 따르면,「外蕃免課役, 高麗百濟敗北時投化至于終身, 課役具免, 自余依令施行」라고 하여 고구려, 백제 멸망시에 망명한 자에게는 과역을 모두 면제한다는 내용을 담고 있다. 망명 10년간의 과역 면제와 더불어 그 자손에게까지 면제 방침을 정하는 등 망명자들에 대한 우대조치를 취했다.

한편 백제 망명인들에게 관위가 내려진 천지 10년 정월에는 외국에서 온 사람들을 지나치게 우대한다고 생각하여 이를 비판하는 여론도 있었지만, 천지는 자신의 후계자인 대우황자를 도울 인물들로 백제 망명세력들을 염두에 두었던 것이다. 특히 백제부흥운동의 실패에 따른 위기의식을 반영하듯이 병법에 밝은 자들을 군사적인 업무에 종사시켰고, 전쟁의 부상이나 질병에 필요한 의술·제약기술을 보유한 인물들을 등용시켰다. 이것은 당시의 시대적 상황을 반영한 것으로 국가의 당면한 과제를 해결하기 위한 당연한 조치였다고 보인다.

4. 鬼室集斯의 墓碑와 墓·石塔을 둘러싼 해석

귀실집사가 이주한 근강국 포생군에는 귀실집사의 묘비가 소장되어 있는 鬼室神社가 있다. 귀실신사는 원래 不動明王을 제사지내는 不動堂이었는데 명치시대에 西宮神社가 되고, 1955년에 귀실집사를 제신으로 하는 귀실신사로 개명되었다. 묘비의 발견된 것은 文化 2년(1805)에 근강의 포생군에 있던 仁正寺藩의 典醫인 西生懷忠이 이 신사 옆에 있던 8각 석주를 조사할 때라고 한다[14]. 이듬해 문화3

---

14 日永伊久男, 1994,「鬼室集斯墓碑について」,『滋賀文化財だより』204, 財団法人滋賀縣文化財保護

년에 西生懷忠이 백촌강 패전 후 근강조에 망명한 귀실집사의 묘비임이 고증되어 세상에 알려지게 되었다[15]. 그 후 명치기에 들어 蒲生郡長으로 부임한 遠藤宗義가 재임중인 명치 36년(1903)에『鬼室集斯墳墓考』를 집필하여 귀실집사묘비의 현창에 노력했다[16].

이 비는 귀실신사 뒤편의 중앙에 설치된 석재함에 보존되어 있다. 이 건조물은 明治 41년(1908)에 세워진 것으로 그 전에는 노천에 방치되어 있었다[17]. 8각기둥으로 높이는 48.8㎝, 1면의 상부는 폭 8㎝, 하부는 9.5㎝이고, 상부의 12.5㎝ 부근에 깊이 1.5~1.8㎝ 정도의 홈이 패여있어 외관상으로는 2개의 돌기둥을 합쳐놓은 듯 보인다. 재질은 흑운모화강암으로 한반도나 일본열도에서 흔히 볼 수 있는 석재이다. 명문은 정면에 '鬼室集斯墓'라고 명기되어 있고, 우측에 '朱鳥三年戊子十一月八日○', 좌측에 '庶孫美成造'이라고 새겨져 있다. 이를 해석하면「朱鳥3년 戊子 11월8일에 庶孫 美成이 만들다」이다. 논란이 되고 있는 우측의 ○란은 '歹' 획이 확인되고 있어 '殂', '歿', '殞' 등으로 새기고 있다. 모두 죽음을 의미하는 말로서 사망연대를 표기한 글자라고 보아도 대과없을 것이다.

그러나 이 묘비에 대해서는 진위논쟁이 분분하다. 우선 일본고대의 묘비, 묘지명에는 卒, 殞亡, 終, 逝 등이 나오고 殂, 歿, 殞 등은 보이지 않는다는 지적도 있다. 또 朱鳥 3년에 대해『일본서기』기년에는 주조 원년(686) 밖에 나오지 않아 僞銘說의 근거가 되고 있다. '庶孫'에 대해서도 묘비, 묘비명의 건립자에 서손으로 표기된 사례가 없다는 점도 지적되고 있다. 이에 대한 반론으로『萬葉集』에「日本紀曰」이라고 하여『일본서기』를 인용한 주조4년, 5년, 6년, 7년의 기사가 있고,

---

協会, pp.1~3.

15 胡口靖夫, 1976,「鬼室集斯墓碑をめぐって」, 앞의 책, p.46. 日野町教育会編, 1930,『近江日野町志』下巻, 滋賀縣日野町教育會, p.741.

16 胡口靖夫, 1976,「遠藤宗義小傳」, 앞의 책, pp.363~364.

17 胡口靖夫, 1976,「鬼室集斯墓碑をめぐって」, 앞의 책, p.48.

『日本靈異記』에도 주조 연호가 산견되고 있다. 庶孫 문세도 서손대에 묘를 만들었고, 적자, 서자가 이미 사망하여 서손이 대를 계승했다면 가능하다는 추론도 나오고 있다. 이러한 제설을 종합하면 건립연대는 평안시대 후기에서 겸창시대 후기에 귀실집사의 자손들이 가문을 현창하기 위해 만들었다는 추정이 가능하다[18]. 근강국 포생군에 정착한 귀실집사는 학직두라는 왜왕권내에서 교육과 학교행정의 중책을 맡아 지역사회가 배출한 위인으로 존숭되었다. 특히 포생군이라는 지역은 백제인들의 집단적 거주지라는 점에서 동류의식이 강하게 형성되었다. 사후에는 그 후손들에 의해 귀실씨의 시조이자 학문의 신으로 추앙받고 있었다. 또한 현지인들 사이에는 「鬼室님」이라는 칭하고 학문의 신으로서 묘비를 소중히 지켰다고 한다[19]. 근강국 포생군이라는 지역적인 특성을 고려해 볼 때 묘비는 강한 생명력을 가지고 보존되어 내려왔다고 생각된다. 『近江日野町志』에 수록된 仁正寺藩 典醫 西生懷忠가 쓴 「鬼室集斯墓考」에는 "소금하 학직두 귀실집사의 묘가 근강 포생군 소야촌에 있다"고 하고 "귀실집사의 묘는 서손 미성이 세웠고, …천지천황이 행궁지를 관찰한 후에 인민들이 이주해 와 마을이 되었고, 이를 朝日의 里라고 칭했다. 이때 백제인도 곳곳에 들어와 살게 되었고, 서손 미성도 집사를 존경하고 숭배하여 묘를 만들어 제사지냈다", "미성은 별도로 무덤을 만들어 그 자손, 門弟들이 조상을 위해 살고있는 토지에 묘를 만들어 제사지내는 것은 흔한 일이다. 本廟의 무덤은 石塔寺의 大塔이다"라고 기록하고 文化3년(1806)의 기년을 명기하고 있다[20].

여기에서 귀실집사의 묘는 포생군 소야촌에 있고, 서손인 미성이 만들어 제사지냈다고 하고, 또 별도의 무덤을 조영했다고도 한다. 이 기록으로부터 추측하면

---

18 胡口靖夫, 1976, 「鬼室集斯墓碑をめぐって」 앞의 책, p.63.

19 胡口靖夫, 1976, 「遠藤宗義小傳」 앞의 책, p.363.

20 日野町教育会 編, 1930, 『近江日野町志』下卷, 滋賀縣日野町教育會, pp.744~746.

귀실집사의 묘는 어느 시기엔가 원래의 묘에서 別墓로 개장했다는 것이다. 이어 "本廟의 무덤은 석탑사의 대탑이다"라는 기록이다. 廟란 사자를 제사지내는 의례 시설로서 신주를 모신 곳이다. 본묘의 총이 석탑사의 대탑이라고 했으니 탑 안에 사자의 유골을 모셨다는 이른바 승려들이 행하는 불교식 장법이다.

현재 蒲生郡 蒲生町石塔에 있는 石塔寺의 석조삼층탑이 귀실집사의 탑으로 알려져 있다. 이 탑을 조사한 연구에 의하면, 백제적인 수법이 많이 받아들여져 있고, 그 형식에 있어서도 백제석탑과 공통하는 바가 있다고 하고, 이 탑이 백제계통이라는 것은 거의 움직일 수 없다고 한다. 그 건립시기에 대해서는 白鳳시대가 타당하다는 연대관을 제시하였다[21]. 백봉시대란 대체로 7세기 후반 30여년간을 말하고 귀실집사의 후반기 인생과도 일치한다. 이 석탑사가 귀실집사의 유골을 모신 유골탑인지 상기 기록대로 廟와 같은 성격의 위령탑인지는 잘 알 수 없으나 그의 생전의 활동에 비추어 볼 때 그는 지역사회의 중요한 인물로서 받들어지고 있었음은 틀림없다. 근강의 湖東지역에는 호동식 기와라고 하는 일본에는 없는 백제나 신라계 수막새기와가 출토되고 있고, 이들 기와가 출토지는 백제 등 한반도계 사원으로 7세기 4/4분기에 조영되었다고 한다[22]. 이 지역에는 유력자의 고분이 존재하지 않으며 새로운 세력에 의한 문화의 창출이라고 할 수 있다. 이 사원을 비롯하여 석탑사의 3층석탑은 귀실집사를 중심으로 한 백제인들의 정신적 유대감을 공고히 하고 그들의 정체성을 확인하는 공동의 장이었다고 생각된다. 귀실집사와 관련된 석탑, 묘 등의 조영과 그 전승기록이 19세기초까지 전해지고 있었고 현지인의 제사가 지속되어 왔다는 사실은 그 지역사회에서의 그의 존재가 얼마나 컸는지를 알려주는 증거라고 생각된다.

---

21 坪井良平·藤澤一夫, 1937, 「近江石塔寺の阿育王塔」『考古學』8-6, pp. 294~296. 이 탑의 조영시기에 대해서는 10세기 설(野村隆, 1984, 「近江石塔寺3層石搭の造立年代」, 『史迹と美術』558), 10세기 말에서 11세기초 설(曾和宗雄, 1981.5 「近江石塔寺層塔考」, 『韓國文化』) 등 이설이 있다.

22 小笠原好彦, 1992, 「近江の佛教文化」, 水野正好編, 古代を考える『近江』, 吉川弘文館, pp. 168~172.

한편으로는 백제인들은 근강의 蒲生郡과 神田郡에 각각 700여명과 400여명이 정착하였다. 당시 近江國의 鄕의 수는 93개, 인구 14,900인이고, 향별 인구는 1,526인으로 추정된다고 한다[23]. 상기 2개군에 안치된 백제인의 수는 하나의 향을 구성할 만큼 적지않은 인구였다고 생각된다. 이들 중 지식인, 기술자들은 중앙의 조정에 출사하고 그 외의 사람들은 재지 향촌사회에서의 역할도 중시하지 않을 수 없다. 우선 백제인들의 대규모 집단적 이주로 이들에게 새로운 경지를 지급해야 한다. 그러나 새로 이입된 인구의 생활을 충족시키기 위해서는 증산은 필수요건이며 이들의 농업기술을 이용한 제방, 저수시설, 수전의 개발에 착수했다고 보인다. 일본고대의 도래인을 이용한 수전개발은 畿內 지역을 중심으로 광범위하게 이루어지고 있었고 여기에 선진기술로 보유한 새로운 이주민들의 기술이입은 재지사회에 자극을 주어 비약적인 생산력 증대를 가져왔다고 생각된다[24].

5. 鬼室氏와 百濟君·百濟公

망명1세대인 鬼室集斯는 천지10년(671)에 소금하의 관위와 학직두에 임명되고 의학에 능한 鬼室集信은 대산하의 관위를 받았다. 이후 귀실씨의 인명이 다시 등장하는 것은 8세기에 들어서이다. 이들은 아마도 귀실집사, 귀실집신 등 귀실씨의 자손들, 그 후예씨족들이라고 생각된다.

8세기 나라시대에는 도래인에 대한 광범위한 사성이 이루어진다. 귀실씨에 대해서도 사성이 이루어진다. 『신찬성씨록』우경 제번하조에는 "廢帝 천평보자 3년

---

23 澤田吾一, 1927,『奈良朝時代民政經濟の數的研究』, 富山房, p.300.
24 蒲生郡의 개발과 관련해서는 小笠原好彥, 1995,「蒲生野の領域」,『蒲生町史』제1권, 足利健亮, 1995, 「蒲生野の開發」,『蒲生町史』卷1, 丸山龍平, 1980,「近江蒲生野の開發-古代の開發をめぐる方法論的 摸索-」,『日本史論叢』10 참조.

(759)에 百濟公으로 개성하였다"라고 기록하고 있다. 이것은『속일본기』천평보자 3년(759) 10월 신축조의 "天下諸姓著君字, 換以公字"라는 기록에서 알 수 있듯이 君姓을 公姓으로 고친 것을 가리킨다[25]. 귀실씨는 먼저 백제군으로 개성되고 천평보자 3년에 다시 백제공으로 바뀌었다.

백제군에 대해서는『회풍조』에 나오는 百濟公和麻呂가『經國集』권20 경운4년 9월8일 대책문에 '百倭麻呂'라고 되어 있고, 동 권20 목록에 「百濟君倭麻呂對策文二首」라고 기록하고 있어 씨성으로서의 존재는 경운연간까지 소급된다[26]. 경운연간은 704년에서 707년으로 저어도 8세기초에는 귀실씨가 百濟君으로 바뀌었음을 알 수 있다. 이어 천평보자 3년(759)에 다시 百濟公으로 개성되었다. 그러나 귀실씨가 모두 백제군, 백제공으로 바뀐 것은 아니라고 생각된다. 8세기 사경소문서가 수록되어 있는『대일본고문서』에는 사경생 중에 귀실씨가 다수 나오고 있어 백제군, 백제공의 씨성을 갖는 것은 특별한 사유가 있었다고 보인다.

왜왕권으로의 망명1세대인 귀실집사는 학직두의 관직을 받은 당대 최고의 지식이었으며 그의 부는 백제부흥운동을 주도하며 백제부흥기에 왜왕권으로부터 파병을 이끌어 내는 등 왜왕권과의 긴밀한 관계를 맺은 귀실복신이다. 또한 복신은 무왕의 조카로 그는 원래 왕족의 신분이다. 귀실씨에 대한 '백제'를 관칭한 성씨를 내린 것은 아마도 귀실집사의 적통을 잇는 자손에 한정해서 준 것으로 생각된다[27]. 이것은 의자왕의 아들인 선광에게 백제왕 성을 내리고, 고구려 왕족인 약광에게 고려왕 성을 내린 것과 같은 특별한 의식의 소산이다.

그럼 귀실집사의 후손이라고 생각되는 百濟公和麻呂가『懷風藻』에 남긴 시에

---

25 佐伯有淸, 1983,『新撰姓氏錄の硏究』考證第5, 吉川弘文館, p. 227.

26 佐伯有淸, 1983,『新撰姓氏錄の硏究』考證第5, 吉川弘文館, pp. 227~228.

27 『속일본기』천평보자5년(761) 3월조에도 "百濟人余民善女等四人賜姓百濟公"이라 하여 백제인 余民善女 등 4인에게 백제공 성을 내렸다고 한다. 이 역시 백제왕족인 부여씨에 대한 배려라고 생각된다.

대해 살펴보자.『회풍조』의 서문에는 "멀리는 淡海로부터 지금의 평성경 시대이 이르기까지 무릇 120편을 모아 1권으로 이루다. 작자는 64인, 구체적인 성명을 기록하고 출신지와 관위를 1편의 앞부분에 배치하였다. 내가 시문을 찬집한 것은 선인현사가 남긴 가르침을 잊지 않기 위해서였다. 이러한 이유로 懷風이라고 명명하였다"라고 기록하고 있다. 담해는 천지천황의 근강조를 가리키고 백강전투 이후의 백제망명세력들이 거주한 곳이다. 정치적 안정을 찾은 천지조에는 백제의 지식인들의 천지의 아들인 대우황자 등과 시문을 교환하면서 자신의 문장을 뽐내던 시문학의 발전기였다. 이 시기부터 평성경을 왕도로 하는 8세기 나라시대의 인물들이 지은 시문이 수록되어 있다.

『회풍조』의 백제공화마려의 시문도 이러한 시대에 만들어진 작품으로 75·76·77번 등 3개의 시문을 수록하고 있다. 그 첫머리에 "四七 正六位上但馬守百濟公和麻呂 三首 年五十五"라고 하여 작자 64인 중에서 47번째 로 정6위상 但馬國司인 백제공마려가 시문 3수를 나이 55세에 만들었다라는 의미이다. 이 중에서 77번째 시를 소개해 보자. 시제는「秋日於長王宅宴新羅客」으로 가을날 장옥왕 저택에서 신라사를 맞이하며 친교의 기쁨과 이별의 아쉬움을 노래한 것이다[28].

【2-1】경관이 뛰어난 장옥왕의 저택에서　　　　勝地山園宅
　　　가을 하늘의 달도 맑은 시절에　　　　　　秋天風月時
　　　술잔을 돌리며 명월의 연회를 베풀어　　　置酒開桂賞
　　　좋은 친구를 맞이하여 친교를 맺는구나　　倒屣逐蘭期
　　　손님은 바로 신라에서 온 사절이네　　　　人是雞林客
　　　노래는 아름답게 연주되는 봉루곡이로다.　曲即鳳樓詞

28　百濟君(公)和麻呂는 827년에 편찬된 칙찬 한시문집인『經國集』卷20 慶雲4년(707) 9월8일자 대책문 2편이 남아 있다.

푸른 바다 천리의 저편으로 떠나니	青海千里外
흰 구름 바라보며 서로를 생각할 뿐이다.	白雲一相思

長王이란 天武天皇의 손으로서 藤原不比等 사후의 우좌대신을 역임한 태정관 최고의 집정대신인 長屋王(?~729)이다. 당시의 일본의 외교사절에 대한 의례는 천황의 주재하에 태극전에서 행하는 것이 일반적이지만, 귀족의 사저에서 교역과 연회를 베풀면서 사적외교도 종종 행해진다. 장옥왕의 사저인 作保宮에서 신라사를 맞이하여 交歡한 시문은 百濟公和麻呂가 지은「秋日於長王宅宴新羅客」을 비롯하여 8수,「於保宅宴新羅客」,「初秋於長王宅宴新羅客」2수를 포함한 10수가 남아있다[29]. 장옥왕 자신도「初秋於長王宅宴新羅客」이라는 시제로 신라사절과의 만남을 기뻐하는 시문을 지었다.

이들 작품은 장옥왕이 황친의 대표로서 권력의 최고 정점에 있을 시기라고 생각된다. 그는 영귀 3년(717)에 대납언으로 승진하여 태정관에서 우대신인 藤原不比等에 이어 2인자가 되고, 720년 우대신의 사후에는 왕실의 대표로서 정치를 주도하게 된다. 이어 養老 5年(721)에 우대신, 神龜 원년(724)에 좌대신으로 승진하여 태정관의 최고 실력자의 자리에 오른다. 이 시기에 일본에 온 신라사는『속일본기』에 나오는 양로 3년(719), 양로 7년(723), 신귀 3년(726)이다. 그의 사저에서 신라사와의 시문을 교환하는 이 장면은 연회의 장에서 일어난 일인데, 집정대신이라는 대내외적 관계를 총괄하는 지위에서만 가능한 일이다.

위 시문의 작자인 百濟公和麻呂는 但馬守로 현재의 兵庫縣 북부의 豊岡市로서 나라의 평성경과는 상당한 거리에 있다. 단마국의 장관으로 임지에 있던 인물을 장옥왕이 자신의 저택에 불러 시문을 짓게 한 것이다. 이것은 신라사에 대응할 만한 시문에 능통한 인물들을 선발하여 연회에 참석시킨 것이라고 할 수 있다. 이

---

29 이에 대해서는 小島憲之, 1962,「懷風藻の詩」,『上代日本文學と中國文學』下, 塙書房 참조.

연회는 백제 멸망으로부터 60여년이 지난 시점으로 백제공화마려는 귀실집사의 망명시부터 계산하면 적어도 3세대 지난 손자에 해당한다. 시문을 통해서 본 그의 신라사에 대한 인식은 지극히 우호적이다. 조부의 모국인 백제를 멸망시킨 적국의 사신이라는 인식은 찾아보기 어렵다. 당시『속일본기』등 정사에 반영된 일본조정의 신라사에 대한 공적인 입장은 우월적, 경계적, 적시관으로 일관하고 있다[30]. 시문을 통해 당시의 실상을 객관적으로 살펴볼 수 있다는 점에서 중요한 의미를 갖는다.

百濟公秋麻呂에 대해서는『속일본기』에 보이는 신호경운 원년(767) 8월16일 개원의 날에 정6위상으로부터 종5위하에 서임되고, 관직은 음양료 소속으로 천문, 점술, 역법 등을 담당하는 陰陽大屬이 된다. 2년 뒤인 신호경운3년 8월에는 陰陽允에 임명되었다. 2인의 관직은 종5위에 해당하는 고위직으로 당대 최고의 지식인층으로 전문성을 갖는 고위관료로서 활동하였음을 알 수 있다.

百濟君刀自古는 동일한 인명이 堺市 土塔町 大野寺에 건립된 土塔에서 출토된 기와에 새겨져 있다[31]. 이 출토유물에 대해서는 해당 교육위원회에서 종합보고서가 발간되어 전체적인 실태가 밝혀졌다[32]. 大野寺의 창건은 平安時代에 쓰여진 行基의 전기인『行基年譜』에 의하면, "行基年六十歲丁卯 聖武天皇四年 神龜 五年[33] 丁卯 大野寺 和泉國大鳥郡大野村 二月三日起"라고 하여 성무천황4년(727)에 행기에 의해 건립되었다고 한다[34]. 이 보고서에 따르면 인명이 새겨진 기와는 1069점이 발견되었다[35]. 여기에 새겨진 인명들은 토탑의 건립에 참여한 사람들이고 승려

---

30 연민수, 2014,「日本律令國家의 新羅觀의 형성과 실태」,『일본고대의 대한인식과 교류』, 역사공간.

31 高橋 健自, 1915,「古瓦に現われる文字」,『考古學雜誌』5-12, p.35, 도판32.

32 堺市立埋蔵文化財センター 編, 2004,『史迹と土塔-文字瓦聚成』, 堺市教育委員會.

33 신구5년(727)은 신구4년의 오기이다.

34 國書刊行會, 1907,『續續群書類從書』第三, 史傳部二.

35 岩宮未地子, 2004,「文字瓦の分析と考察」,『史迹と土塔-文字瓦聚成』, 堺市教育委員會, p.105.

를 비롯하여 지방호족으로부터 일반 민중에 이르기까지 광범위한 사람들의 지지를 받아 건립되었음을 보여주고 있다[36]. 百濟君刀自古란 인물도 이 토탑의 건립에 보시했음을 알 수 있다.

『신찬성씨록』좌경제번하조에 "百濟公, 出自百濟國都慕王三十世孫汶淵王也", 『신찬성씨록』和泉國諸蕃의「百濟」조에 "百濟公 百濟國酒王之後也", "六人部連 百濟公同祖, 酒王之後也"라고 하여 백제공을 백제 汶淵王(文周王), 酒王의 후손, 六人部連은 백제공과 같은 조상으로 백제 주왕의 후손이라고 기록하고 있다. 주왕에 대해서는 『일본서기』인덕기 42년조에 백제왕족 酒君으로 나오고 있다. 동 43년조에는 천황이 酒君에게 매에 관해 물어 보자, 주군은 백제에서 유행하는 매사냥에 대해 설명하고 百舌鳥野에 가서 꿩을 사냥을 했다고 한다. 매사냥을 한 백설조야는 5세기대 왜왕권의 고분이 산재한 지역이며 일찍부터 백제계 도래인들이 거주한 곳이기도 하다. 백제의 왕족인 주왕의 후손이라고 주장한 것도, 문주왕의 후손이라고 한 것과 마찬가지고 백제계 도래인이 많이 거주하는 지역적 특성에서 나온 것으로 보인다. 앞에서 본 百濟君刀自古이 거주지라고 생각되는 堺市 土塔町도 동일 지역권에 속한다고 할 수 있다. 이외에도 『속일본기』보귀 원년(770) 10월 갑인조에 정6위상에서 종5위하로 승진했다는 百濟公水通이 보이고, 『續日本後紀』승화 원년(834) 정월조에 종5위하 百濟公繩繼을 參河國의 차관에 해당하는 參河介로 삼았다는 기록이 나온다.

6. 鬼室氏와 寫經事業

8세기 나라시대에는 경전을 필사하는 사경 사업에 종사하는 귀실씨의 활동이

---

36 東野治之, 2004, 「土塔の文字瓦」, 『史迹と土塔-文字瓦聚成』, 堺市教育委員會, pp.118~119.

다수 확인된다. 사경은 불법을 널리 알리고 불경의 연구, 강의, 수행에 사용된다. 게다가 국가와 왕실의 안정과 평안 그리고 무병장수를 비는 중요한 의식이자 수단이었다. 고대일본의 사경은 국가적 기구에 의한 사업이 있다. 여기에는 황후궁직계 사경기구와 內裏系 사경기구로 대별된다. 전자는 천평 8년(736) 이전에 光明황후의 황후궁직의 사경기구에서 사경이 행해진 것으로 점차 변천을 거쳐 국가적사경기구로 정비되었다. 천평20년경에는 동대사의 조영관사인 造東大寺司의 사경소로서 중요한 역할을 담당하게 되었다. 나라시대의 저명한 정창원문서는 주로조동대사사의 사경소에 전래한 문서군이다. 후자는 천평 6년(734) 성무천황 발원의 일체경 필사 때의 사경소의 존재가 알려지게 되었다[37].

『大日本古文書』의 8세기 사경문서인 정창원문서에 나오는 귀실씨는 모두 4명이다. 그 중에서 鬼室小東人이 132건, 鬼室石次가 182건, 鬼室虫万呂가 2건, 鬼室乎人이 1건이다. 압도적으로 앞의 2인이 많이 나온다[38]. 그 외에 鬼室이라는 씨명만 나오는 것도 몇건 보인다.

먼저 鬼室虫万呂는 천평승보 원년(749) 11월3일 安宿王의 명으로 華嚴修慈分經1권, 不增不滅經1권을 中山寺에 請經하고 있다[39]. 그는 안숙왕의 명으로 사경을 위해 경전 2권을 중산사에서 경전을 빌렸다는 기록이다. 天平勝寶 4년(753) 정월14일에는 「安宿王家牒」에 '奉事木工大屬從六位下貴室虫万呂'라고 하여 貴室虫万呂로 기록되어 있다[40]. 木工大屬은 宮內省 산하의 木工寮에 소속된 관인이다. 안숙왕은 좌대신을 지닌 長屋王의 5남이며 玄蕃頭, 治部卿, 中務大輔, 內匠頭, 京師의 관직을 두루 역임한 당대의 유력한 귀족이었다. 또 天平勝寶 7년(756) 5월7

---

37 奈良시대의 사경기구에 대해서는 山下有美, 1999, 『正倉院文書と写経所の研究』, 吉川弘文館, 宮崎健司, 2011, 「奈良時代の写経」, 『불교학리뷰』9 참조.
38 동경대학 사료편찬소의 『大日本古文書』의 鬼室氏 관련 기록을 검색한 결과이다.
39 『大日本古文書』24-168, 183.
40 『大日本古文書』3-559.

일의 「相模國司牒」에는 '從六位下行大目鬼室虫麻呂'라고 기록되어 있다[41]. 이것은 상모국의 調를 관리하는 업무인 調邸(國府에서 보내온 조를 보관하는 건물)와 관련된 문서로 그는 상모국 國司의 4등관제의 하나인 大目의 직무를 맡고 있었다. 이렇게 보면 鬼室虫麻呂는 사경업무 뿐만아니라 중앙과 지방의 관부에서 다양한 직무에 종사하고 있음을 알 수 있다.

다음은 사경에 관해 비교적 많은 기록을 남기고 있는 鬼室石次에 대해 살펴보자. 귀실석차가 사료에 처음 등장하는 것은 천평 10년(738) 2월8일에서 동 14일에 끝나는 間寫經[42]110권을 2월10일부터 14일까지의 5일간에 45매를 필사한 것이 보인다[43]. 그는 천평신호 원년(765) 2월 「造東大寺司移式部省」에 "散位從八位下鬼室石次年五十二右京人"라고 기록되어 있다[44]. 그 후 천평 18년(746) 10월1일의 「寫一切經所解」에 화엄경 80권 중 일부인 '寫紙九十枚'를 필사하고[45], 동 10월 12일의 「寫經所解案」에는 같은 間寫經의 理趣經100권을 필사하고 '寫紙百八枚'로 '布二端二丈九尺四寸'의 포시를 신청하고 있다[46]. 포시란 필사의 양에 따른 급료를 말한다. 그리고 金光明寺造物所[47], 藥師經所[48] 등에 소속되어 천평승보 2년(750) 8월부터 이듬해 7월까지 「經師上日帳」에 '散位初位下鬼室石次'라는 관위와 이름을 기록하고 있다[49].

---

41 『大日本古文書』4-59.

42 間寫經의 間寫는 常寫에 대한 상대적 용어로서, 때때로 떨어지는 명에 따라 필사되는 사경을 말한다.

43 『大日本古文書』7-129.

44 『大日本古文書』17-5.

45 『大日本古文書』2-534.

46 『大日本古文書』2-545, 渡邊晃宏, 1987, 「金光明寺寫經所の硏究-寫經機構の變遷を中心に-」, 『史學雜誌』96-8.

47 『大日本古文書』10-318.

48 『大日本古文書』10-358.

49 『大日本古文書』3-441, 443.

천평신호 원년(765) 정월 13일자의 「御願大般若經師等上日幷行事案帳」에는 藤原仲麻呂의 난과 관련된 기록에도 귀실석차의 이름이 보인다. 이 장부에는 "以前, 依太政禪師宣, 自去八月十六日迄十二月十七日, 令奉寫大般若經…[50]"이라고 하여 당시 태정선사인 道鏡의 명에 의해 작년(764) 8월16일부터 12월17일까지 대반야경을 필사하도록 명했다는 것이다[51]. 이 사료에는 造東大寺司移式部省 「合十六人」으로 시작되는 내용에 16인의 관위와 이름, 나이, 현주소 등을 기입하고 있는데, 鬼室石次의 인명도 수차 나온다.

【3-1】右件人等, 依奉寫 勅旨大般若經, 自去年八月十六日, 迄于十二月十七日, 供奉郡家, 仍九月十一日夜, 寺司率參內裏, 卽依民部省卿正四位下藤原朝臣繩万呂宣, 還守司家, 此依今年正月七日, 恩勅, 可預動上敍位之例, 仍具事狀以移

이 사료가 말하고 있는 것은 다음과 같다. 천평보자 8년(764) 8월16일부터 12월 7일까지 造東大寺司의 사경소에서 귀실석차 등 16인이 대반야경을 필사하고 있었다. 사경이 진행 중이던 9월11일 밤 藤原仲麻呂의 난이 발발하였다. 당시 조동대사사의 장관 吉備眞備[52]는 귀실석차 등 16인을 이끌고 천황이 있는 內裏로 달려갔다. 그러나 민부성 장관 藤原朝臣繩麻呂의 명에 의해 이들 16인은 조동대사사로 다시 돌아가 그곳의 경호를 담당하도록 명받았고 그대로 따랐다고 한다. 이 난의 진압 후 이들에 대한 은칙이 내린다. 『속일본기』천평신호 원년(675) 정월기해조에도 "勅曰…其從去九月十一日至十八日職事及諸司番上, 六位已下供事者, 宜

---

50 『大日本古文書』17-1.

51 『大日本古文書』17-6.

52 『續日本紀』天平寶字8年 正月 己未條, "正四位下吉備朝臣眞備爲造東大寺長官".

亦加一階"라고 하듯이 이 난의 진압에 참가한 자들에게 1단계씩 승진시켰다. 이 은칙이 내려진 정월7일부터 약1개월 정도 전후해서 조동대사사로부터 귀실석차를 포함한 16인의 서위 신청이 이루어지고, 이 신청은 승인받아 귀실석차는 1계급 승진되어 종8위상에 서임되었다.

이때의 대반야경의 필사와 등원중마려의 난과의 관계는 전혀 무관할 것으로 보이지만, 크게 보면 연관되어 있다고 생각한다. 대반야경의 사경을 지시한 도경은 여성인 효겸상황의 총애를 받아 그녀의 병 치료를 빙자하여 내전을 드나드는 등 주위의 눈총을 받았다. 이런 행위가 계속되자 당대 최고의 권력자인 정1위 太師(태정대신)인 등원중마려는 자신이 배후에서 추천하여 즉위한 순인천황을 통해 효겸상황에게 간언하였다. 이것이 계기가 되어 효겸·도경과 순인·등원중마려 간의 대립은 극에 달했고 군사권을 장악한 등원중마려가 선제공격하여 일어났다. 이 난의 발생은 대반야경의 필사가 시작된 지 26일째 되는 날이었다. 사경사업은 국가와 왕실의 안정, 재앙의 극복과 구복을 염원하는 종교적, 정치적 행사이다. 특히 이러한 뜻을 담은 반야경은 종파에 구별없이 이 경전을 독송하고 전파해 왔을 정도로 鎭國의 典, 人天의 보배로 인식되었다. 이렇듯 도경의 宣과 효겸상황의 발원에 의해 시작된 이 반야경의 사경은 등원중마려 세력에 대한 견제의 의미가 있고 불력에 의한 이들 세력을 불식시키려는 의도가 있었을 것임은 추측하기 어렵지 않다.

鬼室小東人에 대해서도 많은 기록이 남아있다. 그의 사료상의 초견은 천평15년(743) 7월29일의 「寫官一切經所告朔解案」에 "鬼室小東人 사경5권 용지 103장"이라고 기록이고[53], 앞서 본 천평보자 4년(752)이 마지막 기록이어서 적어도 20년간은 경사로서 근무했다고 생각된다. 그에 사경소 생활은 사경일지 형식으로 시기, 필사한 용지의 양에 대한 기록이 대부분이다. 그 중에서 확인되는 것은 『維城

---

53 『大日本古文書』8-226.

典訓』의 필사였다. 이 책은『구당서』본기(제6)에 즉천부후가 유가에게 명해서 편찬한 20권이다.『日本國見在書目錄』에도 雜家 중에 '維城典二十卷, 則天武后撰'이라고 기록하고 있다. 그가 필사한 것은 천평 20년(748)경으로 추정되는「寫經充紙帳」에 다음과 같은 내용이 전하고 있다[54].

【3-2】維城典訓下帙十卷第一土師東人 二加陽田主 三鳥取國鷹 四子部多夜湏 五辛

鍛廣浜 六大友廣國 七居長万呂 八岡屋石足 九山部針間万呂 十鬼室小東人

천평보자 3년(759)에 淳仁천황이 내린 칙명에 의하면,『維城典訓』은 정치를 행하는데 모범이 되고 율령격식과 함께 읽어야 할 책으로 백성을 다스리고 군주를 교화하는데 도움이 된다고 기록하고 있다[55]. 이 책 10권을 귀실소동인 등 10명이 각 1권씩 맡아 필사하고 있었다. 필사의 목적은 많은 유포본을 만들어 조정의 관리들에게 읽히게 함으로써 정치적 안정을 꾀하려고 한 것으로 보인다.

鬼室乎人에 대해서는「足万呂私書」라는 항목에「始天平十六年十月八日充私書事足万呂私書也」를 표제로 하는 장부로 "文選四十五卷筆一, 墨頭 上了 寫鬼室乎人[56]"이라고 기록하고 있다. 鬼室乎人을 필두로 모두 9명의 필사자의 이름을 기록하고 있다. 이 사경문서의 원본 연구에 의하면 필사자 인명이 기록된 다음부터는 18㎝ 정도의 생략된 여백이 있다고 한다. 이를 근거로 이 장부는 足万呂라는 사람의 私書인 文選을 필사하려고 한 것인데, 시작 도중에 중단 내지는 포기한 것으로 추정한다[57]. 실제로 천평 16년에 시작된 사경이 종료된 시점을 기록하고 있지 않

---

54 『大日本古文書』3-193.

55 『續日本紀』天平寶字3년6월 병진조 "其維城典訓者, 叙爲政之規模, 著修身之檢括, 律令格式者, 録當
今之要務, 具庶官之紀綱, 並是窮安上治民之道, 盡濟世弼化之宜".

56 『大日本古文書』2-358.

57 大平聰, 2009,「留學生・僧による典籍・佛書の日本將來」,『專修大學東アジア世界史研究センタ-年

다는데에도 무언가의 사정에 의해 중단되었을 가능성을 뒷받침한다. 필사를 의뢰한 足万呂이라는 인물은 사경소에 저본을 제공할 정도의 장서가로서 황태자발원 사경의 사무처리를 담당하는 田邊足万呂임이 밝혀졌다. 개인 소장서를 사경소에서 필사한 사례는 찾아 볼 수 없는 이례적인 일이다. 이것은 필사 담당자가 사경소의 정규직이 아닌 문자의 연습을 노리고 채용의 기회를 기다리는 서생 예비군이라고 할만한 사람들이다[58]. 經師의 선발시험의 답안이라고 생각되는 寫經試字를 보면 낙방한 자라도 상당한 수준의 달필이었다[59]. 그 만큼 경사로 선발되기 위해서는 치열한 경쟁을 거쳐야 했고, 필적의 우수성 뿐아니라 경전에 대한 이해가 요구되는 직업이었다고 생각된다.

다음은 천평보자 4년(752) 9월 27일의 「奉寫一切經所經師等召文」에 보이는 사경생들의 휴가에 관한 내용이다[60]. 여기에 관계된 26인 중에 鬼室小東人, 鬼室石次 등 2명이 포함되어 있다. 그 내용을 정리하면 다음과 같다.

【3-3】① 12인은 右十二人, 帙了請假竝過限日(인명 생략)

② 10인은 右十人, 請假過日 鬼室小東人, 鬼室石次

③ 4인은 高市老人請得淨衣受已時, 僞病未參, 刑部眞綱從今月二十一日无
故不上, 裝潢能登忍人請得淨衣, 久過限日, 石田嶋足請假限日

천평보자 4년 9월27일 현재 經師 24인과 裝潢 2인 모두 26인은 휴가를 청했는데 기일이 지나도록 출근하지 않은 자들은 기록하고 있다. 이른바 이들은 장기 결

譜』2, p.142.

58 大平聰, 2009, 앞의 논문, p.142.

59 石田茂作, 1982, 『寫經よりみたる奈良朝佛敎の硏究』, 東洋書林, pp.202-203. 皆川完一, 1975, 「寫經試字」, 『書の日本史』卷1, 平凡社, pp.254~255.

60 『大日本古文書』14-444, 445.

근자에 해당한다. 천평보자4년 9월에 진행중인 사경사업에 대해서는 광명황태후의 사후에 새로이 입안, 실시된 것으로 이듬해 5월 6월 7일의 황태후 기일에 바치는 일체경 5,330권의 필사이다. 이 일체경은 천평보자 4년 8월 상순에 시작되어 이듬해 3월 상순에, 마무리 제본도 4월말이면 거의 종료하고 5월 10일경에는 일부 작업을 남기고 사경사업은 그 소임을 마친다[61].

이 사업 때에 필사의 종사자수에 대해서는 이 사경의 견적서에 해당하는 奉寫忌日御齋會一切經所解案에 따르면, 일체경 5,330권의 필사에 필요한 淨衣料는 경사 140인분, 장황 10인분, 校生 20인분이고 여기에 雜師 등에 제공되는 물품이 있고, 합계 170인이 예정되어 있었다[62]. 그러나 계획대로 되지않아 사경 종사자수는 가장 활발할 때에도 75인~90인 정도였다고 한다[63]. 이것은 9월27일 현재 26인의 장기 결근자 비율은 대단히 높은 수치로, 사경생 수의 절대부족과 장기결근으로 사경사업에 커다란 장애가 발생하는 등 당시의 사경사업의 실태를 말해주고 있다. 사료③에 보이는 바와같이 사경생 중에는 淨衣를 얻기 위해 휴가를 청한 사람도 있다. 사경소의 일은 먹물을 사용하는 작업이기 때문에 더럽혀진 옷을 갈아입어야 한다. 이를 세탁하기 위해 휴가를 내고 있지만, 병을 빙자하여 결근하는 경우도 있다. 이에 사경소는 휴가의 기간을 넘긴 경사와 필사된 문서를 제본하는 장황에 대해 출근을 재촉하고, "其都中人等, 宜充食, 其都外人等, 宜充食馬"라고 하여 왕도내에 거주자는 식량을 지급하고, 왕도 바깥의 먼 곳의 거주자에 대해서는 근무 복귀에 필요한 식량과 말의 지급을 명했다고 한다.

당시 일본은 권력의 암투로 인한 정변, 전염병으로 수많은 사자의 발생 등으로

---

61 山本幸男, 1988, 「天平寶字四-五年における一切經書寫(下)」, 『南都佛教』60, pp. 54~55, pp. 67~68.

62 山本幸男, 1988, 「光明皇太后崩後の藤原仲麻呂政權-周忌齋一切經書寫の檢討を通じて」, 直木孝次郎先生古稀記念會編『古代史論集』, p. 182.

63 山本幸男, 1988, 「光明皇太后崩後の藤原仲麻呂政權-周忌齋一切經書寫の檢討を通じて」, 앞의 책, p. 188.

민심이 흉흉하고 통치의 불안을 가중되었다. 이에 성무천황은 불력에 의한 국가
적 재난을 극복하기 위해 전국적으로 국분사의 건립과 그 총본산인 동대사의 비
로자나불의 건립의 명을 내리고 752년 4월9일에는 대불개안을 위한 성대한 법회
가 열렸다. 이러한 연유로 사경사업은 더욱 활발해졌다. 특히 성무천황과 광명황
후의 건강과 죽음과 관련된 사경이 다수를 점하고, 광명광후가 돌아간 그의 부모
를 위해 필사한 사경은 20여간 6,500권에 달했다. 이 시기의 필사해야 할 양에 비
해 사경생들은 턱없이 부족하였고, 당연히 사경생들은 과로로 인한 발병이 증가
하고 여기에 불만도 쌓여 휴가를 청하고 심지어는 무단결근의 사태까지 일어나고
있는 것이다.

다음은 급료를 미리 차입해서 쓰는 사경소의 月借金에 관한 내용이다. 귀실석
차의 차입금은 보귀 7년(776) 9월 7일의「鬼室石次等月借錢解」에 다음과 같이 기
록되어 있다[64].

【3-4】謹解 申請月借錢事
　　　合二貫玖佰文利各十三文 質調布壹拾壹端
　　　番上鬼室石次壹貫文布四端, 所納一千四百三十四文 十二月二十日
　　　(中略)
　　　右件錢, 至料日, 依數將進上, 仍錄其狀, 以解
　　　寶龜三年九月七日

여기에서 차입금의 담보물은 포시이다. 보구연간의 차입금 문서인 月借錢解를
분석한 연구에 의하면 앞으로 급료로서 받아야 할 포시의 과반수 이상이 담보물
이 되어 미리 차입하고 있다. 담보물이 별도로 명시되어 있지 않은 경우도 포시가

---

64 『大日本古文書』19-309.

많아 이를 저당물로 하는 것은 당시의 보편적인 일이었다고 한다[65]. 경사가 1년간에 받을 수 있는 포시의 액은 보귀 4년(773)을 기준으로 1인당 調布 20端이고, 당시 1단이 약 4백문으로 錢으로 환산하면 약 8천문이 된다고 한다[66]. 鬼室石次가 빌린 1관문인 포4단은 연수입의 20%나 되는 과중한 부채이다. 월차금에는 고율의 이자를 지급해야 한다. '利各十三'은 보구3년의 월차전해에 기록되어 있는 이율로 연이율로 환산하면 15할 6분이라는 대단히 고율이라고 한다[67]. 그런데 귀실석차는 상기 사료에 보이듯이 12월 20일에 원리 합계 1,434文을 완납했다. 이러한 사실은 한정된 시간에 많은 필사하여 그 만큼 포시가 많았음을 말해주는 것이고, 그의 능력이 뛰어났음을 보여주는 것이다. 경사 중에서도 사경소 근무기간이 누구보다 길었던 귀실석차의 활동도 보귀 5년(774) 5월 15일의 "鬼室石次 申手筆 實受給事 合寫紙百六十五張[68]"이라 하여 사경에 필요한 용지 165장을 신청한 기록을 마지막으로 사료상에서 모습을 감춘다. 그는 천평신호 원년(765)에 "鬼室石次年五十二右京人[69]"라고 기록되어 있어 그가 태어난 해는 714년이고, 최초의 사경소 생활기록인 천평 10년(738)부터 774년까지 37년간의 사경소 생활이다. 이때 나이는 61세로 퇴직했다고 생각되며, 그는 경전을 필사하는 경사로서 일생을 보낸 최장기 근속자의 반열에 속할 것이다.

사경소에서 경전을 필사하는 것을 업으로 하는 經師들은 문필에 능한 당대의 지식인 계급이었다. 그들은 백제 망명인 귀실집사의 후손으로 근강조에서 학직두라는 직책을 갖고 교육과 학교행정을 총괄하는 업무를 수행하던 가풍을 이어받아

---

65 榮原永遠男, 1987,「平城京住民の生活誌」, 岸俊男編,『日本の古代』9『都城の生態』, 中央公論社, pp. 256~257.

66 中村順昭, 1983,「平城京-その市民生活-」,『歷史と地理』334, pp. 8~9.

67 相田二郎, 1923,「金錢の融通から見た奈良朝の經師等の生活(上)」,『歷史地理』41-2, p. 146.

68 『大日本古文書』22-412.

69 『大日本古文書』17-5.

문장을 업으로 하는 직무에 종사하게 되었다.

7. 결어

백제의 부흥운동을 주도한 귀실복신은 원래 국가제사를 담당하는 祭官의 가문에서 나온 인물로 왕실과의 결혼을 통해 중앙 정치무대에 등장하게 된다. 그는 대당 외교관으로도 활약했으며 백제부흥기에는 왜왕권에 사절을 급파하여 풍왕자를 귀국시키고 지원군을 얻어낸이 시기의 실질적인 지도자였다. 복신은 불의의 죽음을 당했지만, 그의 아들 귀실집사는 부흥운동세력과 함께 왜국으로 망명하여 귀실씨의 가문을 이어가게 된다.

귀실집사는 백제 파병을 주도한 왜왕 천지에 의해 학직두에 임명되어 학문과 학교행정을 총괄하는 책임자가 되었다. 천지조의 근강으로의 천도와 백제인들을 이곳으로 이주시킨 것은 왜왕권의 신국가건설에 이들의 지식과 기술을 활용하기 위한 마스터 플랜이었다. 근강의 포생군으로 이주한 귀실씨 등 백제인들은 귀실집사를 중심으로 백제계라는 정신적 유대감을 공고히 하기 위해 석탑사를 조영하였고, 귀실집사의 사후에는 귀실을 祭神으로 모시는 신사를 통해 씨족 공통체 의식을 계승해 나갔다.

귀실집사의 적통으로 이어지는 가문은 백제군, 백제공이라는 성을 받았다. 이 것은 귀실집사의 제사권을 계승한 가문에 대한 일본 조정의 특별 예우였다고 생각한다. 특히 百濟公和麻呂는 단마국의 장관으로 우대신 장옥왕의 저택에서 행해진 신라사절을 위한 연회의 장에서 시문을 남기기도 하였다. 학직두에 임명된 그의 조부의 학문적 영향으로 보인다. 또 百濟君刀自古는 백제계 고승인 행기가 건립한 대야사의 토탑에 이름을 남기기도 했는데, 이 지역의 유력자로서 佛事에 공헌한 흔적이라고 생각된다. 이 외에도 종5위하의 관위를 갖는 百濟公水通, 종5위하로서 參河國의 차관을 지낸 百濟公繩繼 등 고위관료도 저견되고 있다.

8세기 천평시대에는 국가불교의 영향 때문에 왕성한 사경사업이 이루어졌다. 사경소의 경사로서 활약한 인물 중에는 귀실씨가 다수 보인다. 정창원문서에 나오는 귀실씨는 鬼室小東人, 鬼室石次, 鬼室虫万呂, 鬼室乎人 등 4명으로 그 중 앞의 2인은 동 문서에 각각 132건, 182건의 이름을 보이고 있어 평생을 사경사업에 종사하고 있었음을 알 수 있다. 경전을 필사하는 일은 불교국가인 일본에서 왕권의 안정과 평화를 기원하는 의식이고, 불교의 전파와 확산에 불가결한 국가적 행사였다. 사경소의 경사가 되기 위해서는 치열한 경쟁이 필요하였고, 그만큼 재능 있는 인물이어야 선발될 수 있었다.

백제 패망 후 백제 구지에서의 귀실씨의 행방은 알 수 없지만, 귀실집사를 시조로 하는 일본에서의 그의 일족은 신사와 사찰 등의 조영을 통해 씨족적 결속력을 유지하면서 근대에 이르기까지 면면히 이어져 왔다. 게다가 귀실씨 고유의 知的 기반 위에 5위 이상의 고위 관료도 다수 배출하고 사경사업에도 종사하는 등 가문의 역량을 발휘해 나갔다.

제4장 고대일본의 高麗郡 설치와 고구려계 씨족의 동향

1. 서언

高麗郡은 神龜 3년(716)에 일본 율령국가의 국가시책으로 武藏國과 그 주변 7개 지역에 거주하고 있던 고구려인 1,799인을 이주시켜 신설한 군이다. 고려군이 설치된 東國지방은 중앙에서 볼 때 변방이고 이종족으로 간주하던 蝦夷 근거지에 속하며 국방상으로도 전략적 요충지였다. 고려군 설치의 주요 목적은 일본고대국가의 동국지방 나아가 동북지방 경영의 일환이었다. 즉, 고려군 建郡에 이르는 과정에는 변방에 대한 군사상의 목적을 비롯하여 미간지 개척, 고구려유민의 활용 등이 포괄되어 있다.

한편, 국·군의 설치는 왕권의 권한이지만 설치과정에서 고구려 유민 자체의 동향에도 주목해야 한다. 고려군 설치는 그 인적 구성이 고구려계 씨족이 중심이 되어 있듯이 이들의 역할에 대해서도 검토가 필요하다. 고려군이 설치된 무장국 일대에는 이미 선주한 고구려인들이 있었다. 이들의 일부는 고구려 멸망 이전에 정착하였고, 이후 일본고대국가의 유민정책으로 사민되었다. 『신찬성씨록』에 나오는 고구려계 씨족은 52씨에 이르고[1], 일본열도에 이주해 온 시기는 고구려 멸망 이전부터 시작하여 멸망 직후에는 다량의 유민이 일본열도에 정착하

---

[1] 『新撰姓氏錄』에서 분류한 고구려계 씨족의 수는 41씨로 되어 있으나 「未定雜姓」 등에 분류된 7씨와 기타 4씨를 포함하면 모두 52씨이다. 이에 대해서는 필자 등이 참여한 『新撰姓氏錄』 역주본(上·中·下, 동북아역사재단, 2020) 참조.

였다.

고려군 설치와 관련하여 주목되는 인물은 高麗若光이다. 고려약광은 <高麗氏系圖>에 따르면 고려씨의 시조이자 고려군의 고려씨 조상신을 모시는 고려신사의 祭神으로 되어 있다. 그는 고구려 멸망 직전에 사절단의 일원으로 왔다가 귀국하지 못하고 정주한 玄武若光으로 일본조정으로부터 '高麗王' 姓을 하사받은 고구려계 유민의 상징적인 인물이다. 그러나 그가 고려군으로 이주한 시기, 선주한 고구려계 씨족간의 관계, 그가 고려신사의 주신이 된 과정 등은 명확하지 않다. 종전에 적극적으로 활용하지 않았던 <고려씨계도>의 분석을 통해 고려약광이 고려군으로 이주한 시기 등 일족의 동향에 대해 살펴본다.

다음으로 고려군을 관할하고 있던 현직 武藏國守 大神朝臣狛麻呂의 역할이다. 그의 이름 중에 '狛'이라는 글자가 의미하듯이 고려군의 성립과 관련하여 간과할 수 없는 인물이다. 이어서 고구려 멸망 직후 무장국으로 이주하여 고려군에서 재지세력으로 성장한 高麗朝臣氏에 대한 검토이다. 이 씨족의 본성은 背奈氏로서 고구려 5부의 하나인 消奴部에서 유래하고 武藏國守를 역임하는 등 고려군의 탄생과 지배과정에서 부상하였고 중앙의 고위관료도 배출하였다. 고려조신씨가 고려군을 지배할 수 있었던 배경으로는 중앙에서 활동하고 있던 고려조신씨와의 협력관계를 생각하지 않을 수 없다.

일본고대의 지방사회에서 외국계 이주민으로 본국의 국명을 관칭하여 행정조직으로 세력을 형성하고 세력을 펼친 씨족은 흔치않다. 고려군은 그 대표적인 사례이고 당지에 남아있는 고려신사는 정신적 지주로서 역사적인 맥을 이어오고 있다. 본고에서는 고려군 설치 문제가 일본율령국가의 지방통치책 속에서 어떻게 전개되어 가는지를 고구려계 씨족의 동향에 주목하여 조망해 보고자 한다.

2. 高麗若光의 동향과 〈高麗氏系圖〉

1) 고려약광과 그의 관력

高麗若光에 대해서는 『일본서기』 天智 5년(666) 10월조에 고구려 사절단의 일원으로 나온다.

【1-1】高麗遣臣乙相奄等進調.[大使臣乙相奄邹, 副使達相遁, 二位玄武若光等]

상기 고구려 사절은 고구려 멸망 2년 전에 도착하였고, 당의 침공이 최성기에 달한 시점이었다. 당시 고구려에서는 군사정변으로 권력을 장악한 연개소문이 사망하고 장남 男生이 막리지가 되어 권력을 계승하면서 대당전쟁과 외교를 수행하고 있었다. 이보다 앞서 666년 정월에도 고구려에서 前部 能婁를 보내 대일 군사외교를 추진하였는데[2], 이 사절이 귀국한 후에 다시 사절단을 보내고 있어 고구려의 긴박한 상황을 말해주고 있다. 이때의 사절단 구성을 보면 대사 乙相奄邹, 부사 達相 遁, 二位 玄武若光 등 3인의 대표명으로 나온다. 이 중에서 현무약광은 『속일본기』 大寶 3년(703) 4월조에 보이는 '종5위하 고려약광에게 王 성을 하사하였다'라고 하는 고려약광과 동일인물이고, 이때 일본조정으로부터 '王'의 가바네[姓]를 받았다. 현무약광에서 고려약광으로의 개명은 일본에 정주한 이후의 어느 시점에서 고구려인이라는 정체성을 유지하기 위해 국명을 씨명으로 선택한 것으로 보인다. 대체로 백제, 고구려의 망명집단에 대한 관위와 사성이 이루어지는 天武朝에서 持統朝 연간(680~690년대)이라고 생각된다. 현무약광과 함께 온 대사 을상 엄추, 부사 달상 둔에 대해서는 정사 등 사료에 기록되어 있지 않고 『신찬성씨

---

2 『日本書紀』 天智紀 5년 춘정월 무인조, "高麗遣前部能婁等進調". 이 사절은 동년 6월조에 귀국 기사 ("高麗前部能婁等罷歸")가 나온다.

록』등에도 이들을 선조라고 주장하는 후손도 보이지 않는다. 추측하건대 직계 후손이 단절되었거나 혹은 동국지방 등 변방으로 이주 후 토착화되어 기록에서 누락되었을 가능성도 있다.

그럼 고려약광으로 씨명을 바꾼 현무약광은 고구려에서 어떤 신분으로 파견되었는지 살펴보자. 우선 현무약광 앞에 관칭된 '二位'가 무엇을 의미하는지는 명확하지 않다. 이와 관련하여『翰苑』「고려」조에 보이는 고구려 관등제를 검토해보자.

【1-2】官崇九等, 高麗記曰, 其國建官有九等, 其一曰吐捽, 比一品, 舊大對盧, 惣知
  國事, (中略)次曰太大兄, 比[正]二品, 一名莫何何羅支(下略)"

「高麗記」를 인용하여 고구려의 중앙 9등관제를 기록하고 있다. 이 중에서 제1은 토졸이고 중국의 1품에 해당하며, 옛 관등은 대대로이고 국사를 총람한다. 다음은 태대형이며 2품에 해당하고 일명 막하하라지라고 하는데 막리지를 가리킨다. 태대형은『수서』고려전에는 최고 관위로 나오고,『구당서』고려전에는 정2품에 비견된다고 한다. 1923년 중국 낙양에서 발견된 〈泉男生墓誌銘〉에는 남생의 증조부와 조부가 모두 막리지를 역임하였고, 아버지 蓋金은 태대대로였는데, 군권을 장악하여 나라의 권세를 마음대로 하였다고 한다. 묘지명의 주인공인 남생은 28세에 막리지가 되어 삼군대장군을 겸하였고, 32세 때는 태막리지가 되어 軍國을 총괄하는 원수가 되었다고 기록하고 있다[3]. 이들 기록으로부터 일본에 파견된 현무약광이 관칭한 2위는 2품을 가리키고, 태대형, 막리지의 관등을 가질 수 있는 최고위직임을 알 수 있으며, 대일 군사외교에 어울리는 신분으로 사절단의 일원으로서 파견된 것으로 보인다.

---

3 韓國古代社會研究所編, 1992,『譯註韓國古代金石文』, 駕洛國史蹟開發研究院 참조.

한편 『한원』에 인용된 「魏略」에는 고구려의 5부를 소개하는 중에 다음과 같은
기록이 나온다.

【1-3】魏略曰, 其國大有五族…五部皆貴人之族也. (中略)二日北部. 卽絶奴部. 卽
    名後部. 一名黑部

5부 중 2번째는 북부이고, 즉 절노부라고 하고, 일명 후부, 흑부로도 표기하고
있다. 도교의 사신사상에서는 현무는 북방지신이고, 방향성에서 후방에 해당하며
색깔은 흑으로 표현한다. 즉 현무는 절노부로서 고구려 왕비족을 가리킨다. 현무
약광은 고구려의 부계 왕족혈통은 아니지만 왕비족을 배출한 절노부 출신의 지배
계층이고, 고구려 말기 연개소문의 집정기 이후에는 집권층의 핵심적인 인물이었
던 것으로 보인다.

한편, 고려약광은 일본에 온 지 37년 만인 대보 3년(703)에 새롭게 '왕' 성을 받
는다. 이때의 왕성에 대해서는 '고려왕'으로 보는 것이 통설이다. 이에 대해 고려
약광의 고려는 성이 아니고 고구려 출신자임을 나타내는 통칭을 의미하고, 대보
3년에 받은 왕성에 대해 '고려왕'이 아닌 가바네[姓]로서 '왕'이라는 견해가 있다[4].
고려약광이 사성된 같은 달 신해조에 "종7위하 和氣坂本에게 君姓을 하사하였다"
이라고 하여 화기판본이 君 성을 받지만 그의 가바네는 和氣君이 되고, 『신찬성씨
록』和泉 皇別조에는 和氣公으로 나온다. 天平寶字 5년(761)에 도래계 씨족의 사
성에서도 上部王彌夜大理豐原連 등 11인에게 御坂連을 주었다[5]고 한다. 또 『속일
본기』에는 後部王同竝(和銅 5년정월조), 後部王起(神龜 2년윤정월조) 등 고구려 5부
의 부족명을 관칭한 '왕' 성의 인명이 다수 보인다. 이 경우도 단독 '왕'성이 아니라

---

4 加藤謙吉, 2018, 「高麗若光と高麗福信」, 『日本古代の豪族と渡來人』, 雄山閣.
5 『續日本紀』天平寶字5년 3월 경자조.

5부명을 더한 일종의 씨명으로 가문의 칭호의 가깝다. '왕' 성이 단독으로 쓰인 사례는 『신찬성씨록』 좌경제번 「고려」조에 "王, 出自高麗国人 從五位下王仲文[法名東楼]也"라고 하여 王仲文이란 인물이 나오는데, '왕'은 원래의 씨명이 가바네[姓]가 아니다. 『신찬성씨록』에 기재된 고구려계 씨족의 성을 보면, 최고위 朝臣 성을 비롯하여 連, 史, 造, 首, 使主, 村主, 宿禰 등이고, '왕' 단독으로 사용되지는 않았다. 요컨대 고려라는 국명에 '왕'을 더한 것은 특별한 의미가 있고, 고려약광에게 준 '왕'은 '고려왕'으로 보는 것이 타당하다. 고려왕약광은 持統朝 때에 일본에 정주하고 있던 의장왕자 善光(禪廣)에게 '백제왕'이라는 특별 칭호[姓]를 준 것과 같은 의미로 생각된다. 그가 백제왕 칭호를 받은 것은 백제왕의 적통임을 상징하는 것이고, 고대일본의 율령제 성립 이전의 왜왕권 내의 신분을 표시하는 가바네의 성격이 있다. 망명세력에게 국명을 관칭한 '왕' 성을 하사한 것은 멸망 이전의 왕조를 계승시킨다는 일본적 중화사상의 하나이고[6], 고구려 역시 고려왕이라는 가바네를 통해 일본적 중화의식을 만족시키는 이념적인 조치로 이해된다[7]. 고려약광이 일본조정으로부터 '왕' 성을 받은 이후 정사 등 공적 기록에는 그에 대한 기록이 보이지 않는다.

2) 고려약광과 〈고려씨계도〉

무장국의 고려군에 있는 고려신사에 전해오는 〈高麗氏系圖〉에는 고려씨 일족의 계보가 기록되어 있다. 동 계도에는 고려가의 역대 계보를 기록하고, 고려약

---

6 筧敏生, 1987, 「百濟王姓の成立と日本帝國主義」, 『日本史研究』317, 2002, 『古代王權と律令國家』, 校倉書店.
7 田中史生, 1997, 「王姓賜與と日本古代國家」, 『日本古代國家の民族支配と渡來人』, 校倉書房.
한편 김은숙은 '高麗王'이라는 칭호는 고구려 왕권을 상징하는 것이라고 할 수 없고, 武藏國 高麗郡을 처음 설치하면서 이를 이끌어갈 사람에게 '고려왕'이라는 존칭을 부여한 것에 불과하다고 한다. (金恩淑, 2007, 「일본율령국가의 고구려계 씨족」, 『동북아역사논총』15, p. 431).

광으로부터 제59대 高麗澄雄에 이르기까지 고려향, 고려신사, 고려가의 변천과 연혁을 기록하고 있다. 이 중에서 초창기 계보는 고려약광을 시조로 하여 그의 아들 家重과 聖雲이 기록되어 있고, 다음 세대로 가중의 아들 홍인(弘仁)으로 계승되어 있다.

〈고려씨계도〉가 작성된 유래에 대해 살펴보자. 이 계도는 명치 16년(1886) 당시 내각수사국 편수부장관으로 있던 역사학자 重野成斎가 관명을 받아 관동지역 6개 현의 고문서를 조사할 때 高麗家에서 소장하고 있던 계도를 발견하고 그 사료적 가치를 높이 평가한 바 있다[8]. 여기에 기록된 내용 중에서 고려씨 가문의 28대 高麗永純의 注記가 있고, 동 계도가 세상에 전해진 경위에 대해 다음과 같이 기록하고 있다[9].

【2-1】正元元年十一月八日大風時節出火系圖□高麗持来宝物
　　　多燒失. 因之一族老臣高□□新井本所新神田中山福泉
　　　吉川丘登□□大野加藤芝木等始高麗百苗相集諸家故記
　　　録取調系圖記置也. 然不詳処有之以来代々無違失書次
　　　可致者也。

상기 사료에 따르면 正元 원년(1259) 11월 8일에 화재가 발생하여 고구려에서 가져온 보물류와 함께 〈고려씨계도〉도 소실된 까닭에 고려씨 일족과 촌로들이 논의하여 高麗百苗가 제가의 고기록[諸家故記録] 등을 취합하여 다시 만들었다고 한다. 이 계보가 어느 정도 원본에 충실하게 복원되었는지는 가늠하기 어렵지만,

---

8 金光林, 1993, 「高麗神社からみた朝鮮渡来文化」, 『比較文学研究』64.

9 본 사료는 東京大學 소장본 〈高麗氏古系圖〉(謄寫本)을 참고한 것이다. 加藤謙吉氏의 후의에 감사드린다.

여기서 '제가의 고기록'이란 고려씨 일족이 보관하고 있던 씨족의 기록물을 말한다. 고대의 사실이 재편수된 시기의 인식이 투영되었을 가능성은 있지만, 초기의 계보가 의도적으로 변형될 이유는 없다고 보인다. 상기 〈고려씨계도〉 서두에는 다음과 같이 기록되어 있다.

【2-2】因之, 從來貴賤相集, 埋屍城外, 且依神國之例, 建靈廟御殿後山, 崇高麗明
神, 郡中有凶, 則祈之也, 長子家重繼世也, 天平勝寶三辛卯, 僧勝樂宿, 弘仁
與其弟子聖雲, 同納遺骨, 一字草創, 云勝樂寺, 聖雲若光三子也.

위 기록에는 (若光이 사망하자) 신분의 귀천을 막론하고 사람들이 모여 시신을 성 외곽에 매장하였고, 신국의 예에 따라 御殿의 뒷산[後山]에 영묘를 세워 高麗明神으로 숭배하엿다. 그리고 천평승보 3년(751)에 승려 勝樂이 사망할 즈음에 홍인과 승락의 제자인 성운이 유골을 안치한 곳이 승락사이고, 성운은 약광의 셋째 아들이라고 기록하고 있다. 新井孝重에 따르면 '明神'의 神號가 역사상에서 나타나는 것은 9세기 중엽이기 때문에 8세기 기사로서는 부자연스럽고, 若光靈苗가 고려명신으로 숭배된 것은 약광의 사후 훨씬 뒤의 일이라고 한다. 나아가 그는 원래 명신이 '칙허의 호'임을 고려하면 10세기 말 제14대 高麗一豐이 高麗大宮明神의 御免許를 얻어 스스로를 대궁사로 칭했던 까닭에 약왕명묘가 고려명신이 된 것은 이 시점으로 보고, 그때까지는 고려명신으로서 제사 지낸 일은 없고, 씨족 내의 분묘로서 제사 지낸 것으로 추정한다[10]. 재편수된 기록은 편찬 당시의 상황과 용어를 반영하고 후대의 인식이 소급되어 나타난 결과라고 생각된다. 용어의 변용을 고려하면 고려명신을 모신 영묘는 고려신사를 가리키는데, 고려신사의 성립은 약광의 사후 그를 신으로 숭배하게 된 후대의 일이다. 일족의 규모가 커지고

---

10 新井孝重, 2010, 「古代高麗氏の存在形態」, 『日本歷史』749, pp. 2~3.

지역사회에서의 발전을 보이게 되는 시점에서 가문의 일체감을 유지하기 위한 방편으로 시조전승을 만들고 제사, 참배의 공간을 조영하는 일은 흔히 보이는 현상이다. 백제왕을 모시는 백제왕사와 백제왕신사를 비롯하여 백제 멸망 시 망명한 鬼室集斯를 모시는 귀실신사, 462년에 왜국에 온 백제의 왕족 昆支가 제신인 飛鳥戸神社 등도 동일한 사례이다.

〈고려씨계도〉의 기록대로 약광의 사후에 어전 뒷산에 영묘를 건립하고 천평승보 3년(751)에 승락사가 조영된 것은 대체로 사실로 보아도 대과없을 것이다. 이 지역은 고려신사가 소재해 있고 大寺廢寺와 高岡廢寺라고 불리우는 2개의 고대 사원적과 기와를 굽던 가마유적이 존재한다[11]. 또 대사폐사에서는 당탑의 흔적이 있어 8세기 중엽에서 9세기 전반경에 건립된 것으로 생각된다[12]. 특히 고강폐사에서는 8세기 후반에 완성된 금당이 확인되고 있어 이것은 천평승보 3년에 창건한 승락사로 추정되고, 〈고려씨계도〉에 보이는 승락사 창건기사는 고려신사, 승락사의 聖天院이 존재하는 지역임을 보여주는 증거라고 생각된다[13].

그럼 고려약광이 왕경에 체재하다가 고려군으로 이주한 시점은 언제인가. 藤原宮跡의 관아유적에서 발견된 목간에서 '□□若光'으로 표기된 문자가 발견되었는데, 고려약광으로 추정되고 있다[14]. 이곳에서 출토된 기년목간은 무술(698)년 이래 和銅 2년(709)이 하한이다. 등원궁은 지통 8년(694)에서 평성경으로 천도하는 화동 3년(710)까지 일본고대의 왕경이 있던 곳이다. 이 목간은 약광이 '고려왕'을 사성받은 대보 3년(703) 이전의 사실을 말하고 있다. 즉, 703년 이후라면 '高麗王若光'으로 표기해야 하기 때문이다. 그는 666년에 일본에 온 이래로 고려군으

---

11 日高市史編集委員会編, 1997, 『日高市史』原始古代資料編, pp.665~735.

12 埼玉縣入間郡日高町教育委員會編, 1984, 「日高町埋藏文化財調査報告」『大寺廢寺』.

13 新井孝重, 2010, 「古代高麗氏の存在形態」, 『日本歷史』749, p.4.

14 奈良国立文化財研究所, 1981, 『飛鳥藤原宮発掘調査出土木簡概報』6.

로 이주하는 시점까지 반세기 동안 왕경에서 보냈다. 왕경에서 약광이 무슨 일을 하고 있었는지는 알 수 없으나 그의 인명이 새겨진 목간의 존재로 보아 관인으로 활동하고 있었고, 왕경에 거주하고 있던 고구려계 이주민들의 관리, 책임을 맡고 있었을 가능성도 있다. 약광이 대보 3년에 고려왕의 성을 받았을 때의 연령은 적어도 60세는 넘었고 고려군으로의 이주 시에는 70세를 넘긴 고령이었을 것이다. 그가 태대형, 막리지라는 신분으로 일본에 왔을 때에는 적어도 20대 중반 이후이고 약광의 일본 체재기간을 고려하면 그의 후손도 적지 않았을 것이다. 약광이 종5위하의 신분인 점을 감안하면 자손들도 음위제만으로도 관직에 올라갔을 것으로 짐작되지만, 그의 후손으로 나오는 인물이 씨족지에 해당하는 〈고려씨계도〉를 제외하면 정사 등 기타의 문헌에 보이지 않는다. 그는 사신으로 왔다가 정착한 까닭에 원래 가족이 있었다면 고구려에 남아있었을 것이고, 일본 체재 중에 재차 결혼을 했다면 자손도 당연히 출사했을 것이다. 그러나 기록에 보이지 않는 것은 의문이다. 7세기후반 이후 8세기에 걸쳐 수많은 도래계 씨족은 일본조정으로부터 관위수여와 사성을 받고 있듯이 종5위하라는 약광의 신분이면 당연히 나와야 한다. 게다가 『신찬성씨록』에도 약광을 선조라고 주장하는 후예씨족이 보이지 않는다는 점에서 그의 직계 후손의 존재에 대해 의문을 갖게 된다. 『일본서기』 천지 5년(666) 정월조에 보이는 일본에 온 고구려 사절 전부 능루의 후예임을 칭하는 씨족이 『신찬성씨록』 좌경제번에 "福當連은 고려국인 前部 能婁에서 나왔다"라고 기록하고 있듯이[15], 고려약광을 시조로 하는 후손이 보이지 않는 것은 이

---

15 이 인물은 동년 6월에 귀국기사가 보여 고구려 멸망 후에 재차 일본으로 망명했을 가능성이 있다. 혹은 福當連 일족이 그들의 선조를 『일본서기』에 나오는 고구려사 중에서 前部能婁에 부회했을 경우도 생각할 수 있다. 선조의 유래를 알 수 없는 경우, 國史에 나오는 동족의 인물 중에서 자신들의 선조로 삼아 씨족지를 만드는 경우도 빈번히 일어난다. 이는 『신찬성씨록』 편찬시에 제출한 씨족지의 신뢰성을 확보하기 위한 수단으로 실제의 계보와는 관계없이 조작된 계보로 제출하는 경우도 있다.

해하기 어렵다.

　최근 加藤謙吉의 신설은 이러한 문제점을 더욱 증폭시키고 있다. 그에 따르면 무장국의 고려신사의 계도와 소전은 『속일본기』 대보 3년조의 고려약광의 '왕'성 사여의 기사를 근간으로 하여 후대에 유포된 고려왕약광 전설을 수용하여 작성된 고려신사의 연기로서 이해된다고 하면서, 『일본서기』의 현무약광과 『속일본기』의 고려약광은 본질적으로는 무장국 고려군과 고려신사와는 무관한 인물이라고 추정한다[16]. 예리한 시각으로 시사하는 바가 적지 않지만, 약광이 고려군으로 이주했다는 사실까지 부정하기는 어려운 것으로 보인다. 약광이 고려군으로 이주하지 않고 왕경에 남아 관인으로 활동했다면 정사에 기록되고, 사망기사인 '卒傳'으로 남아 있었을 가능성이 크다. 도래계 씨족으로 본국의 국명을 딴 '고려왕' 성을 하사받을 정도의 인물이면 일본조정에서도 그에 동향에 대해 주목하고 있었다고 본다. 같은 고구려계 씨족인 高麗福信의 사망과 관력이 『속일본기』에 '흥전'으로 실려 있다는 사실과도 비교된다[17]. 약광은 고려군 성립 시기에 왕경을 떠나 새로운 정착지 고려군으로 이주했음은 분명하다. 고려왕씨 후손이 정사에 보이지 않는 것은 직계 혈육이 존재하지 않았다는 증거라고 생각된다. 그는 이주 후, 신분상의 고귀성으로부터 현지의 고구려계 씨족과의 양자의 입적 등 의제적 동족관계를 통해 가문을 이어갔을 가능성이 높다. 고려왕 약광과 동족관계를 맺은 씨족은 다음 장에서 언급할 고구려 멸망 직후 망명해 온 背奈氏 일족으로 후에 고려조신의 성을 받아 씨명으로 삼고 있었다. 따라서 〈고려씨계도〉에 보이듯이 '왕'성을 제외하고 '고려'라는 씨명으로 통일되었고, '고려왕' 성도 약광의 사후에는 소멸된 것으로 보인다. 이후 약광이 정사에 보이지 않는 것은 지방에서 토호화되고, 고려군 설치 당시에는 이미 고령으로 오래

---

16 加藤謙吉, 2018, 「高麗若光と高麗福信」, 『日本古代の豪族と渡來人』, 雄山閣, p. 304.
17 『續日本紀』延曆8년 10월 을유조.

지나지 않아 사망했을 것이다. 약광의 사후에는 그를 祖靈으로 기리는 고려신사가 조영되고 고려씨 가문의 공동의 조상신으로 공유하고 존숭되어왔다고 생각된다.

3. 高麗郡의 성립과 배경

1) 고려군 설치와 蝦夷 대책

고려군은 현재의 東京과 埼玉縣을 아우르는 일본고대 율령국가의 무장국에 설치된 군이다. 701년 대보율령의 제정과 더불어 전국을 국·군·리로 편성하고, 그 후 현지 사정에 따라 추가적으로 國郡이 신설되기도 하였다. 고려군의 성립에 대해『속일본기』靈龜 2년(716) 5월조에는 다음과 같이 기록되어 있다.

【3-1】"以駿河·甲斐·相摸·上總·下總·常陸·下野七國高麗人千七百九十九人, 遷于武藏國始置高麗郡焉"

영귀 2년(716)에 준하국을 비롯한 7개 국의 고구려인 1,799인을 무장국으로 이주시켜 새로이 고려군을 설치하였다. 무장국에 建郡한 고려군의 후방에는 駿河(静岡縣), 甲斐(山梨縣), 相模(神奈川縣)가 있고, 우측으로 上總·下總(千葉縣), 위로는 常陸(茨城縣), 下野(栃木縣) 등이 배치되어 있다. 율령국가의 동해도에 해당하고, 현재의 동경을 중심으로 한 관동지방이다. 고대에는 이들 지역이 기내에서 볼 때 변방이고 그 북으로는 이종족인 에미시가 거주하고 있었다. 5세기 이래 대화정권의 영토적 팽창에 따라 중앙에서는 이 지역을 毛人이 거주하는 이역세계로 인식하고 있었고, 그 후 중앙정부와 마찰이 일으키는 등 항상 군사적 긴장감이 존재하였다. 7세기 중엽 대화개신 이후에는 越國(新潟縣)에 방어시설로서 淳足

栅, 磐舟栅을 설치하였고, 齊明 4년(658)에는 阿倍比羅夫가 수군 180척을 이끌고 蝦夷를 공격하기도 하였다[18]. 7세기 후반에는 하이 거주지역에 陸奧國, 화동 2년 (712)에 出羽國을 설치하여 율령국가의 행정구역으로 편입했지만, 에미시 세력을 제압하는 일은 쉽지 않았다. 『양로령』「부역령」辺遠國조에는 이들을 '夷人雜類'로 규정하였다. 北陸, 出羽 지역에 분포하고 있는 하이에 대한 지배는 율령국가가 당면한 국가적 과제였다. 따라서 이 지역에 파견된 지방관인 국사에게는 대보령에 규정되어 있듯이 '饗給', '征討', '斥候'라고 하는 타 지역에는 없는 임무가 부여되었고, 鎮守府, 城栅를 설치하여 栅戶, 鎮兵으로서 동국, 북륙의 농민들을 징발, 배치하였다. 때로는 중앙정부에 예속하는 자에게는 성을 하사하고 호적에 편입하여 반전농민으로 만드는 등 회유책을 시도하였다[19].

고려군의 설치된 주변지역은 이종족 하이 대책이라는 군사상의 목적과 밀접한 관련하에서 행정구역으로의 기능을 수행하고 있었음을 알 수 있다[20]. 고려군 설치에 즈음해서 중앙정부에서 취한 에미시에 대한 일련의 대책을 살펴보자. 『속일본기』의 관련사료를 정리하면 다음과 같다.

【3-2】
① 和銅 2년(709) 3월조, "陸奧, 越後 2국의 에미시는 거칠어 순종하지 않고, 자주 양민들에게 해를 가하니, 이에 사신을 보내 遠江・駿河・甲斐・信濃・上野・越前・越中의 제국에서 (병사 등을) 징발하고, 좌대변 정4위하 巨勢朝臣麻呂를

---

18 『日本書紀』齊明 4년 하4월조, "阿陪臣[闕名]率船師一百八十艘伐蝦夷".
19 『續日本紀』和銅 3년 4월 신축조, "陸奧蝦夷等請賜君姓同於編戶, 許之".
20 근년 고려군의 설치목적에 대해 일본형 중화주의에 기초하여 일본이 고구려 왕권을 국내에 흡수하려는 정치적 의도가 있었다고 하는 견해가 나왔다(宮瀧交二, 2008,「高麗郡の設置と渡來人」『名栗の歷史』上, 飯能市敎育委員會). 이러한 인식은 百濟王姓, 高麗王姓에 대한 일본적 중화주의적 논리를 고려군에까지 확대한 것인데 무리한 해석이다.

陸奥鎭東將軍, 民部大輔 정5위하 佐伯宿禰石湯을 征越後蝦夷將軍, 內藏頭 종
5위하 紀朝臣諸人을 부장군으로 삼고, 양도로 나가 정벌한다. 節刀와 軍令을
주었다[21].

② 和銅 2년(709) 추7월조, "종5위상 上毛野朝臣安麻呂를 陸奥守로 삼고, 제국에
명하여 出羽柵으로 병기를 운송하게 했다. 蝦狄을 정벌하기 위함이다[22].

③ 和銅 2년(709) 7월조, "越前·越中·越後·佐渡 4국에 명하여 선박 1백 척을
蝦夷를 정벌하는 곳으로 옮기게 했다[23]".

④ 神龜 원년(715) 5월조, "相摸·上總·常陸·上野·武藏·下野 등 6국의 부유
한 백성 1천 호를 육오국으로 배치시켰다[24]".

사료①에는 하이에 대한 백성들의 피해가 커지자 중앙의 고위 관인을 육오진동
장군, 정월후하이장군, 부장군으로 삼고, 병사 등 전쟁물자는 에미시와 경계지역
에 있는 국들로부터 징발하였다고 기록하고 있다. 이 중에는 고구려인들을 이주
시킨 지역이 3개국이나 포함되어 있다. 사료②와 ③도 하이를 공격하기 위해 동
해와 접한 북륙지방의 제국으로부터 병기, 선박을 새롭게 징발하여 배치했다고
하였다. 특히 사료④에 보이는 동북지방의 6개국의 富民 1천호를 에미시 거주지
에 편성된 육오국으로 이주시켰다는 것은 에미시와의 전쟁에 물자를 공급하기 위
한 조치였다. 고려군이 설치되기 불과 몇 년 사이에 에미시에 대한 군사적 대응책
이다. 고려군의 건군도 이러한 흐름 속에서 설치되었다. 즉 고구려계 씨족이 갖고
있던 무기생산과 관련된 기술력, 식량조달을 위한 농업생산력의 강화 등 전쟁물
자의 지속적 공급을 위한 장기적인 전망 속에서 나온 것으로 보인다. 고려군은 에

---

21 『續日本紀』和銅 2년 3월 임술조.
22 『續日本紀』和銅 2년 추7월 을묘조.
23 『續日本紀』和銅 2년 7월 정묘조.
24 『續日本紀』神龜 원년 5월 경술조.

미시와의 전쟁을 수행하기 위한 후방의 최전선 기지로서 작전사령부가 주둔했을
가능성도 있다.

2) 고구려계 씨족의 동국 이주와 개발

먼저 고려군 설치 이전에 동국지방에 산재해 있던 고구려인들이 언제 이곳으로
이주해 왔는지 살펴보자. 고구려인이 일본열도에 본격적으로 이주하기 시작한 시
기는 고구려 멸망기이지만, 그 이전 시기에 일본에 정주하면서 활동한 고구려인
들도 적지 않다. 『일본서기』흠명 26년(548)에 고구려인 頭霧唎耶陛 등이 축자(筑
紫)에 투화하였으므로 山背國에 안치하였다. 지금의 畝原, 奈羅, 山村의 고구려인
의 선조이다[25]라고 기록하고 있다. 『신찬성씨록』우경제번 「長背連」조에도 자신을
고구려 추모왕의 후손이라고 주장하며 흠명조때 무리를 이끌고 일본에 왔다고 하
는 설화가 보인다[26]. 『일본삼대실록』정관 3년(861)조에도 흠명천황(539~571) 때에
고구려의 침입을 받은 백제의 구원요청으로 狹手彦이 대장군이 되어 고구려를 공
격하여 포로를 바쳤는데 지금 산성국의 狛人들이 바로 그들이다[27]라고 하듯이 조
상의 유래를 담은 전승담이 보인다. 延曆 18년(799)에는 무장국과 인접해 있는 信
濃國에 거주하는 사람들이 자신들의 선조가 고구려인이고, 推古(593~628), 舒明
(629~641) 시대에 일본에 왔다고 주장하면서 새로운 성으로 개성해 줄 것을 청원
하고 있다[28]. 여기에 청원한 인명이 열기되어 있는데 卦婁眞老, 後部 黑足, 前部

---

25 『日本書紀』欽明紀 26년 하5월조.

26 『新撰姓氏錄』右京諸蕃 高麗「長背連」조.

27 『三代実録』貞観 3년 8월19일조.

28 『日本後紀』延曆18년 12월5일조, "又信濃國人外從六位下卦婁眞老, 後部黑足, 前部黑麻呂, 前部
佐根人, 下部奈弖麻呂, 前部秋足, 小縣郡人无位上部豊人, 下部文代, 高麗家繼, 高麗繼楢, 前部貞
麻呂, 上部色布知等言, 己等先高麗人也. 小治田, 飛鳥二朝庭時節, 歸化來朝, 自爾以還, 累世平
民, 未改本号, 伏望依去天平勝寶九歲四月四日勅, 改大姓者, 賜眞老等姓須岐, 黑足等姓豊岡,
黑麻呂姓村上, 秋足等姓篠井, 豊人等姓玉川, 文代等姓清岡, 家繼等姓御井, 貞麻呂姓朝治, 色布

黑麻呂, 前部 佐根人, 下部 奈弓麻呂, 前部 秋足, 小縣郡人 無位 上部 豊人, 下部 文代, 高麗家繼, 高麗繼楯, 前部 貞麻呂, 上部 色布知 등 고구려의 5부명, 고려를 씨명으로 삼고 있다. 이들의 청원문에 "누대로 평민으로 본성을 바꾸지 않았다(累世平民, 未改本号)"라고 하듯이 그들의 선조가 일본에 정착 후 여러 세대 지난 후예들이고 고구려계 씨족의 모습을 남기고 있다.

7세기 후반 이후에는 고구려 등 한반도에서 망명한 유민들이 일본조정의 사민정책에 따라 동국지방으로 이주되었다. 『일본서기』에 기록된 7세기 말까지의 기록을 정리하면 다음과 같다.

【3-3】

① 天智 5년(666) 是冬, 以百濟男女二千餘人, 居于東國.

② 天武 13년(684) 5월조, 化來百濟僧尼及俗人, 男女幷廿三人, 皆安置于武藏國

③ 持統 원년(687) 3월조, 以投化高麗五十六人, 居于常陸國. 賦田受稟, 使安生業. 丙戌, 以投化新羅十四人, 居于下毛野國. 賦田受稟, 使安生業.

④ 持統 원년(687) 하4월조, 筑紫大宰獻投化新羅僧尼及百姓男女廿二人, 居于武藏國, 賦田受稟, 使安生業.

⑤ 持統 2년(688) 5월조, 以百濟敬須德那利, 移甲斐國.

⑥ 持統 3년(689) 하4월조, 以投化新羅人, 居于下毛野

⑦ 持統 4년(690) 2월조, 以歸化新羅韓奈末許滿等十二人, 居于武藏國.

⑧ 持統 4년(690) 8월조, 以歸化新羅人等, 居于下毛野國.

知姓玉井".

[표 1] 도래인의 동국이주

번호	이주시기	국적	인원	이주장소	사유
1	天智 5년 (666) 겨울	백제	남녀 2천여인	東國	
2	天武 13년 (684) 5월	백제	남녀 23인 僧尼, 俗人	武藏國	化來
3	持統 원년 (687) 3월	고구려	56인	常陸國	投化 賦田受稟, 使安生業.
4	持統 원년 (687) 3월	신라	14인	下毛野國	投化 賦田受稟, 使安生業.
5	持統 원년 (687) 4월	신라	僧尼 백성 남녀 22인	武藏國	投化 賦田受稟, 使安生業.
6	持統 2년 (688) 5월	백제	敬須德那利	甲斐國	
7	持統 3년 (689) 4월	신라	인원 불명	下毛野國	投化
8	持統 4년 (690) 8월	신라	인원 불명	下毛野國	歸化

[표1]의 천지 5년(666)에 백제인 2천여 인을 동국지방으로 이주시킨 것은 미간척지에 대한 개발이 목적이라고 생각된다. 대보령의 주석서인 「古記」에 만약 재능이 있는 자가 있다면 보고하여 조정의 명을 받으라는 규정에도 나오듯이[29] 도래인의 지식을 국가에서 활용하고 있음을 말해주고 있다. 상기 사료에는 신라인의 이주도 4건이 보이는데, 백강전투의 기억이 생생하게 남아 있던 시기의 적대국 백성에 대한 조치라고 보면, 변방지역으로의 격리와 개척의 의도가 있었다고 생각된다. 사료③의 고구려인 56인에 대한 동국의 상륙국으로의 이주 역시 미간척지가많은 지역으로의 이주와 도래인의 기술을 이용한 농업생산력 증대에 중요한 목표가 있었던 것으로 보인다.

특히 천지 5년(666)의 백제인 2천인의 동국 이주기록은 백강전투가 끝난 계해

---

29 『三代実録』貞観 3년 8월 19일조.

년(663)부터 일본에 이주한 망명 백제인들에게 국가에서 관식을 제공했는데, 3년이 경과한 후 자립을 위해 새로운 경지를 주어 공민으로 편입한다는 조치이다. 이것은 사료 ③, ④에 보이는 망명 이주자에 대한 조치 중에 "전답과 식량을 주어 생업을 도모하였다(賦田受稟, 使安生業)"라고 하는 내용과도 상통하며, 멸망 이후의 모든 망명인을 대상으로 한 일본조정의 법적인 조치이다. 천무 10년(681)에는 일본에 온 망명자를 대상으로 "삼한(고구려, 백제, 신라)에서 귀화 후 10년의 면제기간은 종료했지만, 이에 더하여 함께 온 자손에게도 과역을 동일하게 면제한다[30]"는 조를 내렸다. 그 후 지통 3년(689)에 시행된 飛鳥淨御原令에서는 일반 공민과 같이 구분전이 지급되고 전조가 징수되었다. 10년간은 과역을 면제한다는 규정은 비조정어원령에서 대보령, 양로령으로 계승되어갔다. 靈龜 3년(養老 원년, 717) 11월에는 "고구려, 백제 두나라의 사졸이 본국의 난을 만나 일본에 왔는데, 조정에서는 나라 잃은 처지를 불쌍히 여겨 종신토록 과역을 면해주었다[31]"는 것이다. 이때의 사졸이란 병사만을 의미하지 않고 백성 모두를 포괄하는 것으로 생각한다. 『令集解』부역령「古記」에 인용된 영귀 3년 11월8일의 태정관부에도 外蕃에 대한 과역의 면제는 고구려, 백제의 멸망 시에 투화해온 자로 종신토록 과역을 면제한다는 관련 내용이 나온다[32]. 영귀 3년의 조치는 천무 10년 이래의 고구려, 백제 망명자에 대한 10년 과역 면제를 종신으로 연장한 것이다. 이때 내린 조서는 고려군 설치 직후의 일로서 동국의 개발과 안정 그리고 하이 대책이라는 일본율령국가가 당면한 2개의 과제를 염두에 둔 정책으로 보인다.

---

30 『日本書紀』天武10년 8월 병자조, "詔三韓諸人曰, 先日復十年調稅既訖, 且加以歸化初年俱來之子孫, 並課役悉兔焉.

31 『續日本紀』養老원년 11월 갑진조, "靈龜三年十一月八日, 太政官符 外蕃免課役事, 高麗百濟敗時投化, 至于終身, 課役俱兔, 自余依令施行".

32 『令集解』賦役令「古記」所引 太政官符 "靈龜三年十一月八日, 太政官符 外蕃免課役事, 高麗百濟敗時投化, 至于終身, 課役俱兔, 自余依令施行".

고려군이 창설된 靈龜 2년(716) 전후한 시기에 일본조정에서는 율령제 지배를 위한 시책으로 지방관에 대한 감독과 국사를 통해 농민층의 증산을 독려하였다. 특히 이 시기에는 전국적으로 관아유적이 급증한다[33]. 北武藏에서도 8세기가 되면 造寺, 造瓦 활동이 활발해지고 이때부터 사원은 氏寺에서 郡寺의 성격으로 변화하고 있다[34]. 또한 日高市 중심지역에 있는 女影廢寺 등 유적지가 집중되어 있고, 고려군에 속해있는 고려향의 고려구릉 북측을 중심으로 관아가 조영되고 관인이 거주하고 있었다[35]. 특히 여영폐사에서 출토된 複弁 팔엽연화문의 軒丸瓦의 연대는 8세기초로『속일본기』고려군 설치기사와 일치하고 있어 이 사찰은 고려군의 郡寺로 추정되고 있다[36]. 고려군 건도와 거의 동시에 공한지가 새로이 개발되었고, 이 지역에 많은 집락이 형성된 것은 720에서 740년경이고, 堂ノ根 유적의 거주자는 716년에 매우 가까운 시기에 이주해 왔다는 것을 시사한다[37]. 8세기 이후 경작지의 출현이 급속히 많아지고 주거지 유적, 군 설치와 관련된 시설물, 유구, 사찰의 존재는 새로운 인구의 유입에 따른 建郡의 실태를 말해주고 있다.

한편 고구려인의 동국 이주와 관련하여 고려군 성립 이전에 이미 고구려인들이 집단적으로 거주했다고 추정되는 동국의 甲斐國[山梨縣]에 巨麻郡이 있다. 이곳은 고려군 설치기에 고구려인들을 이주시킨 지역이다.『和名類聚抄』에 보이는 河內國의 大縣郡 巨麻鄕에는 大泊神社가 있고 고구려계 大泊氏의 거주지라고 알려져 있듯이, '고마'라고 훈독하는 거마군의 거마는 고려를 가리킨다[38]. 거마군의 설

---

33 埼玉縣史編纂室, 1982,『埼玉縣古代寺院調査報告書』, p. 198.

34 埼玉縣史編纂室, 1982,『埼玉縣古代寺院調査報告書』, pp. 198~199.

35 中平薫, 2002,「武藏國各郡の官衙及關連遺跡15 高麗郡」,『坂東の古代官衙と人びとの交流』, 埼玉縣考古學會.

36 高橋一夫, 1982,「女影系軒丸瓦の一試論」,『研究紀要』埼玉縣埋藏文化財調査事業團, p. 191.

37 富元久美子, 2014,「渡來人による新都開發-武藏國高麗郡-」, 天野努・田中廣明編,『古代の開發と地域の力』, 高志書院, pp. 169~170, p. 173.

38 關晃, 1996,「甲斐の歸化人」,『古代の歸化人』關晃著作集3卷, 吉川弘文館, p. 258.

치 연대는 불명이지만 고구려 멸망 전후에 이곳에 정주하였고, 고려군 설치 이전에 갑비국에 고구려인들이 본국명을 따서 고마군이라고 부르던 지역을 거마라고 표기한 것으로 보인다. 또 和銅 4년(711)에 上野国[群馬縣]에 설치된 多胡郡의 존재도 주목을 끈다[39]. 다호군이 설치될 당시의 상황을 기록한 多胡碑에는 다음과 같은 내용이 기록되어 있다.

【3-4】"弁官符上野國片罡郡緑野郡甘良郡并三郡内三百戸郡成給羊成多胡郡 和銅
四年三月九日甲寅 宣左中弁正五位下多治比真人 太政官二品穂積親王左太
臣正二位石上尊右太臣正二位藤原尊"

이 비문은 화동 4년 3월 9일에 다호군이 설치되었을 때, 제국을 관할하는 사무국인 변관국의 명령을 기술한 것으로, "상야국의 편강군, 녹야군, 감량군의 3군 중에서 300호를 분할하여 새로운 군을 만들고, 羊에게 지배를 맡긴다. 다호군이라고 한다. 화동 4년 3월 9일 갑인에 선언한다"라는 내용이다. 말미에는 중앙의 주요 관인명이 열기되어 있다. 비문의 내용 중에 '給羊'의 '羊'에 대해서는 방각설, 인명설 등이 있으나 현재는 '양'씨 도래인설이 유력하고 인근에 있는 고려신사의 존재도 도래인설을 뒷받침하고 있다. 상야국에 새로 설치된 다호군의 郡司가 고구려인이라고는 단정할 수 없지만, 영귀 2년(716)의 고려군 설치 당시 상야국에서는 고구려인을 이주시키지 않아 이미 토착 호족화한 고구려계 씨족에게 신설된 군의 지배를 맡겼을 가능성도 있다.

무장국으로 이주한 백제, 신라인 중에는 승려들도 포함되어 있어 이들을 중심으로 사찰의 건립과 불교의 포교가 이루어졌을 가능성이 있고, 고려군에 남아있

---

[39] 『續日本紀』 和銅 4년 3월 신해조, "辛亥, 伊勢國人礒部祖父, 高志二人賜姓渡相神主, 割上野國甘良郡織裳, 韓級, 矢田, 大家, 綠野郡武美, 片岡郡山等六鄉, 別置多胡郡".

는 불교사원의 유적, 유구도 선주한 도래인들의 불교신앙의 전통이 계승되고 융합된 결과라고 생각된다. 당시의 사원건축은 선진문화의 표상이었고 왕실과 지배층의 권위의 상징이었다. 국·군에 설치된 관아 등의 건축물 역시 사원건축이 중요한 모델이 될 수밖에 없었다. 고려군에 불교사원의 건립은 불교신앙의 확산이다. 여기에는 개인적인 구복신앙뿐 아니라 그 당시 동국지방의 하이에 대한 군사적 대응과의 관련성도 존재한다. 하이 대책에 현지에서 병사가 차출되었고 여기에 식량을 조달해야 하는 농민들의 부담은 크지 않을 수 없다. 연력 2년 (783)에 坂東諸國[東國地方]에 내린 칙에 따르면, 군사부담의 증대로 백성들이 피폐해지고, 농작물도 충분히 생산되지 않아 칙사를 보내 진휼하지 않으면 안된다는 사태에 이르렀다[40]고 하는 상황에서 현지 토착민들의 정신적 안정과 구제받으려는 현실적 욕구가 불교신앙, 사원건축을 확산하는 데 영향을 주었다고 생각된다[41].

이와 같이 무장국을 원형으로 둘러싸고 있는 주변제국에 거주하고 있던 고구려인을 유입시켜 고려군을 만들고 고구려계 씨족의 기술력을 바탕으로 동국지방 개발의 거점으로 삼았다.

4. 武藏國의 고구려계 씨족과 고려군

1) 대신조신박마려와 고려군

고려군 설치에 대해 일본조정의 에미시 대책, 동국지방에 대한 고구려인의 이

---

40 『續日本紀』延曆 2년 4월 을측조.

41 森田悌, 1994, 「武藏國における佛教信仰の展開」, 柳田敏司·森田悌編 『渡來人と佛教信仰-武藏國寺內弊寺をめぐって』, 雄山閣出版, pp. 137~138.

주와 이들의 신기술을 이용한 미간지 개척 등을 중심으로 建郡의 배경을 논하였다. 한편으로는 고려군의 설치를 추진한 것은 중앙정부이지만 이러한 정책을 건의하고 실현할 수 있도록 실무적으로 계획한 것은 군 설치를 열망하는 집단, 고구려계 씨족과 관련 있는 인물을 생각하지 않을 수 없다. 고려군 성립 이전에 이미 동국지방에는 많은 고구려인이 각지에 거주해 있었고, 巨麻郡의 존재는 이를 말해주고 있다. 이들에 의해 새로운 경지가 개간되고 지역적 공동체가 출현하여 지역과 지역을 잇는 교통망이 형성되고 상호 간의 교류가 있었다고 생각된다. 이러한 상황에서 본국을 떠나 타국에 거주하고 있는 유민들에게 고구려라는 동족의식을 바탕으로 한 집단적 공동체의 실현은 중요한 문제였다. 이미 기내지역에는 고구려인들의 집단거주지로 보이는 지명, 인명들이 산견되고 있다. 平安시대 承平 연간(931~938)에 편찬된『화명류취초』에 山城國 相樂郡에는 上狛鄉、下狛鄉의 2 향이 기록되어 있다. 경도 분지에 있는 상락군은 고구려사신을 위한 영빈관인 상락관이 조영된 곳이기도 하다. 또 산성국 南山城 지역에는 上狛, 下狛, 狛田의 지명이 있고, 근대의 명치시대까지 고려촌도 남아있었다[42].『일본서기』,『신찬성씨록』등에도 고구려 출신의 인명에 狛首, 狛造, 大狛連, 狛連部, 狛人 등이 보이고, 지역명을 관칭한 인명도 보인다. 도래계 씨족들 간에 동족집단을 만드는 것은 당시의 흐름이었고, 동시에 거대씨족으로서 자신들의 정치적 입지를 높이는 수단이었다.

고려군 설치를 주도했을 것으로 보이는 인물 중에 大神朝臣狛麻呂가 있다. 그는 大和國 城山郡 大神鄉을 본거지로 하는 대신조신씨의 일족으로 화동 원년(708)에 종5위상으로 丹波守에 임명되었고, 영귀 원년(715)에는 정5위상으로 승진하면서 武藏守에 임명된다. 그는 고려군이 설치될 당시 관할국인 무장국의 장관이었다. 대신조신박마려라는 인물은 임신의 난 공신인 高市麻呂와 安麻呂의 동생이고,

---

42 井上滿郎, 2010,「古代南山城と渡來人-馬場南遺跡文化の前提-」,『京都府埋藏文化財論集』6,
   pp.193~195.

대화의 호족 三輪氏 본종가의 1인이지만, '고마(泊)'라는 이름으로부터 추정하면 그의 모계 혹은 양육자가 고구려인일 가능성이 높다고 생각된다[43]. 이와 유사한 사례로 대화개신의 주역인 藤原鎌足의 아들이자 최고의 권력자로 부상한 藤原不比等이 유년 시절에 백제계 씨족인 田邊史大隅에게 양육되었던 까닭에 양육자의 史 성을 받아 이름을 후히토(不比等, 史)라고 하였다[44]. 후히토의 이름이 원래 사(史)였다는 것은『일본서기』지통 3년(689) 2월조에 藤原朝臣史로 표기했고『懷風藻』에는 '太政大臣藤原史'로 기록되어 있고,『藤氏家傳』(下)에도 등원불비등을 '太政大臣史'로 나와 있다. 대신조신박마려의 양육자가 고구려계 씨족인지 혹은 모계가 고구려 사람인지는 확언하기 어렵지만 인명에 모계의 흔적을 남겼을 개연성은 있다. 대신조신박마려가 산성국 등 기내지역을 비롯하여 동국지방에 정주하고 있던 고구려 유민들에 대해 관심을 갖고 있었다는 것은 분명하다. 그가 丹波國守로 재임할 때의 관할구역은 도래계 씨족이 많이 거주하고 있던 京都 중북부, 兵庫 북부와 중부의 동편, 그리고 大阪 일부 지역으로 고구려 유민들의 실상에 대해서도 인식하고 있었을 것이다. 특히 고려군은 狛麻呂 자신이 지방장관으로 재임하던 관할지역에 설치되었다는 점에서 그의 영향력은 무시하기 어렵다고 생각된다.

한편으로는 대외교섭에 종사한 전통을 갖는 大神朝臣氏 가문에서 배출한 대신조신박마려가 고구려 유민의 이주와 관련된 정책에 적극적으로 가담하여 고려군 건군이 원활하게 추진된 것으로 보는 견해가 있다[45]. 율령국가의 국·군의 설치는 권력의 핵심부인 의정관에서 다루는 문제이지만, 현지 사정을 잘 아는 국사의 건의도 일정 부분 수용할 수밖에 없다고 생각된다. 대신조박마려신의 고구려 유민

---

43 荒井秀規, 2015,「渡來人(歸化人)の東國移配と高麗郡·新羅郡」,『古代東ユラシア研究センタ-年報』第1號, 專修大學社會知性研究開發センタ-, p.27.

44 日本古典文學大系本, 1965,『日本書紀』下, 岩波書店, p.295 頭註29.

45 鈴木正信, 2017,「大神朝臣狛麻呂と武藏國高麗郡」,『日本古代の氏族と系譜傳承』, 吉川弘文館, pp.213~218.

에 대한 현실적 관심이 무장국수 지위에서 자신의 관내의 고려군 창설에 관여했을 가능성은 매우 높다고 생각된다.

2) 고려조신과 고려군의 번영

다음으로 고려군의 설치와 관련하여 간과할 수 없는 것은 高麗朝臣 가문이다. 이 씨족은 무장국, 고려군과는 상호 분리할 수 없는 깊은 관계에 있다. 『속일본기』연력 8년(789)조의 高倉朝臣福信의 薨傳을 통해 그 내력을 살펴보자.

【4-1】산위 종3위 고창조신복신이 죽었다. 복신은 무장국 고려군 사람이다. 본성은 背奈이다. 그 조부 福德은 당나라 장군 이세적이 평양성을 함락했을 때 우리나라에 귀화하여 무장에 살게 되었는데, 福信은 곧 福德의 손자이다. 어렸을 때 백부 背奈行文을 따라 왕경으로 들어왔다. (中略)聖武皇帝는 은혜와 총애를 더하여 勝寶初에는 종4위 자미소필에 이르러 본래 성을 고쳐서 高麗朝臣을 내리고 신부대보로 옮겼다. 神護 원년에 종3위를 주어 造宮卿에 임명하고 겸하여 武藏守와 近江守를 역임하였다. (中略)天應 원년(781)에 彈正尹 겸 武藏守로 옮겼다가 延曆 4년(785)에 표를 올려 벼슬에서 물러나기를 청원하자, 산위를 주어 집으로 돌아가게 하였다. 사망시의 나이가 81세였다[46].

이 홍전에는 복신의 본관, 조상의 내력, 씨명의 변화, 관직에 오르는 과정 등을 기록하고 있다. 그는 무장국 고려군 사람으로 본성은 背奈이고 조부인 복덕이 당나라 장군 이세적이 평양성을 함락했을 때 일본에 귀화하여 무장에 살게 되었다고 한다. 668년 고구려가 당의 공격으로 멸망당할 당시의 상황이다. 요동

---

46 『續日本紀』延曆8년 10월 을묘조.

군행군대총관에 임명된 이세적이 이끄는 당군이 평양성을 함락시키고 남건, 남산 등 많은 고구려인이 당으로 끌려갔다. 이때 많은 고구려 유민이 발생하였고, 복신의 조부 복덕은 일본으로 망명한 것이다. 복신이 사망한 연력 8년(789)에 나이가 81세라고 하니 그의 출생은 고구려 멸망 후 30년이 지난 화동 2년(708)이다. 즉, 고구려 유민의 3세에 해당된다. 조부 복덕이 무장으로 이주한 시점은 명확하지 않으나 일정기간 왕경에서 관식을 제공받다가 일본조정의 유민정책에 따라 무장국으로 배치되어 정주한 것으로 보인다. 이후 복신의 조부 일족은 무장국에 토착하여 유력자의 세력으로 성장하였고, 그 기반으로 중앙의 관계에 진출했다고 생각된다. 복신은 이러한 선대의 후광을 입어 중앙의 관료로 성공할 수 있었다.

이 씨족의 본성은 背奈로 되어 있는데, 고구려 5부의 消奴部에서 유래하는 '肖奈'에서 나왔고 고구려 5부 중의 소노부 출신으로 생각된다[47]. 고구려 유민들 중에는 자신의 출신 부명을 씨명으로 한 씨족이 적지않다. 背奈氏는 양로 5년(721)을 하한으로 하는 시기에 背奈公으로 바뀌었고[48], 천평 19년(747)에 背奈王으로 개성되고[49], 천평승보 2년(750)에 高麗朝臣으로[50], 보귀 10년(779)에는 다시 高倉朝臣[51]으로 개성되었다[52]. 특히 도래계 씨족으로 조신의 성을 받는다는 것은 일본조정의

---

47 佐伯有淸, 2001,「背奈氏の氏族とその一族」,『新撰姓氏錄の硏究』拾遺編, 吉川弘文館, p.357.
48 『續日本紀』養老 5년 정월 갑술조에 '第二博士正七位上背奈公行文'이라는 인명이 나온다. 背奈公은 肖奈公을 가리키고, 개성된 기사는 없으나 이 해가 背奈公 성이 나오는 최초의 해이다.
49 『續日本紀』天平 19년 6월 신해조, "正五位下背奈福信, 外正七位下背奈大山, 從八位上背奈廣山等 八人, 賜背奈王姓".
50 『續日本紀』天平勝宝 2년 정월 병진조, "從四位上背奈王福信等六人賜高麗朝臣姓".
51 김은숙의 견해에 따르면, 종래 '高麗'를 '高倉'으로 개성한 것을 일본적인 씨로 바꾼 것으로 보았으나, 高倉은 'たかくら'로 읽히지만 'こくら'로도 읽을 수 있다는 점에서 '고구려'를 상기시키는 씨명이라고 할 수 있다고 한다(김은숙, 2007, 「일본율령국가의 고구려계 씨족」,『동북아역사논총』15, p.462). 온당한 지적이다.
52 『續日本紀』寶亀 10년 3월 무오조, "從三位高麗朝臣福信賜姓高倉朝臣".

특별대우였다. 배나는 고구려에서의 씨명이고, 배나공 및 그 후의 성은 일본조정으로부터 받았다. 『신찬성씨록』좌경제번 「고려」조에는 "高麗朝臣은 고구려왕 好台 7세손 延典王으로부터 나왔다"라고 기록되어 있다. 호태왕은 광개토왕으로 그 7세손에 해당하는 고구려왕은 영양왕(590~618), 영류왕(618~642), 그리고 영류왕의 동생으로 즉위하지 않은 大陽王이 있다. 아마도 사서에 전하지 않은 방계의 인물에 왕의 호칭을 붙인 것으로 생각된다.

고려군 성립 이후에 고려군을 지배한 郡領에 대해 살펴보자. 대보령에 규정된 군에는 大領·少領·主政·主帳 등 4등관으로 정비되어 있고, 대령과 소령을 군령이라고 한다. 郡司 임면권은 중앙의 式部省이 장악하고 해당국의 국사가 추천하면 군사 후보자는 식부성에 와서 면접을 통해 임명된다[53]. 이 경우 이전 국조였던 지방호족이 세습하는 것이 관례이고 중앙에서 파견되어 현지사정에 어두운 국사로서는 재지 유력자의 도움을 받을 수밖에 없었다. 당시 무장국수는 고구려계 씨족과 관계 깊은 大神朝臣狛麻呂였고, 무장국에는 高麗福信 일족이 정주하고 있었다. 고려군 설치 당시에는 거의 반세기 가까운 세월이 지난 상황으로 그의 일족은 재지세력으로서의 기반은 다져놓았다고 보인다. 무장국수의 입장에서는 자신과 밀접한 관계인 이들 고구려계 씨족에게 고려군의 郡司를 추천하고 군령을 맡았을 것은 분명하다.

한편, 고려복신 일족 중에는 재지에서뿐 아니라 중앙정계에 관인을 배출하고 있었다. 『속일본기』양로 5년(721)조에는 복신의 백부 背奈公行文이 '明經 제2박사 정7위상'의 직위에서 국가로부터 포상을 받았다. 그 내용은 백료 중에서 학업이 뛰어나고 사범이 될만한 사람을 선발하여 포상하고 후생의 교육을 목적으

---

[53] 馬場基, 2016, 「中央と地方を結ぶ人々の動き」, 館野和己·出田和久編『日本古代の交通·流通·情報1, 制度と実態』, 吉川弘文館, pp. 91~95.

로 하고 있다[54]. 이른바 국가가 필요로 하는 엘리트관료의 양성이다. 그는 고려 군 설치 이전에 중앙관료가 되었고, 어린 조카인 복신을 왕경으로 데려와 관인 으로 성장시켰다. 福信薨傳에 따르면 씨름실력으로 발탁된 후[55], 궁중의 內竪所 에서 보조일을 하면서 정8위에 상당하는 右衛士大志로 출발하였고, 천평 연간 에는 외종5위하를 받고 春宮亮에 임명되었다. 성무천황의 총애를 받아 천평승 보(749~757) 초에는 종4위 紫微少弼에 이르렀고, 신호 원년(765)에 종3위로 造 宮卿에 임명되어 武藏守, 近江守를 겸임하였다. 고려복신은 천평승보 8세(756), 보귀 원년(770), 연력 2년(783) 등 3번에 걸쳐 무장국 장관인 무장수를 겸임하고 그의 일족인 高麗大山은 천평보자 5년(761)에, 高麗石麻呂는 보귀 9년(778)에 武藏介에 임명되었다. 이와 같이 고려씨 일족이 무장국 국사에 임명된 것은 그 들이 무장국 출신이었기 때문이고, 奈良朝에서 복신 일족의 무장국에 대한 지배 는 계속되었다. 무장국은 사실상 복신 일족의 관할구역이 되었으며 망명 초기 의 배나씨에서 시작하여 배나공, 배나왕, 고려조신, 고창조신으로의 씨성의 변 천을 거치면서 거의 독점적으로 지배하였다. 무장국 예하의 고려군 역시 군사 의 주요 구성원은 재지에 거주하던 복신의 일족인 고려씨의 소관이었음은 당연 한 일이다.

고구려 멸망 후 일본으로 망명한 고려씨 일족의 번영은 중앙과 재지에서 관인 으로 진출한 씨족 상호간의 네트워크가 형성되어 있었음은 추측하기 어렵지 않 다. 중앙의 관인이 된 背奈行文은 문사로서 뛰어난 재능을 발휘하여 국가로부터 포상을 받을 정도로 능력을 인정받았다. 그는 당대 왕실을 대표하는 실세였던 長

---

54 『続日本紀』養老5년 정월 갑술조.
55 福信이 '교묘하게 그 힘을 이용해서 이겼다'는 기술은 神事 예능적 요소가 강한 일본의 고습속의 씨 름과는 분위기가 다르고, 북방민족의 전통을 가진 고구려 전래의 요소가 풍부한 것이라는 견해가 있다(近江昌司, 1988,「背奈福信と相撲」, 直木孝次郎先生古稀記念會編『古代史論集』中, 塙書房, p.161). 양국의 씨름문화의 차이를 엿볼 수 있는 지적으로 생각된다.

屋王의 저택에서 열린 신라사의 연회석상에도 초대되어 단가 2수를 지었다. 『회풍조』에 실려있는 "從五位下大學助背奈王行文 二首 年六十二"라고 하여 그의 나이 62세 때에 「秋日於長王宅宴新羅」와 「上巳禊飲應詔」 2수를 남겼다. 전자는 장옥왕이 신라사를 위해 연회를 베풀어 태평의 세를 축복하고 귀빈을 맞이하여 환담의 기쁨을 노래하고 있고, 후자는 천자의 자비와 성스러운 가르침을 찬양하고 있다. 배나행문은 『藤氏家傳』에 명망있는 학자 6인 중에도 나온다. 그는 藤原武智麻呂의 별저에서 열린 문인의 모임에 참석한 문인재사였다[56]. 당시 장옥왕은 황친세력의 대표였고, 등원씨는 귀족의 대표로서 권력의 실세였다. 권력자의 측근에서 시문을 과시하는 것은 권력에 접근하는 기회였다. 고려조신복신 역시 당시의 권력자 등원중마려가 紫微中台 장관인 紫微令의 지위에 있을 때 中衛大將을 겸직하면서 신임을 얻었다[57]. 그 후 복신이 종3위 造宮卿에 임명되고 무장수, 근강수 등 지방장관에 보임될 수 있었던 것도 이러한 배경이 있었다고 생각된다. 중앙정계에서 복신 일족의 활약은 동족이 거주하는 재지에 영향을 미쳤고, 재지세력의 기반을 확고히 하였다. 복신은 만년에 이르러 연력 4년(785)에 조정에 사직을 청하고 동족이 있는 무장국 고려군으로 귀향한 것(上表乞身, 以散位歸第焉)은 중앙과 지방의 일족 간의 네트워크가 이루어지고 있었음을 말해준다.

5. 결어

8세기 일본율령국가는 대보령을 제정하고 전국을 국·군·리로 편성하는 지방

---

56 『藤氏家傳』, "…宿儒有守部連大隅, 越智直廣江, 背奈行文, 箭集宿禰虫麻呂, 鹽屋連吉麻呂, 楢原造東人等. …至于季秋, 每與文人才子, 集習宜之別業, 申文會也, 時之學者, 競欲預座, 名曰龍門點額也".

57 加藤かな子, 1987, 「北武藏の古代氏族と高麗郡設置」, 『駒澤史學』37, pp.64~65, 近江昌司, 1985, 「仲麻呂政權下の高麗朝臣福信」, 『日本古代の政治と制度』, 續群書類從完成會, pp.148~153.

행정조직을 단행하였다. 그러나 동국지방은 미간척지인 데다 하이라는 이종족이 속한 지역이었기 때문에 행정상으로는 중앙에 편입되어 있었지만, 실제의 통치에는 한계가 있었다. 이에 일본조정에서는 백제, 고구려의 멸망 전후로 하여 망명해 온 유민들의 일부를 동국지방에 이주시켰다. 일본고대국가의 동국지방에 대한 군사적 · 경제적 목적하에서 단행된 사민정책이었다.

고려군은 동국지방에 산거하고 있던 고구려인 1,799인을 무장국으로 이주시켜 만든 행정구역이다. 이들을 한곳에 집거시킨 것은 동국 경영에 대한 일련의 시책 속에서 추진되었다. 무장국은 동국지방의 중심지로서 중시되었고, 고려군의 역할도 커질 수밖에 없었다. 고려군 설치 당시 관할국인 무장국수였던 대신조신박마려는 고구려계 씨족과 친연관계를 유지하면서 고려군의 건군에 조력했다고 생각된다. 이렇게 해서 탄생한 고려군의 조직과 운영은 재지의 고구려계 씨족들이 맡았다. 그중에서 고구려 멸망 직후 망명한 배나씨는 고려군의 재지 수장층으로 성장했으며, 중앙에도 고위 관인을 배출하는 등 고려군의 중앙과 지방에서 씨족의 위상을 높여갔다. 배나씨는 배나공-배나왕-고려조신-고창조신으로 상위의 성을 획득하면서 명문가로서의 위상을 높였다.

고려군의 실질적 지배는 배나씨 일족이 담당했지만, 고려신사의 제신으로 모셔져 있는 고려약광의 존재도 중요한 위치를 점하고 있었다. 약광은 일본조정으로부터 고려왕이라는 성을 받아 고려군의 창설 시기에 이곳으로 이주하여 고구려계 씨족의 원로적 지위에서 존숭받고 있었다고 생각된다. 그의 사후 세워진 고려신사는 고려약광를 제신으로 하는 현지의 고구려계 씨족을 아우르는 정신적 구심점이 되었다. 〈고려씨계보〉에 보이는 고려씨는 고려약광의 혈연적인 관계로 이어진 계보가 아니라 의제적 동족관계이고, 고려씨라는 통일된 씨명으로 가문을 이어갔다. 고려약광을 본국에서의 절노부 출신이고, 배나씨 역시 소노부에서 유래하는 고구려의 지배층을 구성하는 계층으로 양자는 고구려의 신분구조에서도 공통점이 있고 고구려라는 공동의 출자의식으로 가문을 일체화시켰다.

일본율령국가가 만들어낸 고려군은 동국지방이라는 변경의 일개 군이었지만, 내면적으로는 고구려계 씨족들의 공동의 안식처였고, 나라 잃은 유민으로서의 정체성을 유지할 수 있는 공간이기도 하였다. 시간이 지나면서 일본화 과정 속에서 융화되어 갔지만, 고려신사라는 공동의 조상을 모시는 의례행위를 통하여 정신적 유대감을 형성하고 씨족의 결속력을 유지해나간 것으로 생각된다.

제4부

교류와 백제유민

제1장 九州의 元岡G-6호분 庚寅銘大刀와 백제

1. 서언

2011년 9월 7일 일본 九州의 福岡市에 소재하고 있는 元岡古墳群C-6호분에서 명문이 새겨진 大刀가 발견되었다[1]. 이 소식은 현지에서 커다란 반향을 일으켰고, 국내에도 보도되어 관심을 모았다[2]. 이 대도는 보존처리, 복구작업을 거쳐 2015년에 금상감된 19자의 글자를 표출하는데 성공하였다. 최초 X線 촬영시에는 확인되지 않던 문자가 CT촬영을 통해 3차원 디지털 데이터를 활용해 입체적 관찰이 가능하였다. 대도의 명칭은 '庚寅'간지명에 따라 '庚寅銘大刀'라고 명명하였다.

금년 3월에는 동 고분의 출토유물에 대한 종합보고서가 간행되어 그 전모가 밝혀졌다[3]. 元岡G-6호분은 직경 18m의 고분으로 주체부는 횡혈식석실 구조이고, 玄室은 전장2m, 폭1.6m~2.1m, 천정1.8m이고, 羨道는 길이3m, 폭1.3m, 높이1.4m이다. 현실내에는 대도를 비롯하여 金銅耳飾, 玉類, 대형 靑銅鈴, 須惠器, 鐵

---

1 대도가 발견된 元岡고분군 지역은 九州大學 캠퍼스 이전계획에 따른 새 부지(福岡市의 元岡, 桑原 및 糸島市)의 하나로 사전 조사계획에 따라 2002년부터 발굴조사가 시작되었다. 九州大學에 위탁한 발굴조사보고서는 10책이 旣刊되었고, 福岡市 토지개발공사의 조사보고서 18책, 개요보고서 2책이 나왔다.

2 연합뉴스. 2011년 10월 6일자에는 '백제의 달력을 쓴 일본 철검', '백제의 시간이 스민 후쿠오카 고분'이라는 관심을 끄는 표제를 달았다.

3 福岡市敎育委員會編, 2018,『元岡・上桑原遺跡群30』-元岡古墳群G-6号墳・庚寅銘大刀の考察-,『福岡市埋藏文化財調査報告書』第1335集.

牟, 鐵鏃, 馬具類 등 100점 이상의 부장품이 발견되었다. 이 고분의 축조연대는 630년경이고 귀고리 10점의 위치와 옥제품 출토 위치로 보아 5명의 피장자를 상정하고 있어[4], 追葬이라고 생각된다. 동『보고서』에 따르면 이 대도는 조사 당시 5개의 파편으로 되어 있었으며, 전장 74.5㎝, 刀身의 길이는 65㎝, 폭은 3㎝로 추정되고, 상감선은 0.2㎝~0.5㎜, 깊이는 0.3㎜ 정도이고 금선에 이용된 금은 순금에 가까운 순도 98.08%라고 한다.

제작년은 원가력의 역법에 의거하여 570년이고, 연월일이 모두 '庚寅' 간지로 三寅刀라는 사실이 밝혀졌다. 대도에 새겨진 '大歲(太歲)'는 당해연도의 간지를 나타내는 표기법으로 백제의 昌王銘石造舍利函에도 보이고, 『일본서기』계체기 25년조의 분주에 인용된 「百濟本記」에도 나오고 있다. '十二'라는 숫자의 해석도 통일된 견해가 없고, 이 대도의 제작지에 대해서도 동『보고서』에서는 대륙설, 백제설, 왜왕권설 등 여러 가능성을 열어두고 있어 논란의 여지가 있다.

경인명대도가 출토된 元岡C-6호분은 博多灣과 현해탄을 끼고 있는 糸島반도에 위치하고 있다. 이 지역은 왜왕권의 대외교섭의 전진기지이자 동아시아제국과의 교류의 관문으로 일찍부터 정치세력이 성립하고 있었다. 동 고분의 피장자는 출토된 유물로부터 대외교류에 종사한 인물임이 분명하고 출토된 대도 역시 국제교류상의 산물로 보인다. 이 대도에 새겨진 '寅'이 3번 들어간 三寅刀의 성격문제, 역법의 전래와 사용시기, '太歲'기년의 의미 등은 제작지를 비롯한 명문에 담긴 사상성 나아가 전래배경을 밝히는데에 중요한 문제이다. 본고에서는 동『보고서』의 주요 논점을 분석해 가면서 몇가지 지견을 덧붙여 이 대도의 역사적 성격을 追究해 보고자 한다.

---

4 福岡市教育委員會編, 2018,『元岡·上桑原遺跡群30』, pp.4~5.

2. 명문의 내용과 曆法

대도에 새겨진 명문의 문자는 다음과 같다(【사진자료】참조).

【1-1】大歲庚寅正月六日庚寅日時作刀凡十二果練

총 19자의 명문으로 그 밖의 문자의 흔적은 확인되지 않아 그 자체로 완결된 문장으로 생각된다. 명문 중에 금상감이 떨어져 나가 획의 일부만 보이는 글자도 있지만 판독에는 문제가 없다[5]. 다만 마지막 글자를 동『보고서』에서는 '練'으로 판독했지만, 좌변은 두획이 남서방향으로 길게 새겨져 있어 육안으로는 '糸'로 읽기가 쉽지않다. 東野治之는 '凍'자로 읽고 漢代의 隷書碑와 목간에서는 '湅'와 통용된다고 한다[6]. 대도의 제작자가 漢代 예서비나 목간과 같은 서체를 숙지하고 썼는지는 알 수 없지만, 좌변을 꽉채운 두획의 강한 필체는 철의 제련, 주조와 관련된 '練'을 의식해서 쓴 것은 분명해 보인다. 전반부의 '大歲庚寅正月六日庚寅日時作'의 해석은 '庚寅年 正月六日 庚寅의 日時에 刀를 만들었다'라는 해석에 세부사항은 차치하고 일단 문제가 없다. 그 말미의 문장인 '凡十二果練'에 대해서는 논란이 있다. 우선 '果'는 본래의 뜻이 '열매를 맺다' 또는 '이루다'이므로 '果練'은 '담금질을 다하여 완성하다'라고 해석된다. '十二'에 대해서는 大刀 12개로 보는 견해와 12번을 단련시켰다는 해석이 있다. 전자에 따르면 東大寺山古墳大刀와 七支刀에 보이는

---

5 동 대도의 조사보고서에서는 CT촬영에서 나타난 결과에 대해 대도는 칼집에 넣어진 채로 부장되었고, 명문의 자획과 일부 상감선에 결락이 보인다고 한다. 여기서 상감선의 결락의 시점인데, 만약 부장 후에 떨어져 나갔다고 하면 칼집 안에 상감이 편이 남아 있어야 하지만, CT촬영에서는 그 결락된 파편을 발견할 수 없고, 상감선의 결락은 부장 전에 일어난 것이라고 한다(上角智希, 2018, 「發掘調査からこれまでの經緯」, 『元岡 · 上桑原遺跡群30』, p. 17).

6 東野治之, 2018, 「元岡G-6号墳出土大刀の銘文とその書風」, 『元岡 · 上桑原遺跡群30』, p. 154.

‘百錬’, 江田船山古墳 출도의 대도에 ‘八十錬’ 등의 사례를 들어 12라는 숫자는 담금질의 횟수로서 너무 적다는 사실과 ‘凡’의 의미를 ‘모두’라고 볼 때 作刀數로 보는 것이 타당하다고 한다[7]. 후자의 입장은 12라는 숫자는 특별한 의미를 가지고 있다고 하고, 12律이 중국의 음계에서 1옥타브에 해당하고, 1년이 12월로 이루어지며 시간과 방각을 12支로 표현하는 등 12는 일종의 특별한 숫자이고, 게다가 12單으로 저명하듯이 ‘많다’를 의미하는 숫자로도 해석할 수 있고, 鉄刀, 鉄劍의 명문에 ‘錬’으로 이어지는 숫자는 철소재를 담금질하는 횟수를 가리키고 있어 이를 종합하면 ‘12회를 담금질하다’ 즉 ‘훌륭하게 담금질했다’라는 의미로 추정하였다[8]. 이 중에서 전자의 안인 대도 12개를 만든다는 의미는 부자연스럽다. 도검이나 주물로 본을 떠 만든 청동경에 새겨진 명문에는 특정 대상을 상대로 수여하는 경우가 많다. 도검에 총12개를 만들었다는 문장은 이 대도가 12개 중에 대표성을 띤다는 의미로 해석할 수 있지만, 이 경우 받는 자의 이름이 명기되어야 한다. 또한 물품의 수량을 문서가 아닌 특정 도검에 새기는 필법은 상식적으로도 생각하기 어렵다. 후자의 설에서 12간지의 지적은 중요하다. 고대의 역법에서는 12라는 숫자가 日月의 운동성과 인간계의 시간을 표시하는 기준이다. 이 대도의 冒頭에 ‘大歲’라는 12년을 공전주기로 하는 목성의 태세기년법을 표시했고, 지구가 태양을 공전하는 1년은 달의 12삭망월과 일치하며 天干인 10간은 12地支와 연결하여 한해의 표기법으로 사용한다. 게다가 12지는 하루 24시간의 기초 단위이기도 하다. 즉 12라는 숫자는 시간의 완성이자 출발점을 나타내는 그 자체로서 완결성을 의미한다. 즉 이 대도는 우주질서의 법칙에 따라 완벽하게 만들어낸 최고의 名劍이라는 역법사상에 기초하고 있다고 생각한다.

다음은 제작년과 관련된 ‘庚寅’에 대한 해석이다. 坂上康俊은 內田正男이 복원

---

7 東野治之, 2018, 「元岡G-6号墳出土大刀の銘文とその書風」, 『元岡・上桑原遺跡群30』, p.154.
8 坂上康俊, 2018, 「庚寅年銘鐵刀製作の背景」, 『元岡・上桑原遺跡群30』, p.150.

한 원가력법에 의한 曆日表[9]를 조사한 결과, 正月六日이 庚寅年이 되는 해는 570년에 한정된다는 사실을 밝혔다[10]. 원가력은 남송 원가 20년(443)에 何承天이 만들어 동 22년부터 梁 天監 8년(509)까지 65년간 사용된 曆이다. 『周書』異域·백제전에 '用宋元嘉曆'이라 하여 원가력의 사용을 전하고 있고, 『隋書』백제전에도 '行宋元嘉曆'으로 기록하고 있다. 백제에서 송의 원가력을 사용한 최초의 사례는 무령왕릉에서 발견된 무령왕과 왕비의 묘지석에 나오는 月朔 간지, 日付 간지가 원가력과 일치하고 있다[11]. 이미 백제에서는 무령왕 사망 이전인 523년 이전부터 원가력의 계산법을 습득하고 있었다. 『송서』백제전에 나오는 元嘉 27년(450)과 大明 2년(458)에 비유왕과 개로왕의 사신 파견기사가 나오고, 『남제서』백제전에 建武 2년(495)과 그 직전에 동성왕(479~500) 牟大가 남제에 상표문을 보낸 시기에 원가력을 받아들였을 것으로 보인다. 한편 중국에서는 梁 天監 9년(510)부터 隋 開皇 9년(589)까지는 祖冲之의 大明曆이 사용되었고, 무령왕릉 묘지석의 월삭, 일부간지가 일치하고 있어 백제에서 대명력을 사용했을 것으로 보는 견해도 있다[12]. 중국에서의 改曆은 '受命改制'에 따른 신왕조의 출현과 더불어 행해지는 의례적인 것이기도 하지만, 부정확한 천체현상과 역법과의 괴리의 해소를 위해 보다 정확한 역법의 산출에 있었다[13]. 그러나 새로운 역법의 수용은 新曆에 대한 충분한 이해가 필요하고 새로운 역으로의 교체에 따른 혼란도 있어 일상생활에 큰 지장이 없다면 改曆의 사실을 인지했어도 종래의 역을 그대로 사용했다고 본다. 즉 백제는 각종 사료에 보이고 있듯이 멸망에 이르기까지 원가력을 일관되게 사용했음은

9 內田正男, 1975, 『日本曆日原典』, 雄山閣.

10 坂上康俊, 2013, 「庚寅年銘の背景となる曆について」, 『元岡·桑原遺跡群22』-第56次報告1-, 『福岡市埋藏文化財調査報告書』第1210集, pp. 77~79.

11 內田正男, 1972, 「元嘉曆による曆日の推算について」, 『朝鮮學報』65.

12 김일권, 2007, 「백제의 曆法制度와 干支曆日 문제 고찰」 백제문화사대계(제11권) 『百濟의 社會經濟와 技術科學』, 충청남도역사문화연구원, pp. 372~375.

13 崔振黙, 2007, 「漢代의 改曆過程과 曆譜의 성격」, 『大丘史學』87, p. 115.

분명하다. 백제에서 원가력의 사용은 5세기중엽 이후에서 무령왕 즉위 이전 사이일 것으로 추정된다. 고대중국의 유교정치사상에서는 역법은 황제의 고유의 권한이며, 天命을 받은 천자는 천체의 운행을 정확히 파악해서 역법을 제작하고 이를 백성들에게 반포하여 실생활에 적용시킨다. 일월과 성진의 운동성, 기상관측 등은 바로 지상계에 그대로 영향을 미치는 것이어서 역법의 시행은 시간을 지배하는 황제의 통치기반이다. 그러나 역법에 대한 지식은 고도의 역산술이 필요하여 중화의 정치문화권 하에서의 독자적 역법의 시행은 사실상 불가능하여 중국왕조에서 만든 역법을 사용할 수 밖에 없었다.

이러한 국제질서 속에서 백제의 역법은 왜국에 전해진다.『일본서기』흠명기 14년(553) 6월조에 '醫博士, 易博士, 曆博士를 마땅히 순번에 따라 교대시켜야 한다. 지금 위에 열거한 직종의 사람들은 바야흐로 교대할 시기가 되었다. 돌아오는 사신에 딸려 보내 교대시키도록 하라. 또한 卜書, 曆本과 여러 가지 약물도 함께 보내라[14]"는 기사가 나온다. 이 기사의 번국사관의 정치사적 의미는 생략하지만, 당시 백제에서는 중국에서 들어온 역법 전문가 집단이 형성되어 있었음을 알 수 있다.『北史』백제전의 外官10부 중에 日官部가 보이고,『삼국사기』잡지「外官」조에『북사』를 인용하여 일관부의 기록이 보이듯이 이미 천문을 관측하고 역법의 정보를 기록하는 관부가 설치, 운용되고 있었다. 이들 제박사는 일정 기간 왜왕권에 기술연수의 형식으로 파견되고 있었다. 이듬해 흠명기 15년 2월조에는 덕솔 東城子莫古를 보내면서 이전의 순번인 나솔 東城子言과 교대시키고, 오경박사 王柳貴를 馬丁安과 교대하였다. 승려 담혜 등 9인은 승려 道深 등 7인도 교대하였다. 또한 易博士 王道良, 曆博士 王保孫, 醫博士 王有㥄陀, 채약사 潘量豊ㆍ丁有陀, 樂

---

14 『日本書紀』欽明紀14年6月條, "遣內臣, [闕名.] 使於百濟. 仍賜良馬二匹ㆍ同船二隻ㆍ弓五十張ㆍ箭五十具. 勅云, 所請軍者, 隨王所須. 別勅, 醫博士ㆍ易博士ㆍ曆博士等, 宜依番上下. 今上件色人, 正當相代年月. 宜付還使相代. 又卜書曆本種種藥物, 可付送".

人 三斤・己麻次・進奴・進陀를 보냈다고 하는 각종 학문, 기술 전문가들이 교대 파견이 이루어지고 있다[15]. 이들 기록에서 백제로부터 曆法 전문가인 曆博士가 왜국에 파견되어 백제의 역법을 전수하고 있었음을 알 수 있다. 曆法은 日月, 星辰의 운행이나 월식, 일식 등 천체의 주기적 현상에 따라 시간 단위를 정해 나가는 원리이자 이론 공식이며 曆本(册曆)은 이러한 曆算 작업을 통해 제작된 실용력이다. 이때의 역법의 전수는 백제에서 습득한 원가력에 기초한 한해의 달력을 이해할 수 있도록 교습시키는 것이었다고 보인다.

중국전통의 역법에 기초한 역산의 결과로서 완성된 달력은 閏月(置閏法)을 비롯한 月의 대소(連大法) 등 매년 변화하는 것이다. 이 역산에는 중국에서 엄밀한 일월의 운행 등 천체현상의 관측결과에 기초한 基數가 들어가는데, 平朔法을 이용한 원가력에서는 그 계산이 용이하지만, 당시의 왜국인들에게는 취급하기 어려운 일이었다[16]. 당시 왜국에서 제작된 금석문에 보이는 역법에 기초한 간지기년법의 사례를 보면, 稻荷山古墳 출토의 철검명(471년)에 "辛亥年六月中記"라고 하여 年 간지만 기록하고, 동시기의 江田船山고분 출토의 대도에도 "八月中"이라는 月次만 기록하고, 고분시대 종말기에 해당하는 箕谷2호墳에서 출토된 "戊辰年五月中"이라는 6자 동상감 명문에도 月日 간지가 없다. 그러나 7세기중엽이 되면 다음의 사례에서 보듯이 연월일 간지가 명기되어 있어 역법에 기초한 표기법이 사용되고 있음을 알 수 있다. 法隆寺献納物(N-165)인 銅造観音菩薩立像에 명기된 "辛亥年七月十日記笠評君名左又古臣辛丑日崩去辰時…"라고 하여 신해년(651) 7월 10일에 사망한 笠㝮君을 위해 제작된 이 불상에는 간지년과 월일 그리고 日時 간

---

15 『日本書紀』欽明紀15年 2月條, "百濟遣下部杆率將軍三貴・上部奈率物部烏等, 乞救兵. 仍貢德率東城子莫古, 代前番奈率東城子言. 五經博士王柳貴, 代固德馬丁安. 僧曇慧等九人, 代僧道深等七人. 別奉勅, 貢易博士施德王道良・曆博士固德王保孫・醫博士奈率王有㥄陀・採藥師施德潘量豐・固德丁有陀・樂人施德三斤・季德己麻次・季德進奴・對德進陀, 皆依請代之".

16 坂上康俊, 2013, 「庚寅年銘の背景となる曆について」, 『元岡・桑原遺跡群22』, p.80.

지를 기록하고 있다. 野中寺 彌勒菩薩像臺座에 새겨진 丙寅年(660) 제작 명문에 "丙寅年四月大朔八日己卯開記…"라고 年月日 간지를 명기하고 있다. 또 백제계 도래인 王辰爾의 후손인 船氏王後의 墓誌銘(668년)에 "三殂亡於阿須迦天皇之歲 次辛丑十二月三日庚寅, 故戊辰年十二月殯葬於松岳山上"이라고 하여 사망년 간 지와 月, 日干支를 기록하고 있다.

이러한 사례를 뒷받침하는 기록이 7세기초 백제승 관륵의 역법 전래이다. 『일 본서기』추고기 10년(602) 冬10월조에는 "백제의 승려 觀勒이 와서 曆書, 天文地 理書, 遁甲·方術書를 바쳤다. 이때 書生 3, 4명을 선발하여 관륵에게 학습하게 하였다. 陽胡史의 선조인 玉陳은 역법을 배우고 大友村主高聰은 천문과 둔갑을 배웠으며 山背臣日立은 방술을 배웠다. 모두 배워서 학업을 성취하였다[17]"고 기 록하고 있다. 이미 백제에서는 반세기전에 曆과 易에 관한 諸博士의 파견을 통해 역법을 전수했는데 다시 관륵을 보내 천문역법에 관한 정보를 전하고 역법 전문 가 양성을 위한 교육을 실시하였다. 역법의 이해와 불가분한 천문관측에 대해서 도 推古36년(628)조의 일식기사가 초견이다[18]. 관륵의 역법전수 시기와도 일치하 고 있다. 그러나 이때부터 曆日이 사용되었다고 해도 일본에서 曆계산까지 행해 졌는지에 대해 의문시 하는 견해도 있다[19]. 平安시대에 편찬된『政事要略』에는 "儒 傳云, 以所治田朝12年歲次甲子正月戊申朔, 始用曆日[20]"라고 하여 治田朝(推古) 12 년(604)에 비로서 曆日이 사용되었다고 한다. 이 기사의 추고12년 正月朔日의 曆 日 간지인 戊申은 당시 왜국에서 시행된 원가력과 隋의 개황력에서는 戊戌라는

---

17 『日本書紀』推古紀10年 冬10月條, "百濟僧觀勒來之. 仍貢曆本及天文·地理書, 幷遁甲·方術之書 也. 是時選書生三四人, 以俾學習於觀勒矣. 陽胡史祖玉陳習曆法, 大友村主高聰學天文遁甲, 山背臣 日並立學方術. 皆學以成業. 閏十月乙亥朔己丑, 高麗僧僧隆· 雲聰共來歸".

18 『日本書紀』推古紀36年 3月條, "丁未朔日戊申, 日食有記蝕事盡之".

19 內田正男, 1975, 『日本曆日原典』, 雄山閣, p.524.

20 『政事要略』25·年中行事11月御曆奏.

사실이 밝혀져[21], 『일본서기』의 기록이 오류임이 드러났다. 일본고대의 일식기록을 분석한 연구에 의하면, 추고 36년에서 和銅 2년(709)까지 24例의 일식기사에서 실제로 지구상에서 일어났지 않았거나, 지구상에서 일어났지만 飛鳥京에서는 보이지 않았거나(夜日食) 혹은 晝日食이어도 일월의 시차관계로 떨어져서 보이지 않은 사례도 많고, 持統 5년(681) 이후는 대부분 不食이었다고 한다[22]. 또 曆注가 실제의 행위로 사용되는 확실한 예도 7세기말 妙心寺鐘銘(698)을 소급되지 않는다[23]고 한다. 曆注는 曆의 日付와 연월을 표기하는 역산법으로 천제의 운행원리로 시간을 수로 표현하고 있다. 역법 이해의 기본이 되는 역주표기가 7세기말이 되어야 사료상에 보인다는 사실은 역법 시스템이 완전히 작동하지 않았음을 보여준다. 細井浩志에 의하면, 8세기전반 일본율령국가는 曆算 기술자의 양성에 고심하고 있었고, 이 단계에서 대학료의 박사와 그 예비군인 明經家, 紀傳家가 역산을 구사해서 일본서기 연구를 행했던 정황은 상상하기 어렵다고 한다. 역사기술자의 양성이 괘도에 오른 것은 8세기 후반 藤原仲麻呂 정권하에서이고 역관념이 귀족층에게 완전히 침투한 것은 8세기 말에서 9세기 초가 되어 가능했다고 논한다[24].

21　細井浩志, 2007, 『古代の天文異變と史書』, 吉川弘文館, p.11.

22　齊藤國治, 1982, 『星の古記錄』, 岩波新書, pp.34~37. 『日本書紀』持統紀 4년(690)11월조에 의하면, "甲申, 奉勅施行元嘉曆與儀鳳曆"이라 하여 이 시점에서 원가력과 의봉력을 행했다고 하여 兩曆 병용했다고 한다. 의봉력은 唐 麟德2년(665)에서 開元16년(728)까지 73년간 사용된 역이다. 당에서는 麟德曆으로 부르며 의봉력은 신라에 사용한 명칭으로 文武王14년(674)에 채용했고, 일본은 690년 이전에 신라를 통해 받아드렸다고 보인다. 이 시기의 일식기록의 오류는 兩曆 병용에 의한 혼란이라는 측면도 있지만(大谷光男, 『古代の曆日』, 雄山閣, 1976, pp.117~124), 한편으로는 曆算法의 어려움을 보여주는 것이라고 생각한다. 의봉력의 일본전파에 대해서는 고현정, 2014, 「일본 儀鳳曆의 傳來문제와 新羅」, 『한국고대사연구』75 참조.

23　東野治之, 2018, 「元岡G-6号墳出土大刀の銘文とその書風」, 『元岡・上桑原遺跡群30』, p.152. 京都市 妙心寺에 있는 이 妙心寺鐘에는 「戊戌年四月十三日壬寅収糟屋評造舂米連広国鑄鐘」이란 명문이 새겨져 있고, 戊戌年은 698년에 해당하고 筑前(現 福岡縣) 糟屋評의 評造인 舂米連廣國이 鐘을 주조했다고 한다.

24　細井浩志, 2007, 『古代の天文異變と史書』, 吉川弘文館, p.14.

당시 역법의 편찬은 중국 역대왕조의 전유물이었고 주변제국은 이를 받아늘여 통치의 수단으로 사용하였으나 그 습득과정에 얼마나 어려움이 있었다는 것을 말해주고 있다. 특히『일본서기』에 보이는 가공의 일식기록은 편찬의 오류인가 부정확한 관측인가는 알 수 없지만 역법의 시행이 간단한 문제가 아니었음을 보여주고 있다. 백제에서 전한 원가력도 실제로 왜국에서 받아들여 시행되기까지는 많은 난관이 있었다고 보이며 적어도 7세기 이전에는 독자의 역산법에 의한 역법의 行用은 없었다고 보는 것이 온당할 것이다.

3. 大刀와 '太歲'기년

경인명대도에 보이는 '太歲'에 대해서 제작동기와 관련해 검토해 보기로 한다. 漢代에 들어 태세기년법이 나오기까지 사용된 歲星기년법은 歲星(목성)의 공전주기가 대략 12년이라는 사실에 기초했다. 그러나 목성의 공전주기는 11.86년임이 밝혀져 이를 보완하기 위해 가상의 별을 고안해 이를 태세라고 부르는 태세기년법이 나왔다[25]. 중국의 진한시대에 보이는 時日禁忌의 이론적 근거는 太歲, 月建, 28宿 등이 시일금기의 기본관념이라고 한다.『論衡』의 譏日編에도 時日 금기에는 연월일의 금기가 존재했고, 病死災患의 크기와 관련이 있다고 기록되어 있다[26]. 이러한 太歲, 月建은 진한시대에 국가의 외교를 비롯하여 토목공사, 제사, 결혼, 상장, 출산에 이르는 일생생활에 영향을 미치고 방위와 관련된 사항은 태세, 월건을 주의하지 않으면 안되었다[27]. 태세기년법에서의 금기일은 곧 吉日을 정한다는

---

25 張寅成, 1993,「秦漢時代의 太歲·月建占」『인문과학연구소논문집』20-2, 충남대학교, pp. 94~95.

26 『論衡』譏日編, "世俗既信歲時, 而又信日, 擧事若病死災患, 大則謂之犯觸歲月, 小則謂之不避日禁, 歲月之傳既用, 日禁之書亦行, 世俗之人, 委心信之".

27 張寅成, 1993,「秦漢時代의 太歲·月建占」『인문과학연구소논문집』20-2 참조.

의미로 해석할 수 있다.

太歲銘을 새긴 금석문은 고구려와 낙랑·대방군 유지에서만 7例가 확인된다[28].

【2-1】① "太寧四年太歲□□閏月六日己巳造吉保子宜孫"(吉林省 集安縣城)

② "□四時興詣□□□□萬歲太歲在丁巳五月廿日"(吉林省 集安縣城)

③ "丁巳□□□□歲□□□□□□萬世太歲在丁巳五月廿四日"(吉林省 集
安縣 禹山墓區 M3319 方檀階梯積石墓)

④ "咸和十年太歲乙未孫氏造"(樂浪·帶方郡)

⑤ "建元三年太歲在巳八月孫氏造"(樂浪·帶方郡)

⑥ "永樂十八年, 太歲在戊申十二月辛酉朔廿五日, 乙酉成遷移玉柩周公相
地, 孔子擇日武王選時歲使一, 良葬送之後富及七世子孫, 番昌仕宦日遷
位至矦王(德興里古墳 墨書銘)

⑦ "(蓋內)延壽元年太歲在卯三月中, 太王教造合杅用三斤六兩",
"(外底)延壽元年太歲在辛, 三月□太王教造合杅三斤"(瑞鳳塚出土 銀盒杅)

4세기에서 5세기의 유물들로서 사료①②③은 와당의 명문인데 특히 사료①은
太歲□□년 윤달 己巳의 날인 길일에 만들었으니 자손들이 번영하기를 바란다
는 길상구이다. 사료④⑤는 벽돌을 만든 工人의 성을 새긴 명문으로 묘석실의 재
료로 사용된 것으로 정성을 다하여 만들었으니 편안하게 잠드시라는 염원이 담
긴 명문이라고 생각된다. 사료⑥은 덕흥리고분의 묵서명인데 태세기년 월일은 묘
주인 유주자사 鎭의 사망일과 안장일을 기록한 것이다. 시신을 안치한 후, "周公
이 땅을 相히고 孔子가 날을 擇했으며 武王이 시간을 선택했다. 날짜와 시간을 택

28 齊藤忠編著, 1983, 『古代朝鮮日本金石文資料集成』, 吉川弘文館, 한국고대사회연구회편, 1992, 『譯
註韓國古代金石文』제1권, 가락국사적개발연구원.

한 것이 한결같이 좋으므로 장례 후 富는 七世에 미쳐 子孫은 번창하고 관직도 날마다 올라 位는 侯王에 이르도록 하라"고 기록하여 태세간지의 길일을 택해서 후손에게 번창이 있을 것을 기원하고 있다. ⑦은 고구려에서 제작된 것으로 경주 서봉총 출토된 은합우이다. 태왕이 교시하여 만든 물건에 걸맞는 길일 태세간지로 생각된다. 경인명대도가 제작되기 3년전에 성왕의 추복을 위해 만든 백제창왕명석조사리감에도 "百濟昌王十三季太歲在 丁亥妹兄公主供養舍利"이라는 태세기년의 명문이 새겨져 있다. 이 사리감은 불의에 세상을 떠난 성왕을 추복하는 사리공양의 성스러운 의식으로 태세간지를 명기하고 있다[29]. 따라서 위덕왕13년이 되는 태세에 길일을 택하여 만든 것이고, 辟邪, 招福의 불교와 습합한 주술적 도교사상도 엿보인다.

한편『日本書紀』繼體紀25年 冬12월조에는 다음과 같은 太歲기년 기사가 나온다.

【2-2】丙申朔庚子, 葬于藍野陵[或本云, 天皇, 廿八年歲次甲寅崩. 而此云廿五年歲
　　　次辛亥崩者, 取百濟本記爲文. 其文云, 太歲辛亥三月, 軍進至于安羅, 營乞
　　　毛城. 是月, 高麗弑其王安. 又聞, 日本天皇及太子皇子, 俱崩薨. 由此而言,
　　　辛亥之歲, 當廿五年矣. 後勘校者, 知之也]

『일본서기』에서 繼體의 沒年은「百濟本記」에 따라 신해년(531)을 취하고 있다. 이어「百濟本記」를 인용하여 백제가 安羅에 진군하여 걸탁성을 쌓고, 고구려 안장왕의 시해사건을 기록한다. 또 일본천황 및 태자, 황자 모두가 죽었다고 한다. 그런데 계체 다음에 즉위한 安閑은 즉위 원년조 말미에 '是年太歲甲寅'이라고 하여 갑인년(534)에 즉위한 것으로 기록하고 있어 531년 12월에 사망한 계체와는 사이

---

29 김선숙, 2012,「백제 창왕명석조사리감 명문에 보이는 太歲의 의미」,『인문과학논집』, 강남대학교
　　인문과학연구소, pp. 72~74.

에 2년의 空位가 생긴다. 이 기사는 일찍이 '辛亥의 變'이라고 해서 계체의 죽음이 정치적 변란에 의한 사건으로 지적되어 왔다[30]. 『上宮聖德法王帝説』,『元興寺伽藍縁起』등에서는 欽明의 즉위를 계체 다음인 신해년(531)로 기록하고 있어 무언가 정치적 변고의 가능성을 높여준다. 주변제국의 정치적 변고에 太歲 기년의 표기는 도참사상에서 말하는 길흉을 예언한다는 점에서 죽음, 장의와 관련된 사례라고 생각된다.

이 기사를 제외하고 『일본서기』에서 太歲 기년을 사용한 것은 즉위년조이다. 神武紀 東征 원년조에 "是年也, 太歲庚辰"을 비롯하여 마지막 持統紀 원년조의 "是年, 太歲丁亥"에 이르기까지 각 천황기 원년조 말미에 "이해가 太歲○○년이다"라고 기록하고 있다[31]. 『일본서기』의 각 천황기 원년에 '太歲'는 편찬시의 이념을 나타낸 것으로 12년을 주기로 공전하는 목성(歲星)의 기운을 받아 즉위했다는 상서로운 해를 표현한 것으로 보인다. 이것은 『史記』,『漢書』등 중국정사에도 보이지 않고[32], 기타의 일본고문헌에도 보이지 않아 아마도 백제사료의 영향이 아닌가 생각된다. 경인명대도에 새겨진 '太歲'도 상기의 사례와 마찬가지로 태세기년법에 따라 寅年 寅月, 寅日로 하는 三寅刀를 만들어 백제의 위기적 상황에 병력을 이끌고 직접 전쟁에 참여한 구주의 호족 筑紫火君에 보낸 것이다. 한편으로는 이 대도가 부장되어 있던 元岡G-6고분의 주인공이 축자화군인지에 대해서는 또 다른 문제가 있다. 동 보고서에 따르면 元岡G-6고분의 축조연대가 7세기전반에서 중반경일 것으로 추정되고 있듯이 적어도 대도가 전달된 시점으로부터 2-3세대가 지났을 것으로 보여 고분의 피장자는 축자화군으로부터 물려받은 그 후손

---

30 林屋辰三郎, 1955,「繼體・欽明內亂の史的分析」,『古代國家の變體』, 東京大學出版會, pp. 23~27.

31 天武紀에서는 천무2년조에 "是年, 太歲癸酉"라고 기록하고 있다. 원래 천무원년은 천지의 황태자인 大友원년에 해당하지만, 임신의 난 후 즉위한 천무원년과 겹쳐 2년조에 기록한 것으로 보인다. 제2대 綏靖紀에는 즉위전기, 신공기는 섭정원년, 동 39년과 69년조에 예외적으로 기록되어 있다.

32 山田英雄, 1979,『日本書紀』, 敎育社, pp. 39~40.

일 가능성이 높다.

4. 大刀의 庚寅 간지와 三寅刀

다시 대도의 경인 간지에 대해 살펴보자. 동 명문에는 年과 日을 나타내는 '庚寅', '十六日庚寅'의 문자가 2번 나온다. 여기에 『宋書』에 "建元嘉曆…以建寅之月爲歲首"라고 하여 建寅의 月을 歲首, 즉 정월로 했다는 기록에 근거하면 '三寅'을 표현하고 있고, '庚寅'의 庚은 음양오행설에서 '金'에 해당하여 금속기의 제작에 상응한다[33]. 이러한 칼을 三寅劍이라 하고 특수한 呪力을 갖는 靈劍으로 辟邪, 避災, 招福 등의 예로부터 중국, 한반도 등지에서 유행하던 방식이라고 생각된다. 일본 天理市에 있는 石上神宮에 소장된 백제에서 전해진 七支刀에도 '五月十六日丙午正陽'이라고 하여 火의 기운이 가장 강한 길일을 택해 만들었다는 길상구를 새기고 있다.

현재 일본에 실존하는 三寅刀는 개인소장품(畠山理介)으로 전해오고 있다. 조사 결과에 따르면, '三寅劍'이라는 명문과 함께 星辰, 天部像이 새겨져 있고, 星辰에는 三公, 三台, 북두칠성이 묘사되어 있다고 한다. 중국에서는 三公, 三台, 북두칠성 등 3星辰은 북극성을 나타내고, 천상계에서는 신, 지상계에서는 황제가 세계를 무사히 통치하기 위한 운행을 관장하거나 그 보좌역을 맡고, 寅歲, 寅月, 寅日의 3개의 寅이 중복되는 날에 만들어져 禳災, 護身의 염원하기 위해 만든 칼이라고 한다[34]. 이 대도에 새겨진 3寅劍은 불교와 습합한 도교사상의 영향으로 생각

---

33 坂上康俊, 2013, 「庚寅年銘の背景になる曆について」, 『元岡·桑原遺跡群22』, pp.77~78.

34 水野正好, 1994, 「三寅劍'劍名攷」, 『四日市市立博物館研究紀要』第1号, pp.9~14, 西山要一, 1996, 「三寅釖象嵌技法とX線透過寫眞·エミシオグラフィによる研究」, 『文化財學報』17, 奈良大學 文化財研究科, pp.99~100, pp.107~108.

된다. 도교는 神仙사상을 기초로 하여 노장사상을 중심으로 易, 음양5행, 卜筮, 참위, 巫祝 신앙 등을 받아들이고 불로장생을 주된 목적으로 하는 현실 이익적 종교로 알려져 있다. 六朝시대에는 검을 신비화하고 신령시하는 사상, 신앙은 일반 지식인이나 전문 道士仙術의 저작에 많이 보이고, 星占術的인 천문학, 노장의 道, 易과 易緯의 철학과 연결되어 神仙術에 의해 巫術化되는 경향이 있었다[35]. 육조시대에 劍의 靈威를 설명한 魏의 曹丕(文帝)의 『典論』에도 "建安二十四年, 魏太子丕百兵實劍…精而鍊之, 至于百兵…"라고 기록하고 있고, 魏 武帝 「內誡令」에도 "往歲作百辟刀作五枚"라고 하여 도검의 성격이 辟邪, 破賊과 관련되어 있음을 말해주고 있다[36].

백제의 금석문에도 도교적 요소가 확인된다. 칠지도에 보이는 '辟百兵'에 대해 福永光司은 도교의 敎典인 『抱朴子』金丹編에는 丹金을 도검에 바른다면 '兵을 격퇴하기를 萬里'라고 했고, 神丹의 영험을 해설하기를 '辟百兵'으로 기록하고 있어 칠지도는 중국고대의 연금술 이론서인 『周易參同契』, 『抱朴子』의 기술과 공통하는 자구를 많이 포함하고 있다고 한다[37]. 무령왕릉 출토의 獸帶鏡, 神獸鏡 등의 명문에는 '上有仙人不知老'라고 하여 신선사상이 나타나 있고, 매지권에 나오는 토지신의 존재도 도교사상과 밀접한 관계가 있다. 上田正昭는 무령왕비의 지석 말미에 '不從律令'은 중국의 매지권에도 '如律令', '急急律令'이 나오는데 魏晉시대에는 이미 道教呪符의 呪言에 '如律令'이라는 권력의 命言을 도교에 흡수하였다고 한다[38]. 부여 외리에서 출토된 山景文塼에 묘사된 신선세계, 백제금동대향로에 투영된 신선의 세계관, 부여 능산리사지에서 발견된 299호 목간에 대해 참위나 점

---

35 福永光司, 1973, 「道教における鏡と劍」, 『東方學報』45, 東方文化學院京都研究所, p. 94.

36 福永光司, 1973, 「道教における鏡と劍」, pp. 94~95.

37 福永光司, 1987, 『道教と古代日本』, 人文書院, 1987, p. 102.

38 上田正昭, 『古代の道教と朝鮮文化』, 人文書院, p. 23.

복적 성격 혹은 부적, 呪符등 주술목간으로 지적되어 왔다[39]. 『周書』백제전에 백제인은 음양오행과 卜筮 · 占相術에 대한 지식을 습득하고 있었고, 『北史』백제전에도 蓍龜, 占相術 · 음양오행을 알고 있었다고 한다. 이러한 백제의 卜書, 曆本, 천문지리서, 둔갑방술서 등 도교사상과 관련된 문물이 왜국에도 전해졌다[40]. 이렇듯 6세기대 백제문화의 도교적 요소는 경인명대도에도 투영되어 있다.

다음은 백제에서 전해진 것으로 알려진 일본에 각종 고문헌에 기록되어 있는 大刀契에 대해 살펴보자[41]. 大石良才에 따르면 이 대도계는 일본의 황실에 들어오기 전에 백제왕의 寶器로서 백제멸망 후에 전해졌을 것으로 보고 있다[42]. 이 寶器는 鎌倉時代까지 존재했음이 확인되고 그후 南北朝시대에 소실되어 현전하지 않는다. 『古事類苑』帝王部三 · 神器下 「附大刀契」 항목에는 대도계에 대해 다음과 같이 기록되어 있다. 大刀는 백제국으로부터 공헌된 2구가 있는데, 하나는 三公鬪戰劍이라 하고, 또 將軍劍, 破敵劍이라고도 한다. 다른 하나는 日月護身劍이라고 명명하고, 日月七星青龍白虎 등의 象이 있고 황위계승 시에 전수되어 行幸에도 함께 하는 神器로서 중보라고 한다[43]. 이어서 한문으로 다음과 같은 문장이 명

---

39 주술목간에 대한 제설의 소개와 연구동향에 대해서는 이재환, 2013, 「한국고대 '呪術木簡'의 연구동향과 展望-'呪術木簡'을 찾아서-」, 『목간과 문자』10 참조.

40 백제의 도교문화 및 왜국전파에 대해서는, 張寅成, 2005, 「한성백제시대의 도교문화」, 『향토서울』 65, 同 2009, 「고대일본에 전파된 백제도교」, 『한국고대사연구』55, 문동석, 2009, 「한성백제의 도교문화와 그 성립과정」, 『백제연구』50, 김영심, 2011, 「백제문화의 도교적 요소」, 『한국고대사연구』64, 同 2017, 「일본고대의 도교문화와 백제」, 『백제연구』57 참조.

41 大刀契 관련기록은 『日本後紀』로부터 慶應3년(1867)까지 각종 문헌을 분야별로 편집한 『古事類苑』 (1914년 간행)에 일목요연하게 기록되어 있다.

42 大石良才, 1975, 「大刀契」, 『日本王權の成立』, 塙書房, pp.351~354.

43 神宮司廳編, 1967, 『古事類苑』(吉川弘文館, 帝王部三 · 神器下 「附 大刀契」 "大刀契ハ二物ノ名ナリ, 大刀ハ百濟國ヨリ貢獻セシ所ニシテ二口アリ, 一ヲ三公鬪戰劍ト名ヅケ, 又將軍劍トモ, 破敵劍トモ云ヒ, 一ヲ日月護身劍ト名ヅケ, 日月七星青龍白虎等ノ象アリ…要スルニ大刀契ハ, 踐祚ノ時授受シ給ヒ行幸ニモ從ヒ, 神器ニ亞ギテ重寶ナルモノナ".

기되어 있다.

【3-1】"歲在庚申正月 百済所造三七練刀 南斗七斗 左青竜右白虎 前朱雀 後玄武
　　　　辟除不祥 百福会就 年齢延長 万歳無極[44]".

즉 경신년 정월에 백제에서 만든 三七練刀이다. 南斗7星과 四神의 수호신이 지키고, 불길한 일을 제거하여 백복을 만나 수명을 늘려 만세를 누리라는 辟邪, 招福을 염원하는 명문이다. 이 대도의 명칭은 三公闘戦劍, 將軍劍, 破敵劍, 日月護身劍 등으로 불리었다. 대도에 각인된 星辰과 천체의 28宿의 4방의 방위를 담당하는 청룡·백호·현무·주작 등 4신을 각인, 배치한 것은 군주에 어울리는 표상들이다. 이 대도의 명칭에 새겨진 闘戦, 將軍, 破敵, 日月護身 등은 국가의 안전을 수호하는 동시에 군주의 만세무궁을 기원하는 길상구이다. 6세기전반에 조영된 공주 송산리6고분에는 사신도가 그려져 있고, 부여 능산리 東下塚 벽화고분에도 사신도와 日月像이 묘사되어 있다. 이 대도에 보이는 천문역법의 지식은 '경인명대도'명과도 상통하며 破敵, 辟邪, 長壽, 招福을 기원하는 백제에서 유행하던 도교사상과도 깊히 연관되어 있다.

한편『舊唐書』劉仁軌傳에는 백제왕의 보검과 관련된 다음과 같은 기록이 있다.

【3-2】"(顯慶)五年(660)…仁軌遇倭兵於白江之口, 四戰捷, 焚其舟四百艘, 煙焰漲
　　　　天, 海水皆赤, 賊衆大潰, 餘豊脱身而走, 獲其寶劍…"

유인궤가 백강구에서 왜병을 만나 4번 싸워 이기고 병선 4백척을 불태우니 화염은 하늘을 뒤덮고 해수는 붉게 물들어 적들은 궤멸하였다고 하고, 이어 부여풍

---

44 『古事類苑』帝王部三·神器下「塵袋」.

이 탈출하자 보검을 빼앗았다. 이 기록에서 보검을 빼앗았다는 '獲其寶劍'은 부여 풍의 보검으로 백제부흥운동의 수장으로서 백제왕의 계승자임을 상징하고 있다[45]. 이때의 보검이 원소유주가 의자왕인지는 알 수 없지만, 왕실을 대표하는 보기 임은 분명하고 백제왕의 보검의 존재를 보여주고 있다[46]. 후대의 기록이지만 「中宗實錄」37년(1542)조에는, 四寅劍이란 '寅年寅月寅日寅時'에 주조한 검이고, 해마 다 주조하는 것이 아니고 반드시 寅年에 만들어야 하는데, 올해가 마침 寅年이므 로 주조하라고 명하였다고 한다[47]. 寅年을 검을 주조하는 吉祥의 해로 인식하고 4 寅劍에 대한 특별한 의미를 부여하고 있다. 도검에 대한 조선시대 이전의 기록은 보이지 않지만 지배자의 인식과 관념은 고대로부터 유래된 것으로 보인다.

이 대도명의 서체에 대해서 전체적으로 둥근 형태의 자형이 강하고, 자획의 곳 곳에 筆勢가 나타나 있어 일본의 고분시대의 도검과는 다르고, 書風은 전체적으 로 예서이면서도 새로운 해서의 영향으로 보거나[48], 혹은 명문의 '作刀'라는 2글자 를 보면 일본국내의 명문도검에 보이는 직선적이고 가는 자획이 아니고 斜線을 의식해서 쓴 毛筆에 가까운 서체로서 일본국내의 상감기법에서 보면 새로운 기술 이라고 한다[49]. 이에 대해 무령왕릉 지석의 서체에 대한 연구에 따르면 규범화된 자형이나 운필과는 차이가 나고 점획과 자형의 변화가 풍부해 글씨 전체의 모습 이 시각적으로 자연스럽고, 중국 남조나 북조의 해서의 분위기를 닮았지만, 백제 서예의 독자적인 서풍이라고 한다. 창왕명석조사리감의 서체는 무령왕지석과 내

45 大石良才, 1975, 「大刀契」 『日本王權の成立』, 塙書房, p.351.

46 백제왕실의 보검은 부여풍이 소지하고 있던 보검과는 별도의 보검이 백제유민에 의해 일본왕실에 전해졌을 가능성도 있다. 일본사료에는 大刀 2口, 節刀 數口, 符契 등을 大刀契라고 하여 여러개의 도검이 존재하고 있었음을 기록되어 있다.

47 『朝鮮王朝實錄』 「中宗實錄」 37년 4月18日條, "四寅劍, [寅年寅月寅日寅時所造] 則非年年所鑄, 必於寅 年爲之, 此祖宗朝故事也. 今年適寅年, 故命鑄之".

48 東野治之, 2018, 「元岡G-6号墳出土大刀の銘文とその書風」, 『元岡·上桑原遺跡群30』, p.153.

49 大塚紀宜, 「庚寅銘大刀と7世紀の北部九州」, 『西日本文化』471, 2014, p.24.

재적인 연계성을 보여주고 있다면서 예서풍이 강하고 여러 서체와 이체자를 배합하여 독특한 풍모를 이루고 있다고 지적하였다[50]. 경인명대도의 서체와 시대적으로 가까운 백제의 금석문에 대한 평가를 비교해 봤을 때 예서적 성향에다 해서적 서풍이 가미된 독특한 문체라는 공통점이 있다고 보여진다.

5. 大刀의 전래배경과 聖王

백제에서 제작된 대도가 왜국에 전해진 배경과 관련하여 관산성전투에서의 성왕의 죽음은 중요한 계기이다. 성왕의 죽음으로 백제왕권은 크게 혼란에 빠졌고, 이러한 상황에서 권력을 이어받은 왕자 여창왕은 대왜외교에 전력을 다하였다. 당시 백제는 고구려와는 적대관계에 있었고 중국의 남북조는 혼란시기로 외교사절조차 파견하기 어려운 상황이었다. 위덕왕은 선대로부터 백제와 오랜 동맹관계에 있던 왜왕권에 청병사로서 동생 혜왕자를 파견한다.

이때의 상황을 『일본서기』에서는 다음과 같이 전하고 있다. 흠명 16년(555) 봄2월에 백제왕자 餘昌이 혜왕자를 보내어 "성명왕이 적에게 살해당했다"고 알리고, "만약 불쌍히 여겨 병기를 많이 주신다면 치욕을 씻고 원수를 갚고자 한다"고 구원병 파견을 요청한다. 이에 蘇我大臣이 "성왕은 천지의 도리에 통달하였고 명성은 널리 두루 퍼졌다"며 성왕의 생전의 덕을 추모하며 애통해 하였다. 양국의 깊은 우호관계의 일면을 말해주는 발언이다. 이듬해 정월 백제의 혜왕자의 귀국시의 상황을 다음과 같이 전한다. "이에 많은 병기와 良馬를 주었다. …阿倍臣, 佐伯連, 播磨直을 보내어 筑紫國의 水軍을 이끌고 백제국에 호위하여 보냈다. 별도로 筑紫火君[百濟本記에는 축자군의 아들 火中君의 동생이라고 한다]을 보내고, 勇

---

50 이성배, 2004,「百濟書藝와 木簡의 書風」,『百濟研究』40, pp. 239~243.

士 1천명을 이끌고 彌氐津까지 호위하였다. 이에 뱃길의 요충지를 지키게 했다"
고 한다[51]. 왜국에서 보낸 군수물자는 축자국의 수군과 별동대호 축자화군이 통솔
하는 1천명의 병력이다. 여기에 병기와 군마 등을 포함하면 왜왕권이 백제에 보
낸 파병규모와 비용은 상당량이다.

　여기서 주목되는 것은 왜왕권에서 보낸 병력과 물자는 九州 지역에서 징발된
것으로 현지 호족이 대부분을 담당하였다. 구주지역은 일찍부터 한반도제국과 독
자적인 교류를 하고 있었고 특히 구주중서부에 세력을 갖고 있던 葦北國造의 日
羅는 백제에서 달솔의 관위를 받아 백제관료로서 봉사하고 있었다. 당시 구주 북
단의 정치세력과 중서부 지역은 상호간의 교류와 연합의 체제를 이루고 있었다.
『일본서기』계체21년조에 보이듯이 당시 구주 최대 호족이었던 磐井은 왜왕권과
의 전쟁에서 火國(肥國), 豊國 등 위북국조의 지배지역을 포함한 구주 중북부 전지
역의 세력과 연합하여 대항하고 있었다. 1년반이라는 장기에 걸친 내란은 왜왕권
측의 승리로 끝났다. 반정은 죽음을 당하고 그의 아들인 筑紫君葛井은 북구주 糟
屋屯倉을 바치고 항복하였다. 둔창은 원래 왜왕권이 각 지방세력을 복속한 후에
설치한 농업생산단위를 말하는데, 반정의 지배지였던 조옥둔창은 내란 직후에 설
치된 것이다. 반정의 세력권은 有明海를 접한 筑後의 八代지역을 본거로 하면서
博多灣, 현해탄을 바라보는 糟屋의 지역까지 광범위한 영역을 세력하에 두고 있
었다. 현재 福岡縣 八女市에 있는 岩戸山古墳은 6세기 전반에 축조된 전장 횡혈
식석실의 구조를 갖춘 구주 최대의 전방후원분이다. 筑紫火君은 반정의 난 후에
등장한 북구주의 호족이다. 축자화군에 대해 상기 분주의「백제본기」에서는 축자
군의 아들인 火中君의 동생이라고 한다. 축자국과 화국은 친족으로 연결되어 있
었음을 알 수 있다.

　왜왕권에서 파견된 왜의 병력이 백제를 도와 신라와의 전쟁에 투입됐는지에 대

---

51 『日本書紀』欽明紀16年 春2月條.

해서는『삼국사기』에는 보이지 않는다. 이때의 상황을『일본서기』에는 筑紫國造라는 활을 잘 쏘는 사람이 활시위를 당겨 신라 기병 중 가장 용감한 자를 쏘아 떨어뜨리고, 계속해서 화살을 쏘니 여창과 여러 장수들이 샛길로 도망하여 돌아왔다. 이때 신라 장수들은 백제가 피로하여 지쳤음을 알고 드디어 전멸시키고자 했으나 한 장수가 백제를 멸망시키면 후환이 따를 것이라고 하자, 그만 두게 되었다고 한다[52].『일본서기』편자의 윤색을 감안하더라도 왜병은 백제를 도와 신라와 싸운 사실은 반영되어 있다.『삼국사기』신라본기에는 당시 백제의 피해 상황을 "백제왕을 비롯한 좌평4인, 사졸 29,600인을 베어 죽이고 말은 한필도 살아 돌아가지 못했다고 한다[53].『일본서기』흠명기에는 여창은 신하들에게 돌아가신 부왕을 받들기 위해 '出家佛道'를 언급하는데, 신하들은 "지금 군왕께서 출가하여 불도를 닦고자 하신다면 일단 명령을 받들겠습니다. …이 나라의 종묘사직을 장차 어느 나라에게 주려고 하십니까"라고 만류하고 대신 백성 100명을 득도시키고 幡蓋를 많이 만들어 공덕을 쌓았다고 한다[54]. 당시 창왕으로서는 국난을 수습하기에는 감당하기 어려운 상황이었고 출가를 통해 현실의 고통을 잊고 싶었던 것이다. 그러나 종묘사직을 지켜야 한다는 신료집단의 강한 반대에 부딪혀 현실로 돌아온 창왕은 불안정한 난국을 타개하기 위해 부여 능산리에 성왕의 陵을 조영하고 그 옆에 부

---

52 『日本書紀』欽明紀15年 冬12月條. "…有能射人, 筑紫國造. 進而彎弓, 占擬射落新羅騎卒最勇壯者. 發箭之利, 通所乘鞍前後橋, 及其被甲領會也. 復續發箭如雨, 彌厲不懈. 射却圍軍. 由是, 餘昌及諸將等, 得從間道逃歸. 餘昌讚國造射却圍軍, 尊而名曰鞍橋君. [鞍橋, 此云矩羅膩.] 於是, 新羅將等, 具知百濟疲盡, 遂欲謀滅無餘. 有一將云, 不可. 日本天皇, 以任那事, 屢責吾國. 況復謀滅百濟官家, 必招後患. 故止之".

53 『三國史記』新羅本紀 眞興王16年 正月條.

54 『日本書紀』欽明紀16年 8月條, "白濟餘昌, 謂諸臣等曰, 少子今願, 奉爲考王, 出家修道. 諸臣百姓報言, 今君王欲得出家修道者, 且奉敎也. 嗟夫前慮不定, 後有大患, 誰之過歟. 夫百濟國者, 高麗·新羅之所爭欲滅. 自始開國, 迄于是歲. 今此國宗, 將授何國. 要須道理分明應敎. 縱使能用耆老之言, 豈至於此. 請悛前過, 無勞出俗. 如欲果願, 須度國民. 餘昌對曰, 諾, 卽就圖於臣下. 臣下遂用相議, 爲度百人, 多造幡蓋, 種種功德, 云云".

왕을 追福하기 위해 願刹을 조영하였다[55]. 부여 능산리유적 목탑터에서 발견된 百濟昌王石造舍利龕에는 백제 창왕13년에 창왕의 同母妹인 공주가 사리를 공양했다는 명문이 새겨져 있다. 신라군에게 참담한 죽음을 당한 父王을 추복하기 위한 의식이었다. 성왕의 죽음, 왜국에의 파병요청을 거쳐 전쟁의 종료한지 3년이 지난 567년에 여창은 정식으로 백제왕으로 즉위하고 부왕을 위한 원찰의 조영과 사리공양의식을 수행하였다.

경인명대도는 이러한 백제의 위기적 상황이 수습된 후에 만들어졌다. 이 대도는 바로 구원병을 통솔해 백제를 도와 신라와 싸웠던 구주의 호족 축자화군에게 보낸 것이다[56]. 이전에 백제의 왕세자의 명의로 칠지도를 왜왕에게 보냈듯이 이번에는 백제왕이 전투에 참여한 왜군의 장수에게 보낸 특별한 감사의 징표였다. 파병을 명한 것은 왜왕권이었지만, 왜왕권에 보내는 물품과는 별도로 구주의 호족 등에게 대도를 비롯한 다양한 문물을 전했다고 생각된다. 당시 백제와 왜왕권은 인적, 물적 교류를 통한 동맹관계로 왜왕권의 군사적 지원에 대한 선진문물의 제공이 계속되었다. 관산성 전투가 벌어지기 직전인 553년 정월에도 백제는 왜왕권에 科野次酒, 禮塞敦 등을 보내 군병을 청하였다[57]. 동 6월에는 왜왕권에서 內臣을 백제에 보내, 양마, 병선, 궁시 등의 물자를 보냈고, 이어 醫博士, 易博士, 曆博士 등을 파견하고, 卜書, 曆本과 여러 약물에 대한 요청이 있었다[58]. 이 시기 왜국

55 김수태, 1998,「백제 위덕왕대 부여능산리 사원의 창건」,『백제문화』27, 김상현, 1999,「百濟 威德王의 父王을 위한 追福과 夢殿観音」,『한국고대사연구』15, 길기태, 2009,「백제 威德王의 陵山里寺院 창건과 祭儀」,『백제문화』41, 이장웅, 2010,「백제 사비기 五帝祭祀와 陵山里寺址」,『백제문화』42 참조.

56 坂上康俊, 2018,「庚寅年銘鐵刀製作の背景」,『元岡・桑原遺跡群30』, p.146.

57 『日本書紀』欽明紀14年春正月條, "甲子朔乙亥, 百濟遣上部德率科野次酒・杆率禮塞敦等, 乞軍兵".

58 『日本書紀』欽明紀14年六月條, "遣內臣, [闕名.] 使於百濟. 仍賜良馬二匹・同船二隻・弓五十張・箭五十具. 勅云, 所請軍者, 隨王所須. 別勅, 醫博士・易博士・曆博士等, 宜依番上下. 今上件色人, 正當相代年月. 宜付還使相代. 又卜書曆本種種藥物, 可付送."

으로 도래한 王辰爾도 이러한 인적자원 이었으며, 그는 뛰어난 한문실력과 문서행정으로 왜조정의 각별한 총애를 받았다. 특히 소아대신의 두터운 신임을 바탕으로 그의 일족은 문서행정으로 번영해 나갔다. 이러한 일련의 흐름 속에서 백제 위덕왕은 왜왕권의 권력자와 전쟁에 참여했던 북구주의 호족에게 각각 명검을 만들어 보냈던 것으로 생각된다.

백제에서 왜국으로 보낸 물품 중에 大刀를 만들어 보냈다는 기록이 있다. 『聖德太子傳私記』에 기록된 「顯眞德業口訣抄[59]」의 관련 내용을 살펴보자.

【4-1】① 四天王寺寶藏, 切守屋頸太刀銘文在之…守屋之頸切料大刀二柄也. ②太子召百濟國鐵細工令作之給, 賜二人大臣, 一者有丙毛槐林之文也. 賜蘇我馬子宿禰. 一者卿毛槐林之銘, 賜蘇我蝦夷.

③ 但臨于軍日[60]馬子太刀賜赤檮, 天王寺寶藏太刀也. 蝦夷大臣太刀賜川勝, 卽守屋頸, 此太刀也. 法隆寺回廊未申埋之[61].

사료①은 사천황사에 보물창고가 있는데 守屋의 목을 벤 명문이 있는 太刀 2개가 있다고 한다. 이 내용은 불교수용을 둘러싸고 蘇我氏와 物部氏 세력이 싸울 때, 物部守屋大連이 죽음을 당한 사실을 말하고[62], 이 대도가 物部守屋大連의 목을 벤 칼이라는 것이다. 사료②는 성덕태자가 백제국 鐵細工에게 만들게 하여 毛槐林之文이 있는 대도는 蘇我馬子에게 주고, 卿毛槐林之銘이 있는 대도는 그의

---

59 「顯眞德業口訣抄」는 『聖德太子傳私記』에 관한 秘事口傳을 모은 글로서 鎌倉시대 후기의 法隆寺 僧 俊嚴이 그의 숙부라고 하는 顯眞의 「聖德太子傳古今目錄抄」(『聖德太子傳私記』)의 稿本에서 발췌하여 편집한 것이다(1985, 『國史大事典』5, 「顯眞德業口訣抄」항목, 吉川弘文館).

60 원문에는 '旦'으로 되어 있으나 분주의 교감에 따라 '日'로 수정하였다.

61 『大日本佛教全書』卷112, 『聖德太子傳私記』下卷, 「顯眞德業口訣抄」.

62 『日本書紀』崇峻卽位前期(用明紀2年秋7月條).

아들인 蘇我蝦夷에게 주었다고 한다. 사료③은 이 대도의 그 후의 향배를 말하는데, 소아마자의 대도는 物部氏를 타도할 때 赤檮에게 주었는데, 사천왕사 보물창고의 대도가 그것이고, 蘇我蝦夷의 太刀는 川勝에게 주었는데, 물부수옥대련의 목을 벤 이 대도이고 법륭사 회랑 남서쪽에 묻었다고 한다. 赤檮란 인물은『일본서기』숭준 즉위전기에 나오는 物部守屋大連을 죽였다는 迹見首赤檮이고, 川勝은 도래계 씨족인 秦河勝으로『上宮聖德太子伝補闕記』에는 "川勝進斬大連之頭"라고 하여 物部守屋大連을 참수한 인물이다. 성덕태자는 用明과 소아씨의 딸 사이에서 태어난 소아씨의 피를 이은 인물로서 사천왕상을 만들어 反불교파인 物部氏 타도에 적극 가담하였다. 성적태자에 대해서는 후대의 성덕태자신앙과 관련해서 과장, 윤색된 기록이 적지 않지만, 이 2개의 대도는 사천황사와 법륭사에 보관, 전래되었던 사실로부터 신뢰할 수 있다고 본다. 특히 사천왕사에는 丙子椒林劍, 七星劍이라는 2개의 칼이 전해오고 있다. 丙子椒林劍은 성덕태자가 패용했던 것으로 전해져 왔다. 현재 칼끝이 결손되어 있어 잔존하는 크기는 전장 65.8㎝이고, '丙子椒林'이라는 4字 명문이 금상감되어 있다. 제작시기는 飛鳥시대에서 奈良시대까지로 본다[63]. 또 다른 四天王寺 소장의 七星劍은 전장 62.1cm의 철검으로 북두칠성을 비롯한 雲形文, 日月이 묘사되어 있다. 백제에서 만들었다는 문헌의 기록, 현전하는 2개의 칼은 경인명대도와 형태학상으로 매우 유사성을 보여주고 있다. 특히 위덕왕의 재위기간(544~597) 중인 推古원년(593) 성덕태자는 사천왕사를 조영했다. 당시 왜국의 새로운 사찰의 조영에는 많은 백제의 승려, 공인들이 파견되었고, 불경, 불상, 佛具 등 각종 문물이 전해지고 있어 사천왕사 소장의 2개의 백제검도 이때 보내졌을 것으로 보인다. 백제의 대왜관계사상에서 선진문물은 중요한 외교적 수단이었으며 그 중에서 백제의 도검은 왜국의 지배층들이 선호했던 권력의 표상이었다.

---

63 西山要一, 1999, 「東アジアの古代象嵌銘文大刀」, 『文化財學報』17, pp. 47~48.

6. 결어

한일 양 해협에 위치한 현해탄을 바라보는 북구주의 元岡고분군C-6호분에서 출토된 대도에 새겨진 19자의 명문으로 백제와 북구주의 호족간에 있어났던 역사의 한 장면이 밝혀지게 되었다. 元嘉曆에 따라 570년에 제작된 이 대도는 백제 성왕이 관산성 전투에서 신라군에게 전사할 당시 지원군으로 파병된 북구주의 호족 筑紫火君에게 보낸 것이다. 부왕의 죽음을 목격한 왕자 여창은 왜국에 청병사로서 혜왕자를 보냈다. 이에 응해서 왜왕권은 축자화군이 이끄는 북구주의 병력 1천병과 많은 군수물자를 지원하였다. 전쟁이 종료된 후, 위덕왕 여창은 능산리묘역에 부왕을 추복하기 위해 567년에 원찰을 세우고 자신과 누이의 명의로 석조사리감을 만들어 사리를 봉안하였다. 이러한 국난기를 수습한 위덕왕은 570년에 파병에 대한 감사의 표시로 백제의 많은 선진문물을 보냈고 대도는 그 중의 하나였다.

중국의 육조시대에 유행하던 검에 대한 신비화, 신령화의 경향은 검의 靈威性을 높여 지배자의 권력과 권위의 상징이 되었다. 이 경인명대도도 이러한 영향을 받아 연월일에 경인 간지를 의식적으로 사용하여 三寅刀를 만들었다. 여기에 고대의 역법사상에 기초하여 太歲 간지법과 12숫자를 새겨 日月의 운동성과 인간계의 시간을 표시하였다. 지구가 태양을 공전하는 1년은 달의 12삭망월이고, 12地支는 天干인 10간과 조합해 한해의 표기법이 되고 하루 24시간의 기초 단위로 삼았다. 12는 시간의 완성이자 완결성을 의미한다. 즉 이 대도는 우주질서의 법칙에 따라 완벽하게 만들어낸 최고의 名劍이라는 의미이고, 위덕왕의 축자화군에 대한 강한 감사의 메세지였다.

백제에서는 일찍이 칠지도를 보내 왜국과의 우호관계를 확인했다. 이른바 도검외교의 시작이다. 문헌에만 전해지는 백제의 大刀契는 일본 왕위계승의 神器로서 원래는 백제왕의 寶器였다. 대도에 각인된 星辰과 천체의 28宿의 4방위를 담

당하는 청룡·백호·현무·주작 등 4神을 배치한 섯은 군주에 이울리는 표상들
이다. 사천왕사에 전해오는 丙子椒林劒, 七星劍도 성덕태자가 백제의 공인에게
부탁하여 제작했다는 전승이 있듯이 백제로부터의 전세품이다. 백제의 대왜외교
에 있어서 도검은 중요한 수단이었다 도검은 권력자의 표상이고 신비성, 주술성
때문에 누구나 名劍을 소유하기를 원했다. 북구주의 호족에게 보낸 경인명대도
역시 이러한 사상적 흐름 속에서 지방수장의 寶器로서 대를 이어 傳世되었던 것
이다.

【사진자료】금상감된 명문과 복원 대도 및 복제품(『元岡·上桑原遺跡群30』에서 전재)

제2장 왜왕권의 백제유민 관리와 인재등용책

1. 서언

　나당연합군의 공격으로 백제왕실이 붕괴된 후 의자왕을 비롯한 왕족, 귀족 등 많은 백제인들은 당으로 압송되었다. 당은 백제고토에 웅진도독부를 설치하여 군대를 주둔시키고 지배체제를 구축해 나갔다. 이에 맞서 鬼室福信을 중심으로 한 백제의 유민들은 왜국의 풍왕자를 모셔와 백제왕위를 계승시키고 부흥운동을 전개하였다. 각지에서 거병한 백제 부흥운동군은 왜병의 지원을 받아 663년 8월 백강전투가 벌어졌다. 그러나 해상에서의 왜의 수군은 괴멸당했고, 육상에서는 신라군이 부흥운동의 거점인 주류성을 포위하여 농성하고 있던 백제유민 및 왜병의 항복을 받아 사실상 부흥운동은 종료되었다. 주류성 함락 직후 많은 백제유민은 패잔 왜병과 함께 일본 망명길에 올랐다. 일본열도로 건너간 백제유민은 끝까지 나당연합군에 저항한 부흥운동의 주역들이었고, 백제왕권 내에서 지배층을 구성하고 있던 인물들이 적지 않았다. 여기에는 일반 백성들도 다수 포함되었지만, 적어도 망명할 수 있는 계층은 중앙과 지방의 일정 이상의 세력을 갖는 귀족이나 호족들이 많았고, 이들의 일족을 중심으로 우선적 승선할 수 있었다고 생각된다.

　전란 직후 왜왕권은 전쟁패배와 책임소재, 지배층 내부의 동요, 막대한 군사비 지출에 따른 재정의 핍박 등 수습해야 할 국내적 문제가 산적해 있었다. 게다가 백강전투 패전 이후 전란의 여파가 일본에까지 미치지 않을까 하는 위기의식 속에서 대응책을 모색하지 않을 수 없었다. 이 중에서 대규모의 백제유민들에 대한 대책은 중요한 과제였다. 왜왕권은 유민들에게 식량과 정착지를 제공하여 왜국의 공민으로서 적응해 갈 수 있도록 인력의 분류, 지역별 이주, 신분과 능력에 따른 인재 등용 등 대책을 추진해 나간다. 왜왕권은 새로운 국가건설의 지향성과 맞물려 백제유민들의 활용 방안을 모색하였다.

본장에서는 백강전투와 주류성 함락 이후 일본열도로 망명한 백제유민들의 삶과 역할이 왜조정의 국가적 정책 속에서 어떻게 전개되었는지를 살펴보고, 그 역사적 의미를 추구해 보고자 한다.

2. 周留城 함락과 백제유민

『구당서』백제전에 백강전투와 주류성 진공에 대해 다음과 같이 기술하고 있다.

【1-1】이에 仁師 · 仁願 및 신라왕 김법민은 육군을 이끌고 진군하고, 劉仁軌 및
別帥 사상 · 부여융은 수군 및 군량선을 이끌고 웅진강에서 백강으로 가서
육군과 회합하여 함께 周留城으로 진군하였다. 仁軌가 백강 어귀에서 부여
풍의 무리를 만나 네 번 싸워 모두 이기고 그들의 배 4백척을 불사르니, 적
들은 크게 붕괴되고, 부여풍은 몸만 빠져 달아났다.

이때의 전쟁은 당측에서는 孫仁師가 이끄는 7천명의 증원부대가 파견되어 웅진도독부에 주둔하고 있던 1만여명의 당군과 합세하였고, 신라에서는 육상에서 당군을 지원하면서 주류성을 포위하였다. 부여풍이 이끄는 백제부흥군은 왜의 수군과 합세해 백강 어귀에서 당의 수군과 맞섰다. 당시의 상황을 『일본서기』에서는 당군의 견고한 진지구축(「大唐堅陣而守」)에 대해 대오도 정비하지 못한 상황(「更率

日本亂伍」)으로 표현하고 있듯이 괴멸되고 말았다[1]. 왜왕권의 파병은 각지에서 징발한 급조된 군단, 거친 바닷길의 피로감, 전력의 약세, 게다가 전술, 전략의 부재 등으로 예견된 참패였다. 이 시점에서 부흥군은 사실상 와해상태에 빠졌다. 백강전투의 여세를 몰아 육상의 나당연합군은 부흥운동의 거점인 주류성을 포위하였다. 마지막 부흥운동의 거점이었던, 주류성, 임존성의 함락으로 부흥운동의 동력은 완전히 상실되었다.『삼국사기』백제본기 의자왕기에는 "왕자 扶餘忠勝, 忠志 등이 부여풍의 군사를 거느리고 왜국 군사들과 함께 항복하고, 지수신이 혼자 남아 임존성에서 버티며 항복하지 않았다. …지수신은 처자를 버리고 고구려로 달아났으며 잔당들도 모두 평정되었다"고 하고, 동 김유신전에도 "8월13일 두솔성에 이르니 백제인들이 왜인들과 함께 나와 진을 쳤다. 우리 군사들이 힘껏 싸워 그들을 크게 패배시켰고, 백제와 왜인들은 모두 항복하였다"고 기록하고 있다.

전쟁의 종료 후, 신라 문무왕은 왜인들을 향해 다음과 같이 발언하였다.

【1-2】생각하건대 우리와 그대 나라는 바다로 가로막혀 영역이 나누어져 일찍이 서로 얽힌 것이 없었고 다만 우호를 맺고 화목함을 꾀하여 사신을 보내 안부를 묻고 서로 왕래하곤 하였는데, 무슨 까닭으로 오늘 백제와 함께 악한 짓을 같이 하여 우리 나라를 도모하려느냐? 지금 너희 군졸들은 내 손아귀에 있지만 차마 죽이지는 않겠으니 너희들은 돌아가 너희 왕에게 이르거라. 가고 싶은 대로 가거라[2].

문무왕의 발언은 유교적 예제주의에 입각한 승자의 덕목을 강조하는 기술이기도 하지만, 실제의 상황을 반영한 내용으로 보는 것이 합리적이다. 7세기후반 신

---

1 『日本書紀』天智紀2년 추8월 갑오조.
2 『三國史記』金庾信傳.

라가 본 왜왕권은 백제의 군사동맹자로서의 위치를 정확히 파악하고 있었고, 향후 예상되는 상황에 대비해 왜왕권을 적대적 세력이 아닌 친신라적 노선을 염두에 둔 조치였다. 7세기 이후 신라의 대왜정책의 기조는 반왜가 아닌 친왜 정책을 통해 백제, 고구려와 대립하는 격동기에 유리한 상황을 만들고자 하였다. 포로로 잡힌 왜병은 대부분 방면된 것 같고, 백제인들은 억류되거나 탈출했다고 생각된다. 반면 당군에 포로로 잡힌 왜병들은 그후의 웅진도독부에서 왜국으로 돌려보낸 사실로부터 일단 당으로의 압송 혹은 억류 조치한 후에 왜왕권과의 외교적 협상용으로 이용하였다. 주류성의 함락되자 백제유민들은 패잔 왜병들과 함께 드디어 일본열도를 향한다. 이에 대해『일본서기』천지 2년(663) 9월조의 기술을 살펴보자.

【1-3】정사(7일)에 백제의 주류성이 마침내 당에 항복하였다. …드디어 전부터 枕服岐城에 있는 처자들에 가르쳐 나라를 떠날 것을 알렸다. 신유(11일) 牟弖를 출발하여 계해(13일) 弖禮에 이르렀다. 갑술(24일)에 일본의 수군 및 좌평 餘自信, 달솔 木素貴子, 谷那晉首, 憶禮福留 아울러 국민들이 테례성에 이르렀다. 이튿날, 배가 떠나서 처음으로 일본으로 향하였다[3].

주류성이 함락되고 승선지인 테례까지 17일 정도가 걸렸다. 그 사이에 부흥군은 가족들이 은신해 있던 침복기성에 왜망명 사실을 알리고, 牟弖, 弖禮를 거쳐 테례성에 이르렀다. 이 코스는 주류성에서 정박해 놓은 해안까지의 탈출로라고 생각된다. 침복기성의 위치에 대해서는 잘 알 수 없으나, 이곳은 부흥군 가족들의 집단 은신처였고 유사시에 일본으로 탈출할 가능성까지 염두에 둔 거처였다고 생각된다. 그렇다면 전장에서 멀리 떨어진 남해안의 어느 지역일 가능성이 높다. 망

---

3 『日本書紀』天智紀2년 9월 정사조.

명집단의 탈출로인 상기 牟㝠라는 지명과 관련해서『일본서기』흠명기 17년(556) 정월조에 백제 성왕이 관산성전투에서 전사할 당시 위덕왕 여창이 동생 혜왕자를 왜국에 파견하여 파병을 요청할 때, 筑紫火君이 이끄는 수군 1천명이 彌㝠에까지 호위했다는 내용이 나온다. 그 분주에 따르면 彌㝠는 津의 이름(津名)이라고 기록하고 있다. 牟㝠를 彌㝠와 음상사로 동일지명일 가능성이 높고, 현재의 경상남도 남해군의 彌助里로 추정된다[4]. 이곳은 백제의 섬진강하류역인 다사진(河東)에서 빠져나와 남해도를 낀 항구로 왜국으로 가는 최적의 위치에 있다.『일본서기』계체기 9년조에도 백제의 지원세력인 왜국의 物部連이 "수군 500명을 이끌고 帶沙江으로 직행하였'고 하고, 동 23년조에도 백제왕이 "加羅의 多沙津을 신의 조공하는 길로 삼겠다"라고 하듯이 백제의 주요 대왜 교통로였다. 이러한 백제와 왜국의 해상교통로상의 요충지에 부흥운동의 가족들이 은신해 있었을 가능성이 크다고 생각된다.

　망명자 집단이 합류한 시점은 663년 8월24일로 왜왕권의 수군 및 부흥운동의 주역이었던 좌평 餘自信, 달솔 木素貴子, 谷那晉首, 憶禮福留를 비롯하여 '國民'이라고 기록된 지배계층의 가족들과 그밖의 많은 백제인들이 정박해 놓은 배에 분승하여 일본 망명길에 올랐다.

3. 백제유민의 관리와 이주정책

　백제로부터의 대규모 망명자에 대한 왜왕권의 관리와 조치에 대해 살펴보자. 이들이 탄 배는 九州의 筑紫大宰府에서 신원확인 등 일정한 입국정치를 밟은 후, 그중 일부는 筑紫를 비롯한 구주지역에 정착했을 것으로 생각되고, 대부분은 세

4　日本古典文學大系『日本書紀』(下), 岩波講座, p.60 頭註4).

토내해를 통해 難波津으로 상륙하여 일정기간 집단적으로 거주했을 것이다.

　백제유민들이 상륙한 난파진은 이미 해외로부터 오는 사절의 숙박 시설물들이 조영되어 있었다. 『일본서기』계체기 6년(512) 12월조에 "物部大連이 難波館을 향해 출발하여 백제 손님에게 칙을 전하려 하였다[5]"고 하여 백제사절이 난파관에서 숙박하고 있었고, 외교교섭을 위한 장소로도 사용되었다[6]. 흠명기 22년(561) 시세조에는 "難波大郡에서 여러 번국들의 서열을 매겼는데, 掌客 額田部連, 葛城直 등이 백제의 아래에 신라 사신을 배열하여 인도하였다[7]"고 한다. 한반도제국에 대한 번국사관의 기술을 걷어내면 난파대군의 기능은 외교사절을 맞이하고 의례를 행하는 공적인 공간임을 알 수 있다. 推古 16년(608) 4월에는 당 사절을 위해 새로운 숙박시설을 조영하였다[8]. 이어 동년 6월에는 장식선 30척으로 당사절을 난파 강구에서 맞이하여 신관에 안치하였다[9]. 이때의 당사절은 왜왕권이 隋에 보낸 사절단이 체류 도중 당으로 왕조가 교체되어 당의 裵世淸과 함께 귀국한 것이다. 왜왕권의 대중국 통교는 480년 남조에의 사신을 마지막으로 120여년간 중국왕조와의 통교는 단절되었다. 통교가 재개된 것은 추고 8년(600)의 견수사였고, 이에 대한 답례형식으로 신왕조 당 사절이 왜국에 온 것이다. 왜왕권은 당 사절단을 맞이하기 위해 "更造新館於難波高麗館之上"이라고 기록하고 있듯이 당의 영빈관사를 고려관 위에 세워 당사절의 위상을 고려하여 배치하였다. 『延喜式』「玄蕃寮」조에는 신라사가 입국할 때의 의례에 대해 기술하면서, 숙박시설을 難波館이라고 칭하고, 외국사절이 해로로 올 때에는 攝津國에서 이들을 맞이하는 선박을 보내라

5 『日本書紀』繼體紀6년 冬12월조, "物部大連, 方欲發向難波館, 宣勅於百濟客".

6 吉田晶, 2000, 『古代の難波』, 敎育社, pp.142~143.

7 『日本書紀』欽明紀22년 是歲條, "於難波大郡, 次序諸蕃, 掌客額田部連・葛城直等, 使列于百濟之下 而引導".

8 『日本書紀』推古紀16년 하4월조.

9 『日本書紀』舒明紀2년 是歲條, "改修理難波大郡及三韓館".

고 규정하고 있다[10].

이와 같이 난파지역은 그 지리적 환경, 입지적 조건 때문에 고대일본왕권의 외국사절의 관사와 외교의례를 행하는 국가 시설물이 설치되었다. 특히 사절단의 국명을 붙인 개개의 관사가 조영되고 있었다. 또한 난파는 한때 왜왕권이 아스카에서 천도하여 난파궁을 조영한 시기도 있었다. 645년 을사의 정변 이후 中大兄皇子는 천도를 기획하여 효덕조 白雉 3년(652)에 완성하였다. 白雉5년 孝德의 사망 후 斉明이 다시 飛鳥板蓋宮로 천궁하기까지의 왕도였으며 왕궁 그 자체는 朱鳥 원년(686)에 전소되기까지 존속하였다.

왜왕권은 난파진에 많은 백제유민을 수용할 수 있는 시설을 정비하는 것이 급선무였다. 이들 유민들의 숙박과 생활 등은 백강전투를 총괄했던 왜왕 天智의 구상에 따라 난파에서 한동안 체류하였다. 이 지역에는 이미 선주한 백제계 도래인들이 있었고, 물류의 이동과 집산 등 풍부한 생활자원도 갖춰져 있었다. 이곳은 이미 6세기전반 백제에서 건너온 王辰爾와 그의 후예들이 활동의 거점이기도 하였다. 欽明 14년(553)에 蘇我大臣은 왕명을 받들어 왕진이에게 船賦를 기록시키고, 왕진이를 船長으로 삼아 船史의 姓을 내렸다[11]는 기록이 있다. 선부란 조정에 공납하는 공진물, 즉 조운선에 적재한 국가의 조세를 가리킨다. 왕진이에게 부여된 선장의 지위는 각지로부터 운반된 물자를 항구에 집적하여 이를 기록하고 보관, 관리하는 임무였다. 5세기이후 왜왕권은 복속시킨 지역에 屯倉을 설치하여 해당지로부터 공진물을 상납받았다. 지방으로부터의 공납물은 육로와 해로, 하천, 운하를 이용하였다[12]. 특히 6세기중엽에 조영된 古市大溝는 주로 서일본에서 大和로 향하는 수운 교통로인 難波津, 東除川을 거쳐 大溝의 종점에서 육지로 이

---

10 『延喜式』卷第21「玄蕃寮」조, "凡新羅客入朝者, …蕃客從海路來朝, 攝津國遣迎船".

11 『日本書紀』欽明紀14年 추7월조, "蘇我大臣稻目宿禰, 奉勅遣王辰爾, 數錄船賦. 卽以王辰爾爲船長. 因賜姓爲船史. 今船連之先也".

12 延敏洙, 2018, 「王辰爾 일족의 문서행정과 시조전승」, 『東北亞歷史論叢』62.

어지는 공납물 운송을 위한 운하이다[13]. 이것은 難波와 飛鳥 지역간의 안정적인 수로가 열렸다는 것을 것을 의미한다[14]. 『일본후기』延曆 18년(799) 12월 갑술조에도 선주한 백제인의 거주한 사실을 기록하고 있다. 甲斐國 사람인 止彌若虫, 久信鷹長 등 190인이 자신들의 선조는 백제인인데, 일본을 흠모해서 귀화하였고, 조정의 칙명으로 攝津에 거주하다가 병인년(천지 6년, 666)에 갑비국으로 옮겼다고 말한다[15]. 이러한 입지적, 역사적 조건을 갖춘 난파는 백제유민의 상륙직 후 정착지로 자리잡았다고 생각된다.

한편 천지조정은 동 3년(664) 3월에 '百濟王善光王' 등을 難波에 거주시켰다[16]. 선광은 의자왕이 즉위 초년에 부여풍과 함께 왜국에 보낸 왕자로 이미 20년이 넘은 장기간의 왜국생활을 하고 있었다. 『구당서』 유인궤전에 "扶餘勇은 扶餘隆의 동생이다. 이때 왜국에 도망가 있었는데, 부여풍과 내응하고 있었다[17]"고 전한다. 주류성 함락 이후에도 고구려로 피신한 그의 형 풍왕자의 소식을 듣고 정보를 교환하고 있었다. 선광의 난파 거주는 왕래하는 사절들을 통해 해외의 소식을 접할 수 있는 기회였고, 백제유민들을 위무하면서 이들에 대한 관리와 대책도 왜조정과 논의해 나갔다고 생각된다.

선광이 거주한 난파지역에는 百濟郡이 설치되었다. 설치시기에 대해서는 논란이 있지만, 백제유민의 대량 이주, 선광의 난파 거주를 분리해서 생각하기는 어렵다. 그 이전에 선주해 있던 백제계 도래인들의 집거지가 백강전투 패전을 계기로

---

13 野上丈助, 1975, 『增補河內の古代遺跡と渡來系氏族』, 私家版, pp.4~5, 吉田晶, 1977, 「船氏の氏族傳承について」, 羽曳野市史編纂紀要 『羽曳野史』2, pp.2~3.

14 吉田晶, 1985, 「古代難波の地域的特質」, 直木孝次郎編 『難波京と古代の大阪』, 學生社, p.139.

15 『日本後紀』延曆18年 12월 갑술조, "甲斐国人止弥若虫, 久信耳鷹長等一百九十人言, 己等先祖, 元是百済人也. 仰慕聖朝, 航海投化, 卽天朝降綸旨, 安置摂津職, 後依丙寅歳正月廿七日格, 更遷甲斐国".

16 『日本書紀』天智紀3년 3월조, "以百濟王善光王等, 居于難波".

17 『舊唐書』劉仁軌傳, "扶餘勇者, 扶餘隆之弟也. 是時走在倭國, 以爲扶餘豊之應".

재편되었다고 생각된다. 섭진국의 백제군 설치에 대한 초견은 長屋王 저택에서 출토된 목간에 새겨진 기록이다. 표면에는 "百済郡南里車長百済部若末呂車三転 米十二斛/上二石/中十石"이라고 기록되어 있고, 이면에는 '元年十月十三日/田辺 廣国/木造意弥万呂'라는 연대표시가 있다[18]. 여기에 나오는 '元年'은 霊亀 원년으로 715년에 해당한다. 『和名類聚抄』(卷第6)에는 「百済郡, 東部·南部·西部」라고 하여 백제군의 하부조직으로 東部, 南部, 西部 등이 보인다. 방향을 표시하는 부명은 백제의 5部에서 유래하고 백제군의 하부 행정구획으로 붙였을 것으로 생각된다[19]. 正倉院文書에도 天平勝寶九歳四月의 "竹志淨道[年二十, 攝津職百齊郡南部郷戸主正六位下竹志麻呂呂戸口[20]", 동 天平年中의 "從人勘籍「攝津職百齊郡東郷長岡里戸主調乙麻呂之戸口調大山[年十八]右一人, 調乙馬呂從人[21]"이라는 기록이 나온다. 여기에 보이는 竹志淨道, 竹志麻呂, 調乙麻呂 등은 백제군 설치 이후의 백제군 에 거주하던 사람들의 후예들이고, 백제군 밑의 남부향, 동(부)향 등 백제의 방위를 나타내는 부명이 기록되어 있어 백제계 씨족들의 집단 거주지로서의 성격을 보여주고 있다.

백제군에는 백제인들이 세운 것으로 추정되는 百済寺와 百済尼寺가 존재한다. 顯真이 建長 5년(1253)에 저술한 『太子傳古今目錄抄』의 「天王寺別院事」조에는 "百済寺·範鏡寺·範海寺, 百済寺, 王住百済郡地[22]"라는 기록이 나온다. 사천왕자의 별원인 백제사는 백제왕씨가 거주하는 백제군에 있는 절이라는 의미이다[23]. 현재 大阪市 관음사 경내의 당지폐사(堂ヶ芝廢寺)는 攝津國의 백제사로 추정되고 있다.

18 奈良國立文化財研究所, 1989, 『平城宮発掘調査出土木簡概報』21, p. 36.
19 藤澤一夫, 2015, 「百済王氏と百済寺」, 『特別事跡 百済寺跡』-本文編-, 枚方市教育委員會, p. 479.
20 『大日本古文書』13-220.
21 『大日本古文書』24-556.
22 顯真, 1922, 『太子傳古今目錄抄』, 『大日本佛教全書』卷112, 仏書刊行会.
23 今井啓一, 1965, 「攝津國百済郡考」, 『百済王敬福』, 綜藝舍, p. 48.

『日本靈異記』「僧憶持心經得現報示奇事緣」(제14)에는 "승려 義覺은 본래 백제인이다. 나라가 멸망한 後岡本宮御宇天皇 때에 일본에 와 難波의 백제사에 거주하였다[24]"고 기술하고 있다. 後岡本宮御宇天皇은 齊明으로 그는 백제파병을 준비하다가 九州의 朝倉宮에서 661년 7월 돌연 사망하였다. 따라서 의각이 난파 백제사에 거주한 것은 백제멸망의 해인 660년 7월 이후 어느 시점이라고 생각된다. 백제사의 건립시기에 대해서는 당지폐사에서 출토된 기와 중에 7세기중엽의 山田寺式 연화문 기와의 계보로 이어지고 있어, 7세기중엽에서 660년 이전으로 추정되고 있다[25]. 백제사와 더불어 大阪市 細工谷유적에서 飛鳥에서 奈良시대의 유구가 검출되었다. 동 유적에서 '百済尼', '百尼寺', '百尼' 등이 쓰여진 묵서토기가 출토되어 百済尼寺라고 하는 고대사원의 존재가 확인되었다. 또 별도의 목간에는 '上和尼 父南部□□王久支'라고 명기되어 있는데, 이것은 尼寺에 출입할 할 수 있는 신분증으로 보이고,[26] 백제니사의 여승인 上和尼의 아버지인 南部(鄉)에 거주하는 □王久支라는 인물로 추정된다. 이들 사찰은 선광의 난파 거주와 백제유민들의 집단적 이주, 백제군의 설치과 분리해서 생각하기는 어렵다고 생각된다. 백제사와 백제니사는 難波京 주작대로의 동측에 서로 인근거리에 입지되어 있고, 백제유민들이 본국의 문화, 제도를 이입하여 사원 등 각종 건축물을 조영하였다. 이들 2개의 사찰은 백제유민들의 정신적 안식처이자 이국에서의 백제계라는 동류의식을 통해 결속력을 강화해 나가는 공동의 장이었다.

백제군에 거주하는 백제유민의 중심에는 백제왕선광이 있었다. 왜왕권에서는

---

24 『日本靈異記』「僧憶持心經得現報示奇事緣」(第14), "釋義覺者, 本百濟人也, 其國破時, 當後岡本宮御宇天皇之代, 入我聖朝, 住難波百濟寺矣.

25 古市晃, 2000, 「摂津国百済郡の郡域と成立年代」, 『大阪の歴史』56, 大阪市史料調査会, pp.41~46, 古市晃, 2003, 「百濟王氏と百濟郡」, 森浩一 他, 『古代日本と百濟』, 大巧社, pp.180~181.

26 古市晃 2000, 앞의 논문, pp.184~185, 大竹弘之, 1998, 「百濟尼寺の發見」, 森浩一・上田正昭編, 『繼體大王と渡來人』大巧社, pp.121~127.

선광 일족에게 경제적으로 지원하였다. 持統 5년(691) 정월에 "정광사 백제왕 余禪廣, 직대사 遠寶, 良虞, 南典에게 많은 물품을 주었는데 각각 차등이 있었다. … 正廣肆 백제왕 禪廣에게 100호, 이전의 것과 합하여 200호. …그밖에 각각에 따라서 식봉을 더했다[27]"고 하여 선광에게 식봉에다 100호를 더하여 200호로 증보하였고 그의 자손들에게도 경제적인 혜택을 주었다. 200호의 식봉은 백제군을 이끌어 갈 수 있는 경제적 배경이었고 이것은 백제와 왜국간의 역사적 친연관계 위에서 백제왕의 직계 후손에 대한 특별배려였다. 동시에 백제군에 거주하고 있던 백제유민들의 관리와도 연결되어 있다고 생각된다. 이후 天平勝寶 2년(750)경 종3위 百濟王敬福을 수령으로 한 백제왕씨 일족들은 섭진국 백제군에서 河內國 交野郡 山田村 中宮(지금의 枚方市 中宮町)으로 이주하게 되는데, 섭진국내에 거주하고 있던 백제계 후예씨족들의 생활은 계속 유지되어 나갔다고 보인다.

한편 왜왕권은 백제군에 있던 백제유민에 대해 난파에 상륙한 지 2년째가 되는 천지2년(663)부터 사민정책을 추진하였다.

【2-1】

① 天智4년(665) 춘2월 백제의 남녀 400여 인을 近江國의 神前郡에 살게 하였다.

② 天智4년(665) 3월 이달 신전군의 백제인에게 밭을 지급하였다.

③ 天智5년(666) 이해 백제 남녀 2000여 인을 東國에 살게 하였다. 僧俗을 불문하고 계해년으로부터 3년에 이르는 동안 官食을 지급하였다.

④ 天智8년(669) 이해에 또 좌평 餘自信, 좌평 鬼室集斯 등 남녀 700여 인을 近江國의 蒲生郡에 옮겨 살게 하였다.

상기 사료①과 ④에서 보듯이 665년과 669년에 각각 400여인, 700여인을 近江

27 『日本書紀』持統紀5년 정월조.

國으로 이주시켰고, 사료③의 666년에는 동국지방으로 2천명을 사민시켰다. 그
럼 그동안 정착해 있던 난파의 백제유민 3천여명을 근강지역으로 이주시킨 배경
은 무엇인가. 사료③에서 승속을 불문하고 계해년으로부터 3년에 이르는 동안 관
식을 지급하였다. 계해년(663)에 왜국에 온 백제유민들에게 3년간의 무료 급식을
말한다. 이주의 배경은 백제군내의 포화상태에 있는 백제유민들에 대한 분산책이
라고 생각된다. 천지4년에 근강국으로 이주시킨 백제인들에게 사료②에서 보듯
이 새로 거주한 신전군의 토지를 지급하였다. 이 토지는 고대일본의 공민들에게
주는 구분전의 일종으로 자립화의 기반을 조성한 것이다. 또한 백제유민들에게는
과역을 면제하는 조치도 내려졌다. 천무 10년(682) 8월에 삼한의 여러 사람에게
詔를 내려 "앞서 10년간 조세를 면제한다는 것은 이미 결정하였다. 이에 더하여
귀화한 첫해에 같이 온 자손은 과역을 모두 면제한다[28]"라고 조치를 내렸다. 『令集
解』靈龜 3년(717) 11월8일조의 태정관부에는 고구려, 백제 멸망시에 망명한 자에
게는 과역을 모두 면제한다는 관부를 내려보내고 있다[29]. 망명 10년간의 과역 면
제와 더불어 그 자손에게까지 면제 방침은 일본의 공민에 비해 파격적인 우대책
이다.

한편 2차에 걸친 近江國으로의 사민정책의 이면에는 이미 지적되어 왔듯이 천
지조의 근강천도와 관련이 있다. 천지조는 667년 3월에 飛鳥에서 근강으로 천도했
다. 이것은 당의 고구려침공과 웅진도독부에서 사절을 파견하는 등 동아시아의 군
사적 긴장이 해소되지 않은 상태에서 국방상의 안전을 고려한 왕도의 이동이었다.
천도는 새로운 왕경의 조영이고, 신국가의 설계였고, 백제유민들을 대거 이곳으로
이주시킨 목적은 백제인들의 지식과 기술을 활용하기 위한 조치였다. 근강 천도

---

28 『日本書紀』天武紀10년 8월 병자조, "詔三韓諸人曰, 先日復十年調稅旣訖, 且加以歸化初年俱來之子
孫, 並課役悉免焉".
29 『令集解』靈龜3년 11월8일조 太政官府, "外蕃免課役, 高麗百濟敗北時投化至于終身, 課役具免, 自余
依令施行".

이듬해 중대형황자는 칭제를 종료하고 천지천황으로 즉위하게 된다. 이어 그는 백강전투에서의 패전 후 내정을 수습하기 위해 近江令을 제정하고 호적제도인 경오년적을 작성하는 등 대화개신 이래 추진해 온 왕을 정점으로 한 율령국가의 확립을 위해 제도적 정비를 추진해 나갔다. 천지조의 백제인 사민정책은 바로 천지가 추진하려는 새로운 국가건설을 위해 백제유민들을 활용하기 위한 조치였다.

그럼 사료③의 천지 5년(666)에 백제유민 남녀 2천여명을 東國으로 이주시킨 배경은 무엇일까. 동국지방은 기내지역에서 볼 때 변방이고 중앙에서 이종족으로 간주하던 蝦夷의 본거지로서 이미 수차에 걸쳐 군사적 충돌이 있었던 곳이다.

【2-2】

① 齊明4년(658) 여름 4월에 阿陪臣이 병선 180척을 이끌고 蝦夷를 쳤다.

② 齊明4년(658) 이해에 越國守 阿部引田臣比羅夫가 肅愼을 쳐 살아있는 곰 2마리와 곰가죽 70매를 바쳤다.

③ 齊明5년(659) 3월 이달에 아배신을 파견하여 병선 180척을 이끌고 蝦夷國을 쳤다.

④ 齊明6년(660) 3월에 阿倍臣을 보내 군선 200척을 이끌고 肅愼國을 치게 하였다.

상기 사료들은 왜왕권이 수차례 수군을 동원하여 蝦夷와 숙신을 공격한 사건이다. 이때의 숙신에 대해서는 왜왕권에서 숙신이라고 인식하고 있던 북방의 이종족으로 보인다. 천지 5년(666)에 백제인 2천여인을 동국지방으로 이주시킨 것은 우선 북방의 이민족 대책의 일환으로 백강전투에 경험이 있는 백제인들을 배치시키고 동시에 미간척지에 대한 신농법을 이식시켜 개발과 증산을 목적으로 이주시켰다고 생각된다. 동국지방은 중앙에서 볼 때 전략적으로 중요한 곳이고 이후에도 天武朝에서 持統朝에 이르는 시기에 武藏國 등 동국지방에 백제인 뿐아니라 신라인, 고구려인들도 이주시켰다.

4. 백제유민의 등용과 성격

백제유민에 대한 사민책이 일단락된 시점에서 이들에 대한 관인등용과 활용책을 추진하였다. 천지 10년(671) 춘정월에 내린 관위와 관직 수여기사를 검토해 보자.

【3-1】이달에 좌평 余自信, 沙宅紹明[法官大輔이다]에게 大錦下를 주었다. 鬼室 集斯[學職頭이다]에게 小錦下를 주었다. 달솔 谷那晋首[병법에 밝았다], 木 素貴子[병법에 밝았다], 億禮福留[병법에 밝았다], 答㶱春初[병법에 밝았 다], 㶱日比子, 贊波羅, 金羅, 金須[의약에 통달하였다], 鬼室集信[의약에 통 달하였다]에게 大山下를 주었다. 달솔 德頂上[의약에 능통하였다], 吉大尙 [의약에 능통하였다], 許率母[五經에 밝았다], 角福牟[陰陽에 밝았다]에게 小山上을 주었다. 나머지 달솔 등 50여 인에게 小山下를 주었다[30].

관위와 인명이 기록된 余自信 등 16명과 말미에 달솔 등 50여인에게 관위를 서임하였다. 65명 정도의 백제유민이 일괄적으로 왜왕권의 관인으로 등용된 것이다. 이에 앞서 천지 4년(665) 춘2월조에도 "이달 백제국의 관위의 계급을 감교하였다. 좌평 福信의 공적에 의하여, 鬼室集斯에게 小錦下를 주었다[그의 원래 관위는 달솔이었다][31]"라고 기록하고 있다. 이때의 관위수여는 귀실집사 1인에 한정되어 있지만, 천지 10년조에도 기록되어 있어 同事重出일 가능성이 높다. 다만 "좌평 福信의 공에 의해 귀실집사에게 小錦下를 주었다"라고 특기한 것은 왜왕권의 귀실복신에 대한 특별한 인식의 결과라고 생각된다. 백제부흥운동기에 있어서 복

---

30 『日本書紀』天智紀10년 춘정월 是月條.
31 『日本書紀』天智紀4년 춘2월조, "是月, 勘校百濟國官位階級. 仍以佐平福信之功, 授鬼室集斯小錦 下.[其本位達率]".

신의 존재를 제외하고는 이야기할 수 없을 정도로 그는 부흥운동을 주도해 나갔다. 나당연합군에 의해 백제왕실이 붕괴된 직후 왜왕권에 사신을 보내 멸망사실을 전하고, 왜국에 있던 풍왕자의 귀국을 청하고, 수차에 걸쳐 지원병 파견을 요청하는 등 대왜교섭의 중심적 위치에 있었다. 풍왕자와의 갈등으로 죽음에 이르렀지만, 왜왕권에 있어서 복신은 부흥운동의 주역이었다. 귀실복신의 아들 귀실집사의 관위가 달솔임에도 불구하고 '錦' 계열 관위인 소금하를 받은 것은 아버지 귀실복신의 활약에 대한 왜왕권의 특별배려였다. 상기 천지 4년(665) 춘2월조의 "이달 백제국의 관위의 계급을 감교하였다"고 하여 백제 관위의 위계에 따라 왜왕권의 관위를 수여하고 있다. 여자신, 사택소명이 받은 대금하는 좌평의 지위에 있는 인물에 수여되었고, 백제관위의 제2위인 달솔은 '山' 계열의 대산하, 소산상, 소산하 등이 수여되었는데, 여기에는 달솔 이외에도 그 하위 관위의 인물들도 포함되었을 것으로 보인다.

이러한 대규모적으로 망명자 집단에게 관위수여는 이전에는 시행되지 않았던 초유의 일이다. 따라서 왜왕권은 이에 상응하는 관위의 증가가 요구되었다. 그 일환으로 시행된 것이 天智 3년(664) 2월의 내정개혁인 '甲子의 宣'이다. 백강 패전으로 대륙으로부터 침공의 위기감, 대외정책 실패로 제호족의 동향에 대처하기 위해 大海人皇子를 전면에 세워 내정개혁 착수하였다. 이에 따르면, 관위의 階名을 증가시키고, 종전의 관위 19계를 26계로 확대 개정하였다. 특히 하급관료의 수를 증가시켜 이들 중하급 호족들을 관료기구에 포섭하였다. 늘어난 관위를 보면, 이전의 '花' 계열을 '錦'으로 개정하였고, '錦'에서부터 '山', '乙' 계열의 관위를 각각 2개씩 6계를 추가하고, 이전의 초위 1계를 늘려 大建과 小建의 2계로 하였다. 또 諸氏를 大氏, 小氏, 伴造 들으로 구분하여 제각기 氏上에 大刀, 小刀, 干楯弓矢를 하사하여 諸氏를 통솔하는 상징으로 하였다. 氏上은 각 호족의 대표자로서 종래 각 씨족의 자체적으로 내부에서 결정하였는데, 甲子의 宣에서 이들 씨족 대표자들을 공적으로 인정하고, 이들을 정권내부에 흡수하여 패전의 불만을 해소할 의

도에서 나왔다고 생각된다. 특히 26계 관위의 개정은 65명에 달하는 백제 망명인들에게 수여해야 하는 현실을 고려하여 관위 수를 대폭 증가시켰다고 생각된다.

백제유민에게 수여한 관위, 관직의 특징을 살펴보자. 우선 余自信은『일본서기』제명 6년 9월조에 "國人尊曰, 佐平福信, 佐平自進"이라 하여 國人들로부터 존경을 받을 만큼 복신과 함께 부흥운동의 주도했던 余自進이다. 그가 관위수여의 필두에 기록된 것은 왕족이면서 좌평 관위의 최고위 신분으로 부흥운동을 선도했던 인물이었기 때문이다. 백제에서의 정치상의 서열순으로 생각된다. 그는 대금하의 관위는 받았지만, 관직에 대해서는 언급이 없고 그 후의 모습이 확인되지 않는다. 왜왕권내에서 특별한 사적을 남기지 않았거나, 조기에 사망했을 가능성도 있다. 그러나『속일본기』에는 여자신의 일족으로 고위직에 있던 인물이 다수 확인된다. 養老 원년(717) 정월 4일에 余眞人, 동년 정월 27일에 余秦勝, 양로7년(723) 정월 10일에 余仁軍, 天平勝寶 원년(750) 윤5월 11일에는 모두 정6위상에서 종5위하로 승진되었고, 천평승보 3년(751) 정월 25일에는 余義仁이 외종5위하에서 종5위하로 승진하고, 天平寶字 2년(758) 6월 4일에는 余東人과 余益人이 百濟朝臣의 성을 하사받았다. 그리고 천평보자 5년(761) 3월 15일에는 余民善女가 百濟公의 성을 받았다. 백제공은 백제왕씨와는 별도로 백제왕족에게 준 특별 성이라고 할 수 있다.『신찬성씨록』우경제번「高野造」조에는 "百濟國人佐平余自信之後也"라고 하여 余自信의 후예라고 주장하는 씨족이 있다. 이들 사료로부터 알 수 있듯이 여자신 이후의 백제왕족인 부여씨 일족의 계보가 이어지고 있었고 후에 高野造라는 일본의 씨성으로 개성했다고 보인다.

다음은 沙宅紹明과 鬼室集斯로 관위와 관직을 동시에 받은 인물로 기록되어 있고, 각각 法官大輔, 學職頭에 서임되었다. 法官은 令制에서 式部省으로 대보는 차관에 해당하고, 學職頭는 대학료의 장관이다. 법관과 학직의 관부는 이전 시기에는 보이지 않는 관부로 천지조 때에 처음으로 설치되었다고 보인다.『일본서기』天武 朱鳥 원년(686) 9월조에 천무의 빈례 때에 추도문을 읽는 인물의 관부가 기록되어 있는데, 法官, 理官, 大藏官, 兵政官, 刑官, 民官 등이 나온다. 이들 6官은 대보령, 양로령에서의 式部, 治部, 大藏, 兵部, 刑部, 民部에 해당한다. 여기에 보이는 6관을 당의 상서성에 속하는 吏部, 禮部, 工部, 兵部, 刑部, 民部의 관제를 모방한 것으로 생각되지만, 천무조에 나오는 6관은 이미 천지조 때에 제정된 것으로 일부의 관제는 백제의 6좌평제와도 관련이 있다. 『구당서』백제전에 보이는 內臣(掌宣納事), 內頭(掌庫藏事), 內法(掌儀禮事), 衛士(掌宿衛兵事), 朝廷(掌刑獄事), 兵官(掌在外兵馬事) 등에 보이는 백제의 6좌평의 관부와 관장을 비교해 보면 백제의 兵官과 같이 '官' 계열이고, 法官은 內法과 관련이 있다고 생각된다. 한편 內大臣中臣鎌足의 기록인 『家傳』上에는 "大臣이 時의 賢人과 함께 舊章을 검토하여 거의 조례를 완성하였다"라는 기록이 나온다. 천지 7년(668)경 중신겸족을 중심으로 대화개신 이후 단독법령(舊章)을 집성하여 체계적인 법전(조례)을 편찬하는 사업이 개시되었다. 여기에서 상기 『家傳』上에 나오는 중신겸족이 논의한 '時의 賢人'에 대해 近江令의 편찬자로서 高向玄理, 僧旻과 함께 백제에서 망명한 沙宅紹明, 許率母 4인이 거론되고 있다[32]. 이 중에서 고향현리는 효덕 백치 5년(654) 2월에 견당사로 파견중 당에서 사망하였고[33], 僧旻 역시 백치 4년(653) 6월에 세상을 떠났다[34]. 당의 율령 지식을 알 수 있는 두 인물이 사망한 까닭에 천지조의 6관제는 법관대보에 임명된 사택소명 등의 역할을 생각하지 않을 수 없다. 그에 대해서는 『家傳』에도 "백제인 小紫 사택소명은 才思가 발굴이고 문장이 당대의 으뜸이다"라고 평하고 있으며 그는 藤原鎌足의 비문을 작성한 인물로도 알려져 있다[35]. 『일본

---

32 瀧川政次郎, 1921, 「近江令の編纂者」 『律令の研究』, 刀江書院, p. 46, 薗田香融, 1995, 「古代の知識人」, 『岩波講座日本通史』第5卷 古代4, p. 117.

33 『日本書紀』孝德紀 白雉5년 2월조.

34 『日本書紀』孝德紀 白雉4년 6월조.

35 『藤氏家傳』「鎌足傳」上卷, "大師百濟人小紫沙宅昭明, 才思穎拔, 文章冠世. 傷令名不傳, 賢德空沒. 仍製碑文".

서기』天武 2년(6734) 윤6월조에 "大錦下 백제의 사택소명이 죽었다. 사람됨이 총명하고 지혜로워 그 당시에는 수재로 불리었다. 이에 천황이 놀라서 은혜를 내려 外小紫의 관위를 추증하였다. 아울러 본국의 大佐平의 관위를 내렸다".라고 기록하고 있다. 사택소명에 대해 '才思穎拔', '文章冠世', '聰明叡智', '秀才' 등으로 표현하고 있듯이 그의 뛰어난 지적 능력을 예찬하고 있다. 왜왕권이 사택소명을 법관대보로 임명할 때는 이미 백제에서의 경력과 능력을 인정받았기 때문이다. 백제에는 6좌평 중에 內法佐平이 있고, 內官에 의례를 담당하는 法部, 外官에는 사법을 다루는 司寇部가 설치되어 있어 이들 관부에서 좌평 사택소명은 장관의 관직에 있었다고 보인다. 귀실집사는 학직두의 지위에서 왜왕권의 정치적 개혁에 많은 조언과 역할을 했다고 생각되고, 학직두라는 관직명도 '頭'라는 칭호로부터 6좌평의 하나인 內頭로부터 착안한 것으로 보인다. 천지조에 제정된 6관 역시 백제의 제도 등을 참조가 되었을 것으로 했을 것으로 추정된다. 한편 許率母에 대해서는 『일본서기』천무 6년(678) 5월조에 大博士 백제인 率母에게 대산하의 관위를 주고 봉호 20호를 내렸다고 한다[36]. 이때 허솔모가 어떤 공을 세워 승진과 봉호를 받았는지는 분명하지 않다. 그는 천지조에서 오경에 밝다고 하여 학문적으로 재능이 있고 대우황자의 사저에서 학문적 교류를 하는 등 대표적인 백제망명 지식이었다. 그를 大博士라고 칭한 것으로 보아 석학으로 존경받았음을 보여준다. 율령제하에서 오경은 대학료의 필수과목이고 박사가 1인이다. 그가 대학료의 전신인 교육기관에서 학직두와 같은 직책을 맡았는지는 알 수 없으나 관인층, 왕실의 교육과 관련해서 공을 세워 포상을 받은 것으로 생각된다.

天智의 학문에 대한 관심은 8세기 중엽에 편찬된 漢詩集인 『懷風藻』의 서문에서 확인할 수 있다.

---

36 『日本書紀』6년 5월 갑자조, "勅, 大博士百濟人率母授大山下位, 因以封卅戶".

【3-2】淡海先帝가 즉위함에 이르러 帝業을 넓혔다. …풍속을 교정하고 인민을 교화하는 데에는 학문에 비할 것은 없고 덕을 쌓고 뛰어난 사람이 되기 위해서는 학문보다 앞서는 것이 없다. 이에 따라 학교를 세우고 인재를 모아 오례와 법도를 정하느니라. …때때로 문학을 애호하는 선비들을 불러 주연을 베풀기도 하고 천황 스스로도 글을 쓰고 현사들은 찬미의 시문을 바쳤다[37].

近江으로 천도한 천지는 인재를 모아 학교를 세워 학문을 장려하는 정책을 적극적으로 추진하였고, 그 자신도 賢士들을 모아 시문을 즐기는 등 학문의 애호가였다. 학직두의 신설은 천지조의 학문장려책이고 귀실집사는 이러한 지식정책을 주도한 인물이었다. 귀실집사는 잘 알려져 있듯이 근강국 포생군에는 鬼室神社가 있고, 그의 묘비가 소장되어 있다. 묘비의 정면에는 '鬼室集斯墓'라고 명기되어 있고, 우측에 '朱鳥三年戊子十一月八日○', 좌측에 '庶孫美成造'이라고 새겨져 있다. 이에 대해서는 진위논쟁이 있지만, 귀실집사는 학직두라는 왜왕권내에서 교육과 학교행정의 중책을 맡아 지역사회가 배출한 위인으로 존숭되었을 것이다. 특히 포생군이라는 지역은 백제계인들의 집단적 거주지라는 점에서 동류의식이 강하게 형성되었다고 보인다. 사후에는 그 후손들에 의해 귀실씨의 시조이자 학문의 신으로 추앙받고 있었다고 보인다[38].

다음은 병법에 밝은 4인 谷那晋首, 木素貴子, 億禮福留, 答㶱春初를 거론하고 있다. 『일본서기』 천지 2년(663) 9월조에 패잔 倭 水軍과 함께 이름이 기록된 4인 좌평 餘自信, 달솔 木素貴子, 谷那晉首, 憶禮福留 중 3인이 보이고, 答㶱春初 역시

---

37 『懷風藻』序, "及至淡海先帝之受命也, …調風化俗, 莫尚於文, 潤德光身, 孰先於學. 爰則建庠序, 徵茂才, 定五禮, 興百度, 憲章法則. 規模弘遠, 夐古以來, 未之有也. 於是三階平煥, 四海殷昌, 旒纊無爲, 巖廊多暇. 旋招文學之士, 時開置醴之遊. 當此之際, 宸瀚垂文, 賢臣獻頌".

38 胡口靖夫, 1976, 『近江朝と渡來人』, 雄山閣, 延敏洙, 2016, 「百濟 鬼室氏와 日本의 후예씨족」, 『百濟學報』17 참조.

같은 날 동승했다고 보인다. 이들은 모두 달솔의 관위를 갖은 고위관료 출신으로 백제부흥운동을 주도하다가 주류성 함락시에 왜국으로 망명하였다. 이들 달솔관들은 6좌평 중에 兵官이나 衛士에 소속되거나 內官의 司軍部 혹은 달솔이 임명되는 군사권을 장악하는 5방의 方領 등을 역임하였고, 백강전투 이전부터 신라와의 전쟁에 풍부한 군사적 지식이 있는 인물들이었다고 생각된다. 백강패전 이후에 위기의식 속에서 이들에 대한 군사적 지식 전략을 활용하는 것은 당연한 일이었다. 패전 직후부터 서일본지역에 대한 군사적 시설물, 방위망의 구축이 시작되었다. 『일본서기』의 해당 기록을 정리하면 다음과 같다.

【3-3】

① 天智3년(664) 이해에 對馬島, 壹岐島, 筑紫國 등에 防과 봉화를 두었다. 또 筑紫에 큰 제방을 만들고 물을 담게 하였다. 이것을 水城이라 한다.

② 天智4년(665) 가을 8월에 달솔 答㶱春初를 보내 長門國에 성을 쌓게 하였다. 달솔 憶禮福留, 달솔 四比福夫를 축자국에 보내 大野 및 椽의 두 성을 쌓게 하였다.

③ 天智6년(667) 11월, 이달에 왜국의 高安城, 讚吉國 山田郡의 屋島城과 對馬國의 金田城을 쌓았다.

나당연합군이 침공해 올 것을 예상하여 진격로에 해당하는 군사상의 요충지에 방위시설을 설치하였다. 대마에서부터 일기도, 축자에 이르는 1차 방어선에 변경 수비대, 봉화시설을 갖추고, 구주의 지방관청인 대재부 방어를 위해 산의 능선을 연결하는 평지성인 水城을 조영하고 그 배후지에 주민들의 장기간의 농성을 위한 대야성과 그 후방에 椽(基肄)성을 축조하였다. 이어 세토내해의 관문에는 長門城과 왕도에 이르는 길목에 여러 개의 산성을 출조하였다. 특히 천지6년의 왜왕권의 군사적 최전선인 대마의 金田城과 왕도 방어를 위한 高安城 등을 축조한 것은 당의 고구려 공격으로 함락을 눈앞에 둔 시기로 왜왕권의 위기의식은 최고조에 달했다고 보인다[39]. 이 축성사업에 참여한 백제유민들은 당연 병법에 밝은 달솔관들이었으며 答㶱春初, 億禮福留, 四比福夫 등의 축성의 지휘관으로 참여하였다. 이들은 백제의 부소산성, 공산성 등의 축성경험을 바탕으로 조영했다고 생각된다. 이른바 조선식산성이라고 불리우는 이들 산성은 적어도 12개 이상이 축조되었으며[40], 여기에 동원된 노동력, 이곳을 지키는 병력, 무기, 식량 등 군수물자는 막대하였다. 한편 天智 7년(668) 신라와의 국교재개로 전란의 위기를 벗어난 왜왕권은 내정의 정비에 박차를 가한다. 백제유민에 대한 관위수여는 내침에 대한 공포가 어느 정도 해소된 시기에서 이루어진 것이다. 『일본서기』천지 7년(668) 추7월조 "때에 近江國에서 武를 강연하다"라고 기록이 나온다. 이때의 강의는 근강국으로 이주한 병법에 밝은 백제의 兵法家일 가능성이 있다고 생각된다[41]. 神龜 원년(724) 5월에는 도래계 씨족들에서 일본 씨성을 내리는데, 그중에 백제유민의 후손인 四比忠勇, 谷那庚受, 答本楊春의 이름이 보인다[42]. 이들은 병법에 밝아 축성사업에 관여한 四比福夫, 谷那晋首, 答㶱春初의 자손임은 분명하다. 『속일본기』天平寶字 5년(761) 3월조에는 병법가 億禮福留의 후손인 憶賴子老의 인명이 보이고[43], 『신찬성씨록』에도 「石野連」조에도 憶賴福留의 후예로 나오고 있다[44].

---

39 天智6년(667)에 축성된 왕도 방위를 전방기지인 高安城은 大寶원년(701)에 폐성될 때까지 5차의 수리와 3회에 걸쳐 천황의 순행이 있을 정도로 국가적 차원에서 관리, 운용되고 있었다.

40 조선식산성의 연구성과에 대해서는 向井一雄, 2016, 『よみがえる古代山城』, 吉川弘文館 참조.

41 山尾幸久, 2016, 『古代の近江』, サンライズ出版, p.164.

42 『續日本紀』神龜원년 5월 신미조, "正七位上四比忠勇椎野連。…從六位下谷那庚受難波連。正八位上答本陽春麻田".

43 『續日本紀』天平寶字5년 3월 경자조, "百濟人余民善女等四人賜姓百濟公, …憶賴子老等四十一人石野連".

44 『新撰姓錄』左京諸蕃 百濟「石野連」, "出自百濟國人近速古王孫憶賴福留也".

병법 다음으로 왜왕권이 중시한 것은 제약, 의술이었다. 의약에 밝은 炠日比子, 賛波羅, 金羅, 金須, 鬼室集信 등에게 大山下의 관위를 주었고, 달솔 德頂上, 吉大尙 등에게는 소산하의 관위를 주었다. 이들은 모두 달솔 이상의 관위의 유민들이고, 백제 내관제 중의 藥部 소속의 관인들이라고 생각된다. 왜왕권의 관위 수여에서 특별이 의약에 정통한 인물들이 대표명으로 거론된 16인 중 7인이나 차지하고 있는 것은 전란과 부상, 역병, 재해 등 치료가 요구되는 사람들이 많아졌기 때문이다. 왜왕권에서는 이미 백제로부터 의약관련 기술을 전수받은 기록이 보인다. 『일본서기』흠명기 14년(553) 6월조에 '種種藥物'과 醫博士의 파견을 요청하고 있고, 동 15년 2월조에는 의박사, 채약사, 약인 등을 파견한 바 있다. 『일본서기』천무 4년(675) 춘정월조에 外藥寮의 기사가 처음 등장하는데, 이들 의약관련 유민들이 유입으로 관부로 설치되었다고 보인다. 『養老令』醫疾令의 조문을 보면, "의박사는 醫人 중에서 法術이 우수한 사람 중에서 뽑아서 삼는다. 안마와 주금박사도 또한 이에 준한다"고 하고, "무릇 의생, 안마생, 주금생, 약원생은 먼저 藥部 및 대대로 익힌 자를 뽑는다"고 하여 의술의 세습집안의 자제를 우선 선발하도록 규정하고 있다. 당연히 백제에서 온 의약관련 후손들에게 우선권이 있음을 알 수 있다. 이외에도 의술에 관한 수업의 내용, 시험제도 등 다양한 조문이 기록되어 있다.

의약관련 유민인 길대상의 후예들은 의술방면에 뛰어난 족적을 남겼다. 그는 상기 天智 10년(671)에 백제 망명자들을 대상으로 한 관위수여식에서 "吉大尙[解藥]"이라 하여 약의 제조에 능한 재능이 있어 小山下의 관위를 받았다고 하듯이 백제멸망 직후 망명 백제인이다. 『文德實錄』嘉祥 3년(850) 11월조에 길대상의 후손인 興世朝臣書主의 「卒傳」에는 祖父는 '正五位上圖書頭兼內藥正相模介吉田連宜', 父는 '內藥正正五位下古麻呂'였고, "竝爲侍醫累代供奉"라고 하여 시의로서 여러 대에 걸쳐 봉사해 왔음을 기록하고 있다. 吉大尙에서 시작된 醫業은 吉田連宜-吉田連古麻呂-興世朝臣書主에 이르는 4대에 걸쳐 계승되고 있는 의술의 명가로서 지위를 확보하였다. 특히 시의는 천황의 건강을 살피는 주치의로서 천황의 측근으로 활약할 수 있었다. 또 吉田連의 일족인 吉田連兄人은 천평 20년(748)에 황후궁의 시의가 되었다[45]. 吉田連斐太麻呂는 寶龜 2년(771)에 內藥正에 보임되어 10년 이상이나 내약료의 장관직에 종사하였고, 同 10년(779)에는 光仁천황의 시의도 겸하게 되었다. 길전련 가문에서 시의 등 의료종사가 많이 배출된 것은 의술이 가업으로 계승되었고 뛰어난 실력으로 조정으로부터 신임을 얻었기 때문이었다.

이외에도 병법에 밝아 축성사업에 참여한 答㶱春初의 후손인 麻田連은 연력 4년(785) 11월에 외종5위하 麻田連畋賦를 典藥頭로 삼았다[46]. 전약두는 宮內省에 소속된 궁정관인의 의료와 調藥, 의술전문가의 양성, 약용식물의 재배 등을 총괄하는 典藥寮의 장관이다. 전약료에는 의사, 침술사, 안마사, 주금사로 구성되어 있다. 여기에는 각각의 박사와 藥園師가 있고, 그 밑에 의득업생이 학습하고 있다. 일본고대의 의학서인 『大同類聚方』(808 성립)의 「典藥寮本」에 수록된 고대 한반도 관련 처방목록을 보면 총 37건 가운데 23건이 상기 백제계 유민인 길대상의 후손 吉田連氏가 14건이 보이고, 答㶱春初의 후손인 麻田連氏도 4건이 확인된다[47]. 의료분야의 세습적 지위가 유지되고 있음을 보여주고 있다. 마지막으로 인명이 거론된 백제유민 중에 오경에 밝은 許率母와 음양에 밝은 角福牟는 小山上의 관위를 받았다. 오경은 왜왕권이 이전부터 백제로부터 오경박사를 초빙하여 지식을 전수받았으며, 대학료의 설치 이후에는 필수과목이었다. 陰陽은 天平2년(730)에 태정관에서 조정에 올린 상주문에는 "음양, 의술, 七曜(천문학), 頒曆 등의 학술은

---

45 『大日本古文書』(3-122) 「皇后宮職牒」, "天平廿年十月八日從七位上守侍醫兼行大屬河內大目吉田連兄人".

46 『續日本紀』延曆4年 11월 갑인조.

47 박준형 · 여인석, 2015, 「『大同類聚方』典藥寮本과 고대 한반도 관련 처방」, 『목간과 문자』15, pp. 238~239 표 참조.

국가의 중요한 道이므로 이를 폐하거나 중지할 수 없다[48]"고 하여 국가의 관리대상에 들어가는 학문이었다. 角福牟의 자손 중에 正倉院文書 天平年中(729~748) '從六位下行陰陽博士絲兄麻呂[年四十三歳, 右京]'라고 기록되어 있는 음양박사 絲兄麻呂가 있다. 그는 養老 5년(721)에는 醫卜, 方術에 종사하는 관인 중에서 학업이 뛰어나고 사범이 될만한 자를 선발하여 포상하는데 角兄麻呂의 이름을 올리고 있다. 이때 의술 분야에서는 길대상의 아들인 吉宜도 포상자의 명단에 기록되어 있다[49]. 상기 정사에 이름을 올리지 않은 50인의 달솔 등 백제유민들도 소산하의 관위를 받고 등용되어 제각기 자신의 능력과 신분에 따라 왜왕권의 제관부에서 관인으로서 활동했고 가문을 이어갔다.

천지조의 지식인에 대한 우대는 천지의 후계자였던 大友皇子의 모습에서도 잘 나타나 있다. 대우황자는 임신의 난 때에 숙부 大海人皇子에게 패해 자결하는 비극적인 생애를 마쳤지만, 생전 백제 지식인들과의 交遊는 그의 생애에서 새로운 지식을 접할 수 있는 기회였다고 생각된다.『懷風藻』의「淡海朝大友皇子」조에는 그에 대한 인물평에 대해 다음과 같이 기술하고 있다.

【3-4】황자는 불과 20세가 됐을 때 태정대신의 요직을 맡아 정무를 행하였다. 황자는 박학하고 다방면에 능통하여 문예, 무예의 재능을 타고나셨다.…古事에 흥미를 갖고 筆을 잡으면 문장이 되고, 말을 하면 훌륭한 논조가 되었다. 당시 논객들은 황자의 박학에 감탄하였다. 학문을 시작한 지 아직 짧아 시문의 재능은 나날이 새롭게 빛을 발했다.

대우황자의 지적능력을 예찬하는 내용이다. 대우황자가 교유한 논객에 대해

---

48 『續日本紀』天平2년 3월 신해조.
49 『續日本紀』神龜원년 5월 계해조.

『회풍조』에서는 "널리 학자들 沙宅紹明, 塔本春初, 吉太尙, 許率母, 木素貴子 등을 불러 賓客으로 삼았다[50]"고 하듯이 주류성 함락 직후 망명한 백제 지식인의 5명을 거론하고 있다. 대우황자의 지적 교류의 인물이 백제인만은 아니라고 생각되지만, 이들만이 특기되어 있는 것은 그만큼 백제 지식인의 존재감이 컸다고 생각된다. 한편 대우황자에 대한 평은 『회풍조』서문에 보이는 대우황자의 아버지 천지에 대해 "때때로 문학을 애호하는 선비들을 불러 주연을 베풀기도 하고 천황 스스로도 글을 쓰고 현사들은 찬미의 시문을 바쳤다"라는 내용과 매우 유사하다. 특정 인물에 대한 예찬일 수도 있으나, 이들의 지적 호기심이 지식인들을 예우하고 이들을 통해 새로운 학문의 발전을 꾀했던 당시의 상황을 말해준다고 볼 수 있다. 사택소명은 당대의 최고의 석학으로 許率母와 함께 近江令의 편찬에 관여한 인물로 추정되고 있다. 塔本春初는 병법가이면서 그의 후예들은 문학적 재능을 발휘한 인물들도 있다. 신귀 원년(724) 5월에는 그의 후예인 答本陽春이 麻田連의 성을 받았고[51], 『만엽집』(5-884, 885)과 『회풍조』에는 "外從五位下石見守麻田連陽春一首 年五十二"라고 하여 개성된 麻田連陽春의 이름으로 다수의 시문을 남기고 있다[52]. 吉大尙의 후예들은 4대에 걸친 의업의 가문으로 명성을 날렸고, 문예방면에서도 뛰어난 업적을 남겼다. 길대상의 아들인 吉田連宜는 『회풍조』에 "正五位下図書頭吉田連宜, 二首[年七十]"라고 하여 2편의 시를 남기고 있다. 또 그는 大宰府 장관으로 부임해 있던 大伴旅人에게 보낸 화답의 서간과 短歌 4수(『万葉集』 5-864·865·866·867)를 남겼다. 그는 漢詩와 일본의 和歌를 넘나드는 당대 최고

---

50 『懷風藻』, 『寧樂遺文』下卷, 東京堂出版, 1962, "淡海朝大友皇子二首. 皇太子, 淡海帝之長子也,…·年二十三, 立爲皇太子, 廣延學士, 沙宅紹明·塔本春初·吉太尙·許率母·木素貴子等, 以爲賓客…".

51 『續日本紀』神龜원년 5월조.

52 徐甫京, 2019, 「고대일본의 백제망명귀족과 후손-答本, 麻田連氏 관계기사를 중심으로-」, 『史林』67, 首善史學會, pp.336~337.

수준의 교양인으로 천황의 마음을 사로잡아 두터운 신임과 중책을 맡았다[53].

5. 결어-백제유민과 신국가건설의 의의-

　왜왕권의 백제유민에 대한 관리와 등용은 일본고대의 신국가의 건설의 중요한 기반이 되었다. 이들이 보유한 신지식, 신기술은 그대로 왜왕권의 국가운용에 이입되었고, 그 저변으로 확산되어 갔다. 수천명에 달하는 백제의 망명자 속에는 중앙과 지방에서 상층부를 구성하는 귀족과 호족층이 다수를 차지했으며 군사, 학문, 의술 등 각 분야의 전문가들이 적지 않았다. 왜왕권으로서는 백제부흥을 위해 수군단을 구성하고 막대한 군수물자를 투입하는 등 국가적 재정을 소모했지만, 결과적으로 백제의 수많은 인재들을 받아들이는데 성공하였다. 前代의 도래인과는 비교하기 어려운 고급인력을 자국의 공민으로 만든 것이다. 백강전투라는 왜왕권의 군사적 모험주의는 결과적으로 손실보다는 이익이 많았던 전쟁이었다.

　왜왕권의 단기간내에 수립된 국가방위시스템은 백제의 병법가들의 지휘하에 이루어졌다. 왜왕권이 가장 관심을 기울였던 분야는 제약과 의술방면이었다. 전란으로 인한 부상자의 속출, 재해와 역병 등은 국가적 재난이었다. 백제유민들 중에서 제약, 의술 방면에 뛰어난 인재들을 상대적으로 많이 발탁, 등용시킨 것은 당면한 과제를 해결하기 위한 방편이었다. 백제 내관제의 藥部는 왜왕권의 의료제도의 개선에 모델이 되었을 것으로 보이며, 이때의 선구적 제도는 이후 일본의 율령국가가 만든 대보령, 양로령의 醫疾令에도 영향을 주었을 것으로 생각된다. 천지조의 신국가건설의 계획 중에는 지식인들을 활용한 새로운 국가운용에 필요한 사상, 예제, 율령 등을 만드는 일이었다. 『회풍조』의 서문에서 천지는 "풍속을

---

53 延敏洙, 2019,「『新撰姓氏錄』의 鹽乘津彦命 설화와 吉田連」,『韓日關係史研究』64.

교정하고 인민을 교화하는 데에는 학문에 비할 것은 없고 덕을 쌓고 뛰어난 사람이 되기 위해서는 학문보다 앞서는 것이 없다. 이에 따라 학교를 세우고 인재를 모아 오례와 법도를 정한다"고 하였다. 천지의 학문에 대한 관심은 학직두를 신설하여 백제유민 귀실집사를 임명하였다. 그의 책임하에 교육기관이 설치되고 국가가 필요로 하는 인재를 양성하기 위해 다양한 분야의 학문이 개설되었고 국가운용에 활용하는 기틀을 만들었다. 오경은 대학교육과 국가시험의 필수과목이었으며 각종 기록물 편찬의 기초가 되었다. 天平 2년(730)에 태정관에서 조정에 올린 상주문에 음양, 의술, 천문, 역법 등은 국가의 중요한 道이므로 이를 폐하거나 중지할 수 없다라고 것은 바로 일본고대국가의 필수 학문이었고 천지조의 백제유민들이 닦아놓은 기반 위에서 계승, 발전되었다고 생각된다.

왜왕권의 백강전투의 파병은 백제와 왜국의 3백년 교류사에서 대미를 장식한 사건이었다. 양국의 지배층 상호간의 신뢰감, 인적 교류와 문물의 제공 등 친연관계의 기초 위에서 나왔다 백강전투의 패전으로 백제고토의 유민들에게 왜국은 유일한 선택지였다. 이들 유민들은 왜왕권의 신국가정책 속에서 재능과 신분에 따라 관인으로 발탁, 등용되어 각 분야에서 능력을 발휘해 나갔다. 그들 중에는 학문과, 의술, 문예 등의 제방면에서 세습적 지위를 통해 가문의 번영을 이룬 씨족도 적지 않았다.

제3장 부여풍의 생애와 부흥운동

1. 부여풍은 누구인가

　의자왕자 扶餘豐은 백제부흥운동기의 백제왕으로 알려진 인물이다. 그의 후반기 삶의 대부분은 왜국에서 보냈고 20여년간의 왜국생활은 장기체재를 전제로 한 大使的 임무였다. 그는 백제 패망기에 귀국하여 부흥운동을 주도하면서 백제왕의 제사권을 계승하여 백제국의 정체성을 유지하려고 노력하였다. 그러나 복신과의 암투로 끝내 부흥군의 최고 장군직을 잃어버렸고, 백강 전투에서 적국의 편에 선 부여융과 형제간의 피의 혈투를 벌이는 비극을 맞았다. 왜병의 지원을 받았지만 전력의 열세는 극복하지 못했고, 대부분의 백제귀족들은 투항하거나 왜국망명길에 올랐다. 부여풍은 백강전투에서 부흥군이 괴멸당하자 고구려에 은신하여 왜국에 있던 선광과 연락을 주고받으면서 당에 압송될때까지 재건운동에 헌신하였다. 그의 백제수복의 꿈은 실현되지 못했지만 거대한 연합전선에 대항했던 백제 최후의 왕이었다.

2. 부여풍의 도왜시기

　백제의 대왜관계사상에서 왕자들이 외교의 일선에 나서는 경우는 종종 보인다. 4세기말 광개토왕의 남정시에 아신왕자 전지가 군사외교의 일환으로 왜국에 파견되었고, 5세기후반에는 개로왕의 동생 昆支를 왜국에 보낸다. 그후 왜국에서 태어난 곤지의 아들 末多는 귀국 후에 동성왕으로 즉위하였고, 백제에 남아있던 장자 斯麻는 동성왕의 뒤를 이어 무령왕이 되었다. 무령왕대에도 순타태자 사아군을 보내 양국의 우호관계를 더했으며 동맹관계는 더욱 강화되었다. 장기체재를 염두에 둔 백제의 대왜외교의 성격을 말해준다[1].

의자왕이 파견한 풍왕자를 비롯한 일단의 사절단도 백제의 대왜관계의 장기적 전망 속에서 나온 국가전략이었다. 풍왕자는 중국사서나 『삼국사기』에는 백제의 國姓인 부여를 관칭하여 부여풍으로 나오고, 『일본서기』, 『속일본기』 등에는 豊璋으로 기록하고 있다. 의자왕의 왕자들의 인명은 『삼국사기』, 신구당서의 백제전 등에는 모두 1자명으로 알려져 있듯이 공적으로는 1자명이고, 2자명은 별칭으로 불렀을 가능성이 있다. 풍왕자의 동생 善光(禪廣) 역시 1자명의 인명이 '勇'으로 왜국에서는 별칭을 사용했다고 생각된다.

이들의 왜국행에 대해 『일본서기』 舒明 3년(631) 3월에 '百濟王義慈入王子豊璋'이라고 기록하고 있고, 『속일본기』의 百濟王敬福薨傳에도 高市岡本宮馭宇天皇(舒明)에 "의자왕이 그의 아들 豊璋王 및 禪廣王을 入侍시켰다"라고 하여 선광과 함께 왜국에 온 것으로 되어 있다[2]. 백제왕경복흥전의 도왜연대는 『일본서기』가 전거가 되어 기록되었을 가능성이 높다. 『일본서기』에는 동일사건의 異傳承이 다수 존재하고 있어 검증이 필요하다. 우선 舒明 3년은 백제왕계에서는 의자왕대가 아니고 그 전왕인 武王 32년이 되는 해이고 동년 『삼국사기』에는 "元子 義慈를 봉하여 태자로 삼았다"라고 기록하고 있다. 의자왕의 즉위는 641년이다. 이에 대해서는 다양한 수정론이 제기되고 있지만, 편년상의 오류일 가능성이 높으며 의장왕의 아들을 무왕의 아들로 수정하는 것은 기록의 성격상 무리이다. 「扶餘隆墓誌

---

1 연민수, 1997, 「백제의 대왜외교와 왕족」, 『백제연구』27, 同 1998, 『고대한일관계사』, 혜안.

2 『續日本紀』天平神護2년 6월 임자조, "刑部卿從三位百濟王敬福薨. 其先者出自百濟國義慈王. 高市岡本宮馭宇天皇御世. 義慈王遣其子豊璋王及禪廣王入侍".

銘」에는 그는 682년에 68세의 일기로 사망했으니 출생년은 615년이다. 따라서 扶餘隆의 동생인 선광이 왜국에 갔을 때의 나이는 많아야 15세 정도이다. 상기 백제왕경복흥전에 "(善光의)아들 百濟王昌成은 유년기에 아버지를 따라 歸朝하였다"는 기록에 따르면, 선광은 10대초반에 아이를 낳았다는 믿기 어려운 일이 발생한다. 따라서 풍왕자 일행은 의자왕대의 일로 보지않을 수 없다. 한편 西本昌弘의 분석에 따르면『일본서기』황극기 원년(642), 동 2년조에 왜국에 온 백제 의자왕자 翹岐란 인물은 풍장과 동일인물로 본다.『일본서기』齊明紀 7년과 天智紀 2년조에 나오는 풍장의 別名인 糺解를『釋日本紀』秘記에 '키우케'로 읽고, 翹岐는 '케우키'로 읽독하고 있어 양자의 인명이 매우 유사함을 들어 풍왕자의 도왜연대는 631년이 아닌 황극기 원년조에 보이는 642년 즉 의자왕 2년으로 추정한다[3]. 게다가 양자의 활동시기 내용도 겹치고 있어 동일인물일 가능성이 높다. 풍왕자와 선광이 왜국에 간 시기는 의자왕 2년인 642년임이 거의 틀림없다.

백제왕권에서는 풍왕자를 대사로 하여 다수의 왕족과 고위관인이 포함된 대규모 사절단을 구성하여 대왜 외교를 추진하였다. 이때 선광의 이름은 보이지 않지만, 사절단에 풍왕자의 동생으로 나오는 塞上(塞城)이 선광의 별칭으로 생각된다. 특히 새상과 선광은 같은 시기에 인명이 거론된 적이 없고, 새상의 행적이 끊어진 후 선광이 나타난다. 白雉 원년(650) 2월에 왜왕권의 의식에 풍왕자를 비롯한 새상, 충승 등은 참석자로 기록되어 있으나 선광은 보이지 않는다. 또 백제부흥운동기에는 풍왕자나 숙부인 충성 등은 귀국하여 활동상이 보이지만, 새상의 행적은 확인되지 않는다. 선광은 귀국하지 않았고, 그대로 왜국에 정주하여 일본조정으로부터 백제왕씨의 성을 받았다. 새상과 선광은 同人異稱일 가능성이 높다.

백제는 왜국에 대규모 사절단을 파견한 그해 7월에 서북방 신라의 40여성을 공취하고 동년 8월에는 신라로 통하는 군사적 요충지인 대야성을 함락시킨다. 이듬

---

3 西本昌弘, 1985,「豊璋と翹岐」,『ヒストリア』107.

해에는 고구려와 화친을 맺어 신라의 대당교통로인 당항성을 공격하였다. 의자왕이 풍장을 왜국에 보낸 목적은 백제의 대신라 공격을 앞둔 대왜외교의 강화였다. 왜국의 친백제노선을 강화하고 신라의 대왜관계를 견제하려는 의도였다.

3. 부여풍 일행의 왜국생활

풍왕자 일행을 보면 가족동행의 사절단이었다. 『일본서기』 황극기 원년 5월조에 풍왕자의 별칭인 "翹岐의 아들이 죽었다. 이때 교기와 妻가 아이가 죽은 것을 두렵고 꺼려하여 장사에 나가지 않았다"는 전승으로부터 가족이 함께 동행했음을 알 수 있다. 선광 역시 그의 아들을 동행하고 있어 일가족이 함께 왜국으로 갔다. 풍왕자의 숙부로 나오는 忠勝이라는 인물도 가족을 동행했음은 추측하기 어렵지 않다.

한편 왕족 이외에도 大佐平 智積, 內佐平 岐味 고관의 이름도 나온다. 『일본서기』 황극기에는 복수의 전승을 전하고 있는데, 황극기 원년 2월조에는 백제의 사절이 "지난해 11월 대좌평 지적이 죽었다"고 하면서, 동 7월조에는 "백제의 사신 대좌평 지적 등에게 조정에서 향응하였다"고 기록하고 있다. 아마도 이러한 상반된 전승은 백제왕권 내부의 갈등이 있었고 그 와중에서 풍왕자를 대사로 하는 대규모의 사절단이 권력 투쟁에서 패해 왜국으로 망명한 풍설로서 전해졌기 때문으로 보인다. 황극기 원년 2월조에 보이는 "弟王子, 아들 교기 및 同母弟 여자 4인, 내좌평 岐味, 고명한 사람 40여인이 섬으로 쫓겨났다"라고 하는 소문이 백제 내부에서 떠돌았고, 이것이 백제사인을 통해 여과없이 왜국에 전해져 특기할만한 사안으로서 『일본서기』에 채록되었다고 생각된다. 대좌평 智積의 성에 관한 기록은 없지만 현존하는 砂宅智積碑의 사택지적은 바로 그 인물이다. 齊明紀 6년 7월조에 인용된 「伊吉連博德書」에 보이는 沙宅千福과 天武紀 2년 윤6월 경인조의 망명지 왜국에서 죽은 沙宅昭明은 智積과 동족으로 생각된다. 따라서 사택지적은 적어도 사택지적비에 명기된 갑인년(654) 당시 까지는 생존해 있었기 때문에 그의 사망설은 풍설에 불과하다. 한편 황극기 원년 추7월조의 분주에는 "백제의 사인 대좌평 지적 및 그 아들 달솔과 은솔 軍善이라고 하였다"라고 하여 달솔과 은솔의 관위를 지닌 2명의 함께 왔고, 차남이라고 생각되는 군선이라는 인명이 나온다. 40여명이 섬으로 쫓겨났다는 인원수는 대체로 가족 동행의 왕족, 귀족들을 포함하고 있다. 풍왕자를 중심으로 한 백제 사절단 중에는 가족을 동반한 장기체재에 들어갔고, 그 중에 일부는 사택지적과 같이 귀국한 인물도 있었을 것이다.

풍왕자의 왜국생활에 관해 관련사료를 검토해 보기로 한다. 그 중에서 皇極 원년(642) 2월 경술조에 보이는 "교기를 불러 阿曇山背連의 집에서 머물게 하였다"라는 기록이다. 풍왕자인 교기가 阿曇山背連의 사저에 묶었다는 사실은 특수한 사정에 기인한다고 생각된다. 일반적으로 외국사절의 경우는 영빈시설에서 묶는 것이 관례인데, 공식일정이 끝나면 귀국하게 된다. 이것은 당시 백제와 왜국간의 다양한 교류의 실태를 말해주는 것으로 백제왕족인 풍왕자와 阿曇山背連 간의 사적 네트워크가 형성되어 있었음을 말해준다. 阿曇氏 가문은 외교와 군사씨족으로도 활약이 저견된다. 阿曇山背連은 황극기 원년 춘정월조, 동 2월조에 보이는 백제에 파견되어 풍왕자 일행과 함께 귀국하여 백제의 내부사정을 전한 阿曇連比羅夫이다. 그는 백제왕권과의 공적인 협의를 거쳐 풍왕자 일행의 왜국행을 마련하였고 장기체류에 대비하여 조정과 협의하에 자신의 사저를 제공한 것이다. 그는 백강전투시에 백제부흥군을 지원하기 위해 前將軍으로 병력을 이끌고 참전하였다. 제명기 3년(657) 시세조에는 그의 일족인 서해사 小花下 阿曇連頰垂 등이 백제에서 돌아와 낙타 한 마리, 노새 두 마리를 바쳤다고 하고, 제명기 4년 시세조에는 "서해사 小花下 阿曇連頰垂가 백제에서 돌아와 '백제가 신라를 치고 돌아왔다'고 기록하고 있다. 이 두 기록은 동일사건의 중복이지만 백제사정에 밝은 아담씨 일족이 파견되어 당시 긴박한 동아시아정세, 왜왕권내에서 풍왕자 등이 역할 등 현안문제에 대해 논의했을 것이다. 阿曇連頰垂의 귀국보고 중에 "백제가 신라를 치고 돌아왔다"는 내용은 『삼국사기』 백제본기 의자왕 15년(655) 8월조에 "왕이 고구려, 말갈과 함께 신라의 30여성을 공파하니 신라왕 김춘추가 당에 사신을 보내 이 사실을 알렸다고 하는 사건을 가리킨다. 당시의 국제정세가 당-신라의 연합군과 고구려-백제 동맹군이 형성되어 왜왕권도 이러한 형세에 크게 긴장하고 있었고, 정세파악을 위한 사절을 보냈다. 왜국에 체재하고 있는 풍왕자의 역할은 점점 중시되어 갔다.

황극기 2년 4월조에 "대사 교기가 종자를 데리고 천황을 배알하였다"고 하고 이어 "蘇我大臣은 畝傍의 집에 백제의 교기 등을 불러 친히 대화하고 좋은 말 1필과 철정 20개를 주었다. 그러나 새상은 부르지 않았다"고 기록하고 있다. 왜국에 도착 이후의 풍왕자 일행의 공식 일정으로 보인다. 왜왕의 접견을 시작으로 蘇我大臣의 초대로 그의 저택에서 만났다. 『일본서기』 황극기 3년 10월조에는 대신이 畝傍山의 동쪽에 집을 세웠다고 하는 그 저택이다. 그는 당대 최고의 권력자, 왕권을 능가하는 실질적인 왜왕권의 지배자였던 蘇我蝦夷였다. 소아씨의 出自가 백제와의 관련이 있고 백제계 도래인들을 적극적으로 포섭해 권력을 확장해 갔던 까닭에 소아씨의 친백제정책의 기조는 유지되었다. 소아대신이 풍왕자에게 선물한 말은 교통수단이었고, 철정은 현물거래가 가능한 경제적 지원의 상징이었다. 이미 풍왕자의 왜국 정착생활은 원활하게 진행되고 있었음을 보여주고 있다. 여기서 흥미로운 사실은 소아대신의 저택에 풍왕자의 동생 새상은 부르지 않았다고 한다. 백제사로 파견된 아담련산배의 귀국보고에도 새상에 대해 '恆作惡之'라고 히듯이 악행을 일삼는 인물로 묘사되어 있다. 새상의 별칭인 善光이라는 이름에 어울리지 않는 왜국에서의 인식은 분명하지 않다. 소아대신조차 상면하기를 꺼리는 것을 보면 백제 본국에서의 문제와 관련되어 있는지도 모르겠다. 백제 의자왕의 이복왕자들이 다수 존재하고 있었듯이 그도 왕위 후보군중의 1인이었다고 생각하면, 그의 왜국행은 모종의 암투에 의한 도피일 가능성이 있고, 백제왕권에서 보면 좌천, 추방일 수도 있다. 그의 형인 풍왕자 일행 중에 포함시켰지만, 왜국내에서 선광의 존재감은 상대적으로 낮을 수 밖에 없었다. 그에 대한 악평, 악인으로서의 인식은 백제 국내에서 형성된 평판이 왜국에 영향을 미쳤고, 그는 백제부흥운동기에도 귀국하지 않고 왜국 정주를 선택하였다. 백제에서의 내란설도 이러한 왕권내부의 갈등이 하나의 요인이 되었을 것이다.

황극 원년(642) 5월에 왜조정에서는 풍왕자(교기) 일행을 河内國의 依網屯倉으로 초대해 射獵을 관람케 하였다[4]. 사렵은 왕족, 귀족들이 교외에서 동물들을 사냥하는 일종의 놀이문화인데, 여기서는 馬上에서 표적을 맞추는 궁술로서 추정된다. 이것은 국가의 특별한 날에 행해지는 의식이고 시원은 알 수 없으나 풍왕자 일행을 이 행사에 초대한 것은 하나의 의전이고 백제왕족에 대한 예우였다고 생각된다. 한편 동년 7월에는 "백제 使人 대좌평 지적 등을 조정에서 향응하였다"고 하고, "즉시 健兒에게 명하여 교기 앞에서 씨름을 시켰다. 지적 등은 연회가 끝나고 물러나서 교기의 문전에서 배례하였다"고 기록하고 있다[5]. 일본고대의 씨름이 궁중행사로서 공식적으로 행해진 것은 奈良 시대 이후에 보이고, 相撲節會라고 하여 매년 7월경에 近衛府에서 40여명의 건아들을 선발하여 천황이 관람하는 天覽相撲으로 정착되었다. 황극기에 보이는 기록은 아마도 씨름의 시원으로 생각된다. 이때의 행사에는 왜왕을 비롯한 귀족들, 여기에 풍왕자 일행과 대좌평 지적이 초대되었다. 위 기록에서 보듯이 연회가 끝난 후, 지적 등은 풍왕자의 저택까지 동행하여 예의를 갖추고 떠났다. 풍왕자를 대표로 하는 백제사절단은 상호간의 연락망을 형성하고 있었음을 알 수 있다. 풍왕자의 숙소는 도착 당시에는

---

4 『日本書紀』 皇極紀 원년 5월 기미조, "於河内國依網屯倉前, 召翹岐等, 令觀射獵".

5 『日本書紀』 皇極紀 원년 7월 을해조, "饗百濟使人大佐平智積等於朝[或本云, 百濟使人大佐平智積及兒達率, 闕名, 恩率軍善]命健兒相撲於翹岐前, 智積等宴畢, 而退拜翹岐門".

아담련산배의 저택이었지만, 얼마 지나지 않아 백제의 大井家로 이주하였고, 이곳이 풍왕자의 저택인 '翹岐門'이었다. 백제의 대정가는 敏達紀 원년 4월조에 보이는 "宮於百濟大井"라고 하여 百濟大井에 궁을 지었다는 지명이 나온다. 百濟大井은 백제계 도래인들이 많이 거주하고 있는 河內國 錦部郡 百濟鄕[6]으로 풍왕자 일행의 정주지로서는 최적의 조건이었다. 『일본서기』皇極紀 2년 시세조에는 "백제의 태자 餘豐이 꿀벌 둥지 4개를 三輪山에 풀어 사육하였다[7]"고 한다. 이러한 생활상은 이곳에 정주하며 도래계 씨족들과도 교감하고 있는 모습을 말해주고 있으며, 왜왕권측과도 교류하는 등 왜국정착생활에 적응해 나갔다. 그가 왜왕권과의 교류의 실상을 보여주는 기록으로 孝德朝 白雉 원년(650) 2월조에 穴戸國司 草壁連醜經이 白雉을 바치자, 효덕은 百濟君(풍왕자)에게 자문을 구했고, 그는 "後漢의 明帝 永平11년에 흰 꿩이 어떤 곳에서 보였다고 합니다"라고 하고, 함께 있던 법사들도 길조임을 강조하자 이해를 백치원년으로 개원했다. 며칠 후 조정에서는 원단의 의식처럼 조정의 의장대를 갖춘 장대한 행사를 거행하였다. 동월 갑신조의 기술을 보면, 좌우대신과 백관들이 금문 밖에 네줄로 배열하였고, 粟田臣飯蟲 등 4명이 꿩이 든 가마를 들고 선두에서 나아가자, 좌우대신, 백관 및 百濟君豊璋, 아우 塞城, 忠勝, 고구려의 侍醫 毛治, 신라의 侍學士 등을 거느리고 中庭에 이르렀다고 하는 장면을 묘사하고 있다[8]. 이러한 풍왕자의 왜국에서의 활동은 백제와 왜왕권과의 동맹관계를 강화하는 임무를 띠고 있었다고 생각된다.

---

6 『和名類聚抄』卷6 國郡部第12 河內國第70 錦部郡 百濟.
7 『日本書紀』皇極紀2년 是歲, "百濟太子餘豐以密蜂房四枚放養於三輪山, 而終不蕃息".
8 『日本書紀』白雉원년 2월 갑인조, "朝庭隊仗如元會儀, 左右大臣, 百官人等爲四列於紫門外, 以粟田臣飯中等四人使執雉輿, 而在前去, 左右大臣乃率百官及百濟君豊璋, 其弟塞城忠勝, 高麗侍醫毛治, 新羅侍學士等而至中庭".

4. 부여풍의 귀국과 왜왕권의 파병

백제의 멸망 소식이 왜왕권에 전해진 것은『일본서기』제명 6년(660) 9월 5일로 "백제가 달솔 등을 보내 신라가 唐人을 끌어들여 백제를 전복시켰다"고 한 기록이다. 그 사자의 보고에 따르면, "금년 7월에 신라가 힘을 믿고 위세를 떨치며 이웃나라와 화친하지 않고, 당인을 끌어들여 백제를 멸망시켰다"고 하고 그 분주의 一書에는 "금년 7월 10일에 당의 소정방이 수군을 거느리고 미자진에서 진을 쳤다. 신라의 春秋智가 병마를 거느리고 怒受利山에서 주둔하였다. 백제를 협공하여 서로 싸운 지 3일만에 우리 왕성이 함락되었다. 같은 달 13일에 마침내 왕성이 무너졌다"고 기록하고 있다. 이에 따르면 백제의 멸망은 660년 7월 13일이 된다. 한편 『삼국사기』신라본기 태종무열왕 7년(660)조에는 소정방의 기벌포 도착과 황산벌 전투가 7월 9일, 나당연합군이 의자왕의 성을 포위한 것이 12일, 왕성의 함락은 13일로 되어 있다. 사비성이 7월 13일에 함락되자 의장왕은 웅진성으로 도주하여 웅진성에 웅거했지만, 18일에는 이곳도 함락되었다. 사비성의 함락 일자는 양서 모두 일치하고 있고, 『삼국사기』에는 최후의 웅진성 함락 일을 7월 18일로 적기하고 있다. 한편『삼국사기』태종무열왕 7년 9월 3일에는 낭장 유인원이 1만의 병력으로 사비성에 주둔하고 신라군 7천명을 보좌시킨 후, 소정방은 의자왕 등 왕족, 귀족 93인과 인민 1만2천인을 데리고 사비에서 배를 타고 당의 장안으로 돌아갔다. 같은 해『일본서기』제명 6년(660) 7월조의 분주에 인용된「伊吉連博德書」에는 당의 장안에 억류되어 있던 왜국의 사신들을 9월 12일에 모두 본국으로 방면하였다고 기록하고 있다. 당은 백제출병의 정보가 노출되지 않도록 왜국사절을 억류했고, 백제침공작전이 성공하여 의자왕 일행을 장안으로 압송한 직후 석방한 것이다.

백제에서 왜왕권에 멸망 사실을 전한 것은 백제왕실의 붕괴라는 상황이 종료된 지 50여일만이다. 시기적으로 보면 백제에서의 파병요청은 늦은 감이 있지만,

『일본서기』제명 6년 9월조의 본문과 분주에 鬼室福信과 余自進 등이 임존성 등 주요 거점을 중심으로 저항운동을 벌이고 있다는 상황을 전하고 있듯이 전쟁은 진행중이었다. 동년 10월조에는 백제의 좌평 귀실복신이 좌평 귀지 등을 보내면서 함께 당군 포로 백여명을 바쳤다. 이어 구원군 파견을 요청하고 왜국에 체류중인 왕자 풍장을 귀국시켜 國王으로 모시고자 한다는 취지를 전했다. 당시 소정방 군대는 철수했지만, 백제부흥군의 반격은 계속되고 있었으며 노획한 당 포로는 부흥군이 아직도 건재하다는 것을 보여주는 메시지였다. 이에 대해 왜왕권에서는 파병을 결정하고『일본서기』에는 동년 12월에 "천황이 難波宮으로 행차하였다. 천황은 福信이 요청한 바에 따라, 筑紫에 행차하여 구원군을 파견할 것을 생각하고 우선 이곳으로 와서 여러 가지 병기를 준비하였"고 기록하고 있다. 이듬해 정월 齊明女王은 '海路西征'하여 동 3월에 현해탄을 바라보는 구주북단의 娜大津에 도착하였다. 그해 7월 갑작스런 제명의 죽음으로 황태자 중대형은 '素服稱制', '水表之軍政'이라고 표현하고 있듯이 왕권, 군권을 계승하여 백제부흥전쟁을 수행하였다.

한편 백제 부흥군의 요청한 풍왕자의 귀국에 대해서는 사서마다 차이가 있다. 『구당서』백제전에는 龍朔 원년(661)의 일로 되어 있고,『신당서』백제전에는 顯慶 5년(660)조에 "倭에서 故王子 扶餘豊을 맞아다 王으로 삼으니, 西部가 다 호응하여 군사를 이끌고 仁願을 포위하였다"고 하여 백제멸망의 해에 기록하고 있다. 『삼국사기』백제본기에는 의자왕 20년(660)조에 663년까지의 사건을 일괄해서 기록하고 있어 풍왕자의 귀국 연대는 확실하지 않다. 이에 대해서는『일본서기』의 기록이 구체적이다. 천지 원년(661) 8월조에 보이는 파병기사와 함께 풍왕자 일행의 귀국기사가『구당서』의 연대와 일치하고 있어 이 기록을 귀국기시로 보아 대괴 없을 것이다. 왜왕권이 백제멸망 소식을 접한 지 거의 1년만의 이루어진 것이다. 해외에의 파병 자체가 실현되기 까지는 많은 내부적 논의가 필요하고, 병력과 군수물자의 준비, 병선의 건조 등 막대한 행정력과 재정이 요구되는 일이다. 특히

제명이 북구주에 도착한 것도 이듬해 3월이고 게다가 갑작스런 사망으로 장례의
식 등으로 파병은 지연될 수밖에 없었다. 제명기 6년조 말미에 "이해에 백제를 위
해 신라를 정벌하고자 駿河國에 명하여 배를 만들게 하였다", 천지원년 시세조에
"이해 백제를 구하기 위하여 무기를 수선하고 선박을 구비하여 군사의 식량을 비
축하였다" 등의 기록은 바로 파병에 따른 장비의 준비기간이 소요되고 있었음을
말해준다. 백제부흥군의 입장에서는 시각을 다투는 긴박한 상황이어서, 재차 661
년 4월에 복신이 사자를 왜국에 보내 糾解(풍왕자)의 귀국을 청했다.『일본서기』
동년 기사의 분주에는 고구려승 道顯의 지은『日本世記』를 인용하여 "백제의 복신
이 글을 올려 그 君 糾解를 보내주기를 東朝에 청했다"라고 기록하고 있다. 여기
에서 복신이 일본을 동쪽의 조정을 의미하는 東朝라고 지칭했는데,『일본서기』의
훈독에서는 '미카도'라고 하여 천황의 의미로 해석하였다. 당시의 백제의 왜국에
대한 東朝라는 인식은 西朝에 대한 상대적 표현으로 두 왕조간의 강한 유대감, 일
체감을 공유하고 상징하는 용어라고 생각된다.『일본서기』천지 즉위전기(661)에
보이는 풍왕자의 귀국과 파병기사를 살펴보자.

【1-1】

① 8월 前將軍 大花下 阿曇比邏夫連, 小花下 河邊百枝臣 등과 後將軍 大花下 阿
倍引田比邏夫臣, 大山上 物部連熊, 大山上 守君大石 등을 보내 백제를 구하게
하였다. 무기와 식량도 보냈다. [或本에서는 이 뒤에 계속하여 따로 대산하 狹
井連檳榔 소산하 秦造田來津을 보내 백제를 수호하게 하였다고 하였다.]

② 9월 황태자가 장진궁에 거주하였다. 백제 왕자 풍장에게 織冠을 주었다. 또
多臣蔣敷의 누이를 처로 삼게 하였다. 그리고 대산하 狹井連檳榔 소산하 秦造
田來津을 보내 군사 5,000을 거느리고, 풍장이 본국에 돌아가는 길에 호위하
게 했다. 풍장이 나라에 돌아가자, 福信이 마중나와 절하고, 국정을 맡기면서
모든 것을 위임하였다.

상기 두 기사는 1개월의 시차를 두고 2번을 파병하는데, 하나의 사건을 2개로 분리된 同事重出이다[9]. 사료①의 或本의 기사는 ②의 9월조의 내용과 동일하다. 즉 8월에 준비기간을 거쳐 9월에 前将軍 阿曇比邏夫連이 사령관이 되어 후장군의 군단, 狭井連檳榔, 秦造田來津 등이 지휘하는 병선들이 풍왕자를 호위하며 출발하였다. 전장군 阿曇比邏夫連는 백제에 파견되어 풍왕자 일행과 함께 온 황극기 2년(642)조에 나오는 阿曇山背連이다. 그의 사저에서 풍왕자 일행이 체류했듯이 두사람의 인연은 깊었고 풍왕자의 귀국시에는 호위대장으로 파견되어 귀실복신에게 인도하는 역할을 맡았다. 풍왕자는 귀국하기 직전 지휘본부가 있던 長津宮에서 황태자 중대형황자로부터 織冠을 받는데, 大化 5년(649)에 제정된 관위 19제에서 최고위에 해당한다. 이때의 관위수여는 왜왕의 백제왕에 대한 책립으로 보는 설도 있지만[10], 왜국에 장기간 체재하고 귀국하는 백제왕자에 대한 일종의 명예증서로 보는 것이 온당하다. 당시 풍왕자 일행의 귀국을 도왔던 전장군 阿曇比邏夫連의 관위가 8위였던 점을 감안하면 부흥운동의 최전선에 나서는 풍왕자에 대한 특별한 인식의 표현으로 보인다. 이울러 전장에 나서는 풍왕자에게 多臣蔣敷의 누이를 부인으로 삼아 동행시켰다. 多臣蔣敷는『和州五郡神社神名帳大略注解』에 인용된 久安 5年(1149)의 多神社注進帳에서『고사기』를 편찬한 太安万侶의 조부로 나온다. 多臣氏는『新撰姓氏録』「左京皇別」에 출자가 神武皇子의 神八井耳命이라는 전승이 있듯이 현실의 왕실과도 인연이 있던 귀족이었다. 생사를 알 수없는 전장으로 향하는 풍왕자의 일상의 조력자로서 여성을 대동시킨 것은 일반의 상식을 뛰어넘는 일이었고, 풍왕자의 대한 왜왕권의 특별배려라고 생각된다. 역사적으로 왜왕권이 백제에 보낸 병력수는 신라와의 관산성전투에서 성왕이 전

---

9 池內宏, 1960,「百濟滅亡後の動亂及唐・羅・日三國の關係」,『滿鮮史研究』上世第二册, 吉川弘文館.

10 八木充, 1975,「七世紀中葉における政權抗爭」,『日本書紀研究』8.

사했을 때 위덕왕의 동생 혜왕자를 청병사로 보냈을 때 파병한 축자의 병력 1천 명이 가장 많았다. 풍왕자의 호송병력은 그때의 5배였고, 이어서 후속병력이 추가적으로 파병되었다. 풍왕자 일행이 귀국 연도는 사료②의 661년 9월이고, "풍장이 나라에 돌아가자, 福信이 마중나와 절하고, 국정을 맡기면서 모든 것을 위임하였다[11]"고 하듯이 풍왕자와 복신은 합류하게 되었다.

다음은 天智 원년(662)과 동 2년조에 보이는 왜병의 파병과 군수물자 지원 현황에 대해 살펴보자.

【1-2】

③ 天智원년(662) 춘정월조, 백제의 좌평 鬼室福信에게 화살 십만 척, 실 500근, 솜 1,000근, 피류 1,000단, 무두질한 가죽 1,000장, 종자용 벼 3,000석을 주었다.

④ 天智원년 3월조, 백제왕에게 포 300단을 주었다.

⑤ 天智원년 5월조, 대장군 대금중 阿曇比邏夫連들이 수군 170척을 이끌고 풍장 등을 백제국에 보내주고 풍장에게 왕위를 계승시키는 칙을 선포하였다. 또 복신에게 금책을 주고 그 등을 어루만지며 칭찬하고 작록을 주었다. 그 때 풍장과 복신이 절하며 칙을 받자 사람들이 눈물을 흘렸다.

⑥ 天智2년(663) 3월 전장군 上毛野君稚子와 間人連大蓋, 중장군 巨勢神前臣譯語와 三輪君根麻呂, 후군 장군 阿倍引田臣比邏夫와 大宅臣鎌柄을 보내, 2만 7천인을 거느리고 신라를 치게 하였다.

⑦ 天智2년 6월에 前將軍 上毛野君稚子 등이 신라의 沙鼻岐, 奴江 두 성을 빼앗았다.

⑧ 백제(왕)은 적의 계략을 알고서 장군들에게 말하여, "지금 들으니, 대일본국의 구원군의 장수 盧原君臣이 건아 1만여명을 거느리고 바다를 건너오고 있다.

---

11 『日本書紀』齊明紀7년 9월조, "於是, 豊璋入國之時, 福信迎來, 稽首奉國朝政, 皆悉委焉".

장군들은 미리 준비하도록 하라. 나는 白村에 가서 기다리고 있다가 접대하리
라"라고 말하였다.

⑨ 龍朔3년(663)에 이르러서 총관 孫仁師가 군사를 이끌고 (웅진)부성을 구원하러
왔는데, 신라의 병사와 말도 또한 나아가 함께 정벌하여 가서 주류성 아래에
이르게 되었다. 이때 왜의 수군이 백제를 도우러 1,000척이 백강에 정박해 있
고 백제의 정예기병이 언덕 위에서 배를 지키고 있었다(『삼국사기』 신라본기 문
무왕11년 7월26일조).

우선 사료③④의 군수물자 지원과 사료⑤의 수군 170척, ⑥의 2만7천명, ⑧의
1만명의 병력 파견은 시간적으로 보아 전승사료의 차이로 중복된 기록일 가능성
이 높다. 파병의 숫자만해도 풍왕자 귀국시의 5천명을 합하면 3차에 걸쳐 4만2천
명이고 게다가 사료⑤의 수군 170척에 승선한 병력을 더하면 5만 이상의 병력을
보낸 것이 된다. 가장 중복의 가능성이 높은 것은 사료 ③④⑤와 앞에 제시된 사
료②이다. 풍왕자의 귀국기사는 사료②의 661년 9월이고, 이때의 호위병 5천명은
사료⑤의 수군 170척에 승선했다고 보인다. 阿曇比邏夫連는 사료① 보이는데, 다
시 사료⑤에 등장하고 있어 重出의 가능성이 높다. 사료③④의 군수물자의 경우
도 병력파견과 시차를 달리하고 있어, 풍왕자이 귀국선에 선적해 갔다고 보는 것
이 합리적으로 생각된다. 사료⑥⑦은 신라공격에 동원된 병력으로 2만7천명이 파
병되어 沙鼻岐, 奴江 2성을 공취했다고 한다. 이때의 파병과 신라공격에 대해 필
자를 포함한 종전의 연구에서는 거의 무비판적으로 수용해 왔다. 게다가 신라 2
성에 대한 공격을 제국주의적 침공으로 보는 견해도 나오고 있을 정도로 사료의
진위여부와는 관계없이 사실에 기초한 성격론으로 발전되어 갔다.

그러나 이때의 일련의 파병기사는 재검토의 결과 많은 문제점을 앓고 있음을
확인할 수 있다. 우선 파병의 2만7천명이라는 병력수도 신뢰하기 어렵고, 실제
로 『삼국사기』나 신구당서에도 신라영역에 침공한 왜병의 전투상황은 전하지 않

는다. 만약 신라에 대한 공격이 감행했다고 하더라도 별동대를 편성하여 후방을 교란하는 정도이지 본대를 투입하는 것은 전략상으로도 맞지않는다. 왜군이 공취했다는 신라의 沙鼻岐는『일본서기』신공기섭정5년 3월조에 나오는 "신라에 가서 도비진에 진을 치고 草羅城을 함락시키고 돌아왔다"라는 草羅城이고, 梁山의 옛 지명인 歃良이다[12]. 삽량은 낙동강하류역에서 신라로 들어가는 요충지로서『삼국사기』신라본기에 보이는 왜인들의 침략로였다. 상기 신라성 공취기사도 백강전투에 참여한 上毛野氏 등의 후예씨족들이 신라공격 사건을 만들어 낸 것으로 보인다. 이때의 신라침공에 대해 신라측의 대응도 보이지 않고, 2만7천의 병력의 동향에 대해서도 기록이 없는 것은 이 기록의 신빙성에 의문을 더해준다. 게다가 5개월 후에 다시 사료⑧에서 보듯이 1만명의 병력을 추가로 파병한다. 당시의 왜왕권은 이종족으로 간주하던 북류, 동북지방의 蝦夷 대책에 골몰하였고, 이들을 정벌하기 위해 제명 4년(658)에서 동 6년(660) 사이에 수차에 걸쳐 병선, 180척, 200척을 동원하여 공격하였다. 이러한 내부의 혼란한 정세하에서 단지 우호국 지원을 위해 단기간에 수차에 걸친 대규모의 해외파병이 현실적으로 불가능한 일이다.

한편 2만7천명의 파병에 대해 실행되지 않은 계획상의 편성일 것이라는 주장도 있다[13]. 흥미로운 발상이지만, 이 문제는 별도의 관점에서 검토할 필요가 있다. 파병의 규모는 문서상이라도 실현가능한 범위에서 계획되고 추진되는 것이고, 사료⑧에 보이는 盧原君臣이 통솔하는 건아 1만여명이 663년의 백강전투의 실태라고 생각된다. 이때 일본의 장군 盧原君臣은 駿河國의 國造系 호족이고, 齊明 6년에 그가 호족으로 있던 준하국에 조정에서 칙을 내려 백제파병의 병선을 건조시

---

12 鮎貝房之進, 1973,『雜故・日本書紀朝鮮地名攷』, 國書刊行會(初出은 1937), 三品彰英, 1962,『日本書紀朝鮮關係記事考證』上, 吉川弘文館.

13 笠井倭人, 1975,「古代の水軍」『大林太郎編『船』, 社會思想社.

컸다[14].『신당서』,『구당서』백제전에 보이는 왜선 400척은 병력 1만명이 승선할 수 있는 숫자라고 생각된다. 일본의 견당사선이 4척으로 편성된 4~5백명 규모의 대형 선단이지만, 왜의 병선은 水戰과 기동력을 감안한 중소형으로 추정된다. 왜병의 파병소식은 부흥군에게도 전해져 풍왕자가 백강에서 대기한다고 하듯이 웅진성으로 진격하기 위한 상륙작전이었다. 사료⑨는 문무왕이 唐將 설인귀에게 보낸 답서 중 회고담인데, "왜의 수군이 백제를 도우러 1,000척이 백강에 정박해 있고 백제의 정예기병이 언덕 위에서 배를 지키고 있었다"고 하여 백강전투의 상황을 묘사하고 있듯이 사료⑧의 건아 1만명은 백강전투에 파견된 병력이었다.

그럼 사료⑥의 2만7천명 파병과 신라공격 전승은 어디에 근거해 기록된 것인지 살펴보자. 이 기록은 백강전투에 참가한 씨족들의 家傳에서 나왔을 가능성이 크다.『일본서기』에 편찬에서 주요 기초자료는 각 씨족들이 제출한 씨족지이다. 여기에는 이들의 조상들이 천황가에 대한 봉사의 연원을 기록하고 조상의 군사적인 업적을 과시하는 기록들이 많다. 국토통일과정이나 대외출병에서 무훈을 강조하는 것은 씨족지의 특징이고 성격이라고 할 수 있다. 이러한 추정은 다음의 사례에서 이해할 수 있다.『일본서기』편찬을 위해 天武 10년(681) 2월에 '帝紀 및 上古 諸事를 기록하고 정하게 했다'라고 하여 편찬자료의 범위를 결정하였다. 이 사업에 참여한 인물 중에 上毛野君三千, 阿曇連稻敷 등이 나온다. 또 持統 5년(691) 8월에도『일본서기』편찬의 자료수집을 위해 18씨에게 墓記의 제출을 명하는데, 묘기는 씨족지를 가리킨다. 18씨 중에 大三輪, 巨勢, 上毛野, 阿倍, 阿曇 등 제씨가 나온다. 이들의 면모를 보면, 사료⑥의 왜병 2만7천명을 통솔했다는 上毛野君稚子, 巨勢神前臣譯語, 三輪君根麻呂, 阿倍引田臣比邏夫 등과 서로 同祖 관계에 있는 씨족들이다. 이러한 사실은『일본서기』의 편찬 자료들의 내용과 성격을 추측할 수 있다. 백강전투에 출병한 자신들의 선조에 치적을 기록할 수 있는 위치에 있

14『日本書紀』齊明紀6년 12월 是歲, "欲爲百濟將伐新羅, 乃勅駿河國, 造船".

던 인물들이다. 우선 천지 2년(663) 2월조의 2만7천명 출병기사의 後將軍 阿倍引
田臣比邏夫은 천지 즉위전기(661) 8월조에 나오는 後將軍 大花下 阿倍引田比邏夫
臣의 출병과 중복으로 추정된다. 다음의 부여풍과 깊은 인연이 있는 阿曇氏의 기
록도 동일한 성격이다. 천지 즉위전기 8월에 나오는 전장군 阿曇比邏夫連은 천지
원년(662) 5월조의 대장군 大錦中 阿曇比邏夫連이다. 이 2개의 기사도 풍왕자 호
송기사의 重出이다. 이것은 모두『일본서기』편찬에 관련된 후에 씨족이 한 사건
을 2개로 분산 기록한 것이다. 특히 2만7천명의 수군 사령관으로 나오는 上毛野
君稚子는 천무 10년에『일본서기』편찬에 필요한 기초자료의 범위를 정한 上毛野
君三千의 동족이고, 지통 5년에 上毛野氏의 씨족지인 묘기를 제출한 바 있다. 당
연히 조상의 무훈을 과시하는 과장된 필법이 작용하였다고 생각된다. 上毛野氏의
조상전승을 전하는『일본서기』應神紀 15년 8월조에 "上毛野君의 조상인 荒田別,
巫別를 백제에 보내 王仁을 불러오도록 하였다"고 하고, 동 仁德紀 53년조에는 신
라가 조공하지 않아 上毛野君의 선조 竹葉瀨, 田道를 보내 신라군을 괴멸시키고 4
읍의 인민을 포로로 잡아 돌아왔다는 설화를 전하고 있다. 이러한 上代의 조상설
화와 같이 현실의 신라에 공격받는 백제 파병의 씨족 전승에서도 실현되지 않은
가상의 사건을 추기했을 가능성이 높다. 요컨대 백강전투에 참가한 씨족들의 기
억을 담은 가전에는 후예들에 의해 조상의 戰功을 과시하는 과정에서 중복, 과장
된 기록의 결과라고 생각된다.

5. 부여풍과 귀실복신

다시 풍왕자의 동향에 대해서 살펴보자. 풍왕자의 귀국은 부흥운동을 주도한
귀실복신의 간청으로 이루어졌다.『일본서기』제명기 6년 10월조에, 좌평 복신이
사신을 보내 "乞王子余豊璋", "王子豊璋將爲國王" 등의 표현에서도 알 수 있고, 이

에 대해 "天皇方隨福信所乞之意"라고 하여 복신의 뜻에 따라 귀국을 결정한다. 『삼국사기』의자왕 20년조에도 "福信은 …扶餘豊을 맞아서 왕으로 추대", 동 문무왕 3년조에도 "복신과 승려 도침이 옛 왕자인 扶餘豊을 맞아 세우고", 신구당서 백제전에도 福信은 "故王子 扶餘豊을 맞이하여 王으로 삼으니" 등에서 알 수있듯이 복신은 백제왕실 공백기에 풍왕자를 옹립하였다. 복신의 주도로 풍왕자는 귀국했지만, 그의 역할은 한계가 있었다. 풍왕자에게는 20년만의 귀국이고, 게다가 왕실이 붕괴된 혼란 속에서 지도력을 발휘하기에는 쉽지않은 상황이었다. 우선 자신을 추대한 복신 등의 부흥운동 주도세력과의 어떠한 관계를 설정하느냐가 당면한 과제였다. 귀국시에 복신이 마중나와 국정을 모두 위임하였다("奉國朝政, 皆悉委焉")라고 한 표현이 무색하게 양자의 갈등은 심각하였고 어쩌면 예견된 일이었다고 보인다. 왜왕권의 후원을 받아 귀국했지만, 현지 사정에는 어두웠고, 부흥운동의 방향에 대해서도 자신이 결정할 수 있는 것은 거의 없었다고 할 정도로 무력한 상태에 있었다.

복신의 위세와 풍왕자의 위치를 말해주는 사례들을 살펴보자. 복신의 본명은 劉仁源紀功碑에 '扞率鬼室福信', 『일본서기』제명 6년 9월조에 '西部恩率鬼室福信'이라고 나오듯이 鬼室福信이다. 『삼국사기』백제본기 무왕 28년(627)조에 "遣王姪福信入唐朝貢"이라고 하여 왕족으로 일찍부터 대당외교에 이름을 보이는 등 젊은 시절의 활약상을 엿볼 수 있다. 『삼국사기』신라본기 문무왕조에는 '百濟故將福信', '賊臣福信', 『구당서』백제전의 '舊將福信', 『册府元龜』의 '福信凶暴', 『자치통감』의 '故將福信' 등으로부터 복신이 부흥운동의 주역이었고, 특히 '賊臣', '凶暴' 등 적국의 수괴로 표현하고 있다. 게다가 『일본서기』제명기 6년 9월조에는 "唯福信起神武之權,, 興旣亡之國"이라고 하여 복신만이 망해가는 나라를 일으켰다고 하듯이 신적인 능력을 발휘하는 장군의 모습으로 묘사되어 있다. 그가 대당외교를 20대 초반에 시작했다고 해도 부흥운동기에는 50대 중반을 넘긴 정치적으로도 원숙한 단계에 있었다고 할 수 있다. 복신이 왜국에 사신을 보내 풍왕자의 귀국을 청할 수 있었던 것은 부흥운동의 주역으로 실질적인 권력을 장악하고 있었기에 가능했다고 본다. 그가 풍왕자를 모신 것은 백제왕권의 상징적 인물을 내세워 유민들의 분산을 막고, 각지의 저항세력을 모아 군권을 집중시키고, 배후에서 왜왕권의 지원을 기대한 것이다. 이미 20여년의 왜국생활 동안 왜왕권내에 지배층과의 깊은 교분이 있던 풍왕자를 부흥운동에 활용하기 위해서였다. 이에 대해 풍왕자의 생각은 백제왕권에서 소외당했던 자신의 처지에서 보면, 왕실의 붕괴는 새로운 왕권 창출의 기회였고, 복신이 보낸 당포로들을 보면서 부흥세력의 승전보도 전해오는 등 상황이 불리하지는 않다고 판단했을 것이다. 왜왕권 역시 같은 입장이었다고 보인다. 과거 고구려의 남정으로 2차에 걸친 한성의 함락과 개로왕의 피살, 신라군에 의한 성왕의 전사하는 사건때에도 백제는 극복했고, 이번 사태도 재건할 수 있다는 판단하에 대규모의 지원세력을 파병한 것이다. 복신과 풍왕자와의 관계는 출발은 순조로웠다. 『일본서기』천지 원년(662) 12월조에 백제왕 풍장과 그 臣 복신 등이 왜장 狹井連, 朴市田來津과 전투와 농잠할 지세를 협의하는 등 전략회의를 열고 있었고, 천지 2년(663) 2월에는 좌평 복신이 당 포로 續守言을 보내는 등 부흥군 내부의 혼란은 보이지 않는다.

그러나 점차 지휘부의 분열은 시작되었다. 『구당서』백제전에 "얼마 지나지 않아 福信이 道琛을 죽이고 그의 군사들을 합병하니, 扶餘豊은 다만 제사나 주관할 뿐이었다", 『신당서』백제전에도 "福信이 道琛을 죽이고 그의 군병을 병합하니, 豊도 제지하지 못하였다"고 할 정도로 복신의 위세는 지휘부 누구도 넘보지 못할 정도였다. 이러한 복신의 독단은 부흥세력 내부의 분열을 가져와 풍왕자와도 알력을 야기시켰다. 『일본서기』천지 2년 5월조에는 왜국의 太上君이 고구려에 파병소식을 전하고 백제의 石城에서 풍왕자를 만났을 때 풍왕자는 '복신의 죄를 말했다'라고 하여 그의 월권행위에 대해 분노를 토로하고 대책을 강구했던 것으로 보인다. 자신의 위상에 대한 불안감이 드러나는 발언이었다. 『삼국사기』백제본기 의자왕 20년조에 "(龍朔)2년(662) 7월, … 이때 복신은 이미 권력을 독차지하여 부여풍과 서로 질투하고 시기하게 되었다. 복신은 병이 들었다는 구실로 굴 속에 누워서 풍이 문병하러 오기를 기다려 그를 죽이고자 하였다. 풍이 이를 알고 심복들을 거느리고 복신을 급습하여 죽였다"고 기록하고 있다. 풍왕자와 복신의 불신은 이미 극에 달했고, 양편으로 갈라져 제거의 기회를 엿보고 있었다. 선수는 복신측이 쳤으나 정보는 새나가 풍왕자의 승리로 끝났다. 『일본서기』천지 2년(663) 6월조에 "百濟王豊璋은 복신이 모반하는 생각이 있음을 의심하고, 가죽으로 손바닥을 뚫어 묶었다. …참수하여 그 머리로 젓을 담갔다"라고 하여 참혹한 최후의 모습을 그리고 있다. 양서 모두 복신의 배반에 대한 풍왕자의 복수극처럼 묘사한 것은 王臣의 관계라는 유교적 예제주의의 필법으로 생각된다. 복신의 사망은『일본서기』기년에 따라 663년 7월로 보는 것이 온당하며, 백제멸망 후 3년여에 걸친 부흥운동을 주도했던 복신의 사망으로 지휘부는 사실상 운동성을 상실하였다. 군단의 장악력이 떨어진 상태에서 풍왕자는 "고구려와 왜국에 사람을 보내 군사를 요청[15]"할 뿐이었다. 이미 내부의 분열상태가 심각해진 상태에서 외부의 조력은 상승효과를 내지 못하였다. 유인원, 유인궤가 이끄는 당군은 신라로 통하는 요충지를 점령하고 신라로부터의 군량수송로를 확보한 상태였고, 孫仁師가 이끄는 7천명의 증원부대가 파견되어 백강에 진을 치고 있었다. 『삼국사기』김유신전에 "대왕은 친히 유신·인문·천존·죽지 등의 장군을 거느리고 7월17일에 정벌에 나서 熊津州에 머무르며 주둔하고 있던 유인원과 군사를 합쳤다"라고 하여 백제 부흥군을 압박하였다.

전쟁의 결과에 대해『구당서』백제전에 "仁軌가 白江 어귀에서 扶餘豊의 무리를 만나 네 번 싸워 모두 이기고 그들의 배 4백척을 불사르니, 적들은 크게 붕괴되고, 扶餘豊은 몸만 빠져 달아났다"고 하고, 『삼국사기』의자왕기에도 동일 내용을 전하고 있다. 『일본서기』천지 2년 8월조에는 "17일에 적장이 州柔에 이르러 그

---

15 『三國史記』백제본기 의자왕20년조.

왕성을 에워쌌다. 大唐의 장군이 전선 170척을 이끌고, 백촌강에 신을 쳤다", "27일에 일본수군 중 처음에 온 사람들이 대당의 수군과 싸웠다. 일본이 져서 물러났다. 대당은 진열을 굳건히 지켰다", "28일에, …다시 대오가 흔들린 일본 中軍의 병졸을 이끌고 나아가 진열을 굳건히 하고 있는 대당의 군사를 쳤다. 대당은 곧 좌우에서 배를 둘러싸고 싸웠다. 눈 깜짝할 사이에 官軍이 패배하였다. 물 속으로 떨어져 익사한 자가 많았다. 뱃머리와 고물을 돌릴 수가 없었다. …이때 백제왕 풍장은 몇 사람과 배를 타고 고구려로 도망갔다"라고 기록하고 있다. 왜군의 백강 전투는 불과 2일만에 끝났다. 부흥군으로서는 나당연합군을 상대하기에는 역부족이었고, 시간이 지남에 따라 물자의 보급 등 전쟁수행능력도 저하되었다. 특히 내부의 분열은 치명적인 결과를 가져왔다. 부흥운동의 주역인 복신과 도침 두 지휘관을 잃은 상황에서 풍왕자 중심의 지휘본부는 결집력과 추진력을 발휘하기에는 한계가 있었다. 『삼국사기』김유신전에 "8월13일 두솔성에 이르니 백제인들이 왜인들과 함께 나와 진을 쳤다. 우리 군사들이 힘껏 싸워 그들을 크게 패배시켰고, 백제와 왜인들은 모두 항복하였다"고 한다.

이어 문무왕은 왜인들을 향해 다음과 같이 발언하였다. "생각컨대 우리와 그대 나라는 바다로 가로막혀 영역이 나누어져 일찍이 서로 얽힌 것이 없었고 다만 우호를 맺고 화목함을 꾀하여 사신을 보내 안부를 묻고 서로 왕래하곤 하였는데, 무슨 까닭으로 오늘 백제와 함께 악한 짓을 같이 하여 우리 나라를 도모하려느냐? 지금 너희 군졸들은 내 손아귀에 있지만 차마 죽이지는 않겠으니 너희들은 돌아가 너희 왕에게 이르거라. 가고 싶은 대로 가거라[16]"라고 하여 퇴로를 열어주었다. 『일본서기』천지 2년(663) 9월조에 "정사(7일)에 백제의 주유성이 마침내 당에 항복하였다, …갑술(24일)에 일본의 수군 및 좌평 여자신, 달솔 목소귀자. 곡나진수, 억례복류, 아울러 국민들이 테례성에 이르렀다. 이튿날, 배가 떠나서 처음으로 일

---

16 『三國史記』金庾信傳.

본으로 향하였다"고 기록하고 있다. 복신의 요청으로 풍왕자를 귀국시킨지 만 3년만에 백강전투를 끝으로 왜왕권의 3백여년간의 백제관계는 이것으로 마지막이 되었다.

풍왕자의 생사에 대해서는『삼국사기』의자왕 20년조에는 "왕 부여풍이 탈주했는데 어디로 갔는지 모른다. 혹은 고구려로 도망갔다고 한다"고 하고, 동 문무왕 3년조에는 "부여풍은 몸을 빼어 달아났다"고 하여 도피처에 대해서는 언급이 없다.『구당서』유인궤전에서는 "餘豊은 北에 있고 餘勇은 南에 있다"고 하여 고구려에 있음을 시사하고 있다.『일본서기』천지 2년 8월조에는 "이때 백제왕 豊璋은 몇 사람과 배를 타고 고구려로 도망갔다"라고 하여 고구려 탈출설을 기록하고 있다. 또『속일본기』백제왕경복전에는 '豊璋駕船遁于高麗'라고 하여 배로 고구려로 숨어들었다고 한다. 이에 대해『자치통감』권201(高宗總章원년 12월정사조)에 따르면 당은 고구려 정복 후에 내린 논공행상에서 男產에게 司宰少卿, 男生에게는 右衛大將軍을 주었고, 男建은 黔中으로 유배보내고, 이어 "扶餘豊流嶺南"이라 하여 부여풍을 영남으로 유배시켰다고 한다. 풍왕자는 아마도 당의 유배지에서 최후를 맞이했다고 보인다.

상기 기록에서 풍왕자는 663년 8월 백강전투를 마지막으로 고구려 멸망시 당으로 유배되는 668년 10월까지는 고구려에 있었음을 추정할 수 있다. 그의 고구려에서의 행적은 알려지고 있지 않지만,『구당서』유인궤전에는 다음과 같은 내용이 기록되어 있다.

【2-1】"폐하가 고구려를 멸하기를 바라신다면, 백제토지를 포기해서는 안됩니다. 餘豊은 북에 있고, 餘勇은 남에 있습니다. …왜인은 멀리있지만, 또한 서로 영향을 끼칩니다"

이것은 유인궤가 당 고종에게 올린 상표문의 일부로 백강전투 직후에 올린 상황분석 보고서이다. 이 보고서에서 "餘豊은 북에 있고, 餘勇은 남에 있다"라고 하듯이 고구려에 풍왕자가 있고, 왜국에는 선광이 있음을 말하고 왜국에 대해서도 경계하고 있다. 이어 동 기록에는 "扶餘勇은 扶餘隆의 동생이다. 이때 왜국에 도망가 있었는데, 부여풍과 내응하고 있었다"고 한다. 이때 당측에서는 풍왕자에 대해 고구려에 있으면서 왜국에 있는 동생 선광과 연락을 취하고 있다는 사실을 간파하고 있었다.『일본서기』천지 3년(664) 3월조에 "백제왕 善光王을 難波에 살게 하였다"는 기록이 나온다. 難波는 해외에서 세토내해를 통해 왕도로 들어오는 상류지이다. 선광이 이곳으로 거주지를 옮겼다는 사실은 고구려에 있는 풍왕자로부터의 정보를 신속하게 얻기 위한 조치였다고 보인다. 이 시기의 고구려와 왜왕권의 교류를 보면, 天智 3년(664) 10월에 연개소문의 사망소식이 전달되었고, 동 천지 5년(666) 정월에는 고구려에서 前部能婁를 보냈고, 동년 10월에도 대사 乙相, 부사 달상순, 현무약광 등을 파견하였다. 이들 사신을 통해 풍왕자의 소식, 백제의 상황 등 각종 정보가 전해졌을 것이다. 동시에 웅진도독부에서도 선광이 難波로 거주지를 옮긴 그해 5월에 사절을 파견하고 있고, 천지 4년(665)에도 당에서 유덕고 등을 보냈다. 당의 대왜사절 파견은 백제고토 지배와 고구려 침공 등에 대한 왜왕권의 입장을 파악하는 것이었지만, 이때 당측에서는 선광을 비롯한 백제유민의 동향을 접하고 있었다고 보인다. 이와같이 풍왕자의 고구려 잠행은 단지 은둔생활이 아니었고 백제부흥을 위해 고구려와 왜로 이어지는 연합전선을 구축하여 백제의 부흥을 위해 노력했던 망명생활이었다.

6. 비극의 왕자들-부여풍과 부여융-

풍왕자는 왜국에 파견되어 본국과 왜왕권과의 동맹관계를 강화하는 역할을 부여받았지만, 백제왕권에서 보면 권력의 일선에서 밀려난 반망명자의 삶이었다.

그는 당의 복속하에 들어간 본국의 현실을 보면서 복신의 요청을 받고 20여년간의 왜국생활을 청산하고 백제수복전쟁에 뛰어들었다. 반면 부여융은 당의 복속정책의 하수인이 되어 부흥군을 진압하는 위치에 있었다. 모두 의자왕의 핏줄을 이어받은 왕자의 신분으로 살육의 전장에서 상면할 수밖에 없는 비극을 맞이하였다.

한편 두 사람에게 주어진 과업은 백제라는 왕실의 정통성을 유지하는 일이었다. 부여풍은 의자왕을 계승한 백제왕으로서 부흥을 성공시켜 백제왕권을 재건하는 일이었고, 부여융은 당왕조에 강제되어 백제유민들을 위무하여 당의 복속정책을 대행하는 역할이었다. 이중에서 제사권은 백제국 건국시조의 제사를 주관하는 왕실의 연속성과 정체성을 보여주는 의식이었다. 왜국에서 온 풍왕자의 입장에서는 당연히 백제왕의 계승자로서 수행해야 할 사명이었다. 『구당서』백제전에 "福信이 道琛을 죽이고 그의 군사들을 합병하니, 扶餘豊은 다만 제사나 주관할 뿐이었다"라고 하는 사실은 풍왕자의 권한에 제약이 있었지만, 제사권은 행사하고 있었다. 부흥운동의 지휘권은 복신이 주도하였지만, 사직을 보존하는 제사의식은 그의 몫이었다. 그러나 풍왕자와 복신은 백제부흥이라는 공동의 목표로 하나로 뭉쳤지만, 지휘권의 대립으로 결국 유혈사태를 초래하고 말았다.

백제 패망 후 부여융이 백제고토로 돌아온 것은 孫仁師가 이끄는 증원부대 7천명이 웅진으로 가서 유인원의 군대를 지원할 때였다. 『구당서』백제전에는 "仁師, 仁願 및 신라왕 김법민은 육군을 이끌고 진군하고, 유인궤 및 別帥 杜爽, 扶餘隆은 수군 및 군량선을 이끌고 웅진강에서 백강으로 가서 육군과 회합하여 함께 周留城으로 진군하였다"고 하여 부여융의 백강 진군 소식을 전한다. 『일본서기』천지 2년(663) 8월조에는 풍왕자는 왜국의 1만명의 지원군이 온다는 소식을 접하고 白江에서 지원군과 합류하겠다는 의지를 밝혔다. 이어 동 기록에는 "대당의 장군은 전선 170척을 이끌고 백촌강에 진열하였다"고 하고, 『삼국사기』문무왕기에는 "왜선 1천척이 白沙(白江)에 정주하고 백제의 기병은 강위에서 그 선함을 호위하였다”고 한 긴박한 대치상황을 전하고 있다. 백강어귀에서 왜군과 합류한 풍왕자는 당의 유인궤, 부여융의 수군과 혈투를 벌였다. 드디어 백강전투에서 부여풍과 부여융의 형제간 혈육상쟁이 시작되었다. 이미 진지를 구축하고 전투태세를 완비하고 있던 당군을 맞이하여 왜군은 ‘更率日本亂伍’라고 하여 지휘체계도 흔들려 대오가 흐트러진 상태에서 수많은 익사자와 뱃머리도 돌릴 수 없는 상황에 빠졌다. 왜 수군은 처참하게 괴멸당했고, 육상에서는 주류성 등 주요 거점이 나당 연합군에게 포위당한 상황이었다. 풍왕자는 바로 북으로 뱃머리를 돌려 고구려로 피신하였다. 그때의 모습을 『속일본기』에는 ‘豊璋駕船遁于高麗’라고 전하고 있다. 이때 같은 혈육인 扶餘忠勝, 忠志 등은 士女 및 왜병들과 함께 항복하였다. 忠勝은 풍왕자와 함께 왜국에 체재하다가 부흥운동에 가담한 의자왕의 동생이었다. 백강전투 후 손인사, 유인원 등이 당으로 철수할 당시 부여융도 당으로 돌아갔고, 이때 충승, 충지 등도 압송되었다고 보인다.

扶餘隆이 다시 백제고토로 귀환한 것은 664년 웅진도독으로 임명된 직후이다. 『구당서』백제전에 “부여융에게 웅진도독을 제수하여 본국으로 돌려 보내 신라와 화친을 맺고 남은 무리들을 불러 모으게 하였다”, 『신당서』백제전에도 “高宗은 부여융을 웅진도독으로 삼아 본국으로 돌아가서 신라와 묵은 감정을 풀고, 유민을 불러 모으게 하였다”라고 기록하고 있다. 부여융의 역할은 백제유민에 대한 위무와 신라와의 회맹을 통한 안정적 지배였다. 麟德 2년(665) 8월에 부여융이 웅진성에서 신라 문무왕과 백마를 잡아 놓고 맹약한 선언문에 “전 백제왕자 司稼正卿 扶餘隆을 세워 웅진도독으로 삼아서 제사를 받들고 그의 고장을 보존하게 했다”라는 회고담이 나온다. 풍왕자가 백제왕으로서 제사를 주재하였듯이 부여융은 웅진도독의 신분으로 백제왕실의 제사를 맡았다. 그러나 강제된 제사는 망국의 후예로서 감당하기 어려운 짐이었고, 신라에 대한 두려움으로 유인원이 웅진도독부의 유인궤와 교체시에 유인궤를 따라 장안으로 돌아갔다. 그후 당 고종은 의봉 2년(677)에 부여융에게 ‘광록대부 태상원외경 겸웅진도독대방군왕’이라는 관직을 주어 백제고토에 돌아가 유민들을 위무하라는 명을 받았으나, 이미 백제고토는 신라의 수중에 들어간 후였다. 『신당서』백제전에 고구려에 의탁하다가 죽었다는 부여융의 전승은 망국의 비극사가 설화로서 전해진 것이고, 扶餘隆墓誌銘에 따르면 그는 낙양에서 68세의 일기로 최후를 맞이하였다.

扶餘豊은 백제부흥을 위해 점령군에 대항한 마지막 백제왕이었다. 내부 결집의 실패와 전력의 약세를 극복하지 못하고 결국 부흥운동은 좌절됐지만, 백제왕권사에서 소외된 굴곡의 삶 속에서도 패망한 본국의 재건을 위해 헌신하였다. 적국 당이나 신라에 투항하지 않고, 여타의 부흥운동의 장수들이 왜국 망명을 택했음에도 고구려로 잠입하여 재기의 꿈을 키웠다. 그는 고구려에 체재하면서 왜국에 있던 동생 선광과도 정보를 공유하면서 백제부흥에 노력하였다. 그러나 668년 10월 李勣이 고구려를 공격할 때에 포로로 잡혀 당으로 끌려가서 그해 12월에 유배되어 망국의 한을 품으며 파란만장한 생을 마감하였다. 그는 투항의 댓가인 당관직이 새겨진 묘지석보다는 자유로운 영혼은 택했던 것이다.

제4장 『新撰姓氏錄』의 鹽乘津彦命 설화와 吉田連

1. 서언

　　『新撰姓氏錄』에 그 出自가 천황가인 皇別로 분류된「吉田連」조에는 다음과 같은 설화가 전한다. 崇神天皇 때에 任那國에서 사자를 보내 동북방에 있는 三己汶이 신라와의 쟁란으로 통치하기 어려움을 호소하고 장군의 파견을 요청하자 鹽乘津彦命(이하 鹽乘津[1])을 보내 鎭守시켰고, 그의 후손들이 대대로 기문을 통치해왔다고 한다.

　　염승진 설화는 일본근대사학에서는 일본이 임나의 땅을 통치하기 위해 파견한 '鎭守'장군으로 이해하고 이른바 임나일본부의 기원으로 삼아왔다[2]. 한일강제병합 직후 발행된『歷史地理』朝鮮號 특집호에서도 明治시대의 사학의 흐름을 받아 임나일본부의 기원으로 염승진 설화를 전면에 내세웠다[3]. 당시 임나일본부설을 당연한 것으로 믿던 학문적 풍토하에서『일본서기』의 기록보다 앞선 시기에 임나지배의 기원을『신찬성씨록』에서 찾으려는 경향이 두드러졌다. 국내학계에 잘 알려져 있는 末松保和의『任那興亡史』(1949)에서 말하는『일본서기』신공기 49년(369)조에 나오는 가야7국평정기사보다 무려 수백년이나 이른 기원전에 이미 임

1　鹽乘津彦命의 '乘'은 판본에 따라 '垂'로도 나온다. 佐伯有淸의『新撰姓氏錄の硏究』에서는 '垂'를 취한다. 新訂增補國史大系本의『續日本後紀』에는 '鹽垂津'으로 기록하고 있다. 어느 것이 원 글자인지는 분명하지 않지만 자획이 유사해 필사과정에서의 오류라고 생각된다. 여기서는 '乘'으로 통일한다.

2　연민수, 2018,「任那日本府 史料의 세계와 日本史學」,『韓國古代史硏究』91 참조.

3　大森金五郞, 1911,「任那日本府の興廢」,『歷史地理』臨時增刊 朝鮮號特輯.

나일본부가 설치된 기록으로 보았다. 염승진 설화는 吉田連氏 家傳에 전하는 조상설화이지만, 이 씨족의 직접적인 시조는 『續日本後紀』에 염승진의 8세손이라고 전하는 백제계 씨족인 吉大尙이다. 8세기후반의 일본사회는 씨족적 계보질서가 혼란해진 상태에서 도래계 씨족 중에는 한반도에서 일본 천황가로 出自改變을 통해 신분상승을 노리는 현상이 나타난다. 이 전승은 당시 도래계 씨족들의 정치적 지향점을 이해하는데에는 주목되는 기록이다.

최근 도래씨족의 출자개변에 대한 연구는 『신찬성씨록』에 수록된 각 씨족들의 출자 편재에 재검토의 계기를 마련하였다[4]. 특히 吉田連氏의 선조로 나오는 염승진 설화의 생성의 문제, 기문국과 관련된 길전련씨 출자의 변천과정 등 세부적인 면에서는 추가적인 검토가 필요하다.

본장에서는 이 설화의 발생 장소인 己汶의 역사적 변천과정을 통해 이 지역이 길전련씨 조상의 原鄕으로 나오게 된 배경에 대해 살펴보고, 吉大尙의 渡倭와 출자개변의 기반이 되는 일족의 권력에의 접근과정, 그리고 염승진 설화의 생성의 모티브가 된 관련 소재를 추적해 보고자 한다.

2. 鹽乘津彦命 설화와 三己汶

염승진 설화를 전하는 『신찬성씨록』의 左京皇別의 「吉田連」조의 기록을 살펴보자.

【1-1】大春日朝臣과 조상이 같다. 觀松彦香殖稻天皇[諡, 孝昭]의 황자 天帶彦國押

---

4 加藤謙吉, 2011, 「渡來系氏族の出自改變-皇別・神別諸氏との同祖・同族化をめぐって」, 『古代韓日交流와 相互認識』, 東北亞歷史財團韓日國際會議發表集, 徐甫京, 2013, 「新撰姓氏錄에 기재된 鎭守將軍 後裔 씨족의 出自改變」, 『일본연구』 57, 同 2017, 「新撰姓氏錄의 吉田連氏 出自와 氏姓 標題에 관하여」, 『한일관계사연구』 58.

人命의 4세손 彦國葺命의 후손이다. 일찌기 磯城瑞籬宮 御宇御間城入彦天皇 시대에 任那國에서 "臣의 나라 동북에 세 개의 己汶[上己汶, 中己汶, 下己汶]이 있습니다. 땅의 넓이가 300리이고 토지와 인민이 풍족합니다. 신라국과 서로 다투어 피차 이곳을 통치하는 것이 불가합니다. 전쟁이 계속되어 백성이 안심하고 살 수 없습니다. 신은 (일본에서) 장군을 파견하여 이 땅을 다스리게 하여 귀국의 部로 삼기를 청합니다."라고 하였다 천황이 크게 기뻐하여 여러 경들에게 명하여 파견할 만한 사람을 주상하라고 하였다. 경들이 "彦國葺命의 손자 鹽垂津彦命은 머리 위에 혹이 있어 세 갈래로 갈라진 소나무와 같으며[이로 인해 松樹君이라고 불렀다], 키가 5척이고 힘은 무리 중에 뛰어나며 성격도 용맹하다"고 아뢰었다. 천황이 염수진언명을 파견하였다. 명을 받들어 鎭守하였다. 그 당시에 宰를 칭하여 吉이라고 하였다. 이로 인해 그 후손의 성을 吉氏라고 불렀다. 아들 종5위하 知須 등은 奈良京田村里河에 거주하였다. 이로 인해 天璽國押開豊櫻彦天皇[諡 聖武] 神龜원년에 吉田連이라는 姓[吉은 本姓, 田은 거주하는 지명에서 취한 것]을 받았다. 今上 弘仁2년에 새로 宿禰라는 성을 받았다. 續日本紀와 합치된다[5].

위 사료는 吉田連의 조상계보와 유래에 대한 설명이다. 논점은 다음 3가지이다. 첫째, 崇神천황대에 임나국에서 三己汶에 장군 파견을 요청하자 염승진을 보내 鎭

---

5 『新撰姓氏錄』左京皇別「吉田連」條, "大春日朝臣同祖. 觀松彦香殖稻天皇[諡孝昭]皇子天帶彦國押人命四世孫彦國葺命之後也. 昔磯城瑞籬宮御宇御間城入彦天皇御代, 任那國泰曰, 臣國東北有三己汶地[上己汶中己汶下己汶]地方三百里, 土地人民亦富饒與新羅國相爭, 彼此不能攝治, 兵戈相尋, 民不聊生, 臣請將軍令治此地, 即爲貴國之部也. 天皇大悅, 勅群卿, 令奏應遣之人, 卿等奏曰, 彦國葺命孫鹽垂津彦命, 頭上有贅三岐如松樹[因號松樹君]其長五尺, 力過衆人, 性亦勇悍也. 天皇令鹽垂津彦命遣, 奉勅而鎭守, 彼俗稱宰爲吉, 故謂其苗裔之姓, 爲吉氏. 男從五位下知須等, 家居奈良京田村里間, 仍天璽國押開豊櫻彦天皇[諡聖武]神龜元年, 賜吉田連姓[吉本姓, 田取居地名也] 今上弘仁二年, 改賜宿禰姓也. 續日本紀合".

守시켰고, 둘째, 염승진은 孝昭천황의 후손이고, 셋째 吉田連은 선조가 염승진 이래 삼기문에 거주하다가 어느 시기에 일본으로 귀국하여 聖武朝인 神龜 원년(724)에 吉田連으로 개성했다고 한다. 즉 吉田連氏는 자신들의 선조는 임나국의 三己汶에 파견된 천황가의 피를 받은 염승진의 자손이고, 기문의 지는 염승진 이후 길전련씨 선조들이 일본으로 돌아오기 전까지 출생하여 성장했던 고향이었음을 말하고 있다.

염승진 설화 속에는 허구와 역사적 사실이 혼재되어 있어 개개의 내용에 대한 검증이 필요하다. 이 설화는 길전련씨가 자신의 출자를 도래계에서 천황가의 후손으로 주장하기 위해 조정에 제출한 씨족의 가전인 本系帳에 수록된 내용이다. 이 본계장이 만들어지는 과정에서 씨족 고유의 전승과 일본 체재 이후의 사실들을 기초로 하고 있고, 동시에 이전의 사료에서 모티브를 얻어 다양한 요소들을 반영하면서 역사적 근거로서 삼고 있다. 구체적인 것은 뒤에 논하기로 하고, 기문의 역사가 주변제국과의 관련 속에서 어떻게 변화되어 가는지에 대해 살펴보기로 한다.

우선 상기 사료는 기문의 지에 대한 지리적 위치를 설명한 것이지만, 방향성에서는 맞지 않는다. 임나에서 동북방이란 가야의 영역에서 볼 때『성씨록』에 나타난 기문은 낙동강 서쪽의 대구나 경주방면에 해당하여 임나의 영역과는 거리가 있다. 다만 다음 문장인 토지와 인민들이 풍요로워 신라와 서로 싸웠다는 기록으로부터 신라와 접경지대라는 관점에서 보면 사료의 전후 문장에는 모순이 없어 보인다. 이에 근거하여 일찍이 今西龍도「加羅疆域考」에서『삼국사기』지리지의 "開寧郡, 古甘文小國也"라는 기사에 근거하여 己汶=甘文, 경상북도 開寧설을 주장한 바 있다[6].

한편『翰苑』백제전에는「括地志」를 인용하여, 熊津河의 원천은 나라의 東界에서 나와 서남방으로 흘러들어가고, 또 基汶河의 원천은 남쪽 산에서 나와 동남방 大海로 흘러간다고 기록하고 있다[7]. 즉 熊津河는 지금의 금강이고, 基汶河는『신

6 今西龍, 1919,「加羅疆域考」,『史林』4-3·4, 同 1970,『朝鮮古史の研究』, 國書刊行會, p.354.

7『翰苑』百濟傳에 所引「括地志」, "熊津河源出國東界, 西南流, 經國北百里, 又西海入海, 廣處三百步,

찬성씨록』에서 말하는 가야의 동북방이 아니라 전라북도 팔공산에서 발원하여 임실, 남원, 구례, 하동으로 이어지는 섬진강을 가리킨다. 그리고 『梁職貢圖』「百濟國使」조에는 백제 주변의 부용화된 국으로 叛波·卓·多羅·前羅·新羅·止迷·麻連·上巳文·下枕羅 등의 국명을 기록하고 있다[8]. 여기에 보이는 上巳文(上己汶)은 웅진에서 볼 때 백제의 남방지역에 해당한다. 기문=남원설은 현재의 위치 비정한 가장 타당하다고 생각된다[9]. 기문국의 역사적 변천과 관련하여『일본서기』현종기 3년(是歲)조에 나오는 帶山城 전투에 대해 살펴보자.

【1-2】紀生磐宿禰가 임나에 웅거하여 고구려와 통하였다. 서쪽으로 三韓의 왕이 되고자 하여 관부를 정비하고 수리해서 스스로 神聖이라고 칭하였다. 임나의 左魯那奇他甲背 등의 계책을 써서 백제의 적막이해를 爾林에서 죽였다. 帶山城을 쌓아서 東道를 막아 지켰다. 식량을 운반하는 나루가 차단되어 군사가 굶주리고 곤핍하게 하였다. 백제왕이 크게 노하여 領軍 고이해와 內頭 막고해 등을 파견하여 군사를 거느리고 帶山을 공격했다. 이에 기생반숙녜가 군사를 보내 역공하였다. 기력이 더욱 강해져서 가는 곳마다 모두 깨뜨렸다. 하나로써 백을 상대하였다. 갑자기 병사가 힘이 다해졌다. 전세가 어려울 것으로 판단하고 임나로부터 돌아왔다. 이 때문에 백제국은 좌로나기타갑배 등 300여인을 죽였다[10].

其水至淸, 又有基汶河在國, 源出其國南山, 東南流大海".

8 『梁職貢圖』百濟國使條, "旁小國有叛波·卓·多羅·前羅·新羅·止迷·麻連·上巳文·下枕羅等附之".

9 今西龍은 그의 後稿(「己汶伴跛考」)에서는 前說을 수정하여 기문을 남원으로 비정하고, 『삼국사기』지리지의 「南原小京」조에 보이는 "本百濟古龍郡"의 古龍은 기문과 같은 의미로서 大水로 본다(今西龍, 1922, 「己汶伴跛考」, 『史林』7-4, 同 1970, 『朝鮮古史の硏究』, 國書刊行會, p.389).

10 『日本書紀』顯宗紀3年(是歲)條, "紀生磐宿禰, 跨據任那, 交通高麗. 將西王三韓, 整備官府, 自稱神聖. 用任那左魯那奇他甲背等計, 殺百濟適莫爾解於爾林[爾林高麗地也]. 築帶山城, 距守東道. 斷運

이 기록은 기생반숙녜라는 왜인이 임나를 거점으로 고구려와 통하고 삼한의 왕이 되고자 관부를 정비하고 스스로를 神聖이라고 주장한 설화이다. 岸俊男은 임나지역에 대한 일본의 군사적 개입을 상정하고 紀氏의 조상이 대화정권의 外征 때 한반도경영에 관여했던 사실을 말하는 것으로 보았다[11]. 그러나 이 사료는 가야제국과 교류했던 紀氏의 무훈담이 家傳에 전승되어『일본서기』편찬시에 채록된 것으로, 일본고대국가 성립 이전에 개개의 씨족, 호족들이 교류했던 사실들이 대화정권의 전승으로 흡수된 것으로 보인다. 이 사건은 백제가 웅진 천도 후에 남하과정에서 일어난 재지세력과의 충돌, 병합해 가는 과정으로, 백제가 임나의 수장인 좌노나기타갑배를 비롯하여 300여인을 살해했다는 것이 실상이다. 여기에 나오는 爾林과 帶山城은 백제와 임나의 경계선상의 지역으로 백제의 남하 경로인 섬진강유역의 중상류지역으로 임실, 남원 지역이 유력한 후보지이다. 대산성전투와 관련된 임나는 남원을 중심으로 세력권을 형성하고 있던 己汶國으로 보아 대과없을 것이다[12]. 기문의 지는『일본서기』계체기 7년조에 "以己汶滯沙賜百濟國"이라고 하여 帶沙와 영토적으로 연속한 지역으로 나오고, 帶沙는『삼국사기』지리지에 "河東郡, 本韓多沙郡"이라 하여 섬진강 하류역인 하동이다. 요컨대 기문국은 5세기후반 이후 백제가 섬진강유역을 따라 남하하는 주요 교통로상에 있던 지역으로, 백제는 기문을 제압한 후 남해안 방면의 多沙郡(河東)까지 접수하여 드디어 대왜교통로를 확보할 수 있었다.

섬진강중하류 지역인 기문, 대사지역의 백제의 영역화 과정에 대해『일본서기』

粮津, 令軍飢困. 百濟王大怒, 遣領軍古爾解內頭莫古解等, 率衆趣于帶山攻. 於是, 生磐宿祢, 進軍逆擊. 膽氣益壯, 所向皆破. 以一當百. 俄而兵盡力竭. 知事不濟, 自任那歸. 由是, 百濟國殺佐魯那奇他甲背等三百餘人".

11 岸俊男, 1966,「紀氏に関する一考察」,『日本古代政治史研究』, 塙書房, pp.102~108.

12 延敏洙, 1990,「6世紀前半 加耶諸國을 둘러싼 百濟·新羅의 動向」,『新羅文化』7, 同 1998,『고대한일관계사』, 혜안 참조.

계체기7년(505)에서 동10년조에 이르는 관련기사를 통해 검토해 보자.

【1-3】

① 7년 하6월, 백제가 姐彌文貴장군, 州利卽爾장군을 穗積臣押山에 딸려 보내고 오경박사를 바쳤다. 별도로 말하기를, 伴跛國이 臣國인 己汶의 땅을 약탈했으니, 원컨대 천은을 내려 원래대로 해주십시오.

② 7년 동11월, 백제 저미문귀장군, 斯羅 汶得至, 安羅 辛已奚·賁巴委佐, 伴跛 旣殿奚·竹汶至等등이 조정에 이르니, 은칙을 내려 己汶, 滯沙를 百濟國에 주었다. 이달, 伴跛國이 戢支를 보내 珍寶를 바치고 己汶의 땅을 줄 것을 호소했으나 끝내 주지 않았다.

③ 10년 하5월, 백제가 前部木刕不麻甲背를 보내 物部連 등을 己汶에서 맞이하여 국중으로 인도하였다.

④ 10년 추9월, 백제가 州利卽次將軍을 物部連에 딸려 보냈다. 己汶의 땅을 준 것에 감사를 표시하고 별도로 오경박사 漢高安茂를 보내 博士段楊爾와 교대할 것을 청하였다.

이 일련의 기사는 『일본서기』에 나오는 이른바 국토할양기사로 한반도남부의 일부 지역을 일본이 백제에게 하사했다는 내용이다. 임나의 지를 할양한다는 것은 가야에 대한 內官家 사상과 백제 복속사관이 투영된 8세기 일본지배층의 정치적 이념의 투영이다. 이 사료에서 기문은 대가야의 별칭인 伴跛國의 세력권에 속하는 국으로 나오고 있어 대가야연맹체론의 근거로 되어 왔다[13]. 5세기 후반에서 6세기 전반에 이르는 대가야의 성장과 더불어 가야의 서부지역인 섬진강중하류지역은 가야의 정치문화권으로 백제의 남하에 따른 대가야연맹세력의 대응으로

---

13 金泰植, 1992, 『加耶聯盟史』, 일조각, 田中俊明, 1992, 『大加耶連盟の興亡と任那』, 吉川弘文館.

생각된다. 이때 백제는 왜왕권과의 군사적 동맹을 맺고 있었고, 그에 대한 대가로 오경박사 등 선진문물을 제공하는 정치적 교섭이 진행되었다. 『일본서기』繼體紀 9년(515)조에 "物部連이 수군 5백명을 이끌고 帶沙江으로 직행하였다[14]", "물부련이 대사강에 머문지 6일, 伴跛가 군사를 일으켜 공격하여 옷과 물건을 약탈하고 장막을 불태워 물부련이 두려워 도망쳤다[15]"라는 전승은 당시의 상황을 말해준다. 동 계체기 23년(529)조에 보이는 백제가 섬진강하류역 多沙津을 확보하여 남해안을 통한 대왜교통로가 열렸다는 사실을 말해주고 있다[16]. 적어도 6세기초에는 기문을 비롯한 섬진강 전역은 백제의 영역화가 이루어졌으며 백제의 지방통치체제인 5방제가 성립하게 된다. 『續日本後紀』承和 4년(837) 6월조에 나오는 "시조 鹽乘津은 大倭人이다. 후에 国命에 따라서 三己汶의 땅에 거주하였다. 그 지역은 百濟에 예속되기에 이르렀다"라는 기사는 백제의 침공을 받은 기문국이 대가야연맹체에서 떨어져나가 백제영역으로 편입되었음을 시사해 주는 기록이다.

　　백제의 행정구역으로 편입된 기문의 지는 백제가 멸망하는 7세기후반이 되면 신라의 영역으로 변화된다. 신라는 통일 직후인 신문왕 5년(685)에 정치군사상의 요충지에 5소경을 두었는데, 백제의 영역이었던 古龍(己汶)에는 南原小京을 설치하였다[17]. 『신찬성씨록』에 보이는 "三己汶의 땅은 넓이는 3백리이고 토지와 인민

---

14 『日本書紀』繼體紀9年 春2月(是月)條, "到于沙都嶋, 傳聞伴跛人, 懷恨銜毒, 恃强縱虐. 故物部連, 率舟師五百, 直詣帶沙江. 文貴將軍, 自新羅去".

15 『日本書紀』繼體紀9年 夏4月條, "物部連於帶沙江停住六日. 伴跛興師往伐. 逼脫衣裳, 劫掠所齎. 盡燒帷幕. 物部連等, 怖畏逃遁. 僅存身命, 泊汶慕羅[汶慕羅嶋名也]".

16 『日本書紀』繼體紀23年 春3月條,, "百濟王謂下哆唎國守穗積押山臣曰, 夫朝貢使者, 恆避嶋曲, [謂海中嶋曲崎岸也. 俗云美佐祁] 每苦風波. 因玆, 濕所齎, 全壞无色. 請, 以加羅多沙津, 爲臣朝貢津路. 是以, 押山臣爲請聞奏. 是月, 遣物部伊勢連父根・吉士老等, 以津賜百濟王".

17 『三國史記』新羅本紀 神文王5年 3月條, "置西原小京 以阿湌元泰爲仕臣 置南原小京 徙諸州郡民戶分居之", 同 地理志「南原小京」, "本百濟古龍郡 新羅幷之 神文王五年 初置小京 景德王十六年 置南原小京 今南原府".

은 풍요로우나 신라국과 相爭하여 전쟁이 그치질 않아 백성들이 살기 어려워졌다"라고 하는 내용은 백제가 당이 웅진도독부를 설치하여 백제 옛땅에 대한 군정을 실시할 당시 당군을 몰아내고 신라의 영역으로 편입할 당시의 상황을 반영하는 기록으로 생각된다. 三己汶의 역사에서 볼 때 이 지역은 6세기 이후 백제의 남하과정에서 복속되었고, 7세기후반 신라의 영역화된 이후에는 남원소경으로 편입되었다. 일본사료에 전하는 吉田連氏의 시조전승도 이러한 역사적 맥락 속에서 이해되어야 한다고 생각한다.

3. 吉大尙의 渡倭와 일족의 의술 · 문예 활동

『속일본후기』承和 4년(837)조에는 吉田連氏의 氏族史에 대해 다음과 같이 기록하고 있다.

【2-1】右京人 左京亮 종5위상 吉田宿禰書主, 越中介 종5위하 同姓高世 등은 興世朝臣의 성을 받았다. 시조 鹽乘津은 大倭人이다. 후에 국명에 따라 三己汶의 지에 살았다. 그 땅은 드디어 백제에 예속되었다. 염승진 8세손인 달솔 吉大尙과 그 동생 少尙 등은 일본을 그리워하여 잇달아 내조하였다. 대를 이어 의술에 종사하며 문예에도 통달하였다. 그 자손들은 奈良京 田村里에 거주하였기 때문에 吉田連을 성으로 주었다[18].

---

18 『續日本後紀』承和4年 6月 己未條, "右京人 左京亮從五位上 吉田宿禰書主, 越中介從五位下 同姓高世等, 賜姓興世朝臣. 始祖鹽乘津, 大倭人也. 後順國命, 住居三己汶地. 其地遂隷百済. 鹽乘津八世孫, 達率吉大尙, 其弟少尙等, 有懷土心, 相尋来朝. 世傳醫術, 兼通文藝. 子孫家奈良京田村里. 仍賜姓吉田連".

이 사료는 염승진의 후예인 왕경의 左京亮의 京職을 맡고 있던 종5위상 吉田宿禰書主가 興世朝臣의 경력과 씨족의 유래에 관한 설명이다. 그의 직책은 왕경의 좌경의 행정, 사법, 경찰을 담당하는 중앙관으로 大夫에 이은 당상관이 맡는 차관급 보직이다. 吉田宿禰의 시조는 大倭人 염승진이고 삼기문에 살다가 그 땅이 백제에 예속되자 염승진의 8대손인 달솔 吉大尙과 그의 동생 少尙 등은 일본에 내조하였고, 의술에 종사하는 가문으로 문예에도 통달하였다고 한다. 씨족사에 대해서는『신찬성씨록』의 내용을 참조한 것이지만, 염승진의 후손인 길대상이란 인물이 새롭게 추가되어 있다. 길대상은『일본서기』天智 10년(671)조에 백제 망명자들을 대상으로 한 관위수여식에서 "吉大尙[解藥]"이라 하여 약의 제조에 능한 재능이 있어 小山下의 관위를 받았다고 하듯이 그는 백제멸망 이후 일본에 온 백제인이다. 이때 天智조정에서는 백제 망명인들을 대상으로 법률, 병법, 의약, 유학, 음양 등에 뛰어난 인물들을 발탁하여 본국에서의 관직, 관위에 상응하는 지위를 부여하였다[19]. 길전련 가문이 대대로 의술에 종사하게 된 것도 그 시작은 씨족의 망명 1세대인 길대상에서 비롯되었고, 길대상이야말로 吉田連氏의 중시조에 해당한다. 이전의 가문의 유래에 대해서는 "其地遂隷百濟"라는 기록으로부터 기문의 지가 백제에 예속되었음을 알 수 있다. 즉 길전련의 선조는 5세기후반 이래 백제의 남하정책으로 병합된 기문국 출신으로 백제에 예속된 후에는 백제인, 백제관료로 살아가다가 백강전투 직후에 일본으로 건너왔다.『文德實錄』嘉祥 3년(850)조의 興世朝臣書主의「卒年」기사에도 그의 本姓은 吉田連이고 선조의 출자에 대해 "其先出自百濟"라고 하여 백제국 출신임을 밝히고 있다[20].『신찬성씨록』

19『日本書紀』天智10年 春正月條, "是月, 以大錦下授佐平余自信・沙宅紹明[法官大輔]以小錦下, 授鬼室集斯[學職頭]以大山下, 授達率谷那晉首[閑兵法]・木素貴子[閑兵法]・憶禮福留[閑兵法]・答㶱春初[閑兵法]・㶱日比子贊波羅金羅金須[解藥]・鬼室集信[解藥]以上小山上, 授達率德頂上[解藥]・吉大尙[解藥]・許率母[明五經]・角福牟[閑於陰陽]以小山下, 授餘達率等, 五十餘人".

20『文德實錄』嘉祥3年 11月條, "己卯, 從四位下治部大輔興世朝臣書主卒. 書主右京人也. 本姓吉田

에서는 천황가의 후손으로,『續日本後紀』에서는 시조가 大倭人이라고 기록하고 있지만, 9세기 중엽에 사망한 후손의「卒年」기사에는 조상의 출자를 백제국만을 명기하고 있다. 이것은 길전련씨 출자의 허구적 요소를 배제하고 중시조인 길대상의 망명을 기점으로 한 역사성을 반영한 것으로 생각된다.

한편 길전련씨의 시조전승에서 염승진을 삼기문을 통치하기 위해 파견된 인물로 묘사한 것은 아마도『일본서기』계체기 7년(513)조에 기문의 지를 백제에 할양했다[21]라고 하는 기록에서 착안했을 가능성이 있다. 이 지역이 백제에 할양되기 이전에는 일본의 복속지였고 그 통치의 책임자는 일본에서 파견된 장군이었다는 설화의 모티브가 설정되었다고 보인다. 도래계 씨족들이 출자개변의 방법으로『일본서기』등 고기류를 이용하였고 이것은 당시의 일반적인 현상으로 유효한 근거가 되었다.

吉田連으로의 사성에 대해서『신찬성씨록』에서는 이를 부연하여 다음과 같이 기록하고 있다. 천황이 염승진을 보내 鎭守시켰는데, 그 나라의 풍속에 宰를 칭하여 吉이라고 했기 때문에 씨족의 姓으로 삼았다고 한다. 이어 일족이 奈良京 田村里에 거주한 연유로 聖武 神龜 원년(724)에 吉田連의 성을 하사했는데 그 분주에 "吉本姓, 田取居地名也"라고 하여 거주지명인 '田'자를 취하여 吉田連으로 했고, 今上(嵯峨)때인 弘仁 2년(811)에는 宿禰로 개성했다고 한다. 吉氏는 백제망명인 吉大尙의 씨명으로 宰와는 관계가 없다. 『신찬성씨록』의 '吉'의 유래를 설명한 "彼俗稱宰爲吉"이라는 내용은『일본서기』敏達紀 6년(575)조에, 일본에서 大別王과 小黑吉士를 백제국에 宰로 보냈다는 기사의 분주에 왕명을 받들어 三韓에 사신이 되는 것을 宰라고 칭했다[22]고 하는 기록을 참조한 것이다. 한편 일본고대의

連, 其先出自百濟, 祖正五位上圖書頭兼內藥正相摸介吉田連宜, 父內藥正正五位下古麻呂, 並爲侍醫".

21『日本書紀』繼體紀7年 冬11月條, "辛亥朔乙卯, 於朝庭, 引列百濟姐彌文貴將軍, 斯羅汶得至, 安羅辛已奚及賁巴委佐, 伴跛旣殿奚及竹汶至等, 奉宣恩勅. 以己汶·滯沙, 賜百濟國".

22『日本書紀』敏達紀6年 夏5月條, "遣大別王與小黑吉士, 宰於百濟國[王人奉命, 爲使三韓, 自稱爲宰.

외교업무에 '吉士'라는 姓을 갖은 씨족이 담당하였고, 또 길사는 신라의 17관위 중의 14위에 해당하는 관제이며, 『北史』백제전에 백제왕호인 鞬吉支의 '吉支' 등의 사례가 나온다. 또 『古事記』應神天皇段에 阿知吉師, 和邇吉師는 『일본서기』응신기 15년조에 나오는 백제계 씨족인 阿直岐와 王仁으로 『고사기』의 인명어미인 吉師는 인물에 대한 경칭으로 사용하였다[23]. 이와같이 길사는 한반도에서 사용한 제도에서 유래한 것이고 이것이 도래인들에 의해 전해져 하나의 성으로 수용된 것으로 생각된다. 吉大尙의 '吉'은 宰나 吉士와는 무관한 고유의 씨명이고, 吉의 일본식 발음인 '키시' 혹은 '키치'에서 연유하여 吉士, 吉師와 동일한 의미로 전화되었을 가능성도 있다. 吉田氏는 『신찬성씨록』에서 언급된 거주지명의 '田'과 결합하여 '吉田'의 씨명을 갖게 된 것은 분명하다.

길대상의 행적에 대해서는 『懷風藻』의 大友皇子傳에 따르면 그는 대우황자의 빈객으로서 백제 망명 지식인 沙宅紹明, 塔本春初, 許牟母, 木素貴子 등과 함께 '學士'로서 이름이 거론되고 있듯이 한시문을 交歡하고 있었음을 알 수 있다[24]. 대우황자는 천지의 황태자로서 왕위계승자였으나 임신의 난에서 천무에게 패한 결과 죽음을 맞이하였지만, 그 직전까지 황태자이자 태정대신의 지위에서 정무를 수행하던 인물이었다. 대우황자의 몰락 이후 길대상의 행적이 보이지 않는 이유는 분명하지 않다. 대우황자와 교유했던 인물 중에 沙宅昭明에 대해 『일본서기』천무2년조에 "大錦下 백제의 사택소명이 죽었다. 사람됨이 총명하고 지혜로워 당시에 수재로 불리었다. 이에 천황이 놀라서 은혜를 내려 外小紫의 관위를 추증하

言宰於韓, 蓋古之典乎. 如今言使也]".

23 吉士의 성격에 대해서는 三浦圭一, 1957, 「吉士について - 古代における海外交涉 - 」, 『日本史研究』 34, 同, 1981, 『中世民衆生活史の研究』, 思文閣出版, 請田正幸, 1983, 「吉士集團の性格」, 『續日本紀研究』 227 참조.

24 『懷風藻』 大友皇子傳, "淡海朝大友皇子, 二首. 皇太子者, 淡海帝之長子也. … 年甫弱冠, 拜太政大臣, 總百揆以試之. 皇子博學多通, 有文武材幹. 始親萬機, 群下畏莫不肅然. 年二十三, 立爲皇太子. 廣延學士, 沙宅紹明. 塔本春初, 吉太尙許牟母木素貴子等, 以爲賓客…"

였다. 아울러 본국의 大佐平의 관위를 내렸다[25]"라고 기록하고 있다. 또 許率母는 동 천무 6년 5월조에 "大博士 백제인 率母에게 칙을 내려 大山下의 관위를 내리고, 식봉 30호를 지급하였다[26]"고 기록하고 말미에 "壬申年之勞 … 贈小紫位"라고 하여 임신의 난 때에 천무를 도운 공으로 관위를 받은 것으로 되어있다. 길대상이 임신의 난에서 어느 편에 가담했지는 알 수 없지만, 그의 아들인 吉宜는 문무 4년 (700) 당시 환속하기 전까지 승려의 신분이라는 점에서 천무측에 가담하지 않아 위기의식을 느껴 출가한 것이 아닌가 생각된다[27]. 길대상을 포함한 백제 망명인들은 천지조때 천도한 近江지역에 집단으로 이주했다. 천지조정에서는 천지4년에 백제인 4백여명을 近江의 神前郡으로 이주시키고, 동 8년에도 다시 7백여명을 사민시켰다. 이 지역에 대규모의 백제인을 이주시킨 것은 새로운 왕도에서 신국가 건설을 위해 백제인들의 지식과 기술을 활용하기 위한 조처였다. 이 지역에는 石塔寺를 비롯하여 백제인들이 세운 불교사원이 조영되고 있듯이 吉宜 등 일부 지식인들 중에는 불교에 귀의했다고 보인다. 백제의 패망으로 망명한 상황에서 또다시 전란이 발생해 길대상 일족은 속세를 떠나 일시 法界로 안식처를 택한 것으로 생각된다. 길대상의 후손인 吉宜와 吉智首에 대해『속일본기』신귀 원년(724) 5월조에, "從五位上吉宜, 從五位下吉智首並吉田連"라고 하여 吉에서 吉田連으로의 사성기록이 보인다. 이와 대응하여『신찬성씨록』의「吉田連」조에는 "故謂其苗裔

---

25 『日本書紀』天武2年 閏6月 乙酉朔庚寅條, "大錦下百濟沙宅昭明卒. 爲人聰明叡智, 時稱秀才於是, 天皇驚之. 降恩以贈外小紫位, 重賜本國大佐平位".

26 『日本書紀』天武6年 5月 壬戌朔條, "勅, 大博士百濟人率母授大山下位, 因以封卅戶, 是日, 倭畵師音檮授小山下位".

27 천무조때 백제의 신귀화인의 이름이 보이지 않는 것은 신라와의 국교를 회복하여 신라불교를 수입하는 등 신라와의 교류에 전념했던 까닭에 백제인을 등용하지 않고 反天智정책을 취했던 것으로 보는 견해가 있는데, 전반적으로 보아 타당하다고 생각된다. 平野邦雄,『歸化人と古代國家』, 吉川弘文館, 1993, p.128 ; 徐甫京, 2013,「新撰姓氏錄에 기재된 鎭守將軍 후예 씨족의 出自改變」,『일본연구』57, p.42.

之姓爲吉氏. 男從五位下知須等 … 神龜元年賜吉田連姓"이라고 하여 (吉)知須의
인명이 나온다. 知須는 바로『속일본기』에 나오는 吉智首이고 吉宜와 함께 신귀원
년에 吉田連의 성을 받는다[28].

한편『續日本紀』文武 4년(700)조에 일본조정에서는 通德과 惠俊 2인의 승려를
환속시키고 이들의 기예를 활용하기 위해 통덕에게 陽侯史 姓과 久爾僧이라는 이
름을 주고, 혜준에게는 吉의 姓과 宜이라는 이름을 주었다고 한다[29]. 이들은 모두
도래인의 후손으로 승려 중에서 재능있는 자를 환속시켜 새로운 성과 관위를 하사
하여 조정에서 필요로 하는 분야에 종사하게 하였다. 이러한 환속책은 대부분 도
래계 출신자로서 신라를 통한 대륙문물의 수입과 율령제의 학예부분의 진용을 갖
추기 위한 조치였고[30], 문필, 기예, 천문, 역법 등에 뛰어난 자를 현실의 정책에 반
영하는 인재발굴책이었다. 임신의 난 이후 배제되었던 인물들에 대한 발탁으로 당
시 인재난에 고심하고 있던 상황을 말해준다. 陽胡史에 대해서는『일본서기』추고
기 10년(602)조에 백제승 관륵으로부터 역법을 배웠다는 玉陳이 그의 선조로 나오
고 있듯이 아마도 역법에 재능이 있어 발탁되었다고 보인다. 吉宜와 그의 동생으
로 보이는 길지수는 백제멸망 직후 일본에 온 길대상의 후손으로 부자관계라고 생
각된다. 현전하는『성씨록』자체가 초략본이어서 원문의 주요 부분이 생략되었고,
『속일본후기』에 전하는 길대상 기술도『신찬성씨록』에서는 누락되었다고 보인다.

吉宜는 정치적인 이유에서 승려가 되었지만 그의 가문은 의술에 뛰어나 조정의

---

28 佐伯有清에 따르면『성씨록』과『속일본기』의 해당 기사를 비교한 결과『성씨록』의 "男從五位下知須
等"기사의 男과 從 사이에 '從五位上吉, 次'라는 6자의 누락을 지적한다(佐伯有清, 2007,『新撰姓氏
錄の硏究』考證編第二, 吉川弘文館, p.32). 이 지적에서 인명 '宜'를 보완하면 '從五位上吉宜'이 되고
'次'는 반드시 보입해야 할 필요는 없다고 생각된다.

29『續日本紀』文武4年 8月 乙丑條, "勅僧通德・惠俊並還俗, 代度各一人, 賜通德姓陽侯史名久爾曾,
授勤廣肆, 賜惠俊姓吉名宜, 授務廣肆, 爲用其藝也".

30 關晃, 1955,「遣新羅使の文化史的意義」『山梨大學學藝學部硏究報告』6, 同 1996,『古代の歸化人』,
吉川弘文館, pp.246~253.

뜻에 따라 환속하였으며 和銅 7年(714)에는 정6위하에서 2단계 승진하여 종5위하에 서임된다. 또 養老 5년(721)의 조서에서 "文人과 武士는 국가에서 중시하는 바이며 의술, 卜筮, 方術은 古今을 통해 중히 여기고 있다. 여러 신료중에 학업에 뛰어나 師範이 될 만한 사람에게는 특별히 상을 내려 후진에게 격려와 자극을 주도록 하라"는 조칙에 따라 종5위상으로 승진하여 의술방면에서 포상을 받았다[31]. 天平 2년(730)에 태정관에서 조정에 올린 상주문에 의하면, "음양, 의술, 七曜, 頒曆 등의 학술은 국가의 중요한 道이므로 이를 폐하거나 중지할 수 없다. 다만 이들 제박사를 보면 고령이고 노쇠하다. 만일 학술을 가르치기 어려우면 이 業이 끊어질 우려가 있다"고 하여 吉田連宜 등 7인에게 각각 제자를 취하여 학업을 교습시키고, 계절마다 의복과 식료를 지급할 것을 요청하였다[32]. 이와같이 吉宜는 일본조정에서 신임받는 관료, 지식인으로서 입지를 군혔고, 神龜 元年(724)에 吉에서 吉田連을 사성받아 無姓에서 정식으로 일본적 氏姓의 관료가 되었다. 그는 天平 5년(733)에는 국가의 공문서를 비롯하여 불교, 유교의 경전 등 국가의 장서를 관리하는 圖書寮의 장관직인 圖書頭에 임명되었고[33], 동 10년(738)에는 궁정관인의 의료, 調藥, 의술전문가의 양성, 약용식물의 재배 등을 총괄하는 典藥寮의 장관인 典藥頭를 역임하였다[34]. 또한『藤氏家傳』下「武智麻呂傳」에는 宿儒, 文雅, 方士, 陰陽, 曆算, 咒禁, 僧綱 등 각계의 명망가의 이름을 열거하는 가운데 "方士有吉

---

31 『續日本紀』養老5年 正月 甲戌, "詔曰, 文人武士國家所重, 醫卜方術古今斯崇, 宜擢於百僚之内, 優遊學業, 堪爲師範者, 特加賞賜, 勸勵後生, 因賜 … 醫術從五位上吉宜, … 各絁十疋, 絲十絇, 布廿端, 鍬廿口".

32 『續日本紀』天平2年3月 辛亥條, "太政官奏稱, … 又陰陽醫術及七曜頒曆等類, 國家要道, 不得廢闕, 但見諸博士, 年齒衰老, 若不教授, 恐致絶業, 望仰, 吉田連宜, 大津連首, 御立連清道, 難波連吉成, 山口忌寸田主, 私部首石村, 志斐連三田次等七人, 各取弟子將令習業, 其時服食料亦准大學生, 其生徒陰陽醫術各三人, 曜曆各二人, … 詔並許之".

33 『續日本紀』天平5年 12月 庚申條.

34 『續日本紀』天平10年 閏7月 癸卯條.

田連宜"라고 하여 점복이나 의술, 연금술 등에 능한 方士의 필두에 이름을 올리기도 하였다. 게다가 吉田連宜는 漢詩에도 밝아『회풍조』에 "正五位下図書頭吉田連宜, 二首[年七十]"라고 하여 2편의 시를 소개하고 있다. 하나는「秋日於長王宅宴新羅客, 一首」로 당대 최고의 실력자인 長屋王의 저택에서 신라사를 맞이할 때 지은 것인데, 이때의 연회석상에서는 당대 최고의 재사들이 초대되었다.「從駕吉野宮, 一首」는 聖武천황을 수행하여 吉野宮에 머물 때 남긴 것이다. 일본고대의 和歌를 집성한『萬葉集』에도 大宰府의 장관으로 부임해 있던 大伴旅人에게 보낸 화답의 서간과 短歌 4首(『万葉集』5-864・865・866・867)를 남겼다[35]. 그는 漢詩와 일본의 和歌의 벽을 넘나드는 당대 최고 수준의 교양인으로 천황의 마음을 사로잡아 두터운 신임을 받았다고 생각된다.

『文德實錄』嘉祥 3년(850)조에 興世朝臣書主의「卒傳」에도 그의 祖父는 정5위상 圖書頭兼內藥正相摸介 吉田連宜이고, 父는 정5위하 內藥正 古麻呂인데, 모두 侍醫가 되어 여러 대에 걸쳐 조정에 봉사하였고, 宜 등은 儒道에 뛰어나 門徒들로 성황을 이루었다고 한다[36]. 그는 문예와 의술, 儒道, 방술 등 다방면에 걸쳐 재능을 발휘해 도래계 씨족 중에서도 그 활약상이 저견되고 있다. 吉宜의 동생인 吉智首 역시『회풍조』에 "從五位下出雲介吉智首, 一首[年六十八]"라고 하여 漢詩를 소개하고 있듯이 出雲國의 出雲介라는 관직을 역임하고 있으면서 문학에도 재능을 보여주고 있다. 吉田連宜의 아들인 정5위하 古麻呂는 內藥司의 장관인 內藥正에 보임되어 왕실의 진료와 약의 처방을 담당하는 최고위의 의관을 지냈다. 吉田連氏는 吉田宿

---

35 吉田宜의 書簡은 大宰帥에 재임중이던 귀족이자 萬葉歌人인 大伴旅人가 梅花宴 32首(815~846番歌),「松浦河に遊ぶ序」, 歌11首(853~863番歌)를 吉田宜에게 보낸데 대한 답신으로 短歌 4首를 첨부하여 보냈다. 867番歌의 좌측에「天平二年七月十日」의 날짜가 주기되어 있다. 이에 대해서는 川上富吉, 2016,「吉田連宜傳考-萬葉集』人物傳, 硏究(9)」『大妻女子大學紀要・文系』48 참조.

36 『文德實錄』嘉祥3年 11月 己卯條, "從四位下治部大輔興世朝臣書主卒, 書主右京人也. 本姓吉田連, 其先出自百濟. 祖正五位上圖書頭兼內藥正相摸介吉田連宜, 父內藥正正五位下古麻呂, 並爲侍醫, 累代供奉, 宜等兼長儒道, 門徒有錄 …".

禰(811년), 興世朝臣(837년)으로 改姓을 거쳐 손자인 興世朝臣書主의 대에 오면, 和泉守, 備前守, 左京亮, 信濃守, 木工頭, 治部大輔의 중앙과 지방의 요직의 장관직을 거쳤고, 유학과 무예 그리고 和琴의 연주에도 뛰어난 재능을 보였다[37].

이 외에도 吉田連의 일족인 吉田連兄人은『大日本古文書』(3-122)의「皇后宮職牒」에 보이듯이 천평 20년(748)에 황후궁의 시의가 되었다[38]. 吉田連斐太麻呂는 寶亀 2년(771)에 内薬正에 보임되어 10년 이상이나 내약료의 장관직에 종사하였고, 同 10년(779)에는 종5위하로 승진하면서 光仁천황의 시의도 겸하게 되었다. 길전련 가문에서 시의 등 의료종사가 많이 배출된 것은 의술이 가업으로 계승되었고 뛰어난 실력으로 조정으로부터 신임을 얻었기 때문이었다[39]. 이렇듯 길대상의 후손들은 본국에서 익힌 의술을 가업으로 하여 일본조정에서 탁월한 업적을 남겼으며 권력에 접근할 수 있는 기반이 되었다. 기문을 원향으로 둔 도래계 씨족인 길전련 가문에서 황별(천황가)로의 출자개변은 이러한 현실적 기반 속에서 이루어졌다.

4. 鹽乘津彦命 설화의 생성과 吉田連의 출자개변

염승진 설화는 8세기후반 吉田連 일족에 의해 만들어진 시조전승이다. 우선 이 설화의 서술의 소재가 되고 있는 근거사료의 주요 용어, 제도에 대해 살펴보자.

『신찬성씨록』「吉田連」조에 임나국왕이 일본천황에게 임나국의 영토인 기문의 땅에 장군을 파견하여 다스리게 한다면 貴國의 部가 되겠다고 하자, 천황은 염승

---

37 『文德實錄』嘉祥3年 11月 己卯條.

38 『大日本古文書』(3-122)「皇后宮職牒」, "天平卄年十月八日從七位上守侍醫兼行大屬河内大目吉田連兄人".

39 吉田連氏의 활동상황에 대해서는 徐甫京, 2017,「고대 일본의 吉田氏 연구」,『일본학』45 참조.

진을 파견하여 鎭守시켰다고 한다. '貴國'이라는 말은『일본서기』신공기, 응신기에 「百濟記」를 인용하여 일본을 가리키는 용어로서 기록되어 있지만, 백제인이 자국의 기록에 상대의 국명을 표기하지 않고 귀한 나라라는 경어체를 사용한 것은「百濟記」에 손질이 가해진 윤색이다[40]. 여기에 보이는 '貴國'은『신찬성씨록』편찬시에 제출된 吉田連氏의 씨족의 家傳인 本系帳에서 비롯된 것으로『일본서기』의 용례를 모방해 표현한 것으로 보인다. '部'란 大和政權이 지방세력을 복속해 나가는 과정에서 형성된 왕권에 복속, 봉사하는 정치적 집단으로 그 유래는 백제의 五部制, 部司制에서 비롯되었다. 특히 6세기전반 磐井의 난 이후 대화정권이 구주지역에 군사적 부민이 설치되었다. 동시에 복속된 지방호족을 지배하는 형태로 屯倉制와 더불어 지방지배의 재조적 정비였다. 반정의 난후에 설치된 那津官家는 구주라는 異域 세계를 지배한다는 표현으로 '官家'의 용어를 사용했으며, 이것은 한반도제국에 대한 복속지로서의 의미로 재생되었다. 部 역시 관가와 같은 대화정권의 복속지란 의미로 사용되었다고 보인다. 임나국이 이미 오래전부터 일본의 복속해 있었다는 『일본서기』이래의 일본고대문헌에 계승된 복속사관에 기초하고 있다.

다음 '鎭守'라는 용어는 주둔하여 지킨다는 주둔군을 의미하고 鎭守將軍은 그 지역을 통치하는 軍政官 즉 관할 사령관을 말한다. 진수장군은 보통 鎭將이라고 하며 그 유래는 중국 北魏시대에 州郡에 주둔하는 군단인 鎭을 관할하는 장으로 隋唐시대에도 계승되어 변경의 주요 거점지역에 주둔하는 장군을 鎭將이라고 일컬었다.『일본서기』天智 3년(664)조에 百濟鎭將 유인원이 唐使인 곽무종을 일본에 보낸 일이 있고[41], 동 6년조에도 백제진장인 유인원이 웅진도독부의 마법총을 축자도독부에 보낸 사실을 기록하고 있다[42]. 이때의 鎭將은 백제에 주둔한 점령군

---

40 津田左右吉, 1924,『古事記及日本書紀の研究』, 岩波書店, pp. 560~561.

41 『日本書紀』天智3年 夏5月 甲子條, "百濟鎭將劉仁願, 遣朝散大夫郭務悰等, 進表函與獻物".

42 『日本書紀』天智6年 11月 乙丑條, "百濟鎭將劉仁願, 遣熊津都督府熊山縣令上柱國司馬法聰等, 送大山下境部連石積等於筑紫都督府".

사령관을 일컫는 칭호이다. 한편 일본고대의 대외관문인 북구주에 설치된 大宰府의 전신 기구의 명칭으로서 『일본서기』 大化 5년(649)조에 '筑紫大宰帥'를 비롯한 천지에서 천무조에 '筑紫率' '筑紫総領' 등이 보이고 천지 6년(667)조에는 '筑紫都督府'라고 하여 군사적 성격의 기관이 나온다. 天平 12년(740)에는 藤原広嗣의 난을 계기로 일시 군사적 기능을 강화하는 鎭西府가 설치되었는데, 중앙에서 볼 때 서쪽인 구주를 관할하는 지방기구를 의미한다. 『신찬성씨록』에 나오는 鎭守將軍, 鎭將의 명칭도 이들 사료에서 모방한 용어이고, 현지에 주둔하여 군권을 장악한 장군을 표현한 것이다. 鎭將 설화는 같은 도래계 씨족이자 동족으로 나오는 眞野臣에게도 볼 수 있다. 『신찬성씨록』 右京皇別上 「眞野臣」조에도 진야신에 대해 孝昭천황의 후예가 신공황후의 신라 정벌시에 鎭守將軍으로 갔다가 신라왕녀를 취해 낳은 자손이 후에 近江國 眞野村에 거주한 까닭에 眞野臣 姓을 받았다고 한다[43]. 이것은 한반도에 파견된 일본의 장군이나 사자가 현지의 여성과 결혼하여 그 자손들이 후에 일본에 귀화했다는 전승인데, 도래계 씨족들이 父姓(日本姓)으로 스스로의 개성을 정당화할 때 이용하는 상투적인 수법이다[44]. 실제로 일본에서 장군이나 사자의 파견과는 관계없이 타씨족의 시조전승에 가탁하여 자신의 조상전승으로 재창출하는 경우도 적지않다.

길전련씨의 염승진설화와 관련하여 『일본서기』 垂仁紀 말년에서 崇神紀의 초년에 나오는 임나국에서 파견되었다는 蘇那曷叱知 전승을 비교, 검토해 보기로 한다.

---

43 『新撰姓氏錄』右京 皇別上 「眞野臣」, "天足彦國押人命三世孫彦國葺命之後也. 男大口納命. 男難波宿禰. 男大矢田宿禰. 從氣長足姬皇尊[諡神功]征伐新羅, 凱旋之日. 便留爲鎭守將軍. 于時. 娶彼國王猶楊之女. 生二男. 二男兄佐久命. 次武義命. 佐久命九世孫和珥部臣鳥, 努大肆忍勝等. 居住近江國志賀郡眞野村. 庚寅年. 負眞野臣姓也".

44 加藤謙吉, 2011, 「渡來系氏族の出自改變 - 皇別・神別諸氏との同祖・同族化をめぐって」 『古代韓日交流와相互認識』 東北亞歷史財團韓日國際會議發表集, p.148.

【3-1】

① 任那國이 蘇那曷叱知를 파견하여 조공하였다[45].

② 이 해에 임나인 蘇那曷叱智가 "나라에 돌아가고 싶다"고 청하였다. 아마도 선황의 시대에 와서 아직 돌아가지 않았던 것인가? 그래서 소나갈질지에게 융숭하게 상을 주고, 붉은 비단 1백필을 주어 임나왕에게 하사하였다. 그러나 신라인이 길을 막아 이것을 빼앗아 버렸다. 양국의 원한이 이 때 처음으로 생겼던 것이다[御間城天皇의 시대에 이마에 뿔이 있는 사람이 있어 한 배를 타고 와서 越國의 사반포에 정박하였다. 그러므로 그곳을 角鹿이라 이름하였다. "어느 나라 사람인가"라고 묻자 "意富加羅國王의 아들로 이름은 都怒我阿羅斯等이고 다른 이름은 于斯岐阿利叱智라고 한다. 일본국에 성황이 있다는 말을 전해 듣고 귀화하였다". … "그래서 그대의 본국의 이름을 고쳐서 御間城天皇의 이름을 따라 즉시 그대의 국명으로 삼아라"고 하였다. 이에 붉은 비단을 阿羅斯等에게 주어 본토에 돌아가게 하였다. 그 국호를 彌摩那國이라 함은 이것이 연유가 된 것이다. 아라사등은 받은 붉은 비단을 자기 나라의 郡府에 두었다. 신라인이 그것을 듣고 군사를 일으켜 와서 붉은 비단을 모두 빼앗았다. 이것이 두 나라가 서로 원한을 갖는 시초라고 한다[46].

이 사료는 일본의 대외관계 기록으로는 최초이고 임나와 일본의 외교관계이

---

45 『日本書紀』崇神紀65年 秋7月條, "任那國遣蘇那曷叱知, 令朝貢也".
46 『日本書紀』垂仁紀2年 是歲條, "任那人蘇那曷叱智請之, 欲歸于國. 蓋先皇之世來朝未還歟. 故敦賞蘇那曷叱智. 仍齎赤絹一百匹賜任那王. 然新羅人遮之於道而奪焉. 其二國之怨, 始起於是時也. [一云, 御間城天皇之世, 額有角人, 乘一船泊于越國笥飯浦. 故號其處曰角鹿. 問之曰, 何國人也. 對曰, 意富加羅國王之子, 名都怒我阿羅斯等, 亦名曰于斯岐阿利叱智干岐. 傳聞日本國有聖皇以歸化之. … 是以 改汝本國名, 追負御間城天皇御名, 便爲汝國名. 仍以赤織絹給阿羅斯等, 返于本土. 故號其國謂彌摩那國, 其是之緣也. 於是阿羅斯等以所給赤絹, 蔵于己國郡府. 新羅人聞之, 起兵至之, 皆奪其赤絹. 是二國相怨之始也 …]".

다. 이때의 임나국은 意富加羅國이라 하여 '오호가야' 즉 대가야의 의미인데, 초기 가야제국의 중심국인 '大駕洛國'인 김해의 금관국이다. 三品彰英은 임나사 蘇那 葛叱智의 蘇는 훈이 金(쇠)이고 那는 任那의 那로 국(나라)으로 보고, 葛은 大의 뜻 이고 叱智는 읍장을 의미하는 臣智로 金官邑長으로 해석한다[47]. 요컨대 蘇那는 金 國, 쇠나라, 『일본시기』계체기 23년조의 금관국 4읍의 하나인 須那羅를 가리키듯 이 蘇那葛叱智는 금관국의 지배자의 칭호에 어울리는 말이다[48]. 『신찬성씨록』 「未 定雜姓」右京 「三間名公」조에도 "彌麻奈國主 牟留知王의 후예이다"라고 하여 가 야왕족의 후예임을 주장하는 씨족명이 보이고 있다[49]. 위 사료에서 신라인이 길 을 막고 귀국하는 소나갈질지의 물건을 빼앗았다(新羅人遮之於道而奪)라는 기록은 신공기 47년조에 신라가 백제의 대일 공물을 약탈했다는 내용(新羅人捕臣等禁圖圍 … 則奪我貢物)과도 통하며 신라 적시관, 악인관을 보여주고 있다. 신라와 임나의 관계를 설명하는 본문의 "其二國之怨, 始起於是時也", 분주의 "是二國相怨之始也" 등도 양국의 원한의 기원으로 기록하고 있다. 이것은 『신찬성씨록』에 나오는 "與 新羅國相爭"과 대응하는 내용으로 『신찬성씨록』이 『일본서기』를 참조하여 기술한 증거이다[50]. 또 『일본서기』에 임나사의 모습을 '額有角人'이라 하여 이마에 뿔이 난 인물로 묘사한 것도 『신찬성씨록』에 보이는 염승진의 머리 위에 3개의 혹이 달 려 松樹君이라 불리었다는 설화(頭上有贅三岐如松樹[因號松樹君])와 동일한 모티브

---

47 三品彰英, 1962, 『日本書紀朝鮮關係記事考證』上卷, 吉川弘文館, pp. 11~13.

48 이 사료에는 "日本國에는 聖皇와 있어 歸化한다"라고 하듯이 임나에 대한 번국관이 깔려있고, 숭신 의 이름인 '미마키(御間城) 天皇의 이름을 빌려 임나의 국명을 彌摩那라고 했다고 하듯이 양국의 종 속관계의 연유를 설명하고 있다.

49 『新撰姓氏錄』에는 蘇那葛叱智의 별명인 都怒我阿羅斯等를 시조로 하는 3명의 가야계 씨족이 나온 다. 「左京諸蕃任那」 "淸水首, 出自任那国人都怒何阿羅志止也", 동 "大市首, 出自任那国人都怒賀阿 羅斯止也", 「大和国諸蕃任那」 "辟田首, 出自任那国主都奴加阿羅志等也" 등이다. 이와 관련해서는 金恩淑, 1991, 「新撰姓氏錄의 加耶系 氏族」, 『韓國古代史論叢』2 참조.

50 那珂通世, 1958, 『外交繹史』(那珂通世遺書), 岩波書店, p. 24, 佐伯有淸, 2007, 『新撰姓氏錄の研究』 考證編第二, 吉川弘文館, pp. 29~30.

를 갖는 전승으로『성씨록』이『일본서기』를 기초로 한 것임을 보여주고 있다. 즉 염승진 설화는 길전련씨가 자신들의 시조전승으로 임나사 소나갈질지의 전승을 모델로 하여 8세기후반에 家傳인 本系帳에 기록하여『성씨록』편찬시에 편찬국에 제출하여 성공적으로 등재된 것이다[51].

『신찬성씨록』의 序文을 보면, 勝寶 연간(749~756)에 특별 은칙을 내려 諸蕃 출신이 원하는 대로 허락하였다고 하듯이 신고제에 의한 무제한의 사성이 이루어졌다. 그 결과 蕃俗과 和俗의 씨족이 혼란해지고, 미천한 신분이 고귀한 후손으로 바뀌고, 삼한의 번객들이 일본신의 후손이라고 일컫게 되었다고 한다. 또 원류를 알지 못하여 조상의 순서가 뒤바뀌고 자기 조상을 잃어버리고 잘못하여 타씨에 들어가거나, 교묘하게 타씨에 들어가 자기 조상으로 한다고 기록하고 있다[52]. 이러한 씨성의 혼란을 바로잡기 위해 桓武천황은 각 씨족으로부터 本系帳을 제출시켜『신찬성씨록』의 기초자료로 삼았다.『日本後紀』延曆 18년(799)에 전하는 내용을 보면, "천하의 신민에 속하는 씨족은 많으나 출자는 같으면서 별파이기도 하고, 本宗을 달리하면서 같은 성을 갖은 자도 있다. 계보를 기록한 譜牒에 의거하려고 해도 改姓이 행해지고, 조사가 뜻대로 되지 않는다. 호적과 計帳에서는 本宗과 枝族을 구별할 수 없다. 이에 천하에 포고하여 본계장을 진상토록 하라. 三韓과 中國으로 부터의 도래씨족에 대해서도 동일하게 하라"[53]는 조서를 내린다. 이

---

51 徐甫京도 "길전련씨의 조상전승에서『일본서기』의 최초의 조공 기사가 등장 하는 숭신천황 시기를 기점으로 잡고 있는 것은 吉田連씨가 천황에 한 봉사의 역사가 장구한 씨족이었음을 주장하기 위해『일본서기』의 임나 관계 기사에 기초하여 만들어낸 것이다"라고 하였다(註27 논문 p.41). 올바른 지적이다.

52 『新撰姓氏錄』序, "勝寶年中, 特有恩旨, 聽許諸蕃, 任願賜之, 遂使前姓後姓文字斯同, 蕃俗和俗氏族相疑, 萬方庶民, 陳高貴之枝葉, 三韓諸賓, 稱日本之神胤, … 新進本系多違故實, 或錯綜兩氏混爲一祖, 或不知源流倒錯祖次, 或迷失己祖過入他氏, 或巧入他氏以爲己祖, 新古煩亂不易芟夷, 彼此謬錯不可勝數 …"

53 『日本後紀』延曆18年 12月 戊戌條, "勅, 天下臣民, 氏族已衆, 或源同流別, 或宗異姓同, 欲據譜牒, 多経改易, 至檢籍帳, 難弁本枝, 宜布告天下, 令進本系帳, 三韓諸蕃亦同 …"

렇듯 도래계 씨족 중에는 皇別, 神別의 유력씨와의 同祖, 同族임을 주장하는 풍조가 만연되고 있었음을 알 수 있다. 이것은 비단 도래계 뿐아니라 일본씨족들 사이에서도 나타나고 도래계 중에는 한반도나 중국의 유력 왕에게 시조의 계보를 연결시키는 현상도 나타났다.

그러나 유력씨족들 중에는 개변된 시조계보를 그대로 제출하였고, 그 주장을 인정받아 조작된 출자를 등재시켜 성공한 사례도 적지않다. 이러한 현상은 延曆 17년(798)의 太政官符에서도 지적하고 있듯이 課役을 피하고 음서에 들어가 그 자손들이 서위되어 관직에 진출하는 수단으로 행해지고 있었다[54]. 출자개변에 성공한 씨족들은 환무천황과 가까운 和家麻呂, 坂上田村麻呂 · 菅野真道과 같은 유력 씨족들이었다. 길전련의 경우는 공경의 반열에 선 유력씨족은 아니었지만 의술에 종사하는 가문으로 학문에도 조예가 깊었다. 당시 의술은 음양, 역법과 더불어 국가의 중요한 道라는 인식이 강하여 국가의 관리대상이었고 길전련씨는 이를 계승, 발전시킨 씨족이었다[55]. 『令義解』醫病令에 "무릇 醫生 · 按摩生 · 呪禁生 · 藥園生은 먼저 藥部와 世習한 자를 선발한다"고 하여 학생 선발에 세습가문을 우선한다고 하고, 그 분주에는 세습에 대해 "3대에 걸쳐 의업을 익혀 계승하면 名家라고 한다[56]"고 규정하고 있다. 興世朝臣書主의 「卒傳」에도 祖父는 '正五位上圖書頭兼內藥正相模介吉田連宜', 父는 '內藥正正五位下古麻呂'였고, "並爲侍醫累代供奉"라고 하여 시의로서 여러 대에 걸쳐 봉사해 왔음을 기록하고 있다. 吉大尚에서 시작된 醫業은 吉田連宜→吉田連古麻呂→興世朝臣書主에 이르는 4대에 걸쳐 계승되고 있는 의술의 명가로서 지위를 확보하였다. 특히 시의는 천황의 건강을 살

---

54 『類聚三代格』卷17 延曆17年 2月8日 "頃年改名者衆, 其計多端, 或避見課而入不課, 或除無蔭以附有蔭, 如此輩類, 其奸繁多".

55 『續日本紀』天平2年 3月 辛亥條.

56 『令義解』卷8 「醫病令」第24 「醫生等取藥部及世習」條, "凡醫生 · 按摩生 · 禁生 · 藥園生, 先取藥部及世習[謂. 藥部者, 姓稱藥師者, 即蜂田藥師, 奈良藥師類也. 世習者, 三世習醫業, 相承爲名家者也]".

피는 주치의로서 천황의 측근으로 활약할 수 있었다. 吉田連의 출자개변은 아마도 吉田連古麻呂가 內藥正과 시의로 봉직했던 연력 3년(784)에서 수년 사이에 행해졌을 것이다. 이 시기는 桓武가 백제계 도래인을 우대했던 시기이며 길전련씨로서는 백제계 출신에 더하며 천황의 측근에서 근시하는 시의로서의 지위를 이용하여 皇別로 출자를 개변하는 작업을 시도했다고 보인다. 씨족의 본계장에 황별로 개변한 후, 환무천황이 연력 18년(799)에 각 씨족들의 본계장을 제출하라는 칙명에 따라 상진하여 그대로『신찬성씨록』에 등재된 것이다.[57]

길전련씨의 조상의 출자는『일본서기』의 천황 계보에서 제2대 천황으로 나오는 孝昭의 皇子인 天帶彦國押人命의 4세손 彦國葺命의 후예로 기록되어 있다. 孝昭에서 開化까지는 缺史8代라 하여 이른바 가공의 시대이다[58]. 그런데『신찬성씨록』에는 이들로부터 출자를 구하는 씨족들이 6할이 넘고 이중에서 孝昭를 元祖로 하는 후예들이 46씨에 달하고 있어 많은 씨족들이 출자개변이 용이한 대상으로 삼고 있었다. 길전련씨의 경우는『일본서기』崇神, 垂仁紀에 나오는 소나갈질지를 모델로 하여 염승진 설화가 만들어졌고, 이렇게 성립한 본계장은 유효성을 인정받았다고 생각된다. 게다가 조정에서는 缺史 8代의 천황들과 그 후손들을 시조로 삼는 씨족의 家牒에 대한 진위여부를 검증하기는 사실상 불가능한 일이었다. 따라서 많은 씨족들은 8세기 奈良시대에 높은 姓을 받기 위해 시조와 출자를 변조하였고,『신찬성

---

57 吉田連씨의 本系帳의 개변과 제출을 吉田連古麻呂의 아들인 吉田宿禰書主, 吉田宿禰高世이 주도한 것으로 보는 견해가 있다(徐甫京, 2013,「新撰姓氏錄에 기재된 鎭守將軍 후에 씨족의 出自改變」,『일본연구』57, p.44).『大寶令』의「選敍令」에 의하면 敍位되는 초년은 25세 이상이고, 蔭敍라 하더라도 21세 이상이라는 규정이 있어 당시 이들의 나이는 20세임을 감안하면 출자개변이라는 중요한 문서를 작성하기는 어려운 일이다.

58 缺史八代는『古事記』,『日本書紀』에 즉위년과 붕년, 계보 이외에는 그 시대의 천황의 사적이 전혀 기록되어 있지 않다. 제2대 綏靖에서 제9대 開化에 이르는 8인의 시대를 가리킨다. 이것은 중국의 참위설인 신유혁명사상의 영향도 있고, 천황가의 기원의 장구함과 정통성을 나타내기 위한 편찬 이념에 의해 만들어진 계보이다.

씨록』편찬시에 본계장의 제출이 명해졌을 때 재차 출자개변을 행했던 것이나.

한편으로는 吉田氏 일족의 거주지와 관련해 그 일대에 살던 타 씨족과의 교류와 공동체의식을 통해 동족화의 흐름도 진행되었다. 加藤謙吉에 의하면 添上郡 일대는 와니系 諸氏의 일대 거주지로 (大)春日氏, 大宅氏, 小野氏, 粟田氏, 柿本氏, 櫟井氏, 和珥部(和邇部·丸部)氏, 山上氏, 井代氏 등의 본거 혹은 大和 진출 후의 거점이 놓여진 지역이었고, 吉田氏는 添上郡에서 이들 와니系 諸氏와의 교류를 통해 점차 동족화가 진행되었고 이윽고 天押帶日子命(天足彦國押人命)의 후예씨로 이어지게 되었다고 한다[59]. 아마도 씨족 상호간의 교류를 통해 지역적 공동체의식이 발전하여 同族化의 과정이 이루어지고 孝昭를 遠祖로 하는 공동의 시조를 만들어냈다고 생각된다. 이러한 집단적 공동전선에 의한 출자개변은 당시의 보편적인 현상이었고 계보의 혼란을 바로잡기 위해『신찬성씨록』을 편찬한다는 취지가 무색할 정도로 각 씨족들이 제출한 본계장의 내용대로 수용되었다고 보인다. 이러한 현상에는 畿內지역에서 가문의 본계장을 제출할 수 있는 씨족은 지배계층을 이루는 중상류 귀족들이 많았고 1182氏라고 하더라도 본계에서 分枝되어 의제적인 동족관계를 생각하면 동류의 씨족이 많아 원래의 씨족의 수는 이보다 대폭 줄어든다. 요컨대『신찬성씨록』에 등재된 씨족들은 나름대로 一門을 이루고 살던 씨족들로서 천황가로부터 파생된 수많은 지족들과 大化前代의 氏姓制 체제로부터 장기간에 걸쳐 이어온 세습화된 관료, 귀족집단 그리고 외부에서 들어온 도래계 엘리트집단을 중심으로 구성되었다고 생각된다. 도래계의 경우도 천황가와의 친소관계에 영향을 받아 위로 올라갈수록 상위의 성을 받거나 출자의 개변에 성공할 확률이 높았다. 총 1182씨 중 皇別, 神別, 蕃別이 각각 335씨, 404씨, 326씨 그밖에「未定雜姓」117씨 등으로 균등하게 배분한 것도 등재의 취사선택에서 편

---

59 加藤謙吉, 2011,「渡來系氏族の出自改變 - 皇別·神別諸氏との同祖·同族化をめぐって」,『古代韓日交流와 相互認識』, p.150.

집된 통계수자임은 추측하기 어렵지 않다[60]. 반면『신찬성씨록』에 등재되지 못한 씨족들은 동일한 개변이라도 신분상의 이유로 탈락되었을 가능성이 높았다. 吉田連은 弘仁 2년(811)에 宿禰로 개성되었고, 承和 4년(837)에는 朝臣의 姓을 받아 도래계의 최고위 성을 취득하게 되었다. 당대의 중시되던 의술이라는 가업에 더해 천황가인 皇別로의 출자의 개변이 가져온 성공적인 改姓이었다.

5. 결어

고대일본의 姓과 出自는 신분상승의 주요 요인이었다. 씨성제 사회에서 율령제 고대국가로 전환하는 8세기대에는 改姓을 통해 고위직으로 이동하는 발판을 만들었고, 이에 따라 출자개변도 빈번하게 이루어졌다. 이러한 씨성의 혼란을 방지하기 위해 桓武天皇은 畿內 거주의 씨족들을 대상으로 본계장을 제출받아『신찬성씨록』을 편찬하기에 이르렀다.

『신찬성씨록』에 보이는 일본에서 파견된 장군이 己汶國을 통치했다는 鹽乘津 설화는 기문국이 原鄕으로 백제관료였던 吉大尙의 후손이 만들어낸 이야기이다. 길대상은 백제멸망 후 일본에 망명하여 고위관료가 되어 가문을 번영시켰고, 그 후예인 吉田連氏에 이르러 시조전승과 출자의 개변이 이루어졌다. 염승진이란 가공의 인물이 생성된 것은『일본서기』崇神紀와 垂仁紀에 걸쳐 보이는 임나국에서 파견된 蘇那曷叱至 설화를 통해 만들어졌다. 머리에 혹이 달리고 이마에 뿔이 났다는 외형적인 유사성, 임나와 신라의 원한관계의 기원도 동일 모티브이고, 三己

---

60 『新撰姓氏錄』에 등재된 씨족의 분류에서 未定雜姓의 상당수는 도래계이고, 皇別 중에서도 도래계에서 개변한 씨족도 다수 존재한다. 또한 중국계로 분류된 도래계 중에서 상당수는 한반도계로 분류할 수 있다.

汝의 '鎭守'장군 이야기는 임나의 국명이 숭신의 미마키라는 이름에서 유래했다는 복속사관도 동일한 소재였다. 또한 길전련씨의 시조전승에서 염승진을 삼기문을 통치하기 위해 파견된 인물로 묘사한 것은『일본서기』계체기 7년조에 기문의 지를 백제에 할양했다는 기록으로부터 착안하여 그 이전에는 일본의 복속하에 있었고 일본에서 파견된 장군이 통치했다고 하는 설화가 모티브가 되었다고 생각한다. 당시 씨족의 시조전승을『國史』등 고기류에서 근거를 찾는 것은 本系帳의 신뢰성을 보증하는 최고의 방법이었다. 게다가 염승진의 계보를『일본서기』의 缺史 8代라고 하는 가공의 시대인 孝昭의 지족에서 구한 것도 검증하기 어렵다는 점을 이용한 수법이었다.

이러한 시조전승의 조작, 출자의 개변은 중상급 씨족이 아니면 쉽지않은 일이었다. 길대상을 시조로 하는 吉田連氏 가문은 의술, 문예 부분에서 두각을 나타내었다. 천황의 侍醫이자 典藥寮의 장관으로서 봉사했고 4대에 걸쳐 의술을 가업으로 이어갔던 명문가였다. 문예에도 재능을 발휘하여 漢詩와 和歌를 능통하게 지어내는 학문의 기예들이 배출되었다.『懷風藻』와『萬葉集』에 문장을 남기고, 때로는 천황의 순행에 동행하고 당대 최고의 권세가였던 長屋王과의 문학적 交遊도 하였다. 이것은 문학을 통한 권력에의 접근이며 가문의 위상과 정치적 입지를 높이기 위한 수단이었다.

염승진설화도 원래는 백제계 도래씨족인 吉田連氏가 자신들의 조상을 일본에서 파견된 鎭守將軍의 후예로 둔갑시키면서 출자를 皇別로 개변하여 만들어진 것이다. 한반도제국을 통치하기 위해 파견된 장군의 후예라고 주장하는 일은 권력에 영합하는 중요한 수단이었다. 8세기 말에서 9세기 초에 걸쳐 이루어진 수많은 출자와 시조전승의 개변은 도래계 씨족들에게는 더 높은 출사의 길이었고 가문이 번영해 나가는 수단이었다. 길전련씨도 출자개변을 통해 천황제 율령국가의 귀족사회에서 세제와 음서제의 혜택을 받는 5위 이상의 고위관료가 되어 一門의 영광을 누릴 수 있었다.

ㄱ

賈受君 96

歌垣 135

家傳 83, 321

角福牟 424

角兄麻呂 81, 96

葛城襲津彦 170, 285

葛城直瑞子 119

葛野大堰 184

葛野川 185

葛井連廣成 131, 307

巨麻郡 361

巨麻鄕 361

建邦之神 146

犬養宿禰 46

瓊瓊杵尊 26, 44, 46

景國 56

經史證類備急本草 200

庚午年籍 29

景雲 105

庚寅銘大刀 375

慶俊 131

繼體 40

高句麗王好台 215

高丘宿禰 309

高丘宿禰百興 309

高丘宿禰比良麻呂 306

高龜主 237

古記 38

高金藏 79, 81, 233

高內弓 232

髙奴子 228

高道士 81, 229

高東人 237

高麗家繼 358

高麗加世溢 268

高麗繼楯 358

高麗館 406

高麗郡 354

高麗記 346

高麗大宮明神 350

高麗大山 369

高麗大王 238

高麗圖經 153

高麗明神 350

高麗福信 353

高麗沙門福嘉 70

高麗石麻呂 369

高麗氏系圖 348

高麗若光 345

高麗王若光 351

高麗一豊 350

高麗朝臣 32

高麗朝臣福信 309

高麗澄雄 349

高麗惠便　65, 204

高麗畵師子麻呂　268

高祿徳　229

高麥太　82, 234

高文信　81

高白公　81

高寶公　81

高福留　229

高福裕　81, 227

高史加太賣　224

高史橘　223

古事類苑　185

高史佐美万呂　224

高史千嶋　223

高選理　81

高束麻呂　237

古市大溝　112

高安人　81

高野新笠　154

高御産巣日神　46

古語拾遺　179

高呉野　81

高乙德墓誌　149

高礒足　237

高益國　237

高益信　229

高忍熊　237

高慈墓誌銘　221

高庄子　226

高淨成　237

高正勝　226

高助斤　231

古衆連　229

高眞鳥　237

高昌武　229

高倉朝臣福信　215, 366

高千穗峰　45

高天原廣野姫天皇　72

高秋永　237

高秋長　237

高豊嶋　237

高向史玄理　210

高向朝臣麻呂　68

高皇産靈尊　45

谷那庚受　211, 421

谷那晉首　211, 419

官宮寺　293

觀勒　72, 382

觀常　68

觀世音應驗記　289

菅野朝臣　48

菅野朝臣眞道　131, 136

官人考試帳　83, 100

廣隆寺　187

廣隆寺来由記　191

廣隆寺縁起　187

廣陵高穆　309

光仁　42

卦婁眞老　357

翹岐門　435

久麻那利　146

久信鷹長　408

仇台 143

國看(見)連今虫 85, 106

國記 129

國智牟 287

弓月君 47

弓月王 172

貴須王 160

鬼室福信 163, 287, 314

鬼室石次 333, 340

鬼室小東人 332

鬼室神社 322, 419

鬼室集斯 163, 318, 321, 414, 416

鬼室集斯墓 419

鬼室集信 326

鬼室乎人 336

鬼室虫万呂 332

糾解 438

橘大郎女 189

橘三千代 46

根麻呂 134

今來才伎 198

己汶國 459

紀朝臣益麻呂 106

紀朝臣淸人 307

紀朝臣春主 94

己知安利芳 268

己知伊香豆 267

己珍蒙 232

吉大尙 75, 422, 463

吉備5郡 119

吉備上道臣田狹 123

吉備臣弟君 123

吉備眞備 97, 334

吉備稚媛 122

吉士金 188, 191

吉士木蓮子 188, 191

吉宜 49, 74, 96

吉田連 43, 74, 456

吉田連斐太麻呂 423

吉田連宜 97, 425, 468

吉田連兄人 470

吉田宿禰書主 463

吉井連 32

吉智首 74

金光明最勝王經 206

金宅良 85

金財 85

ㄴ

樂浪河內 306

難波館 406

難波吉士 191

難波吉士磐金 188

難波吉士德摩呂 128

難波大郡 406

難波連 31, 197

難波連廣名 213

難波連吉成 212

難波連奈良 213

難波連大形 211

難波連緩麻呂 213

難波連実得 213

難波連清宗　213

難波藥師　197

難波藥師奈良　197, 210, 212

難波津　113

男拔連　31

南部大使卯間　236

女影廢寺　361

寧樂遺文　82

盧原君臣　442

禰軍　298

ㄷ

多臣蔣敷　439

膽津　117

曇徵　70, 205

荅本陽(楊)春　212, 421, 425

荅㶱春初　419

大岡忌寸　259

大官宮寺　293

大唐平百濟國碑　296

大刀契　390

對馬連堅石　87

大明曆　379

大狛連　240, 243

大狛連氏　245

大泊神社　361

大狛造百枝　245

大狛造氏　245

大狛鄉　242

大伴連狹手彦　202

大伴室屋大連　123

大佛殿碑文　291

大瑞　105

大神朝臣狛麻呂　364, 368

大身狹屯倉　120

大安寺　58

大安寺伽藍緣起幷流資財帳　279

大野寺　330

大衍曆　78

大倭忌寸小東人　307

大友村主高聰　72, 382

大原眞人　41

大佐平智積　295

大酒神　191

大酒神社　191

大中臣朝臣　44

大津連大浦　88

大津連首　87

大津連意毗登　64, 87

大津皇子　61

大春日船主　78

大春日朝臣公守　79

大春日朝臣良棟　79

大春日朝臣魚成　78

大春日朝臣穎雄　78

大春日朝臣眞野麻呂　72, 78

大通寺　293

大通之寺　293

德來　196

都加使主　172, 179

道鏡　309

都努臣牛飼　68

都努朝臣牛飼　68

都能兄麻呂　80

都慕　140

都慕大王　154, 160

都慕王　47, 154, 156

道昭　130

都須流金流　243

道顯　61, 70

陶弘景　200

陶弘景本草經集汁　200

東國李相國集　150, 151

東大寺要錄　291

東大寺獻物帳　279

東樓　79

東明　144

東明廟　150

東明聖　221

東明聖帝　152

東西諸史　115

東神聖母　153

銅造観音菩薩立像　381

董仲舒　106

東漢掬直　123

東漢末賢　268

東漢直掬　199

頭霧唎耶陛　241

藤原鎌足　301

藤原朝臣大嶋　274

藤原朝臣繩麻呂　334

藤原仲麻呂　34, 88, 171

ㄹ

椋部秦久麻　268

櫟井臣　43

靈觀　68

令義解　53, 99

錄兄麻呂　79

論衡　144, 384

留川麻乃意利佐　266

陸奧安達連　243

隆觀　84

ㅁ

麻田連　212, 423

麻田連陽春　425

麻田連畋賦　423

万葉代匠記　307

萬葉集　80

末使主望足　106

買新羅物解　279

明堂孔穴圖三卷　202

明神御宇日本天皇　25

牟頭婁墓誌　147

牟留知王　474

毛治　200, 435

目圖王　258

木羅斤資　285

木素貴子　321, 419

墓記　443

妙心寺鐘銘　383

武內宿禰　42

武藏國　215

文忌寸最弟　137

文德實錄　75

文室眞人智努　270

物部連麻呂　45

物部守屋大連　397

美努連淨麻呂　87

彌勒寺　291

微叱己知波珍干岐　267

ㅂ

狛國　238

狛祁乎理和久　229

狛大法師　70

狛虜　238

狛部宿禰奈賣　242

狛首　240

狛首多須麻呂　241

狛首乙山　241

狛染部　240, 249

狛染部氏　245, 246, 248

狛人　240

狛人麻嶋　242

狛人氏守　248

狛人黑麻呂　242

狛賊　238

狛造　240

狛朝臣秋麻呂　249

狛造子押麻呂　243

狛造智成　243

狛造千金　245

潘量豊　201

背奈公行文　368

背奈公行　49

背奈王福信　32

裴世淸　406

百加博士　260

百尼寺　410

白猪部　119

白猪史　117

白猪史骨　131

白猪史廣成　131

白猪史膽津　118

白猪田部　117

百濟公　31, 163

百濟公水通　331

百濟公繩繼　331

百濟公倭(和)麻呂　307, 327, 329

百濟君　163

百齊郡　409

百濟君刀自古　330

百濟君豊璋　435

百濟伎　163

百済尼　410

百濟大井　435

百濟飛鳥戶伎彌廣成　121

百濟新集方　202

百濟王敬福薨傳　429

百濟王善光王　408

百濟王元信　131

百濟王仁貞　131, 160

百濟王忠信　131

百濟朝臣　31, 163

百濟朝臣足人　163

百濟昌王石造舍利龕　396

幡多　185

幡文造　264

法官大輔　321

法隆寺伽藍緣起并流資財帳　279

法隆寺献納物　381

法定　70, 205

弁紀　76

丙子椒林劍　398

福當倉主　226

福德　215

伏麻呂飯万呂　267

蜂岡寺　187, 264

扶桑略記　263

扶餘隆　451

扶餘隆墓誌銘　150

扶餘勇　408

扶餘隆墓誌銘　429, 453

扶餘豐　428

扶餘豊　445

不破連　164

佛足石記　269

比等古臣　249

秘書玄象　103

飛鳥寺　67, 260

飛鳥淨御原令　360

飛鳥戸郡　121

飛鳥戸神社　351

賓難大足　229

ㅅ

砂宅　284

沙宅家人　303

沙宅己婁　285

沙宅萬福　303

沙宅萬首　301

沙宅山　305

沙宅紹明　299

沙宅孫登　297

沙宅積　288

沙宅千福　296

沙宅行金　305

舍利奉安記　286

司馬達等　65

沙門觀成　68

沙門狛大法師　70

沙門詠　306

沙門行心　61

沙彌信成　82

沙彌信成書本　82, 234

沙鼻岐　442

四比福夫　421

四比忠勇　421

沙沙奴跪　285

斯我君　156

沙田史　310

沙吒　284

沙乇　284

沙宅紹明　416

沙宅智積　294

砂宅智積碑　295

山道眞人　41

山東漢大費直麻高坵鬼　260

山背狛烏賊麻呂　245

山背臣日立　382

山背畫師　262, 266

山上朝臣船主　106

山西首　127

山西首都鬼　260, 262

山城狛烏賊麻呂　241

山田史御形(方)　64, 67, 96, 307

山田宿禰　69

三公鬪戰劍　390

三己汶　461

三笠連　31

三笠連秋虫　227

三寅劍　388

三寅刀　388

上宮聖德法王諸說　189

上宮聖德太子傳補闕記　189, 190

上毛野公　32

上毛野君三千　443

上狛鄕　364

上部大相　236

上部大相可婁　236

上部色布知　358

上部王彌夜大理豐原連　347

上部豐人　358

相樂郡　364

上野國　31

上五里廢寺　205

桑原史　266

上村主馬養　267

上村主百濟　266

上村主牛養　267

塞城　435

索離國　143

西部大兄俊德　236

西漢才伎　198

石上朝臣麻呂　45

昔于老　175

石川朝臣河主　94

宣明曆　78

船史　117

船史王平　128

船史惠尺　129

船首王後　113

善信　67

船氏王後　382

船氏王後首　124

善藏　67

成覺　134

成國公主　206

聖德太子傳曆　262

聖德太子傳私記　397

聖天院　351

蘇那葛叱智　474

消奴部　367

蘇我馬子宿禰　65, 204

小野臣妹子　116, 128

素戔嗚尊　44

續群書類從　172

續守言　446

孫仁師　402

須牟祁王　246, 248, 249

竪部子麻呂　268

隋書　143

須須許理　169

熟皮高麗　246

純陁　155

崇神　40

僧尼令　54

僧隆　70, 205

僧旻　209

勝鳥養　209

時原朝臣春風　181

殖槻連　229

息長足日廣額天皇　41

息長眞人　40

新羅譯語　94

新羅媛善妙　188

新來才伎　199

新來漢人　199

神武東征　45

新城　228

信成　79

新城連　31

新城連吉足　227

新城連氏　227

神饒速日命　45

新井白石　173

身狹村主靑　116

神皇產靈尊　46

○

兒翹岐　294

阿曇連稻敷　443

阿曇連比羅夫　432

阿曇比邏夫連　439

阿曇山背連　432

阿道基羅　206

阿刀連　266

阿禮奴跪　285

阿沙都麻首　127

阿沙都麻首未沙乃　260, 262

阿知使主　179

阿智王　47, 172

樂浪河內　96

安貴　258

鞍部首　127

鞍部首加羅爾　260, 262

安勝　236

晏子春秋　148

鞍作德積　61

鞍作得志　61, 199

鞍作福利　61

鞍作鳥　61

岩戶山古墳　394

野中寺　382

藥師寺　56, 269

藥師惠日　197, 270

楊[陽]侯史　73

陽古博士　260

養德畵師楯　259

楊茂　73

梁職貢圖　458

楊胡忌寸　32

楊胡毘登人麻呂　32

楊胡毗登人麻呂　73

陽胡史　382

陽胡史眞身　73

楊侯忌寸　73

陽侯史久爾曾　71

陽侯史玲璆　73

楊侯阿子王　73

御笠連氏　226

億禮福留　419

憶賴福留　421

憶賴子老　421

淹滯水　143

余東人　416

余民善女　31

余義仁　416

余益人　31, 416

余自進(信)　416

余秦勝　49, 96, 416

延慶　83

延典王　368

延喜式　99

鹽垂津彦命　74

鹽乘津彦命　470

葉栗臣　43

靈雲　209

濊貊　237

吳肅胡明　96

烏賊麻呂　241

午定君　158

玉陳　382

玉蟲廚子　273

王敬受　83

王廣嶋　84

王宮寺　293

王吉勝　227

王馬養　84

王善德　83

王有悷陀　201

王仁　111

王中文　79

王仲文　83, 96

王智仁　113, 133

王辰爾　77, 111, 133

王孝鄰　287

王興寺　264, 290

倭漢直　172

倭漢惣歴帝譜圖　37

倭畫師　259

倭畫師大虫　259

倭畫師音橋　259

倭畫師種麻呂　258, 259

倭畫師池守　259

禹都万佐　177

宇流助富利智干　176

羽栗臣翼　92

羽林連兄麻呂　81

優由國　174

于柚村　176

于珍也縣　176

于抽　176

雲聰　70, 205

元嘉曆　72, 379

元岡古墳群C-6호분　375

源朝臣信　42

元亨釋書　66, 264

元興寺伽藍綠起幷流記資財帳　67, 127,
　260

越田安万　270

爲奈眞人　40

魏略　148

葦北國造　394

魏書　143

由義宮　135

劉仁願紀功碑　315

楢許智蟻石　267

楢畫師　267

宍人部　123

融通王　172

應神　40

義覺　410

意奴彌首　127

意奴彌首辰重　260, 262

意等加斯費直　260

義法　86

意保尼王　310

意寶荷羅支王　310

儀鳳曆　72

衣縫部　123

意富加羅國　474

醫心方　202

義淨　206

伊吉連博德書　436

伊吉博得　82

伊梨柯須彌　243

伊梨渠世斯　243

伊利斯沙禮斯　243

伊利須使主　243, 244

伊利須意彌　243

伊理和須使主　243

李守眞　297

伊和須　243

因斯羅我　199, 256

日羅　394

日本靈異記　410

日本書紀私記　28

日本世記　70

溢士福貴王　243

日月護身劍　390

日鷹吉士　246

日置造氏　244

任那國司　123

ス

茨田堤　185

慈訓　131

長丘連　229

將軍劍　390

長瀬連廣足　249

長背廣足　249

長背連　31, 215, 248

前間恭作　176

田邊史廣本　32

田邊史大隅　365

前部 黑麻呂　357

前部高　225

前部高文信　225, 235

前部能婁　224

前部大兄德富　236

前部富加抃　236

前部貞麻呂　358

前部佐根人　358

前部倉主　226

前部秋足　358

鮎貝房之進　174

政事要略　185, 382

定惠　130

帝王系圖　37

造僧尼籍　53

調乙麻呂　409

佐平福信　416

朱蒙　150, 221

周易參同契　389

竹志麻呂　409

竹志淨道　409

中宮寺　268

中大兄皇子　129

中臣鎌足　61

中臣大嶋朝臣　25

中臣連鎌子　44

衆解　150, 221

智德　134

之留川麻乃意利佐　241

止彌若虫　408

智宗王　133

志太連五百瀨　278

直道宿禰守永　248

直道宿禰氏　248

秦久麻　189

津己守麻連奴跪　285

秦忌寸　177

秦忌寸足長　186

秦忌寸春風　181

秦大津父　183

秦稻守　267

津連眞道　32, 157, 159

津史　117

秦寺　187

陳思王植　266

津史主治麻呂　124, 131

津史秋主　31

津速魂命　44

辰孫王　131

鎭守將軍　471

眞野臣　472

秦造　169

秦朝元　96

秦造田來津　439

秦造河勝　264

秦酒公　180

秦倉人祏主　186

秦下嶋麻呂　186

秦河勝　184, 398

ㅊ

嵯峨 42
昌王銘石造舍利函 376
倉助利 228
簀秦君麻呂 267
簀秦惠師道足 267
簀秦惠師千嶋 267
簀秦畫工豊次 267
簀秦畫師 267
泉男産墓誌 150
泉男生墓誌銘 346
天盤船 45
天壽國曼茶羅繡帳 189
天壽國繡帳 262
天穗日命 46
天神壽詞 25
天兒屋命 44
天押日命 45
天御中主尊 37
川原寺 263
天人相關說 106
天淳中原瀛真人天皇 41
天之御中主神 46
天津彦根命 46
天靫部 46
天皇記 129
淸岩里廢寺 205
淸原連 229
草羅城 442
草薙劒 26
鄒牟 150, 221

鄒牟聖王 214
鄒牟王 147
筑紫國造 395
筑紫君葛井 394
春日椋首老 77
春日倉首老 77
忠芬 91
忠勝 435
稚淳毛二俣王 40
七星劍 398
枕服岐城 404
沈惟岳 48

ㅌ

泰仙 93
太阿郎王 158
太秦公忌寸宅守 186
太秦公宿禰 47, 171, 173
土師真妹 155
通德 71

ㅍ

播磨国 66
破敵劍 390
波且 174
波陀 171
坂上系圖 47
坂上大忌寸苅田麻呂 32, 47, 172
8色의 성 20
八坂造氏 241
抱朴子 389

豊璋　449

ㅎ

河內廣道　266

河內稻万呂　266

河內稻長　266

河內畵師　266

河內畵師鯨　266

河內畵師古万呂　266

河內畵師廣川　266

河內畵師石嶋　266

河內畵師屋万呂　267

河內畵師次万呂　266, 280

賀羅賀室王　48

下莫位百足　32

下狛鄕　364

河伯　147

下部奈弖麻呂　358

下部大相師需婁　236

下部文代　358

下部助有卦妻毛切　236

何承天　379

學職頭　321

漢奴加己利　268

漢手人部　123

韓人部　31

漢胸　241

解慕漱　221

海部屯倉　120

解夫婁　221

解讎　287

亥陽君　158

行基年譜　330

幸甚　85

許率母　300

玄武若光　345

玄蕃寮　53

玄象器物　103

顯眞德業口訣抄　397

狹井連檳榔　439

惠觀　204

惠灌　70

惠光　204

惠靈　94

惠釋　130

惠善　67

惠宿　204

惠施　204

惠寔　204

惠王子　146

惠耀　79

惠雲　204

惠隱　204

惠日　196

惠慈　204

惠齊　204

惠照　204

惠尊　259

惠俊　71

惠衆　204

惠總　204

惠聰　204

惠便　65

好太王　214

弘仁私記　28, 78

和氣公　347

和名類聚抄　409

和安部朝臣　43

和藥使主　201

和乙繼　155

和邇吉師　77, 132

和爾部宿禰　43

和爾積木万呂　278

和朝臣　47

桓武　42, 154

歡因知利　198

黃文連　264

黃文連本實　271

黃文連備　275

黃文連黑人　275

黃文三田　275

黃文子老　275

黃文造　264

黃文川主　275

黃文畫師　264

黃書造本實　269

黃書畫師　262

檜隈民使博德　116

懷風藻　61, 69, 111, 319

孝武王　172

孝聖　58

孝昭　40

孝元　40

後部黑足　357

後部高笠麻呂　235

後部高氏　225, 234

後部高乙牟　234

後部藥使主　200

後部王起　347

後部王同竝　347

後部主博阿于　236

興世朝臣書主　75, 463

연민수(延敏洙)

| 저자소개

전 동북아역사재단 역사연구실장
동국대학교 사학과 및 동 대학원 석사과정 졸업
九州大學 대학원 일본사학과 수사·박사과정 졸업, 문학박사

| 논저목록

『고대일본의 대한인식과 교류』, 역사공간, 2014
『고대한일관계사』, 도서출판 혜안, 1998
『고대한일교류사』, 도서출판 혜안, 2003
『일본역사』, 보고사, 1998
『역주일본서기』(1~3), 공역, 동북아역사재단, 2013
『新撰姓氏錄』(上·中·下), 공역, 동북아역사재단, 2020
기타 공저, 역서 등 다수

일본고대국가와 도래계 씨족

2021년 3월 22일 초판 1쇄 발행

글쓴이   연민수
펴낸이   권혁재
편 집   조혜진
표 지   이정아

제 작   성광인쇄
펴낸곳   학연문화사
등 록   1988년 2월 26일 제2-501호
주 소   서울시 금천구 가산디지털1로 168 우림라이온스밸리 B동 712호

전 화   02-2026-0541
팩 스   02-2026-0547
E-mail   hak7891@chol.com

책값은 뒷표지에 있습니다.
잘못된 책은 바꾸어 드립니다.

ISBN 978-89-5508-433-7 93910